MAROKKO

Tradition und Kultur im Land der Berber

Heike Bentheimer

TRESCHER VERLAG

1. Auflage 2016

Trescher Verlag
Reinhardtstr. 9
10117 Berlin
www.trescher-verlag.de

ISBN 978-3-89794-324-7

Herausgegeben von Bernd Schwenkros und
Detlev von Oppeln
Reihenentwurf und Gesamtgestaltung:
Bernd Chill
Gestaltung, Satz, Bildbearbeitung: Ulla Nickl
Lektorat: Corinna Grulich
Stadtpläne und Karten: Johann Maria Just,
Martin Kapp, Ulla Nickl
Druck: Druckhaus Köthen

Gedruckt auf chlorfrei gebleichtem Papier

Printed in Germany

Alle Angaben in diesem Reiseführer wurden sorgfältig recherchiert und überprüft. Dennoch können Entwicklungen vor Ort dazu führen, dass einzelne Informationen nicht mehr aktuell sind. Gerne nehmen wir dazu Ihre Hinweise und Anregungen entgegen. Bitte schreiben Sie an **post@trescher-verlag.de**.

Titelbild: Die Moschee Hassan II. in Casablanca
Vordere Umschlagklappe: Wasserverkäufer auf dem Djemma el-Fna in Marrakesch
Hintere Umschlagklappe: Dorf Angueloz am Asif Ounila

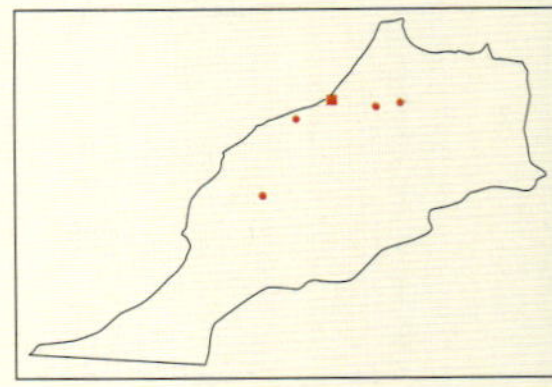

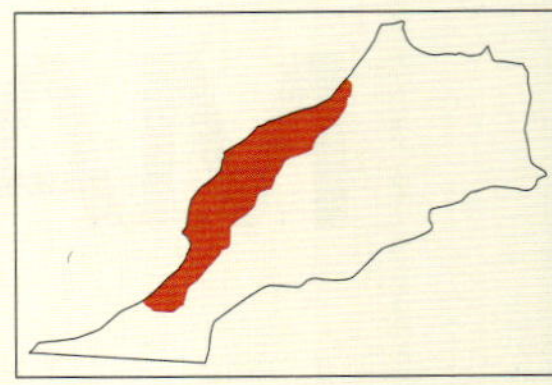

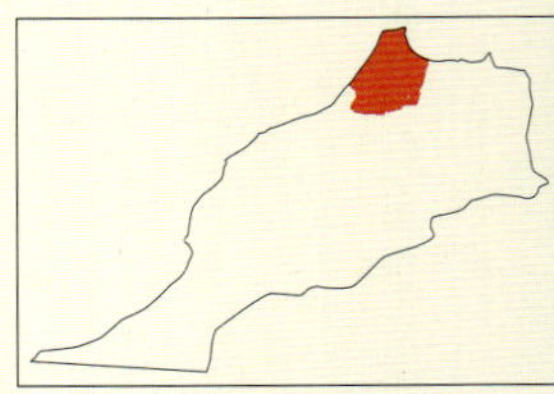

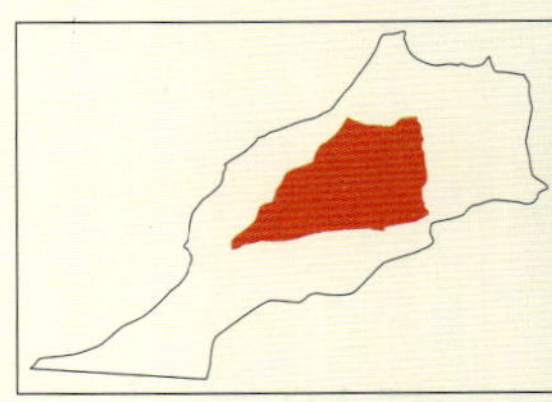

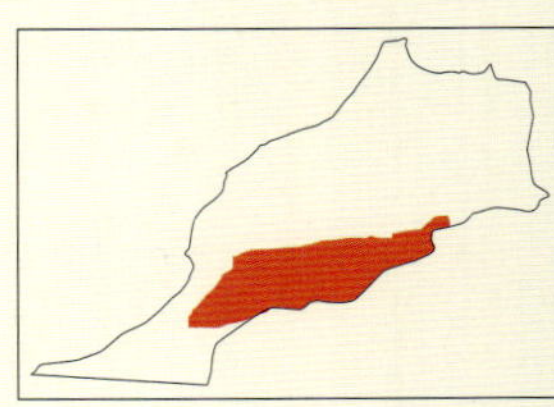

Restaurant
La Cuisine
Restaurant
ECOLE DES
BRODEUSES
25 m
منع مرور الدواب
Le Chameau Bleu
Restaurant

EXTRA

Ehrengarde am Mausoleum Mohammeds V. in Rabat

Vorwort

Schauplatz Marrakesch, Djemma el-Fna. Vielleicht die Quintessenz dessen, was Marokko ausmacht. Am frühen Abend beginnen die Garküchen ihre verlockenden Düfte nach Würstchen, Eintöpfen und Pfefferminztee zu verströmen. Die ohrenbetäubenden Trommeln und das Geschepper der Kastagnetten der Gnaouas, das schrille Tröten der Schlangenbeschwörer machen es einem fast unmöglich, europäisch zu denken. Zu laut, zu exotisch. Man wird dank der Gerüche und Geräusche orientalisiert. In kreisrunden Grüppchen stehen die Marokkaner um die Märchenerzähler und lauschen fasziniert den Geschichten, starren gebannt auf die Akteure, die gebärdenreich Bizarres, Erheiterndes, Tragisches vortragen. Es ist Nacht geworden, und noch immer sind tausende von Besuchern auf dem Platz. Die Zeit der Fakire. In Trance laufen sie auf glühend heißen Kohlen, über scharfe Glasscherben, balancieren kochend heiße Teekessel auf ihrem Gesicht. Ein Magier bietet Zauberpülverchen an, die er in ein Amulett füllt – für Gesundheit, Liebe, Erfolg. Und über allem wabert noch immer der Rauch aus den Garküchen.

Ortswechsel – Fès, frühmorgens in der Medersa Bou Inania. Ruhe, erhabene Stille und Muße, den Blick über die filigranen Arabesken gleiten zu lassen, die die Wand wie geklöppelte Spitze bedecken. Drei Stunden später: In der Gerberei leuchten die Schaffelle quittengelb von den Dächern. Junge Männer im ledernen Lendenschurz turnen zwischen den Bottichen, aus denen ein unglaublicher Geruch emporsteigt. Dann ertönt der Ruf zum Gebet aus den Kehlen hunderter Muezzine: Mittelalteratmosphäre.

Der Kontrast zu den lauten und quirligen Städten: das Atlas-Gebirge. Im rauen, kargen Mittleren Atlas liegt der Himmel weit über den Hochebenen über die Wolkenfetzen ziehen. Riesige Schafherden, vereinzelte Lehmhäuser, mit Gras und Plastikplanen abgedichtet, hin und wieder ein Nomadenzelt. Die Stille ist hier fast körperlich spürbar. Die schneebedeckten Gipfel des Hohen Atlas im Hintergrund, davor ein Band aus Palmen oder Silberpappeln entlang des Flusses, dazwischen die Kasbahs. Mächtige Lehmburgen, auf den ersten Blick trutzig, doch im Detail mit geometrischen Mustern aus Lehmziegeln fast filigran. Unzählige solcher malerischen Kulissen bieten sich auf der Straße der Kasbahs.

Jahrhundertealte Traditionen, Kunst und Kultur sind in Marokko so lebendig wie eh und je. Architektonische Schätze wie Medersen und Moscheen, Kasbahs und Ksour, faszinierende Natur von Bergen und Oasen, Wüste und Meer machen Marokko zu einem unvergleichlich schönen Reiseland, Zeitreise ins Mittelalter inbegriffen. Heute, mehr als 25 Jahre nach meiner ersten Reise ins Land der Berber, der unzählige weitere folgten, sind diese Traditionen noch so lebendig wie damals. Auch wenn sich noch so viel ändert in Marokko, es verzaubert jedes Mal aufs Neue. Marokko hat eine geheimnisvolle, magische Aura, eine Dimension, die man nicht sehen, hören oder riechen kann, sondern nur im Herzen fühlt.

Ich wünsche Ihnen eine glückliche Reise mit offenem Herzen – Rihla saida!

Herausragende Sehenswürdigkeiten

UNESCO-Weltkulturerbe

Altstadt von Fès ▼

Das Gewirr der engen Gassen bezaubert mit einzigartigem, mittelalterlichem Charme. Nicht verpassen sollte man einen Besuch der Medersa Bou Inania und des Gerberviertels. S. 174.

Djemma el-Fna in Marrakesch ▼

Der Gauklerplatz ist die Quintessenz Marokkos, pure Exotik: Schlangenbeschwörer, Akrobaten, Märchenerzähler, Tänzer, Musiker und Schamanen. Garküchen verlocken mit ihren Düften. Die magische Atmosphäre genießt man am besten nach Einbruch der Dunkelheit. S. 203.

Rabat

Die Hauptstadt ist ein Gesamtkunstwerk, in der man zumindest die Meriniden-Nekropole Chellah, die Kasbah des Oudaias und das Mausoleum Mohamed V. mit dem benachbarten Hassanturm besuchen sollte. S. 134.

Meknès

In der Königsstadt von Sultan Moulay Ismail ist die kleine, kunstvolle Medersa Bou Inania unbedingt einen Besuch wert. Außerdem gehört ein Besuch des ehemaligen Getreidespeichers und des Mausoleums zu den Highlights. S. 161.

Aït Ben Haddou

Faszinierende Lehmburgen machen aus diesem Dorf vor der majestätischen Kulisse des Hohen Atlas zu einer malerischen Kulisse für viele Hollywood-Filme. S. 380.

Essaouira und El Jadida ▼

Essaouira – Künstlerstadt am Atlantik, in der Galerien, Kunsttischlereien und ein turbulenter Hafen locken. In der Cité Portugaise in El Jadida sind besonders die Zisternen sehenswert. S. 245, 255.

Tétouan

Die Schöne im Rif-Gebirge hat neben der sehenswerten und ursprünglichen Altstadt eine große Tradition im Kunsthandwerk. Da die andalusisch anmutende Stadt touristisch eher abseits liegt, ist ein Bummel in der Medina umso reizvoller. Im Archäologischen Museum sind zudem schöne Mosaiken zu bewundern. S. 303.

Volubilis

Die bedeutendste Ausgrabungsstätte Marokkos aus der Römerzeit wartet mit vielen Mosaiken in traumhafter Lage. S. 318.

Städte

Tanger

Die ehemals verrufene Stadt an der Straße von Gibraltar hat neben den malerischen Gassen der Kasbah ein besonderes koloniales Flair. Einen Besuch in einem der legendären Cafés sollte man sich nicht entgehen lassen, ebenso wenig einen Abstecher ins Kasbah-Museum. S. 282.

Chefchaouen ▼

Schon aus der Ferne ist die blaue Stadt ein überwältigender Anblick. Hinter jeder Ecke warten neue malerische Gassen, die ganze Stadt ist ein Kunstwerk. S. 311.

Natur

Sanddünen

Ein Meer aus rotgoldenem Sand, das besonders intensive Farben und Licht- und Schattenspiele zum Sonnenuntergang bietet. Am besten im Erg Chebbi von Erfoud oder Rissani aus zu erreichen oder im Erg Chegaga von Zagora aus. S. 367.

Tizi'n'Test ►

Die alte Passstraße zwischen Marrakesch und Taroudannt führt im Schatten von Bergriesen an malerischen Bergdörfern und Oasengärten vorbei und bietet Fotomotive in Hülle und Fülle. Mit der Moschee von Tinmal gibt es zudem ein kulturelles Juwel zu besichtigen. S. 346.

Straße der Kasbahs ▼

Auf der Strecke zwischen Tinejdad und Ouarzazate erheben sich unzählige Berberburgen aus Lehm, eingebettet in eine Traumkulisse. Vor allem einen Abstecher in die Dadès-Schlucht sollte man unbedingt einplanen, am besten bis M'semrir. S. 369.

Asif Ounila

Eine besonders reizvolle Strecke in den Hohen Atlas führt entlang des Flusses Asif Ounila von Aït Ben Haddou nach Telouet. Kasbah und Lehmdörfer säumen den Weg entlang der Flussoase, und in Telouet wartet mit der Kasbah des Berberfürsten Thami El Glaoui ein kleiner Schatz. S. 383.

Freizeit

Shopping in Marrakesch

Die Souks von Marrakesch gleichen einer orientalischen Schatzkiste, in der man tagelang stöbern kann. S. 204.

Wochenmarkt in Rissani

Schlendert man vom Eselparkplatz über den Tiermarkt zur Obst- und Gemüseabteilung und beobachtet die Marktbesucher, fühlt man sich in eine andere Zeit zurückversetzt. S. 361.

Das Wichtigste in Kürze

Das erste Kapitel **Land und Leute** gibt tiefergehende Informationen über Marokko und seine Menschen. Im zweiten Teil widmet sich dieses Buch den **Städten und Landschaften** des Landes, ohne Anspruch auf Vollständigkeit zu erheben. Der Osten wird ebenso wenig behandelt wie die von Marokko beanspruchte Westsahara, da es an touristischen Zielen mangelt oder aus politischen Gründen von einer Reise dorthin abgeraten wird. Der Reiseteil startet in Casablanca und den Königsstädten, da die meisten Reisen mit einer Ankunft auf einem der größten Flughafen des Landes beginnen. Die nächsten Kapitel orientieren sich an den prägenden Landschaften der Atlantikküste nördlich und südlich der Hauptstadt sowie an den Gebirgen. Das Kapitel ›Großer Süden‹ fasst die touristisch interessanten Ziele südlich des Hohen Atlas zusammen.

Die **Reisetipps von A bis Z** bieten umfangreiche Reiseinformationen zur Reisevorbereitung wie zum Reisen im Land. Ein kleiner **Sprachführer** mit Erklärungen zur Aussprache umfasst die wichtigsten Redewendungen in Marokkanisch-Arabisch sowie in Französisch.

Für die **Transkription der Ortsnamen** wurde die in Marokko übliche französische Schreibweise benutzt. Eine Übersicht über die Karten und Stadtpläne findet sich auf S. 456. Zu allen Städten gibt es Informationen zu Reisewegen, Unterkünften und Gastronomie sowie Einkaufstipps. Die Preise zu Hotels und Restaurants werden dabei wegen schwankender Wechselkurse in folgenden Preisstufen angegeben.

Hotels (Doppelzimmer; Campingplätze 2 Personen und Zelt/Wohnmobil):

€	unter 50 Euro
€€	50–100 Euro
€€€	100–200 Euro
€€€€	über 200 Euro

Restaurants (Preis für einfaches 3-Gänge-Menü, in Cafés und Fast-Food-Läden für ein Gericht)

€	unter 10 Euro
€€	10–25 Euro
€€€	25–50 Euro
€€€€	über 50 Euro

Blick auf Essaouira durch den Okulus in der Kasbah

Einreise

Die Einreise ist über die **Flughäfen** Casablanca, Marrakesch, Agadir, Fès, Tanger und Rabat möglich.
Die wichtigsten **Fährverbindungen** gehen vom spanischen Algeciras nach Tanger und in die Exklave Ceuta.
Für die Einreise ist ein mindestens sechs Monate gültiger **Reisepass** erforderlich. Reist man auf dem Landweg mit dem **eigenen Pkw** an, wird das Fahrzeug in den Pass eingetragen und muss auch wieder ausgeführt werden, ansonsten muss das eingetragene Kfz verzollt werden.

Marokkanische Fremdenverkehrsämter

Deutschland
Graf-Adolf-Str. 59
D-40210 Düsseldorf
+49/211/370551
www.visitmorocco.com
Österreich
Kärntner Ring 17/2/23
A-1010 Wien
Tel. +43/01/5125326
Schweiz
Schifflände 5
CH-8001 Zürich
+41/44/2527772

Geld

Die marokkanische Währung ist der **Dirham** (DH). Der Wechselkurs liegt bei 10,60 Dirhams für 1 Euro (Stand März 2016). Eine Einfuhr des marokkanischen Geldes ist illegal, man kann nur im Land selbst Geld tauschen. An den Flughäfen und in allen größeren Städten gibt es Wechselstuben, die im Gegensatz zu den Banken auch am Wochenende geöffnet haben. Auch in fast allen größeren Hotels ist Geldwechseln möglich.
Alle guten Hotels und Restaurants sowie touristenorientierte Händler akzeptieren **Kreditkarten**. In allen größeren Städten kann man mit der Kreditkarte oder der Giro-(EC-/Maestro-)Karte Geld am Automaten ziehen, maximal 2000 DH pro Tag.

Telefonieren

Das **Mobilfunknetz** ist sehr gut ausgebaut. Es kann aus allen deutschen Netzen telefoniert werden. Der Kauf einer marokkanischen **Prepaid-Karte** lohnt sich, wenn man längere Zeit in Marokko unterwegs ist.
Vorwahlen: nach Marokko +212 (00212), nach Deutschland +49, nach Österreich +43, in die Schweiz +41.

Notrufnummern

Polizei 19
Feuerwehr 150
Rettungsdienst 177
Auskunft 160

Verständigung

Amtssprachen in Marokko sind Arabisch und die Berbersprache Tamazight. Französisch ist als Verkehrs- und Wirtschaftssprache weit verbreitet, in den touristischeren Zentren wird oft auch Deutsch oder Englisch gesprochen.

Kleidung

Das Klima ist gerade im Frühjahr sehr wechselhaft, neben leichter Kleidung sollte man auch ein paar warme Sachen dabei haben. Im Winter sind bei Fahrten ins Gebirge warme Jacken und Stiefel angeraten, im Sommer empfiehlt sich luftige Kleidung.
Allzu aufreizende Kleidung, die körperbetont und wenig bedeckend ist, sollte zu Hause bleiben, schulterbedeckend und mindestens knielang gilt als angemessen.

Gesundheit

Pflichtimpfungen für die Einreise nach Marokko sind nicht erforderlich. Empfohlen wird eine Überprüfung der **Standardimpfungen** sowie eine Impfung gegen Hepatitis A, bei Langzeitaufenthalt auch gegen Hepatitis B, Typhus und Tollwut.
Die meisten **Durchfall- und Infektionskrankheiten** können durch eine entsprechende Maßnahmen vermieden werden; Mineralwasser nur aus Flaschen trinken. Grundsätzlich gilt die alte Globetrotter-Regel: Schäl es, koch es oder vergiss es! Ein unterschätzter

Strand an der Atlantikküste

Faktor, der zu Durchfallerkrankungen führen kann, ist das oft stark verschmutzte **Geld**. Also: IMMER Hände waschen, bevor man etwas zum Munde führt!

Wegen **Bilharziose-Gefahr** sollte man keinesfalls in stehenden Gewässern baden. **Mückenschutz** ist in den Oasen und an Fluss- und Seeufern angebracht.

Sicherheit

Marokko ist ein vergleichsweise politisch stabiles Land, es gibt aber auch Gefahrenelemente. So besteht ein Risiko terroristischer Anschläge mit islamistischem Hintergrund, die insbesondere auf ausländische Staatsangehörige abzielen können. Das Auswärtige Amt rät von Reisen in **entlegene Gebiete der Sahara** und das völkerrechtlich umstrittene Gebiet der **Westsahara** dringend ab. Aktuelle Informationen unter www.auswaertiges-amt.de.

Im Rif-Gebirge kann es zu Belästigungen vor allem Alleinreisender durch **Rauschgifthändler** kommen. Der Besitz von Drogen wird in Marokko strafrechtlich verfolgt und führt zu empfindlichen Freiheitsstrafen! Im Gedränge der Altstädte muss man mit **Taschendieben** rechnen.

Unterwegs im Land

Wer nicht mit mit einer Reisegruppe oder mit dem eingenen Auto unterwegs ist, kann in Marokko auch mit öffentlichen Verkehrsmitteln reisen. **Busse** der staatlichen Linie **CTM** und die Bahnbusse von **Supratours** gelten als schnellste und sicherste Buslinien im Land und sind in allen Städten zu finden. Mit privaten Busgesellschaften kommt man auch in die hintersten Winkel des Landes. Sie sind jedoch nicht immer bequem und sicher.

Ein **Schienennetz** gibt es nur nördlich des Hohen Atlas, das Tanger mit Marrakesch via Rabat und Casablanca und Casablanca mit Oujda via Meknès und Fès verbindet.

Mit einem Sammeltaxi, **Grand Taxi**, kommt man überall hin. Diese dürfen insgesamt sechs (!) Personen befördern, zwei auf dem Beifahrersitz, vier auf der Rückbank. Sie haben keinen Taxameter, sondern je nach angegebenem Fahrtziel einen Fixpreis.

Zeit

Der Zeitunterschied zu Deutschland, Österreich und der Schweiz beträgt plus 1 Stunde; auch in Marokko gab es in den letzten Jahren immer eine Sommerzeit.

Entfernungstabelle

	Agadir	Asilah	Casablanca	Chefchaouen	El Jadida	Essaouira	Fès	Ifrane	Marrakesch	Meknès	Midelt	Ouarzazate	Rabat	Tanger	Taroudannt
Taroudannt	80	790	465	795	420	250	710	650	225	700	640	290	520	835	
Tanger	900	50	370	110	470	720	305	365	610	265	570	810	280		835
Rabat	620	230	95	240	195	445	200	220	335	140	410	495		280	520
Ouarzazate	377	765	440	770	395	370	660	580	200	675	450		495	810	290
Midelt	725	415	385	440	490	590	210	145	420	265		450	410	570	640
Meknès	750	220	230	190	330	580	60	90	475		265	675	140	265	700
Marrakesch	300	565	240	570	200	170	485	425		475	420	200	335	610	225
Ifrane	725	310	280	290	420	660	60		425	90	145	580	220	365	650
Fès	795	260	290	230	390	640		60	485	60	210	660	200	305	710
Essaouira	175	670	350	680	250		640	660	170	580	590	370	445	720	250
El Jadida	420	415	100	430		250	390	420	200	330	490	395	195	470	420
Chefchaouen	848	162	330		430	680	230	290	570	190	440	770	240	110	795
Casablanca	520	325		330	100	350	290	280	240	230	385	440	95	370	465
Asilah	842		325	162	415	670	260	310	565	220	415	765	230	50	790
Agadir		842	520	848	420	175	795	725	300	750	725	377	620	900	80

Marokko, sagt man, ist ein Land der Gegensätze, ein Ort der Begegnungen und des Dialogs, zwischen den Kulturen und Religionen, der Raum für eine bewegte Geschichte und eine reiche, vielfältige und rebellische Phantasie. Man sagt vieles und alles ist wahr, aber doch viel zu allgemein, um dieses Land zu beschreiben. Ich würde sagen, dass Marokko einer Zimmerflucht gleicht, deren Türen sich öffnen, wenn man durch sie hindurchgeht. Jede Tür eröffnet einen anderen Ausblick: auf einen Raum, ein Gesicht, eine Stimme, ein Geheimnis.

Tahar Ben Jelloun, marokkanischer Schriftsteller

LAND UND LEUTE

Schafhirte im Hohen Atlas bei Msemrir

Marokko: Zahlen und Fakten

Landesname: Königreich Marokko, in der offiziellen Landesbezeichnung Al-Mamlakah Al-Mahgribiya, also Mahrebinisches Königreich.

Fläche: 710850 qm² (ohne die völkerrechtlich umstrittene Westsahara: 446550 qm²).

Hauptstadt: Rabat (577000 Einwohner).

Größte Stadt: Casablanca (3,36 Millionen Einwohner, im Großraum 6 Millionen).

Weitere große Städte: Fès (1,1), Tanger (974000), Marrakesch (928000), Salé (850000), Meknès (632000).

Staatsgrenzen: Algerien 1601 km, Mauretanien 1561 km, Spanien (Ceuta) 6,3 km, Spanien (Melilla) 9,6 km.

Höchste Erhebung: Jebel Toubkal, 4165 m.

Küstenlänge: 1835 km ohne Westsahara.

Einwohnerzahl: 33,8 Millionen (gemäß der Volkzählung im September 2014).

Bevölkerung: 80% Berber, davon 60 Prozent arabisierte Berber, 20 Prozent Araber, rund 60000 Ausländer, vor allem Franzosen, Spanier und Algerier.

Bevölkerungsdichte: 74 Einwohner/qm2.

Religion: 98,7% Muslime, davon 90% Sunniten der malikitischen Rechtsschule, 1,1% Christen (überwiegend Katholiken), 0,2% Juden.

Stadt-/Landbevölkerung: 58,8/41,2%.

Durchschnittliche Lebenserwartung: 71 Jahre.

Durchschnittsalter: 24 Jahre.

Fertilitätsrate: 2,7 Geburten pro Frau.

Analphabetenrate: 32,9 Prozent.

Staats- und Regierungsform: Konstitutionelle Erbmonarchie, mit einem Zwei-Kammer-Parlament, das alle 5 Jahre gewählt wird, letzte Wahl am 25.11.2011.

Administrative Gliederung: 16 Regionen, in 61 Provinzen (Wilayas) unterteilt.

Staatsoberhaupt: König Mohammed VI. (seit 1999).

Regierungschef: Abdallah Benkirane (seit November 2011).

Flagge: Rot mit einem grünen fünfzackigen Stern, der die fünf Säulen des Islams repräsentiert, Rot symbolisiert die Farbe der Scherifen (Schorfa, Nachkommen des Propheten), Grün die Farbe des Islams, in der heutigen Form wurde die Flagge 1915 eingeführt.

Die marokkanische Flagge

Amtssprachen: Arabisch und Tamazight, Französisch ist als Verkehrssprache weit verbreitet.

Bruttoinlandsprodukt: 3392 US-Dollar pro Einwohner.

Landwirtschaftliche Nutzfläche: 95000 km².

Erwerbstätigkeit: Landwirtschaft 43,6%, Industrie 19,7%, Dienstleistungen/Tourismus 36,7%.

Inflationsrate: 2,5%.

Arbeitslosigkeit: 10,2%, 60% aller Arbeitslosen sind 15–29 Jahre alt.

Human Development Index: 0,628, damit rangiert Marokko auf Platz 126 (von 188).

Wichtigste Exportpartner: Frankreich, Spanien, Großbritannien, Italien, Saudi-Arabien, Japan, USA, Indien.

Wichtigste Importpartner: Frankreich, Spanien, Saudi-Arabien, Russland, Italien, China, USA, 13. Deutschland.

Währung/Wechselkurs: Marokkanischer Dirham (DH), 1 Euro = 10,75 DH (März 2016).

Zeit: WET West European Time (MEZ –1 Stunde).

Nationalfeiertag: 18. November (zum Gedenken an die Proklamation der Unabhängigkeit 1955).

Internationale Telefonvorwahl: +212.

Internetkennung: .ma.

Geographie

›Die Welt ist ein Pfau und Marokko ist sein Schweif‹, sagt ein marokkanisches Sprichwort. Und tatsächlich hat das Land hat eine unglaubliche Vielfalt spektakulärer Landschaften zu bieten, so beeindruckend wie ein Pfauenrad: Berge, Wüste und Meer. Das nordwestlichste Land Afrikas liegt zwischen dem 1. und 16. westlichen Längengrad und dem 21. und 36. Breitengrad unter Einbeziehung der völkerrechtlich umstrittenen Westsahara. Die Atlasketten prägen Relief und Niederschlagsverteilung und damit auch die demographische Struktur Marokkos. Auf nur zehn Prozent des Landes leben mehr als zwei Drittel der Bevölkerung.

Atlasgebirge

Die gesamte Atlaskette erstreckt sich insgesamt über fast 3000 Kilometer von Marokko über Algerien bis nach Tunesien. Sie untergliedert sich in Marokko in die Gebirgsketten Rif-Gebirge, Mittlerer und Hoher Atlas, Antiatlas mit seinen östlichen Verlängerungen Jebel Saghro und Jebel Ougnat, dem vulkanischen Bergmassiv Jebel Siroua und dem südlichen Ausläufer Jebel Bani. Seinen Namen verdankt das Gebirge dem Titanen Atlas aus der griechischen Mythologie. Dieser wurde nach dem verlorenen Kampf der Titanen von Zeus damit bestraft, das Himmelsgewölbe am westlichsten Punkt der damals bekannten Welt stützen zu müssen. Nachdem Perseus im Auftrag der Göttin Athene die Gorgo Medusa, deren schrecklicher Anblick jeden sofort zu Stein erstarren ließ, enthauptet hatte, gelangte er zu Atlas. Der Titan verweigerte Perseus die Gastfreundschaft, woraufhin dieser ihm das Haupt der Medusa zeigt. Atlas versteinerte auf der Stelle und wurde zum Atlas-Gebirge.

Einschnitt der Dadès-Schlucht bei Msemrir im Hohen Atlas

Entstehung der Atlasketten

Das Grundgebirge Afrikas entstand schon im Präkambrium vor spätestens rund 590 Millionen Jahren. Im Paläozoikum vor über 300 Millionen Jahren entstand dann durch das Verschmelzen der früheren Kontinente Laurussia und Gondwana zum Superkontinent Pangäa der Antiatlas. Im Mesozoikum wurde Pangäa wieder getrennt, wodurch ein Grabensystem zwischen dem Zentralatlantik und dem Rest des Urmeeres Tethys entstand. In diesen Gräben wurden mächtige marine Sedimente abgelagert, insbesondere Kalkablagerungen. Erst im Tertiär, das vor 65 Millionen Jahren begann, wurden durch den Zusammenprall der eurasischen und afrikanischen Kontinentalplatten im Rahmen der alpidischen Orogenese diese Ablagerungen, zu Gestein gepresst, gehoben und zum Teil wieder abgetragen. Dadurch entstand die Hauptkette des Atlas, der Hohe Atlas. Im bereits bestehenden Gebirgszug des Antiatlas brach ein Basaltschlot auf, wodurch der vulkanische Jebel Siroua entstand.

Die Kontinentaldrift der beteiligten Platten, bei der sich die eurasische Konti-nentalplatte stetig weiter auf Afrika schiebt, ist längst nicht abgeschlossen. Dadurch gehört das Atlaskettensystem zu einer seismisch aktiven Zone – wie das schwere Erdbeben von Agadir 1960 oder das Boumerdès-Erdbeben 2003 in Algerien dramatisch aufzeigen.

Rif

Das Rif-Gebirge ist die nördlichste der Atlasketten und grenzt direkt ans Mittelmeer. Obwohl geologisch gesehen das Rif-Gebirge nicht Teil des Atlassystems ist, sondern zusammen mit der südspanischen Betischen Kordillere um deren Zentrum Sierra Nevada ein asymmetrisches Deckengebirge bildet, wird es dennoch als Teil des Atlas betrachtet.

Wichtigster Fluss der Rif-Region ist der Oued Moulouya, der im östlichen Rif, dem sogenannten Riyafa, bei Kebdana nach 550 Kilometern mündet. Das Rif erstreckt sich halbmondförmig über 360 Kilometer Länge vom Cap Spartel bei Tanger, in der Antike ›Säulen des Herkules‹ genannt, bis an die algerische Grenze bei Kebdana, östlich von Nador. Im Westen bildet das Rif den afri-kanischen Vorsprung der Straße von Gibraltar. Diese ist an der engsten Stelle zwischen Marokko und dem spanischen Tarifa gerade mal 14 Kilometer breit. Die höchste Erhebung des Rif-Gebirges ist der Jebel Tidiquin mit 2456 Metern.

Mittlerer Atlas

Die etwa 500 Kilometer lange Kette des Mittleren Atlas hat ihren Kulminationspunkt auf 3356 Metern im Jebel Bou Naceur. Sie besteht überwiegend aus Kalkgestein aus dem Trias und stark verkarstetem Jurakalken. Flach im Westen beginnend, liegen dort riesige Felder und an ihren Rändern die hauptsächlichen Siedlungsgebiete Marokkos. Je weiter der Mittlere Atlas nach Nordosten ansteigt, desto karger werden die Böden und desto dünner die Besiedlung. Dafür nimmt die durchschnittliche Niederschlagsmenge zu, dadurch gilt der Mittlere Atlas als Wasserspeicher des Landes. Die durchschnittlichen Niederschlagsmengen liegen bei stolzen 1500 Millimeter pro Jahr, im Landesdurchschnitt fallen nur 400 Millimeter pro Jahr.

Serpentinen auf einer Passstraße im Dades-Tal

Pferde am Bach im Mittleren Atlas

Die wichtigsten Flüsse wie die Oueds Sebou, Oum er-Rabia, Bou Regreg und Moulouya entspringen hier und sichern dank ihrer Stauseen die Wasserversorgung der meisten marokkanischen Großstädte. Das Klima ist mit kurzen und heißen Sommern, langen, kalten und schneereichen Wintern ausgesprochen kontinental. Die wichtigste Passstraße des Mittleren Atlas ist der 2178 Meter hohe Col du Zad.

Hoher Atlas

Die Hauptkette im Atlassystem ist der Hohe Atlas, der am Kap Rhir am Atlantik beginnt und sich im Osten kurz vor der algerischen Grenze in einen nördlichen Ausläufer, den Tellatlas, und einen südlichen Arm, den Sahara-Atlas, teilt. Zentral läuft er im algerischen Hochland der Schotts aus. Der westliche Hohe Atlas gipfelt im 4165 Meter hohen Jebel Toubkal. Nur fünf Kilometer Luftlinie entfernt liegt der zweithöchste Berg Nordafrikas: der 4089 Meter hohe Jebel Ouanoukrin. Das langgestreckte Massiv des Irhil M'Goun bildet mit 4071 Metern Höhe die Spitze des zentralen Hohen Atlas, und im Osten bei Midelt erhebt sich der Ari'n'Ayachi immerhin noch auf 3747 Meter.

Auch im Hohen Atlas entspringt eine Vielzahl von Flüssen. Die meisten davon erreichen jedoch kein Meer, doch werden durch sie die Flussoasen entlang des Oued Dadès, der Todgha, des Drâa, des Oued Mellah, des Asif Ounila und viele andere bewässert. Nur die nach Norden verlaufenden Flüsse erreichen den Atlantik, so wie der Oued Tensift, der durch die südliche Tadla-Ebene fließt und bei Safi in den Atlantik mündet.

Antiatlas

Der Antiatlas war bereits Teil der afrikanischen Platte, als es nach dem Entstehen des Hohen Atlas vor rund 55 Millionen Jahren zu vulkanischen Eruptionen an den Schwächezonen der beiden Gebirge kam, wodurch der 3304 Meter hohe Jebel Siroua entstand. Oftmals wird der Jebel Siroua als höchster Berg des Antiatlas bezeichnet, geologisch müsste er jedoch eigenständig geführt werden, was wiederum den 2531 Meter hohen Jebel Aklim zum höchsten Gipfel des Antiatlas macht.

Das Drâa-Tal trennt den Antiatlas von seiner östlichen Verlängerung, dem Jebel Saghro, dessen berberischer Name so viel wie ›Trockenheit‹ bedeutet. Hier ist der Name Programm. Der höchste Punkt in diesem Bergmassiv liegt auf dem Amalou'n'Mansour auf 2712 Metern Höhe. Der Jebel Ougnat, 1284 Meter hoch, ist die letzte Fortsetzung des Antiatlas nach Osten. Im Süden vorgelagert ist der 1635 Meter hohe Jebel Bani als letzter Gebirgszug vor der Sahara.

Küste, Wüste, Ebenen

Marokkos Grenzen nach Westen und Norden werden durch den Atlantik und das Mittelmeer gebildet. Die Grenze im Osten zum Nachbarn Algerien ist nur in fruchtbaren und besiedelten Gebieten klar definiert, ansonsten wurde der Grenzverlauf seit der Kolonialzeit recht willkürlich durch die Sahara gezogen und ist daher in manchen Bereichen heute noch umstritten. Völkerrechtlich am umstrittensten aber ist die Südgrenze Marokkos durch die Annexion der Westsahara 1975 (→ S. 69). Südlich des Hohen Atlas beginnt die Wüste zunächst als Steppe und Halbwüste, südlich des Antiatlas beginnt der saharische Raum als Vollwüste.

Küsten

Knapp 3000 Kilometer Atlantikküste liegen zwischen dem Cap Spartel und Guerguerat, dem südlichsten Ort der Westsahara, nur halb so weit ist es vom Cap bis zum völkerrechtlich unumstrittenen Tarfaya. Dazu kommen noch 475 Kilometer Mittelmeerküste vom Cap Spartel bis zur algerischen Grenze.

Ebenen

Ideal zur Besiedlung erwiesen sich die Ebenen zwischen Rif-Gebirge und Mittlerem Atlas. Das atlantische Klima sorgt in einem ›Gharb‹ (arabisch: Westen) genannten Dreieck, das durch Rif-Gebirge im Norden, Mittleren Atlas im Osten und Hohen Atlas im Süden gebildet wird, für die besten Voraussetzungen für Landwirtschaft. Wegen seiner nur leicht gewellten Form wird das Gebiet auch ›Meseta‹ genannt (nach dem spanischen Wort mesa, Tisch) und ist der am dichtesten besiedelte Teil Marokkos.

Pferdegespann an der Atlantikküste zwischen Essaouira und Safi

Auch die östlich anschließende Saiss-Ebene, in der die Königsstädte Fès und Meknès liegen, macht das Gebiet zwischen Rif und Mittlerem Atlas zum fruchtbaren Garten Eden. Zwischen Mittlerem und Hohem Atlas liegt mit der nördlichen Tadla-Ebene um Khénifra und der südlichen Haouz-Ebene bei Marrakesch ein weiterer landwirtschaftlicher Gunstraum. Dieser geht nach Westen in die industrielle Schatzkammer über – das Phosphat-Plateau um Youssoufia und Khourigba.

Sahara

Der Süden Marokkos ist Teil der Sahara, der mit neun Millionen Quadratkilometern größten Trockenwüste der Erde. Per definitionem zählen alle Gebiete, die weniger als 200 Millimeter Niederschlag und eine potentielle Verdunstung von über 2000 Millimeter haben, zur Wüste. Und so gehört auch alles südlich des Hohen Atlas zur Sahara. Entgegen der landläufigen Vorstellung heißt Wüste nicht automatisch Sanddünen. Nur 20 Prozent der Gesamtfläche sind von Ergs bedeckt, der Rest besteht aus Fels- und Steinwüste, Hamada, und Kieswüste, Serir. Die größte Steinwüste ist die Hamada du Drâa in der marokkanischen Westsahara. Doch mit dem Erg Chegaga und dem Erg Chebbi hat auch Marokko zwei Sanddünenlandschaften mit bis zu 150 Meter hohen Dünen. Besonders in den Frühjahrsmonaten und im Frühsommer ist der Chergui gefürchtet, ein heißer Wind aus östlichen und südöstlichen Richtungen, der das Thermometer schnell auf 40 bis 48 Grad steigen lässt und sich schnell zum Sandsturm auswächst. Selbst in Europa ist er oftmals noch als Schirokko spürbar.

Mineralien und Fossilien

Marokko ist ein wahres Mineralien-Paradies. Überall im Land stößt man auf Stände, an denen echte und auch unechte Mineralien und Fossilien angeboten werden. Marienglas lehnt ganz hinten, vorn stechen die eingefärbten Geoden ins Auge. Denn wenn Mutter Natur nur eine einfache Druse (mit Kristall gefüllter Hohlraum im Gestein) mit wenig Quarz schuf, hilft der marokkanische ›Mine-

Sanddünen des Erg Chebbi bei Sonnenuntergang

raloge‹ gerne mal nach. Leuchtendes Lila wird dabei scheinbar bevorzugt und soll wohl Amethyst vortäuschen, doch auch leuchtendes Rot, Pink, Blau und Grün lassen sich finden. Man liebt es im Orient eben bunt. Fast schon eine eigenständige Kunst ist die Herstellung ganzer Drusen aus Kokosnüssen. Streichhölzer werden in Klebstoff getaucht, in Sand gewälzt und mit Autolack silbern angesprüht. Mehrere dieser so veredelten Streichhölzer werden zur Vollendung in eine abgeschliffene und schwarz gefärbte Kokosnussschale eingeklebt und fertig ist die Bleiglanz-Druse made by Berber!

Trilobiten

Mineralien

Doch gibt es natürlich auch echte Mineralien zuhauf. Heimliche Hauptstadt der Steine ist Midelt, da es in der Umgebung quasi Fundgarantie gibt. Am häufigsten kommen Quarze vor, in ihrer reinsten Form als Bergkristall, aber auch in Variationen wie Amethyst und als streifige Achate, seltener als Goethit oder Hämatit. Aus der Gruppe der Sulfate und Sulfide findet man recht häufig das Selenit (Marienglas), Galenit (Bleiglanz), Baryt, Wulfenit, Coelestin, Pyrit (Katzengold) und den jade- oder türkisähnlichen Schmuckstein Amazonit. Selten ist hingegen Anglesit, hin und wieder aus der Mine bei Touissit zu Tage gefördert.

An Carbonaten finden sich Aragonit, Cerussit und Malachit recht häufig, seltener das leuchtend blaue Azurit und das pinkfarbene Kobaltcalcit. Am seltensten sind Minerale aus der Gruppe der Phosphate, Arsenate und Vanadate wie der tiefrote Vanadinit aus Mibladen oder Taouz, oder Erythrin, wegen seiner Farbe auch Kobaltviolett genannt, aus Bou Azzer im Jebel Saghro. Besonders rar sind rosa bis rosenroter Roselith und das grün-bläuliche Bismut-Kupfer-Arsenat Mixit.

Fossilien

In den versteinerten Korallenriffen von Merzouga lagern tausende von Ammoniten, Orthoceren und seltene Trilobiten. Als vor 400 Millionen Jahren ein tropisches Meer die Sahara bedeckte, entstand durch eine unfassbare Menge kalkabscheidener Korallenpolypen ein Korallenriff. Durch die Entstehung des Atlasgebirges verschwand das Meer, das fossile Atoll wurde an die Oberfläche gehoben, Millionen von früheren Meeresbewohnern wurden fossilisiert. Sowohl die spiralförmig gewundenen Ammoniten wie auch die langestreckten Orthoceren waren Vorläufer der heutigen Tintenfische, der heute noch lebende Nautilus ist ihr nächster Verwandter. Die raren Trilobiten (Dreilapper) sind die Urahnen der Spinnen und Skorpione, aber auch von Krebsen und Insekten. Da sie eher selten sind, blüht das Geschäft mit Fälschungen. Perfekte, vollständig ›erhaltene‹ Stücke sind oft dank des Einsatzes von Kunstharz so vollkommen.

Schnee im Mittleren Atlas

Klima und Reisezeit

Marokko hat verschiedenste Klimazonen, die vor allem durch die Gebirgszüge bestimmt werden. An den Küsten herrscht ein ausgeglichenes maritimes Klima mit warmen, aber nicht extrem heißen Sommern und milden Wintern vor. Auch an der südlichen Atlantikküste klettern die Thermometer dank kühler Meeresströmungen nicht oder kaum höher als im Norden. Das Klima im Landesinneren wird mit zunehmender Entfernung zur Küste immer kontinentaler, mit heißen Sommern und kalten Wintern. Höchstwerte im Sommer von über 40 Grad Celsius und Tiefstwerte im Winter nahe am Gefrierpunkt sind keine Seltenheit. In den Gebirgen sind die Sommer je nach Höhe zwar warm, aber nicht extrem heiß, dafür können die Tiefstwerte im Winter auch unter minus 20 Grad fallen. Im Januar 2015 versank Marokko im Mittleren und Hohen Atlas fast im Schnee, annähernd eineinhalb Meter Schnee fielen innerhalb von 24 Stunden. Schnee in dieser Menge ist aber eine Seltenheit.

Im Sahara-Vorland südlich des Hohen Atlas und in der Sahara sind die Sommer extrem heiß, die Winter immer noch warm. Spitzenwerte im Sommer von über 50 Grad im selten vorhandenen Schatten sind üblich. Insgesamt ist Marokko ein eher niederschlagarmes Land. Der Landesdurchschnitt liegt bei 400 Millimetern pro Jahr, dies ist aber wenig aussagekräftig, da der Regen dank des Reliefs sehr unterschiedlich verteilt ist. Im Mittleren Atlas im Gebiet um Ifrane fallen 1200 bis 1500 Millimeter Niederschläge. Nur an der Atlantikküste werden die marokkanischen Durchschnittswerte erreicht, mit 400 bis 600 Millimetern nördlich von Casablanca und 200 bis 400 Millimetern südlich. Südlich des Hohen Atlas fallen zum Teil deutlich weniger als 200 Millimeter, kurze, aber heftige Gewitter können – wie im November 2014 – dort schnell zu starken Überschwemmungen führen.

Reisezeit

Die beste Zeit, um nach Marokko zu fahren, ist das Frühjahr ab Mitte März bis Ende Mai, aber auch der Herbst mit den Monaten September und Oktober. Zwar ist es an der Küste und in der nördlichen Landeshälfte dann nicht mehr so schön grün und blühend wie im Frühling, doch ist dies die Zeit der Dattelreife, was die Oasen im Süden zu dieser Zeit besonders attraktiv macht. Die anderen Jahreszeiten überraschen oft mit klimatischen Extrembedingungen. Vor allem im Juli und August kann man sich aufgrund der hohen Temperaturen tagsüber kaum bewegen, das Alltagsleben kommt ab Mittag gänzlich zum Erliegen. Im Winter ist nur der Süden des Landes dank der milden Temperaturen empfehlenswert, in den Bergen können aufgrund starker Schneefälle zeitweise Pässe geschlossen sein. Januar und Februar sind die regenreichsten Monate, vor allem an den Küsten und im Rif sowie im Mittleren Atlas regnet es oft tagelang. Nur südlich des Hohen Atlas kann man dann auch die Sonne sehen.

Doch nicht nur das Wetter nimmt Einfluss auf die günstigste Reisezeit, sondern auch der Fastenmonat Ramadan. In dieser Zeit sind Restaurants und Cafés tagsüber geschlossen, die Geschäftszeiten eingeschränkt und Sehenswürdigkeiten öffnen später und schließen früher.

Vegetation

Die Pflanzenwelt im Norden Marokkos ist mediterran geprägt, im Süden ist das Land eine Wüstensteppe. An der Mittelmeerküste wachsen wie in Südeuropa Pinien, Zwergpalmen und typische Macchiasträucher wie Wacholder. Im Frühling geht es in Marokko bunt zu. Es beginnt im März mit der ›gelben Jahreszeit‹, wenn die Mimosen blühen. Im April leuchtet der Klatschmohn rot aus den Feldern, und im Mai blühen die Jacaranda-Bäume lila-blau. Im Norden und in den Oasen gedeihen zahlreiche Obstbäume: Oliven, Mandeln, Zitrusfrüchte, Pfirsiche, Aprikosen, Feigen, Quitten und Granatäpfel. Im Norden der Meseta gibt es noch zahl-

Die Wahl der besten Maroc-Orange aus dem Souss will wohl überlegt sein

Arganfrüchte

Orchidee (Knabenkraut) im Antiatlas

Feld mit Leinkraut im Rif

Pollen einer männlichen Dattelpalme

Schmarotzerpflanze
Cistanche phelypaea im Tafilalet

Orangenbaum im Souss

Stierkopfampfer
(Rumex bucephalophorus)

Euphorbia

reiche Buschwälder, die mit Ulmen oder Korkeichen durchsetzt sind. Nach Süden hin geht die Vegetation in eine mit Kakteen und Agaven durchsetzte Steppenlandschaft über. Dichte Wälder mit Eichen, vor allem Steineichen, und verschiedenen Nadelbäumen wie Kiefer und Tannen finden sich im Rif und im Mittleren Atlas. In letzterem wachsen zudem die immer seltener werdenden, weitausladenden Atlas-Zedern. Im Hohen Atlas weisen nur die Nordhänge eine nennenswerte Vegetation auf, mit Sandarak – auch Berberthuja genannt –, Steineichen, Aleppo-Kiefern und Buchsbaum. Auf dem östlichen Hochplateau zwischen Mittlerem und Hohem Atlas wächst das extrem harte Halfagras.

Flora der Wüsten und Oasen

Jenseits des Hohen Atlas weichen Gras und Dornengestrüpp mehr und mehr der vegetationslosen Wüste. Nur in den Oasen gedeihen dank der Bewässerung Nutzbäume, allen voran natürlich die Dattelpalme (→S. 358). Eine eher unscheinbare Oasenpflanze ist der für Kosmetik und Geisterabwehr so wichtige Henna-Strauch (→ S. 392). Tamarisken sind die letzten höheren Bäume im Vor-Sahara-Land. In der Souss-Ebene bei Taroudannt werden in riesigen Plantagen Orangen, Mandarinen und Clementinen kultiviert.

Eine Besonderheit ist der Arganbaum Argania spinosa, der endemisch von Essaouira bis in den Antiatlas hinein vorkommt, von der Küste bis auf 1300 Meter Höhe. Wegen seines harten Holzes nennt man ihn auch Eisenholzbaum. Er hat eine Lebenserwartung von 250 bis 400 Jahren. Schon vor 80 Millionen Jahren soll es die Arganie in Nordafrika und Südeuropa gegeben haben, heute wächst sie nur noch auf 820 000 Hektar im südwestlichen Marokko (→ S. 268).

Tierwelt

Gazellen, Berberlöwen und Adler sind weitestgehend aus der marokkanischen Tierwelt verschwunden. Spätestens Mitte des 20. Jahrhunderts wurden die Berberlöwen ausgerottet, doch dank des Zoos in Rabat gibt es in insgesamt elf Zoos weltweit knapp 90 Exemplare des ›Königs der Löwen‹. Die Berberlöwen sind größer und schwerer als ihre afrikanischen Artgenossen, sie können bis zu 300 Kilo wiegen. 1970 übergab König Hassan II. seine Palastlöwen dem Zoo, der in den folgenden Jahren ein Zuchtprogramm einleitete, dank dem auch der Zoo in Hannover einige Exemplare der in freier Wildbahn ausgestorbenen Tiere präsentieren kann.

Andere Wildtiere haben sich auf dünn besiedeltes Terrain zurückgezogen. Zu diesen äußerst seltenen und kaum außerhalb des Zoos in Rabat zu bestaunenden Exemplaren gehören die in den Dünen lebenden Cuvier-Gazellen sowie die scheuen Dorcas-Gazellen. Auch den Fennek genannten Wüstenfuchs, Schakale und Hyänen wird man kaum mehr in freier Wildbahn antreffen. Stattdessen sind Pferde, Esel, Mulis, Maultiere und Kamele als traditionelle Last- und Nutztiere weit verbreitet und entsprechend häufig zu sehen, vor allem im ländlichen Raum und insbesondere im Süden des Landes. Andere typische und hin und wieder zu sehende Tiere sind Wildschweine, Kaninchen, Wildziegen, Paviane und Berberaffen.

Das Geschenk Gottes

Kamel oder Dromedar?, fragen die meisten fälschlicherweise. Dromedar oder Trampeltier?, müsste die Frage lauten. Sowohl das einhöckrige Dromedar als auch die zweihöckrigen Trampeltiere Zentralasiens gehören zur Familie der Kamele. Das Dromedar kam durch Händler aus Arabien nach Marokko. Aufgrund seiner Genügsamkeit und Widerstandsfähigkeit hat es sich perfekt an den neuen Lebensraum Nordafrika angepasst. Beduinen nennen das Dromedar auch ›Ata Allah‹ - Geschenk Gottes. Viele Mechanismen zur Wasserersparnis ermöglichen den Tieren das Überleben in der Wüste. So sind die Nüstern dank einer Membran verschließbar, wodurch kaum Wasser über die Atmung verlorengeht. Zudem kann der eingesparte Wasserdampf vor dem Ausatmen von den Nasenschleimhäuten wieder aufgenommen werden und zur Kühlung des Gehirns dienen. Kamele können ihre Körpertemperatur verändern und sich in eine Art künstliches Fieber versetzen, um nicht zu schwitzen. Die Körpertemperatur schwankt zwischen 34 Grad Celsius in der Nacht und 42 Grad in der Tageshitze. Außerdem können die Tiere einen Wasserverlust bis zu einem Viertel ihres Gewichts ertragen und so bis zu zwei Wochen ohne Wasserzufuhr auskommen. Zusammen mit Nährstoffen wird das Wasser in drei Vormägen gespeichert und nicht, wie viele glauben, im Höcker. Nach einem Wasserverlust können Kamele große Mengen Wasser in kurzer Zeit zu trinken: bis zu 200 Liter in nur 15 Minuten!

Auch Darm, Blase und Niere der Kamele sind durch ihre Fähigkeit, Wasser im Körper zu halten, für ein Leben in der Wüste geschaffen. Der Harn von Kamelen ist daher wesentlich konzentrierter als der anderer Tiere. Sie geben nur rund einen Liter pro Tag ab, ein Zehntel der Menge eines Pferdes. Der Urin der Tiere ist stark ammoniakhaltig und diente den Beduinen früher als Waschmittel und Shampoo. Der Höcker besteht aus Fett, von dem die Tiere lange Zeit zehren können; es schützt sie zudem vor der Sonneneinstrahlung.

Typisch für Kamele ist der Passgang. Sie setzen Vorderfuß und Hinterfuß jeweils einer Körperseite gleichzeitig vor. Das Körpergewicht wird dadurch immer von einer Körperhälfte auf die andere verlagert. Dies erklärt den schaukelnden Gang, der den Kamelen den Beinamen ›Wüstenschiff‹ eingetragen hat. Auch die Füße sind ein Wunderwerk der Natur. Sie sind breit und flach, mit je zwei Zehen an jedem Fuß, die durch Polster miteinander verbunden sind. So wird das Gewicht des Tieres –bis zu 700 Kilogramm – verteilt und ein tiefes Einsinken im Sand verhindert. Mit einer Geschwindigkeit von etwa fünf Kilometern pro Stunde legt eine Kamelkarawane eine Strecke von 40 Kilometern pro Tag zurück, mit einer durchschnittlichen Last von rund 150 Kilogramm. Männliche Tiere könnten sogar mehr als 200 Kilogramm transportieren, sind aber aggressiver als Stuten und waren deshalb immer weniger gefragt. Mit drei Jahren werden die Stuten geschlechtsreif und bringen nach zwölfmonatiger Tragezeit üblicherweise ein Junges zur Welt. Die Kamelmilch ist bei Wüstenbewohnern äußerst geschätzt, da sie sehr nährreich ist. Der normale Mitteleuropäer sollte nur Kleinstmengen kosten, um Durchfall zu vermeiden. Für die Beduinen ist das Dromedar darüberhinaus Fleisch-, Woll- und Lederlieferant. Der Dung dient als Brennstoff, der in einer vegetationslosen Umwelt wie der Sahara besonders wertvoll ist.

Berberaffe im Zedernwald bei Azrou

Berberaffen

Von den früher in ganz Nordafrika heimischen und zu den Makaken zählenden Magots sowie den als gefährdet eingestuften Berberaffen gibt es nur noch in Marokko den letzten größeren Bestand. Schon 1969 eröffnete der elsässische Baron Gilbert de Turckheim zu ihrem Erhalt in Kintzheim einen ersten Schutzpark, es folgten weitere in Salem am Bodensee, in Rocamadour im französischen Zentralmassiv und im mittelenglischen Trentham. In den jeweiligen Parks leben gut 200 Tiere und damit zehn Prozent des Weltbestandes. Die tagaktiven Affen gehören zu den Meerkatzenverwandten und leben in höher gelegenen Eichen- und Zedernwäldern, wo sie sich von Früchten, Blättern, Wurzeln und Knospen ernähren. Charakteristisch ist das rosafarbene Gesicht mit dem dichten Backenbart.

Kamele

Fauna der Berge und Wüste

In den Gebirgsschluchten kann man gelegentlich Mufflons und Mähnenschafe beobachten. Mufflons sind eher scheue Tiere, die eine Größe von 65 bis 90 Zentimetern erreichen. Sie haben einen grauen, manchmal gelblichen Sattelfleck auf dem braunen Fell. Am charakteristischen sind die gedrehten und das ganze Leben über wachsenden Hörner der Männchen.

Storch in der Chellah in Rabat

Ebenfalls in den Bergen kann man selten Stachelschweine sowie den Gundi oder Kammfinger antreffen, der mit den Meerschweinchen verwandt ist. Allerdings nur morgens und abends in der Dämmerung, die restliche Zeit schläft er.

Immer seltener wird der Karakal, eine mittelgroße Wildkatze mit spitzen Ohren, an deren Ende ein schwarzes Haarbüschel für große Ähnlichkeit mit einem Luchs sorgt. Dies hat dem Karakal den Beinamen ›Wüstenluchs‹ eingebracht hat. Charakteristisch sind die schwarzweiße Gesichtszeichnung sowie die schwarzgefärbte Rückseite der Ohren. Ebenfalls vom Aussterben bedroht ist die Wildkatzenart Serval. Dessen Fell erinnert an einen Leoparden, allerdings hat die Katze einen kleinen Kopf mit runden Ohren.

Reptilien

Reptilien sind in Marokko wesentlich häufiger zu sehen als wildlebende Säugetiere. Geckos, Skinke und Eidechsen sind daber die verbreitetsten. In der Wüste trifft man häufiger auf Fransenfinger, Wüstenrenner, Wüstenspringmäuse und Dornschwanzagamen. Auch Chamäleons sind in Trockengebieten verbreitet, und im offenen Gelände kann man – eher selten – auf die Landschildkröte treffen.

Natürlich gibt es auch zahlreiche Schlangenarten, doch sind die meisten harmlos und so scheu, dass man sie nur selten erblickt. Dazu gehören die in Wadis und Oasen lebenden, nicht giftigen Vipern-, Sandrenn- und Diademnattern. In Acht nehmen sollte man sich vor den giftigen Schlangen wie der Hornviper, der Atlasotter, der Eidechsennatter, der Puffotter und der Marokko-Kobra. Darüberhinaus sollte man in Wüstengegenden und Dünen auf Skorpione achten. Zur Sicherheit sollte man immer die Schuhe ausschütteln, bevor man hineinschlüpft.

Vögel

An den Steilküsten Marokkos brüten Kormorane, Alpenkrähen und Kolkraben. Zu den häufigsten Wasservögeln zählen Störche, verschiedene Reiherarten, Enten, Flamingos, Strand- und Wasserläufer. An Greifvögeln kommen der Zwerg- und Steinadler, Bartgeier, Bussard, Falke, Milan und der Sperber vor. Selten geworden sind die Steppen-, Schlangen- und Habichtsadler und der Wüstenuhu.

Die Menschen Marokkos

Die Marokkaner wurden 2014 nach zehn Jahren wieder in einem Zensus erfasst. Dabei zählte man 35 Millionen Einwohner, von denen fast 60 Prozent in Städten leben. Mehr als ein Viertel der Bevölkerung ist jünger als 15 Jahre, die Zahl der Einwohner über 65 Jahre hingegen beträgt nur sechs Prozent. Doch bei gleichbleibendem Bevölkerungswachstum und steigender Lebenserwartung wird für 2050 eine Bevölkerungszahl von 47 Millionen geschätzt. Aufgrund der Topographie und der daraus resultierenden klimatischen Situation leben über zwei Drittel der Bevölkerung auf nur zehn Prozent der Landfläche – die unwirtliche Westsahara noch nicht einmal eingerechnet. Ein Fünftel der Einwohner hat arabische Wurzeln. Die größte Bevölkerungsgruppe bilden die indigenen Berber, von denen 60 Prozent als arabisiert gelten, das heißt, dass sie Arabisch zu ihrer Muttersprache gemacht haben. Gut zehn Millionen Marokkaner praktizieren noch ihre berberische Sprache und gelten damit als ›reine‹ Berber.

Berber und Mauren

Die Berber verdanken ihren Namen den Römern, die sie, abgeleitet vom griechischen ›barbaros‹, als ›Stammler‹ bezeichneten, als Leute, die nur unverständliche Laute von sich gaben. Die Sprache ist nach wie vor das sicherste Kennzeichen, Berber von Arabern zu unterscheiden. Diejenigen, die Amazigh als Muttersprache sprechen, bezeichnet man gemeinhin als Berber. Diejenigen, die Arabisch im Alltag sprechen, gelten als arabisierte Berber.

Würdiger Weißbart am Hassanturm in Rabat

Menschen aller Schichten und jeglicher Herkunft treffen sich auf dem Gauklerplatz Djemma el-Fna in Marrakesch

Der berühmte tunesische Soziologe Ibn Khaldoun hat im 14. Jahrhundert die Berber in drei große ethnische Gruppen unterschieden: die Zenata, die Sanhadja und die Masmouda. Nach dieser Klassifikation versucht man bis heute, die etwa 18 Millionen ethnischen Berber einzuteilen und die unzähligen örtlichen Dialekte zu erfassen. Immerhin ist hier die Rede von 4000 bis 5000 Berbersprachen, die alle zusammen die Sprachgruppe der hamitosemitischen Sprachen bilden.

Doch auch abgesehen von der Sprache bilden die Berber, die sich selbst als Imazighen (freie Menschen) bezeichnen, weder in rassischer noch in kultureller Hinsicht eine Einheit. So lässt sich ein Marokkaner nicht mit dem bloßen Auge als Berber erkennen. Die Rifkabylen sind eher hellhäutig, die Berber im Süden manchmal fast schwarz. Es gibt großgewachsene Völker wie die Tuareg und eher kleine und zierliche im Atlas. Nur wenn die Frauen noch ihre traditionelle Kleidung tragen, könnte man sie als Berberinnen an einem äußeren Merkmal erkennen. Gerühmt wurde immer wieder die Unerschrockenheit der Berber, ihr Kampfesmut wurde sprichwörtlich. Im eigenen Bett zu sterben, galt als Schande, nur der Tod auf dem Schlachtfeld war ehrenvoll. Alle Invasoren, von den Römern bis zu den Franzosen, konnten ein Lied davon singen.

Bis ins 20. Jahrhundert waren sich viele der etwa 300 Stammesföderationen Marokkos untereinander spinnefeind. Wer nicht Mitglied des eigenen Stammes war, galt als potentieller Feind und mithin als legitimes Opfer von Raubzügen – und das nicht nur in Zeiten von Missernten oder Tiersterben.

Mauren

Als Mauren werden all jene Berberstämme bezeichnet, die bereits im 7. Jahrhundert von den Arabern islamisiert wurden und diese bei der Eroberung der iberischen Halbinsel unterstützten. Die wenig homogene Gruppe der Mauren, die sich aus Berbern aller Teile Nordafrikas rekrutierte, stellte dabei sogar die Mehrheit der Krieger. Heute zählt man sie zu den arabisierten Berbern.

Berbersprachen

Die wichtigste Berbersprache Marokkos ist das Tamazight, das im Juli 2011 zur zweiten offiziellen Amtssprache erhoben wurde und zur Gruppe der Sanhadja-Dialekte zählt. Gesprochen wird es in Dialektabwandlungen im Mittleren Atlas sowie im zentralen und östlichen Hohen Atlas, außerdem von den algerischen Kabylen. Das Taschelheit aus der Masmouda-Gruppe wird im Südwesten Marokkos von den Chleuh (gesprochen ›Schlöh‹) im westlichen Hohen Atlas, im Antiatlas und in der dazwischen liegenden Souss-Ebene gesprochen. Im Rif und im nördlichen Mittleren Atlas praktiziert man das Tarifit, zur Zenata-Gruppe gehörend.

Da das Berberische eine vorrangig mündliche Kultur ist, hat sich keine eigene Schrift für die diversen Sprachen entwickelt. Man bediente sich der Schriften der Invasoren, also des Lateinischen und seit dem 7. Jahrhundert des Arabischen. Nur die Tuareg, die Tamaschek sprechen, entwickelten eine alphabetische Konsonantenschrift, das Tifinagh. An der Berberakademie, die 1966 in Paris gegründet wurde, modernisierte man das Tifinagh, um damit auch andere Berbersprachen schreiben zu können. Tifinagh ist heute in Marokko amtlich anerkannt.

Araber

Mit der arabischen Eroberung im ausgehenden 7. Jahrhundert kamen die Araber in den Maghreb und mit ihnen die Sprache. Dank der Islamisierung verbreitete sich auch das Arabische, doch erst im 11. Jahrhundert mit dem Einfall der Bani Hilal erfolgte eine durchgehende Arabisierung Marokkos. Dieser arabische Beduinenstamm, der bereits im 8. Jahrhundert in das Niltal einwanderte und ständig für Unruhen sorgte, wurde von den ägyptischen Fatimiden als Strafkommando ins abtrünnig gewordene Ifriqiya (Tunesien und westliches Libyen) abgeschoben. Von dort aus wanderten die Bani Hilal auch ins heutige Marokko ein, bemächtigten sich der ausgedehnten Weide- und Landwirtschaftsflächen in den Ebenen und drängten die Berber in entlegenere Berggebiete zurück. Im Zuge der Reconquista kam eine weitere große Gruppe Arabischstämmiger aus Al-Andalous nach Marokko, zudem die Bani Maqil aus dem Jemen. Vor allem die damalige Hauptstadt Fès wurde dadurch überwiegend arabisiert.

Berber an einem Straßenschild mit aufgemalter Berberflagge im Hohen Atlas

Die wichtigsten Stämme Marokkos

Abda Arabischer Stamm der Bani Maqil, Heimat zwischen Oualidia und Safi.

Aït Atta Verbund von fünf Sanhadja-Stämmen im südöstlichen Hohen Atlas und im Jebel Saghro.

Aït Haddidou Stamm, der mit den Almoraviden ins Gebiet des Hohen Atlas kam; Teil der Aït Yafelman.

Aït Izdeg Teil der Aït Yafelman, zwischen Errachidia und Midelt beheimatet.

Aït Morghad Mächtigster Stamm im Jebel Saghro, Teil der Aït Yafelman.

Aït Ouaouzguite Große Masmouda-Föderation aus insgesamt 20 Stämmen; vom Jebel Toubkal bis zum Jebel Bani, östlich bis Ouarzazate.

Aït Ouriaghel Kriegerischer Stamm, Teil der Rifkabylen, berühmtester Führer des Stammes war Abdelkrim el-Khattabi.

Aït Sadden, Sanhadja Aus dem Mittleren Atlas zwischen Fès und Taza; berühmt für ihre Strebsamkeit: Der erste Berber, der 1949 Abitur machte, war von diesem Stamm; auch ihre Töchter schickten sie als erste zur Schule.

Aït Seghrouchen Zenata-Berberstamm östlich von Errachidia, im östlichen Hohen Atlas sowie im Mittleren Atlas um den Col du Zad, im Widerstand gegen die Franzosen aktiv und im Zweiten Weltkrieg an der Befreiung Europas in französischen Diensten beteiligt.

Aït Yafelman ›Die, die den Frieden wollen‹, Sanhadja-Stammesverband, der sich im 17. Jahrhundert zusammenschloss und bis ins 20. Jahrhundert einer der gefürchtetsten Stämme war; ihm gehören die Aït Haddidou, die Aït Morghad und die Aït Izdeg an.

Aït Youssi Sanhadja-Berber, kamen durch Moulay Ismail nach Marokko zur Kontrolle des Karawanenweges über den Tizi'n'Talghemt; ansässig in Gebiet des Oberlaufes des Moulouya bis nach Fès.

Alaouiten Arabischer Stamm der Bani Maqil, der seit dem 17. Jahrhundert Marokko beherrscht.

Almohaden Dynastie, die durch Zusammenschluss von Masmouda-Berbern entstand und die im 12. Jahrhundert Nordafrika und Andalusien beherrschten.

Almoraviden Dynastie von Sanhadja-Berbern, die, im 11. Jahrhundert aus der Westsahara kommend, das erste große Berberreich in Marokko gründeten.

Ammeln Kleine Gruppe von Chleuh-Berbern im Antiatlas um Tafraoute.

Auraba Zenata-Stamm, der im 8. Jahrhundert Moulay Idriss Zuflucht gewährte.

Bani Hilal Arabischer Stamm ursprünglich aus dem Nejd, besetzen im 11. Jahrhundert von Ägypten aus den ganzen Maghreb.

Bani M'Guild Sanhadja-Berber, ursprünglich aus der Sahara, seit dem 19. Jahrhundert im Mittleren Atlas beheimatet.

Bani Maqil Arabischer Stamm, kam im 13. Jahrhundert nach Nordafrika, in viele Stämme aufgeteilt, darunter die Zaër, Chiadma, Abda, Ouled Yahya und Alaouiten.

Bani Merin Zenata-Berber, die im 13. Jahrhundert die Macht über Marokko übernahmen.

Bani Saad Arabischer Stamm aus der Gegend von Ta'if, im 11. Jahrhundert im Drâa-Tal eingewandert, übernahmen im 16. Jahrhundert als Saadier die Macht über Marokko.

Bani Yazgha Großer Zenata-Stamm, der zur Zeit der Gründung von Fès dort ansässig war; heute im Gebiet des Mittleren Atlas um Sefrou.

Banu Ifren Zenata-Berberstamm aus dem Gebiet zwischen Salé und Larache, Nachkommen der Magraoua.

Chiadma Arabischer Stamm der Bani Maqil, seit dem 13. Jahrhundert zwischen Safi und Essaouira beheimatet.

Barghaouata Masmouda-Berber, gründeten bereits im 8. Jahrhundert ein unabhängiges Reich an der Atlantikküste um Casablanca.

Chleuh Große Gruppe der Masmouda-Berber, zwischen Essaouira und Tiznit, vor allem im Antiatlas ansässig.

Frauen vom Stamm der Aït Haddidou in Tracht

Chtouka Größte Gruppe der Chleuh-Berber, im Souss und Antiatlas beheimatet.

Doukkala Masmouda-Berber, zwischen Casablanca und Safi beheimatet.

Glaoua Masmouda-Berber im Hohen Atlas, östlich des Tichka-Passes bis Aït Ben Haddou, berühmtester Stammesfürst war Thami el-Glaoui vom Mezouari-Clan.

Haha Masmouda-Berber, zusammengeschlossen zu einem Verband von zwölf Stämmen, heute noch an der Atlantikküste zwischen Essaouira und Agadir.

Imaghrane Masmouda-Stamm aus fünf Zweigen, im 13. Jahrhundert zusammengeschlossen; zwischen dem Tichka-Pass und Kelaa M'Gouna beheimatet.

Magraoua Zenata-Berberstamm, der als einer der ersten bekehrt wurde, im 8. Jahrhundert Teil des Idrissiden-Reiches; die meisten Nachkommen leben im algerischen Aurès.

Masmouda Einer der drei Ur-Stämme, vom Mittelmeer bis zum Mündungsgebiet des Oued Drâa, aber auch Stammesrelikt dieser großen Gruppe, die zwischen Souk el-Arba-du-Gharb und Larache siedeln.

Meriniden → Bani Merin.

Miknassa Zenata-Stamm, der ursprünglich aus Tunesien kam und sich schon früh in der Gegend von Meknès ansiedelte, gründete im 8. Jahrhundert Sijilmassa; durch die Almoraviden fast ausgelöscht, heute nur noch bei Taza ansässig.

Ouled Naceur Arabischer Stamm im östlichen Tafilalet.

Ouled Yahya Arabischer Stamm, ursprünglich Teil der Bani Maqil, im Jebel Saghro beheimatet.

Regraga Mächtiger Masmouda-Berberstamm im Gebiet der Chiadma, der für sich in Anspruch nimmt, der erste islamisierte Stamm Marokkos zu sein.

Rifkabylen Aus mehr als 20 Zenata-Stämmen und Stammesverbänden zusammengesetzt, von denen die Aït Touzine die größte Gruppe stellen.

Saadier → Bani Saad.

Sanhadja Einer der Ur-Stämme aus dem Gebiet des Senegal-Flusses; die meisten Stämme der Sanhadja-Gruppe kamen mit den Almoraviden nach Marokko.

Sebbah Arabischer Stamm, der sich in der Tafilalet-Oase niedergelassen hat.

Zaër Ein ursprünglich arabischer Stamm der Bani Maqil aus dem Jemen, der sich zunächst im Hohen Atlas niederließ, heute im Küstenhinterland von Rabat.

Zayan Zenata-Berber aus der Gegend um Khénifra, leisteten unter Moha ou Hammou den Franzosen erbitterten Widerstand; König Mohammeds VI. Großvater mütterlicherseits war Chef eines Zayan-Clans.

Zemmour Sanhadja-Konföderation von neun Stämmen, bewohnen die Meseta.

Zenata Einer der Ur-Stämme, dessen Ursprünge am Senegal-Fluss liegen sollen.

Marokkanisch-arabische Sprache

›Labäs?‹, ›Geht's gut?‹ So wird man in Marokko stets nach dem werten Befinden gefragt, weit entfernt von der arabischen Redewendung ›Kayf el-hal‹. Und solche sehr unterschiedlichen Worte und Ausdrücke gibt es viele. Das in Marokko gesprochene Arabisch ist ein Dialekt, in den viele berberische Ausdrücke Eingang gefunden haben. Darüber hinaus spicken auch viele französische Begriffe diesen ›Darija‹ genannten Dialekt, der dadurch von Hocharabisch Sprechenden nur höchst bruchstückhaft verstanden wird. In das Marokkanisch-Arabisch von Tanger und im Rif flossen zudem spanische Ausdrücke ein. Ein eigenständiger Dialekt ist das Hassania, das in der westlichen Sahara und somit auch in der von Marokko annektierten Westsahara gesprochen wird. Der arabische Beduinenstamm der Bani Hassan verbreitete diesen Dialekt im 14. Jahrhundert in Algerien, Mauretanien, der Westsahara und in Teilen Malis und des Niger.

Haratin und Gnaoua

Der Begriff ›Haratin‹ lässt sich volksetymologisch als die ›nachträglich Befreiten‹ übersetzen und bezeichnet die Nachkommen der als Slaven nach Marokko verschleppten Schwarzafrikaner vom Sudan bis zum Senegal. Im heutigen Marokko ist die Bezeichnung Haratin selten geworden, vielmehr bezeichnet man sie als Draoua, also als Leute aus dem Drâa-Tal, durch das sie zwangsweise einwanderten.

Eine Sonderstellung nehmen die Gnaoua ein. Sie sind ebenfalls Nachkommen ehemaliger Sklaven, die überwiegend im 17. Jahrhundert aus dem Gebiet des Senegal, Ghanas und Guineas – daher auch ihr Name – verschleppt wurden. Entsprechend ihrer Herkunft verbinden sie Glaubensinhalte des Islam mit vorislamischen Praktiken des subsaharischen Afrikas. Der Umgang mit den Geistmächten insbesondere durch rhythmische Musik und Trancetänze steht im Mittelpunkt ihrer Riten (→ S. 90).

Schilderwald an der Talaa Kebira in Fès el-Bali

Der Koranlehrer bei den Berbern

Ein Berbermärchen

Hoch in den Bergen wohnen zahlreiche Berberstämme, die nur ihre Taschelheit-Sprache sprechen und kein Wort Arabisch können. Vom Koran und den Formen des Gebetes haben sie nur ganz vage Vorstellungen. Dennoch fühlen sie sich ganz als Moslems. Auf der alljährlichen Versammlung eines dieser Gebirgsstämme sprachen die alten Männer miteinander wieder einmal über diese Notlage. ›Wir wissen gar nicht die richtige Form des Gebets‹, sagte ein Weißbart. ›Es ist eine Schande, denn wir sind doch gute Moslems.‹ Da machte ein junger Mann den Vorschlag, man solle den Sultan bitten, dass er ihnen einen Gelehrten schicke, der sie in allem Nötigen unterrichte.

Man schickte also eine Abordnung von angesehenen Männern zum Sultan in Fès und bat um einen Gelehrten. Der Sultan war erfreut über diesen Glaubenseifer und versprach ihnen einen Koranlehrer. Er bestimmte einen dieser hochgelehrten Männer der kostbaren Karawiyin-Universität, und dieser musste mit den Männern ins Gebirge ziehen. Er wurde vom ganzen Stamm mit großer Freude empfangen und bewirtet. Als nun die Zeit zum Nachmittagsgebet kam, stand der Lehrer auf und rief zum Gebet. Alle Männer reinigten sich und stellten sich in Reihen auf, wie es der Lehrer anzeigte. Vor der ersten Reihe nahm er selbst als Imam den Platz und wollte gerade das Gebet beginnen, als er sah, dass der Grund, auf dem er stand, vom letzten Regen durchweicht war, und da er fürchtete, seine makellos weiße Kleidung in diesem Schlamm zu beflecken, holte er ein in der Nähe liegendes Stück einer Tür herbei und legte sie vor sich. Die Bretter waren aber roh zusammengezimmert und dazwischen waren Ritzen.

Er stellte sich nun auf diese Brettertür und erhob die Hände, wie es die Sitte vorschreibt, und rief ›Allahu akbar!‹ und alle Männer in den Reihen hinter dem Imam folgten seiner Bewegung und wiederholten den Ruf ›Allahu akbar‹. Nach der Fatiha und der Koransure verbeugte sich der Imam und sprach ›Subhan Allah!‹, und gehorsam folgten alle in der Bewegung und wiederholten die Worte. Dann beugte sich der Vorbeter auf den Boden nieder, so dass die Stirn das Brett berührte, und sprach die rituellen Worte, und alle folgten ihm und wiederholten die arabischen Worte, die sie nicht verstanden. Durch den Druck auf die Bretter war jedoch die Ritze zwischen zwei Brettern weiter geworden, so dass sich die Nase des Gelehrten zwischen zwei Brettern befand, und als dieser sich nun wieder aufrichten wollte und dadurch der Druck auf die Bretter nachließ, wurde die Spalte schmaler und die Nase war darin eingeklemmt. Er versuchte mit Kraft, die Nase herauszuziehen, aber es gelang ihm nicht. Da rief er laut: ›Meine Nase ist gefangen!‹ und alle wiederholten die arabischen Worte: ›Meine Nase ist gefangen!‹. Daraufhin rief er: ›Kommt und helft mir!‹ und sie sprachen mit Inbrunst: ›Kommt und helft mir!‹. In höchster Not rief der Imam: ›Versteht ihr denn nicht?‹ und alle wiederholten mit Eifer: ›Versteht ihr denn nicht!‹.

Da riss der Imam die Nase heraus, und es blieb die Spitze in der Spalte stecken. Er beendete eilig das Gebet, stieg auf seinen Esel und sprach im Wegreiten: ›Lernt ihr erst einmal Arabisch, dann werde ich euch Beten lehren!‹

Quelle: Diederichs Märchen der Welt: Märchen der Berber.

Frauen und Frauenrechte

»Wie soll man Fortschritt von einer Gesellschaft erwarten, wenn die Rechte der Frauen mit Füßen getreten, wenn Frauen misshandelt und marginalisiert werden?« Diese rhetorische Frage stellte König Mohammed VI. kurz nach seiner Thronbesteigung 1999. Im März 2000 demonstrierten mehr als 200 000 marokkanischer Männer gegen die angekündigten Reformen im Familienrecht. Eine Kommission, bestehend aus islamischen Rechtsgelehrten, Anwälten, Richtern, Wissenschaftlern und bedeutenden Persönlichkeiten der Zivilgesellschaft wurde eingesetzt. 2004 trat schließlich das neue Familiengesetz, Moudawana, in Kraft. Dadurch wurde das Mindestheiratsalter für Frauen von 15 auf 18 Jahre angehoben, die Vormundschaftpflicht wurde abgeschafft, was bedeutet, dass verheiratete, volljährige Marokkanerinnen ohne vorher notwendige Zustimmung ihres Gatten einen Reisepass beantragen oder verreisen können. Will ein Mann eine zweite Frau heiraten, was nach dem Koran zulässig ist, müssen seine Erstangetraute sowie ein Richter dafür die Zustimmung erteilen. Frauen können nun von sich aus die Scheidung einreichen, sie behalten automatisch das Sorgerecht für die Kinder bis zum 15. Lebensjahr, dann darf das Kind entscheiden, bei welchem Elternteil es bleiben will. Auch eine erneute Heirat der Mutter führt nicht mehr zum Verlust des Sorgerechts. Außerdem wurde das Recht der Frau auf Arbeit besonders herausgehoben.

Ein großes Hindernis bei der Umsetzung der Neuerungen im Alltag sind weiterhin die althergebrachten patriarchalischen Gesellschaftsstrukturen, die dazu führen, dass Frauen ihre neuen Rechte nicht in dem Maße wahrnehmen, wie es ihnen von Rechts wegen zustünde. Viele Frauen, gerade im ländlichen Südmarokko, sind sich der Reformen noch immer nicht bewusst, und auch ihre Männer sind nicht darüber aufgeklärt.

Ein nach wie vor großes Manko ist das Fehlen eines Gesetzes, das häusliche Gewalt unter Strafe stellt. Ein Gesetzentwurf liegt vor, darüber abgestimmt wurde

Junge Frauen im Jardin Boujeloud in Fès

seit Jahren nicht. Und so werden nach Angaben des Familienministeriums sechs Millionen Marokkanerinnen – ein Drittel der Frauen im Land – Opfer von Gewalt. 55 Prozent dieser Übergriffe werden von den Ehemännern begangen! Ein Vergewaltiger geht straffrei aus, wenn er das Opfer heiratet. Als 2012 ein solcher Fall bekannt wurde, bei dem eine junge Frau zur Heirat gezwungen werden sollte, kam es zu landesweiten Demonstrationen. Eine Abtreibung selbst nach einer Vergewaltigung ist illegal und kann die Frauen bis zu zwei Jahre hinter Gitter bringen, den abtreibenden Arzt bis zu zehn Jahre. Einer Marokkanerin wurde im Juni 2013 vom Verfassungsgericht in Karlsruhe Asyl gewährt, mit der Feststellung, dass ›der marokkanische Staat nach derzeitiger Erkenntnislage nicht in der Lage [ist], den betroffenen Frauen Schutz vor häuslicher oder familiärer Gewalt zu bieten‹.

Familienausflug in Rabat

Ehe und Familie

Die Familie ist in Marokko nach wie vor Dreh- und Angelpunkt des sozialen Lebens. Mit der Familie assoziiert man emotionale Geborgenheit, ein Gefühl der Zugehörigkeit und ökonomische Sicherheit. Die Idealvorstellungen von Ehe und Familie sind konservativ geprägt. Faktisch erlebt die Familie als Institution jedoch einen tiefgreifenden Wandel. Großfamilien mit dem Vater als Hauptverdiener findet man fast nur noch auf dem Land. Die Zahl kinderreicher Familien ist insgesamt spürbar gesunken. Die Zahl der Geburten pro Frau hat sich seit Beginn der 1970er Jahre im nationalen Durchschnitt halbiert. Vor allem in den Großstädten setzt sich immer stärker die Kleinfamilie mit zwei Kindern durch.

Damit einher geht ein Wandel der Rollenbilder. Die traditionelle Rollenverteilung, bei der der Mann den Lebensunterhalt verdient und die Frau zum Gehorsam gezwungen ist, wird zwar von vielen immer noch zum Ideal stilisiert und religiös verbrämt. Doch die Tatsache, dass in vielen Familien die Frauen genauso viel oder sogar mehr zum Familienunterhalt beitragen als die Männer, führt zu einer Aushöhlung der überkommenen Rollenbilder. Eine Besonderheit Marokkos ist die hohe Zahl der unverheirateten Mütter. Nur in wenigen Fällen steckt dahinter die bewusste Entscheidung, ein Kind ohne den Vater aufzuziehen. Die meisten außerehelichen Schwangerschaften in Marokko haben mit mangelnder sexueller Aufklärung, mit sexueller Ausbeutung und mit Doppelmoral zu tun.

Geschichte

Die Krux jeglichen Herrschers von der Antike bis in die Neuzeit bestand in den immer wiederkehrenden Auseinandersetzungen mit den unabhängigen, revoltierenden Stämmen der Wüste und der Berge. Jedwede Zentralregierung konnte bestenfalls die Städte, die fruchtbaren Landesteile und die Karawanenwege inklusive der Passstraßen kontrollieren. Dieses ›Land der Regierung‹, Bled el-Makhzen, stand dem Bled es-Siba, dem ›Land der Gesetzlosen‹, gegenüber und wurde von ihm und den darin Lebenden bedroht. Das Rebellenland war identisch mit den Gebirgs- und Wüstenregionen. Auch der Wechsel der Dynastien war immer ein Resultat dieses Gegensatzes und ließ eine herrschende Dynastie selten länger als 100 Jahre an der Macht.

Ein kriegerischer Stamm aus dem Atlas oder aus der Sahara eroberte ein durch innere Wirren zerrissenes Land und begründete ein neues Herrschergeschlecht, das zunächst alles zur Sicherung der Macht unternimmt. Einer zweiten, meist kurzen Periode der Reichseinheit mit einer kulturellen und wirtschaftlichen Blüte folgten Thronfolgestreitigkeiten, Dekadenz und Stammesrebellionen, die das Reich wieder auseinanderbrechen ließen. Und das gleiche Spiel wiederholte sich mit dem nächsten Stamm. Erst die Kolonialzeit durchbrach diesen Rhythmus, der Hass auf die Kolonialherren einte die oft jahrhundertelang verfeindeten Stämme und schuf ein neues Nationalbewusstsein: das Gefühl Marokkaner zu sein! Die Leitfigur des neuen Marokkos ist Mohammed V., der ›Abu el-Watan el-Maghribi‹ – der Vater des Vaterlandes der Marokkaner.

Antike

Es ist unbekannt, wann das indigene Volk der Berber in den Nordwesten Afrikas einwanderte. Ägyptische Quellen berichten erstmals um 3000 vor Christus von Garamanten, Numidiern und Libyern, die als ihre Vorfahren gelten. Sicher ist, dass sie bereits das ganze Land besiedelten, als die Phönizier erstmals um 1100

Ruinen des antiken Lixus bei Larache

vor Christus die ersten Schritte auf marokkanischem Boden machten. Rusadir (Melilla) und Liks (Lixus) waren die ersten phönizischen Gründungen, ihr Einfluss blieb auf ihre Emporiae beschränkt.

Ab dem 5. Jahrhundert übernahmen die Karthager, einst selbst eine phönizische Gründung, die Macht im westlichen Mittelmeer und damit auch über die Niederlassungen auf marokkanischem Boden. Der karthagische Admiral Hanno soll um 450 vor Christus die Atlantikküste entlang nach Süden gesegelt sein.

Um diese Zeit bildete sich im Landesinneren das Berberreich Mauretanien heraus. Nach dem Zweiten Punischen Krieg, den Hannibal 201 vor Christus verloren hatte, kamen die Küstenstädte wie Tingis unter die Herrschaft Mauretaniens. Schlussendlich endete mit dem Dritten Punischen Krieg und der Zerstörung Karthagos endgültig der karthagische Einfluss an den marokkanischen Küsten, die Römer übernahmen die Oberhoheit, zunächst allerdings nur nominell. Erst Gaius Octavian, der spätere Kaiser Augustus, verwaltete Mauretanien direkt, ehe er 25 vor Christus den in Rom erzogenen Juba II., Sohn des letzten Königs von Numidien, als Herrscher von Mauretanien einsetzte. Bis zu seinem Tode 49 Jahre später erwies dieser sich als treuer Verbündeter, wie auch sein Sohn und Nachfolger Ptolemaios. Dennoch ließ Kaiser Caligula Ptolemaios im Jahre 40 ermorden und gab den Befehl, Mauretanien zu annektieren. Nordmarokko wurde zur Provincia Mauretania Tingitana, verwaltet von den Hauptorten Tingis (Tanger) und Volubilis. Im 4. Jahrhundert konnten die Römer nur noch die Nordküste um Tingis halten, und als 429 die Vandalen von Spanien aus einfielen, endete die Römerzeit in Marokko gänzlich. Doch auch die 80 000 Vandalen konnten außer in Tanger und Ceuta keinerlei weiteren Einfluss im Lande gewinnen.

Arabische Eroberung

Mit dem Rückzug der Römer entstanden zahlreiche kleinere Berberreiche ohne nennenswerte Gebietsdominanz. In dieses Machtvakuum stießen ab 683 die Araber unter dem omayyadischen Feldherrn Oqba ibn Nafi. Nachdem er die Byzantiner im östlichen Maghreb geschlagen hatte, wandte er sich dem Westen zu und stieß mit seinem Heer bis zum Atlantik bei Massa südlich von Agadir vor. Im Angesicht der schäumenden Atlantikwellen soll er ausgerufen haben: ›O Gott des Propheten Mohammed, ich würde deinen Glanz noch weiter tragen, wenn mich nicht die Wellen dieses Meeres aufhielten.‹ Wegen fehlenden Nachschubs und der vehementen Gegenwehr der Berber musste er sich allerdings wieder zurückziehen. Südlich vom algerischen Biskra wurde er von Berbern getötet, sein Heer vernichtend geschlagen. Daraufhin wurde 703 Musa ibn Nusair zum Statthalter ernannt und mit der Unterwerfung des Maghreb betraut, was ihm in den folgenden sechs Jahren auch gelang.

Nach der Eroberung konnte man sich nun der Islamisierung widmen. Die Hoffnung, damit den Arabern gleichgestellt zu sein, ließ viele Berber den Schritt zum Muslim machen. Diese nun bekehrten Mauren wurden bereits von Musa ibn Nusair als Hilfstruppen akquiriert – mit der Aussicht, genauso viel Beute wie die arabischen Krieger machen zu können. Der Maure Tariq ibn Ziyad schaffte den Aufstieg zum Gouverneur von Tanger, und 711 bot sich vielen anderen islamisierten Berbern die Chance auf reiche Beute, als er zum Sprung über die Straße von Gibraltar ansetzte, um das Westgotenreich der iberischen Halbinsel zu erobern.

Doch entgegen ihrer Versprechungen verweigerten die Araber den islamisierten Berbern die Gleichstellung und Beteiligung an der Macht und besetzten selbst alle Führungsposten in Verwaltung und Militär. Dadurch kam es 739 zu einem Aufstand der Berber unter dem Führer Maysara, der die mächtigen Stämme der Miknassa, der Barghaouata und Magraoua vereinen konnte. Sie eroberten Tanger, wo sich Maysara zum Kalifen ausrief, weswegen er wegen Überheblichkeit aus den eigenen Reihen ermordet wurde. Trotz der Ermordung ihres Anführers blieben die Berber weiter siegreich, erst bei Kairouan in Tunesien konnten die Araber den Siegeszug stoppen, doch die Macht des Omayyaden-Kalifats war schwer erschüttert.

Tariq ibn Ziyad, Buchillustration aus dem 19. Jahrhundert

Berberdynastien

Die mächtigen Berberstämme gründeten ihre eigenen unabhängigen Reiche und verweigerten Damaskus Tributzahlungen. 749 gründeten die Barghaouata am Atlantik ihr Reich, 757 die Miknassa das Reich Sijilmassa in der Tafilalet-Oase im Südosten. Bei den Zenata-Berbern der Auraba in Oualila fand Moulay Idriss ibn Abdallah, ein Ururenkel des Propheten, Aufnahme auf seiner Flucht vor den sunnitischen Abbasiden, die in der Zwischenzeit das Kalifat von den Omayyaden in Damaskus übernommen und nach Bagdad verlegt hatten.

Idrissiden

Als Moulay Idriss 786 bei den zum Teil noch heidnischen Auraba ankam, predigte er ihnen zunächst den Islam und wurde dann zum Anführer ernannt. Um das Bündnis mit dem Stamm noch enger zu schmieden, heiratete er Kenza, die Tochter des Stammesführers. Als Imam erkannten ihn auch andere Stämme Nordmarokkos und des Rifs an. Mit deren Hilfe besiegte er 789 die Banu Ifran bei Tlemcen und dehnte dadurch seinen Machtbereich Richtung Osten aus, aber auch durch ein Bündnis mit den Magraoua. Dieser Machtzuwachs löste bei den Kalifen zunehmend Ärger aus, zumal dieses von Idriss I. geführte Berberreich keine Steuern mehr zahlte. Darüber hinaus lag dem Kalifen die Abstammung Idriss' als direktem Propheten-Abkömmling und sein damit verbundenes Ansehen schwer im Magen. Um auf Nummer Sicher zu gehen, ließ Kalif Harun er-Raschid Idriss I. vergiften. Der wurde in seiner Hauptstadt Oualila begraben, die heute seinen Namen trägt: Moulay Idriss.

Kurz nach der Ermordung von Idriss kam sein Sohn gleichen Namens zur Welt, der als Elfjähriger zum Imam ausgerufen wurde. Im Gegensatz zu seinem Vater stützte sich Idriss II. vorwiegend auf arabische Gruppen, deren Einwanderung er förderte. Nach seinem Tod 828 wurde das Reich unter seinen zwölf Söhnen aufgeteilt. Diese Zersplitterung sorgte nach und nach zu einem Fall in die Bedeutungslosigkeit.

Almoraviden

Um 920 wurde Marokko zum Schauplatz langwieriger Kämpfe zwischen den sunnitischen Omayyaden aus Córdoba und den schiitischen Fatimiden aus Tunesien, die ab 969 auch Ägypten beherrschten. Als die Fatimiden auch noch die Bani Hilal über den Maghreb herfallen ließen, versank Marokko endgültig im Chaos. Damit war wieder einmal ein Machtvakuum entstanden, das kriegerische Sanhadja-Berber aus der Westsahara nutzen, vielleicht sogar nutzen mussten. Denn durch eine marginale Klimaerwärmung fehlten diesen Kamelnomaden ihre zur Wüste gewordenen Weideflächen. Zudem hatte die Auflösung des Sanhadja-Bundes, einer Föderation mehrerer Stämme zur Kontrolle des Transsahara-Handels, zu Unruhe und Krieg geführt. 1039 kehrte der Lamtuna-Berberfürst Yahya ibn Ibrahim von seiner Pilgerreise aus Mekka zurück, in Begleitung des Theologen Ibn Yasin. Diese beiden gründeten ein Ribat, ein militärisch-religiöses Zentrum zur Grenzbefestigung, das viele Sanhadja-Berber verschiedener Stämme anzog. Sie nannten sich fortan Almoraviden, abgeleitet von Al-Murabitun, ›Leute aus dem Kloster‹.

Das Almoravidenreich 1046–1147

1042 riefen sie zum Djihad auf, um gegen die Ketzer und Ungläubigen unter den anderen Sanhadja zu kämpfen. Unter Yahya ibn Omar schlossen sie sich zum politischen und militärischen Bund zusammen und bekämpften zunächst den Stamm der Judala. Sie schafften es, diese zum orthodoxen malikitischen Islam zu bekehren, weitere Stämme der Westsahara um sich zu scharen und so die politische Einheit unter den Sanhadja unter einem religiösen Ziel wiederherzustellen. Auch die Kontrolle über den Transsahara-Handel erlangten sie dank der Eroberung von Sijilmassa wieder. Mit dem Tode von Ibn Yasin ging den Almoraviden zwar der geistliche Führer verloren, in Abu Bakr und später in Youssef ibn Tachfin gewannen sie jedoch zwei militärisch begabte Anführer, die sich den Titel Emir gaben.

Youssef ibn Tachfin gründete zunächst Marrakesch, eroberte dann Nordmarokko und wurde 1086 von muslimischen Fürsten aus Al-Andalous zu Hilfe gerufen. In Spanien besiegten sie den christlichen König Alfons VI. von Kastilien und verankerten ihre Herrschaft und die malikitische Rechtsschule auch im islamischen Andalusien. Doch wo sie im Norden ihre Macht sichern und ausdehnen konnten, ging sie ihnen in der alten Heimat mehr und mehr verloren. Das Gebiet im Süden zerfiel in den Konflikten zwischen den Sippen. Nach dem Tode des Emirs Ali ibn Youssef 1143 begann der schnelle Niedergang des Almoraviden-Reiches.

Almohaden

In den 1120er Jahren entstand in Tinmal im Hohen Atlas das Zentrum der Almohaden, begründet durch Ibn Tumart, ein Mitglied des Hargha-Stammes, der zu den Masmouda-Berbern zählt, traditionellen Feinden der Sanhadja-Berber. Ibn Tumart studierte in Córdoba und Bagdad Theologie, Philosophie und Recht, stark beeinflusste ihn die Lehre des Al-Ghazali von der Versöhnung des orthodoxen Islams mit der Mystik. Nach seiner Rückkehr verbreitete er seine Lehre unter den Berbern im Hohen Atlas und scharte erste Anhänger um sich. Ab 1121 beanspruchte er den Titel eines unfehlbaren Mahdi und vereinigte die Masmouda-Stämme zum Kampfbund der Almohaden, den ›Bekennern der göttlichen Einheit‹ (›Al-Muwahiddun‹).

1124 beriefen die Almohaden einen Rat von zehn Stammesführern, denen 40 weitere Delegierte anderer Stämme angehörten. Fünf Jahre später starteten sie einen ersten Angriff auf das almoravidische Marrakesch, der aber scheiterte. 1130 starb Ibn Tumart, doch wurde sein Tod drei Jahre lang geheim gehalten, bis sein Nachfolger seine Macht gesichert hatte. Dieser eher weltlich-politisch

Koubba des Almoravides in Marrakesch

orientierte Abd el-Moumin nannte sich fortan Kalif. Er eroberte mit den Almohaden nach dem Tod des Almoraviden-Emirs Ali ibn Youssef zunächst Al-Andalous (1148) und ein Jahr später die Hauptstadt Marrakesch. Nachdem er die Herrschaft über ganz Marokko gesichert hatte, eroberte er zunächst Algerien und bis 1160 auch Tunesien und das westliche Libyen einschließlich Tripolis. Damit beherrschten die Almohaden den gesamten Westen der islamischen Welt.

Abd el-Moumins Sohn Kalif Abu Yacoub Youssef festigte das Reich weiter und verteidigte vor allem Andalusien vor den Versuchen der christlichen Rückeroberung. Und auch dessen Sohn Youssef Yacoub el-Mansour war erfolgreich im Kampf gegen die christlichen Spanier. Er erzielte 1195 in der Schlacht von Alarcos den letzten großen Sieg der Muslime in Al-Andalous, daher sein Beiname el-Mansour, der Siegreiche. Weniger sieg- und erfolgreich war er bei der Machtsicherung im Osten des Reiches. Kurz vor seinem Tod bestimmte er Mohammed en-Nasir zum vierten Almohaden-Kalifen. Doch der erwies sich als schwacher und unsicherer Herrscher, verlor 1112 in der Schlacht von Las Navas de Tolosa entscheidend gegen ein christliches Bündnis der Könige von Kastilien, Aragon, Portugal und Navarra. Und auch der Osten ging de facto verloren. Das Almohaden-Reich war dem Niedergang geweiht und taumelte seinem Ende entgegen.

Meisterwerk aus der Almohadenzeit: Das Bab Agnaou in Marrakesch

Straße in Fès el-Jdid, einer Meriniden-Gründung

Meriniden und Ouattasiden

Im 12. Jahrhundert wanderten die Bani Merin (Meriniden) in Ostmarokko ein, und schon kurz danach beginnen diese Zenata-Berber ihre Eroberungszüge im Osten Marokkos. Der Stammesfürst Abu Yahya Abu Bakr war 1244 bei der Eroberung Nordmarokkos erfolgreich und rief sich zum ersten Sultan der Meriniden aus. Vier Jahre später machten sie Fès zu ihrer Hauptstadt, und Abu Youssef Yacoub schloss 1269 mit der Einnahme von Marrakesch die Machtergreifung ab. Unmittelbar danach eilte er den andalusischen Muslimen in Granada zu Hilfe. Sultan Abu el-Hassan (1331–1348) versuchte noch einmal, den Maghreb und Al-Andalous zu vereinen. Es gelang ihm zwar, Algerien und Tunesien seinem Reich einzuverleiben, in Andalusien allerdings scheiterte er und musste sich dauerhaft von der iberischen Halbinsel zurückziehen. Und auch das östliche Ifriqiya ging schnell wieder verloren.

Kunst und Kultur bekamen allerdings durch den stetigen Zustrom andalusischer Flüchtlinge neue Inspiration, was zu einer bislang nie erreichten Blüte führte. Fès stieg als merinidische Hauptstadt zur wichtigsten Stadt des westlichen islamischen Reichs auf.

Mit der Ermordung von Sultan Abu Inan Faris 1358 begann der Untergang der Meriniden. Durch Beduinen- und Berberaufstände herrschte bald ein rechtloser Zustand. Religiöse Bruderschaften versagten ihnen ihre Unterstützung zur Aufrechterhaltung von Ordnung und Moral, nachdem die Meriniden aufgrund einer Finanzkrise ihre Zuwendungen an diese Institutionen eingeschränkt hatten.

Die mit den Meriniden verwandten Ouattasiden übten als Wesire die tatsächliche Macht im Lande aus. Sie setzten die Merinidensultane in schneller Folge ein und wieder ab. Doch auch die Bani Wattas konnten das Reich nicht konsolidieren. Stattdessen konnten die Portugiesen 1415 Ceuta und dann nach und nach alle wichtigen Atlantikhäfen besetzen. 1465 stürzen die Ouattasiden endgültig die Meriniden von Thron und stellen selbst die nächsten acht Herrscher. Doch auch sie können den Fall der letzten islamischen Bastion in Andalusien nicht verhindern. 1492 fiel Granada und 1569 auch die Ouattasiden-Dynastie selbst. Ein von den Ouattasiden 1471 mit Portugal geschlossener Waffenstillstand wurde von weiten Teilen der Bevölkerung abgelehnt.

Arabische Dynastien

Seit der arabischen Eroberung, vor allem aber im 11. und 14. Jahrhundert, wanderten immer wieder arabische Stämme ein. Einige von ihnen bezeichneten sich als Scherifen (Schorfa), also als Nachkommen des Propheten Mohammed über die Linie seines Enkels Hassan. Aufgrund dieser Abstammung kamen sie bald schon zu lokalem Ansehen, das sie dann nutzen, um Stammesbündnisse zu schmieden und so die Machtbasis aufzubauen, die sie letztlich befähigte, ihre Herrschaft über zu ganze Land auszudehnen.

Saadier

So wanderte auch der Stamm der Bani Saad im Drâa-Tal ein, der ab 1510 unter der Bezeichnung Saadier die Souss-Ebene einnahm. Unter ihrem Scherifen Abu Abdallah el-Qa'im übernahmen sie die Führung im Widerstand gegen die Portugiesen. Sie vereinten sich mit den aus dem Jemen eingewanderten Bani Maqil und bauten mit diesen eine Machtbasis in Südmarokko auf, gemeinsam vertrieben sie die Portugiesen aus Agadir. Dieser Sieg unter Führung Mohammed esch-Scheich, der danach zum ersten Sultan der Saadier ernannt wurde, brachte ihnen breite Unterstützung bei der Bevölkerung ein. 1549 nahmen sie Fès ein und konnten schließlich die Vorgängerdynastie stürzen.

Grab von Ahmed al-Mansour in den Saadiergräbern in Marrakesch

Um die Ansprüche der Osmanen abzuwehren, nahm Mohammed asch-Scheich den Kalifen-Titel an und verbündete sich mit den Spaniern. Dieses Bündnis kam bei der Bevölkerung weniger gut an, deshalb bemühten sich die nachfolgenden Sultane um einen demonstrativ frommen Lebensstil. In der Dreikönigsschlacht bei Qasr el-Kebir schlugen die Saadier die Portugiesen, bald darauf stießen sie nach Süden vor und eroberten 1590 unter Ahmed el-Mansour Timbuktu. Der Gold- und Sklavenhandel florierte, die Blütezeit der großen Karawanen begann, und Marrakesch als Hauptstadt wurde zu einer prächtigen Metropole mit unermesslichen Reichtümern ausgebaut. Doch als dieser Sultan 1603 starb, brachen schwere Machtkämpfe unter den Saadiern aus. Von elf Sultanen werden acht ermordet! Das Land zerbrach in zwei Teile, Bergstämme erhoben sich, die Dila-Bruderschaft kontrollierte weite Landesteile, und Piraten gründeten unabhängige Republiken: Chaos brach aus.

Alaouiten

Bereits im 13. Jahrhundert verließen die Alaouiten ihre Heimat im heute saudiarabischen Hedschas und siedelten sich in der Tafilalet-Oase an. Aufgrund ihrer Abstammung – sie waren Scherifen wie die Saadier – stiegen sie dort schnell im Ansehen und kontrollierten bald schon das Tafilalet. Mitte des 17. Jahrhunderts begannen sie ihre Macht in ganz Südmarokko auszudehnen, 1659 nahmen sie Marrakesch ein. Dann brachen sie auf, auch Nordmarokko zu erobern. Nach der Einnahme von Fès am 27. Mai 1667 proklamierte sich ihr Anführer Moulay Raschid zum Sultan und übergab seinem Halbbruder Moulay Ismail die Verwaltung über Nordmarokko als Vize-König, um das aufständische Marrakesch erneut unter Kontrolle zu bringen, was 1669 auch gelang.

Nach Moulay Raschids Tod durch einen Sturz vom Pferd wurde Moulay Ismail zweiter Alaouitensultan. Er begann mit der eigentlichen Organisation des Reiches, indem er den Aufbau eines Einheitsstaates forcierte. Da den Alaouiten eine starke Stammesbasis fehlte, schuf er ein 150 000 Mann starkes Heer aus westafrikanischen Sklaven. Mit dessen Hilfe unterwarf er die rebellischen Städte und verteilte die Truppe auf 76 Festungen im Land, Kasbahs genannt. Nach der Befriedung des Reiches förderte er die Handelsbeziehungen mit Europa, wobei Frankreich der bevorzugte Handelspartner wurde. Der wirtschaftliche Wohlstand führte zu einer regen Bautätigkeit, in Meknès ließ er eine prächtige Palastanlage von gigantischen Ausmaßen errichten, mit der Arbeitskraft tausender weißer Sklaven, die ihm die Korsaren von Salé verschafften. Seine Zeitgenossen beschreiben Moulay Ismail als grausamen und unberechenbaren Herrscher. Er soll mit 500 Frauen nicht weniger als 888 Kinder gezeugt haben.

Zwischen seinen sieben überlebenden Söhnen brachen nach seinem Tod 1727 heftige Machtkämpfe aus, die zum Zusammenbruch seines Einheitsstaates führten; hohe Steuerlasten lösten Stammesrevolten aus. Die daraus resultierende Anomie währte 30 Jahre, erst Sultan Mohammed Ben Abdallah konnte Ende der 1750er Jahre die Macht der Alaouiten wieder festigen. Zur Stabilisierung des Reiches reformierte der Sultan das Steuer- und Heereswesen, schloss Freundschafts- und Handelsverträge mit europäischen Staaten wie Dänemark, England, Schweden, Frankreich, Portugal und Spanien und sorgte so wieder für einen wirtschaftlichen Aufschwung. Die europäischen Handelspartner gingen in seiner Hauptstadt Marrakesch ein und aus und leiten vom Namen dieser Stadt ihre Bezeichnungen für das ganze Land ab. Aus dem ›Scherifischen Sultanat im äußersten Westen‹ wurde in Europa Marokko.

Kolonialzeit

Nach dem Tod von Mohammed Ben Abdallah 1790 brachen die althergebrachten Streitigkeiten wieder auf, zudem fordert eine schwere Pestepidemie 1799 über 100 000 Menschenleben. Unter Moulay Abd er-Rahman geriet Marokko zunehmend unter europäischen Einfluss, besonders nach der Besetzung Algeriens durch Frankreich 1830. Marokko unterstützt den Freiheitskampf des Emirs Abd el-Kader und nach dessen Flucht nach Marokko rächte sich diese Parteinahme: 1844 wurde Marokko von französischen Truppen vernichtend geschlagen und musste die Unterstützung der Algerier einstellen. Ausgelöst durch Angriffe der Rifkabylen auf die spanischen Besitzungen Ceuta und Melilla, geriet man 1859 in einen Krieg mit Spanien, der ebenfalls mit einer Niederlage der Marokkaner endete.

Sultan Moulay Hassan (regierte 1873–1894) war der letzte absolut regierende marokkanische Herrscher, der auf der Konferenz von Madrid 1880 die Unabhängigkeit des Landes sichern konnte. Doch als Abd el-Aziz 1894 als Kind den Thron bestieg, übernahmen der Makhzen, die Regierung bestehend aus dem Großwesir und drei Ministern, Kadis, die Paschas genannten Verwalter der großen Städte und die Caids, die Führer der tributpflichtigen Stämme, die eigentliche Macht im Lande, alle mit dem Ziel, ihren verschwenderischen Lebensstil zu finanzieren. Das Volk verarmte, überall im Lande brachen Aufstände auf, weite Teile des Landes waren außerhalb der Kontrolle des schwachen Sultans. Diesen chaotischen Verhältnissen in Marokko standen konkrete und konsequent verfolgte imperiale Interessen in Europa gegenüber.

Sultan Moulay Hafid und die französischen Autoritäten in Rabat

Marokkokrisen

Vor allem Frankreich gewann immer mehr an Einfluss, es hatte 1904 seine Interessen mit Großbritannien abgestimmt, was zur Ersten Marokkokrise führte. Das Deutsche Reich bestand entgegen dieser französisch-britischen Abmachung darauf, allen interessierten Mächten den Zugang nach Marokko zu gewähren und propagierte die Politik der offenen Tür. Zur Beilegung der Krise traf man sich 1906 zu einer Konferenz in Algeciras, auf der die allgemeine Handelsfreiheit und die Souveränität Marokkos formell anerkannt wurden und Frankreich das Zugeständnis bekam, gemeinsam mit Spanien die marokkanische Polizei sowie die Staatsbank verwalten zu dürfen. Somit wurde Frankreich direkter Schuldenverwalter Marokkos. Im Mai 1911 besetzten die Franzosen die damalige marokkanische Hauptstadt Fès.

Das nach der Konferenz international isolierte Deutsche Reich versuchte, im Wettlauf der Rüstungskonzerne und Wirtschaftsunternehmen um die reichen Erzvorkommen im Süden Marokkos Boden gut zu machen und entsandte das Kanonenboot ›Panther‹ und den Kreuzer ›Berlin‹. Nach diesem ›Panthersprung nach Agadir‹ übergaben deutsche Diplomaten am 1. Juli 1911 in Paris, London und anderen Hauptstädten der Kolonialmächte eine Note, in der es hieß, dass deutsche Firmen in Agadir und Umgebung durch Volksaufstände beunruhigt seien und deshalb die Reichsregierung um Schutz gebeten hätten. Diesen Hilferuf schickte der Geschäftsführer der Hamburg-Marokko-Gesellschaft im Auftrag des Auswärtigen Amtes. Es gab dabei nur einen Haken: In und um Agadir als geschlossenem Hafen, in dem Ausländern jeglicher Handel verboten war, gab es überhaupt keine deutschen Firmen. Die deutsche Seite bemühte sich jedoch, dieses Manko zu beseitigen, es wurde ein ›bedrohter‹ Deutscher präsentiert: Der Bergbauassessor Hermann Wilberg musste im Auftrag des Auswärtigen Amtes nach Agadir reisen, wo er allerdings erst am 4. Juli, drei Tagen nach seiner vermeintlichen Bedrohung, eintraf. Im November wurde diese Zweite Marokkokrise mit dem Marokko-Kongo-Vertrag beigelegt. Das Deutsche Reich bekam Französisch-Äquatorialafrika (Kamerun) und Frankreich freie Hand in Marokko. Am 30. März 1912 unterschrieb Sultan Moulay Abd el-Hafiz in Fès den Protektoratsvertrag.

Ein Sultanat wird Protektorat

Mit der Unterzeichnung des Vertrages von Fès blieb der Sultan formell Staatsoberhaupt Marokkos, auch die marokkanische Verwaltung blieb offiziell im Amt, doch wurde ihr eine französische Verwaltung an die Seite gestellt. Die Spitzen beider Regierungen sollten den Conseil du Gouvernement bilden. Rabat sollte zur Hauptstadt werden, auch der Sultan musste dorthin umziehen. Am 28. April 1912 wurde Marschall Louis-Hubert Lyautey zum ersten von insgesamt 14 Generalresidenten des neu eingerichteten Protektorats Französisch-Marokko bestellt. Fürderhin übten der Generalresident die tatsächliche Macht aus. Ihm unterstanden Außenpolitik und Militär, er genehmigte alle wichtigen Erlasse und Ernennungen hoher Beamten. Sultan Abd el-Hafiz wurde 1913 zum Rücktritt gezwungen, sein Bruder Moulay Youssef durfte fortan die französischen Entscheidungen abnicken.

Marschall Lyautey verleiht den Glaoui-Brüdern das Kreuz der Ehrenlegion, 1912 in Marrakesch

Spanien erhielt mit Abschluss des französisch-spanischen Vertrages vom 27. November 1912 eine etwa 50 Kilometer breite eigene Einflusszone im Norden, in der ein Kalif mit Sitz in Tétouan das offizielle Staatsoberhaupt, den Sultan, vertreten sollte. Die höchste Instanz des Protektorats Spanisch-Marokko war ein spanischer Hochkommissar. Die Enklaven Ceuta und Melilla sind letztes Zeugnis dieser spanischen Einflussnahme. Tanger wurde als internationale Zone deklariert, das entsprechende Statut trat allerdings erst 1923 in Kraft.

Widerstand der Berber

Als Antwort auf die Errichtung der beiden Protektorate brachen überall im Land Aufstände aus. In Südmarokko, insbesondere im Souss, führte zunächst Ma el-Ainin, dann sein Sohn Ahmed el-Hiba – genannt El Hiba – den Widerstand. Der einhellige Widerstand der Berber im Norden ging zu dieser Zeit von Moha ou Hammon aus, dessen Stammsitz Khénifra die Franzosen am 12. Juni 1914 eroberten. Am 13. November 1914 fügten die unter Moha ou Hammon versammelten Bertruppen einige Kilometer südlich von Khénifra den Franzosen die schwerste Niederlage während der ›Befriedungsaktionen‹ zu, bei denen mehrere hundert französische Soldaten starben. Für den Generalresidenten Lyautey schien danach das gesamte Protektorat zu scheitern. Bis zu Beginn des Ersten Weltkriegs kontrollieren die Franzosen nur die atlantische Zentralebene der Meseta sowie Oujda, die Spanier nur den Nordwestteil ihrer Zone. Auch nach 1918 erhoben sich immer wieder Berberstämme. Unter der Führung von Abdelkrim brach 1921 in der spanischen Zone der Aufstand der Rifkabylen aus. Die Unruhen erfassten auch die französische Zone. Erst 1926 gelang es Frankreich und Spanien gemeinsam, den Aufstand niederzuschlagen.

Abdelkrim al-Khattabi mit spanischen Beamten und Militärs 1919 in Melilla

Rif-Republik unter Abdelkrim

Abdelkrim el-Khattabi war Sohn eines Vorbeters und Kadis, der in Madrid Bergbau studiert hatte und gute Beziehungen zu den Brüdern Mannesmann unterhielt, die in Marokko 2027 Minenkonzessionen und Landtitel besaßen. Er absolvierte eine Koranschule und machte in Tétouan und Melilla ein in Spanien anerkanntes Abitur. Anschließend studierte er islamisches Recht in Fès, danach Jura an der Universität Salamanca. Ab 1906 arbeitete Abdelkrim als Sekretär im ›Büro für Eingeborenenangelegenheiten‹ in Melilla, dann als Herausgeber der arabischsprachigen Beilage der Zeitung ›Rif-Telegramm‹, danach als Richter für das Melilla-Gebiet und zwischen 1910 und 1913 als Lehrer. Nach Beginn des Ersten Weltkriegs, in dem seine Sympathien der deutschen Seite galten, begann er gegen die spanische Dominanz im Rif zu opponieren und kam deshalb 1915 in spanische Haft.

Kurz nach seiner Freilassung kehrte er in seinen Heimatort Ajdir zurück und warb ab Anfang 1919 für die Bildung eines antikolonialen Stammesbündnisses, dessen Ziel es war, dass sich die Spanier ›... nach Ceuta und Melilla zurückziehen, weil das Protektorat nur Elend und Armut, Grausamkeit und Unfähigkeit gebracht hat‹. 1921 riefen ihn sechs Stämme des Rif-Gebirges zum Emir aus, und am 1. Februar 1921 proklamierte Abdelkrim die ›Konföderierte Republik der Stämme des Rifs‹. Nachdem er eine 15 000 Mann starke spanische Armee vernichtend geschlagen hatte, erkannten ihn alle Rif-Stämme an, die völlige Niederlage der Spanier schien unabwendbar.

Unterwerfung des Landes

Als die Rif-Rebellen in die französische Zone vordrangen und schon 20 Kilometer vor Fès standen, einigten sich Frankreich und Spanien auf ein gemeinsames Vorgehen und stellten eine 250 000 Mann starke, modern ausgerüstete Armee gegen die Bevölkerung des Rifs auf, in dem insgesamt nur 150 000 Menschen lebten. Die riesige Kolonialarmee unter Marschall Philippe Pétain, verstärkt durch 35 0000 Mann, die der Sultan entsenden musste, zwang Abdelkrim schließlich am 27. Mai 1926 zur Aufgabe, zumal unter Verletzung des Genfer Protokolls über 500 Tonnen Senfgas über dem Rif abgeworfen worden waren. Bereits 1919 hatten die Franzosen das Tafilalet und den Souss erobert, wo El Hiba den Widerstand der Berber führte. Doch im Süden unterstützte der Berberführst Thami el-Glaoui (→ S. 387) fast von Anfang an das französische Protektoratsregime. Dennoch dauern die Kämpfe zur sogenannten ›Befriedung‹ des Landes im Hohen Atlas, im Antiatlas und der Sahara noch bis 1934 an und kosteten letztlich 27 000 Franzosen und 400 000 Marokkaner das Leben.

Errungenschaften und Probleme der Kolonialzeit

In den unterworfenen Gebieten, vor allem der französischen Zone, begannen die Kolonialherren mit dem Aufbau der Wirtschaft und Infrastruktur. Straßen, Eisenbahnen, Schulen, Krankenhäuser, Fabriken, Bergwerke und Häfen werden gebaut. Neue Stadtviertel, die Villes Nouvelles, werden geplant, wobei der erste Generalresident Louis Lyautey diese immer außerhalb der bestehenden Stadt, auf arabisch Medina, errichten ließ, da ihm viel am Erhalt der traditionsreichen alten Städte lag. Marokko erlebte einen Modernisierungsschub. Ab 1927 kamen in großer Zahl französische Siedler, Colons genannt, ins Land und lassen sich vor allem in der Meseta, in der Saiss-Ebene bei Fès und Meknès und im Moulouya-Tal am Mittelmeer nieder. In den 1950er Jahren befanden sich 300 000 Colons im Land, bei achteinhalb Millionen Marokkanern.

Ehrenpavillon zum Gedenken an die Gefallenen im Unabhängigkeitskampf in Rabat

Doch mit den Franzosen kamen auch Probleme ins Land – vom Verlust der Unabhängigkeit mal ganz abgesehen. Zahllose Bauern verloren ihr Land an die Colons, Handwerker konnten gegen Massenimporte preislich nicht konkurrieren, Viehzüchter in den Bergen und im Süden wurden durch die Kämpfe während der ›Befriedung‹ von ihren traditionellen Weideflächen abgeschnitten. Viele Marokkaner aus dem ländlichen Raum wanderten in die Städte ab, hausten dort in Bidonvilles genannten Slums, wo sie sich aus Müll und Kanistern (französisch ›bidon‹) einfachste Hütten bauten. Die Bidonvilles waren bis ins 21. Jahrhundert soziale Minenfelder. Und da sich die mit den Franzosen kollaborierenden großen Caids vieler Vergünstigungen erfreuen durften, begann die Korruption überall zu wuchern – leider auch bis heute.

Der Weg in die Unabhängigkeit

Trotz aller Errungenschaften, die die französischen Kolonialherren brachten, wuchs der Unmut der Bevölkerung zusehends. Daraufhin versuchten die Franzosen einen Keil zwischen die Araber und die Berber zu treiben. 1930 verabschiedeten sie das ›Berber-Edikt‹, das das traditionelle Gewohnheitsrecht der Berber mit Versammlungen der Familienältesten an die Stelle des islamischen Rechts der Scharia setzte. Der Versuch, mit dieser Betonung der berberischen Eigenständigkeit einen Graben zur arabischen Bevölkerung der Städte aufzureißen, scheiterte am Widerstand der Berber. Sie sahen darin nur den Aufruf zu einem anti-islamischen Gesinnungsbeweis, den abzulegen sie nicht gewillt waren. Doch damit war erstmals eine Opposition gegen die Kolonialmacht geschmiedet worden.

Organisierte Opposition

Der Widerstand wurde nun nicht mehr wie früher von einzelnen Stämmen organisiert und geführt, sondern von landesweiten Organisationen. Dem ›Comité d'Action Marocaine‹ und der ›Nationalen Reformpartei‹ in der spanischen Zone ging es dabei anfangs nicht um volle Unabhängigkeit, sondern um mehr Rechte und Mitbestimmung, außerdem um eine Vereinigung der französischen und

Kolonialarchitektur in Tanger

spanischen Zone zu einem marokkanischen Territorium. Spanien unter General Franco macht tatsächlich Zugeständnisse, doch in der französischen Zone reagiert man unflexibel und mit Repressalien. Nach dem Ausbruch des Zweiten Weltkriegs setzte das mit Hitler-Deutschland kollaborierende Vichy-Regime unter Marschall Pétain – ein schlechter alter Bekannter der Marokkaner – eine Militärverwaltung ein. Anfänglich erklärte der seit 1927 amtierende Sultan Mohammed V. der Vichy-Regierung seine Loyalität, doch bald schon sympathisierte er mit der Nationalbewegung. Anlässlich eines Treffens mit dem amerikanischen Präsidenten Theodore Roosevelt in Casablanca 1943 sprach er erstmals das Thema der Unabhängigkeit Marokkos an. 1944 gründete der Islamgelehrte Allal el-Fassi die erste marokkanische Partei, deren Name ›Istiqlal‹ bereits Programm war: Unabhängigkeit.

Mohammed V.

Mohammed V.

Während einer Rede am 11. April 1947 in Tanger unterstützte Sultan Mohammed V. erstmals öffentlich die Forderungen der Istiqlal-Partei. Durch diese Solidarisierung mit den Nationalisten verhalf er ihnen zu einer breiteren Basis auch außerhalb der Städte. Frankreich stellte nur begrenzt Zugeständnisse in Aussicht, und Spaniens General Franco war nicht der Mann, der freiwillig ein abhängiges Gebiet aufgab. Doch nun gärte es im ganzen Land. Als Reaktion darauf ließ der 1951 neu eingesetzte Generalresident Augustin Guillaume die Gewerkschaften auflösen, die zu Generalstreiks aufgerufen hatten, und tausende von Oppositionellen verhaften, unter ihnen die Anführer der Istiqlal-Partei. Da sich auch der Sultan mehrfach weigerte, den Anordnungen des Generalresidenten Folge zu leisten, wurde er am 20. August 1953 abgesetzt und zuerst nach Korsika, danach nach Madagaskar ins Exil verbannt. Sein Cousin Mohammed ibn Arafa wurde an seiner Stelle zum Marionetten-Sultan ernannt.

Unabhängigkeit

Daraufhin eskalierte die Situation in Marokko, die gesamte französische Protektoratszone geriet in Aufruhr und versank in einem blutigen Krieg mit Attentaten und Sabotageakten, Gemetzeln an französischen Colons und noch blutigeren Vergeltungsschlägen. Selbst die Spanier protestierten gegen das Vorgehen der Franzosen. Seinen Höhepunkt erreichte das Chaos im August 1955, als am zweiten Jahrestag der Absetzung des Sultans in Oued Zem bei Khénifra mehrere Dutzend französische Siedler ermordet wurden und im Gegenzug die Franzosen an die 1700 Marokkaner töteten. Der internationale Druck auf Frankreich wuchs und führte zur Ablösung des Generalresidenten. Der designierte Nachfolger Grandval traf sich in Vichy mit dem marokkanischen Großwesir el-Mokri, um über Lösungen zur Beilegung der blutigen Unruhen zu sprechen. Das Ergebnis war die triumphale Rückkehr Mohammeds V. aus seinem Exil am 16. November 1955. Am 18. November wurde das Ende der Protektoratsherrschaft verkündet und formal durch Unterschrift am 2. März 1956 bestätigt. Daraufhin bereitete Mohammed V. die Wiedervereinigung des Landes vor, die per Vertrag mit den Spaniern am 7. April 1956 vollzogen wurde. Das Ziel war erreicht – Marokko war unabhängig!

Königreich Marokko

Nachdem die Tinte auf dem Unabhängigkeitsvertrag getrocknet war, änderte sich an der Verwaltungsstruktur Marokkos zunächst nur wenig. Innenpolitisch band Mohammed V. die Istiqlal-Partei in die Regierung ein und erlaubte wieder Gewerkschaften. Außenpolitisch unterstützte er die Entkolonialisierung der Dritten Welt und bereitete die Unabhängigkeit des Kongos von Belgien wesentlich mit vor. Mohammed V. unterzeichnete einen Freundschaftsvertrag mit Frankreich, weshalb die letzten französischen Truppen erst 1961 aus dem Land abgezogen wurden.

Bedeutendster Schritt war die Umwandlung des Sultanats in ein Königreich. Am 14. August 1957 nahm Mohammed V. den Titel eines Königs an, um die neue Einheit des Landes zu unterstreichen. Da es diesen Titel in der marokkanischen Geschichte nie gegeben hatte, wollte er damit den Neubeginn ohne historischen Ballast zwischen Berbern und Arabern manifestieren.

Doch das junge Land und der neue König sahen sich mit schweren Problemen konfrontiert, es gab Racheakte an Kollaborateuren und französischen Siedlern. Die Wirtschaft brach fast völlig zusammen, weil ausländisches Kapital und Fachkräfte abgezogen werden. Die anhaltende Krise führte 1958/59 vor allem im Rif zu ernsten Unruhen, und Mohammed V. sah sich gezwungen, wieder französische Beamte, Lehrer und Wirtschaftsexperten ins Land zu holen. Noch kurz vor seinem Tod versuchte der Großgrundbesitzer, der neben Palästen, 60 an der Zahl, auch Autos und Waffen sammelte, die revolutionären Strömungen des Sozialismus und Panarabismus aufzufangen. Er war mit drei Frauen verheiratet, mit seiner Hauptfrau Lalla Abla bint Tahar hatte er fünf seiner sieben Kinder, darunter seine zwei Söhne Hassan und Abdallah.

Die Ära Hassan II.

Am 26. Februar 1961 wachte König Mohammed V. nach einer harmlosen Operation an der Nasenscheidewand nicht mehr aus der Narkose auf. Er blieb Frankreich, das ihn als 17-jährigen Jüngling zum Sultan gemacht hatte, bis zum Ende verbunden. Nach einer achttägigen Trauerzeit bestieg sein Sohn am 3. März als Hassan II. den Thron. 1962 wandelte dieser Marokko in eine konstitutionelle

Hassan II. mit Außenminister George Shultz 1983 in den USA

Monarchie um und verabschiedete die erste marokkanische Verfassung, die zumindest nominell alle bürgerlichen Freiheitsrechte gewährte. In der Realität ging er gegen Oppositionelle wesentlich härter vor als sein Vater. Schon vor den ersten Wahlen wurden zahlreiche politische Gegner verhaftet oder umgebracht. Er regierte trotz Parlament vollkommen autokratisch. Anfang der 70er Jahre scheiterten zwei Attentate auf Hassan (→ S. 63). Er versucht durch Boni und Vergünstigungen, das Militär stärker an sich zu binden und treu ergeben zu machen. Sein vielleicht größter Coup war der Grüne Marsch am 6. November 1975. Schon als ehrgeiziger Kronprinz hatte er panafrikanische Ziele verfolgt und versucht, den Vater von einer Vereinigung mit mauretanischem Territorium zu überzeugen. Mit der Entsendung von 35 0000 unbewaffneten Marokkanern zur Besetzung der vorher von Spanien beherrschten Westsahara (→ S. 69) erntete Hassan auch die Zustimmung der nationalen Opposition. Bewegungen sowie Aktivisten, die für die Selbstbestimmung der Sahara eintraten, wurden sofort verhaftet und verschwanden oft ohne Gerichtsverfahren in geheimen Gefängnissen. Auch Mitglieder linker Parteien mussten ständig mit dem Schlimmsten rechnen. Die dabei begangenen Verbrechen – unter anderem Folter und staatliche Willkür – waren so zahlreich und gravierend, dass sein Sohn Mohammed VI. 2004 eine Wahrheitskommission zur Untersuchung und Wiedergutmachung dieser sogenannten ›bleiernen Jahre‹ einsetzte. Unter innen- und außenpolitischem Druck hatte Hassan II. Mitte der 1990er Jahre eine Abkehr von der Politik der gnadenlosen Repression begonnen. Eine von ihm einberufene Kommission beschloss 1999 die Schließung des berüchtigten Gefängnisses von Tazmamart sowie die Amnestie zahlreicher politischer Gefangener.

Auf der positiven Seite der Bilanz seiner Regierungszeit stehen der systematische Bau zahlreicher Staudämme zur Verbesserung der hygienischen Verhältnisse. Außenpolitisch gehören die Bemühungen Hassans II., im israelisch-palästinensischen Konflikt zu vermitteln, zu seinen größten Verdiensten. In wirtschaftlicher Hinsicht wie auch im Bildungsbereich sieht seine Bilanz allerdings eher trübe aus. Am Ende seiner Herrschaft waren 50 Prozent der marokkanischen Bevölkerung Analphabeten, und die Arbeitslosigkeit lag bei über 20 Prozent. Der Anteil der Armen im Land war zwischen 1991 und 1999 von 13 auf 19 Prozent gestiegen. Die hohe Verschuldung führte dazu, dass pro Jahr etwa ein Drittel des Staatshaushaltes für die Schuldenfinanzierung aufgebracht werden musste. Dieses Geld fehlte für Investitionen, vor allem im Sozialbereich.

Hassan II. war in erster Ehe verheiratet mit Lalla Fatima bint Qaid Amhourouk, in zweiter Ehe mit deren Cousine Fatima Amahzoune, die zur besseren Unterscheidung Lalla Latifa genannt wurde. Von dieser stammen alle fünf Kinder Hassans. Als König Hassan II. am 23. Juli 1999 an einem langwierigen Nierenleiden starb, beerbte ihn sein ältester Sohn, Kronprinz Sidi Mohammed.

Marokko unter dem neuen König

Sidi Mohammed wurde als neuer König Mohammed VI. am 30. Juli offiziell inthronisiert. Er leitete Reformen ein, die aber die starke Stellung des Königs in der Politik nicht berührten. Hingegen rückten die Rechte der Frauen in den Mittelpunkt (→ S. 42). Erste Gesetzentwürfe gingen dem jungen Monarchen nicht weit genug, erst am 10. Oktober 2003 verkündete Mohammed VI. die neue Moudawana, Marokkos Familiengesetz. Der König legitimierte bei der Vorlage des Gesetzes jede Änderung durch einen koranischen Beleg – konform zu seiner Rolle als ›Amir al-Mouminin‹, als ›Führer der Gläubigen‹. Dass er das Gesetz überhaupt dem Parlament vorlegte, war eine noch nie dagewesene Referenz an die Demokratie.

Am 16. Mai 2003 kam es durch Angehörige islamistischer Gruppen zeitgleich an fünf Orten zu Selbstmordattentaten auf jüdische Einrichtungen und Orte ›westlichen‹ Lebensstils. Die Attentäter stammten ebenso wie die, die 2004 das Attentat auf eine Madrider Vorortbahn verübten, aus den Slums von Casablanca, der Bidonville Abd Moumen. Im Mai 2005 startete ein neues Programm zur wirtschaftlichen und sozialen Entwicklung der Slums, die als Brutstätte islamistischer Gewalt gelten.

Am 20. Februar 2011, seither ›Tag der Würde‹ genannt, kam es unter dem Eindruck des Arabischen Frühlings in mehreren Städten zu Demonstrationen, bei denen eine demokratischere Verfassung gefordert wurde. Im März kündigte Mohammed VI. daraufhin eine Verfassungsreform an, mit der der König auf einen Teil seiner Macht verzichtete und Kompetenzen vom König zu Parlament und Premierminister verschob. So ist der König nun verpflichtet, einen Premierminister aus der Partei zu ernennen, die bei Wahlen die meisten Parlamentssitze erhalten hat. Vorher war er in seiner Wahl vollkommen frei gewesen. Vorgezogene Parlamentswahlen fanden am 25. November 2011 statt, bei der die islamistische Partei für Gerechtigkeit und Entwicklung (PJD) gewann und Parteichef Abdallah Benkirane Premierminister wurde. Die nächsten Parlamentswahlen finden im September 2016 statt.

Mohammed VI.

Schüsse auf den König

Anlässlich seines 42. Geburtstages am 9. Juli 1971 gab Hassan II. tags darauf eine große Gartenparty mit 1000 geladenen Gästen im Sommerpalast von Skhirat. Um 14.08 Uhr, als sich der König gerade seiner Languste widmete, ertönte ein lauter Knall, den die illustre Gästeschar zunächst für den Auftakt eines Feuerwerks hielt. Doch tatsächlich war es der Beginn eines Massakers. Mit Genickschüssen wurden die Chauffeure in den wartenden Limousinen der Gäste hingerichtet, dann drangen 1400 Militärkadetten in den Palast ein, angeführt von Oberstleutnant Mohammed Ababou, Kommandeur einer Kadettenschule. Der zweite Kopf des Putschversuchs war General Mohammed Medbouh.

Die Kadetten eröffneten das Feuer auf die Gäste, König Hassan konnte mit den Mitgliedern des Thronrates in eine Garderobe bei den Toiletten flüchten. Medbouh klopfte an die Türe und offerierte Hassan die Möglichkeit zur Abdankung. Nachdem dieser vermeintlich unterschrieben hatte, ließ der General 20 Kadetten vor der Tür als Wache zurück. Des Königs Leibarzt Benyaïch hatte zwischenzeitlich ein Maschinengewehr zusammengebaut, das er vom König persönlich geschenkt bekommen hatte. Beim folgenden Schusswechsel wurde Ababou schwer am Hals getroffen, Medbouh getötet. Der königstreue General Ahmed Dlimi hatte inzwischen über ein noch funktionierendes Telefon zwei Polizeikompanien angefordert, die die verbliebenen Kadetten niederkämpften. Bilanz am Ende des Tages: fast 100 Tote und über 200 Verletzte.

Ein Jahr später gab es einen zweiten Putschversuch, der ebenfalls aus Kreisen des Militärs organisiert wurde. Nach einem Urlaub auf seinem Schloss Betz bei Paris kehrte der König unangekündigt am 16. August 1972 an Bord seiner Boeing 727 nach Marokko zurück. Kaum bei Tanger in den marokkanischen Luftraum gelangt, wurde die königliche Maschine in Empfang genommen. Doch die vier F-5-Jagdbomber der vermeintlichen Ehreneskorte begannen das Flugzeug zu beschießen. König Hassan II. reagierte kaltblütig und wies den Piloten an, zu melden: ›Der Tyrann ist tot. Hört auf zu schießen.‹ Dem Piloten gelang es tatsächlich, die schwer getroffene Maschine in Rabat zu landen, mit dem völlig unverletzten Monarchen an Bord.

Schnell war klar: General Mohammed Oufkir, ein alter Weggefährte Hassans, seine rechte Hand und seit dem Putschversuch von Skhirat Verteidigungsminister, war der Drahtzieher dieses Umsturzversuchs. Er konnte den König auf der Paris-Reise nicht begleiten, da er in Frankreich in Abwesenheit wegen Mordes am marokkanischen Oppositionspolitiker Ben Barka verurteilt worden war. Und keiner außer Oufkir konnte wegen der unangekündigten Rückkehr so schnell die Flieger mobilisieren wie der Verteidigungsminister als oberster Militärchef. Zudem nannte Oberst Amokrane, einer der Attentäter, den General explizit als Drahtzieher. Daraufhin bestellte Hassan II. ihn in den Palast, ließ ihn durch seinen Protokollchef töten und anschließend verbreiten, dass General Oufkir Selbstmord begangen habe. Unwahrscheinlich, da nicht nur Leber, Lunge, Bauch und Hals durchschossen wurden, sondern ein Schuss auch in den Rücken ging.

König Hassan übernahm fortan selbst das Amt des Verteidigungsministers und Generalstabschefs.

EXTRA

Geschichte im Überblick

Um 3000 v. Chr. Beginn der Besiedlung durch die Berber, **um 1100 v. Chr.** Phönizier gründen erste Siedlungen.

Ab 146 v. Chr. Königreich Mauretanien.

40–429 Römische Provinz Mauretania Tingitana.

683 Beginn der arabischen Eroberung und Islamisierung.

Ab 711 Eroberung der iberischen Halbinsel.

Ab 739 Entstehung erster unabhängiger Berberreiche.

789 Gründung des ersten unabhängigen Reiches durch Moulay Idriss I.

808 Moulay Idriss II. gründet Fès.

1061 Almoraviden gründen das erste berberische Großreich und die neue Hauptstadt Marrakesch.

1148/49 Machtübernahme durch die Almohaden.

1269 Eroberung durch die Meriniden abgeschlossen, Fès wird Hauptstadt.

Ab 1415 Besetzung aller wichtigen Hafenstädte durch die Portugiesen.

1465 Wattasiden übernehmen die Macht.

6.1.1492 Fall der letzten islamischen Bastion Granada.

1549 Saadier übernehmen die Macht, Hauptstadt ist Marrakesch.

1580 Spanien übernimmt die portugiesischen Stützpunkte in Marokko.

1590 Eroberung Timbuktus durch Ahmed el-Mansour.

1667 Machtübernahme durch die Alaouiten, Hauptstadt wird wieder Fès.

1672–1727 Herrschaft des Sultans Moulay Ismail, Meknès wird zu seiner Residenz.

1727 Moulay Abdallah verlegt die Hauptstadt zurück nach Fès.

1830 Beginn der französischen Kolonialzeit in Algerien, Marokko unterstützt den Freiheitskampf der Algerier.

1844 Marokko verliert den Krieg gegen Frankreich, muss die Unterstützung der algerischen Kämpfer einstellen.

1859 Marokkanisch-spanischer Krieg endet mit dem Verlust von Ceuta und Melilla.

1904 Erste Marokko-Krise.

1906 Konferenz von Algeciras, Marokko bleibt unabhängig, aber Frankreich und Spanien übernehmen Kontrolle über Polizei und Finanzen.

1911 Zweite Marokko-Krise durch den ›Panthersprung nach Agadir‹.

30.3.1912 Marokkanisch-französischer Protektoratsvertrag, das Land wird zu Französisch-Marokko, Rabat wird Hauptstadt.

27.11.1912 Durch spanisch-französischen Vertrag wird Nordmarokko zu Spanisch-Marokko, Hauptstadt wird Tétouan.

1.2.1921 Proklamation der Rif-Republik durch Abdelkrim Al-Khattabi.

1923 Tanger wird Internationale Zone.

27.5.1926 Unterwerfung der Rifkabylen.

Bis 1934 ›Befriedung‹ Marokkos durch die Kolonialtruppen.

20.8.1953 Verbannung von Sultan Mohammed V. ins Exil.

1952–1955 Blutiger Unabhängigkeitskrieg.

16.11.1955 Rückkehr Mohammeds V. aus dem Exil.

18.11.1955 Proklamation des Endes der Protektoratsherrschaft.

2.3.1956 Unabhängigkeitsvertrag mit Frankreich, **7.4.1956** Unabhängigkeitsvertrag mit Spanien.

14.8.1957 Marokko wird zum Königreich.

3.3.1961 Thronbesteigung von König Hassan II.

6.11.1975 Grüner Marsch zur Besetzung der Westsahara.

30.7.1999 Thronbesteigung von Mohammed VI.

20.2.2011 ›Tag der Würde‹, Demonstrationen im Rahmen des Arabischen Frühlings.

1.7.2011 Verfassungsreform und offizieller Verzicht eines Teils der Macht des Königs.

25.11.2011 Parlamentswahlen mit Sieg der islamistischen Partei für Gerechtigkeit und Entwicklung.

2015 Marokko gibt wegen der Ebola-Epidemie die Austragung der Afrika-Meisterschaft (Fußball) ab und wird gebannt. Der Internationale Sportgerichtshof hebt das Urteil im April wieder auf.

Politik und Wirtschaft

Im Laufe der letzten knapp 60 Jahre, die seit Erlangung der Unabhängigkeit vergangen sind, wurde das Land mehrfach umstrukturiert, auf Basis der französischen Errungenschaften wurden auch Sozialsysteme ausgebaut. Gerade in den letzten Jahren, angefacht durch den Arabischen Frühling, kam noch einmal neuer Schwung in die marokkanische Politik. Obwohl auch Marokko Defizite bei Demokratie und Rechtsstaatlichkeit und eine hohe Jugendarbeitslosigkeit hatte und hat, war das Verhältnis zum Herrscher doch ein anderes als in Tunesien oder Ägypten. Zwar gingen auch hier zehntausende Menschen auf die Straße, um Reformen einzufordern, doch die Absetzung des Königs gehörte nie zu den Forderungen. Dies ist sicher auch mit seiner Ausnahmestellung, nicht nur weltlicher Herrscher, sondern aufgrund seiner Abstammung auch religiöses Oberhaupt zu sein, zu erklären. Dass er nach seiner Thronbesteigung als eine der ersten Amtshandlungen den berüchtigten und verhassten Innenminister seines Vaters, Driss Basri, entließ, brachte ihm beim Volk noch größere Beliebtheit und den Ruf eines Reformers ein. Auch die Einsetzung einer Wahrheitskommission zur Untersuchung der Menschenrechtsverletzungen von 1956 bis 1999 und die Reformen im Familiengesetz unterstrichen diesen Ruf. Den Forderungen nach mehr Demokratie begegnete Mohammed VI. mit einem Verzicht auf einen kleinen Teil seiner Macht und einer Stärkung der Position des Parlaments.

Staat und Verwaltung

Dank der besonderen Herkunft der Alaouiten war Marokko über Jahrhunderte als Scherifisches Maghrebinisches Sultanat bekannt. Die Bezeichnung Marokko leitet sich von der spanischen Benennung für die Stadt Marrakesch ab: Marruecos. Vom einstmals absolutistischen Sultanat hat sich Marokko in postkolonialen Zeiten zu einer Monarchie mit einem Zweikammerparlament gewandelt. Durch die Zugeständnisse, die König Mohammed VI. 2011 machte, wurde zwar das Parlament und die Position des Regierungschefs gestärkt, doch de facto hat auch nach der Verfassungsreform der König die absolute Macht auf allen Ebenen.

Lebensmittelmarkt in Marrakesch mit der typischen Wahlplakat-Wand

Staatsform

Marokko ist gemäß Artikel 1 der ersten marokkanischen Verfassung vom 14. Dezember 1962 eine konstitutionelle, demokratische und soziale Monarchie. Dem König obliegt es, einen Premierminister zu ernennen, der seit der Verfassungsreform von 2011 die Mehrheitsverhältnisse im Parlament widerspiegeln muss. Der König ernennt auch sämtliche Minister und entlässt sie auch nach eigenem Ermessen, wobei er die Empfehlungen seines Premiers beachten kann, aber nicht muss. Der König darf das Parlament auflösen, Neuwahlen anordnen und auch per Dekret regieren. Er ist Oberbefehlshaber des Militärs und geistliches Oberhaupt der muslimischen Bevölkerung.

Seit der Reform gilt der König nicht länger als heilig, sondern ›nur‹ noch als unantastbar. Parteien, die die Abschaffung der Monarchie anstreben und Marokko zu einer Republik umwandeln wollen, sind nach wie vor verboten.

Parlament

Marokko verfügt seit der Verfassungsreform von 1996 über ein parlamentarisches Zweikammersystem, bestehend aus Nationalversammlung und Senat. Die Nationalversammlung setzt sich aus 395 Mitgliedern zusammen, die alle fünf Jahre direkt gewählt werden. Wahlberechtigt sind alle Marokkaner und Marokkanerinnen ab dem 18. Lebensjahr. 60 Sitze sind per Quote für Frauen reserviert, 30 Sitze für Jungparlamentarier, die weniger als 40 Jahre alt sind. Bei den letzten Wahlen 2011 wurden nur 5 der 65 Frauen per Direktmandat gewählt. Wer sich als Kandidat aufstellen lassen will, muss mindestens 23 Jahre alt sein. Die Nationalversammlung kann dem Premierminister mit Zweidrittelmehrheit das Misstrauen aussprechen.

Parlamentsgebäude in Rabat

Wand für Wahlplakate mit Nummern und Symbolen in Marrakesch

Der Senat besteht aus 270 Mitgliedern, die alle neun Jahre indirekt gewählt werden und mindestens 30 Jahre alt sein müssen. Ein Teil wird durch Wahlkollegien bestimmt, bestehend aus lokalen und regionalen Würdenträgern, Präfektur- und Regionalräten; der andere Teil durch Wahlkollegien, die sich aus Mitgliedern von Berufsverbänden aus den Bereichen Industrie, Landwirtschaft, Handwerk, Handel, Dienstleistung und Fischerei sowie ausgewählten Lohnempfängern zusammensetzen. Nach je drei Jahren wird ein Drittel der Senatoren neu gewählt. Der Senat tagt an zwei festen Sitzungsterminen im Jahr: am zweiten Freitag im Oktober und am zweiten Freitag im April.

Wahlen und Parteien

Die letzte Wahl fand im November 2011 statt, die Wahlbeteiligung lag bei 45,4 Prozent. Insgesamt nahmen 31 Parteien teil, 18 davon zogen mit mindestens einem Kandidaten ins Repräsentantenhaus ein. Die islamistische Partei für Gerechtigkeit und Entwicklung (PJD) gewann dabei 107 von insgesamt 395 Sitzen. Ihr Parteivorsitzender Abdallah Benkirane wurde daraufhin, wie es die neue Verfassung vorsieht, mit der Regierungsbildung beauftragt. Er koalierte mit der Istiqlal und deren linkem Flügel, die sich 1959 als Sozialistische Union der Volkskräfte abgespalten hatte, sowie zwei weiteren sozialistischen Parteien. Das neue Kabinett mit 22 Ministern und neun beigeordneten Ministern stellte Benkirane am 3. Januar 2012 vor. Schon eineinhalb Jahre später kündigte die Istiqlal den Rückzug aus der Regierungskoalition an, und fünf ihrer sechs Minister traten zurück. Neuer Koalitionspartner wurde die von einem Schwager König Hassans geführte liberal-konservative Nationale Versammlung der Unabhängigen (Rassemblement National des Indépendants/RNI), die 52 Sitze errungen hatte.

Wegen der hohen Zahl von Analphabeten sind den Parteien Farben oder Symbole zugeordnet, damit jeder Wähler auch diejenige ankreuzen kann, die er sich

Die 16 Regionen Marokkos

ausgesucht hat. Die Wahlplakate mit den gleichen Wiedererkennungszeichen sind auf ›Litfaß-Wänden‹ ausgehängt, die man in jeder Stadt anhand der schwarzumrandeten Kästchen an langen Mauern erkennt. Die PDJ zum Beispiel hat eine brennende Kerze als Symbol, der Istiqlal-Partei ist die Farbe Rot zugeordnet.

Administration

Marokko ist seit der Dezentralisierung 1997 in 16 Regionen, einschließlich der völkerrechtlich umstrittenen Westsahara, gegliedert, die heute in 61 Provinzen, davon 12 Präfekturen, unterteilt sind. Durch Regionalwahlen wird für eine Legislaturperiode von sechs Jahren ein Regionalrat gewählt, der für je drei Jahre einen Präsidenten aus seinen Mitgliedern bestimmt. An der Spitze jeder Region steht jedoch ein vom Innenminister ausgesuchter und vom König offiziell eingesetzter Wali, also eine Art marokkanischer Ministerpräsident.

Den Provinzen stehen ebenfalls vom König eingesetzte Gouverneure oder Präfekten vor. Die Provinzen wiederum untergliedern sich in Land- und Stadtkreise und pro Kreis in drei bis vier Caidate. Der Caid an der Spitze ist somit eine Art Landrat. Der stellvertretende oder zweite Bürgermeister ist der Khalifa el-Caid. Städte sind unterteilt in ›Paschaliks‹ genannte Bezirke. Die ihnen vorstehenden Paschas entsprächen einem Stadtteilbürgermeister. Provinz-, Land- und Stadträte werden alle sechs Jahre durch Kommunalwahlen gewählt.

Westsahara-Konflikt

Die Westsahara, das Gebiet zwischen dem Wadi Drâa und dem Senegal-Fluss, war seit 1884 spanische Kolonie. Bereits 1956 war Spanien von den Vereinten Nationen aufgefordert worden, die rechtliche Situation von Spanisch-Sahara zu überdenken, und 1965 aufgefordert worden, die Westsahara zu entkolonialisieren. Die Berberstämme der Sahraouis gründeten 1973 die Frente Polisario, eine Volksfront zur Befreiung der Gebiete Saguia el-Hamra und Rio de Oro. Als Spanien 1974 ankündigte, ein Referendum über den zukünftigen Status der Westsahara durchzuführen, bat Marokko den Internationalen Gerichtshof in Den Haag um die Erstellung eines Gutachtens, mit dem die historische Verbindung Marokkos und der Westsahara geklärt werden sollte. Denn aus marokkanischer Sicht ist die Westsahara Teil Marokkos, da sie die Heimat der im 11. und 12. Jahrhundert herrschenden Almoraviden war und zu deren Großreich zählte. Das Gutachten bestätigte zwar gewisse historische Verbindungen, stellte aber fest, dass daraus keine territorialen Ansprüche hergeleitet werden können.

Daraufhin kündigte König Hassan II. den sogenannten Grünen Marsch an, mit dem am 6. November 1975 350 000 Mann mit dem damaligen Premierminister Osman an der Spitze die Westsahara für Marokko okkupierten. Am 14. November unterzeichnete das schwache Spanien des todkranken General Franco das Abkommen von Madrid, durch das die Westsahara zwischen Marokko und Mauretanien aufgeteilt wurde. Dem unbewaffneten Marsch der Zivilisten folgte das Militär. Die Sahraouis flohen zunächst ins Landesinnere, dann nach Algerien, wo nahe der Oase Tindouf ein Flüchtlingslager entstand. Die marokkanische Luftwaffe bombardierte die Sahraouis auf ihrer Flucht auch mit Napalm und Phosphor.

Am 27. Februar 1976 rief die Polisario den Staat Demokatische Arabische Republik Sahara, DARS, aus, der von 80 Staaten anerkannt wurde. 1979 zog sich Mauretanien aus dem Konflikt zurück, woraufhin Marokko auch das südliche Drittel der Westsahara besetzte. Parallel dazu errichtete Marokko einen 2500 Kilometer langen, drei Meter hohen Sandwall, der mit Minen und Stacheldraht gesichert wurde, um ein Eindringen der Polisario-Kämpfer zu verhindern. Die sahraouische Befreiungsarmee führte bis 1991 einen fast aussichtslosen Krieg gegen das hochgerüstete marokkanische Militär, bis die UNO und die OAU, die Organisation der afrikanischen Einheit, einen Friedensplan vorlegten. Marokko war 1985 aus der OAU ausgetreten, nachdem die DARS an einer OAU-Konferenz teilgenommen

Ein Relief in der Provinzhauptstadt Laayoune erinnert an den Grünen Marsch

hatte. Beide Konfliktparteien unterzeichneten diesen Plan, der die Durchführung eines Referendums zur Frage der Zugehörigkeit der Westsahara vorsah.

Im April 1991 wurde die ›Mission der Vereinten Nationen für ein Referendum in der Westsahara‹ eingesetzt, die nach der französischen Version MINURSO genannt wurde. Diese sollte den am 6. September 1991 in Kraft getretenen Waffenstillstand überwachen. 1992 sollte das Referendum stattfinden. Doch bis heute kam es zu keinem Referendum, stattdessen streitet man unablässig darum, wer stimmberechtigt ist. Marokko beharrt auf einem Verbleiben der Westsahara innerhalb seines Staatsgebietes. Mohammed VI. versuchte einzulenken und verlieh der Westsahara den Status einer Autonomen Region, doch den Sahraouis ist dies nicht genug. Der Weltsicherheitsrat verlängert alljährlich im April das Mandat der MINURSO, ohne das die 230 Personen, die der Mission angehören, Neues berichten konnten. Stattdessen berichten vor allem Nichtregierungsorganisationen immer wieder von Menschenrechtsverletzungen, meist willkürliche Festnahmen von Sahraouis, Folter, unfaire Gerichtsverfahren und die Niederschlagung öffentlicher Proteste gegen die marokkanische Besetzungspolitik.

Im Oktober 2010 ließen sich 2000 Sahraouis als Zeichen des Protests in einer Zeltstadt vor den Toren der Regionalhauptstadt Layyoune nieder. Nach wenigen Tagen waren es bereits 20 000 Menschen, die dort friedlich demonstrierten. Zunächst schienen die marokkanischen Behörden Verhandlungsbereitschaft zu signalisieren. Die Sahraouis waren hoffnungsfroh. Doch am 8. November um 6 Uhr griffen Armee und Polizei das Lager mit Baggern, Hubschraubern und Wasserwerfern; die Zelte wurden zerstört, die Menschen flohen in Panik. Menschenrechtsorganisationen meldeten 11 Tote, 723 Verletzte und 159 Verschwundene.

Christopher Ross, der aktuelle UNO-Sondergesandte, legte in den letzten beiden Jahren eine auffällige diplomatische Aktivität an den Tag. Die USA versuchen sanft, den Druck auf Marokko erhöhen, weil man im Kampf gegen die terroristische Bedrohung in der Sahara an politischer Stabilität interessiert sind. Aber selbst Optimisten in den sahraouischen Camps rechnen nicht ernstlich mit einem Rückzug Marokkos aus der Westsahara. Zu groß ist der wirtschaftliche Wert der Westsahara ob seiner reichen Bodenschätze. Zuletzt kam es am 14. April 2015 in der Provinzhauptstadt Laayoune wieder zu Protesten, die von der Polizei gewaltsam unterbunden wurden und bei denen 40 Demonstranten verletzt wurden.

Westsahara-Demonstration in Madrid 2010

Wirtschaft

Seit der Thronbesteigung durch Mohammed VI. 1999 hat sich Marokkos Wirtschaft stabilisiert. Der langjährige Aufschwung hält an, dank einer kontinuierlich ausgebauten Infrastruktur in den Bereichen Verkehr und Telekommunikation, niedriger Produktionskosten, der Nähe zum Haupthandelspartner Europa und einer Landeswährung, die dank eines Währungskorbes, der zu 80 Prozent an den Euro und zu 20 Prozent an den US-Dollar gekoppelt ist, relativ stabil ist. Seit einigen Jahren gibt es Förderprogramme für die Wirtschaftszweige Industrie, Handel/Logistik, Digitalisierung, Landwirtschaft/Fischerei und Tourismus, von denen sich die Regierung eine Diversifizierung der Wirtschaft, Förderung des Wachstums und die Schaffung von Arbeitsplätzen erhofft.

Landwirtschaft

Die Landwirtschaft trägt zu rund 15 Prozent zum Bruttoinlandsprodukt bei, allerdings sind mehr als 45 Prozent der Gesamtbevölkerung im Ackerbau und in der Viehzucht tätig. Betrachtet man nur die ländliche Bevölkerung, sind es gar 80 Prozent. Etwa ein Fünftel der Landfläche ist kultivierbar, auch dank der 133 Stauseen Marokkos. Zwei Dritteln der Landbesitzer stehen nur drei Hektar Land zur Verfügung, insgesamt also nur ein Viertel der landwirtschaftlichen Nutzfläche. Viele Bauern bearbeiten ihre Felder noch mit dem ›prähistorischen‹ Hakenpflug, entsprechend gering sind ihre Erträge.

Seit 2008 versucht Marokko mit dem ›Plan Maroc Vert‹, durch Modernisierung und Professionalisierung der Landwirtschaft sowie die Schaffung moderner Verarbeitungsbetriebe neue Arbeitsplätze zu schaffen. Der Anteil der Landwirtschaft am Bruttoinlandsprodukt soll sich durch diese Maßnahmen verdoppeln.

Wichtigste Anbauprodukte

Die wichtigsten Anbauprodukte sind die Wintergetreide Hartweizen, Weichweizen und Gerste, die auf mehr als 55 Prozent der Nutzfläche kultiviert werden. An Sommergetreide werden Mais, im Rif auch Reis und Mohrenhirse angebaut. Dazu kommen Hülsenfrüchte, in erster Linie Kichererbsen und Linsen. Im Norden werden Zuckerrüben angebaut, im Süden in wesentlich kleinerem Rahmen Zucker-

Getreideernte mit der Sichel bei Sidi Kaouki

Südfrüchtehändler in Tanger

Viehzucht

Seit den 1960er Jahren wurde hauptsächlich in die Geflügelzucht investiert, um an tierisches Eiweiß zu günstigen Preisen zu kommen. Die Hälfte allen konsumierten Fleisches ist Geflügel mit 17 Kilogramm pro Marokkaner pro Jahr. In der marokkanischen Landschaft dominieren große Schafherden das Bild, mehr als 19 Millionen Tiere gibt es. Die Hälfte aller geschlachteten Tiere wird an einem einzigen Tag im Jahr geschächtet: zum Opferfest – daher auch oft Hammelfest genannt.

An Rindern wird vor allem Milchvieh gehalten – meistens Holstein-Rinder –, die 90 Prozent des Milchverbrauchs decken. Der Konsum an rotem Fleisch (Rind, Lamm, Ziege) stieg zwar in den letzten 20 Jahren von acht auf fast zwölf Kilo, liegt aber immer noch deutlich hinter dem europäischen Schnitt von jährlich 35 Kilogramm pro Kopf.

rohr, um den jährlichen Pro-Kopf-Verbrauch von 37 Kilogramm Zucker zu decken. Zitrusfrüchte, vor allen aus der Souss-Ebene bei Taroudannt, aber auch aus der Tadla-Ebene und dem Gharb, gehören zu den Exportschlagern.

Auf dem Gemüsesektor dominieren mengenmäßig Kartoffeln, Zwiebeln und Tomaten, wobei letztere gute Preise auf den europäischen Märkten im frühen Frühjahr bringen. Zudem ist Marokko mittlerweile der viertgrößte Produzent von Olivenöl weltweit.

Auf 50 000 Hektar werden in den Oasen des Südens fünf Millionen Dattelpalmen bewässert, die zwar fast 110 000 Tonnen Datteln liefern, damit aber den einheimischen Markt nicht befriedigen können. 30 Prozent müssen zusätzlich importiert werden. Zehn Prozent der Waldfläche Marokkos bestehen aus Korkeichen, das Land ist der drittgrößte Korkproduzent weltweit.

Schafherde am Tichka-Pass

Fischerboote in Essaouira

Fischerei

Die marokkanische Fischfangflotte zählt mehr als 3000 Hochseeschiffe und 20 000 kleine Fischerboote. Rund 80 000 Marokkaner arbeiten direkt als Fischer, weitere 250 000 in der weiterverarbeitenden Industrie. In 17 Fischereihäfen, von denen Agadir, Safi und Tan-Tan in der Westsahara die größten sind, kommen jährlich mehr als eine Million Tonnen Fisch an – Platz eins in Afrika. Außerdem bekommt Marokko jedes Jahr 30 Millionen Euro von der EU dafür, dass 126 europäische Trawler, in marokkanischen Gewässern der 200-Meilen-Zone fischen dürfen.

Industrie

Industrie und Bergbau erwirtschaften 30 Prozent des Bruttoinlandsprodukts, beschäftigen aber nur jeden fünften Marokkaner. Wichtigster Zweig ist nach wie vor die Nahrungsmittelindustrie. Besonderes Augenmerk richtet die marokkanische Regierung auf klein- und mittelständische Betriebe, die international wettbewerbsfähig werden sollen. Investitionsanreize und Steuervorteile schufen in der Kfz-Industrie durch Zulieferungsbetriebe, in der Aeronautik und bei Callcentern neue Arbeitsplätze. In der Kabelindustrie, im Bereich Elektrotechnik und in der Textilindustrie zeigen sich ebenfalls bereits Erfolge.

Es gibt ferner eine chemische Industrie mit Zementproduktion und Erdölverarbeitung als wichtigsten Zweigen, sowie eine bedeutende Bauwirtschaft. Ein weiterer nicht zu unterschätzender Zweig ist die Pulindustrie, bei der gekochte Nordseekrabben zum Entfernen der Chitinhülle nach Marokko gebracht werden, weil hier das Pulen 20-mal billiger ist als in Deutschland.

Phosphatwerke in Safi

Bodenschätze

Der wichtigste Rohstoff Marokkos ist Phosphat. 25 Millionen Tonnen fördert die seit wenigen Jahren teilprivatisierte Gesellschaft OCP (Office Chérfien des Phosphates) jährlich und ist damit weltgrößter Exporteur.

Marokkos zweitwichtigster Bodenschatz ist Silber. In drei Minen, von denen die wichtigste bei Imiter im Jebel Saghro betrieben wird, fördert man fast 300 000 Tonnen pro Jahr. Zink von mehr als 200 000 Tonnen wird in den Minen von Hajar, Draa Sfar und in Tighardine bei Marrakesch gefördert. Bleierz, vor allem bei Touissit im Nordosten an der algerischen Grenze gefördert, spielt genau wie Kupfer und Kobalt ebenfalls eine wichtige Rolle.

Phosphat

Mit Hilfe eines 2013 gestarteten Projekts bei Safi soll die jährliche Produktionsmenge von Phosphat bis 2020 auf 50 Millionen verdoppelt werden. Schon heute liefert Marokko 75 Prozent der Weltmarktmenge. Wäre die Westsahara mit den Lagerstätten bei Bou Craa selbständig, läge sie auf Platz zwei hinter Marokko. Rund ein Drittel des weltweit vorkommenden Phosphors ruht in marokkanischen Böden, die geschätzten Ressourcen liegen bei etwa 85 Milliarden Tonnen.

Fast zwei Millionen Tonnen Phosphorsäure P205 werden für rund 1500 US-Dollar pro Tonne exportiert – geschätzte 2,5 Milliarden US-Dollar für Marokkos Kassen. In Phosphat-Import-Ländern wie Deutschland wird es dann zu Mineraldünger weiterverarbeitet und kommt für etwa 360 Euro pro Tonne auf den Markt. Nur etwa eine halbe Tonne Dünger produziert Marokko für den eigenen Markt.

Phosphat kommt als Geschmacksverstärker in Cola, als Poliermittel in Zahnpasta, als Wasserbinder in Fleisch, als Treibmittel in Backwaren, als Wasserenthärter in Waschpulver und Weichspüler, vor allem aber in Dünger, um Wachstum und landwirtschaftliche Produktion für eine stetig wachsende Weltbevölkerung zu steigern. Da es zum ›Dünger der Menschheit‹ – noch – keine Alternativen gibt und die geschätzten Ressourcen nur noch gute 100 Jahre reichen werden, könnte eine Phosphat-Knappheit bald mehr beunruhigen als die Endlichkeit fossiler Brennstoffe.

Energie

Der nationale Energiebedarf steigt jährlich um etwa 6,5 Prozent. Bis 2020 sollen 42 Prozent oder 6000 Megawatt aus erneuerbaren Energien kommen. Marokko besitzt günstige natürliche Voraussetzungen zur Erzeugung von Wind- und Solarenergie, die je ein Drittel der gesamten Energiemenge liefern sollen. Ein solarthermisches Kraftwerk bei Ouarzazate, dessen Bau am 10. Mai 2013 durch einen symbolischen Spatenstich des Königs begonnen wurde, soll den Auftakt für die Umsetzung dieses Plans bilden. Ein Windpark mit 131 Windkraftanlagen bei Tarfaya folgte. Ein weiteres Drittel des Energiebedarfs wird heute schon durch Wasserkraft produziert und soll bis zum Jahr 2020 2000 Megawatt mehr liefern. Energieträger wie Öl und Gas müssen bisher noch zu über 90 Prozent gegen teure Devisen importiert werden.

Um die Jahrtausendwende wurde damit begonnen, auch die entlegensten Teile des Landes an die Stromversorgung anzuschließen. 1996 hatten gerade einmal 22 Prozent der ländlichen Haushalte elektrisches Licht, heute sind es 97 Prozent. Mehr als 3000 Dörfer erhielten eine eigene Photovoltaikanlage; rund 150 000 ländliche Haushalte werden dezentral mit Solarstrom versorgt.

Projekt Desertec

2009 wurde von deutschen Unternehmern um die federführende Münchner Rückversicherungsgesellschaft die Initiative ›Desertec‹ vorgestellt, durch die bis 2050 insgesamt 15 Prozent des gesamten Stromverbrauchs der EU mit Solar- und Windenergie aus dem Sonnengürtel südlich des Mittelmeers gedeckt werden soll. Der Stromverkauf in das reiche Europa soll – so verspricht es Desertec und so hoffen Länder wie Marokko – eine Situation schaffen, bei der beide Seiten gewinnen. Die höheren Abnahmepreise in Europa würden für die Länder südlich des Mittelmeeres Investitionen rentabler machen und zugleich Arbeitsplätze schaffen. Den Ländern der EU würde der Solarstrom helfen, ihre Klimaziele zu erreichen. Doch im Herbst 2014 schien es, als sei das Projekt am Ende; viele Gesellschafter der 35 internationalen Konzerne ausstiegen, weil sie sich nicht auf ein Zukunftskonzept einigen konnten. Verblieben sind nur noch eine saudische Energiefirma, ein chinesischer Netzbetreiber und die deutsche RWE, die das Vorhaben in kleinem Rahmen fortführen wollen. Immerhin rund 70 Prozent der Ziele wurden in den ersten fünf Jahren realisiert, also bis zu 35 Gigawatt Strom pro Jahr.

Handel

Mehr als die Hälfte des Bruttoinlandsproduktes wird im tertiären Sektor erwirtschaftet, in dem fast 37 Prozent der Marokkaner arbeiten. 850 000 der im tertiären Sektor Erwerbstätigen sind beim Staat beschäftigt.

Besonders angesehen ist der Beruf des Händlers, da der Prophet selbst Kaufmann war. Neben den unzähligen Krämern, die ihren eigenen kleinen Laden haben, gibt es auch fast eine Viertelmillion fliegender Händler, die großteils auf den etwa 1000 Wochenmärken im Land ihre Geschäfte machen. Vor allem im ländlichen Süden Marokkos spielen diese immer noch eine wichtige soziale Rolle im Gemeinschaftsleben und sind entsprechend gut besucht. Um die 200 Dirhams pro Markttag verdient ein ambulanter Händler im Schnitt.

Tourismus

Eine tragende Säule der marokkanischen Wirtschaft ist der Tourismus, durch den allein zehn Prozent des Bruttoinlandsprodukts erzielt werden. Rund zehn Millionen Gäste empfing Marokko letztes Jahr, die einen geschätzten Gewinn von über fünf Milliarden Euro generierten. Dadurch nahm das Land zehn Prozent seiner Devisen ein. Die meisten Devisen kommen übrigens durch Überweisungen der marokkanischen Gastarbeiter in Land. Über eine halbe Million Marokkaner arbeiten im Tourismus. Mit dem ›Plan Azur‹ sollen bis 2020 sechs neue Badezentren ausgebaut werden: Essaouira, El Jadida, Lixus, Saïdia, Plage Blanche und Taghazout.

Löhne und Soziales

Dank der Franzosen gibt es sowohl in der Landwirtschaft wie auch in der Industrie garantierte Mindestlöhne. Nicht davon betroffen sind aber die vielen, vielen Kleinbauern, die in den unwirtlichen und entlegenen Gebirgsregionen heute noch von Subsistenzwirtschaft leben, also im wahrsten Sinne des Wortes von der Hand in den Mund. Immer noch fast 14 Prozent der Bevölkerung leben an oder unter der Armutsgrenze, müssen also mit weniger als zwei US-Dollar pro Tag auskommen. Das Positivste an dieser Zahl ist, dass sie sich in den letzten Jahren stetig nach unten entwickelt hat, noch 2011 galt jeder fünfte Marokkaner als arm.

Löhne

Der Mindeststundenlohn wurde 2012 auf 12,24 Dirhams (etwa 1,15 Euro) festgesetzt. Die Wochenarbeitszeit darf 44 Stunden nicht überschreiten. Der Mindesttageslohn in der Landwirtschaft liegt bei 63,39 Dirhams. Doch die vielen Marokkaner, die in ländlichen Strukturen und vor allem in den Bergen von Subsistenzwirtschaft leben, sind davon natürlich nicht erfasst, auch nicht von den Sozialkassen. Das durchschnittliche Einkommen auf dem Land liegt bei umgerechnet 500 Euro – pro Jahr! Nur weniger als zehn Prozent der Bevölkerung können mehr als 1000 Dirhams pro Monat ausgeben.

Frauen bei der Grasernte

Rente

Schon 1959 wurde in Marokko ein Sozialversicherungssystem eingeführt, das allerdings nur etwa ein Drittel der Bevölkerung erfasst – nämlich die Arbeiter und Angestellten in Industrie und Staatdienst. In Marokko gibt es eine Mindestrente von 600 Dirhams im Monat. Mit 60 Jahren kann man in Rente gehen, Minenarbeiter schon ab 55, wenn sie mindestens 3240 Tage, also knapp neun Jahre, legal beschäftigt waren und dabei knapp vier Prozent ihres Lohns einbezahlt haben. Berechnungsbasis für die Höhe der Rente ist das Gehalt der letzten acht Jahre.

Bettler in Fès

Sozialversicherungen

Seit 2002 gibt es eine obligatorische Versicherung für Arbeitsunfälle und Berufsunfähigkeit. Frauen haben Anspruch auf insgesamt 14 Wochen Mutterschutz, Männer auf immerhin drei Tage Vaterschafturlaub. Seit 2005 gibt es eine verpflichtende Grundkrankenversicherung, die in einer ersten Phase alle Arbeitnehmer und Rentenbezieher des privaten und öffentlichen Sektors, rund ein Drittel der Bevölkerung, erfasst. In einer zweiten Phase wird sich diese Versicherung auch über alle Selbständigen, Freiberufler und Studenten erstrecken. In der Privatwirtschaft Beschäftigte müssen zwei Prozent, Beamte zweieinhalb Prozent in den Fond einbezahlen.

Am 1. Dezember 2014 trat erstmalig eine Arbeitslosenversicherung in Kraft, die eine sechsmonatige Lohnfortzahlung vorsieht, sofern mindestens drei Jahre in die Sozialversicherung einbezahlt wurde. Dafür muss der Arbeitnehmer 0,38 Prozent seines Gehalts monatlich einzahlen, der Arbeitgeber die Hälfte. 70 Prozent des zuletzt bezogenen Lohnes soll es dann bei Jobverlust geben.

Gesundheitssystem

Die medizinische Betreuung im Lande ist sehr unterschiedlich: hervorragend in Casablanca und Rabat, mittelmäßig in den größeren Städten und beklagenswert auf dem Land und im Süden. 142 Krankenhäuser mit 90 000 Betten, darunter nur fünf Universitätskrankenhäuser in Rabat, Casablanca, Fès, Marrakesch und Oujda, sind natürlich viel zu wenig für ein Land mit 33 Millionen Einwohnern; nur 46 Ärzte für 100 000 Einwohner, von denen noch dazu fast die Hälfte in Rabat und Casablanca niedergelassen ist, ebenfalls. Berichte über Neugeborene, die von Ratten attackiert wurden, zeigen ein deutliches Bild der hygienischen Verhältnisse in vielen Kliniken. Ein Marokkaner sollte besser nur in den großen Städten krank werden oder über das nötige Kleingeld verfügen, um sich eines der 5500 Betten in Privatkliniken leisten zu können. 988 Gesundheitszentren versuchen, auf dem Lande eine rudimentäre Versorgung zu gewährleisten.

Koranschule im Andalusierviertel in Fès

Diese Ambulanzstationen sind erste Anlaufstelle für über 90 Prozent der Bevölkerung. Die Erstversorgung in staatlichen Krankenhäusern und Ambulanzzentren ist kostenlos. Einzig das Impfsystem erzählt eine Erfolgsgeschichte, immerhin sind 99 Prozent der Marokkaner inzwischen grundimmunisiert.

2008 verabschiedete die Regierung einen Fünfjahresplan zur Verbesserung des Gesundheitssystems, demzufolge jährlich über 3000 neue Ärzte hinzukommen sollen, um auch weniger privilegierten Bevölkerungsschichten medizinische Betreuung zukommen zu lassen. Dass sich die gesundheitliche Situation vieler Marokkaner deutlich verbessert hat, liegt vor allem an der Verbesserung der hygienischen Verhältnisse im Land. Mittlerweile haben 91 Prozent der Haushalte Zugang zu sauberem Trinkwasser, Mitte der 90er Jahre waren es nur 15 Prozent. Auch dank dieser Maßnahmen ist die Lebenserwartung in den letzten Jahren noch einmal deutlich gestiegen. Noch 1970 lag sie bei nur 52 Jahren, 1990 bei 65 Jahren, heute bei 71. Frauen können dabei sogar mit 74 Jahren rechnen, Männer mit 68 Jahren.

Bildung und Schule

Noch vor 15 Jahren lag die Analphabetenrate bei über 50 Prozent, heute liegt sie bei gut 30 Prozent, Tendenz fallend. Für die marokkanischen Kinder von 6 bis 15 Jahren gilt die Schulpflicht, laut UNICEF werden inzwischen mehr als 96 Prozent aller Kinder eingeschult. Da noch im Jahr 2000 die neunjährige Pflichtschulzeit nur von 63 von 100 Schülern zu Ende gebracht wurde, führte die Regierung neue Familienbeihilfen ein, um einen finanziellen Anreiz für die Eltern zu schaffen, den Schulbesuch ihrer Kinder zu forcieren. Von 70 Dirham für Schulanfänger bis zu 100 Dirham im Monat für Fünft- und Sechstklässler gibt es monatlich, wenn diese mindestens zu 80 Prozent der Zeit anwesend sind. Dadurch ging die Zahl der Schulabbrecher auf elf Prozent zurück.

Schulbesuch

Der größte Teil der Kinder hat schon ab dem vierten Lebensjahr eine Koranschule besucht, ab dem schulpflichtigen Alter müssen sich die Eltern entscheiden, ob ihr Kind den traditionellen Schulweg bestreitet oder auf eine Schule des modernen Weges wechselt. Der Großteil schickt sein Kind auf die moderne marokkanische Schule, die mit einer sechsjährigen Grundschule beginnt, gefolgt von einer dreijährigen Mittelstufe (Collège) und einer dreijährigen Oberstufe (Lycée). In der ersten Klasse wird der Unterricht auf Arabisch gehalten, schon ab der zweiten Klasse wird Französisch als Fremdsprache unterrichtet, auch ein Teil der Fächer wird auf Französisch unterrichtet. Ab der zehnten Klasse ist eine zweite Fremdsprache verpflichtend. Das kann Englisch, Spanisch oder Deutsch sein, seit 2011 auch Tamazight.

Universitäten

Nach bestandenem Abitur kann man an einer der 14 modernen marokkanischen Universitäten studieren. An der fünfzehnten Universität, der Karaouine in Fès, kann studieren, wer den traditionellen Koranschulweg auch nach dem sechsten Lebensjahr weiter verfolgt hat. Gravierendste Reform an dieser Uni in den letzten Jahren war die Einführung von Fremdsprachenunterricht. Die marokkanischen Universitäten sind nicht sehr prestigeträchtig. Wer beruflich aufsteigen möchte, studiert entweder an der Ingenieursschule in Mohammedia, an der halbprivaten Akhawayn-Uni in Ifrane oder im Ausland, vorzugsweise in Frankreich.

Vor einer Mittelschule in Tineghir

Betender Mann vor einer Moschee in Fès

Religion

Bismillahi rahmani rahim – Im Namen Allahs, des Gnädigen und Barmherzigen! Mit diesen Worten beginnt jeder Marokkaner jedwede Unternehmung, ob er sich ins Auto setzt und den Motor startet, zu essen beginnt oder irgendein anderes Vorhaben beginnt. Allah ist allgegenwärtig. Zumindest sprachlich. Religiöse Verpflichtungen wie die rituellen Gebete oder das Fasten im Ramadan prägen das Alltagsleben. Daneben gib es aber auch einen ausgeprägten Heiligenkult, der mit dem orthodoxen Islam nur schwer vereinbar ist.

Islam

Die überwiegende Mehrheit der Marokkaner gehört zur Umma, also der Gemeinschaft der Muslime, der weltweit 1,6 Milliarden Menschen angehören. Wörtlich ist ein Muslim ›derjenige, der sich Gott völlig hingibt‹ und damit der Islam die Religion der ›völligen Hingabe an Gott‹. Offenbart wurde die Religion an den Propheten Mohammed nicht als neue Religion, sondern als Ermahnung und Erinnerung an das längst an Juden und Christen verkündete göttliche Wort. Deshalb beginnt nach islamischer Auffassung die Geschichte der Religion auch nicht mit Mohammed, sondern mit Abraham, und auch Jesus (Issa) gilt den Muslimen als wichtiger Prophet.

Die Deklaration zu einer neuen monotheistischen Religion war letztlich ein Ergebnis des Führungsanspruchs Mohammeds und seiner Berufung zum ›Siegel der Propheten‹ – also dem letzten Empfänger göttlicher Botschaften in einer langen Reihe von Propheten. Juden und Christen sprachen ihm das Prophetentum ab, die Stämme mit paganer (heidnischer) Religion sprachen ihm den Führungsanspruch ab. Nach althergebrachter Tradition konnte diesen im Arabien damaliger Zeit nur ein Stammesältester oder Clan-Chef für sich beanspruchen. Aus damaligem Verständnis heraus gründete Mohammed keine neue Religion, sondern einen neuen Stamm.

Mohammed – Prophet und Staatengründer

Mohammed wurde um 570 in die Sippe der Bani Haschim vom Stamme der Quraisch geboren, wurde Kaufmann und Karawanenführer für die reiche Witwe Khadidja, die er später ehelichte. Um 610, während eines Meditationsaufenthaltes im Hira-Gebirge bei Mekka, erhielt er die erste Offenbarung, die ihn aufforderte, die letzte Ermahnung Gottes, ein gottgefälligeres Leben zu führen, den Menschen vorzutragen. Trag vor – Qur'an! Und dies tat er, sehr zum Missfallen anderer, mächtigerer Sippen, denn mit den Offenbarungen wurde ihm ja auch der Führungsanspruch übertragen. Seine ersten Anhänger waren überwiegend bis dato rechtlose Nicht-Stammesangehörige, die mit der Annahme des Islams erstmals Rechte zugestanden bekamen in diesem ›neuen Stamm der Muslime‹.

Als Mohammed nach dem Tode seines Onkels Abu Talib als Sippenchef der Schutz seiner althergebrachten, akzeptierten Sippe verloren ging, übersiedelte er nach Medina, wo er als Führer akzeptiert wurde. Der Zeitpunkt dieser Auswanderung am 16. Juli 622 ist eines der wenigen gesicherten Daten im Leben des Propheten. Nach den sogenannten Feldzügen unterwarf sich der mächtigste Stammesführer Mekkas, Abu Sufyan, ohne überlieferte Gründe und machte den Weg zum wichtigsten Heiligtum – der Kaaba – frei. Nach der Einnahme Mekkas war es nicht mehr allein Mohammed, der die Unterstützung und Bekehrung der Stämme Arabiens zu gewinnen versuchte, sondern diese schickten selbst Gesandtschaften zu ihm. Als Mohammed am 8. Juni 632 starb, war bereits der größte Teil Arabiens Teil des islamischen Machtbereiches.

Sunniten und Schiiten

Nach dem Tode des Propheten kam es zur Nachfolgefrage: Einer aus der alten Machtelite der Quraisch oder ein Blutsverwandter des Propheten von den Bani Haschim, das war die Frage. Erstere verstehen sich als Bewahrer der Sunna (Tradition), sind demzufolge Sunniten. Letztere ergriffen die Partei Alis (Schia Ali) und werden davon abgeleitet als Schiiten bezeichnet. Die vier ersten, sogenannten ›rechtgeleiteten Kalifen‹ Ali, Abu Bakr, Omar und Othman werden nur von den Sunniten anerkannt. Mit der Wahl von Ali, Vetter und Schwiegersohn des Propheten, kam es endgültig zum Schisma. Muawiya, Statthalter von Damaskus vom Quraisch-Clan der Umayya, weigerte sich, Ali den Treueeid zu leisten. Er wurde nach der Ermordung Alis selbst zum ersten Kalifen der Omayyaden-Dynastie, allerdings nur von den Sunniten anerkannt. Unter seinem Kalifat begann die Eroberung Nordafrikas, angeführt vom Feldherrn Oqba ibn Nafi.

Malikiten

Schon in den frühen Jahren bilden sich örtliche Schulen der Normenlehre heraus, in Damaskus, in Basra, Bagdad, Kufa, Mekka und Medina. Nach der Machtübernahme durch die Abbassiden und Verlegung des Kalifats nach Bagdad wurden nur vier Lehrrichtungen anerkannt, darunter die in Medina entstandene malikitische

Mann beim Gebet in Telouet

Rechtsschule, der die Muslime in Nordafrika folgten und folgen. Dabei geht es vor allem um die Auslegung der Hadithe – dem Propheten zugesprochene Aussagen – und ihre Konsequenz in der Rechtsprechung sowie um Analogieschlüsse und Gelehrtenkonsens. Die Marokkaner sind zu über 98 Prozent der malikitischen Rechtsschule zugehörig. Für sie wie auch für die Anhänger der hanbalitischen, hanafitischen und schafiitischen Rechtsschulen sowie für die Schiiten gilt als erste Rechtsquelle der Koran und die fünf Säulen des Islam als ihre Grundpflichten.

Die fünf Säulen des Islam

Mit der Expansion der Muslime unter den Kalifen auf das Gebiet von Byzanz einerseits und das persische Sassaniden-Reich andererseits wurde genauso wie später im Maghreb nach der Eroberung sehr schnell islamisiert. Die Vorteile waren groß und die Pflichten nicht allzu schwer. Die Stützen oder Säulen des Glaubens sind zunächst einmal – als Basis – das Bekenntnis zum Glauben an einen einzigen Gott, die Schahada: ›La ilaha illa 'llah wa aschhaddu Muhammadan rasul allah‹ – ›Es gibt keinen Gott außer Gott und ich bezeuge, Mohammed ist der Gesandte Gottes‹: für Christen und Juden zumindest im ersten Teil nichts Neues.

Zweite Pflicht ist die zum täglichen Gebet, Salat. Auch eine Steuer, Zakat, zur Unterstützung der Armen von rund 2,5 Prozent, gehört zu den Fünf Säulen. Juden und Christen konnten gegen Zahlung einer Kopfsteuer von zehn Prozent ihre monotheistische Religion beibehalten. Doch bekehrten sich viele von ihnen sehr schnell, sicher auch aus finanziellen Gründen. Auch eine Fastenzeit ist den Gläubigen vorgeschrieben. Im neunten islamischen Monat Ramadan hatte der Prophet seine ersten Offenbarungen erhalten, deshalb wurde dieser Monat zur Fastenzeit. Und zu guter Letzt soll jeder Muslim einmal im Leben an der Wallfahrt nach Mekka, der Hajj, teilnehmen, die aus historischen Gründen vom achten bis zwölften Dhulhiddja, dem zwölften islamischen Monat, stattfindet.

Der Ruf des Muezzins

Das Prägendste des Alltagslebens ist das Gebet, Salat, das fünfmal pro Tag zu verrichten ist. Die Pflicht zum Gebet wurde dem Propheten gemäß der Überlieferung auf der ›Nachtreise‹ offenbart, zu der ihn der Engel Gabriel auf dem Pferd Buraq durch die sieben Himmel geleitete. Im obersten Himmel wurde ihm offenbart, dass die Menschen 50 Gebete pro Tag machen sollen, doch Moses, der im sechsten Himmel wohnte, erkannte wohl, dass dies die Menschen überfordern würde, und er riet Mohammed, an Gottes Großmut und Güte zu appellieren. Und so feilschte der Prophet schließlich um die Anzahl der Gebete und schließlich sagte Allah: ›Fünf Gebete sollen die Gläubigen machen, und sie werden ihnen wie 50 angerechnet.‹

Die Gebetszeiten sind nicht fix an eine bestimmte Uhrzeit gebunden, sondern werden durch den Sonnenstand bestimmt. Den Aufruf zum ersten Gebet des Tages macht der Muezzin, wenn sich der erste Silberstreif am Horizont zeigt, also die Morgendämmerung einsetzt. Das Mittagsgebet erfolgt, wenn die Sonne im Zenit steht, da dann die Hitze am größten wird und mit dem Gebet die morgendliche Arbeitszeit beendet und die Siesta eingeläutet wird. Wenn die Schatten eines Objektes mindestens so lang sind wie das Objekt selbst, ruft der Muezzin zum dritten Gebet, beendet damit die Zeit der Mittagsruhe. Da man vor Erfindung der Elektrizität nur arbeiten konnte, solange man Tageslicht hatte, wurde der Sonnenuntergang als perfekter Zeitpunkt für das Abendgebet festgelegt. Und zum fünften und letzten Gebet des Tages ruft der Muezzin, wenn ein schwarzer nicht mehr von einem weißen Faden zu unterscheiden ist, also stockfinstere Nacht angebrochen ist.

Moschee am Mausoleum Moulay Ali Cherif in Rissani

Der Muezzin beginnt den ›Adhan‹ genannten Gebetsaufruf mit ›Allahu akbar‹, ›Gott ist größer‹, das er in alle vier Himmelsrichtungen, angefangen Richtung Mekka, ruft. Anschließend zitiert er zweimal das Glaubensbekenntnis ›La ilaha illa 'llah wa aschhaddu Muhammadan rasul allah‹. Dann erfolgt der doppelte Ruf ›Hayy as-salat, hayy al-falah‹, ›Kommt zum Gebet, kommt zum Heil‹. ›Allahu akbar‹, nun aber nur noch zweimal, und ein weiteres ›La illa 'llah‹ vervollständigen den Gebetsaufruf. Nur zum Morgengebetsaufruf fügt der Muezzin noch einen Satz an, wohl als Motivation zum frühen Aufstehen: ›As-salat kheir min an-naum‹ – ›Das Gebet ist besser als der Schlaf‹.

Vor jedem Gebet soll sich der Gläubige in den Zustand ritueller Reinheit versetzen, daher unterzieht er sich der Waschung am Brunnen der Moschee und säubert Hände bis zu den Ellbogen, Gesicht und Kopf, gesondert Mund, Nase und Ohren sowie die Füße. Das Gebet selbst besteht aus einer Abfolge von Aufrechtstehen mit erhobenen Händen, von sich Verbeugen und auf den Boden knien, um sich niederzuwerfen. Dabei werden Koranverse rezitiert und die Prozedur mit Aufstehen, Verbeugen und Niederwerfen wiederholt. Wie viele dieser rituellen Einheiten zu absolvieren sind, ist abhängig von der jeweiligen Gebetszeit, insgesamt sind es 17 pro Tag. Der Gläubige muss sich nicht sklavisch an die durch den Gebetsaufruf vorgegebene Zeit halten, sondern kann sie zu für ihn passender Zeit nachholen.

Islamischer Kalender

Da der islamische Kalender nur 354 Tage zählt, verschieben sich die religiösen Feiertage pro Jahr um zehn bis elf Tage im Vergleich zu unserem gregorianischen Kalender nach vorn. Ein islamischer Monat ist nach dem Mondzyklus orientiert und dauert daher 29 oder 30 Tage. Der islamische Kalender beginnt in der Zählung mit dem Jahr 622, in dem der Prophet von Mekka nach Medina auswanderte. Daher werden die Jahreszahlen immer mit einem H, abgeleitet von Hijjra (arabisch Auswanderung) angegeben. Am 14. Oktober 2015 begann das Jahr 1437 H.

Der Weg ins Paradies

Mit der Einhaltung der fünf Säulen versucht jeder gläubige Muslim die Basis zu legen, um eines Tages ins Paradies eingehen zu dürfen. »Ihr, die ihr glaubt, euch ist das Fasten vorgeschrieben wie es denen vorgeschrieben war, die vor euch waren, damit ihr vielleicht gottesfürchtig werdet.« Laut dieser Aussage in der zweiten Sure des Korans soll das Fasten um Allahs Willen – zu seiner Zufriedenheit – geschehen. Außerdem gehörte die Praxis des Fastens zur Tradition des Propheten und dient deshalb als Vorbild.

Das Fasten im Islam bedeutet, dass der Muslim beziehungsweise die Muslima von Beginn der Morgendämmerung bis zum Sonnenuntergang nichts isst, nichts trinkt, also keinerlei Nahrung zu sich nimmt, nicht raucht und sich des Beischlafs mit dem Ehepartner enthält. Neben diesem ›äußeren‹ Fasten hat es aber auch eine ›innere‹ Dimension. Die Gläubigen sollen demnach im Ramadan noch mehr als sonst darauf achten, sich gänzlich von Sünde fern zu halten. Das heißt, nichts Verwerfliches anschauen, nichts Schlechtes reden, auf nichts Böses hören und nichts Verabscheuungswürdiges tun. Man soll in dieser Zeit erkennen, dass man in Wahrheit einzig und allein von Gott abhängig ist. Deshalb versenkt man sich in dieser Zeit häufiger ins Gebet und in das Lesen des Korans.

Nur wer ohne gesundheitlichen Schaden zu nehmen fasten kann, soll dies tun. Kranke, Altersschwache, Schwangere, stillende Mütter sind von dieser Pflicht ausgenommen. Personen, deren gesundheitliche Situation sich voraussichtlich nicht bessern wird, wie chronisch Kranke oder Altersschwache, sollen für jeden im Ramadan versäumten Fastentag einen Bedürftigen speisen oder einen entsprechenden Geldbetrag spenden. Andere, deren Situation sich bessern wird, wie zum Beispiel Schwangere, holen die versäumten Fastentage zu einem späteren Zeitpunkt nach. Kinder, die die Pubertät noch nicht erreicht haben, werden ermutigt, so viele Tage zu fasten, wie sie können. So können sie sich nach und nach mit zunehmendem Alter an dieses Gebot gewöhnen.

›Fahrkarten‹ ins Paradies – Grabsteinproduktion in Fès

Höhepunkt des Fastenmonats ist die ›Nacht der Macht‹, die letzte ungerade Nacht des Fastenmonats, in der der Überlieferung zufolge der Prophet die erste Offenbarung erhielt. Diese Nacht wird in Marokko in einer Moschee oder einem Marabout im Gebet verbracht. Zum Ende des Monats wird mit dem sogenannten Eid el-Fitr zwei Tage lang das Fastenbrechen gefeiert. Es werden sehr viele Verwandtschaftsbesuche unternommen, dabei werden die Kinder wie in Europa an Weihnachten und Ostern beschenkt – früher traditionsgemäß mit neuen Schuhen, heute mit Spielzeug und Süßigkeiten.

Hajj und Opferfest

Wer die finanziellen Möglichkeiten hat und zudem das Glück, eines der raren Pilgervisa zu ergattern, wird von der ganzen Familie, den Nachbarn, dem halben Dorf oder Stadtviertel zum Flughafen begleitet. Die Autos sind dabei mit Bändern in den Landesfarben rot und grün geschmückt. Am achten Tag des Monats Dhulhiddja beginnt die Wallfahrt, da in frühislamischer Zeit die noch nicht bekehrten Mekkaner den Muslimen während dieser Periode ungehinderten Zugang gewährten. Am zweiten Tag der Hajj findet mit der ›Steinigung des Teufels‹ einer der Höhepunkte statt, weil dadurch den Wallfahrern alle Sünden erlassen werden.

Am dritten Tag der Pilgerfahrt wird nicht nur von den Pilgern ein Opfer dargebracht, sondern in der gesamten islamischen Welt. Dabei erinnert man daran, dass Ibrahim – Abraham – seinen ältesten Sohn Ismail opfern sollte. Wie in der christlichen Isaak-Geschichte schickte Gott aber in letzter Sekunde einen Widder, den er statt des Sohnes opfern durfte. Am Vormittag besucht man daher zunächst eine Open-Air-Moschee, die nur aus Mauern und einer Mihrab-Nische besteht, dann wird zu Hause von jeder Familie meist ein Hammel geschächtet. Die Tiere kauft man oft schon Wochen vorher, wenn der Preis noch niedrig ist, und hält sie bis zum Fest schon auch einmal auf Balkonen oder im Innenhof des Hauses. Da auch Abraham nur einen kleinen Teil des Fleisches für sich behielt und den Rest zur Armenspeisung weggab, kann es einem als Tourist auch durchaus passieren, dass man von Wildfremden zum Mahl eingeladen wird.

Das Opferfest oder Eid el-Adha ist das wichtigste Fest der Muslime, die sich an diesem Tag auch mit den Pilgern verbunden fühlen, die nach dem Opfer nach

Pilger beim Umrunden der Kaaba bei der Hajj

Mekka ziehen, um dort die Kaaba, das Haus Gottes in Würfelform, siebenmal zu umrunden. Wenn die Pilger nach spätestens einem Monat wieder aus Saudi-Arabien zurückkehren, werden sie mit genauso viel Tamtam abgeholt, wie man sie verabschiedet hat. Da es für viele Marokkaner immer noch utopisch erscheint, selbst eines Tages die rund 5000 Euro umgerechnet aufzubringen, die eine Hajj im Durchschnitt pro Person kostet, teilen sie die Freude mit demjenigen aus ihrem Umfeld, der es geschafft hat. Dieser wird hinfort nur noch ehrfurchtsvoll El Hajj genannt, Frauen Hajja. Manche gaben ihm auch Geld mit auf die Reise, auf dass er für sie ein Gebet an den heiligen Stätten spricht.

Paradiesvorstellungen

Paradiesvorstellungen und Bestattungsriten sind kaum im Koran erwähnt und werden stattdessen durch Hadithe überliefert. Unmittelbar nachdem der Tod eingetreten ist, wird der Verstorbene von Familienangehörigen gleichen Geschlechts gewaschen und es wird ihm dabei unablässig das Glaubensbekenntnis ins Ohr geflüstert. Anschließend wird er in ein einfaches Tuch gewickelt und in der Regel innerhalb der nächsten 24 Stunden beigesetzt. Wichtig dabei ist, dass der Kopf Richtung Mekka gebettet wird. Schließlich wird das Grab mindestens mit einem Stein am Kopfende und einem Stein am Fußende markiert. In diesem Grab soll dem Toten ewige Ruhe gewährleistet sein, eine Auflösung des Grabes kommt also nicht in Frage. Je aufwändiger das Grab, umso sicherer ist seine Totenruhe, weshalb für besonders verehrte Personen Mausoleen oder Marabouts errichtet werden.

Man stellt sich vor, dass die Seele des Verstorbenen sofort von Engeln in den siebten Himmel getragen wird, wo sein Name in das Totenbuch Illiyun eingetragen wird, bevor die Seele in den Leib zurückkehrt, der im Grab liegt. Daher kommt für Muslime nur Erdbestattung in Frage. Anschließend befragen die Totenengel Munkar und Nakir den Toten: Wer ist dein Gott? Wer ist dein Prophet? Was ist deine Religion? Wo ist deine Gebetsrichtung? Kann der Tote die richtigen Antworten geben – weswegen man ihm auch die Schahada während des Waschens soufflierte –, wird seine Seele bis zum Zeitpunkt der Auferstehung und des Jüngsten Gerichts an einem sicheren Ort aufbewahrt.

Am Tag des Gerichts erfolgt dann die zweite Prüfung, die über seinen Aufenthalt in Paradies – Firdaus – oder Hölle entschieden wird. Ins Paradies gelangt man nur über die Brücke Shirat, die ›scharf wie ein Schwert und dünn wie ein Haar‹ ist. Eine Ausnahme sind die diejenigen, die Allah in seiner Barmherzigkeit sofort einlässt. Im Koran heißt es, wer einen Djihad – einen ›Einsatz für die Sache Gottes‹ – erbracht hat, darf sofort nach Firdaus fragen, womit Selbstmordattentäter geködert werden, in der irrigen Vorstellung, durch einen Anschlag solch einen verdienstvollen Einsatz zu leisten.

Das Paradies besteht aus mehreren Gärten, wird von mehreren Wärtern bewacht und hat acht Tore. Eines davon heißt Ar-Raiyan, und durch dieses werden nur die eintreten dürfen, die das Fastengebot eingehalten haben. 72 Huri – Paradiesjungfrauen – und ewig junge Knaben erwarten die Verstorbenen, es gibt Wein, der nicht berauscht, also ein wahrer Garten Eden. Daher versucht man wohl, sich mit begrünten Riads schon im Diesseits einen kleinen Vorgeschmack auf dieses Paradies zu schaffen.

Marabouts auf dem Friedhof in Fès

Volksfrömmigkeit

Mystische Anschauungen wurden zwar vom orthodoxen sunnitischen Islam abgelehnt, dennoch entstanden in vielen islamischen Ländern – in Marokko mehr als anderswo – mystische Bewegungen, die man mit dem Begriff Sufismus zusammenfasst. Vor allem ab dem 13. Jahrhundert, nach der puristischen strengen Zeit der Almohaden, entstanden unzählige Sufi-Orden. Es geht im Sufismus um die innere Ausrichtung des Herzens auf Gott sowie die Aufgabe des Egos und der individuellen Wünsche. Durch die Liebe wird der Sufi zu Gott geführt, wobei der Suchende danach strebt, die Wahrheit schon in diesem Leben zu erfahren und nicht auf das Jenseits zu warten. Gemäß dem berühmten Sufi Al-Ghazali besitzen die Menschen ein Herz, das, wenn es rein und vom Egoismus befreit ist, in die Welt der Engel schauen kann.

Zaouias

Der Weg, Tariqa, um zu dieser positiven Leere zu gelangen, kann sehr unterschiedlich sein und unterscheidet die Orden voneinander. Die Lehre von Engeln und Geistern – Malaika und Djinns – hat durchaus eine koranische Basis, der zufolge die Djinn aus ›feurigem Hauch‹ noch vor dem Menschen geschaffen wurden, die Engel aus Licht. Diese komplexe Dämonologie, tief im Volksglauben Marokkos verwurzelt, wurde von der Orthodoxie abgelehnt und konnte nur im Sufismus ausgelebt werden.

Einen Versammlungsort der Sufis nennt man in Marokko Zaouia. An der Spitze eines Sufi-Ordens steht ein Meister, der sich in einer geistigen Abstammungskette, Silsila, von früheren Glaubenslehrern oder Mystikern sieht, die ihn mit dem Propheten verbindet. Ansehen und die Verehrung eines Sufi-Scheichs hängen von der Zahl und der Bedeutung der früheren Meister in seiner Kette ab. Üblicherweise steigt das Ansehen eines Scheichs nach seinem Tod durch Legenden, die sich um bestimmte übernatürliche Fähigkeiten ranken; in Marokko wird er dadurch oft zum Marabout.

Marabouts

Ein Marabout ist im Volksislam Marokkos ein islamischer ›Heiliger‹, meist aus der Tradition des Sufismus, indem er zum Beispiel einen Weg zur Erlangung der ›Leere‹ lehrte. Zunächst waren Marabouts Muslime, die sich der Ausübung, Verbreitung und Unterweisung des Islams widmeten. Im Laufe der Zeit wurden sie zu Heiligen, die es im orthodoxen Islam nicht gibt. Über die Heiligkeit entscheidet auf sehr unterschiedlichen Wegen das Volk, wobei die Maßstäbe nicht immer nachvollziehbar sind. Über den Gräbern der Lokalheiligen wurden überkuppelte Mausoleen errichtet, um die herum oft die Zaouias entstanden.

Der Begriff Marabout, der auch für die Mausoleen gilt, hat den gleichen Wortstamm wie Ribat und deutet darauf hin, dass ein Marabout den Islam wie ein Wall schützt. Die Dynastie der Almoraviden leitet sich übrigens vom gleichen Begriff ab. Nach kollektiver Überzeugung in der Volksfrömmigkeit gilt es als gottgefällig, das Grab eines Marabouts zu besuchen, denn er hat ihrer Überzeugung nach die göttliche Segenskraft Baraka, die an den Gräbern der Marabouts und ihren Kultstätten empfangen werden kann oder in Form von Glücksbringern mitgenommen werden kann. Bei einem individuell und oft spontan durchgeführten Besuch eines Heiligengrabes werden meist Bittgebete gesprochen und Opfergaben zurückgelassen. Einmal im Jahr gibt es eine kollektive Wallfahrt zu Ehren des Marabouts.

›Hände der Fatima‹ für die Segenskraft Baraka

Die Baraka des Marabouts versucht man auch zu sich nach Hause zu holen, indem man zum Beispiel Tücher über das Grab des Heiligen legt, damit es sich mit der Segenskraft vollsauge, bevor man es wieder abholt. Auch in diversen Materialien steckt die Baraka, wie in Silber oder Kupfer, im Henna oder in Farben wie Rot und Blau. Halbedelsteine wie Koralle oder Türkis sind auch deshalb sehr geschätzt. Besonders viel Baraka hat die ›Hand der Fatima‹, die man sowohl als Amulett trägt wie auch an Türbeschlägen wiederfindet.

Geister und Dämonen

Iblis, der ›Vater der Djinns‹, hatte sich geweigert, dem Befehl Gottes, sich vor Adam niederzuwerfen, nachzukommen. Er wurde zum Anführer der bösen Geister, war der erste der Schaitan oder Teufel. Er entsendet die Qarin oder Djinns, die als ständige Begleiter um die Menschen sind. »Und für den, der sich vom Gedenken an den Allerbarmer abwendet, bestimmen wir einen Schaitan, der sein Begleiter sein wird. Und wahrlich, sie wenden sie vom Weg ab, jedoch meinen sie, sie seien rechtgeleitet.« (Koran 43,37f).

Diese Dämonen versuchen nun nach marokkanischem Volksglauben, ständig und fast überall vom Menschen Besitz zu ergreifen. Besonders gefährdet ist man an einsamen Orten, insbesondere dort, wo eine Beziehung zur Erde besteht, also zum Beispiel in Höhlen, Felsen, selbst auf Toiletten, denn längeres Verweilen an diesen Stätten erleichtert dem Djinn die Besetzung des Menschen. Selbst Musik ist nicht unproblematisch, denn die Djinn tanzen gerne. Alle Übergänge wie Fenster, Türschwellen und auch die Dämmerung sind gefährlich. Um die Menschen vom rechten Weg abzubringen, versuchen sie unter anderem durch Poltergeistphänomene Angst zu erzeugen, um sie leichter besetzen zu können. Schutzmaßnahmen gegen die Djinn sind außer entsprechenden Verhaltensweisen, also Meidung gefährdeter Örtlichkeiten, vor allem der Koran sowie Amulette und Schutzformeln: ›Die Fünf sei über mir!‹

Exorzismus

Ist ein Familienmitglied trotz aller Vorsichtsmaßnahmen von einem Dämon besessen, wird ein Gnaoua-Ritual, eine sogenannte Hadra, abgehalten. Der Leiter, der Maalem, hat normalerweise eine langjährige Lehre hinter sich und muss das gesamte Repertoire der Anrufungen und Beschwörungen kennen. An einer Hadra nehmen oft bis zu 30 Gäste teil. Mittelpunkt des Rituals ist die Erlangung einer Trance, wobei der Meister für das Anhalten oder Vorantreiben der Trancezustände verantwortlich ist. Ziel ist es, durch die Trance das seelische Gleichgewicht wiederherzustellen. Trommeln, Klappern, aber vor allem die Gembri, eine dreisaitige Laute, die während der Hadra nur vom Maalem gespielt werden darf, geben den Rhythmus vor. Die Gnaouas werden bei diesen Trancetänzen zu wahrhaften Akrobaten, die springen, sich in der Luft drehen oder Purzelbäume schlagen.

Da es nach dem Glauben nach 22 Geister gibt, von denen man besessen sein kann, gibt es 22 verschiedene Liedgruppen, mit deren Hilfe man diese Dämonen austreiben will. So ein Hadra-Ritual dauert die ganze Nacht, wobei bis Mitternacht die Lieder gesungen werden und anschließend bis etwa fünf Uhr morgens die Tänze praktiziert werden.

Gnaoua mit Trommel

Einmal im Jahr veranstalten die Geisteraustreiber ein Ritual für sich selbst, die große Hadra kabir, das zwei Nächte und einen Tag dauert. Einmal pro Jahr muss auch die kleine Hadra wiederholt werden, denn der Geist wird nicht ausgetrieben, sondern in einen Schutzgeist verwandelt. Manche Menschen, vor allem Frauen, entwickeln eine regelrechte Sucht nach solchen Gnaoua-Ritualen und besuchen oft mehrfach in der Woche eine solche, auch ›Lila‹ (arabisch Nacht) genannte Veranstaltung.

Moussems und Feste

Eine Wallfahrt zu Ehren eines Marabouts nennt man Moussem, sie findet in der Regel an seinem Grab statt. Solche Feste dauern oft mehrere Tage, oft sind große Zeltstädte für die Pilger aufgebaut. Die Teilnehmer mancher Moussems sehen sich durchaus auf einer Pilgerfahrt. So gilt im marokkanischen Volksglauben zum Beispiel ein siebenmaliges Pilgern nach Moulay Idriss als Ersatz für eine Hajj, entgegen der orthodoxen Lehre des Islams. Diese Alternativ-Hajj entwickelte sich zum größten marokkanischen Fest. An einem Donnerstag Anfang August beginnend, findet es seinen Höhepunkt an dem Freitag, der dem 17. August, dem Tag des heiligen Idriss I., am nächsten liegt. Auch an den darauffolgenden Donnerstagen gibt es stammesgeordnete Veranstaltungen. Zwischen der dritten und vierten Woche im September wird in Fès das Moussem für seinen Sohn Moulay Idriss II., den Stadtgründer, begangen.

Eine Woche nach dem Eid el-Adha (Opferfest) findet ein Moussem zu Ehren der sieben heiligen Scheichs des Sufi-Ordens der Nasiriyya-Bruderschaft in Tamegroute bei Zagora statt, das nächste am 13. September 2016. Das Moussem von Imilchil, auch als Heiratsmarkt bekannt, wird zu Ehren des Lokalheiligen

Reiterkunst bei der Fantasia in El Jadida

Sidi Ahmed Oulmaghni veranstaltet, meistens am dritten Wochenende im September, die genauen Daten werden in der Regel erst im April veröffentlicht. Anlässlich des Marabouts Moulay Abdallah findet bei El Jadida an den Ruinen von Tit am ersten Augustwochenende ein Moussem mit Reiterspielen (Fantasia) statt.

Neben den religiösen Moussems werden mittlerweile auch Volksfeste, meist Erntefeste, als Moussems bezeichnet. Die schönsten sind die zur Mandelblüte in Tafraoute im Februar, das Rosenfest in Kelaa M'Gouna im Mai, das Fest der Kirschen in Sefrou im Juni und das Dattelfest in Erfoud im Oktober.

Hochzeiten

Höhepunkte im sozialen Leben der Marokkaner sind Hochzeiten. Diese müssen mit großem Aufwand gefeiert werden, entsprechend hoch sind die Kosten, für die der Bräutigam und dessen Familie aufkommen müssen. Oft spart man sieben, acht Jahre darauf hin, wodurch das durchschnittliche Heiratsalter in Marokko sehr angestiegen ist und derzeit bei 27 Jahren für Frauen und bei 31 Jahren für Männer liegt. Die Väter verhandeln traditionell nach wie vor über die Mitgift, die sogenannte ›Morgengabe‹, die für Aussteuer und Hausrat verwendet wird. Diese wird im Beisein eines Notars an die Brautfamilie bezahlt. Zusätzlich hat die Braut von ihrem Zukünftigen Schmuck zu bekommen in Form von Ringen, Ketten, und vor allem einen Hochzeitsgürtel – und dies alles muss aus Gold sein!

Schon während der Verlobungszeit wird vom Bräutigam erwartet, dass er seiner Braut an Festtagen zusätzliche Geschenke wie Kleidung, Schmuck oder Parfüm macht. Die Hochzeit selbst ist ein Großereignis, das bis zu einer ganzen Woche dauern kann. Zunächst werden Möbel, Matratzen und die gesamte sonstige Aussteuer auf Kamelen oder Wagen unter viel Jubel der Dorf- oder Stadtviertelbewohner in die künftige gemeinsame Wohnung gebracht. In der Nacht vor den Hauptfeierlichkeiten feiert der Bräutigam mit Freunden und männlichen Verwandten seinen Junggesellenabschied, bei dem immer wieder Freudenböller abgeschossen werden. Die Braut wird in der sogenannten Henna-Nacht unter strenger Aufsicht der weiblichen Angehörigen gebadet, geschminkt, parfümiert und mit klugen Ratschlägen versorgt. Die Hände und Füße der Braut werden mit Henna bemalt. Am Tag des Festes wird ihr das prunkvolle, heutzutage meist weiße Hochzeitskleid übergezogen. Nach dem offiziellem Empfang, bei dem das Brautpaar auf einem Thron sitzt, feiern Männer und Frauen in der Regel getrennt. Am Abend wird die Braut

Brautgürtel

dann auf einer Art Tablett oder einer Sänfte auf den Schultern ihrer Brüder oder Cousins zum Brautgemach getragen, wo der Bräutigam auf sie wartet. Die Träger oder sogenannten Hochzeitsbediensteten sollen die Jungfräulichkeit der Braut bezeugen und später den Gästen ihre Entjungferung bestätigen. Rechtlich gesehen gilt die Ehe allerdings schon mit der Unterschrift des Brautpaares und der Väter auf dem Ehevertrag als gültig. Dies geschieht üblicherweise in der Moschee im Beisein eines Standesbeamten und des Imams als Zeugen.

Geburt und Beschneidung

Anlässlich einer bevorstehenden Geburt lassen heute noch viele Frauen auf dem Lande einen Fqih, eine Art Priester, Zauberer und Schamane in einem, kommen. Dieser versucht mit Weihrauch und frommen Sprüche den Teufel und alles Übel zu bannen. Manchmal werden sogar Koransprüche auf Papier geschrieben, das dann zerrieben wird und das die Schwangere in Wasser auflösen und trinken muss. Auch Amulette sollen zu einer problemlosen Entbindung beitragen. Ist das Kind dann zur Welt gekommen, werden ihm der Gebetsaufruf, Adhan, ins rechte und die Iqama, der zweite Gebetsaufruf, den der Imam macht, wenn alle Gläubigen schon in der Moschee sind, ins linke Ohr geflüstert. Bei der Geburt eines Mädchens wird ein Hammel geopfert und das Fleisch in der Moschee verteilt. Zur Geburt eines Knaben werden zwei Tiere geschlachtet.

Am siebten Tag nach der Geburt wird ein großes Fest gefeiert, bei dem die junge Mutter vom frischgebackenen Vater Schmuck bekommt und die Gäste dem Baby Kleidung und Spielsachen schenken. Mittags feiert man im engeren Familienkreis mit Couscous Tfaya, also Couscous mit Huhn, karamellisierten Zwiebeln, Rosinen und Mandeln. Abends kommen dann Freunde und Nachbarn, dabei gibt es Pastilla und Mechoui.

Nach semitischer Tradition werden die Knaben später beschnitten. Der Erstgeborene oft noch – wie der Prophet Mohammed – im Alter von sieben Jahren; die jüngeren Söhne meist zwischen den zweiten und dritten Lebensjahr. Am Vorabend der Beschneidung werden die Jungen in einen Burnus gehüllt, an den Händen mit Henna geschmückt und auf einem Pferd thronend durchs Dorf oder Stadtviertel geführt. Am nächsten Tag zieht man ihm weite, traditionelle Kleidung an, bestehend aus Pluderhose, Hemd, Bolero und Tarbusch, dann geht es heutzutage meist in die Klinik. Doch nach wie vor gibt es auch den Hajjam, den Beschneider, der wie im Mittelalter in Europa meist auch Barbier und Zahnreißer in Personalunion ist. In Fès zum Beispiel findet man solche Bader auf dem Friedhof beim Borj Sud unter Plastikzelten. Zur Beschneidung wird der Knabe auf die Mertba, einen mit vielen Kissen ausgelegten Thron gesetzt, wo der Arzt oder Bader dann die Vorhaut beschneidet. Das anschließende Fest, bei dem der Junge viele Geschenke bekommt und zu dem neben einem Festessen mit Couscous auch viele Kuchen kredenzt werden, sollen den Knirps die Schmerzen vergessen lassen. Zudem bekommen die Eltern, die die Beschneidung in der Klinik machen lassen, leichte Schmerzmittel für ihr Kind mit. Eine Beschneidung von Mädchen gibt und gab es in Marokko nie, da diese schwarzafrikanische Wurzeln und keinerlei islamische Grundlage hat.

Zum Fest des Fastenbrechens und zum Opferfest → S. 86.

Kunst und Kultur

In Marokko gibt es seit dem Mittelalter ein hervorragend entwickeltes Kunsthandwerk, das aufgrund der niedrigen Löhne auch immer noch bezahlbar ist und daher in seiner traditionellen Form erhalten blieb. Auch althergebrachte Techniken, die wegen ihrer Zeitintensität andernorts oft mechanisiert wurden, werden in Marokko noch heute in reiner Handarbeit überliefert.

Aber auch aus der modernen Kunstszene, sei es in der Malerei, Literatur oder Musik, sind marokkanische Künstler nicht wegzudenken. Auch die Kultur der marokkanischen Küche wird gepflegt. So gehört die marokkanische Gastronomie neben der libanesischen Küche zu den Gaumenfreuden Arabiens.

Architektur

Traditionelle Stampflehmbauten und prächtige maurische Paläste: Die Palette der architektonischen Schätze ist breit gefächert. In den Königsstädten entstanden repräsentative religiöse Bauwerke und Profanbauten, im Süden des Landes eine eigenständige indigene Architektur. Die Baudekors sollen einerseits Gottes Allmacht wiedergeben, andererseits Unheil abwehren.

Ländliche Lehmarchitektur

Lehmhäuser und Lehmburgen werden wie Stadtmauern mit der Stampflehmmethode gebaut. Dazu wird ein Gemisch aus Lehm, kleinen Steinen und gehäckseltem Stroh mit wenig Wasser vermischt und in einer Bretterverschalung zu Quadern gestampft. Ist der Lehmblock gehärtet, wird die Bretterverschalung weiterversetzt und erneut befüllt. Nachdem auf diese Weise der größte Teil der Mauer hochgezogen wurde, wobei durch die Balken der Verschalungskonstruktion Löcher zurückbleiben, wird der oberste Teil der Wand aus luftgetrockneten Lehmziegeln gebaut.

Beim Errichten einer Stampflehmmauer

Storchen-Kasbah Tamdaght

Durch geschicktes Versetzen der Ziegel erreicht man die typische geometrische Ornamentik. Die Muster sollen den bösen Blick und Dämonen abwehren. Auf den oft angebrachten Zinnen oder Astgabeln sollen hingegen die Schutzgeister Platz nehmen. Für Decken werden Palm- oder Pappelstämme eingezogen, darauf die stabilen inneren Teile von Palmwedeln, Schilfrohr oder Ästen in geschlossener Reihe gesetzt, worauf eine geflochtene Matte gelegt wird, der dann etwa eine 20 Zentimeter dicke Lehmschicht folgt.

Der große Nachteil dieser schnellen und einfachen Bauweise ist ihre Feuchtigkeitsanfälligkeit. Nach jedem Regen muss die Konstruktion teilweise erneuert werden. Geschieht dies nicht, ist der Bau nach rund 40 Jahren wieder zu einem Lehmhaufen geworden.

Kasbah, Tighremt, Agadir und Ksar

Der Begriff Kasbah hat in Marokko zwei völlig verschiedene Bedeutungen. In den Städten meint er das ehemalige Residenz-, Militär- und Beamtenviertel. Im ländlichen Raum Südmarokkos ist eine Kasbah eine Wohn-Speicherburg aus Lehm mit vier charakteristischen Ecktürmen, in der einflussreiche Familien wie Stammesführer oder Beamte wohnten oder wohnen. In der Berbersprache Tamazight wird eine Kasbah als Tighremt (Plural: Tighermatin) bezeichnet.

Das Erdgeschoss ist üblicherweise den Tieren als Stall vorbehalten und dient als Lager für Viehfutter und Brennholz. Im ersten Obergeschoss befinden sich die Lebensmittelspeicher sowie die Küche, manchmal auch ein Schlafzimmer. In der obersten Etage hat der Salon seinen Platz, der meist auch das Hauptschlafzimmer war. Nach außen sind Tighermatin meist fensterlos, um die Hitze auszuschließen. Licht fällt stattdessen durch den Luftschacht im Zentrum ein. Die vier Ecktürme dienten als weitere Getreidelager sowie in früheren Jahrhunderten als Pulver- und Waffenlager, da man sich von hier oben gegen etwaige Angreifer verteidigte. Die Schmuckornamentik aus geometrisch verlegten Lehmziegeln in den Türmen sollte Haus und Bewohner vor bösen Geistern schützen, waren aber auch Stammeszeichen, die sich in den Tätowierungen der Frauen und den Mustern auf Teppichen wiederfanden (→ S. 104).

Ein Agadir ist in der Taschelheit-Sprache des Antiatlas ein befestigter Gemeinschaftsspeicher, der in Kriegszeiten als Zufluchtsort für die Dorfbevölkerung diente, ansonsten aber nicht bewohnt war (→ S. 393). Ein Igherm (Plural: Igoudar) bezeichnet gleiches auf Tamazight im Hohen Atlas und östlichen Antiatlas.

Ein Ksar (Plural: Ksour) ist ein befestigtes Dorf, bei dem entweder die fensterlosen Außenwände der Häuser eine Mauer bilden oder eine eigenständige Wehrmauer um das Dorf gezogen ist.

All diese verschiedenen Bauformen Südmarokkos resultieren aus der jahrhundertelangen Rivalität zwischen nomadisierenden Stämmen und sesshaften Bauern. Erst durch den gemeinsamen Widerstand gegen die französische Kolonialmacht und das daraus entstandene Nationalbewusstsein nahmen diese Stammesfehden ab. Da zudem durch den Ausbau der Infrastruktur die Versorgungslage für alle besser wurde, musste die in harter Arbeit erworbene Lebensgrundlage nicht mehr in diesen unterschiedlichen Varianten von Festungsbauten verteidigt werden. Doch das bedeutet auch, dass seither viele dieser traditionellen Wohnformen aufgegeben und dem Verfall preisgegeben wurden.

Islamische Architektur

Die islamische Architektur wurde maßgeblich durch die römisch-hellenistische, die persisch-sassanidische und die christliche Kunst beeinflusst. Durch die arabische Eroberung kam diese Melange antiker Säulenarchitektur mit persischen Zierelementen nach Marokko und mit der maurischen Eroberung nach Spanien. In Marokko existierte bereits eine dekorative Lehmarchitektur, in Al-Andalous die Kirchenbaukunst der Westgoten mit dem Hufeisenbogen. In der maurischen Architektur verschmolzen diese Elemente miteinander.

Die Almoraviden begannen in südmarokkanischer Manier, Wände durch den Versatz von Lehmziegeln in geometrisch-plastischer Form mit der andalusisch-maurischen Architektur zu verschmelzen. Sie setzten vielfach Keramik nach persischem Vorbild zur Dekoration öffentlicher Gebäude ein. Außerdem übernahmen sie die aus dem islamischen Osten kommenden Muqarnas, stalaktitenartige Nischen, mit denen Zwickel und Kuppeln dekoriert wurden.

Ihre Nachfolger, die Almohaden, verfeinerten die Kunst der Stuckaturen, vor allem in der Innenausstattung, und setzten erstmals Holzkassettendecken, Artesonados, ein. Dächer bekamen weit überstehende Dachtraufen mit Röllchenkonsolen, und die Hufeisenbögen wurden leicht zugespitzt. Insgesamt ist die almohadische Kunst geprägt von Purismus im Äußeren; breite Bänder mit Kalligraphie oder geometrischen Mauresken sind der einzige Schmuck.

Unter den Meriniden erfuhr die Feinheit der Arabesken ihren Höhepunkt – auch dank der aus Al-Andalous vor der Reconquista geflohenen Kunsthandwerker. Bis heute hat sich in Marokko die traditionelle Architektur stärker als vielerorts sonst erhalten. Auch neue Großbauten wie die Moschee Hassan II. in Casablanca werden in Form und Dekor ganz im alten Stil gebaut.

Moscheen

Über 50 000 Moscheen zählt man im ganzen Land. Der Begriff Moschee leitet sich vom arabischen ›Masjid‹ als ›Ort der Niederwerfung‹ ab. Grundsätzlich kann das Gebet überall verrichtet werden, jedoch muss es an einem reinen Platz vollzogen werden. Eine Moschee garantiert diese Reinheit.

Das Mittagsgebet am Freitag soll in Gemeinschaft abgehalten werden, und dafür gibt es die Jamaa. Eine Freitagsmoschee hat immer einen Minbar als Gebetskanzel, von der aus der Khatib (Prediger) eine Predigt von 20 bis 25 Minuten Dauer hält. Jede Freitagsmoschee in Marokko hat ein Minarett. Bau und aUnterhalt einer Jamaa wird durch das Ministerium für islamische Angelegenheiten finanziert, insgesamt steht dafür ein Budget von zwei Milliarden Dirhams zur Verfügung. Eine Masjid wird in der Regel durch eine Dorfgemeinschaft oder die Gläubigen eines Stadtviertels selbst finanziert.

Der in Marokko verbreitete Typus ist die Hofmoschee, bestehend aus einer Säulenhalle als Gebetsraum und einem offenen Innenhof (Sahn) mit Brunnen für die rituellen Waschungen. Zur Kennzeichnung der Gebetsrichtung (Qibla) zur Kaaba in Mekka ist in der entsprechenden Wand eine Nische (Mihrab) eingelassen, in der der Imam das Gebet leitet. Da er ebenfalls die Qibla einhalten muss, steht er mit dem Rücken zur Gemeinde. Damit er dennoch gut zu verstehen ist, ist der Mihrab überkuppelt, wodurch die lauten Rezitationen in den Gebetsraum zurückhallen. Mihrab und Brunnen sind in der Regel besonders reich verziert, wohingegen Moscheen ansonsten nach außen eher schlicht sind.

Medersen

Medersen, abgeleitet vom arabischen Wort ›Madrassa‹ für Schule, folgen in ihrem Aufbau den Moscheen. Anfänglich fand Unterricht immer in Moscheen statt. Seit dem 10. Jahrhundert entstanden eigenständige Koranschulen als Lehrzentren, an denen neben arabischer Sprache und Theologie vor allem islamisches Recht gelehrt wurde und zum Teil heute noch wird. Hier wurden früher Steuereintreiber und Verwaltungsbeamte genauso wie Juristen ausgebildet – also die gesamte Beamtenschaft. Dadurch waren solche Medersen immer Stiftungen der Herrscher und wurden im Internatsbetrieb geführt. Der Vollzeitaufenthalt machte eine obere Etage mit Studentenzimmern erforderlich. Da in Marokko – von wenigen Ausnahmen abgesehen – keine Moscheen von innen besichtigt werden dürfen, ist der Besuch einer Medersa ein adäquater

Blick ins Innere des Gebetssaals der Bou Inania in Fès

Das Spinngewebe Gottes

Ersatz, um die Architektur dennoch nachvollziehen zu können. Weder Medersen noch Moscheen sind nach außen besonders auffällig gestaltet, ihre ganze Schönheit konzentriert sich in der Innendekoration mit variationsreichen Arabesken.

Arabesken

Besonderen Einfluss auf die Entwicklung der islamischen Kunst nahm das Edikt des omayyadischen Kalifen Yazid II. aus dem Jahr 721, das ausdrücklich die Abbildung von Menschen und Tieren in Plastik und Malerei ausschloss. Dieses Bilderverbot zwang islamische Künstler, ausschließlich Ornamentik zu verwenden. Grundelemente dieser arabischen Ornamentik sind das kalligraphische Schriftornament, die florale Arabeske und die geometrischen Mauresken – meist Sechsecke oder Achtecke – mit Verbindungsgeraden. Das wichtigste geometrische Muster ist das ›Spinngewebe Gottes‹. Es ist ein System von Linien, die acht- bis sechzehnstrahlige Sterne bilden. Jede Linie führt aus der Mitte eines Sternes zum Zentrum eines anderen Sternes. Das Netz entwickelt sich aus der Vervielfältigung und Spiegelung vom Kleinsten ins Unendliche: der Makrokosmos und die Allmacht Gottes im Mikrokosmos.

Dass alle inneren Wandflächen in überbordender Weise mit den rankenden Stuck-Arabesken und geometrischen Fliesenornamenten quasi verhüllt sind, versuchte man jahrzehntelang mit einer Angst vor der Leere zu erklären. Die verwirrenden, faszinierenden Dekorationen sind aber wohl eher eine Aufforderung zur Verfeinerung der Sinne mit dem Ziel der Sensibilisierung für die Aufnahme einer höheren Wirklichkeit. Wie bei den Meditationsübungen der Sufis, die durch stetiges Wiederholen eines Wortes (zum Beispiel ›Allah‹) einen Trancezustand erreichen, hat auch die Betrachtung der vielfältigen, kleinteiligen Ornamente diesen Effekt. So unterschiedlich die Muster auch sind, nirgends sticht eines besonders heraus, nirgends wird der Blick ›gefangen gehalten‹. Und damit schaffen die Arabesken Raum für die Phantasie, Kontemplation und für die spirituelle Verbindung zu Gott.

Kunsthandwerk

Die traditionellen Handwerke sind nach wie vor fester Bestandteil im Erscheinungsbild und Alltagsleben des Landes. Nach außen sind religiöse wie auch profane Bauten wenig dekoriert, doch im Inneren entfalten sie ihren ganzen Reichtum an Handwerkskunst. Mit Mosaiken, Stuck und Holz werden die Wandflächen geschmückt, Teppiche sorgen vom Wüstenzelt bis zur Moschee für den Bodenbelag schlechthin. Schmuck, vor allem aus Silber, diente nicht nur der Ästhetik, sondern ist seit jeher Wertanlage der Familie und wirtschaftliche Absicherung der Frauen für den Fall von Verwitwung oder Scheidung. Heute gehören Produkte des Handwerks zu den Exportschlagern Marokkos und spielen eine große Rolle bei den Deviseneinnahmen. Franzosen nennen ihr ehemaliges Protektorat auch gerne ›Le Royaume des Artisans‹ – ›Das Königreich der Kunsthandwerker‹!

Zellij

Einer der Hauptbestandteile marokkanischer Architektur sind die Mosaike aus kleinen, unterschiedlich geformten und glasierten Terrakottastückchen, in Marokko Zellij, in Andalusien Azulejos genannt. Durch gezielte Schläge mit einem kleinen Hammer bringen Lehrlinge und Gesellen die Keramik in die Form von Rauten, Quadraten, Sternen und Vielecken, die dann direkt auf die Wand, innen wie außen, auf die Böden, Tischplatten, Brunnen und in die Bäder gesetzt werden. Das Muster dazu hat nur der Meister im Kopf.

Stuck und Tadelakt

In den Höfen von Moscheen, Medersen und Palästen schließt sich an eine untere Zellij-Zone nach oben eine Stuck-Zone an. Gips, Kalk, Eiweiß und Wasser werden zu Mörtel angerührt und direkt auf die Wand gespachtelt. Dann werden mit einem Messer die filigranen Muster ausgeschnitten. Tadelakt ist ein Kalkputz, der aus der marokkanischen Architektur auch normaler Häuser nicht wegzu-

Meister Guernani aus Fès beim Ziselieren eines Messingtabletts

denken ist. Entwickelt wurde Tadelakt der Überlieferung zufolge vor Jahrtausenden von den Berbern zur Abdichtung von Zisternen. Später wurde er für Hammams zum hochwertigen Glanzputz weiterentwickelt und schließlich auch für Paläste verwendet.

Für Tadelakt werden schwerlösliche Kalziumsalze aus einem natürlichen, hochhydraulischen Muschelkalk aus der Region Marrakesch gewonnen. Dieses Kalkpulver wird mit Marmorpulver, Eigelb und Wasser angerührt. Dann wird das Tadelakt mit der Kelle aufgetragen und mit Holzbrettchen oder einem Kunststoffspachtel glatt gezogen. Wenn die erste Schicht getrocknet ist, wird eine zweite Schicht aufgetragen, ebenfalls geglättet und anschließend mit großen Kieseln oder Achaten verdichtet und poliert. Wasserabweisend, fest und glänzend wird die Oberfläche durch die Behandlung mit schwarzer Olivenölseife, da durch die Verbindung von Kalk und Seife Kalkseife entsteht. Das Tadelaktpulver ist hellgrau und kann mit Farbpigmenten beliebig gefärbt werden.

Holzschnitzereien und Intarsien

Die Holzschnitzereien aus nachgedunkeltem Zedernholz schließen die Wanddekorationen der religiösen Bauwerke und Profanpaläste ganz oben ab. Aber auch die Türen und Moscheekanzeln (Minbar) zieren verschlungene Muster, geometrisch, floral und ganz oben in der Regel kalligraphisch. Eine andere Kunstform, mit Holz zu arbeiten, entwickelten die Drechsler. Ein Stück Holz wird aufgespießt und in eine Apparatur eingeklemmt, die mit einer Art Fiedel gedreht wird, während dabei mit einem Messer zwischen den Zehen das Holz gedrechselt wird. Viele dieser so entstandenen Einzelstücke werden dann zu Gittern, Maschrabiyyas, zusammengesetzt. An den Fenstern ermöglichen sie den Blick nach draußen, ohne von außen gesehen zu werden. Vor allem in Essaouira und Marrakesch entstehen aus dem Holz der Berberthuja, den Hölzern der Zitronen-, Orangen- und Nussbäume und Perlmutt, Silberdraht und Ebenholz kunstvolle Einlegearbeiten.

Kupfer- und Messingwaren

Aus Kupfer und Kupferlegierungen wurden seit alters her Leuchter und Kandelaber für Moscheen und Paläste gemacht. Muster werden ausgeschnitten, wodurch schöne Lichteffekte auf die Wände und Decken geworfen werden. Messing besteht in Marokko zu 60 Prozent aus Kupfer und 40 Prozent Zink, wodurch es eher hell goldgelb aussieht. In der kunstvollsten Form wird es mit einem einfachen Meißel ohne Schablonen und völlig frei mit der Hand ziseliert. Die prachtvollste Arbeit in dieser Technik sind die Tore des Königspalastes in Fès.

Große Teller, die durch Aufsetzten auf Holzgestelle zu Beistelltischen werden, sind oft nur aus Blech, das vermessingt wurde. Um zeitsparender zu arbeiten, werden diese mit Muster-Schlagstempeln nur punziert. Eine weitere Legierung besteht aus Kupfer, Zink und Nickel, im Deutschen ›Neusilber‹ genannt. Aus diesem Metall werden Teekannen in ihrer edelsten Variante gefertigt und glatt oder pünktchenartig graviert. In Fès entstehen die schönsten Metallwaren. Da Fès auch die die Hauptstadt der Keramik ist, fanden beide Handwerke zu einer Allianz, wodurch Keramikgefäße eine aufwändige Metallverzierung erhalten.

Silberschmuck

Schwerer Silberschmuck hat drei verschiedene Provenienzen: Tuareg, Mauren, Berber. Der Schmuck der Tuareg hat besonders fein gravierte Muster in Stichelarbeit. Typische Stücke sind Amulette in Form des sogenannten ›Kreuzes von Agadez‹ oder rechteckige Schmuckschatullen sowie Manillas, massive Armreife, die einen nicht ganz geschlossenen Kreis bilden. Schmucksteine sind bei Tuaregschmuck selten und wenn, dann aus Karneol.

Den Schmuck der Mauren erkennt man daran, dass es emaillierte Bestandteile sowie Zierelemente aus kleinen Silberkügelchen daran gibt. Beim Berberschmuck aus den Bergen, vor allem des Hohen Atlas, werden unterschiedliche Halbedelsteine mit Silberstücken in Kreuz- und Rautenformen in Art eines Charivari oder Bettelarmbandes gemischt. Als Schmucksteine besonders beliebt sind Koralle, Bernstein und der türkise Amazonit, als Form ist das Dreieck besonders verbreitet, wie bei den Silberfibeln, die als Gewandnadeln dienen.

Schmuck in allen Bevölkerungsgruppen Marokkos hatte und hat immer neben dekorativem Charakter auch die Aufgabe, vor dem bösen Blick, vor Unheil zu schützen. Eine besonders starke Schutzkraft, Baraka, hat die Zahl Fünf, daher ist die ›Hand der Fatima‹ als Amulett besonders wirkungsvoll.

Lederwaren

Wie schon der Begriff Maroquinerie als Synonym für Lederwaren zeigt, sind Produkte aus gegerbten Tierhäuten typisch für Marokko. Eine besonders feine und weiche Lederart ist das Saffian-Leder, das seinen Namen der Stadt Safi verdankt und Ziegenleder, das mit Sumach gegerbt wurde. Es wird für Ledereinbände, für Brieftaschen und besonders edles Schuhwerk verwendet. Filali-Leder ist ebenfalls besonders weiches Leder, das mit dem Gerbstoff von Tamarisken aus dem Tafilalet gegerbt wurde. Größte Zentren der Lederwaren-Produktion sind Marrakesch und Fès. Besonders typisch sind die gelben Leder-Babuschen, das klassische Schuhwerk der Marokkaner.

Teppiche

Echte Berberteppiche unterscheiden sich deutlich von der hellen Fabrikware, wie sie in Europa unter diesem Namen verkauft wird. Berberteppiche sind bunt, oft leuchtend rot oder gelb, und mit einer Vielzahl von Mustern geschmückt – so unterschiedlich wie das Land selbst (→ S. 104). Es gibt geknüpfte Teppiche, gewebte und dann bestickte Hanbals. Die meisten originalen Teppiche sind mit dem einfachen Berberknoten oder dem symmetrischen Knoten geknüpft, allerdings über vier statt der sonst üblichen zwei Kettfäden.

Besonders variations- und musterreich sind die Teppiche der Aït Ouaouzguite, einer Stammesföderation aus 20 Stämmen aus dem Hohen Atlas und Antiatlas. Ihre Teppiche aus dem Hohen Atlas sind oft rot, safrangelb sind die Teppiche aus Taznakht im Antiatlas, die Glaoua eher blau. Etwas zurückhaltender in Farbe oder kleinteiliger im Muster sind die Teppiche aus dem Mittleren Atlas wie die der Zemmour, Zayan, Guerouane oder Aït Youssi. Hanbals werden gewebt und dann mit sehr kleinteiligen geometrischen Mustern bestickt, so dass der Teppich für die Wüstennomaden sand- und staubabweisend wird.

Ouaouzguite-Teppich

Berbersymbole auf Teppichen und Tätowierungen

Anker (Sicherheit)

Baum (Fruchtbarkeit)

Nase (Schutzsymbol)

Gerstenfeld (Fruchtbarkeit)

Weizen (Fruchtbarkeit)

Olivenbaum (Fruchtbarkeit)

Schiff (Wohlstand)

Fischgräten (Gesundheit)

Säge (Abwehr böser Geister)

Sichel (Abwehr böser Geister)

Amulett (Schutzsymbol)

Mond (Abwehr böser Geister)

Rebhuhnaugen (Symbol weiblicher Schönheit)

Vogel

Samen (Fruchtbarkeit)

Saat

Auge (gegen den bösen Blick)

Frosch

Löwenpfote (Abwehr böser Geister)

Schere (Abwehr böser Geister)

Talisman (Schutzsymbol)

Finger (Schutzsymbol)

Spinne (Fruchtbarkeit)

Quarida (Blumenname)

Literatur

Marokko mit seiner kulturellen Vielfalt und besonderen Spiritualität hat Generationen ausländischer Literaten inspiriert. Den Marokkanern ist die Erzählkunst fast in die Wiege gelegt, da die berberische Kultur eine mündliche Kultur ist.

Viele Bücher erstklassiger Literaten sind ins Deutsche übersetzt worden. Dazu gehört vor allem Tahar Ben Jelloun, 1944 in Fès zur Welt gekommen, der als erster aus Nordafrika stammender Schriftsteller für ›Die Nacht der Unschuld‹ 1987 den Prix Goncourt, den bedeutendsten französischen Literaturpreis, erhielt. Ben Jelloun gilt als aussichtsreicher Kandidat für den Literaturnobelpreis.

Der aus Marrakesch stammende Mahi Binebine (geb. 1959) erhielt für seinen Roman ›Die Engel von Sidi Moumen‹, der von der Geschichte der Attentäter von Casablanca inspiriert ist, 2010 in Paris den Prix du Roman arabe.

Zu den profiliertesten Romanautoren zählt auch Youssouf Amine Elalamy, der 2010 einen Preis für den Roman ›Les clandestins‹ erhielt, der bislang noch nicht ins Deutsche übersetzt ist. Frauen, Islam und Moderne sind die Themen der Soziologin Fatima Mernissi (1940–2015), die, selbst in einem Harem aufgewachsen, ebenso informative wie unterhaltsame Essays verfasste.

Der bedeutendste internationale Schriftsteller war Paul Bowles (1910–1999), der von 1947 bis zu seinem Tod in Tanger lebte. Sein Hauptwerk ›Himmel über der Wüste‹ wurde auch in Marokko verfilmt. Neben seinen eigenen Romanen schrieb Bowles auch die Erzählungen von Marokkanern wie Mohammed Mrabet und Mohammed Choukri auf und machte sie publik. Wegen seines schonungslosen Realismus und der Darstellung von Homosexualität war Choukris Buch ›Das nackte Brot‹ in Marokko bis in die späten 1980er Jahre verboten. Der Romancier, Journalist und Filmemacher Abdallah Taïa (geb. 1973) aus Salé war der erste, der sich 2009 offen zu seiner Homosexualität bekannte und das in Marokko heikle Thema publik macht. Empfehlenswerte Bücher über Marokko von einheimischen und internationalen Autoren sind unter den Literaturhinweisen zu finden (→ S. 430).

Lautenspieler im Café ›Les Fils du Détroit‹ in Tanger

Malerei

Seit der ersten Reise von Eugène Delacroix im Jahre 1832 wurden die Maler Europas von den Farben und dem intensiven Licht in Marokko angezogen. Später ließen sich Edgar Degas, Henri Matisse, Jacques Majorelle, Francis Bacon, Nicolas de Staël und Joan Miro vom Charme der Landschaften, den Farben und den faszinierenden Szenen vieler Orte hinreißen. Heute kann das Land mit Stolz auf seine eigenen Kunsthochschulen mit eigenen Meistern blicken.

Eine Kunsthochschule in Casablanca und vor allem das renommierte Institut National des Beaux-Arts in Tétouan, das 1945 als Zeitvertreib für die Ehefrauen der spanischen Militärs geschaffen wurde, brachten mittlerweile ein lange Liste von Künstlern, die auch in Europa bekannt geworden sind, hervor, darunter Mohamed Chebaa, Saad Ben Seffaj, Ahmed Ben Yessef, Said Messari, Faouzi Laatiris, Hassan Echair, Ilias Selfati, Younès Rahmoun, Safaa Erruas, Batoul S'himi, Amine El Gotaibi, Mohamed El Mahdaoui, Mohamed Arejdal und Mohssin Harraki. Da der von der Ecole des Beaux-Arts in Casablanca vergebene Abschluss nicht anerkannt wird, sind die Studienplätze in Tétouan entsprechend begehrt. Insgesamt studieren dort 120 Studenten, pro Jahr werden nur 30 neue angenommen. Dank eines Kooperationsabkommens mit der belgischen Region Wallonien-Brüssel konnte eine neue Abteilung für Comics aufgebaut werden. Neben Malerei kann man auch Zeichnung, Skulptur, Gravur und Werbegrafik studieren.

Musik

Marokko verfügt über eine sehr reiche, vielfältige Musikszene, die sich aus arabischen, afrikanischen und berberischen Traditionen speist. Die klassische arabisch-andalusische Musik ist unter dem Namen Al-Ala bekannt. Da Marokko nicht wie die Nachbarländer Algerien und Tunesien jahrhundertelang Teil des Osma-

Bilder von marokkanischen Künstlern vor einer Galerie in Essaouira

Tanz und Gesang zu Ehren des Gouverneurs im Drâa-Tal

nischen Reichs war, hat sich die in Al-Andalous zwischen dem 9. und 15. Jahrhundert entstandene, maßgeblich durch den aus Bagdad geflohenen Ibn Ziryab beeinflusste Musik unverändert erhalten. Klassische Instrumente sind die Laute, die Rebab oder Rebek, eine Art Violine und Trommeln wie die vasenförmige Darbouka.

Raï

Im 20. Jahrhundert entstand in Algerien die Bewegung des Raï, die sich gegen die starre Musiktradition auflehnte und mit neuen Instrumenten und Inhalten die maghrebinische Musik revolutionierte. Synthesizer, E-Gitarre, Saxophon, Geige und Akkordeon fanden nun Eingang in die Musik, vor allem aber neue, oft provokante Texte. Einer, der dem Raï zu internationalem Erfolg verhalf, ist der gebürtige Algerier Khaled, der 2013 sein französisches Exil verließ, nach Marokko umzog und die marokkanische Staatsbürgerschaft vom König verliehen bekam.

Berbermusik

Die Musik der Berber ist die ursprüngliche Volksmusik Marokkos. Sie kennt wenig melodietragende Instrumente, stattdessen ist sie stark rhythmisch. Trommeln wie die große Rahmentrommel Bendir oder Tamburine werden mit lautem Händeklatschen begleitet. Dazu wird die Nfir, eine Art Vuvuzela aus Kupfer, oder die Mizmar, die arabische Schalmei oder Oboe aus Holz, getrötet. Gesang dazu ist fast unabdingbar mit mal anzüglichen Texten, mal launigen Kommentaren zu Tages- oder Stammesereignissen. Die Frauen stoßen dazu die Aita aus, einen schrillen Zungenschlag, Indianergeheul nicht unähnlich. Zu dieser Musik wird getanzt, wobei sich Männer und Frauen getrennt in Reihen aufstellen.

Tänze

Die bekanntesten Tänze sind der Ahidous aus dem Mittleren und Hohen Atlas und der Ahouach der Berber im Südwesten. Männer und Frauen stehen sich in zwei Reihen gegenüber und bewegen sich reihenweise aufeinander zu beziehungsweise voneinander weg, begleitet von wechselseitigem Gesang.

Gnaoua-Festival in Essaouira

Der Tissinint wird von den Tuareg, Männer und Frauen zusammen, als ›Tanz des Dolches‹ praktiziert. Die Guedra wird nur von den Touaregfrauen getanzt. Auch die Ouais werden nur von Berberfrauen getanzt, mit grazilen, fließenden Bewegungen. Sie tragen dabei bestickte Kaftane mit seidenen Gürteln und kupferne Zimbeln an ihren Fingern. Am Kriegstanz Taskiouine hingegen nehmen nur Männer teil, die in weiße Gewänder und Turbane gewandet und mit Pulverhörnern behängt sind. Auch bei den Ghiaytas der Haha-Berber tanzen ausschließlich die Männer als Krieger, schreien laut und werden von Dudelsäcken begleitet. Der Houara-Tanz stammt aus der Gegend um Agadir. Dabei werben mehrere Männer um eine Frau und treten dazu mit Soli im Kreis der anderen Tänzer auf. Klassischen Bauchtanz wie in ehemals osmanischen Ländern gibt es in Marokko nicht, stattdessen den Shikhat, eine bekleidetere Form, die traditionellerweise bei Hochzeiten zelebriert wird.

Gnaoua-Musik

Die Kastenhalslaute Guembri oder Sintir wird nicht nur von Berbern gespielt, sondern auch von Gnaouas, die sich mit dem Zupfen des dreisaitigen Instruments in Trance versetzen wollen. Bei ihren Riten spielen sie die mit einem Stöckchen geschlagene Fasstrommel Tbal und die Kastagnetten namens Qarqaba, deren Geschepper an das Klappern der Ketten, in denen einst ihre Vorfahren aus Schwarzafrika verschleppt wurden, erinnern soll.

Festivals wie das der Gnaouas in Essaouira, das Festival der sakralen Musik in Fès oder das Jazzfestival in Tanger haben dazu beigetragen, dass marokkanische Musiker über die Landesgrenzen hinaus bekannt wurden.

Die marokkanische Küche

In Marokko verbringt man viel Zeit zu Hause und sitzt gerne beim gemeinsamen Essen am runden Tisch. Neben dem repräsentativen Salon gibt es in Familien der Mittelschicht noft noch einen gemütlicheren kleineren Raum mit niedrigem Esstisch und Kanapees, in dem bei Minztee geplaudert und ferngesehen wird. Da Marokkaner großzügig, offenherzig und gastfreundlich sind, ist an ihrem Tisch immer Platz für Gäste.

Die marokkanische Küche ist einerseits das Produkt der wechselvollen Geschichte des Landes, andererseits seiner unterschiedlichen Vegetationszonen. Sie ist berühmt für ihre Raffinesse und ihren Nuancenreichtum. Selten sind die Gerichte scharf, stattdessen werden pikante Gewürze mit solchen kombiniert, die man in Deutschland eher als Weihnachtsgewürze kennt, wie Kardamom und Zimt. Die Allzweckwaffe ist die Gewürzmischung Ras el-Hanout, das ›Aushängeschild des Ladens‹ (→ S. 210). Dank der Karawanen kamen sowohl aus dem Osten wie auch aus Schwarzafrika unterschiedlichste Gewürze, dazu wachsen im Land selbst Kräuter wie Minze, Petersilie und Koriander und auch das teuerste Gewürz der Welt, der Safran. Dazu gibt es eine reiche Auswahl aus dem Obst- und Gemüsegarten, Fisch von der Küste und aus den Gebirgsbächen, unterschiedlichste Fleischsorten vom Lamm bis zum Täubchen: beste Voraussetzungen also für eine raffinierte und abwechslungsreiche Küche.

Suppen und Salate

Den Auftakt zum abendlichen Diner macht üblicherweise die Harira, die traditionelle Suppe, bestehend aus Kichererbsen, Linsen, Tomaten und anderem Gemüse, Zwiebeln, Koriander, Petersilie und Rindfleisch. Zu dieser würzigen Suppe werden getrocknete Feigen, Datteln und Chebakia, in Honig und Sesamsamen gewälzte und in Fett gebackene Teigkringel, gegessen. Grießsuppe mit Anis oder Minzsuppe mit Kümmel sind seltener angebotene Alternativsuppen.

Tajine-Variationen

Als zweiter Gang folgt eine ›kleine‹ Auswahl von gekochten Salaten, wobei man aus 1001 möglichen Variationen je nach Anlass vier bis zehn serviert bekommt. Immer dabei sind Koriander-Karotten, Chakchouka (Paprika-Tomaten-Salat) und der Auberginensalat Tamu oder das Auberginenpüree Zahluk. Nicht jedermanns Geschmack ist ein ›Muhkt‹ genannter Salat mit Lammhirn, und Kibdah, Lebersalat. Fast jede Pflanze wird in Marokko in Salatform gebracht, so auch die bei uns eher unbekannten Karden, Malven oder Randen (Wildbete). Die einfachste Variante, die meist nur in den Familien zu Hause gegessen wird, ist Bissara, ein Saubohnen-Dip.

Hauptgerichte

Bei großen Familienfesten werden Tajines gereicht, Eintöpfe, die in einem gleichnamigen Schmortopf mit konisch-spitzem Deckel gegart werden. Die verbreitesten Tajines sind Zitronenhühnchen (M'hammar oder M'qalli), Rindfleisch mit Backpflaumen, Hackfleischbällchen mit Erbsen und Ei (Kefta), Lamm mit Mandeln und Rosinen (Mrouzia), Lamm- oder Hammeltajine (Makful), Lamm mit Eiern und Mandeln (T'faya). An der Atlantikküste gibt es Tajines mit Fisch, und vor allem in der Königsstadt Fès gibt es statt einer Tajine die Pastilla, eine Pastete aus hauchdünnen Warkha-Blättern, die mit Täubchen oder Huhn, Ei, Mandeln, Zwiebeln, Petersilie und Koriander gefüllt ist und nach dem Backen mit Puderzucker und einem Zimtgitter bestäubt wird.

Höhepunkt eines Festessen und jeden Freitagmittag nach dem Besuch des Versammlungsgebetes aufgetragen, ist der Couscous Royal. Couscous ist Hartweizengrieß, der durch sieben verschiedene Gemüse je nach Saison sowie Fleisch

Hühnchen-Tajine mit Oliven und Peperoni

Gazellenhörnchen

oder Huhn je nach Geldbeutel königlich wird. Beim großen Opferfest wird stattdessen der Hammel zum Hauptdarsteller. Die Kutteln, Herz und Leber werden zu Douara, einer Innereien-Tajine. Darauf folgt die geschmorte Schulter (T'dlla) oder Mechoui, am Drehspieß oder im Erdofen gebratener Hammel.

Klassischer Abschluss in der marokkanischen Küche ist Obst, zum Beispiel in Gestalt eines Orangen-Zimt-Salates oder eines sommerlichen Melonensalates.

Süßes

Aber natürlich liebt man es in Marokko auch süß – und nicht nur als Dessert. Da gibt es Mandelgebäck wie die Gazellenhörnchen, Braut- und Bräutigamsfinger oder Makronen, die auch als Knabberei zum Kaffee oder Tee genommen werden. Desserts im eigentlichen Sinne sind Keneffa, eine süße Pastilla mit Mandelcremefüllung, marokkanischer Reispudding (Roz bil Halib), ›Schlangenkuchen‹ (M'hanncha) genannte, aufgerollte und mit Mandelpaste gefüllte Warkha-Blätter oder süßer Couscous.

Zum Frühstück isst man entweder Sfenj genannte marokkanische Krapfen in Donut-Form oder eine Pfannkuchenvariante. Rghaif ist ein Hefeteigpfannkuchen, der wie Blätterteig mehrfach gefaltet wird. Nach dem Ausbacken wird der knusprige Crêpe mit Honig gegessen. Cremiger und weicher sind Beghir, die Honigwabenpfannkuchen, die nur von einer Seite gebacken werden und fertig sind, wenn sich kleine Löcher an der Oberfläche zeigen, die an Bienenwaben erinnern.

Aicha kocht auf dem Djemma el-Fna

Menu Marocain

Viele Gerichte der marokkanischen Küche sind relativ zeitaufwändig. Ein typisch marokkanisches und relativ schnelles Menü könnte wie folgt aussehen:

Harira

Zutaten: 1 große Zwiebel, 100 g über Nacht eingeweichte Kichererbsen, 500 g gewürfeltes Suppenfleisch vom Rind, 100 g blanchierte Linsen, 1 Tomate, 100 g Vermicelli-Nudeln oder Reis, 1/2 Bund Petersilie, 1 1/2 Bund Koriandergrün, 1/2 TL gemahlener Ingwer, 2 Zimtstangen, 1 Prise Safran, 1 TL gemahlener Pfeffer, ein EL Salz, 4 EL Mehl, 1 EL Tomatenmark, 2 l Wasser, Öl, Datteln, Feigen, Zitronenspalten.

Zubereitung: Die Zwiebel schälen und hacken. Petersilie und Koriander waschen und hacken. Kichererbsen abtropfen lassen. In einer Kasserolle das Öl erhitzen und die Zwiebel und das Fleisch anschwitzen. Die Gewürze dazugeben, mit einem Liter Wasser auffüllen, die Petersilie, zwei Drittel des Koriandergrüns, die Tomate und die Kichererbsen dazugeben, alles eine Stunde bei niedriger Hitze simmern lassen. Dann die Linsen unterrühren. In der Zwischenzeit die Tadouira zur Bindung zubereiten: Das Mehl in einem Liter Wasser auflösen, das Tomatenmark und den restlichen Koriander untermengen. Die Vermicelli in die Suppe geben und langsam unter ständigem Rühren die Tadouira einrühren, bis der sich an der Oberfläche bildende Schaum verschwunden ist. Zur Harira Datteln, getrocknete Feigen und eine Zitronenspalte servieren.

Hähnchen-Tajine mit Aprikosen und Rosinen

Zutaten: 1 Hähnchenbrust pro Person, 1 große Zwiebel, 12 getrocknete Aprikosen, 100 g helle Rosinen, 4 EL Olivenöl, 1 EL Salz, je 1/2 EL gemahlener Pfeffer, Ingwer und Zimt, 2 Zimtstangen, 1 Prise Safran, 1/2 Bund Petersilie, 2 EL Honig, 1/2 Liter Wasser.

Zubereitung: Zwiebel schälen und hacken. Das Öl in der Tajine oder einem Schmortopf erhitzen, die Zwiebeln anschwitzen, Gewürze dazugeben und mit Wasser auffüllen. Die Hühnerbrust hineinlegen und alles zum Kochen bringen. Die Petersilie als Bündel dazugeben. Zugedeckt schmoren lassen, bis das Fleisch gar ist. Dann das Hühnchen herausnehmen und warm stellen. Den Honig in die Sauce einrühren, die Aprikosen und die kalt abgespülten Rosinen hinzugeben. Unbedeckt bei milder Hitze 15 Minuten einköcheln lassen, bis die Sauce eine sämige Konsistenz hat. Hähnchen anrichten und die Sauce darüber ziehen.

Marokkanischer Orangensalat

Zutaten: 6 reife Orangen, Orangenblütenwasser, gemahlener Zimt, eventuell Puderzucker und andere Früchte

Zubereitung: Die Orangen großzügig schälen, dass auch die weiße Haut vollständig entfernt ist, und in Scheiben schneiden. Auf einer Platte auslegen, mit etwas Orangenblütenwasser aromatisieren, bei sehr sauren Orangen etwas Puderzucker darüber stäuben. Kühl stellen. Kurz vor dem Servieren mit Zimt fein bestreuen. Eventuell noch mit Erdbeeren oder anderen Früchten je nach Saison garnieren.

Der Wert eines Menschen liegt in dem Einlösen seiner Versprechen, nicht im Tragen eines Bartes, denn auch der Steinbock trägt einen Bart, und trotzdem kann ihn der Wolf fressen.

Marokkanisches Sprichwort

CASABLANCA UND DIE KÖNIGSSTÄDTE

Blick über Fès

Casablanca

Grand Casablanca, also Stadt und Agglomeration, zählt mittlerweile mehr als sechs Millionen Einwohner und ist damit die größte Stadt des gesamten Maghreb, außerdem das größte Wirtschafts- und Finanzzentrum Marokkos. Die Hälfte des marokkanischen Bruttoinlanlandsproduktes wird allein hier erwirtschaftet. Darüber hinaus hat Casa, wie die Marokkaner die Stadt kurz nennen, den größten Hafen, die größte Universität und den größten Umsatz des Landes. Grand Casablanca ist inklusive der Vororte eine der 16 Regionen Marokkos. Die Stadt Casablanca selbst ist in 16 Arrondissements untergliedert: eine moderne Mega-City, die zwar wenige der romantischen Vorstellungen des Films erfüllen kann, aber die allein schon wegen der Moschee Hassan II. einen Besuch lohnt. Es könnte der Beginn einer wunderbaren Freundschaft werden – für André Gide war es das: »Die Luft ist leicht, die Wärme sanft, der Himmel prächtig. Casablanca, wo ich nur formlose Lagerhäuser erwartet hatte, entzückt mich. Ich bedaure nicht im mindesten, dass es nicht exotischer wirkt«, schrieb er am 29. März 1923 in sein Tagebuch.

Stadtgeschichte

Seit dem 8. Jahrhundert gibt es dauerhafte Besiedlung auf dem Stadtgebiet Casablancas. Die Berber vom Stamm der Barghaouata gründeten ein Dorf unter dem Namen Anfa (Hügel), das für einige Zeit die Hauptstadt ihres unabhängigen Reiches war. Im 15. Jahrhundert griffen die Portugiesen Anfa mehrfach an und besetzten es schließlich. 1575 gaben sie ihrem neuen Stützpunkt an der Atlantikküste den Namen Casabranca – weißes Haus. Das schwere Erdbeben von Lissabon 1755 zerstörte auch Casabranca. Der Alaouitensultan Mohammed Ben Abdallah ließ die Stadt unter der arabischen Übersetzung als Dar el-Beida wieder aufbauen. Ab 1781 siedelten sich spanische Händler in der Stadt an und übersetzten den Ortsnamen ins Spanische, womit aus der Stadt endgültig Casablanca wurde.

Doch die eigentliche Entwicklung zur Stadt begann erst im 20. Jahrhundert. Um Sanierungen an den Hafenanlagen vorzunehmen, ließen sich die französischen Schneider-Creusot-Werke 1907 mit einer Filiale in Casablanca nieder; der Sultan hatte dies genehmigt. Die Arbeiten erstreckten sich bis in die Nähe eines muslimischen Friedhofs. Gerüchte, der Friedhof sei dabei entweiht worden, veranlassten die benachbarten Stämme der Chaouia zum Angriff auf die französischen und spanischen Arbeiter. Sie töteten neun von ihnen und überfielen anschließend das jüdische Viertel. Die französische Regierung entschied daraufhin, eine starke Marine- und Heeresstreitmacht nach Casablanca zu entsenden und die Stadt zu besetzen. Mittlerweile hatten weitere Stammesangehörige Casablanca erreicht und mit der Plünderung begonnen. Die Kämpfe zwischen den Chaouia und den französischen Truppen forderten tausende Tote, bis die Franzosen die Stadt besetzen konnten, waren die meisten Einwohner entweder getötet oder verwundet worden oder sie waren geflohen.

■ Französische Stadtplanung

Nach der Errichtung des Protektorats begann der erste französische Generalresident Marschall Lyautey zusammen mit dem Städteplaner Henri Prost mit der Konstruktion der modernen Stadt, angrenzend an die arabische Stadt. Das arabische Wort für Stadt ›Medina‹ wurde

▲ Karte S. 117

Casablanca, Uebersicht
A t l a n t i k
Küstenstraße nach Mohammedia (R322)
Mohammedia, Bouznika, Oued Cherrat, Rabat
Rabat
Küstenstraße nach Azeour, El Jadida
Gîte Nadia (2 km), El Jadida
Hafen
El Hank
Hassan II.
Corniche
Lalla Meryem
Ain Diab
Morocco Mall
S. 123
S. 120
MEDINA
Casa Port
Av. des FAR
Blvd. Mohammed V
Blvd. Okba Ibn Nafi
Manzil
Casablanca Voyageur
Al Walid
ROCHES NOIRES
AIN SEBAA
SIDI MOUMEN
HAY MOHAMMADI
HAY El MASSIRA
OULED ZIANE
BEN M'SICK
AIN CHOCK
HABOUS
GAUTHIER
RACINE
BOURGOGNE
ANFA
AIN DIAB
HAY HASSANI
ONCE
Boulevard Ibn Tachfine
Blvd. Ouled Ziane
Gare Routière Oued Ziane
Av. Moulay Slimane
Av. 10 Mars 1982
Blvd. Al Joulane
Rue Abdelkader Sahraoui
Blvd. de Strasbourg
Av. Mohammed VI
Auberge de Jeunesse
Boulevard Al Qods
Mahakma du Pacha
Notre Dame de Lourdes
Universitätskrankenhaus CHU Ibn Rochd
Blvd. Abdelmoumen
Blvd. Brahim Roudani
Gray Boutique-Hotel
Art Palace Suites & Spa
Parc de la Ligue Arabe
Av. Abdelkrim al-Khattabi
Blvd. d'Anfa
Dar Tahra
Route de Berrechid
Flughafen, Casablanca
Dar Diafa
Forêt de Bouskoura
Route d'El Jadida
Blvd. Laymoune
Oued Oum Rabia
Rocade Sud-Ouest
Boulevard
Place des Nations Unies und Place Mohammed V
R322
N1
A3
A5
R315
R320
P3014
0
100
200 m

Place des Nations Unis mit ›Kora Ardia‹ und Uhrturm

damit zum Synonym für die arabische Altstadt, im Gegensatz zur Neustadt oder Ville Nouvelle. Durch den Ausbau des Hafens löste Casablanca bald schon das bis dahin führende Tanger ab.

Heute werden drei Viertel aller Güter über den Hafen in Casablanca ein- und ausgeführt. Der Hafen wurde während des Zweiten Weltkriegs zur Nachschubbasis für den Afrikafeldzug der Alliierten ausgebaut. Vom 14. bis 26. Januar 1943 trafen sich Roosevelt und Churchill in Casablanca zu einer geheimen Konferenz, bei der erstmalig die bedingungslose Kapitulation Deutschlands, Italiens und Japans beschlossen wurde sowie Pläne zur Landung in der Normandie besprochen wurden. Ebenfalls anwesend waren die beiden französischen Generäle Giraud und de Gaulle.

Nach der Unabhängigkeit 1956 wurde Casablanca die Lokomotive der Wirtschaft und Symbol des modernen Landes – dynamisch und weltoffen. Schattenseite dieses Wirtschaftswachstums und der damit verbundenen Bevölkerungsexplosion durch Landflucht war eine stetig steigende Verschärfung der sozialen und wirtschaftlichen Unterschiede. Wo die einen in Luxusvillen in Anfa wohnen, fristen viele der Zuwanderer ein tristes Leben in Armut und Arbeitslosigkeit in den Bidonvilles genannten Slums.

Terroranschläge

Schon seit den 80er Jahren gärte es immer wieder in diesen ›Kanisterstädten‹. Zur Explosion im wahrsten Sinne des Wortes kam es am 16. Mai 2003. Selbstmordattentäter, die zum nordafrikanischen Arm der Al-Qaida gehörten und aus dem Armenviertel Sid Moumen stammten, töteten an fünf verschiedenen Einrichtungen 45 Personen. Ziele waren das Restaurant Casa de España, das von vielen israelischen Reisegruppen aufgesuchte Hotel Farah, der jüdische Friedhof, das hebräische Sozialzentrum und das belgische Konsulat. Auch im März und April 2007 gab es noch einmal drei terroristische Anschläge, bei denen unter anderem ein Cybercafé das Ziel war. Seither versuchen König und Regierung durch sozialen Wohnungsbau und Schaffung neuer Arbeitsplätze, die Bidonvilles aufzulösen und die sozialen

▶ Karte S. 117

Brennpunkte zu entschärfen. Doch der Zustrom derer, die auf der Suche nach einem besseren Leben vom Land kommen, hält unvermindert an, und wo ein Armenviertel abgerissen wurde und Wohnblöcke entstanden sind, sprießt eine neue Kanisterstadt an anderer Stelle aus dem Boden.

Stadtgliederung

Der Hafen ist Kern des Zentrums, an den im Westen die **Medina** angrenzt und im Süden die **Ville Nouvelle** aus der Kolonialzeit. Das innerste Zentrum liegt um die **Place** und den **Boulevard Mohammed V**.

Nordwestlich schließen die ehemaligen kolonialen Villenviertel an, zu den exklusivsten zählen die Quartiers **Gauthier** und **Racine**. Die Viertel werden auch das ›Goldene Dreieck‹ genannt; dessen Schenkel formen die Boulevards Zerktouni, El Massira und Abdellatif Benkaddour mit Luxusboutiquen.

Zur Moschee hin gelegen ist das Viertel **Bourgogne**, ein dicht bewohntes Viertel, in dem die unterschiedlichsten Bevölkerungsgruppen friedlich zusammenwohnen und Luxusvillen direkt neben schäbigen Baracken stehen.

Der Hafen von Casablanca

Die nobelsten Wohngegenden sind die Stadtteile **Ain Diab** und **Anfa** entlang der Corniche. In einem zweiten Ring liegt nach Süden das Quartier **Habous** aus den 20er Jahren, auch ›Neue Medina‹ genannt. **Hay Hassani** nach Westen zählt zwar zu den modernen Wohnvierteln, ist aber der Teil der Stadt, in dem man die ältesten Funde aus prähistorischer und aus phönizischer Zeit machte. Im Nordosten von Casablanca liegen die Arbeiterviertel **Roches Noires** und **Ain Sebaa**, die sich bis nach Mohammedia erstrecken. Südlich der Autobahn lag das Problemviertel **Sidi Moumen** und die anderen Slums, die heute zu großen neuen Wohnvierteln mit vielen Wohnblöcken geworden sind.

Zentrum

Die Ville Nouvelle entwickelte sich um die wirtschaftliche Lebensader, den **Hafen**, der schon um 500 vor Christus von den Phöniziern gegründet wurde. Der moderne Hafen wurde allerdings erst durch die Franzosen ab 1912 ausgebaut und wuchs rasch zum größten des Landes. Er besteht aus drei Containerhäfen mit einer Gesamtkapazität von über fast zwei Millionen Containern, einem Terminal für Phosphat mit einem Volumen von 19 Millionen Tonnen, einem Terminal für den Export von Zitrusfrüchten, einem Fischereihafen sowie einem Erdölhafen und einem weiteren für Passagiere.

Die französische Neustadt als interessantester Teil der modernen Millionenstadt wurde im Auftrag des Generalresidenten Lyautey durch Henri Prost geplant. Die Architekten Albert Laprade, Adrien Laforgue, Joseph Marrast und Marius Boyer schufen die Gebäude, die Casablanca zu einem Juwel der Art-Déco-Architektur machten. Allerdings bröckelt der Glanz vergangener Zeiten vor sich hin und verleiht dem Zentrum teils einen recht morbiden Charme, dem erst in jüngster

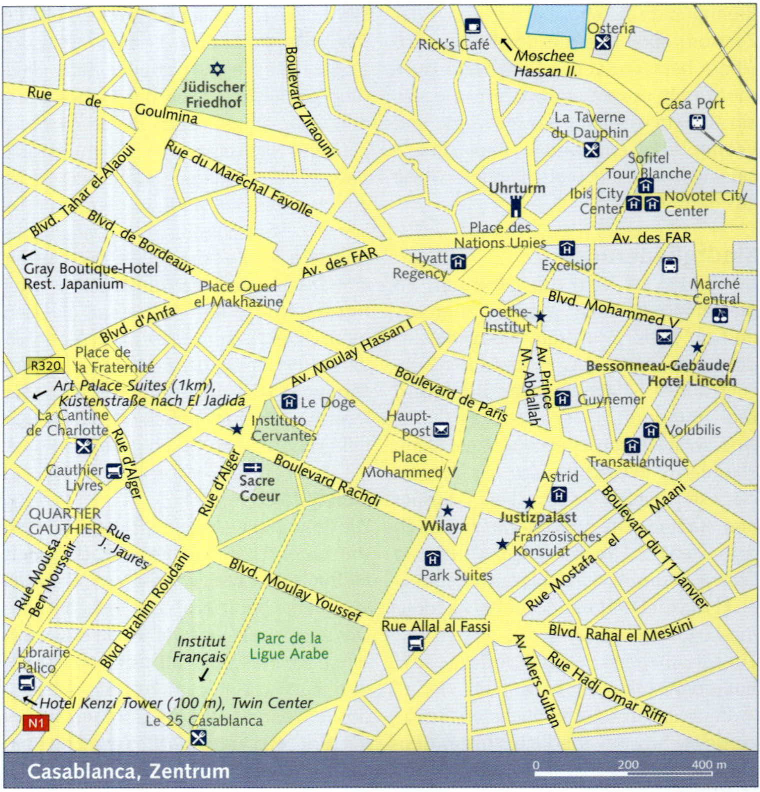

Casablanca, Zentrum

Zeit wieder Leben eingehaucht wird. Einen Spaziergang durch die koloniale Neustadt startet man am besten an der zentralen Place des Nations Unies.

Place des Nations Unies

Das Herz von Casablanca schlägt an diesem belebten Platz, an dem Medina und französische Neustadt aufeinander treffen. Als Symbol dieses Aufeinandertreffens wurde in den 70er Jahren das Kunstwerk **Kora Ardia** – Planet Erde – in Form einer Kuppel errichtet. Auf der Westseite des Platzes erhebt sich das optisch wenig reizvolle Luxushotel Hyatt Regency, auf der Nordseite befindet sich der **Uhrturm** und links davon der **Haupteingang zur Medina**.

Am belebtesten ist die Ostseite der Place des Nations Unies, wo viele Cafés sowie das koloniale Schmuckstück **Hotel Excelsior** liegen. Der Jugendstilbau mit vielen Schnörkeleien wurde schon 1916 vom Architekten Joseph Delaporte realisiert. Die neue Straßenbahn hat vor dem ehemaligen Hotel eine Haltestelle. Dank der Straßenbahn hat sich die Verkehrsführung im Herzen des kolonialen Zentrums stark verändert, der Fußgängerbereich wurde deutlich erweitert. Geht man in selbigen, kann man noch viele weitere ehemalige Hotelpaläste im Art-Déco-Stil entdecken.

Art-Déco-Hotels

An der Ecke Boulevard Mohammed V und der Rue Ibn Batouta steht das ehemals prunkvolle **Bessonneau-Gebäude**, das im Sprachgebrauch immer noch Hotel Lincoln genannt wird. Es wurde 1916 vom Architekten Hubert Bride gebaut. Auf 2600 Quadratmetern Fläche entstand das damalige Luxushotel mit 60 Appartements mit eigenen Bädern – damals eine Seltenheit! Mit zwei Flügeln und einem vierstöckigen Pavillon in der Mitte, war das Lincoln eines der ersten Art-Déco-Gebäude in der Stadt. Doch im Laufe der Jahre verfiel es zusehends. Teile stürzten immer wieder ein und töteten Kaffeehausbesucher sowie Passanten, 2011 stürzte eine weitere große Partie ein. Erst jüngst wurde beschlossen, hinter der zu restaurierenden Fassade ein modernes Luxushotel zu errichten. Sicher auch mit eigenen Bädern.

Folgt man der Rue Ibn Batouta nach Süden, gelangt man an der Ecke der Rue Abdelkrim Diouri zum Hotel **Volubilis**, das Marius Boyer 1919 konzipierte. Die Fassade ist eine gelungene Kombination von neo-maurischem Stil und Art Déco. An der parallel verlaufenden Rue Chaouia befindet sich eine weitere ehemalige Nobeladresse im neo-maurischen Stil:

Jugendstilhotel Excelsior

Präfekturgebäude mit Wasserverkäufern

das Hotel **Transatlantique**. Eingang und Lobby verraten noch die alte Pracht. An der Rue Brahim Belloul gelangt man zum klassischen Art-Déco-Hotel **Guynemer**, 1923 von Boyer als Büro der Minengesellschaft gebaut.

Östlich vom Hotel Guynemer verläuft die Avenue Prince Moulay Abdallah, die ehemals einzige Fußgängerstraße in Casablanca, durch die die Casablanquiers zum Flanieren und Shoppen in Luxusboutiquen strömen.

Place Mohammed V

Südlich vom Boulevard de Paris, der die Fußgängerzone beendet, finden sich drei weitere koloniale Prachtbauten. 1923 entstand der prächtige **Justizpalast** durch den Architekten Joseph Marrast. Ein Jahr zuvor war das **Französische Konsulat** von Albert Laprade errichtet worden.

An der Avenue Hassan II öffnet sich die Place Mohammed V mit dem beeindruckenden Bau der **Wilaya**, dem Sitz der Präfektur, der vom Architekten Marius Boyer zwischen 1928 und 1936 als Rathaus erbaut wurde. Diagonal gegenüber erhebt sich das schöne Gebäude der **Hauptpost**, erbaut 1918 von Adrien Laforgue.

Sacre-Coeur

Über den Platz mit dem Taubenbrunnen gehend, sieht man die weißen Türme der Kirche Sacre-Coeur. Das Gebäude, das nicht mehr als Kirche geweiht ist, wurde 1930 von Paul Tournon errichtet, in einem Stilmix aus Neogotik und Art Déco. Bis zu 40 000 Menschen konnten hier ehemals die Messe hören. Dahinter liegt der **Parc de la Ligue Arabe**. Eine Besichtigung der Kirche ist nicht möglich.

Medina

Westlich vom Hafen liegt die Medina. Klein und übersichtlich, zeigt sie, dass Casablanca bis weit ins 19. Jahrhundert kaum mehr als ein Dorf war. Der Eingang zur Altstadt ist dank des Uhrturms auch schon das auffälligste Bauwerk der Medina, hinter der eine kleine Zone mit Geschäften folgt. Hier werden nur Dinge des Alltagslebens verkauft. Der Rest besteht fast ausschließlich aus Wohnhäusern. An der Nordwestecke der Mauer um die Medina befindet sich **Rick's Café**.

Quartier Habous

Das Viertel Habous wurde in der wachsenden Stadt während des Protektorats von den französischen Kolonialherren unter dem Namen ›Neue Medina‹ in den 1930er Jahren errichtet. Dabei entstand eine Mixtur aus traditioneller marokkanischer Architektur mit europäischen Stilelementen. Ein ungenutzter, aber dennoch nicht zu besichtigender Königspalast befindet sich in diesem Viertel. Direkt gegenüber steht das schönste Gebäude: die **Mahakma**. Dies war ehemals die Residenz und der Gerichtshof des Paschas von Casablanca. Heute befindet sich im Gebäude die Verwaltung eines islamischen Gerichtshofes, es darf deshalb nur in Begleitung eines offiziellen Führers besichtigt werden. Der französische Architekt Isidore Cazet im Stil eines maurischen Palastes entworfen hat. Gebaut wurde es zwischen 1948 und 1952 durch marokkanische Kunsthandwerker. Zellij-Mosaiken, geschnitzte und bemalte Holzdecken schmücken die insgesamt 64 Räume der Mahakma.

Platz für 25 000 Menschen: die Moschee Hassan II.

▲ Karte S. 120

Casablanca, Corniche

An der Place de l'Europe erhebt sich die Hauptkirche der neuen Medina. Der Architekt Achille Dangleterre und der Ingenieur Paul Zimmer entwarfen die Pläne zu der 1954 fertiggestellten **Notre Dame de Lourdes**. Der Glaskünstler Gabriel Loire, der in Chartres die Kunst der Glasmalerei erlernte und später die Fenster der Kaiser-Wilhelm-Gedächtniskirche in Berlin gestaltete, entwarf die bemerkenswerten Glasfenster mit Motiven der Marienverehrung.

Moschee Hassan II.

Am Hafen beginnt die zwölf Kilometer lange Küstenstraße Corniche, an der die im wahrsten Sinne des Wortes herausragende Moschee Hassan II. liegt. Erst hinter der Moschee hat man auch freien Blick auf das Meer. Ab der Landspitze mit dem Leuchtturm **El Hank** beginnt die Strandzone von Casablanca mit den Nobelvororten Anfa und Ain Diab.

›Wer eine Moschee errichtet, in der der Name Allahs gepriesen wird, dem baut Allah im Paradies ein Haus‹, soll der Prophet Mohammed gesagt haben. Und so begannen die Arbeiten zur Moschee mit einem Besuch von Spendensammlern bei allen marokkanischen Familien. Eine Mindestspende von 100 Dirham pro Familie wurde erwartet. Im Jahr 1986 begannen die Bauarbeiten zur Moschee, die ›ein Geschenk einer dankbaren Nation an ihren Herrscher zum 60. Geburtstag‹ sein sollte – so die offizielle Lesart. Immerhin ist ein marokkanischer König auch ›Fürst der Gläubigen‹ und direkter Nachkomme des Propheten. König Hassan II. ging mit gutem Beispiel voran und spendete selbst einen großen Batzen – von 30 Millionen Euro ist die Rede. Insgesamt hatte man 500 Millionen Euro umgerechnet in der Sammelbüchse. Wer spendete, bekam einen Subskriptionsschein, ein Wertpapier, für das, gemäß jenem Zitat, die Zinsen im Himmel bezahlt werden. Noch heute hängen diese Zertifikate in ganz Marokko in den Wohnzimmern, Cafés und Büros. Obwohl 35 000 Arbeiter sieben Jahre lang rund um die Uhr arbeiteten, schaffte man es nicht mehr rechtzeitig bis zum 60. Geburtstag Hassans II. am 9. Juli 1989. Erst mit dem Mittagsgebet am 30.

Gebetssaal der Moschee Hassan II.

August 1993, an dem damals der islamische Festtag Mouled en-Nabi gefeiert wurde, wurde die Moschee eingeweiht.

Moschee Hassan II. Eine Besichtigung ist nur im Rahmen von Führungen möglich. Sa–Do jeweils um 9 Uhr, 10 und 11 Uhr, Fr nur um 9 Uhr und jeden Nachmittag um 14 Uhr, in der Hochsaison auch um 15 und 16 Uhr, 120 DH, Kinder 30 DH.

Esplanade

Auf 90 000 Quadratmeter erstreckt sich das Moschee-Areal, an drei Seiten von Wasser umgeben. Zieht man die Erosion der Küste durch das Atlantikwasser noch in Betracht, ist die Moschee auch von unten von Wasser umgeben. Und das gewollt, denn in einem Hadith heißt es: ›Allahs Thron war auf dem Wasser‹. Der große Platz vor der Moschee ist eingerahmt von zwei langgestreckten Gebäuden, rechts eine Medersa, links die Mediathek. Bei Bedarf dient diese Esplanade auch als Gebetsplatz. 80 000 Gläubige können hier auf Gebetsteppichen ihr Gebet verrichten. Im Inneren können weitere 25 000 Menschen beten, wodurch die Moschee Hassan II. zur insgesamt viertgrößten Moschee der Welt wurde, nach Mekka, Medina und Jakarta.

▲ Karte S. 123

Minarett

Das Minarett überragt mit seinen 215,50 Metern die ganze Stadt und kann von seinem höchsten Punkt einen Laserstrahl Richtung Mekka aussenden, der bis zu 30 Kilometer weit sichtbar ist. Die Wände des Minaretts haben eine Seitenlänge von je 25 Metern und sind mit Zellij-Mosaiken und Marmor verkleidet. Der Jamour (Spitze) besteht aus drei Messingkugeln von 3,80 Metern, 2,50 Metern und 1,60 Metern im Durchmesser und einem Gesamtgewicht von 3,7 Tonnen.

Gebetssaal

Im Rahmen einer kostenpflichtigen, etwa einstündigen Führung kann man das Gotteshaus – als einziges im ganzen Land – auch von innen besichtigen. Nach Betreten der Moschee durch eines der 18 Titan-Tore müssen die Schuhe ausgezogen werden, Plastiktaschen zum Mitnehmen der Schuhe liegen an der Kasse aus.

Feinstes marokkanisches Kunsthandwerk macht den Gebetssaal zu einem architektonischen Meisterwerk. Auf einer Grundfläche von 20 000 Quadratmetern wurden die Wände mit 67 000 Quadratmeter Gipsstuckaturen, 10 000 Quadratmeter Zellij und 53 000 Quadratmetern Holzschnitzereien dekoriert. Bis zu 10 000 Kunsthandwerker schufen diese Dekorationen. Ein Kanal verläuft längs des Saals, als Symbol des Paradieses wie auch zur Raumerfrischung und Kühlung. Noch mehr Kühlung bringt die Öffnung des Daches: die 60 mal 40 Meter große und 1100 Kilogramm schwere Fläche kann geteilt werden und lässt sich automatisch innerhalb von fünf Minuten auseinanderfahren.

Auf **Mezzaninen** beiderseits des Kanals können hinter hölzernen Maschrabiyyas bis zu 5000 Frauen ihr Gebet vollziehen. An der östlichen Wand befindet sich der **Mihrab**, flankiert von roten Granitplatten mit kalligraphischen Koranversen. Rechts von der Gebetsnische steht der **Minbar**, von dem beim Freitagsgebet der Khatib die Predigt hält. Der Gebetssaal lässt sich von 50 Muranoglas-Lüstern erhellen, von denen die größten einen Durchmesser von sechs Metern haben und jeder 1200 Kilogramm wiegt.

Bäder

Unter dem Gebetsraum befinden sich zwei Waschräume, einer für Männer, einer für Frauen. Im Rahmen der Besichtigung besucht man ersteren. 45 Marmorbrunnen mit insgesamt 600 Wasserhähnen stehen den Gläubigen pro Saal für die rituelle Waschung vor dem Gebet zur Verfügung. Zudem gibt es zwei – bislang nie benutzte – Hammams im Untergeschoss. In dem traditionellen marokkanischen Hammam mit drei Räumen sowie einem Dampfbad mit einem großen Schwimmbecken im Zentrum endet die Führung.

Corniche

Westlich der Moschee Hassan II. beginnt der Boulevard de la Corniche, die etwa sechs Kilometer lange Küstenpromenade. Im ersten Teil trifft man auf viele Marokkaner, die ihre Angel oder zumindest eine Angelschnur in den Atlantik halten. Auf einer kleinen Halbinsel sieht man rechts den weißen, 51 Meter hohen Leuchtturm **El Hank**, der 1920 nach sechsjähriger Bauzeit in Betrieb genommen wurde.

Dahinter beginnen die Strände der Stadt. In den letzten Jahren entstand hier die hochmoderne Shopping Mall **Anfa Place** mit internationalen Marken. Links oberhalb liegt das Viertel Anfa, in dem sich – meist hinter hohen Mauern verborgen – die luxuriösesten Villen der Stadt befinden. Am größten Strand **Miami Plage** gibt es unzählige Cafés und Restaurants. Für die jungen, hippen Marokkaner ist dies ›the place to be‹. Angesagte Bars und Nachtclubs sind trotz der hohen Preise gut frequentiert.

Nahtlos geht Anfa über in Ain Diab. Café und Strandbars machen den Stadtteil, der übersetzt ›Quelle des Wolfs‹ heißt, zu einem der beliebtesten Viertel der Casablanquiers. Vor allem an einem sonnigen Wochenende quellen die Strände und Boulevards hier fast über. Auf einem Teil der Corniche um Ain Diab wurde im Jahr 1958 das Formel 1-Rennen ›Großer Preis von Marokko‹ ausgetragen, das Stirling Moss gewann.

Blick auf die Corniche mit Leuchtturm und der Moschee Hassan II.

EXTRA

As time goes by ...

Am 26. November 1942 hatte der Film ›Casablanca‹ seine Uraufführung in New York, und niemand hätte gedacht, dass dieser Anti-Nazi-Propagandafilm zum Film der Filme werden würde. Doch es gibt keinen anderen Film, aus dem so oft zitiert wird wie aus diesem Melodram mit Humphrey Bogart und Ingrid Bergman. »Ich schau dir in die Augen, Kleines ...«. Geschichte und Atmosphäre des Filmes geben eher die Situation in Tanger wieder, aber das anrüchige Image der Stadt gefiel den Studiobossen nicht, und so wurde kurzerhand Casablanca zum Schauplatz erklärt. Als Vorlage zu Rick's Café diente die Bar des Hotels ›El Minzah‹ in Tanger. Der gesamte Film musste in Hollywood-Studios gedreht werden. Auch die berühmte Abschiedsszene: Wegen der strikten Verdunkelungsmaßnahmen waren Außenaufnahmen auf einem richtigen Flugfeld unmöglich. Also musste getrickst werden. Sperrholzaufsteller sollten das Flugzeug darstellen. Weil dies so unecht aussah, tauchte man die ganze Szene in Nebel, und Kleinwüchsige mussten die Mechaniker spielen, damit die Proportionen stimmten.

Der Regisseur Michael Curtiz, selbst ein jüdischer Emigrant, engagierte viele europäische Schauspieler, die die Schicksale des Filmes aus eigener Erfahrung kannten. Viele Tränen, die im Film flossen, waren echt. Innerhalb von nur einer Woche wurde der Film abgedreht.

Eine, die dem Film verfallen ist, ist Kathy Kriger. Sie kam 1988 als Botschaftsmitarbeiterin nach Marokko und konnte kaum glauben, dass es in ganz Casablanca kein ›Rick's Café‹ gab. Also beschloss sie, dies zu ändern. Sie kaufte eine Kolonialvilla an der Stadtmauer und richtete ein Restaurant mit Pianobar als Reminiszenz an den Film ein. Jeden Abend spielt Issam statt Sam ›As time goes by‹, und der Film läuft in Endlosschleife in der Kaminbar. »Von allen Spelunken dieser Welt muss sie ausgerechnet in meine kommen« – in Kathys ›Spelunke‹ in Casablanca zu gehen, lohnt sich auf jeden Fall, für Filmfans ist es ein Muss. Vielleicht sogar ›der Beginn einer wunderbaren Freundschaft ...‹.

Filmplakat von 1942

Casablanca-Informationen

Allgemeine Informationen

Vorwahl: +212/522.

■ Tourismusamt

Syndicat d'Initiative et du Tourisme, 98, Boulevard Mohammed V, Tel. +212/522/221524.

■ Kulturzentren

Goethe-Institut, 11, Place du 16 novembre, Tel. +212/522/200445.

Institut Français, 121, Boulevard Zerktouni, Tel. +212/522/252121.

Instituto Cervantes, 31, Rue d'Alger, Gauthier, Tel. +212/522/267337.

■ Geldwechsel und Banken

Am Flughafen Casablanca kann man an diversen Wechselstuben Euro oder Schweizer Franken in marokkanische Dirhams wechseln. Die Schalter innen im Bereich der Gepäckbänder haben deutlich schlechtere Kurse. Hat man den Sicherheitsbereich verlassen, gibt es rechter Hand hinter den kleinen Läden Wechselstuben, die zum regulären Bankkurs tauschen. Außerdem gibt es hier einen Bankomaten, an dem man mit Kredit- und Maestro-Karte Geld ziehen kann. Auch in allen größeren Hotels lässt sich zum Tageskurs der Banken Geld tauschen. Banken gibt es in besonders dichter Konzentration um die Place des Nations Unies, aber auch sonst überall in der Stadt, die meisten davon mit Automaten.

■ Postämter

Die **Hauptpost** befindet sich an der Place Mohammed V. Ebenfalls sehr zentral liegt das Postamt am Boulevard Mohammed V. Beide liegen auf dem Stadtrundgang zu den Art-Déco-Sehenswürdigkeiten der Stadt.

An- und Abreise

■ Mit dem Flugzeug

Aéroport Mohammed V-Nouaceur (CMN), rund 35 Kilometer südlich der Stadt, Tel. +212/522/435858 oder +212/801/000224, www.onda.ma. Flüge von Frankfurt, München, Berlin, Genf und Zürich mit Royal Air Maroc oder über Paris mit Air France und mit Iberia über Madrid. Inlandsflüge kommen aus Agadir, Marrakesch, Fès, Tanger, Ouarzazate, Fès, Errachidia, Zagora, Dakhla, Laayoune, Oujda und Rabat.

Vom Flughafen kann man stündlich in die Stadt zum Bahnhof Casablanca Voyageur fahren (40 DH) oder mit einem Grand Taxi zum Fixpreis von 250 DH.

■ Mit dem Bus

Von allen größeren Städten des Landes fahren Busse der Gesellschaften CTM und Supratours sowie diverser Privatgesellschaften nach Casa.

Innerstädtischer Busbahnhof, Rue Léon l'Africain, in der Nähe vom Bahnhof Casablanca Port. Hier starten die Überlandbusse der CTM-Gesellschaft. Es gibt u.a. Verbindungen nach Agadir (120 DH), Errachidia (185 DH), Ouarzazate (170 DH), Marrakesch (70 DH), Fès (100 DH), Meknès (90 DH), Essaouira (145 DH), Rabat (30 DH), Tanger (125 DH) und Taroudannt (170 DH). Alle anderen Busgesellschaften fahren ab **Gare Routière Ouled Ziane**, 4 km südöstlich des Zentrums.

CTM (Compagnie de Transport au Maroc), 23, Rue Léon l'Africain, Tel. +212/522/541010. Auskünfte zu Abfahrtszeiten und weiteren Destinationen.

Die zentralste **Sammeltaxi-Station** befindet sich hinter dem Hotel Hyatt Regency in der Rue du Maréchal Fayolle. Außerdem findet man **Grands Taxis Richtung Rabat** und andere nah gelegene Ziele beim CTM-Busbahnhof an der Avenue Moulay Seghir. **Sammeltaxen für längere Distanzen** wie Fès, Marrakesch oder Essaouira stehen vor dem Busbahnhof Ouled Ziane.

■ Mit der Bahn

Es gibt zwei Bahnhöfe in Casablanca, von denen **Casablanca Voyageur** der frequentiertere ist. Der zweite Bahnhof, **Gare**

Der neue Bahnhof Casablanca Port

Casablanca Port, hat erst 2014 eröffnet, liegt direkt am Hafen und wird von Kénitra (48 DH) über Rabat Ville (35 DH) aus halbstündlich angefahren. Casablanca Voyageur ist der Hauptbahnhof, den man z.B. auch vom Flughafen (40 DH) aus stündlich erreicht.

ONCF (Office National des Chemins de Fer), Route de l'Oasis, Tel. +212/890/203040, www.oncf.ma.

Unterwegs in Casablanca

Casablanca hat seit 2012 eine **Straßenbahn** mit bisher einer Linie. Sie fährt zwischen 5.30 Uhr und 22.30 Uhr etwa alle 6 Minuten, abends alle 15 Minuten. Das aufladbare Ticket kostet 1 DH zuzüglich der gewünschten Anzahl der maximal 10 Fahrten, pro Einzelfahrt 6 DH. Weitere Informationen unter **Casa Tramway**, Tel. +212/522/998383, www.casatramway.ma.

Darüber hinaus gibt es mehrere **Stadtbuslinien**, die aber alle hoffnungslos überfüllt sind. Die Einzelfahrt kostet 4 DH. Auskünfte über die Linien gibt es im Internet auf http://mdinabus.ma.

Unterkunft

Hotels in der Neustadt

Es gibt eine Vielzahl an modernen neuen Hotels in Casablanca, die den Bedürfnissen eines anspruchsvollen Businessreisenden entsprechen. Dafür ist aber das Angebot an charmanten, kleinen Hotels oder Pensionen sehr klein.

Sofitel Tour Blanche (€€€€), Rue Sidi Belyout, Tel. +212/522/456200, www.sofitel.com. Fünf-Sterne-Hotel in eine ausgezeichneter Lage zwischen Hafen, Medina und Place des Nations Unies. Große Zimmer, modern-elegante Ausstattung. Sehr schönes Design im ganzen Haus. Fitnesscenter und Spa-Bereich mit Hammam. Karte S. 120.

Le Doge Relais & Chateaux (€€€€), Rue Docteur Veyre/Boulevard Rachidi, Tel. +212/522/467800, www.hotelledoge.com. Hinter der Fassade eines Art-Déco-Juwels verbirgt sich dieses absolute Luxushotel. Auch die Zimmer des Fünf-Sterne-Hotels sind vom Art Déco inspiriert. Garten und Spa. Karte S. 120.

Hyatt Regency (€€€€), Place des Nations Unies, Tel. +212/522/431234, http://

casablanca.regency.hyatt.com. Elegant-luxuriöses Fünf-Sterne-Hotel mit gediegener Atmosphäre. Optimale Lage im Herzen der Stadt. Mit Pool, Fitnesscenter und Wellness-Bereich. Karte S. 120.

Gray Boutique-Hotel (€€€–€€€€), Rue Ain el-Aouda/Rue Abou el-Kacem el-Kotbari, Tel. +212/522/427800, http://grayhoteland spa.com. Das Fünf-Sterne-Hotel ist luxuriös-elegant von der Lobby bis zu den Zimmern durchgestylt und liegt in Casas ›goldenem Dreieck‹ mit vielen Boutiquen um die Ecke. Ausschließlich Suiten mit allem Komfort; Spa und Fitnessbereich. Karte S. 117.

Art Palace Suites & Spa (€€€), 4, Rue du Soldat Benhamou, Tel. +212/522/422800, www.artpalacehotel.com. Fünf-Sterne-Hotel mit schicker, origineller Einrichtung, die Zimmer sehr individuell in einem tollen Mix aus modernem Style und Opulenz eingerichtet. Spa-Bereich in asiatisch-marokkanischem Stil. Kostenfreie Parkplätze. Karte S. 117.

Park Suites & Spa (€€€), Rue de Terves, Tel. +212/522/423360, www.parksuiteshotel.com. Das Vier-Sterne-Hotel hat sehr geräumige Zimmer in guter Lage. Modern und stylish eingerichtet. Privatparkplatz. Karte S. 120.

Kenzi Tower (€€€), Boulevard Mohammed Zerktouni, Tel. +212/522/978000, www.kenzi-hotels.com. Das Fünf-Sterne-Hotel befindet sich in einem der Twin Towers. Große, moderne Zimmer, schöner Blick über die Stadt, Fitnesscenter. Karte S.120.

Novotel City Center (€€€), Rue Sidi Belyout, Tel. +212/520/480001, www.novotel.com. Vier-Sterne-Hotel in sehr guter Lage direkt am Hafen, beim Bahnhof Casablanca Port und nur einen Katzensprung vom Place des Nations Unies entfernt. Moderne und ansprechende Einrichtung im Lounge-Style. Karte S. 120.

Ibis City Center (€€), Rue Zaid ou HDH/Rue Sidi Belyout, Tel. +212/520/484970, www.ibis.com. Drei-Sterne-Hotel ist direkt neben dem Novotel. Die Zimmer sind modern-funktional eingerichtet, etwas klein, aber zweckmäßig. Im Low-Budget-Bereich die beste Wahl. Karte S. 120.

Al Walid (€€), Place Prince Sidi Mohammed, Tel. +212/522/418600, http://hotel alwalid.ma. Das Drei-Sterne-Haus liegt in der Nähe des Bahnhofs Casablanca Voyageur und ist dadurch gut an öffentliche Verkehrsmittel angebunden. Recht komfortable und ansprechende Zimmer. Gutes Preis-Leistungsverhältnis. Karte S. 117.

Manzil (€), 38, Rue des Français, Tel. +212/522/242020, www.manzilhotels.com. Das Zwei-Sterne-Hotel liegt im Stadtteil Roches Noires im Nordosten der Stadt. Kleine, aber funktional eingerichtete, saubere Zimmer. Gutes Preis-Leistungs-Verhältnis. Karte S. 117.

■ Hotels am Strand

Pestana Suites & Spa (€€€), Anfa Place Living Resort, Boulevard de la Corniche, Tel. +212/522/795700, www.pestana.com. Vier-Sterne-Strandhotel mit gestylten Zimmern, elegant-zeitgenössisch mit marokkanischen Akzenten eingerichtet. Direkter Zugang zum Strand, kostenloser Parkplatz. Karte S. 123.

Club Val d'Anfa (€€€), Boulevard de la Corniche, Tel. +212/522/797070, www.valdanfahotel.com. Vier-Sterne-Hotel an der Corniche, nur 50 m vom Strand entfernt. Die Einrichtung ist gediegen-elegant. Garten und Pool. Karte S. 123.

■ Riads

Dar Diafa (€€), 45, Lot Lina, Sidi Maarouf, Tel. +212/522/584658, dar-diafa.casablanca hotel24.com. Etwas außerhalb gelegenes Gästehaus in einer modernen Villa mit sehr schöner orientalischer Atmosphäre. Liebevoll eingerichtete Zimmer im marokkanischen Stil. Gartenpool. Karte S. 117.

Dar Tahra (€€), Boulevard Panoramique/Route Ouled Said, Tel. +212/522/871009. Das charmante Gästehaus liegt zwar etwas außerhalb, hat aber durch die Straßenbahn-Anbindung eine gute Lage. Schöner Garten und Pool; die Zimmer sind traditionell mit viel Liebe eingerichtet. Karte S. 117.

Gîte Nadia (€€), Km 13,5 Route Nationale, bei Lissasfa, Tel. +212/695/170937, http://gitenadia.co. Nettes Gästehaus auf einem renovierten Bauernhof, etwa 15 km westlich vor den Toren der Stadt. Einfache, aber charmante Zimmer in marokkanischem Design. Mit schönem Garten und Pool.

Hostels, Jugendherbergen

Auberge de Jeunesse, 6, Place Ahmed El Bidaoui-ex Philibert, Tel. +212/522/ 220551, www.aubergesdejeunesse.com. Karte S. 117.

Hotel Astrid, 12, Rue 6 novembre, Tel. +212/ 522/277803, www.hotelastridcasablanca.com. Karte S. 120.

Camping

In Casablanca selbst gibt es keinen Campingplatz mehr. Die beste Alternative in der Umgebung ist der Platz 40 Kilometer entfernt vom Zentrum, am Strand in Mohammedia: **Océan Bleu**, El-Mansouria, Tel. +212/523/311639, http://aliplage.canalblog.com. Auch Bungalows.

Gastronomie

Marokkanische Küche

Die Auswahl guter Restaurants ist dank der hohen Kaufkraft der Casablanquiers sehr groß. Man muss sich nur entscheiden, ob man lieber marokkanisch, französisch, asiatisch, spanisch oder doch lieber Fischspezialitäten essen möchte.

Basmane (€€€), Boulevard de l'Océan Atlantique, Tel. +212/522/797532, www.basmane-restaurant.com. Leckere marokkanische Küche auf gehobenem Niveau in traditionellem Ambiente, nicht nur die üblichen Gerichte. Das Essen wird untermalt von Berbermusik. Karte S. 123.

L'Atelier Orientale (€€€), im Hotel Sofitel Tour Blanche, Tel. +212/522/456200. Eine kulinarische Reise durch den Orient mit einem Hauch Marokko. Modern und subtil abgeschmeckt. Nur abends geöffnet. Karte S. 120.

La Fibule (€€–€€€), Boulevard de la Corniche/Rue El Hank, Tel. +212/522/360641, restaurantlafibule@gmail.com. Köstliche marokkanische Küche mit Blick auf den Atlantik. Bester Couscous der Stadt. Karte S. 123.

Fischrestaurants

La Mer (€€€–€€€€), Boulevard de la Corniche, Phare El Hank, Tel. +212/522/363315, lamer@menara.ma. Frischer Fisch mit Blick aufs Meer, frisch und köstlich. Karte S. 123.

Ostréa (€€), Port de pêche, Tel. +212/522/441390. Fisch, Meeresfrüchte, Austern in sehr schönem Interieur. Eine Institution für Fischliebhaber zu unschlagbarem Preis. Karte S. 120.

La Taverne du Dauphin (€), 115, Boulevard Houphouët Boigny, Tel. +212/522/221200; Mo–Sa. Hier überzeugt das Essen, nicht das Dekor. Einfach, frisch und lecker. Karte S. 120.

Französische Küche

Café M (€€€€), Tel. +212/522/431278; Sonntagabend geschlossen. Raffinierte und leichte französische Küche in elegantem Rahmen im Hotel Hyatt Regency. Karte S. 120.

Sens (€€€€), im Hotel Kenzi Tower, Tel. +212/ 522/978000; Mo–Sa. Gastronomisches Gaumenerlebnis mit atemberaubendem Blick aus der 27. Etage. Karte S. 120.

Chapeau (€€€), 25, Rue Ahmed el-Mokri, Tel. +212/522/949853, resto.chapeau@gmail.com; So abends geschlossen. Klassische Gerichte wie Rindertartar, Choucroute und Seezunge Müllerinnen-Art in einem typischen Brasserie-Ambiente.

La Cantine de Charlotte (€€–€€€), 3 Rue Abou Adil el-Allaf, Gauthier, Tel. +212/ 522/272300; Sa nur abends geöffnet. Kreative, moderne französische Küche. Das Ambiente schnörkellos, die Küche ein Feuerwerk der Aromen. Ein absolutes Muss! Karte S. 120.

Le Relais de Paris (€€–€€€), im Hotel Villa Blanca, Boulevard de la Corniche, Tel. +212/522/392510, www.villablanca.ma. Ein kleines Stück Paris in Casablanca. Karte S. 123.

Le 25 Casablanca (€€), Rue Mohammed Abdou, Tel. +212/522/276476, www.le25casablanca.com; Sa nur am Abend, So Ruhetag. Edler Luxus in Weiß, Restaurant und Cocktailbar. Die Gerichte sind der Pariser Bistrot-Küche entlehnt. Karte S. 120.

Internationale Küche

Asia Garden (€–€€), 26, Rue Ahmed el-Mokri, Tel. +212/522/365544, restaurantasiagarden@hotmail.fr. Asiatische Fusion-Küche in reduziertem Ambiente und mit schöner Terrasse. Ausgezeichnetes Preis-Leistungsverhältnis.

Japanium (€€), 3, Rue Jbal Bouiblane, Tel. +212/522/480333, www.japanium.ma. Sehr gute japanische und Thai-Gerichte in stylischem Ambiente.

Lizarran (€€), 92, Boulevard d'Anfa, Tel. +212/522/202050, www.lizarran-maroc.com. Der beste Spanier der Stadt. Paëlla, Tapas und am Wochenende Fiesta España.

Rick's Café (€€), 248, Rue Sour Jdid, Tel. +212/522/274207, www.rickscafe.ma. In einer Kolonialvilla an einer Ecke der Stadtmauer gegenüber dem Hafen entstand dieses Restaurant, Café, Bar, Jazz-Club als Hommage an den Film. Französische und spanische Gerichte, aber auch amerikanische Klassiker wie Cesar's Salad und Cheesecake. Karte S. 120.

Fast Food

Neben den üblichen Verdächtigen wie MacDonalds, Pizza Hut und KFC gibt es auch marokkanisches Fast Food. Chawarma

Rick's Café in Casablanca

– in Deutschland kennt man es unter seiner türkischen Bezeichnung als Döner – gibt in der Innenstadt an fast jeder Ecke.

Grün (€–€€), 43, Rue Sebou. Salatbar, Bio-Fast Food.

Wok to Walk (€), 3, Rue Ahmed el-Mokri. Super Asia-Snacks.

Pomme de Pain (€), 32, Rue Ibn Yaala el-Ifrani. Sandwiches und kleine Törtchen.

So'Kebab (€), 348, Boulevard Zerktouni. Wie der Name schon verspricht: Fleischspieße, gut gegrillt.

Monsieur Brochette (€), 9, Rue Théophile Gauthier. Leckere Fleischspieße.

P'tite Faim (€), in der Morocco Mall. Gute Pizza, gute Crêpes.

Le Bon Régal (€), 184, Boulevard Gandhi, und 32, Rue Charam Achaykh. Gute Nudelgerichte und Säfte.

Americana Café & Grill (€), 7, Boulevard Moulay Youssef. Sehr gute Burger.

O'Chicanos 6, Rue Théphile Gauthier. Sehr gute Sandwiches.

Cafés

Kaffeespezialitäten wie Café Express (Espresso), Café nuss-nuss (Milchkaffee halbhalb) oder Capucin (Cappuccino) bekommt man in vielen Cafés nach französischem Vorbild. Um auch Süßes dazu zu bekommen, muss man nach einem ›Salon de thé‹ Ausschau halten.

Pivano, 26, Rue Michel-Ange. Café und kleine Gerichte zum Mittagessen.

Coffeeshop Company, 194, Boulevard Zerktouni. Kaffee-Variationen und Smoothies.

Ô Gourmet, 10 bis, Rue Ibn Yaala el-Ifrani. Bäckerei und Patisserie. So 10–16 Uhr Brunch, sehr lohnend.

Glacier Est-Ouest, 32, Rue de Madrid, Mers Sultan, Tel. +212/522/470252. Sehr guter Kaffee, Eisspezialitäten.

Chez Baraka, 25, Rue Lahcen el-Basri. Wunderbare Patisserie.

Bars und Clubs

Sky 28, im Twin Center in der 28. Etage. Angesagte Bar. Von den Clubsesseln aus das Panorama genießen und dabei einen der kreativen Cocktails schlürfen. Lounge-Musik oder Live-Bands.

Le 4 Bar, im Art Palace Hotel. Lounge-Bar, sehr gute Cocktails. Jeden Abend 19.30–21 Uhr Karaoke.

La Java, Avenue Ben Kaddour. Do, Fr, Sa ab 21 Uhr Live-Musik, ansonsten Karaoke-Abende, Fußball-Übertragungen auf sieben Bildschirmen, dazu Tapas.

Brooklyn Bar, 56, Boulevard de la Corniche. New York-Style in Casa.

Studio 53, beim Phare el Hank. Lounge-Bar mit DJ.

Armstrong, Rue Quibéron, Medina. Bar, viele englische und kanadische Gruppen treten hier auf.

B Rock, 55 Boulevard de la Corniche. *Die* Rockkneipe der Stadt, an 6 Abenden Live-Musik.

La Calèche, 25, Rue de la Mer Rouge. 2005 vom Sänger Albert Cohen gegründet. Bar mit sehr schöner Atmosphäre ohne viel Chichi. Mäßiges Essen im Restaurant-Bereich.

Einkaufen

Bücher und Karten

Es gibt nur wenig gutes Kartenmaterial im Land und ebenso wenig Auswahl an Büchern. Nur in folgenden Buchläden findet man überhaupt eine kleine Auswahl.

Librairie Palico, 68, Boulevard Zerktouni/Rue Anoussour, Tel. +212/522/272366.

Gauthier Livres, 12, Rue Moussa Ibn Noussair, Gauthier, Tel. +212/522/264426.

Librairie des Beaux-Arts, 33, Rue Allal Fassi, Liberté, Tel. +212/522/224602.

Interieur

Für marokkanisches Kunsthandwerk gibt es sicher bessere Orte als Casablanca. Aber was Mode oder Inneneinrichtung anbelangt, findet man hier die stylischen Boutiquen. Die Haupteinkaufsstraße mit vielen, auch internationalen Boutiquen ist die **Avenue Prince Moulay Abdallah**.

Dar Artisanat & Déco, 112, Rue Abou Ishak el-Marouni. Modernes marokkanisches Kunsthandwerk. Lampen, Möbel aus Holz und Schmiedeeisen, Accessoires für die Wohnung aus Silber und Metall.

Fenyadi, 8, Rue Ali Abderrazak. Stylische marokkanische Tischwäsche und Deco.

Coin de Brocante, 80, Boulevard de la Grande Ceinture, Complexe Commercial Aziza. Antiquitäten, alte Musikinstrumente, Kunstobjekte.

Mode

Chic und angesagt sind die Boutiquen im Maarif-Viertel und Quartier Racine, das sogenannte ›Goldene Dreieck‹, Triangle d'Or.

Caftan Lalla Laaroussa, 35, Boulevard Ahmed Ben Bassou, Tel. +212/628/469619. Traditionelle marokkanische Kleidung mo-

Tajine-Töpfchen in vielen Farben

dern interpretiert und auf Haute-Couture-Niveau verarbeitet, nur nach Vereinbarung.

ZS Couture by Zineb Souissi, Boulevard Bordeaux, Centre Commercial Bordeaux N° 47. Eine marokkanische Stylistin, die junge, freche Mode kreiert.

■ Süßes

Patisserie Bennis Habous, 2, Rue Fkih el-Gabbas. Schon in den 30er Jahren öffnete diese Konditorei ihre Pforten. Seither eine Institution für marokkanisches Gebäck!

Sport und Hammams

■ Golf

Royal Golf, Anfa, Boulevard Lice Anfa, Ain Diab, auf dem Gelände des Hippodroms, Tel. +212/522/365355, royalgolfanfa@menara.ma. 9-Loch-Kurs; Fr geschlossen, Green Fee 400 DH. Angeschlossen sind der Reitclub von Anfa, ein Restaurant, Pool, Sauna und Bridge-Saal. Keine Reservierungen für Nicht-Mitglieder.

■ Hammams

Hammam Ziani, 59, Rue Abou Rakrak, Alsace, Tel. +212/522/306373. Modernes Bad mit Saftbar.

Hammam Topkapi, 23, Rue Ahmed Amine/Ahmed Kaissi, Racine, Tel. +212/522/946703. Schickes Bad mit Massage und Schönheitssalon.

Gauthier Bain Turc, 25 bis, Rue Jean Jaurès, Gauthier, Tel. +212/522/279383. Traditionelles Hammam mit Massage.

■ Sportzentrum

Sport Plazza Californie, Route de Mekka/Boulevard Panoramique, Tel. +212/522/523903, www.sportplazza.com; Mo–Fr 6.30–22, Sa 8–21 Uhr, So 8–19 Uhr. Sportzentrum auf 22000 m² mit Hammam, Schönheitsinstitut, 2 Fitnessstudios, Tennis- und Squash-Plätzen.

■ Reiten

Ferme Equestre, Route d'Azemmour, Dar Bouazza, Tel. +212/661/410798, www.lafermequestre.com. Reiterhof 35 km vor den Toren von Casablanca. Auf drei Hektar werden für jedes Niveau Reitausflüge organisiert.

Club Le Barry, Km 6, Route Moulay Thami, Dar Bouazza, Tel. +212/661/449290, http://clublebarry.e-monsite.com. Auch Quad und Paintball.

■ Strände

Die folgenden Strände befinden sich im direkten Einzugsbereich von Casablanca entlang der Corniche. Alle öffentlichen Strände am Plage Ain Diab und Plage Sidi Abd er-Rahman, zwischen dem Hotel Club Val d'Anfa und der Morocco Mall sind vor allem allem an den Wochenenden überfüllt und daher auch nur leidlich sauber.

Plage Ain Diab und **Plage Sidi Abd er-Rahman**, zwischen dem Hotel Club Val d'Anfa und der Morocco Mall.

Plage Lalla Meryem mit **Tahiti Plage** und **Miami Plage**, beim Anfa Place Shopping Center.

Plage Madame Choual, im Süden hinter der Morocco Mall.

Jack Beach, beim Weiler Tamarist, 17 km hinter der Mall.

■ Surfen

Casa Surfhouse, Plage Ain Diab, Porte N° 15, Tel. +212/662/100436, www.casasurfhouse.com. Surfschule, die auch Equipment verleiht; Kinderkurse.

Surf Globe School, Jack Beach, Dar Bouazza, Tel. +212/665/799904, www.surfglobeschool.com. Surfen, Standup-Paddling, Kayak, Kite-Surfen und Yoga. Unterricht und Verleih von Equipment; Kinderkurse.

Blue Surf School, Oued Cherrat, Tel. +212/661/203600, www.blue-morocco.org. Windsurfen, Wellenreiten, Kite-Surfen, Kanu und Kajak. An der Résidence Eden Island.

Ärztliche Versorgung

Universitätskrankenhaus CHU Ibn Rochd, 1, Rue des Hôpitaux, Tel. +212/522/481010.

Deutschsprachiger Arzt: **Dr. Alain Guidon**, 4, Rue Jean Jaurès, Tel. +212/522/476153.

Rabat

Marokkos Hauptstadt liegt an der Mündung des Flusses Bou Regreg in den Atlantik und zeichnet sich durch maritimes Flair, elegante Boulevards, vorbildliche koloniale Stadtplanung und Historischem neben Modernem aus. Rabat ist eine facettenreiche Stadt mit gepflegtem Charme, die schon Antoine de Saint-Exupéry, der lange Zeit als Postflieger in Marokko stationiert war, faszinierte: »Es herrscht eine gleichmäßige Wärme, welche die Seelenruhe fördert. Rabat, diese Stadt, der meine Liebe gehört, ist heute stumm.« Allen Königsstädten im Land ist eine Farbe zugeordnet; Rabat wird auch die ›Weiße Stadt‹ genannt. 1912 bestimmte Frankreich Rabat zum Sitz des Generalresidenten des Protektorats Französisch-Marokko Louis Lyautey und zwang den Sultan ebenfalls zum Umzug. Auch nach Erlangung der Unabhängigkeit blieb Rabat Hauptstadt. 1912 zählte die Stadt gerade einmal 27 000 Menschen. Nach neuestem Zensus hat Rabat 577 000 Einwohner, die gesamte Agglomeration zählt fast eineinhalb Millionen Einwohner.

Stadtgeschichte

Das Mündungsbecken des Bou Regreg ist schon seit der Altsteinzeit besiedelt. 1933 fand man menschliche Schädelreste des ›Menschen von Rabat‹, die etwa 250 000 bis 300 000 Jahre alt sind. Die Phönizier unterhielten hier einen Ankerplatz, die Römer gründeten die Colonia Sala. Wohl Ende des 10. Jahrhunderts errichteten die Zenata-Berber vom Stamm der Bani Targras auf einem Felsen direkt oberhalb der Mündung des Bou Regreg einen Ribat, dem die Stadt ihren Namen verdankt. Von hier aus bekämpften sie die verfeindeten Masmouda-Berber vom Stamm der Barghaouata.

Die eigentliche Stadtgründung erfolgte jedoch erst 1146 durch den Almohaden-Herrscher Abd el-Moumin. Er erkannte die strategisch hervorragende Lage und baute den Zenata-Felsen mit seinem Ribat zu einer starken Festung aus. Diese diente ihm als Stützpunkt für seine Truppen, mit denen er Al-Andalous einnahm. Sein Enkel Youssef Yacoub el-Mansour gründete 1191 die Stadt zu Füßen der Kasbah. Diese sollte die Hauptstadt des Almohaden-

▲ Karte S. 135

Blick auf die Kasbah des Oudaias und den Oued Bou Regreg

Rabat, Übersicht

reiches werden. Doch kaum hatten die Bauarbeiten Fahrt aufgenommen, starb der Kalif 1199, und sein Nachfolger verlegte die Hauptstadt nach Sevilla.

Korsarenrepublik Bou Regreg

Die nachfolgenden Dynastien hatten kein Interesse an der Stadt und ließen sie verfallen. Mitte des 16. Jahrhunderts berichtete Leo Africanus, dass Rabat nur noch etwa 100 bewohnte Häuser habe. Die Stadtmauern der ehedem als Kapitale geplanten Stadt waren aber für mehrere tausend Häuser ausgelegt, und als 1609 Philipp III. von Spanien eine große Gruppe andalusischer Muslime auswies, landeten rund 2000 von ihnen in Rabat. Sie ließen sich innerhalb der noch erhaltenen Stadtmauer nieder und besetzten die Kasbah. Diese ›Moriscos‹ verbündeten sich 1627 mit den Korsaren aus dem benachbarten Salé zur Piratenrepublik Bou Regreg. 1666 gliederte der erste Alaouitensultan Moulay Raschid diese Piratenrepublik seinem Sultanat ein und wandelte sie in eine Korsarenrepublik um. Das hieß, dass ein Gouverneur nun einen Teil der Beute kassierte, abzugeben an den Herrscher, der dafür einen Freibrief ausstellte und so die Piraten zu Freibeutern machte. Das letzte Schiff, das die Bou-Regreg-Korsaren 1829 kaperten, fuhr übrigens unter österreichischer Flagge.

Stadtgliederung

Kern der Stadt ist das durch die 5250 Meter lange Almohadenmauer umfriedete Areal. Da die Stadt von Youssef Yacoub el-Mansour sehr großzügig geplant wurde, war sie nur zu einem Bruchteil gefüllt, als Anfang des 17. Jahrhunderts die Morisken kamen. Das Gebiet innerhalb dieser Mauern, das sie besiedelten, schlossen sie durch den Bau der Andalusiermauer ab. Der südwestliche Teil

▲ Karte S. 135

Der Hassanturm und die restlichen Säulen der nie vollendeten Moschee des Youssef Yacoub el-Mansour

innerhalb der Almohadenmauer wurde ebenfalls durch eine Mauer innerhalb der Mauern abgeschlossen für den **Mechouar**, das Palastviertel.

Die Südhälfte der Stadt war bis ins 20. Jahrhundert noch weitestgehend unbebaut, und so entstand hier die **Ville Nouvelle**, die Neustadt mit den Ministerien, kolonialen Verwaltungsgebäuden und Botschaften. Südlich davon lag die antike Vorgängerstadt **Sala**, aus der im Mittelalter eine Totenstadt für die Meriniden - **Chellah** - wurde. Im Nordosten, an der Mündung des Oued Bou Regreg, liegt, von einer eigenen Mauer umfriedet, die **Kasbah des Oudaias**. Die **postkoloniale Neustadt** entstand in den ehemaligen Obstgärten im Westen außerhalb der Mauern und ist in mehrere Viertel wie Agdal, Les Orangers, Océan, Kebibat und Al-Akkari unterteilt. Als Zwillingsstadt von Rabat liegt **Salé** auf der nördlichen Uferseite des Bou Regreg.

Ville Nouvelle

Das Gebiet im Süden des von der Almohadenmauer umgebenen Areals war bis ins 19. Jahrhundert nicht bewohnt. Erst nachdem der Palast erbaut worden war, begann eine erste zaghafte Besiedlung. Letztendlich kam es erst zu einer fast lückenlosen Bebauung, nachdem Rabat Hauptstadt des französischen Protektorats geworden war, wodurch Medina im Norden und Palast im Süden verbunden wurden. Als Marschall Lyautey seinen Posten als erster Generalresident antrat, hatte er vor allem den Plan im Kopf, ›die indigenen Städte so wenig wie möglich anzutasten‹. Zusammen mit dem Städteplaner Henri Prost, dem Landschaftsgärtner Jean-Claude Forestier und den Architekten Albert Laprade und Adrien Laforgue entwickelte er zunächst für Rabat einen visionären Plan, die neue Kolonialstadt in die bestehende Struktur zu integrieren. Dadurch entstand die Avenue Mohammed V, die damals Cours Lyautey hieß, als Hauptachse mit allen wichtigen Verwaltungsgebäuden, die die Haupteinkaufsstraße der Medina bis zur schon bestehenden As-Sunna-Moschee verlängerte. Auch dank dieser städteplanerischen Meisterleistung steht nicht nur die Medina, sondern auch die Neustadt von Rabat seit 2012 auf der Liste des UNESCO-Weltkulturerbes.

Avenue Mohammed V

Das Herz der Neustadt ist die knapp zwei Kilometer lange, palmengesäumte Avenue Mohammed V, deren schönster und interessantester Bereich zwischen der Medina und der Sunna-Moschee

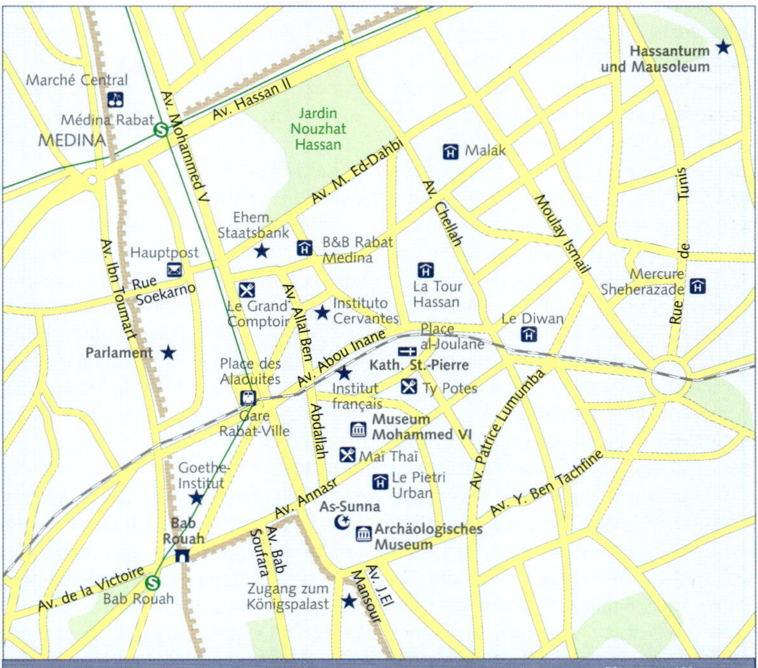

Rabat, Ville Nouvelle

Die Avenue Mohammed V mit der Hauptpost

liegt. Vom Eingang zur Medina bis zum Parlament ist die Avenue Mohammed V vor allem Einkaufsstraße. Lange Arkadengänge laden zum Flanieren ein.

Mittig befindet sich das marokkanische **Parlament**, das im ehemaligen Justizpalast der Franzosen eingerichtet wurde. An diesem höchsten Kolonialamt konzipierten die kolonialen Stadtplaner eine zweite Perspektive hin zum Hassanturm. Der rötliche, monumentale Bau des Parlaments verbindet marokkanische Elemente mit europäischen Art-Déco-Elementen. Die Architekten Laprade und Laforgue nannten dies den französisch-marokkanischen Stil.

In diesem Stil errichteten sie auch das **Hauptpostamt** mit der großen Uhr an der Kreuzung der Avenue Mohammed V mit der Rue Soekarno und der Avenue Mansour Ed-Dahbi. Der Post gegenüber auf der anderen Straßenseite erstreckt sich entlang der Avenue Mansour Ed-Dahbi die **ehemalige Staatsbank**, heute Bank el-Maghrib, ein weiteres schönes Kolonialgebäude, das gegenwärtig restauriert wird.

▲ Karte S. 137

Am Place des Alaouites befindet sich der innerstädtische Bahnhof **Gare Rabat-Ville**, ebenfalls ein Bau aus der Kolonialzeit. Nach Osten steigt die Avenue Abou Inane an und führt zur Place al-Joulane, an der sich die Kathedrale erhebt.

■ Kathedrale Saint-Pierre

Die Kathedrale ist ein weiteres Werk des Architekten Laforgue, dessen Bau 1919 begann. Der auffällige weiße Bau mit seinen zwei quadratischen Glockentürmen, die an marokkanische Minarette erinnern, wurde im November 1921 eingeweiht. Bis heute werden regelmäßig Messen gelesen, werktags außer Montag um 19 Uhr, sonntags um 9 und 11 Uhr.

Museen

Am Ende der schnurgeraden Avenue Mohammed V erhebt sich die Moschee **Jamaa As-Sunna**. Am gleichnamigen Platz links entstand nach zehnjähriger Bauzeit ein neuer Prachtbau, der das kulturelle Leben in der Stadt bereichern soll: das **Museum Mohammed VI für moderne und zeitgenössische Kunst**.

Nur wenige Schritte entfernt liegt das **Musée d'Archéologie**, das bereits in den 1920er Jahren eröffnet wurde, damals als Musée Louis Chatelain. Die wertvollsten Funde aus den archäologischen Stätten Volubilis, Lixus und Sala landeten hier. 2014 wurden sie in Marseille im MuCEM im Rahmen einer Sonderausstellung gezeigt. Die Kisten mit den antiken Objekten sind zwar mittlerweile in Marokko zurück, werden aber nicht ausgepackt, was den Kurator zur Vermutung veranlasst, dass ›seine‹ wertvollsten Stücke demnächst nach Volubilis weiterreisen könnten, wo ein neues, modernes Museum gebaut, aber noch nicht eingerichtet wurde (Stand April 2016).

Das Museum MMVI

Museum MMVI

Geplant wurde der dreigeschossige weiße Bau durch den Architekten Karim Chakor, der dem Gebäude einen zeitgenössisch-neomaurischen Stil verleihen wollte. Die äußere ›Haut‹ besteht aus einer doppelten Kolonnadenreihe mit durchbrochenen Bögen, die Licht- und Schattenspiele auf die innere Haut wirft. Die chromatischen Fassaden sollen durch die riesigen Fensterflächen die großformatigen Bilder unterstützen und werden abends farbig in Szene gesetzt, um dem Museum einen modernen Lounge-Touch zu geben. Am 7. Oktober 2014 wurde das MMVI durch den Schirmherrn Mohammed VI. eingeweiht, und zwei Tage später öffnete es seine Pforten für die Öffentlichkeit, als erstes staatliches Kunstmuseum seit 1958. Schon innerhalb der ersten beiden Monate besuchten 44000 Interessierte das MMVI. Das MMVI soll aber nicht nur ein Ausstellungsort sein, sondern auch ein Ort des künstlerischen Schaffens.

Bronze-Maultierkopf aus dem 1. Jahrhundert im Archäologischen Museum

MMVI, Ecke Avenue Moulay El Hassan/Avenue Allal Ben Abdallah, Tel. +212/537/769047, www.museemohammed6.ma; Mi–Mo 10–18 Uhr, 40 DH.

Archäologisches Museum

Derzeit sind im ersten Raum, den man direkt beim Betreten des Museums erreicht, hauptsächlich **Funde aus prähistorischer Zeit** ausgestellt. Die ältesten Funde datieren aus der sogenannten Pebbles-Kultur und stammen aus Arbaoua in der Nähe von Rabat und aus Casablanca. Bei Steinbrucharbeiten fand man 1933 die Reste des ›ältesten Marokkaners‹. Da der ›Mensch von Rabat‹ durch eine Sprengung zu Tage trat, besteht er aus 23 Schädelteilen, aus denen ein großer Teil des Kiefers rekonstruiert werden konnte. Dieser Homo erectus wird mittlerweile auf 275 000 Jahre geschätzt. Ein weitestgehend erhaltener Schädel eines Homo sapiens wurde 1961 bei Marrakesch gefunden und lange Zeit irrtümlicherweise für einen Neandertaler gehalten. Erst 2007 ergaben neue Untersuchungen, dass es sich beim ›Homme de Jbel Irhoud‹ um ein Kind handelt, das vor etwa 160 000 Jahren starb. Keramiken und polierte Steinwerkzeuge aus der Altsteinzeit bis zum Neolithikum werden ebenso präsentiert wie die Nachbildung eines kompletten neolithischen Grabes mit einem Erwachsenen und einem Kind aus der Zeit um 4000 vor Christus, das 1978 bei El Harhoura entdeckt wurde. In Vitrinen sind Geräte und Instrumente des täglichen Lebens, der Arbeit und des religiösen Lebens ausgestellt wie zum Beispiel ein Chirurgenbesteck, des Weiteren Beschläge einer Kline, einer römischen Ruhebank, und eines Bettes. Links von diesem Saal geht es in einen Patio, wo sich in zwei Räumen normalerweise die **wertvollsten Exponate** befinden und wohin sie nach der Hoffnung des Kurators auch wieder zurückkehren. Diese Stücke stammen aus den archäologischen Stätten von Mogador (Essaouira), Volubilis, Banasa (Sidi Ali Boujenoun), Thamusida (Nähe Kénitra) und Sala. Die wohl schönsten Stücke kamen aus Volubilis, wo sie möglicherweise demnächst wieder zu bewundern sein werden. Dazu gehört ein Ephebe, der in hohem Strahl in ein imaginäres Gefäß einschenkt. Diese Bronzefigur ist eine römische Kopie einer Skulptur des griechischen Bildhauers Praxiteles. Ein zweiter, efeubekränzter Ephebe, eine ehemals vergoldete Büste von Cato dem Jüngeren und der wild kläffende Hund von Volubilis sind ebenfalls beachtenswert. Etwa um 25 vor Christus entstand die Bronzebüste, die Juba II., König von Mauretanien, zeigt. Ein besonderes Exponat ist auch die Figurengruppe Theseus und Minotaurus aus Lixus aus dem 2. Jahrhundert vor Christus, die den griechischen Helden beim Kampf gegen das menschenfressende Ungeheuer zeigt.

In einem zweiten Hof, rechts vom Hauptraum, sind einige **Steingravuren** ausgestellt, darunter eine Grabstele aus N'khila, eine Stele mit Inschrift in punischer Schrift. Aber auch der Grabstein von Sultan Abu Yacoub Youssef von 1286 aus der Chellah wird hier gezeigt. Die obere Etage widmet sich der **islamischen Archäologie**. Objekte, die die Zeit der islamischen Eroberung oder der ersten großen Berberreiche wie das von Sijilmassa im 8. Jahrhundert repräsentieren, sind vor allem Keramiken und Münzen. Ein weiterer Bereich erfasst die kleinteiligen **Funde der Chellah**.

Musée Archéologique, 23, Rue el-Brihi, Tel. +212/537/701919; Mi–So 9–17.30 Uhr, 10 DH.

Hassanturm und Mausoleum

Die geplante Hauptstadt des Almohadenherrschers Youssef Yacoub el-Mansour sollte auch ein religiöses Zentrum bekommen. Ganz in der Tradition der almohadischen Moscheen von Marrakesch und Sevilla sollte hier die größte Moschee der damaligen Welt entstehen. Der siegreiche Almohadenherrscher wollte damit seinen Dank für die göttliche Unterstützung im Kampf gegen Alfons von Kastilien ausdrücken. Der **Hassanturm** ist das unvollendete Minarett der unvollendeten Moschee der unvollendeten Stadt. Der begonnene Moscheebau lag nach dem Tode des Kalifen Youssef Yacoub

▲ Karte S. 137

Der Hassanturm

brach. Bei der Besiedlung der Stadt durch spanische Flüchtlinge wurde er im 17. Jahrhundert zum Steinbruch, und das Erdbeben von Lissabon 1755 tat ein Übriges. Und genau in diese Ruinen wurde das **Mausoleum** für den 1961 verstorbenen **König Mohammed V.** gebaut.

Hassanturm

In der Mitte der Nordwand der almohadischen Moschee begann man mit dem Bau des Minaretts, das ›hassan‹, also schön, werden sollte. Bei einer Seitenlänge von 16,20 Metern erreicht es eine Höhe von 44,22 Metern. Da die beiden stilistischen Vorgänger – das Minarett der Koutoubia in Marrakesch und die Giralda in Sevilla – bei gleichen Proportionen, aber geringerer Seitenlänge 69 beziehungsweise 75 Meter hoch sind, lässt sich errechnen, dass der Hassanturm 87 Meter hoch geworden wäre. Moderne statische Berechnungen bestätigen, dass die 2,50 Meter dicken Mauern auch einen Turm dieser Höhe getragen hätten. Um den Zugang für die Muezzine bequemer zu gestalten, war im Inneren keine Treppe, sondern eine Rampe vorgesehen, um auf einem Maultier hochreiten zu können. Das Äußere des Minaretts ist mit typisch almohadischen Flechtbandornamenten, Vielpassbögen und Blendnischen verziert.

Mausoleum Mohammed V.

Den Plan zum Mausoleum für Mohammed V. entwarf der vietnamesische Architekt Eric Vo Toan, der in Frankreich studiert hatte und den renommierten Prix de Rome gewonnen hatte. Deshalb durfte er 1961 für Frankreich einen Pavillon auf der Messe von Casablanca entwerfen. König Hassan II. war beim Messebesuch so begeistert, dass er den Architekten kennenlernen wollte. Als er Vo Toan nach einer Idee für ein Mausoleum für den erst kurz zuvor verstorbenen Mohammed V. bat, wollte ihm dieser etwas skizzieren, hatte aber kein Papier bei sich. König Hassan II. gab ihm

Ehrenwache vor dem Mausoleum

deshalb einen Geldschein, den ihm ein Leibwächter als Papierersatz gereicht hattse. Darauf zeichnete der Architekt die Skizze, und da auf den damaligen Fünf-Dirham-Scheinen die Esplanade mit dem Hassanturm und der unvollendeten Moschee abgebildet war, war auch gleich die Platzwahl getroffen. Innerhalb einer halben Stunde war der Plan entworfen; ihn zu realisieren, dauerte 14 Jahre.

Das Mausoleum hat die typische Form einer Koubba. Es wurde aus weißem italienischen Marmor gebaut und mit einem Pyramidendach mit grün glasierten Ziegeln bekrönt. Die Reliefs im Marmor greifen die Ornamente des Hassanturms auf. Im Inneren wurden die Wände mit feinen, aufwändigen Dekors im Stil der Meriniden geschmückt: Zellij, Stuck und Holzschnitzereien. 400 Kunsthandwerker arbeiteten allein an der Innenausstattung zehn Jahre lang. Die Mahagoniholzkuppel mit hunderten von Muqarnas wurde mit Blattgold aus der deutschen Goldschlägerstadt Schwabach vergoldet, goldene Intarsien in die Galerien eingelegt. Der Besucher muss sich - wie am Grab Napoleons - mit einer letzten Verbeugung über eine Galerie lehnen, um den **Sarkophag**, unter dem die Gebeine des verstorbenen Königs ruhen,

Das Mausoleum Mohammed V.

▲ Karte S. 137

zu sehen. Der Sarkophag besteht aus pakistanischem Onyx, ruhend auf Platten aus dunklem norwegischen Granit. In den Ecken sind die kleineren Marmorgrabmale von Hassan II. und seinem jüngeren Bruder Moulay Abdallah, der bereits 1983 verstarb.

An allen vier Eingängen des Mausoleums steht eine Ehrengarde. Die gesamte Anlage wird durch je zwei Ehrengardisten hoch zu Pferde bewacht, die alle zwei Stunden abgelöst werden - im Winter zwischen 9 bis 17 Uhr, von April bis September von 8 bis 18 Uhr. Zur Gesamtkonzeption gehört ein zweiter, auf einen Sockel gesetzter **Pavillon**, der als Gedenkstätte die Opfer des marokkanischen Unabhängigkeitskampfes ehren soll. Optisch verbunden sind Gedenkpavillon und Mausoleum durch die Hassan-Moschee. Vor dem Hassanturm bildet eine Marmorplatte mit ewigem Feuer das **Grabmal für den Unbekannten Soldaten**.

Mausoleum Mohammed V., tägl. 8–17 Uhr, im Sommer bis 18 Uhr, Fr während des Mittagsgebets geschlossen, Eintritt frei.

Königspalast

Direkt hinter dem Stadttor **Bab Rouah**, dessen Name übersetzt ›Tor der Winde‹ lautet, befindet sich ein weiteres Tor, das zum Königspalast führt. Allerdings dürfen hier nur Reisebusse einfahren. Individuelle Besucher müssen durch ein Tor, das in der Nähe der As-Sunna-Moschee von der Avenue Bab Soufara ins Palastgelände führt. Dahinter wird von der Polizei eine Personenkontrolle durchgeführt, deshalb muss man unbedingt den Reisepass bei sich führen, um das Palastviertel besuchen zu dürfen. Den Palast selbst darf man unter keinen Umständen betreten. Ist man mit einem PKW unterwegs, darf man bei der Fahs-Moschee auf dem Palastareal parken.

Königspalast

Das monumentale Bab Rouah ist eines von vier Toren in der Almohadenmauer und wurde 1197 gebaut. Es misst 28 Meter in der Länge, 27 Meter in der Breite und 12 Meter in der Höhe. Dahinter öffnen sich vier Räume, die seit den 1960er Jahren als Ausstellungsfläche einer Galerie dienen.

Mechouar

Die Palastmoschee **Al Fahs**, in der der König sein Freitagsgebet verrichtet, wenn er sich in Rabat aufhält, ragt in der Mitte des königlichen Paradeplatzes auf. An einer Art Galgen auf dem Minarett wird freitags eine weiße Fahne aufgezogen, um die Gläubigen auch optisch daran zu erinnern, dass sie an diesem Tag das Mittagsgebet in Gemeinschaft in einer Jamaa machen sollen. Im Westen des Mechouar liegen der Sitz des Premierministers, der Oberste Gerichtshof und das Collège Royal.

Jedes Jahr zum Fest der Thronbesteigung findet auf dem großen Platz die Bay'a (arabisch ›Vertrag‹) statt, eine Zeremonie, bei der alle Stammesfürsten dem König huldigen. Mit ihrer symbolischen Unterwerfung garantiert ihnen im Gegenzug der ›Führer der Gläubigen‹ Schutz und Souveränität. Hoch zu Ross, nie den Boden berührend, in weißer Djellabah und unter einem großen Baldachin, der als Symbol der Monarchie hinter ihm hergetragen wird, nimmt der König den Treueschwur entgegen. Hinter der Moschee und den flammendrot blühenden Korallenbäumen befindet sich das **Verteidigungsministerium** auf dem Gelände des Mechouar, in einem weißen polygonalen Bau.

Dar el-Makzen

Der Königspalast, Dar el-Makhzen, wurde in seiner heutigen Form vorwiegend ab dem Jahr 1894 errichtet, an der Stelle eines älteren Palastes aus dem ausgehenden 18. Jahrhundert. Der Palast wurde unter Mohammed V. und Hassan II. bereits mehrfach umgebaut und erweitert, momentan wird der südliche Teil erneuert. Der Palast dient vor allem als Büro und Regierungssitz des Königs, privat wohnt er etwas gemütlicher im Palast Daressalam im Souissi-Viertel im Süden der Stadt, den sein Großvater hat bauen lassen.

Als sein Vater Hassan II. 1961 das Dar el-Makhzen erbte, ließ er das neue prachtvolle Eingangstor erbauen, doch auch Hassan II. wohnte kaum in diesem Palast. Er unterhielt darin vor allem seinen Harem, in dem seine beiden offiziellen Ehefrauen und 20 Konkubinen, zum Teil noch von Mohammed V. ›ererbt‹, lebten. Den Harem löste Mohammed VI. fast unmittelbar nach dem Tod des Vaters auf. Heute leben rund 2000 Personen, überwiegend Personal, in dem Palast. Zu den Palastwachen, die vor dem Eingang stehen, gehören auch die Nachkommen der ›Schwarzen Garde‹ Moulay Ismails, die immer noch traditionell in eine weißen Djellabah, gelbe Babouchen und einen roten Fez, der eigentlich Tarbusch heißt, gewandet sind. Innenbesichtigungen sind nicht möglich.

M6 und die Königsfamilie

Mohammed kam am 21. August 1963 als zweites Kind von König Hassan II. und seiner zweiten Frau Lalla Latifa zur Welt. Schon in jungen Jahren wurde er vom Vater an seine Aufgaben herangeführt. So musste er schon als Zehnjähriger Marokko bei der Trauerfeier des französischen Präsidenten Georges Pompidou vertreten. Er absolvierte ein Jura-Studium an der Universität Rabat, das er 1988 abschloss. Um seine Ausbildung zu vervollständigen und um praktische Erfahrungen zu sammeln, wurde er von seinem Vater zu einem mehrmonatigen Praktikums zum damaligen Vorsitzenden der Europäischen Gemeinschaft, Jacques Delors, nach Brüssel entsandt. Am 29. Oktober 1993 erhielt er an der Universität von Nizza den Doktortitel mit dem Prädikat ›summa cum laude‹. Nach dem Tod seines Vaters am 23. Juli 1999 wurde aus dem Kronprinzen Sidi Mohammed König Mohammed VI. Eine Woche später bestieg er als 18. Monarch der Alaouiten-Dynastie offiziell den Thron.

Das ererbte Privatvermögen soll er dank geschickter Investitionen zwischenzeitlich verdoppelt haben. Das amerikanische Forbes-Magazin führt ihn mit 2,5 Milliarden US-Dollar als siebtreichsten Monarchen der Welt: 31 Millionen Taschengeld pro Jahr aus der Staatskasse nebst Einkünften als größter Privatunternehmer, Bankier und Agrarproduzent Marokkos. Der König besitzt eine 70-Meter-Yacht, einen Privatjet, mehrere Reitställe, das Château de Betz bei Paris und mehrere ererbte Paläste in Marokko, von denen er aber nur vier wirklich nutzt. Die Kosten für die Hofhaltung belaufen sich auf mehr als eine halbe Million Euro pro Tag.

Sein cooles und hippes Image brachte ihm den Spitznamen M6 ein, nach einem auf jugendliches Publikum abzielenden französischen Fernsehsender. Hobbys wie Skifahren, Jet-Ski und Fußball und seiner Vorliebe für Motorräder und schnelle Auto verdankt er dieses Image. Sein Fuhrpark umfasst mehr als ein Dutzend Autos. Er beherbergt neben einem Mercedes-Cabrio, einem Maybach und zwei Ferraris auch einen Aston Martin, den er schon mal per Militärhubschrauber zur Wartung nach Großbritannien fliegen ließ. Wegen seiner Neigung zum Geschwindigkeitsrausch soll ihm der Vater für längere Zeit den Führerschein entzogen haben, aus Angst, dem Kronprinzen könnte etwas zustoßen. Sein Musikgeschmack ist, wie er selbst in einem seiner seltenen Interviews sagte, eher kommerziell – er liebt Raï und Rock. Darüber hinaus ist er großer Kino-Fan und in den letzten Jahren ist er zum Kunstfreund und -sammler geworden.

Da er als Kronprinz regelmäßig Armenspeisungen organisierte, wurde Mohammed VI. auch als ›König der Armen‹ bezeichnet. Doch spätestens Ende 2014 fiel ein dunkler Schatten auf dieses Renommee, als der marokkanische Journalist und Universitätsdozent Omar Brouksy sein Buch ›Mohammed VI – Derrière ses masques‹ (›Hinter seinen Masken‹, noch nicht auf Deutsch erschienen) vorstellte. Darin legt der renommierte Autor nüchtern und präzise dar, wie der engste Machtzirkel um M6 eine Schattenregierung aufbaute, die aus der Monarchie ›ein Synonym für Geschäftemacherei und Plünderung‹ machte. Der Fakt, dass der König als größter Grundbesitzer und Mehrheitsaktionär der ONA Group, einer Holding, die in unterschiedlichsten Sparten von Bergbau bis Versicherungen tätig ist, steuerbefreit ist, sei die perfekte Basis dafür. Schon 2010 veröffentlichte Wikileaks die Einschätzung der US-Botschaft in Rabat, dass zumindest die Entourage des Königs wie sein

Freund, Berater und ehemaliger Klassenkamerad Fouad Ali Himma in Korruption verstrickt sei. Inwieweit der König selbst involviert sei, lassen beide Quellen offen, doch von den hochgesteckten Erwartungen, dass M6 mit dem Filz der ›dunklen Jahre‹ unter dem Vater brechen würde, ist wenig übrig geblieben.

Dennoch ist Mohammed VI. in weiten Teilen der Bevölkerung nach wie vor sehr beliebt. Dazu mögen auch seine Familienverhältnisse beitgetragen haben. Zwei Jahre nach seiner Thronbesteigung stellte er 2001 seine Verlobte vor: die bürgerliche Salma Bennani aus Fès, damals 23 Jahre alt. Im Zuge der Hochzeit am 22. März 2002 adelte er die ehemalige Informatikerin zur Prinzessin Lalla Salma, ein Novum in der marokkanischen Geschichte. Genauso wie die Tatsache, dass sie dem Volk vorgestellt wurde und öffentliche Auftritte wahrnimmt. Am 8. Mai 2003 kam der erhoffte Stammhalter zur Welt, Moulay Hassan. Am 28. Februar 2007 brachte einer der unzähligen Störche Marokkos ein Schwesterchen, Prinzessin Lalla Khadidja.

König Mohammed VI. hat vier Geschwister. Seine ältere Schwester, die geschiedene Lalla Meryem, Mutter von zwei Kindern, ist Präsidentin von UNICEF Marokko. 1965 kam seine Schwester Lalla Asma zur Welt, die ebenfalls zwei Kinder hat. Seine vier Jahre jüngere Schwester Lalla Hasna (zwei Kinder), ist im Umweltschutz aktiv. Das ›Nesthäkchen‹ der königlichen Geschwister ist Moulay Raschid, dessen Hochzeit mit Lalla Oum Kalthoum, Tochter des ehemaligen Innenministers, im Juni 2014 das vorerst letzte große Familienfest war.

Mohammed VI. mit US-Außenminister John Kerry 2014 in Casablanca

Eingang zur Chellah

Chellah

Außerhalb der Almohadenmauer liegt im Süden des Palastviertels die Gräberstadt der Chellah. Der Name leitet sich vom Namen der römischen Siedlung Sala ab. Der etymologische Ursprung dieses Namens ist unsicher und könnte sowohl vom phönizischen Wort für ›Felsen‹ wie vom berberischen Wort für ›viel‹ abgeleitet sein. Eine Quelle am Fuß der antiken Siedlung galt als heilig, und fromme Muslime ließen sich hier nieder. Mitte des 13. Jahrhunderts wurde neben der Quelle eine Zaouia gegründet. Die Gründer und Mitglieder der Bruderschaft wurden in der Nähe beigesetzt, zum Teil in Koubbas, die heute noch zu sehen sind, inmitten eines wild-romantischen, insgesamt 7000 Quadratmeter großen Gartens, den unzählige Störche und Kuhreiher zu ihrem Wohnzimmer gemacht haben.

Chellah; tägl. 9–18 Uhr, 10 DH.

▲ Karte S. 135

■ Meriniden-Nekropole

Der Meriniden-Sultan Abu Youssef Yacoub bestimmte diesen Ort zu seiner letzten Ruhestätte, und als er 1286 in der Schlacht von Algeciras fiel, kam man seinem letzten Willen nach und bestattete ihn hier. Sultan Abu Said Othman ließ die ganze Nekropole mit einer Mauer umfrieden und das prächtige **Eingangstor** bauen. Die beiden flankierenden Türme des Portals haben oben abgeschrägte Ecken mit Muqarnas und sind wie der Hufeisenbogen so reich geschmückt, dass sie dem monumentalen Tor etwas Leichtes und Filigranes verleihen.

Folgt man dem Weg bergab, landet man bei den Marabouts rechter Hand und betritt links die ebenfalls von Abu Said Othman gestiftete ›**neue Zaouia**‹. Diese umfasste auf 45 mal 65 Meter neben einer kleinen **Moschee** und den Zellen der Brüder des Ordens und für Pilger auch eine **Medersa**. Die Bauarbeiten wurden erst unter dem ›Schwarzen Sultan‹ **Abu el-Hassan** 1339 abgeschlossen. Direkt hinter der Qibla-Wand fügte dieser außerdem sein **Mausoleum** an, das genauso wie der Rest zur malerischen Ruine geworden ist. Reste von Majolika-Arabesken und Stuckaturen an den Mauerresten lassen noch die prunkvolle Ausstattung seines Mausoleums und der

Torbögen in der Chellah

Moschee erahnen. Die weißen Marmorstelen, unter denen der Sultan und seine Gattin, eine konvertierte Christin namens Schams-ad-Doha – ›Morgensonne‹, – begraben wurden, sind heute noch gut erhalten. Später wurde auch sein Sohn und Nachfolger Abu Inan hier beigesetzt.

Das Becken der heiligen Aale

Auch das Wasserbecken neben der Zaouia wurde dank der Meriniden gebaut. Gespeist wird es durch die heilige Quelle, in der der Überlieferung zufolge ein Fisch mit goldenen Schuppen gelebt haben soll. Heute ist das Becken die Heimstatt der ›heiligen‹ Aale, Symbol der Fruchtbarkeit. Frauen mit unerfülltem Kinderwunsch kommen hierher, bekommen von einem Wächter gegen eine kleine Spende ein hartgekochtes Ei, dessen Eiweiß sie in kleinen Stückchen in das Becken werfen. Schnappt sich ein Aal so ein Stück Ei, soll sich in absehbarer Zeit der Storch einstellen.

Römisches Sala

Der französische Archäologe Charles-Joseph Tissot erkannte Anfang des 20. Jahrhunderts, dass die Ruinen der Chellah und nicht die Nachbarstadt Salé das antike Sala sein könnten, und in mehreren Phasen der 30er und 60er Jahre wurde dieses Sala, das der antike Geograph Pomponius Mela erwähnte, ausgegraben. Dabei wurden 360 Gräber aus der Zeit des 1. Jahrhunderts vor Christus bis zum 4. Jahrhundert nach Christus gefunden, Vasen, Schmuck und Amulette sowie Reste eines Tempels aus phönizischer und dreier Tempel aus römischer Zeit.

Unter Kaiser Trajan wurde Sala in den Rang eines Municipiums mit Bürgerrechten erhoben. Aus dieser Zeit stammen das **Forum** mit dem **Kapitol**, die **Kurie** und der **Unterbau eines Triumphbogens** sowie der in Ost-West-Richtung verlaufende **Decumanus maximus**, von dem man etwa zehn Meter Pflasterstraße ausgrub. Auf einer **Stele** wird ein Dekret des Jahres 144 erwähnt, in dem die Dekurionen für die Aufstellung einer Statue zu Ehren eines Präfekten namens M. Sulpicius Felix votierten und das Sala erstmals als Colonia nennt. Bei einem Gang über das Gelände kann man Mauer- und Säulenreste sehen, vor allem aber viele marokkanische Familien, die am Wochenende unter den Olivenbäumen rund um das Forum picknicken, oder Schüler und Studenten, die wochentags in der Ruhe des Gartens zwischen den Ruinen pauken.

Medina

Am besten beginnt man einen Besuch der Medina an der Straßenbahnstation ›Medina‹ beim **Saada-Gebäude**, das mit 18 Etagen bis zur Einweihung des 91 Meter hohen, 21 Etagen zählenden Maroc-Télécom-Turms 2013 das höchste Bauwerk der Stadt war. Es ist leicht, sich in der nur 50 Hektar großen Medina zurechtzufinden, da das Straßennetz rechtwinklig angelegt ist. Folgt man der Avenue Mohammed V bis zur Andalusiermauer, stößt man direkt auf den **Marché Central**. Das Gebäude aus dem frühen 20. Jahrhundert beherbergt keine Souvenirläden, sondern hier werden Lebensmittel, Haushaltswaren und Blumen verkauft.

Bummel durch die Medina

Die rechts an der Moschee Moulay Slimane von 1812 abgehende Rue Souika und ihre zum Teil überdachte Verlängerung, die Rue Souk es-Sebbate, ist die belebteste Hauptstraße der Medina. Läden mit Produkten des Alltags, kleine Cafés und Restaurants wechseln sich ab. Die **Große Moschee** oder **Jamma el-Kebir** hat wohl ihren Ursprung im 14. Jahrhundert, in ihrer heutigen Form stammt sie aber aus

dem Jahr 1882. Kurz nach der Moschee zweigt rechts die Rue Oussaka ab, die in die **Mellah** führt.

Die ausländischen Gesandten hatten ihr eigenes ›Ghetto‹ bis 1912. Sie mussten seit dem 17. Jahrhundert in der Rue des Consuls wohnen. Ihre Haupttätigkeit bestand im Rückkauf ihrer Landsleute, die den Piraten vom benachbarten Oudaia-Felsen der Korsarenrepublik Bou Regreg in die Hände gefallen waren. Gemäß einem Vertrag mit den Alaouitensultanen sollten

Die Rue des Consuls in der Medina

diese jedoch nicht als Sklaven verkauft werden, sondern gegen Lösegeld ausgelöst werden. Da der Sklavenmarkt auf der Place du Souk el-Ghezel gegenüber der Kasbah stattfand, war es logistisch sehr praktisch, dass die Konsuln in der Nähe wohnten. Etliche der **Diplomatenhäuser** – ehemals 17 europäische Familien wohnten hier – sind noch intakt, wie zum Beispiel Nummer 62, das Haus, in dem der französische Konsul Louis Chénier von 1768 bis 1782 wohnte. Viele kleine **Kunsthandwerksläden** machen die Rue des Consuls zur touristisch interessantesten Gasse der Medina.
In der Rue Sidi Fatah wohnten früher die noblen Familien von Rabat, und eine der elegantesten Moscheen des ganzen Landes steht hier: die Moschee **Moulay Mekki** mit einem für Marokko seltenen, weil oktogonalen Minarett. Der Eingang mit schönen Holzschnitzereien wurde vielleicht von einem Ahnen der vielen Tischler und Schreiner, die in dieser Straße ansässig sind, geschnitzt.

■ Mellah

Erst relativ spät, nämlich 1808, ließ Sultan Moulay Slimane dieses Judenviertel im Südosten der Stadt anlegen. Ausgerichtet ist es zum Oued Bou Regreg, da die meisten der damals etwa 6000 Juden vom Handel lebten oder in der Hafenverwaltung arbeiteten. Durch ihre internationalen Handelsbeziehungen unterhielten sie Kontakte in alle Länder Europas. Heute leben weniger als 100 Juden in Rabat. Die meisten wanderten durch Abwerbung in den neugegründeten Staat Israel in den 1950er Jahren aus, die anderen zog es aus wirtschaftlichen Gründen nach Casablanca. Ehemals gab es 15 Synagogen in der Mellah, heute ist noch eine einzige aktiv: die **Talmud-Thora-Synagoge** in der Avenue Ismail, ehemals Rabbi Schalom-Zaoui-Synagoge genannt.

Kasbah des Oudaias

Die Festungsanlage auf dem Felsen direkt oberhalb der Mündung des Stadtflusses Bou Regreg ist die Keimzelle der Stadt. Hier errichteten die Zenata-Berber ihren Ribat, hier richtete sich der Almohaden-Kalif Abd el-Moumin im 12. Jahrhundert seine Residenz ein. Im 17. Jahrhundert wurde die Kasbah zur Piratenrepublik und durch Bastionen und Plattformen verstärkt. Ihren heutigen Namen bekam sie durch die Ansiedlung des arabischen Stammes der Oudaias 1833 durch Sultan Moulay Abd er-Rahman.

■ Bab des Oudaias

Das monumentale Eingangstor in die Kasbah ist eines der schönsten Tore Marokkos. Prächtig und doch nicht überladen, drückt es die ganze Kraft und Macht der Almohaden aus, die zum Zeitpunkt der Erbauung auf dem Höhepunkt ihrer Macht waren. Fast acht Meter hoch, fünfeinhalb Meter breit, wirkt es noch imposanter, wenn man am Fuße der Treppen steht. Auch mit gewissem Abstand wirkt die elegante Ornamentik der Vielpassbögen und des Flechtbandmusters um den Hufeisenbogen, der außen herum durch einen rechteckigen Fries mit kalligraphischer Inschrift in der eckigen Kufi-Schrift

Leuchtturm von 1920 an der Kasbah

eingefasst wird. Das Innere des Torbaus besteht aus drei hintereinanderliegenden Räumen. Der erste Raum direkt hinter dem Portal war für die Palastwache, im mittleren Saal gewährte der Sultan oder sein Statthalter Audienzen, und im dritten Raum wurde Gericht gehalten. Der Zugang in die Kasbah erfolgte durch den Audienzsaal. Der massive Bau diente später auch schon einmal als Gefängnis. Heute ist er nur selten für Ausstellungen geöffnet.

Gasse in der Kasbah des Oudaias

Bummel in der Kasbah

Die **Rue Jamaa** führt schnurgerade durch die malerische Kasbah. Die Häuser sind weiß getüncht, alle mit blauen Fenstern und Türen mit kunstvollen schmiedeeisernen Gittern, die Türen mit schönen Beschlägen – man fühlt sich nach Al-Andalous versetzt. Das **Dar el-Baraka** (Hausnummer 26) hat eine besonders schöne Tür, vermutlich bezahlt durch den Schatz, zu dem der Besitzer durch ein Kätzchen geführt wurde, das er während einer Belagerung aufnahm.

Mittig an der Hauptachse liegt die **Jamma el-Atiq**, die Freitagsmoschee des Viertels, die ursprünglich 1150 von Abd el-Moumin gestiftet wurde und damit die älteste Moschee Rabats ist. Allerdings stammt der heutige Bau überwiegend aus dem 18. Jahrhundert. Die Straße endet auf einer Plattform an der Nordostecke der Kasbah. Beim Bummel durch die engen, bergab führenden Kopfsteinpflastergassen wie die Rue Ouled Mtaa kann man verstehen, warum sich viele Künstler in der Kasbah niedergelassen haben. Besonders malerisch ist die **Rue Bazzo**, die zum ebenso malerischen **Café Maure** führt.

Andalusische Gärten und Museum

Verlässt man das Café Maure über eine kleine Rampe, landet man im Paradies: in den Jardins Andalous des Oudaias. Pomeranzen, Zitronen, Mispel, Oleander, Jasmin und Bananen wachsen hier. Der Garten wurde im Stil der andalusischen Paradiesgärten angelegt, allerdings erst 1920, im Auftrag von Marschall Lyautey, seines Zeichens Generalresident und – großer Gartenliebhaber. Der Architekt Tranchant de Lunel realisierte die Bewässerung durch einen Brunnen, dessen Wasser er mit einem alten Wasserschöpfrad, Noria, in die unterirdischen Kanäle einspeisen ließ.

Überragt werden die andalusischen Gärten vom **Palais de la Kasbah**. Diese erste königliche Residenz innerhalb der Kasbah wurde unter Moulay Ismail im ausgehenden 17. Jahrhundert erbaut. Seit 1915 beherbergt der Palast ein Museum, das **Musée National des Bijoux**, das aber bis auf Weiteres wegen Um- und Restaurierungsarbeiten geschlossen ist.

Musée National des Bijoux, Kasbah des Oudaias, Tel. +212/537/726461; Mi–So 9–16.30 Uhr, an allen Feiertagen geschlossen, 10 DH.

Zoo von Rabat

Der neue Jardin Zoologique zeigt 130 Tierarten mit insgesamt 1000 Tieren, die folgende fünf Ökosysteme präsentieren:

▶ Karte S. 148

Tropenwald, Wüste, Savanne, Marschland und Atlasgebirge. In letzterem kann man Berberaffen, Mufflons und Atlaslöwen sehen. Nachdem die Atlaslöwen in freier Wildbahn 1927 ausgestorben waren, hat man in den letzten zwei Jahrzehnten ein Rückzüchtungsprogramm durchgeführt. Dank genetischer Auswahl afrikanischer Artgenossen und Zootiere kann man daher wieder Berberlöwen sehen, die die typischen Kriterien wie dunkle Mähne und Quaste sowie massiveren Körperbau haben. Gazellen, Wüstenwüchse und Kobras aus Marokko sind genauso zu sehen wie Elefanten und Giraffen.

Jardin Zoologique, Annexe 23ème, Cité Yacoub el-Mansour, Tel. +212/537/293894, www.rabatzoo.ma; tägl. 10–17.30 Uhr, im Sommer bis 18.30 Uhr, Erwachsene 50 DH, Kinder bis 3 Jahre frei, 3–12 Jahre 30 DH, Familienticket für 2 Erwachsene, 2 Kinder 120 DH. Es gibt mehrere Cafés und Restaurants.

Salé

Die Nachbarstadt am nördlichen Ufer des Bou Regreg zählt mittlerweile 850 000 Einwohner. Dadurch, dass sie ab dem 17. Jahrhundert in einen Dornröschenschlaf verfiel und viel weniger europäischen Einflüssen

Andalusischer Garten mit dem Palais de la Kasbah

Verkäufer in der Medina von Salé

ausgesetzt war, hat sie ihren Charme unverfälschter als Rabat erhalten. Das Flair von Salé zeigt sich intra muros zwischen den Souks und der sehenswerten Meriniden-Medersa.

Stadtgeschichte

Auch Salé wurde wie Rabat von einem Berberstamm gegründet, der in Opposition zu den Barghaouata stand. Die Banu Ifren ließen sich 1030 hier nieder. 1132 besetzte der Almohadenkalif Abd el-Moumin Salé und richtete hier seine Residenz ein. Während der Merinidenzeit wurde Salé zu einem wichtigen Pilgerzentrum, dank Sidi Ahmed ben Aschir. Dieser gehörte einem Sufi-Orden an und wurde als Marabout verehrt, da er das raue Meer und Stürme beruhigen konnte. Das große Zeitalter Salés begann im 17. Jahrhundert. Der Gouverneur von Azemmour, Mohammed el-Ayyachi, ehemals Schüler eines Marabouts aus Salé, schien dem Saadierherrscher eine große Machtbedrohung, den er mit Hilfe der Spanier vernichten wollte. El-Ayyachi konnte nach Salé flüchten und läutete hier 1619 das Zeitalter der Piraterie ein. Er erklärte den Europäern den heiligen Krieg und machte Schiffe, die unter spanischer Flagge fuhren, zu seinem Hauptziel. Unterstützung bekam er von den Moriscos, die Anfang des 17. Jahrhunderts aus Spanien vertrieben worden waren und die er in Salé mit offenen Armen empfing. Der Hass auf die Spanier einte el-Ayyachi und die Mauren. Als aber die Moriscos wegen ›unislamischer Verhaltensweisen und Kleidung‹ bei der Bevölkerung so unbeliebt geworden waren, dass sie sich neu auf der anderen Flussseite niederlassen mussten, war es mit der Freundschaft vorbei. Die Andalusier gründeten in der Kasbah ihre eigene Piratenrepublik, verweigerten el-Ayyachi den Gehorsam, der sie daraufhin mehrfach unter Beschuss nahm. Nach dem Tod Ayyachis 1641 bestanden zwei Piratenrepubliken. Aus der einen wurde die Korsarenrepublik Bou Regreg in der Kasbah des Oudaias, aus Salé wurde ein Stadtstaat unter Kontrolle einer Sufi-Bruderschaft. Kaum hatte sich in der Stadt der vielen Marabouts die Dila-Bruderschaft etabliert, schlossen sie Verträge mit europäischen Handelsmächten, vor allem mit den Holländern, die auch keine Einwände dagegen erhoben, dass die Piraten von Salé weiterhin die spanische Konkurrenz überfielen. Erst der erste Alaouitensultan Moulay Raschid beendete die Herrschaft der Dila-Bruderschaft und der Piraten über Salé. Danach begann Salés Dornröschenschlaf, dem die neuen Bauprojekte am Fluss unter dem Namen Bab el-Bahr ein Ende setzen sollen.

▲ Karte S. 153

Eingang zur Medersa von Salé

■ Bab el-Bahr

Auf insgesamt 75 Hektar Fläche entsteht seit 2006 das Bab el-Bahr, das ›Meerestor‹, im Rahmen eines Joint-Venture-Projekts zwischen Marokko und Abu Dhabi. Am nördlichen Ufer des Stadtflusses werden Villen, Eigentumswohnungen, Restaurants, Terrassencafés, Hotels, Kunstgalerien, Geschäfte und ein Yachthafen gebaut. Das erste von drei Vierteln ist unter dem Namen **Front Marina** mit einem Hafen mit 240 Liegeplätzen bereits fertiggestellt. Die Bauarbeiten für die **Cité des Arts** und die **Front Fluvial** sind in vollem Gange. Die Marina hat eine eigene Straßenbahnhaltestelle, **Bab Lamrissa**, die von beiden Linien Rabats bedient wird.

■ Medina

Von der Haltestelle Bab Lamrissa kann man durch das **Stadttor** von 1260 die Medina betreten. Das erste Viertel, in dem man landet, ist die **Mellah**, früher eines der bedeutendsten Judenviertel des Landes und heute noch Ziel jüdischer Pilger zum Passahfest.

Folgt man der Avenue Ahmed Ben Aboud immer geradeaus, erreicht man kurz hinter einem kleinen Park das Viertel der **Souks** mit dem Kleider- und Schmuckbereich **Kissaria** und dem ehemaligen Wollmarkt **Souk el-Ghezel**. Ein Abstecher nach rechts führt zum **Souk el-Kebir**

oder **Großen Markt**. Hier fand einst der berühmt-berüchtigte Sklavenmarkt statt; heute gibt es hier Teppiche, Keramiken, Holz- und Eisenschmiedearbeiten.
Zurück am Souk el-Ghezel, erreicht man über die Rue Ras Chajra die wichtigsten Monumente von Salé. Das Minarett der **Großen Moschee** weist den Weg. Diese Moschee, immerhin die drittgrößte im Königreich, wurde 1028 durch die Almoraviden gebaut und 1196 durch die Almohaden zur heutigen Form umgebaut. Direkt vor der Moschee liegt die Meriniden-Medersa.

Meriniden-Medersa

Unter dem Merinidensultan Abu el-Hassan wurde die Koranhochschule zwischen 1333 und 1341 erbaut, als eine der kleinsten, aber feinsten im ganzen Land. Filigranste Stuckaturen zieren die Wände des nur 42 Quadratmeter großen **Hofes**, grazile Holzschnitzereien oben und Zellij-Mosaike unten rahmen die Gipszone ein. Auch die kleinen **Zellen der Studenten** kann man auf dem oberen Stockwerk besuchen. Von der Terrasse bietet sich ein Blick in die benachbarte Moschee, die von Nichtmuslimen nicht besichtigt werden kann.
Im Mittelalter wurden in der Medersa islamisches Recht, Literatur, Sprachen, Philosophie und sogar Medizin gelehrt. Als der arabisch-andalusische Dichter Ibn el-Khatib nach Salé kam, war er begeistert von der Schönheit der Medersa und der Vielzahl von Poeten – es sollen mehr als 100 gewesen sein. Die letzten Kurse gab hier Professor Ahmed el-Hamssassi 1892 in Rhetorik, Dialektik, Grammatik und Islamwissenschaft. Danach wurde die Medersa in eine einfache Koranschule umgewandelt, die bis 1907 aktiv war. In Zeiten des Protektorates wurde sie zum Kulturdenkmal erklärt. Nach umfangreichen Restaurierungen zwischen 2001

Salé, Medina

Exotischer Garten in Bouknadel

und 2005 ist die Medersa wiedereröffnet worden, seither findet im Hochsommer das Kulturfestival Karacena hier statt.
Medersa de Salé, Rue Ash al-Shaiara; tägl. 9–12 und 14–18 Uhr, 10 DH.

Exotischer Garten Bouknadel

Im Norden vor den Toren von Salé legte in Bouknadel 1951 der französische Gartenbauingenieur Marcel François auf viereinhalb Hektar einen exotischen Garten mit Gewächsen aus China, Südostasien, dem Kongo, Japan, Brasilien, Mexiko, Peru und anderen Ländern an. Nachdem der Garten jahrelang vernachlässigt worden war, unterzog man ihn dank königlicher Stiftung einer Generalüberholung, und so erstrahlt er seit 2005 wieder in alter Pracht.
Über 600 Pflanzenarten von allen fünf Kontinenten und 80 Tierarten können auf drei unterschiedlich langen Wegen entdeckt werden und führen den Besucher von Andalusien bis Polynesien.
Jardin Exotique de Bouknadel, Km 13, Salé, Tel. +212/537/822756, www.jardinsexotiques.com; im Frühjahr und Sommer tägl. 9–19.30 Uhr, im Herbst und Winter tägl. 9–18.30 Uhr, Erwachsene 15 DH, Kinder 10 DH, ein Pauschalticket, mit dem auch das Vivarium und Museum besucht werden kann, kostet 20/15 DH. Bei rechtzeitiger Reservierung von mindestens einer Woche im Voraus kann man für 100 DH einen Führer in französischer oder englischer Sprache buchen. Gruppen sind nur im Rahmen einer gebuchten Führung erlaubt.

▲ Karte S. 234

Maamora-Korkeichenwald

Bei einer Fahrt von Rabat nach Meknès durchfährt man den 133000 Hektar großen Korkeichenwald. Damit ist der Maamora-Wald das weltweit größte zusammenhängende Korkeichengebiet, er macht Marokko zu einem der wichtigsten Exportländer für Kork und Korkprodukte. In dieser grünen Lunge des Ballungsraumes Rabat/Salé/Kénitra leben 69 verschiedene Vogelarten, 19 Säugetierarten und 25 verschiedene Reptilienarten. Außerdem wachsen in Symbiose mit den Eichen Trüffeln, die an improvisierten Ständen in einer Erdhülle, die ihnen das Aussehen von Kartoffeln verleiht, angeboten werden. Botanisch gesehen sind diese gar keine echten Trüffeln (Tuber), sondern Terfezia oder Wüstentrüffeln, die deutlich weniger aromaintensiv sind.

›Trüffel‹ aus dem Maamora-Korkeichenwald

Informationen Rabat und Salé

Allgemeine Informationen

Vorwahl: +212/537.

■ Touristeninformation

Office National du Tourisme, Rue Zellaqa/ Rue Oued el-Makhazine, Tel. +212/537/ 673756.

■ Geldwechsel und Banken

Überall in der Stadt findet man Banken und Filialen, die meisten davon auch mit einem Geldautomaten. An der Avenue Mohammed V und der Avenue Allal Ben Abdallah sind alle namhaften Bankinstitute vertreten.

■ Post

Hauptpost, Avenue Mohammed V, an der Kreuzung zur Rue Soekarno. Briefmarken bekommt nicht nur auf der Post, sondern auch in Läden, die ein blaues Schild mit weißem Kreis, in dem drei blaue Ringe sind, haben.

■ Kulturzentren

Goethe-Institut, 7, Rue Sanaa, Tel. +212/537/ 732650.

Institut français, 1, Rue Abou Inan, Tel. +212/ 537/689650.

Instituto Cervantes, 3–5, Zankat Madnine, Tel. +212/537/708738.

Qalam wa Lawh Center for Arabic Studies, 3, Avenue Ahmed Balafrej, Souissi, Tel. +212/ 537/755790. Ein Ableger der Uni Meknès, an dem man Kurse in Arabisch belegen kann.

An-und Weiterreise

■ Mit dem Flugzeug

Aéroport Rabat-Salé (RBA), 10 km nordöstlich vom Zentrum, Tel. +212/801/000224. Ab Deutschland, Österreich oder der Schweiz gibt es keine Direktflüge nach Rabat-Salé. Mehrfach täglich gibt es Flüge mit Royal Air Maroc und Air France ab Paris oder mit Iberia ab Madrid.

Ein **Taxi ins Zentrum** kostet 150 DH, nach Salé 100 DH. Ein Flughafenbus (Navette) verbindet den Flughafen mit dem Bahnhof Gare de Rabat im Zentrum der Hauptstadt, eine einfache Fahrt kostet 20 DH.

■ Mit dem Bus

Busbahnhof Gare Routière Kamra Rabat, 5 km westlich des Zentrums. Hier fahren die Überlandbusse ab, die Busgesellschaft CTM fährt ab Agadir (250 DH), Fès (75 DH), Meknès (55 DH), Tanger (110 DH), Tétouan (115 DH) und Casablanca (35 DH) täglich nach Rabat. Eine Taxifahrt vom Zentrum zum Busbahnhof kostet etwa 25 DH.Informationen zum Fahrplan: **CTM Gare Routière**, 2, Avenue Hassan II, Tel. +212/800/090030.

Am Busbahnhof findet man auch die **Sammeltaxis**. Diese sind meist die preisgünstigste Variante der Fortbewegung. Die zentralste Station dieser Grands Taxis befindet sich an der Avenue Hassan II am **Bab el-Had**.

■ Mit der Bahn

Bahnhof Rabat Ville, Ave Mohammed V. Alle zwei Stunden fährt ein TGL-Zug (Train Grande Ligne) auf der Linie **Tanger–Casablanca** nach Rabat Ville; 1 Std. Fahrt ab Casablanca (35 DH), ab Tanger (95 DH) knapp 4 Std.

Ab **Marrakesch** (120 DH) fahren alle zwei Stunden Züge; 4,5 Std. Fahrt. Ab **Fès** (80 DH) und **Meknès** (65 DH) gibt es stündlich Züge. Ab **El Jadida** (70 DH) verkehren neun Züge täglich, 3 Std. Fahrt. Fahrplanauskunft unter www.oncf.ma.

Unterwegs in Rabat

Die 2011 eingeweihte **Straßenbahn** fährt auf zwei Linien, mit denen die meisten Sehenswürdigkeiten (außer der Chellah) erreicht werden können. Die Straßenbahn fährt werktags von 6 Uhr bis 21 Uhr alle 8 Minuten, Sa alle 10 Minuten, und von 21 bis 23 Uhr sowie an Sonn- und Feiertagen alle 20 Minuten. Ab 23 Uhr verkehrt keine Bahn mehr. Tickets, mit denen inner-

halb einer Stunde auch umgestiegen werden kann, kosten 6 DH und sind an den Bahnsteigen erhältlich. Auch Salé wird von der Straßenbahn angefahren.
Tramway Rabat, Tel. +212/537/863232, www.tram-way.ma.
Es gibt mehrere **Stadtbuslinien**, die aber alle hoffnungslos überfüllt sind. Die Einzelfahrt kostet 4 DH. Informationen zu den Buslinien findet man auf www.e-rabat.net (Les lignes de Bus).

Unterkünfte

Dem Reisenden steht in Rabat eine gute Auswahl an Hotels zur Auswahl. Neben großen, meist internationalen Hotels gibt es in der Medina besonders individuelle Übernachtungsmöglichkeiten in Riads mit viel Charme und Atmosphäre. Da die meisten aber nur wenige Zimmer haben, empfiehlt sich vor allem zu Ferienzeiten eine frühzeitige Reservierung.

Hotels

La Tour Hassan (€€€€), 26, Rue Chellah, Tel. +212/537/239000, www.latourhassan.com. Luxuriöses Fünf-Sterne-Hotel in hervorragender Lage. Palastartiges Hotel im maurisch-andalusischen Stil mit modernen, sehr stilvollen Zimmern und luxuriösem Spa-Bereich. In der Kombination Lage, Ausstattung und Atmosphäre das wohl beste Hotel der Stadt. Karte S. 137.
Sofitel Jardin des Roses (€€€€), Souissi, Tel. +212/537/675656, www.sofitel.com. Luxuriöses Fünf-Sterne-Hotel in einem großen, wunderschönen Garten und tollem Design. Eleganter Lounge-Charakter mit stilvollen orientalischen Elementen; sehr schöner Wellness-Bereich. Allerdings keine Anbindung an öffentliche Verkehrsmittel. Karte S. 135.
Villa Mandarine (€€€€), 19, Rue Ouled Bousbaa, Tel. +212/537/752077, www.villamandarine.com. Inmitten eines Orangenhains gelegene, sehr stilvolle und individuell eingerichtete Villa mit Kolonialcharme. Alle Zimmer haben einen eigenen Balkon oder eine Terrasse. Sehr persönliche Atmosphäre. Für eine Stadtbesichtigung braucht man allerdings ein eigenes Auto oder ein Taxi. Karte S. 135.
Le Diwan MGallery Collection (€€€), Place de l'Unité Africaine, Tel. +212/530/200390, www.mgallery.com. Elegant-gediegenes Vier-Sterne-Hotel im Botschaftsviertel, Nähe Hassanturm. Komfortable, gepflegte Zimmer, schöner Spa-Bereich. Kostenloser Parkplatz. Karte S. 137.
Villa des Ambassadors (€€€), 322, Avenue Mohammed V, Souissi, Tel. +212/537/632128, www.villadesambassadors.com. Ein orientalischer Palast mit nur sechs Zimmern, opulent-elegant; Marokko von seiner stilvollen, traditionellen Seite. Ausgezeichnete Küche.
Le Dawliz (€€€), Avenue du Prince Héritier, Bou Regreg, Salé, Tel. +212/537/883277, www.ledawlizrabat.com. Vier-Sterne-Hotel im Boutiquestil, große Zimmer und luxuriöse Suiten, sehr stilvoll und modern eingerichtet. Spa, kostenloser Parkplatz.
Malak (€€), 23, Rue Chellah, Tel. +212/537/200901, www.malakhotel.com. Das Drei-Sterne-Hotel ist eine kleine Perle in hervorragender Lage. Sehr stilvolle Zimmer und Bäder, alles noch sehr neu und gepflegt. Die Standardzimmer für 70 Euro sind etwas klein, lieber in ein Deluxe-Zimmer für 90 Euro investieren. Sehr empfehlenswert. Karte S. 137.
B&B Rabat Medina (€€), 2, Rue Gandhi, Tel. +212/537/70374, www.hotelbb.ma. Sehr gutes Drei-Sterne-Hotel in hellem, skandinavischem Stil, sehr zentral. Angenehme, freundliche Atmosphäre, aufmerksames Personal. Schicke, moderne Zimmer. Gutes Preis-Leistungsverhältnis, empfehlenswert. Karte S. 137.
Le Pietri Urban (€€), 4, Rue Tobrouk, 0537/707820, www.lepietri.com. Drei-Sterne-Mittelklassehotel, sehr zentral gelegen, dadurch etwas laut. Modern und funktional, beliebt bei Geschäftsreisenden. Karte S. 137.
Mercure Sheherazade (€€), 21, Rue de Tunis, Tel. +212/537/722226, www.mercure.com. Bei Reisegruppen beliebtes

Drei-Sterne-Hotel in guter Lage. Funktionale, saubere, aber relativ kleine Zimmer. Karte S. 137.

■ Riads

Riad L'Alcazar (€€€), 4, Impasse Ben Abdallah, Bab Laalou. Tel. +212/661/152991, www.lalcazar.com. Ein orientalisches Juwel; traditionelles Design, modern und zeitgenössisch interpretiert. Karte S. 148.

Riad Zyo (€€–€€€), Rue Moreno, Tel. +212/661/110896, www.riad-zyo.com. Stilvoll, elegant mit wunderbarem Design in einem ehemaligen Postgebäude. Luftig und lichtdurchflutet: eine weiße Oase in der weißen Stadt. Traumhaft! Karte S. 148.

Riad Dar Zen (€€–€€€), 5, Rue Frej, Tel. +212/537/661454, www.riad-darzen.com. Charmantes Riad mit edlem Ambiente. Stylish und edel. Karte S. 148.

Riad Dar Mayssane (€€), 13, Rue Faran Khechen, Tel. +212/661/066666, www.rabat-riad.com. Orient meets Okzident: eine geschmackvolle Kombination, die für eine romantische Atmosphäre sorgt. Karte S. 148.

Riad El Maati (€€), 15, Rue Sidi El Maati, Tel. +212/537/725716, www.riadelmaati.com. Puristisches Design, edel und geschmackvoll mit marokkanischen Elementen. Spa- und Wellness-Bereich. Sehr gutes Essen. Karte S. 148.

Riad Azahra (€€), 11, Rue Skaia Bel Mekki, Tel. +212/537/202028, www.azahra.com. Klassisches Riad um einen wunderschönen Innenhof, eine geschmackvolle Kombination von Tradition und Moderne. Karte S. 148.

Riad Kalaa II (€€) , Rue Açam, Tel. +212/537/202018, www.riadkalaa.com. Sehr schönes Riad im Herzen der Medina mit stylischen Zimmern und sehr nettem Personal. Schöne Dachterrasse. Karte S.148.

Riad Souika (€€), 20, Impasse Zaouia Benanaia Souika, Tel. +212/661/3557. Gepflegtes Riad mit traditionellem Design, originelles Dekor. Karte S.148.

Riad Senso (€€), 2 Rue Jemaa Tiliou, Tel. +212/537/707790, www.riadsenso.com. Helles, geschmackvolles Riad mit sehr schöner Dachterrasse. Karte S. 148.

Riad Marhaba (€–€€), 3, Rue Essam, Tel. +212/654/126042, www.riadmarhaba.com. Traditionelles, geschmackvoll eingerichtetes Riad. Karte S. 148.

Dar Yanis (€), 20, Rue Lalla Hannou, Tel. +212/670/268572, www.daryanis.com. Charmantes, einfacheres Riad. Karte S. 148.

Dar Aida (€), 7, Rue Frej, Tel. +212/661/221470, daraida@gmail.com. Nettes, sauberes traditionelles Riad mit Charme, für den kleinen Geldbeutel. Sehr hilfsbereites Personal. Karte S. 148.

■ Gästehäuser

Abdel's Rabat Backpackers (€), 3, rue Porte Maoun, www.medinasurfing.blogspot.com. Karte S.148.

Auberge des Jeunes (€), 43, Rue Marassa, Tel. +212/537/725769, www.hihostels.com. Karte S. 148.

Restaurants, Cafés und Clubs

Die Auswahl an guten Restaurants ist groß. Die folgenden Empfehlungen sollen bei der Suche helfen.

■ Marokkanische Küche

Le Ziryab (€€€–€€€€), 10, Impasse Ennajar/Rue des Consuls, Medina, Tel. +212/537/733636, www.restaurantleziryab.com; Mo–Sa, nur Abendessen. Traditionelle Küche, hervorragend zubereitet und in schönem Ambiente serviert. Zur Untermalung gibt es andalusisch-maghrebinische Musik.

Dinarjat (€€€), 6, Rue Belgnaoui, Medina, Tel.0537/704239, restaurantdinarjat@gmail.com. Klassische Küche auf höchstem Niveau in stilvollem Rahmen, dezente Musik.

Al Warda (€€€), im Hotel Sofitel Jardin des Roses, Souissi, 0537/675656. Köstliche marokkanische Küche modern interpretiert. Zeitgenössisches Design mit Lounge-Charakter.

Ch'hiwates du Terroir (€–€€), 7, Rue d'Oran, Tel. +212/537/262628. Frühstück,

Brunch und hervorragende Gerichte zum Mittagessen, marokkanische und internationale Küche, Mitglied der Slowfood-Bewegung.

Französische Küche

La Villa Mandarine (€€–€€€), im gleichnamigen Hotel, Tel. +212/537/752077; Mo–Sa. Französische Küche mit einem Touch Marokko. Koloniales Ambiente mit einem schönen Garten.

La Table du Reservoir (€€–€€€), Avenue Mohammed VI, beim Centre Commercial Prestige, Tel. +212/537/656811, table.reservoir@gmail.com; Mo–Sa, nur Abendessen. Der junge Küchenchef Sébastien Bontour pflegt die klassische französische Küche und gibt ihr einen kreativen Akzent. Schöne Terrasse.

La Brasserie (€€–€€€), im Hotel Le Diwan. Eingerichtet im Stil einer Pariser Brasserie, klassische Gerichte wie Gänseleber, Rin-

Schnecken oder Kichererbsen-Ragout to go

dertartar und Baba au Rhum.

Le Grand Comptoir (€€–€€€), 279, Avenue Mohammed V, Tel. +212/537/201514, www.legrandcomptoir.ma; Mittagessen Mo–Fr, Sa auch abends geöffnet. Eine Institution in der Hauptstadt seit den 1930er Jahren. Klassische Brasserie-Küche, die saisonal von Choucroute bis zu Lammkeule und gegrilltem Hummer reicht.

Cosmopolitan (€€), Avenue Ibn Tumart, Tel. +212/537/200028, restocosmo@gmail.com. In einer schönen Art-Déco-Villa fühlt man sich in Protektoratszeiten zurückversetzt. Südfranzösische Spezialitäten und Klassiker.

Ty Potes (€–€€), 11, Rue Ghafsa, Tel. +212/537/707985, www.typotes.com. Französisches Bio-Bistro. Bretonische Galettes und Crêpes, gegrillte Brote, Salate, in der Saison Austern oder Weinbergschnecken, Käsefondue. Am Sonntag gibt es Brunch auf der Terrasse im kleinen Garten.

Internationale Küche

Villa Diyafa (€€€€), im gleichnamigen Luxushotel, Ecke Rue Bani Yadder/Rue Jebala, Souissi, Tel. +212/538/050800, www.villadiyafa.com. Küchenchef Khalid Benghallem präsentiert eine kreative Fusion europäischer mit orientalischer Küche mit besten und frischesten Zutaten. Hervorragend!

Al Marsa (€€€), Marina du Bouregreg, Tel. +212/537/845818; Mittag- und Abendessen. Am neuen Yachthafen Bab el-Bahr zwischen Rabat und Salé. Spanisches Restaurant mit spektakulärem Blick, auf Fisch und Meeresfrüchte spezialisiert.

El Patio (€€€), im Sofitel Jardin des Roses. Brasserie, in der ausgezeichnete mediterrane Gerichte von größter Frische serviert werden.

Golden Fish (€€€), im Sofitel Jardin des Roses. Am Pool des Hotels werden Fisch und Meeresfrüchte aufgetischt.

Al Marsa (€€), Tel. +212/537/882155, la.pescaderia@menara.ma. Die kleinere italienische Abteilung des gleichen Restaurants.

Maï Thaï (€€), Avenue Mohammed VI, im 1. Stock des Einkaufscenters Mega Mall. Der Küchenchef Srimaithong Pitak hat ehemals im berühmten ›Oriental‹ in Bangkok gearbeitet und die Thai-Küche nach Marokko gebracht.

Fast Food

Recto Verso (€–€€), 71, Avenue Mohammed VI, Fleisch, Fleisch, Fleisch...

Zanga Food (€), Rue El Jazair. Exzellentes Chawarma.

Al Bihv (€), 131, Avenue Allal Ben Abdallah. Marokkanische Snacks.

Crêp'Mili (€), 16, Rue Aguelmane Sidi Ali. Crêpes.

Sahbi (€), 46, Avenue de France. Einfache Tajines, Säfte, Pizza.

Youm Youm (€), 111, Avenue Allal Ben Abdallah. Hausgemachte Burger.

Cafés

Gossip Art Café (€–€€), 17, Avenue Al Maouz, Tel. +212/537/711616. Das Café ist eine kleine Oase der Ruhe, in dem auch Crêpes sowie kleine italienische und französische Gerichte serviert werden.

My Coffee (€), Residence Rielzza, 55, Avenue Fal Ould Oumeir, Agdal. Knusprige Waffeln.

Bert's (€), 37, Avenue de France/Rue Melouya, Agdal, 0802/000707. Elegantes Design, guter Kaffee.

Café 7ème Art (€), Avenue Allal Ben Abdallah, neben dem Kino.

Villa Jnane (€), 8, Rue Abou Chouaib Doukkali, Tel. +212/537/702412. Köstliche Patisserie, schönes Ambiente.

Blue Berry (€), Boulevard Mehdi Ben Barka, in der 1. Etage des Aswak Assalam-Gebäudes, Tel. +212/537/564949. Ausgezeichnetes Eis, Crêpes, kleine Tartelettes (au citron!) und natürlich Kaffee.

Bars und Clubs

GC Wine Tastin (€), im Zwischengeschoss des Grand Comptoir. Wein aus allen denkbaren Weingebieten rund um den Globus. Dazu kleine Gerichte, Wurst- und Käseplatten.

Le Dhow (€€–€€€), am Ufer des Bou Regreg unterhalb der Kasbah des Oudaias, Tel. +212/537/702302, www.ledhow.com. Lounge auf einem alten Holzschiff, schick und originell. Hier trifft sich das hippe Rabat zur After-Work-Party. Karaoke-Abende oder ein DJ sorgen für Animation. Mit mediterraner Küche.

Le Cotton Club (€€), 32, Avenue Oqba Ibn Nafi, Agdal, Tel. +212/537/682172. Sehr gute Live-Musik, fast jeden Abend eine andere Band. Snacks.

Le Bistrot du Pietri (€–€€), Bistro im Hotel Le Pietri; Di, Fr und Sa. Ein kommunikativer Treff mit Livemusik, Jazz-Fusion. Karte

Kultur

■ Feste

Kerzenfest, April, in Salé.

Festival Maouazine – Rhythmus der Welt; Juni, in Rabat.

Freizeitaktivitäten

■ Strände

Die schönsten Strände bei Rabat sind im Süden der Stadt bei **Temara** und **Skhirat**, 12–25 km vom Zentrum entfernt. Nördlich von Salé ist der **Plage des Nations** bei Bouknadel.

■ Reiten

Royal Club Equestre du Lac, Avenue Lalla Meryem, Sala el-Jadida, Tel. +212/661/150915, www.rcedulac.com. Di–So Kurse für jedes Niveau.

Royal Polo Club Equestre Dar Essalam, Km 10, Avenue Imam Malik, Tel. +212/537/666088. Kurse und Reitausflüge, auch Springreiten.

■ Golf

Royal Golf Dar Essalam, Tel. +212/537/755864, www.royalgolfdaressalam.com; Greenfees 50–80 Euro. Der Platz, von Robert Trent Jones entworfen, gilt als einer der schönsten Golfplätze der Welt. Drei Parcours, von denen der ›Parcours Rouge‹ 1971 für das Internationale Golfturnier als Par 73-Kurs angelegt wurde mit dem berühmt-berüchtigten Loch Nummer 9. Mit 6702 m auch einer der längsten Kurse. ›Blauer Parcours‹ 6,2 km lang, ›grüner Parcours‹ 9-Loch-Kurs.

■ Beauty, Spa und Fitness

L'Atmosphair Spa, 8, Rue Tobrouk, Tel. +212/537/707558; Mi–Mo 8.30–20.30 Uhr. Hammam, Massage, Schönheitspflege.

Ibriza, 6, Rue Idriss Al Azhar, Tel. +212/537/737039; tägl. 9–21 Uhr. Bietet alles, was schön macht und zum Wohlgefühl beiträgt. Neben Hammam und Jacuzzi gibt es auch einen Friseursalon; Epilation und Akupunktur werden angebotens.

HFitness Mega Mall, Avenue Mohammed VI, Centre Commercial Mega Mall, Souissi, Tel. +212/537/663460, contact@hfitness.ma; Mo–Fr 7–22 Uhr, Sa, So 9–18 Uhr. Neben einem Hammam gibt es auch Fitness-Studio, Schönheitssalon, Solarium und vieles mehr.

Einkaufen

■ Bücher und Karten

Kartenmaterial und Bücher über Marokko sind leider selten im Land zu erwerben. Die einzige Chance in Rabat hat man in der **Librairie du 3ème Millénaire**, 285, Avenue Mohammed V, Tel. +212/537/263238. Größte Buchhandlung der Stadt mit arabischen, französischsprachigen und englischen Büchern.

Ärztliche Versorgung

■ Deutschsprachige Ärzte

Dr. Madani Seffar, 3, Avenue Lalla Amina, Salé, Tel. +212/537/861525. Allgemeinmediziner.

Dr. Hilda Dalinger-Alioua, 10, Rue Youssef Ben Tachfine, Tel. +212/537/760740. Kinderärztin.

Dr. Mouna Afquir, 68, Rue Patrice Lumumba, App. 2, Tel. +212/537/765655. Zahnärztin.

■ Krankenhaus

Centre hôpitalier Ibn Sina, Rue Mfadel Cherkaoui, Souissi, Tel. +212/537/775776.

Meknès

Meknès, mit aktuell 632 000 Einwohnern, liegt auf 500 Meter über dem Meeresspiegel in einer ausgesprochen fruchtbaren Ebene auf dem Saiss-Plateau, zwischen dem Jebel Zerhoun (1119 Meter) als Ausläufer des Rifs im Norden und dem Mittleren Atlas im Süden.

Landwirtschaft prägt das Leben in und um Meknès. Und doch hat die Stadt keinesfalls nur bäuerlichen Charme. Im Gegenteil: Moulay Ismails Kaiserstadt war das ›Versailles Marokkos‹. Seit 1996 steht die Altstadt von Meknès auf der Liste des UNESCO-Weltkulturerbes. Meknès ist auch bekannt als religiöses Zentrum, da gleich mehrere Sufi-Bruderschaften wie die Tariqas Isawiya und Hamadscha hier ihren Sitz haben. Die Minarette der Moscheen und vielen Zaouias haben dank ihrer glasierten Ziegel und Fliesen Meknès zur grünen Königsstadt gemacht. Im Februar 2010 kam es infolge heftiger Regenfälle zum Einsturz eines dieser Minarette, der 36 Todesopfer forderte.

Der Oued Boufekrane trennt Meknès in zwei große Stadtteile. Nordöstlich liegt die französische Neustadt, südwestlich die Altstadt, die zu Moulay Ismails Zeiten von einem dreifach gestaffelten Mauerwall umgeben war, insgesamt 40 Kilometer Stampflehmmauern, die damals zuerst Kavallerie, dann Artillerie und Infanterie abhalten sollten. Dazwischen haben sich heute die neuen Wohnviertel angesiedelt.

Stadtgeschichte

Die Geschichte von Meknès ist vor allem mit einem Namen verbunden: Moulay Ismail. Der zweite Sultan der Dynastie der Alaouiten machte aus einer kleinen Siedlung, die vom Stamm der Miknassa gegründet worden war, seine Hauptstadt. Die Almoraviden hatten das Berberdorf erstmalig befestigt, die Miknassa gehörten zu ihren treuesten Gefolgsleuten, weshalb sie unter der nachfolgenden Almohaden-Dynastie sehr zu leiden hatten. Die Meriniden stifteten in Meknès immerhin eine Moschee. Doch zur Blüte gelangte die Stadt erst, als sie zu Moulay Ismails Residenz erhoben und ausgebaut wurde. Er ließ einen ganzen Stadtteil niederreißen und stattdessen seine Ville Impériale entstehen: ein weitläufiger Park mit andalusischen Gärten und Obsthainen, in dem sein Palast und mehrere Pavillons standen, dazu Villen für seine Minister, Arsenale, Magazine und Kasernen für seine Leibgarde.

Als Zeitgenosse Ludwigs XIV. von Frankreich war Moulay Ismail ein großer Bewunderer des Sonnenkönigs. Doch blieb diese Verehrung recht einseitig. Zwar schloss Frankreich einen Freundschaftsvertrag mit ihm, doch weitere Annäherungen, wie das Anhalten um die Hand der Monarchentochter Anne Marie de Bourbon, wurden höflich, aber bestimmt abgelehnt. Nach dem Tod des als grausam bekannten Herrschers wurde der Sitz der Hauptstadt nach Fès zurückverlegt, und Moulay Ismails Prachtbauten wurden geplündert und als Steinbruch missbraucht. Das große Erdbeben von 1755 tat ein Übriges. Marschall Lyautey richtete in Meknès für einige Zeit sein Hauptquartier ein.

Während der Zeit des Protektorats stieg die Stadt zum landwirtschaftlichen Zentrum des Landes auf, sie ist bis heute Standort einer bedeutenden Nahrungsmittelindustrie, der Hochschule für Agrarwissenschaften und Schauplatz zweier großer Landwirtschaftsmessen pro Jahr, zudem die Wein-Hauptstadt Marokkos.

EXTRA

Audienz beim Kaiser

Eugène Delacroix besuchte auf seiner Marokko-Reise 1832 auch Meknès und wohnte hier dem feierlichen Einzugs des Sultans Moulay Abd er-Rahman bei. Dieses Ereignis verewigte er sowohl in einem Bild wie auch in seinem Tagebuch:

»Gegen neun oder zehn Uhr Aufbruch zu Pferde, voran der Kaid auf seinem Maultier und einige kleine Soldaten zu Fuß, hintennach die, welche die Geschenke trugen. (...) Aus dem ärmlichen und schmucklosen Tor kamen zuerst in kurzen Zwischenräumen kleine Abteilungen von acht bis zehn schwarzen Soldaten mit spitziger Mütze, die sich links und rechts aufstellten. Dann zwei Männer, die Lanzen trugen. Dann der König, der auf uns zukam und sehr nahe bei uns anhielt ...

Nachdem er die üblichen Komplimente erwidert hatte und länger geblieben war, als es bei solchen Empfängen das gewöhnliche ist, befahl er Muchtar, den Brief des Königs der Franzosen in Empfang zu nehmen, und gewährte uns die unerhörte Gunst, einige seiner Gemächer besuchen zu dürfen. Er kehrte um, nachdem er uns das Zeichen des Abschieds gegeben, und verlor sich in der Menge zur Rechten mit der Musik.

Der Wagen, der nach ihm abfuhr, war mit grünem Tuch ausgeschlagen und von einem Maultier gezogen, das eine rote Decke trug; die Räder vergoldet. Männer, die ihm Luft zufächelten mit weißen Taschentüchern von der Länge eines Turbans.»

Und in einem Brief schrieb er: »Dies alles ist denkbar merkwürdig. Er empfängt seinen Besuch zu Pferd – er allein –, die ganze Garde ist abgesessen. Er kommt ungestüm aus einem Tor und kommt auf einen zu, einen Sonnenschirm hinter sich. Er ist ein recht schöner Mann. Er ist unserm König sehr ähnlich, nur hat er einen Bart dazu und ein jugendlicheres Aussehen. Er ist etwa fünfundvierzig bis fünfzig Jahre alt. Er war gefolgt von seinem Paradewagen: es ist das eine Art zweirädriger Wagen, von einem Maultier gezogen. – Nun bin ich also am Ziel.«

Eugène Delacroix, Mein Tagebuch, Zürich 2008.

Sultan Moulay Abd er Rahman und sein Gefolge vor dem Palast in Meknès

Bab Mansour

Ville Impériale

Von Moulay Ismails Prachtbauten ist nicht viel geblieben. Und doch erlebt man immer noch den Hauch der Prunksucht angesichts der wenigen verbliebenen Großbauten. Das schönste Tor des Landes zu haben, ist Meknès' besonderer Stolz. Besonders reizvoll sind aber auch der appetitliche Lebensmittelmarkt und die unverfälschte Atmosphäre.

■ Bab Mansour

Vollständig heißt das Tor Bab el-Mansour el-Aleuj, also das Tor von Mansour, dem Renegaten. Es soll von einem zum Islam konvertierten Christen als Haupteingangstor in Moulay Ismails Residenzstadt erbaut worden sein. Das dreibogige Monumentalportal wird gestützt durch mächtige Marmorsäulen, die aus Volubilis hierher gebracht wurden. Die oberen Flächen des 16 Meter hohen Tores sind überreich dekoriert mit almohadischem Flechtbandwerk, ausgefüllt mit Zellij-Mosaiken in grün. Wer im 18. Jahrhundert durch das Tor den Palastbereich betreten wollte, wurde erst einmal ›schikaniert‹. Das heißt, Ein- und Ausgang lagen nicht in einer Flucht, sondern waren zum besseren Schutz im Zickzack versetzt, um potentielle Angreifer zu behindern – also eine ›Chicane‹. Heute dient diese Passage als Ausstellungsraum. Die Legende erzählt, dass Moulay Ismail den Architekten nach Fertigstellung fragte, ob er ihm ein noch schöneres Tor bauen könne. Und als dieser dies eilfertig bejahte, schlug ihm der Sultan den Kopf ab, denn es durfte im ganzen Reich kein schöneres Tor geben als das zu seiner Residenz. Die Geschichte spiegelt vor allem Moulay Ismails gefürchtete Grausamkeit wider, denn als der Despot 1727 starb, war das Tor noch in Bau. Es wurde erst 1732 fertiggestellt.

■ Sklavenverlies

Heute betritt man die Ville Impériale durch ein kleineres, links vom Bab Mansour gelegenes Stadttor. Dahinter liegt die **Place Lalla Aouda**, auf der heute ein duftender Rosengarten zum Verweilen einlädt. Ehemals war auf der Südseite des Platzes das Dar el-Kebir, der größte von 24 Palästen in Moulay Ismails Kaiserstadt.

Folgt man dem Straßenverlauf nach rechts, erreicht man einen eingefriedeten Pavillon, die **Koubbat el-Khyatine**, die

ehemals zum Empfang ausländischer Gesandter diente. Rechts davon führt eine unscheinbare Treppe in das ehemalige Verlies, in dem die Sklaven eingesperrt waren, wenn sie nicht gerade am Bau des Sultanspalastes beschäftigt waren. Von den insgesamt 30 000 bis 60 000 Sklaven, die die Ville Impériale aufbauten, waren rund ein Zehntel Christen. Das Gefängnis kann besichtigt werden, um sich eine Vorstellung von den ungeheuren Ausmaßen der unterirdischen Verliese zu machen, allerdings empfiehlt sich die Mitnahme einer Taschenlampe.

Prison des Chrétiens, Place Lalla Aouda; Okt.–Ende März tägl. 9–12 und 14–18 Uhr, im Sommer tägl. 8–12 und 15–18 Uhr, 10 DH.

Mausoleum Moulay Ismails

Folgt man dem weiteren Straßenverlauf, landet man auf einem zweiten Platz, auf dem linkerhand große Stapel Schafswolle vor den Läden aufgetürmt sind. Diese Schurwolle wird je nach Qualität hier weiter verkauft, um damit Matratzen auszustopfen oder später Djellabahs daraus zu machen. Durch das **Bab Moulay Ismail** gelangt man zu seinem links dahinter liegenden Mausoleum. Der prächtige Grabbau wurde schon 1703 errichtet, wie ein Schriftband aus Keramik in arabischer Schrift berichtet. Auch Nicht-Muslime dürfen dieses Mausoleum mit einer angeschlossenen, aktiven Moschee betreten, obwohl dies ansonsten in Marokko nicht gestattet ist. Zu verdanken ist dies Marschall Lyautey, der sich aus Respekt höflicherweise zurückzog, als der damalige Sultan das Gebäude betrat. In einem ersten Hof befindet sich ein Brunnen, an dem Passanten einen Schluck Wasser nehmen können. Durch einen kleinen Innenhof erreicht man den zentralen **Sahn** mit dem Brunnen für die rituelle Waschung.

Frau im Mausoleum von Moulay Ismail

Mann in Djellabah und Fez vor dem Eingangstor des Mausoleums

Vor dem Betreten des Inneren muss man die Schuhe ausziehen, um einen prächtig verzierten Hof zu erreichen, an dessen linker Seite ein Bogen – mit Gitter versperrt – den Blick auf die Grabmoschee mit Moulay Ismails letzter Ruhestätte freigibt. Sein Marmorepitaph wird flankiert von den Gräbern seiner Söhne und seiner Nachfolger Moulay Ahmed Ed-Dahbi und Moulay Abd er-Rahman ibn Hicham sowie rechts außen von dem Grab seiner ersten Ehefrau Lalla Khanta. In den Ecken hinter den Gräbern stehen zwei Standuhren französischer Provenienz – Gegengaben an den Sultan, nachdem dieser dem Sonnenkönig edle Pferde zum Geschenk gemacht hatte.

Heri es-Souani

Hinter dem **Bab er-Rih** beginnt eine kilometerlange Straße, links von der Stadtmauer, rechts von der Palastmauer begrenzt. Der Königspalast, das **Dar el-Makhzen**, ist der verbliebene Rest der kaiserlichen Stadt Moulay Ismails und dient im Bedarfsfall dem heutigen

König als ›bescheidene Herberge‹. Am Ende dieser Straße stößt man auf einen Großbau aus Stampflehm und Lehmziegeln, den **Heri es-Souani**. Dies war ehedem der riesige Getreidespeicher, in dem unter anderem Hafer und Heu für die 12 000 Pferde des Herrschers und seiner berittenen Truppen gelagert wurden. Der vordere Teil beherbergt, an einer Wand aufgestellt, eines der mächtigen Holztore, das aus dem Hauptpalast Moulay Ismails gerettet wurde.

Heri es-Souani; tägl. 9–13 Uhr und 15–18.30 Uhr, 10 DH.

Agdal

Rechts neben dem Heri erstreckt sich ein großes Wasserbecken, das die Stadt im Belagerungsfall mit Trinkwasser versorgen sollte, mit dem aber auch die Bäume des Obstgartens bewässert wurden. Der heutige Agdal hat nichts mehr mit den Lustgärten zu tun, in dem die 500 Konkubinen des Sultans lustwandelten. Stattdessen finden hier die Messen statt. Der Teil der Gärten, der nicht betoniert wurde, ist zum Rahmen des königlichen Golfplatzes geworden. Da König Hassan II. selbst ein leidenschaftlicher Golfer mit einem Handicap von acht war, gibt es an jedem Palast, den er häufiger besuchte, einen Golfplatz.

Haras National

Etwas außerhalb, im Süden der Stadt, befindet sich der 67 Hektar umfassende Haras National. Derzeit baut man an einem Besucherzentrum, um künftig Besucher des Gestüts empfangen zu können und mit den für Marokko typischen Rassen vertraut zu machen. Hier werden Araber, Berber und die Kreuzung der beiden, die Araber-Berber oder kurz Beraber, gezüchtet. Ursprünglich wurde dieses Gestüt 1923 durch die Franzosen gegründet, seit 1947 findet hier auch die Zucht statt. Eines der Hauptziele des Haras ist der Erhalt des heimischen Berberpferdes, von denen es nur einige tausend im Maghreb gibt. Etwa die Hälfte der insgesamt 450 Pferde des Haras gehört zu dieser Pferderasse, die Ausdauer, Schnelligkeit und Gehorsam auszeichnet und die daher ideal für den Kampf war. Um die Pferde an den Knall von Schwarzpulver-Flinten zu gewöhnen und die Angriffsform in breiter Reihe zu trainieren, wurden Reiterspiele durchgeführt. Heutzutage werden diese Reiterdarbietungen Fantasia genannt und zu Hochzeiten oder Moussems vorgeführt. Dafür wird ein Großteil der Pferde aus dem hiesigen Gestüt eingesetzt.

▲ Karte S. 164

Medina

Den Besuch der Medina beginnt man an der **Place el-Hedim**, gegenüber dem Bab Mansour. Der ›Platz der Verwüstung‹ verdankt seinen Namen dem Bauschutt, der entstand, als Moulay Ismail einen Teil der vorherigen Stadt abreißen ließ, um seine Ville Impériale entstehen zu lassen. Am Abend entwickelt sich der Platz zum Gauklermarkt, einer kleiner Kopie des berühmten Djemma el-Fna in Marrakesch. Links des Platzes reihen sich

Der Getreidespeicher Heri es-Souani

Lebensmittelmarkt in Meknès, Abteilung Oliven und eingelegte Zitronen

zahlreiche kleine Restaurants und Garküchen aneinander. Das dahinterliegende Gebäude beherbergt den schönsten Lebensmittelmarkt Marokkos.

Lebensmittelmarkt

Betritt man ihn durch das erste Tor links, steht man im Paradies der ›Schleckermäulchen‹, bei den **Konditoren**. Gazellenhörnchen, Mandel- und Honiggebäck türmen sich verlockend auf. In der ersten und zweiten Gasse rechts haben die **Gewürzhändler** ihre Läden. Oben sind bunten Pyramiden von Paprika, Kurkuma und anderem aufgestapelt, unter dem Ladentisch verkauft man Majoun, eine leicht berauschende Orangen-Cannabis-Marmelade. Geht man gleich den ersten Weg rechts, findet man Datteln, getrocknete Feigen, Aprikosen, Backpflaumen. Am anderen Ende des Marktes glänzen verführerisch die eingelegten Zitronen und Oliven von grün über lila bis schwarz.

Die davon links abzweigenden Gassen sind den **Metzgern** vorbehalten, inklusive der zum Zeichen der Frische aufgehängten Hammelköpfe. Die letzte Gasse links gehört ebenfalls den Fleischern, die hier Geflügel jedweder Art noch lebend im Angebot haben. An der Ecke der Gasse, die wieder zu den Patissiers führt, verströmen die Bündel von Kräutern wie Minze, Koriander und Petersilie ihren intensiven Duft. Ein Bummel über den Markt ist ein absolutes Muss!

Medinabummel

Am Ende des Platzes führt rechts der Weg neben den öffentlichen Toiletten in die Medina. Mit leichtem Linksknick kommt man direkt auf die Große Moschee zu. Immer wieder sieht man entlang der Mauer gespannte Fäden, die zu einem Garn gezwirbelt werden, das von den Schneidern, die an der Moschee ihre Werkstätten haben, verarbeitet wird. Im Frühjahr werden hier auch Orangenblüten, im April und Mai dann Rosenblätter verkauft, die die Damen von Meknès zu Hause zu Duftwassern destillieren. An der Moschee links abbiegend, gelangt man geradeaus zur Medersa.

Medersa Bou Inania

Diese Koranhochschule wurde vom Alaouitensultan Abu el-Hassan gestiftet und von dessen Sohn Abu Inan Faris vollendet. Im Erdgeschoss betritt man einen

Medersa Bou Inania

eleganten, kleinen Hof, der von Maschrabiyyas zwischen den Pfeilern eingerahmt wird und hinter denen sich die Zimmer der Professoren sowie die Bibliothek versteckten. Der untere Teil der Wände besteht aus Zellij, oben abgeschlossen durch ein Band aus schwarzen Keramikkacheln, von denen die Glasur soweit abgeschabt wurde, dass nur noch feinste Schriftzeichen in der kunstvollen und mit Arabesken ornamentierten Neskhi-Schrift stehen blieben. Einen eleganten Übergang erzielte man dadurch, dass direkt darüber Kalligraphie, nun aber aus Gips, anschließt, bevor die Hauptzone der Stuckaturen mit geometrischen und floralen Elementen folgt.

Den oberen Abschluss bildet die Wandfläche aus Zedernholzschnitzereien, die in zierlichen Balusterkonsolen in die Dachtraufe überleiten. Holzschnitzereien umrahmen auch die Fenster in der Stuckzone, über denen feine Muqarnas für Eleganz und Verspieltheit sorgen. Alles wirkt erlesen und edel. Der Blick der Studenten sollte durch nichts abgelenkt werden, nur von der Vielfalt Gottes im Schönen erzählen. Und so bleibt der Blick nirgends lange haften, man wird nur eingehüllt von mannigfaltiger Schönheit.

Am Ende des Eingangsflures führt eine Treppe in das obere Stockwerk zu den Studentenzimmerchen, die von jeweils zwei Personen bewohnt wurden. Von dort aus wiederum kann man auf die Terrasse steigen und das benachbarte Minarett der Großen Moschee bewundern.

Medersa Bou Inania, Rue Nejjarine; tägl. 9–12 Uhr, 15–18 Uhr, 10 DH.

■ Souks

Wendet man sich nach dem Verlassen der Medersa nach rechts, landet man im Hauptteil der Souks. Juweliere haben ihre Läden um kleine Höfe herum, Holzwaren, bestickte Tischwäsche und vieles mehr wird in dieser Rue du Souk en-Nejjarine verkauft. An deren Ende der Hauptgasse wendet man sich hier nach links und kommt über einen immer sehr belebten Straßenmarkt wieder zum Place el-Hedim.

▲ Karte S. 164

■ Museum Dar Jamaï

An der Place el-Hedim befindet sich das Volkskundemuseum in einem Stadtpalast des Großwesirs Mohammed Ben Larbi Jamaï, der 1882 erbaut wurde. Nach dessen Tod fiel die Familie Jamaï in Ungnade, der Palast wurde an Si Madani el-Glaoui, den Pascha von Marrakesch, verkauft, der ihn aber nie bewohnte. Nach der Machtübernahme durch die Franzosen 1912 wurde ein Militärkrankenhaus im Palast eingerichtet, das Hôpital Louis, sowie das Militärtribunal. Ab 1920 wurde das Gebäude zum Museum für Indigene Kunst, und bis heute wird hier marokkanische Volkskunst, überwiegend aus dem 19. Jahrhundert, präsentiert.

Der erste Bereich im Erdgeschoss ist um den Patio herum angeordnet. In den Räumen um diesen malerischen Riad waren Küche und Privatgemächer, heute sind hier sämtliche traditionellen Kunsthandwerke der Stadt Meknès präsentiert: geschnitztes und bemaltes Zedernholz, Stickereien, Kleidung wie Kaftane und bestickte Gürtel, Schmuck, Teppiche, Keramik, Messingwaren, Schmiedearbeiten mit schönen Exemplaren besten Damaszener Stahls. Ein Bereich ist der marokkanischen Reitkunst, der Fantasia, gewidmet.

Im Obergeschoss honoriert man die Geschichte des Hauses und hat einen Prunksalon wieder auferstehen lassen. An den Wänden der Gänge sind Manuskripte aus dem 17. Jahrhundert ausgestellt.

Musée Dar Jamaï, Place el-Hedim, Tel. +212/555/530863; tägl. 9–12 Uhr und 14.30–18.30 Uhr, 10 DH.

Edle Araberpferde

Als großer Bewunderer des Sonnenkönigs Ludwig XIV. war Moulay Ismail stets bestrebt, engere Bande zu knüpfen. Zu diesem Zweck machte er dem französischen Monarchen unter anderem mehrere kostbare Pferde zum Geschenk. Die Ausfuhr von Berber- und Araberpferden hätte bei jedem anderen Marokkaner zur Todesstrafe geführt, waren sie doch der Stolz und Erfolgsgarant bei militärischen Aktionen, wegen ihres Mutes, ihrer Schnelligkeit und Ausdauer. Solch einen edlen Araber sandte nun Moulay Ismail 1688 nach Frankreich, doch Ludwig interessierte sich nicht sonderlich für Pferde, nur für die Jagd. Da dieses Araberpferd nicht jagdtauglich war, verkaufte er es weiter, und es landete schließlich unter dem Namen ›Byerley Turk‹ im Besitz des englischen Captains Robert Byerley in England, wo er auf seinen zwei Gestüten die Stuten von diesem Araberhengst decken ließ. Die daraus entstandenen Töchter nahmen großen Einfluss auf die weitere Zucht, und berühmte Rennpferde wie ›Herod‹ und ›Tourbillon‹ gingen aus dieser Linie hervor. Auch ein zweiter Hengst verfehlte des Königs Interesse, und so konnte Thomas Darley, der britische Konsul in Aleppo, das Pferd 1703 erwerben. Aus der Bedeckung mit der Stute ›Betty Leedes‹ entstand das erste Wunderpferd der Rennsportgeschichte, ›Flying Childers‹, und später das Rennpferd ›Eclipse‹.

Ein drittes Pferdegeschenk war ein weniger feuriger Berberhengst, der dem minderjährigen Urenkel und Nachfolger auf dem Bourbonen-Thron, Ludwig XV., als Spielgefährte dienen sollte. Doch auch dessen Interesse ließ bald nach, und so wurde ›Shams‹ an einen Pariser Transportunternehmer verkauft, der das Pferd Karren durch die Stadt ziehen ließ. Über mehrere Zwischenstationen landete dieser Hengst beim Earl of Godolphin, der den Hengst nun ›Godolphin Barb‹ nannte. Als das Pferd im Alter von 39 Jahren starb, hatte es unter anderem ›Cade‹ gezeugt, den legendären Vater des noch legendäreren ›Matchem‹. Auf diese drei Pferde aus dem Gestüt Moulay Ismails gehen fast alle Rennpferde der Welt der Rasse Englisches Vollblut zurück.

Stolzer Araberhengst im Schmuckornat

Meknès-Informationen

Allgemeine Informationen

Vorwahl: +212/535.

Délégation Régionale du Tourisme de Meknès, 27, Place Administrative, Tel. +212/535/524426.

Banken

Banken mit Automaten gibt es in der Französischen Neustadt und an der Place el-Hedim an der Medina.

Anreise

Mit dem Bus

Busbahnhof, beim Bab el-Khemis, Fahrplanauskünfte bei **CTM**, 43, Avenue des FAR, Tel. +212/535/514618. Busse ab Casablanca, Rabat, Fès, Ifrane, Tanger, Tétouan, Agadir und Erfoud. Am Busbahnhof vor dem Bab el-Khemis stehen auch die **Sammeltaxen**.

Innerhalb der Stadt fahren **Linienbusse**, die die Neustadt Ville Nouvelle mit der Place el-Hedim verbinden. Auskünfte über die Linien erteilt die Gesellschaft **Citybus** nur telefonisch, Tel. +212/535/522496.

Mit der Bahn

Bahnhof, Avenue de La Gare, östlich des Zentrums, Auskünfte zu Fahrplänen und Tarifen auf www.oncf.ma. Die Züge ab Marrakesch (175 DH) erreichen Meknès über Casablanca (90 DH) und Rabat (65 DH). Ab Fès zahlt man 20 DH, ab Tanger 85 DH für eine Bahnfahrt nach Meknès.

Unterkunft

Hotels

Die Hotels befinden sich ausnahmslos in der Neustadt.

Hotel Tafilalet & Spa (€€€), 4, Rue Abd el-Moumen Mouahidi, Tel. +212/535/519696, www.hoteltafilalet.com. Vier-Sterne-Hotel mit großzügigen Zimmern. Modern-gemütliche Ausstattung.

Bellevue & Spa (€€), 21, Avenue des FAR, 0535/512695, www.hotelbellevue.ma. Drei-Sterne-Hotel mit sauberen, modernen und komfortablen Zimmern. Kostenloser Parkplatz.

Ibis Meknès (€), Avenue des FAR, Tel. +212/532/110281, www.ibis.com. Frisch renoviertes, modern eingerichtetes Drei-Sterne-Hotel. Großer Garten mit Pool. Sehr gutes Preis-Leistungsverhältnis.

Riads

Alle Riads sind in der Medina oder in fußläufiger Entfernung knapp außerhalb.

Riad d'Or (€€), 17, Derb Lalla Aicha Adouia, Tel. +212/535/533871, www.riaddor.com. Gästehaus mit marokkanischer, opulenter Ausstattung in guter Lage. Schöne Atmosphäre.

Riad Yacout (€€), 22, Place Lalla Aouda, Tel. +212/535/533110, www.riad-yacout-meknes.com. Geschmackvolles Riad in hervorragender Lage. Hammam, Dachterrasse, gutes Essen.

Riad Lahboul (€€), 6, Derb Ain Sefli, Tel. +212/535/559878, www.riadlahboul.com. Geschmackvolles, individuelles marokkanisches Design. Sehr gute Küche; Hausherrin Mouna gibt auch Kochkurse.

Riad Safir (€€), Derb Lalla Alamia, Bab Aissi, Tel. +212/535/534785, www.riadsafir.com. Reizendes Gästehaus, sehr liebevoll dekoriert, sehr sauber, sehr aufmerksames Personal.

Riad Bahia (€€), Derb Tiberbarine, Tel. +212/535/554541, www.ryad-bahia.com. Schönes Riad mit orientalischem Ambiente; Hammam.

Riad Felloussia (€–€€), 23, Derb Hammam Jdid, Tel. +212/535/530840, www.riadfelloussia.com. Traditionelles Riad mit modernem, fast puristischem marokkanischen Design. Top-Lage; Blick von der Dachterrasse auf den Place el-Hedim.

La Maison d'à Coté (€–€€), 25, Derb Lakhouja, Tel. +212/535/535101, www.riadmaisondacote.com. Wunderschöner Riad mit dezent marokkanischer Einrichtung, mitten in der Medina. Sehr aufmerksame Gastgeber.

Salon des Wesirpalastes Dar Jamaï, heute Musée Jamaï

Atika Mek (€), 11, Derb el-Katib, Souk Kabet, 0535/535487, www.riad-atika.com. Einfaches, aber gemütliches Riad mit Dachterrasse. Gute, ruhige Lage; Zimmer etwas altbacken.

Amazigh (€), 32, Derb Ahmed Chebli, Tel. +212/535/530908, riadamazigh@gmail.com. Riad mit geschmackvoller, marokkanischer Einrichtung und einer Dachterrasse mit Panoramablick.

Camping

In Meknès gibt es keinen Campingplatz mehr, der nächstgelegene Platz ist **Bellevue Zerhoune** bei Moulay Idriss, Tel. +212/663/569856. Wegen der veralteten Sanitäranlagen nur bedingt zu empfehlen.

Gastronomie

In den kleinen Restaurants an der **Place el-Hedim** kann man einfach, aber gut essen. Es gibt hervorragende kleine gegrillte Lammwürstchen (Merguez), Fleischspieße (Brochettes) oder Tajines, alles frisch zubereitet mit Produkten vom nahen Lebensmittelmarkt. Wer etwas stilvoller essen möchte, könnte in folgende Restaurants gehen:

Le Relais de Paris (€€–€€€), 46, Rue Oqba ibn Nafi, Tel. +212/535/515488, relaismeknes@yahoo.fr. Ausgezeichnete klassische französische Küche, schöne Terrasse.

Riad Yacout (€€), 22, Place Lalla Aouda, Tel. +212/535/533110, www.riad-yacout-meknes.com. Hervorragende marokkanische Küche in stilvollem Rahmen.

Omnia (€), 8, Rue Ain el-Fouki, Tel. +212/535/533938. Traditionelle marokkanische Küche in einem Riad mit Essen wie bei Muttern. Sensationelle Preise (Menü 80 DH).

Festivals

Jedes Jahr im September findet das **Fantasia-Festival** mit Reitvorführungen statt.

Reiten

Club Farah, Tel. +212/535/548844, Ansprechpartnerin Renate Erroudani, www.clubfarah.com. Reitertouren im Mittleren Atlas, Reitferien und -kurse.

Ärztliche Versorgung

Hôpital Mohammed V, Avenue Zerktouni, Tel. +212/535/521134.

Hôpital Sidi Said, Quartier Sidi Said, Tel. +212/535/534929.

Fès

»Fès ist eine Stadt aus kleinen Kästchen, die ineinander gesteckt sind wie in einer Film- oder Theaterdekoration. Die Mauern sind ziemlich grau, blässlich, glanzlos. Nur die grünen Ziegel zeigen hier und da Gebetshäuser, Moscheen oder Medersen an. Ein seltsamer Eindruck: man glaubt, eine eingeschläferte Stadt vor sich zu haben. Kein Geräusch ist zu vernehmen. Rauch steigt zum Himmel, und man ahnt, dass da Töpfer bei der Arbeit sind. Der Rest ist bedeutungslos. Nichts Außergewöhnliches. Eine Stadt mit ein wenig Grün, Minaretten und einem überdimensionalen Schweigen. Das ist umso merkwürdiger, als sich hinter dem scheinbaren Schlaf Leben verbirgt, kostbare Schönheit, wunderbare Architektur, Innenräume, die von einer großen Zivilisation und einer beeindruckenden Kultur zeugen. Und diese Zivilisation hat sich bis heute erhalten. Die Kunst, vor allem das Kunsthandwerk, ist in den Alltag integriert.« So schreibt Tahar Ben Jelloun (geb. 1944) über seine Heimatstadt. Mehr als eine Million Einwohner hat die Stadt, die ›ihre Jungen wie eine Mutter behütet‹.

Stadtgeschichte

Fès wurde im Jahr 808 durch Idriss II. gegründet. Eine Legende besagt, er habe eine neue Hauptstadt für das Idrissiden-Reich gründen wollen, wusste aber nicht, wo. Und als er darüber nachgrübelte, sei ein alter Bauer wie aus dem Nichts zu ihm gekommen, habe ihm seine Hacke gegeben und Idriss empfohlen, selbige über die Schulter von sich zu schleudern und dort, wo sie einschlägt, die Stadt zu errichten. Gesagt, getan. Und das er das Werkzeug, das auf Arabisch ›Sef‹ heißt, rückwärts warf, gab er der neuen Stadt den Namen Hacke, aber rückwärts: Fès. Schon wenige Jahre nach der Gründung ließen sich muslimische Andalusier, die sich in Al-Andalous gegen die Omayyaden erhoben hatten und fliehen mussten, am Ostufer des Stadtflusses nieder. Bald darauf, Ende des 9. Jahrhunderts, kamen Flüchtlinge aus Kairouan in Tunesien, die vor der Unterdrückung der dort Herrschenden nach Westen geflohen waren und sich am Westufer ansiedelten. Dadurch wuchs die Stadt recht schnell. Ursprünglich waren beide Stadtteile von einer eigenen Mauer umfriedet, da es

▲ Karte S. 173

Zentrum von Fès el-Bali, vom Borj Nord aus gesehen

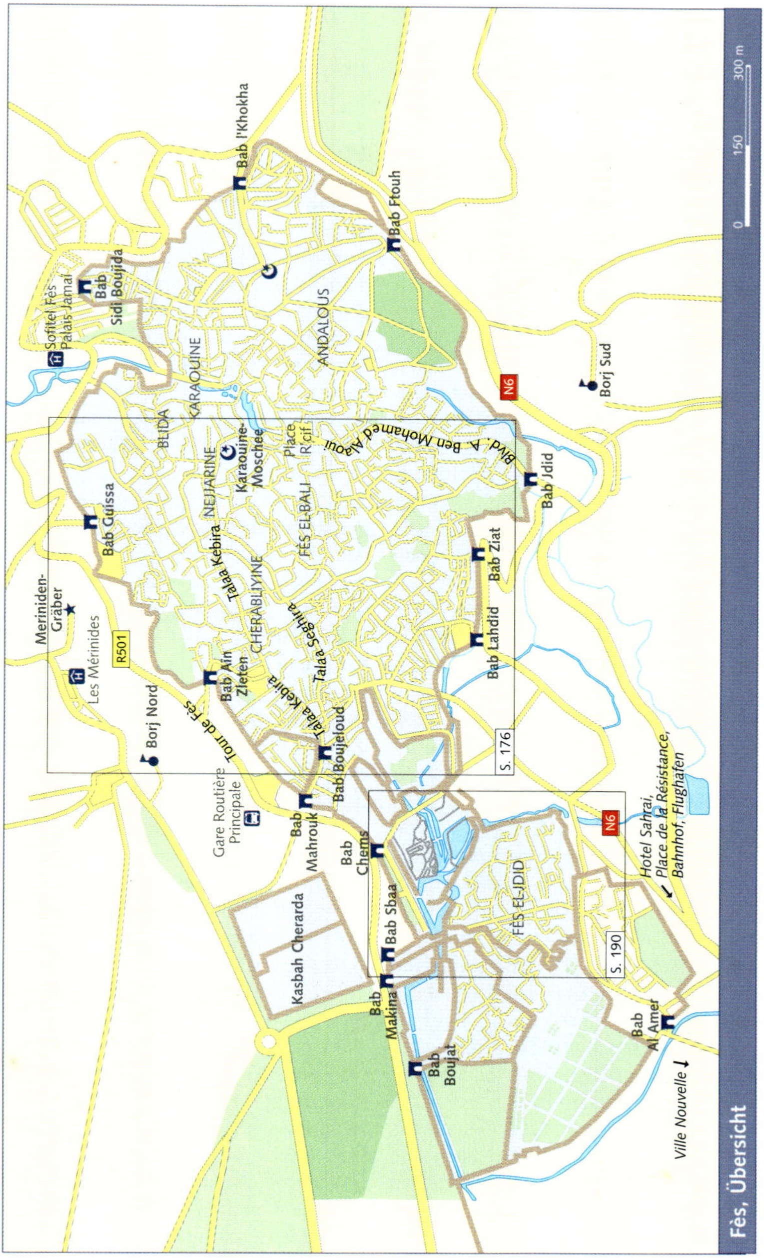

Fès, Übersicht

Casablanca und die Königsstädte

immer wieder zu Fehden zwischen den Bewohnern gekommen war. Erst nach der Eroberung durch die Almoraviden wurden beide Städte dauerhaft verbunden.

Blütezeit unter den Meriniden
Den größten Aufschwung brachte die Meriniden-Zeit. Nach zweijähriger Belagerung gelang den Bani Merin 1248 die Eroberung von Fès und die Vertreibung der Almohaden. Die Meriniden machten Fès zu ihrer Hauptstadt, die in der Folgezeit wieder wuchs. 1276 erließ der Sultan Abu Youssef Yacoub ein Dekret, mit dem er die Gründung eines neuen Stadtteils befahl, Fès el-Jdid – Neu-Fès. Da nach der Rückeroberung Córdobas durch die Christen viele andalusische Flüchtlinge in den Maghreb kamen, ließ sich der größte Teil von ihnen im blühenden Fès nieder. Die Stadt zählte dadurch Ende des 13. Jahrhunderts bereits mehr als 200 000 Einwohner, 785 Moscheen, 200 Funduks und tausende von Läden. Anfang des 14. Jahrhunderts wurde für die vielen jüdischen Flüchtlinge eine Mellah geschaffen, in die alle 36 000 Juden der Stadt umgesiedelt wurden.
Die Eroberung von Fès durch die Saadier und die Verlegung der Residenz nach Marrakesch brachte einen wirtschaftlichen Verfall. Erst unter den Alaouitensultanen konnte sie sich wieder halbwegs erholen. Als französische Truppen am 21. Mai 1911 einmarschierten, zählte Fès 85 000 Bewohner. Obwohl nach Beginn der Protektoratszeit der Hauptstadtstatus verloren ging, erlebte auch Fès einen gewaltigen wirtschaftlichen Aufschwung durch die Franzosen. Der neue Stadtteil Ville Nouvelle entstand. Fès hat zwar die administrative Verwaltung des Landes an Rabat verloren, ist aber nach wie vor das religiöse Zentrum Marokkos, die Kulturhauptstadt und das ›Königreich der Kunsthandwerker‹.

Stadtgliederung

Der älteste Teil von Fès liegt auf etwa 400 Meter Höhe in einem 230 Hektar großen Becken beiderseits des Oued Fès und wird **Fès el-Bali** genannt. Diese **Altstadt** gliedert sich in zwei Viertel (Adouat): das **Adouat al-Karaouine** und das **Adouat al-Andalous**. Jedes dieser Viertel ist in Haouma untergliedert, die immer eine eigene Moschee, einen Hammam, eine Korangrundschule (Msid), einen Brunnen und einen öffentlichen Backofen (Ferran) haben. In einem Ferran backt sowohl ein Bäcker Brot, das käuflich erworben werden kann, als auch das Brot, das die Hausfrauen selbst herstellen. Die Brote werden mit einem Brotstempel markiert, meist von den Kindern auf dem Weg zur Schule auf großen Brettern abgegeben und mittags gebacken wieder abgeholt. Dazu hatte früher jede Haouma einen Gewürzhändler, einen Gemüsehändler und einen Kohlenhändler.
Fès el-Jdid aus dem 13. Jahrhundert liegt auf einem Plateau oberhalb und beinhaltet als größten Teil den Königspalast, daneben aber auch die Mellah. Die **Ville Nouvelle** wurde ab 1916 auf einem Plateau im Westen der Altstädte angelegt. Seit der Unabhängigkeit sind sowohl im Norden der Stadt an den Ausläufern des Rifs auf bis zu 575 Meter Höhe wie auch in der Saiss-Ebene im Süden, dem Mittleren Atlas zugewandt, viele moderne Trabantenstadtteile entstanden.

Fès el-Bali

Auf einer Fläche von 40 Fußballfeldern wohnen mittlerweile 400 000 Menschen, doppelt so viele wie im Mittelalter. Haupttransportmittel in der Altstadt sind Esel, Mulis und Maultiere, oft schwer beladen mit Gasflaschen, Getränkekisten, Fellen und ähnlichem. Da sie angesichts der steilen Gassen nicht stoppen oder

▲ Karte S. 173

Hof der Medersa Bou Inania

Meriniden-
gräber
Les Mérinides
R501
Bab Guissa
Derb Zenjfor
Oued Boukhrareb
Borj Nord
Tour de Fès
Derb El Amer
8
Moschee Sidi
Ahmed Tijani
BLIDA
Souk
el-Attarine
Gerberei
Chouara
6
Medersa
el-Attarine
Medersa
Mesbahiya
Bab
Aïn Zleten
Henna-
Souk
Kissaria
Karaouine-
Moschee
Cherabliyine-
Moschee
Nejjarine-
Brunnen
Mausoleum
Idriss II.
Nejjarine-
Funduk
Medersa
Seffarine
Medersa
Cherratine
Talaa Kebira
11
Talaa Seghira
Place
R'cif
4
Talaa Kebira
Medersa
Bou Inania
Talaa Seghira
Aqebt Sba
Oued Sowafine
3
Boulevard A.B.Mohamed Alaoui
2
5
Museum
Batha
7
9
1
Bab
Boujeloud
12
2
10
Derb el-Hamiya
Chaq Bdènjala
Derb el-Hamiya
Derb Douh
Derb Bab Jahdid
Derb Bab Jdid
Avenue Allal Fassi
1
Bab
Lahdid
Bab Ziat
Bab Jdid
Fès el-Bali
0
100
200 m

ausweichen können, sollte man sich bei einem Bummel durch die Souks bei jedem Ruf ›Belek, Belek‹, ›Achtung, Achtung‹, in den nächsten Hauseingang oder an die nächste Wand drücken, um ohne Kollisionen und blaue Flecken heil aus dem Gassengewirr herauszukommen. Als idealer Ausgangspunkt empfiehlt sich der Start am Bab Boujeloud. Mit dem Durchschreiten des Tores beginnt man eine wahrhafte Zeitreise ins Mittelalter.

Bab Boujeloud

Das Tor wurde zwar erst 1913 errichtet, ist aber zu einem der Wahrzeichen der Stadt geworden. Es ist mit seinen nach außen blauen und innen grünen Kacheln älteren maurischen Stadttoren der Stadt nachempfunden. Grün ist die Farbe des Islam, blau jene der Stadt Fès. Oft wird man rund um das Tor von Kindern und Jugendlichen angesprochen, die ihre Dienste als Stadtführer anbieten und sehr aufdringlich sein können. Man sollte ihnen keine Aufmerksamkeit schenken und zielstrebig die Medina betreten oder bereits am beziehungsweise über das Hotel einen offiziellen, lizensierten Führer engagieren.

Hotels und Riads
1 Palais Faraj
2 Jardin Public
3 Riad Fès
4 Riad Dar Bensouda
5 Riad Le Calife
6 Riad Dar Attajalli
7 Riad Braya
8 La Maison Maure
9 Riad Dar Victoria
10 Riad Dar Faracha
11 Riad Sanaa Rose
12 Riad Palais Batha

Restaurants
1 La Maison Bleue
2 Les Jardins de Sheherazade

Das Bab Boujeloud

Gleich hinter dem Tor landet man auf einem kleinen Platz, der von mehreren eher touristischen Restaurants und Cafés gesäumt ist. Die Preise sind hier zwar höher als andernorts in der Medina, trotzdem kann man hier recht preiswert gute marokkanische Küche probieren. Geht man an diesem Platz geradeaus, gelangt man auf die Talaa Seghira, eine der beiden Hauptstraßen, die ins Herz der Medina führt. Zweigt man auf dem Platz gleich hinter dem Tor links ab und geht dann unmittelbar rechts, so landet man auf der zweiten Hauptachse: der Talaa Kebira, der großen Steige. Beide Straßen vereinigen sich später.

Medersa Bou Inania

In der Talaa Kebira sind zunächst Lebensmittelgeschäfte angesiedelt. Auf einem Holzkarren werden Orangenblüten- und Rosenwasser verkauft. Katzen warten vor dem Laden des Metzgers auf Leckereien, Gemüse je nach Saison wird verkauft. Lässt man sich vom Strom der Menschen treiben, erreicht man schon nach kurzem auf der rechten Seite den Eingang zur Medersa Bou Inania. Mit dem Bau der jüngsten islamischen Hochschule der

Stadt wurde unter Sultan Abu el-Hassan zwischen 1350 und 1357 begonnen, es sollte die größte und schönste Koranschule des Landes werden. Der prächtige Bau wurde aber erster unter der Herrschaft seines Sohnes Abu Inan vollendet und trägt daher dessen Namen.

Nach langen Renovierungsarbeiten zwischen 1995 bis 2004 können nun wieder die vielen Details der aufwändigen Fayence-Mosaike, Holzschnitzarbeiten sowie der Muqarnas in voller Pracht bewundert werden. Besondere Aufmerksamkeit verdienen die **Eingangstür** mit schweren Bronzebeschlägen und massiven Türklopfern in Sternform, das Pflaster aus kostbaren Onyxplatten sowie die besonders feinen **Holzschnitzereien** an der rechten Tür im Inneren. Im Gegensatz zu vielen anderen Medersen der Stadt besitzt die Bou Inania sogar ein eigenes Minarett, da sie eine bis heute intakte Freitagsmoschee ist. Als Koranschule hingegen ist sie seit den 1960er Jahren nicht mehr in Betrieb. Ein Graben trennt den Hof vom **Gebetssaal**, der von Nichtmuslimen nicht betreten werden darf. Doch der Blick geht vom Hof frei in den Moscheeraum. Links und rechts des Mihrab fallen zwei schlanke Holztüren auf. Hinter der rechten verbirgt sich der Minbar, der nur zum Freitagsgebet herausgezogen wird. Hinter der linken liegt eine Art Sakristei, ein Raum, der dem Imam zur Vorbereitung dient.

Beim Verlassen der Medersa sieht man am gegenüberliegenden Haus oben ein Glockenspiel aus der gleichen Zeit. Sieben der ursprünglich dreizehn Bronzeglocken sind noch erhalten. In diesem Haus soll der jüdische Philosoph, Arzt und Rechtsgelehrte Maimonides im 12. Jahrhundert gewohnt haben.

Medersa Bou Inania; tägl. 8–17, im Sommer bis 18 Uhr, 10 DH, nur während der Gebetszeiten geschlossen.

▲ Karte S. 176

Inventur im Couscous-Laden an der Talaa Kebira

■ Talaa Kebira

Folgt man dem Straßenverlauf der immer enger werdenden Talaa Kebira geradeaus leicht bergab, kann man schon bald das Minarett der 1342 errichteten **Cherabliyine-Moschee** sehen. Zu beiden Seiten der Gasse befinden sich zahlreiche alte Funduks, in deren Höfen heute kleine Handwerkerwerkstätten untergebracht sind. Kurz hinter dem Restaurant Palais Mérinides vereinigt sich die Straße mit der Talaa Seghira. Je weiter man nach unten kommt, desto dichter wird das Gedränge. Ein schmaler Durchgang führt zum **Henna-Souk**. Auf einem kleinen Platz wird im Schatten von Platanen Hennapulver verkauft wird, mit dem sich Marokkanerinnen Hände und Füße verzieren, vor allem anlässlich von Hochzeiten. Außerdem kaufen sie hier Antimonpulver als traditionellen Kajal sowie rustikale Töpferwaren.

Wieder zurück auf der Talaa, beginnt gleich dahinter der **Souk el-Attarine**, auf dem Gewürze, aber auch Kleidung verkauft werden. Die Straße endet bei der Kissaria.

Talaa Seghira

Biegt man nach der Medersa Bou Inania in die erste, schmale Gasse nach rechts ab, trifft man auf die Talaa Seghira mit vielen kleinen Läden. Offen auf der Straße meißeln die Steinmetze kleine Marmorplatten zu Grabsteinen. Auf der linken Straßenseite (Nr. 35) befindet sich das **Geschäft des Ziseliermeisters Mohammed Guernani**, der die Ehre hatte, die Tore am Königspalast gestalten zu dürfen und zu den Aushängeschildern der Kunsthandwerksgilden der Stadt gehört. Schon im Mittelalter hatte Fès 150 Zünfte mit 3500 sogenannten Fabriken, also Handwerkerateliers. Die Straßenhändler und Souvenirläden reihen sich nun immer dichter aneinander, so dass die richtige Abzweigung in den Souk der Tischler nicht leicht zu finden ist. Geht man über die Talaa Seghira, biegt vor einem Torbogen scharf nach rechts ab, geht über ein Stufen abwärts und folgt der Gasse geradeaus, so hat man den Tischlerplatz erreicht.

Nejjarine-Viertel

Am Platz der Tischler, so die Bedeutung des Wortes Nejjarine, befindet sich der berühmteste Brunnen Marokkos. Schon im Mittelalter war Fès für sein ausgeklügeltes Wassersystem berühmt. Bereits um 1200 hatte Fès 80 öffentliche Brunnen, 93 Bäder, dazu sechs Hauptwasserkanäle, die unter den Hauptstraßen für Frischwasserzufuhr, aber auch für Kühlung sorgten. Unterirdische Kanäle entsorgten das Abwasser auf die Felder rund um die Stadt.

Rechts vom Brunnen ist die Tischlergasse, in der unter anderem die bunten oder glitzernden Hochzeitsmöbel hergestellt werden. Der Duft von Zedernholz liegt in der Luft. Links hinter dem Brunnen ist der prachtvolle Eingang zum **Nejjarine-Funduk** zu bewundern, der wie der Brunnen und die Gasse seit Jahren durch die Stiftung Mohammed Karim Lamrani restauriert wird und in dem sich heute das Holzmuseum befindet. Ein Café links vor dem Museum und ein Dachcafé im Museum bieten sich für eine kleine Pause an.

Holzmuseum

In einem fast 300 Jahre alten Funduk öffnete 1998 das Holzmuseum seine Pforten. Diese ehemalige Karawanserei – eine von 200, die die Stadt im 13. Jahrhundert zählte – wurde dank einer Stiftung des ehemaligen Premierministers Mohammed Karim Lamrani für 25 Millionen Dirham restauriert. Gemäß dem Historiker Al-Naciri ließ Sultan Moulay Ismail 1711 dieses schöne Gebäude errichten. Im Erdgeschoss waren die Tiere untergebracht, in den oberen Stockwerken die Händler. Im Hof wurden Waren gehandelt, die hauptsächlich für den Makhzen bestimmt waren und besonders kostbar und pretiös waren. Im Museum sind über drei Etagen in 51 Räumen Holzobjekte und Werkzeug zur Holzbearbeitung in drei großen Themenbereichen angeordnet.

In der Tischlergasse

Holzmuseum im ehemaligen Foundouk am Place Nejjarine

Im Erdgeschoss sind die verschiedenen Metiers, die mit Holz arbeiten, repräsentiert. Die Arbeiten der Tischler, Drechsler, Schnitzer und ihr jeweiliges Werkzeug sowie Holzgerätschaften im Alltag werden hier erläutert. Die Dekorationen der Objekte beschränken sich auf einfache, meist geometrische Muster.
Das Thema der ersten Etage ist Holz in der Architektur. Mobiliar, Spielzeug und Hochzeitsmöbel zeichnen anhand unterschiedlicher Stücke ein Bild der Regionen Marokkos. Eine Auswahl von Holzarbeiten aus berühmten profanen wie religiösen Bauwerken, Friese, Decken, Fenster, komplettieren diesen Ausstellungsbereich. Die hier gezeigten Exponate gehören zu den ältesten des Museum und datieren bis ins 13. Jahrhundert zurück.
Das oberste Stockwerk ist den Holzgegenständen, die in der islamischen Liturgie eingesetzt werden, sowie Musikinstrumenten vorbehalten, unter anderem sind Minbare ausgestellt.
Musée des Arts et Métiers du Bois, Place Nejjarine, Tel. +212/535/740580; tägl. 10–18 Uhr, im Sommer bis 19 Uhr, 20 DH.

▲ Karte S. 176

Horm

Am Ende des Platzes, den Funduk und Brunnen im Rücken, kann man links zum Henna-Souk und Souk el-Attarine gehen. Orientiert man sich stattdessen rechts, geht es leicht bergauf, und schon nach wenigen Schritten ist links eine Holzbarriere auf Kopfhöhe zu bemerken. Dies ist die Absperrung der Horm, des heiligen Bezirkes, der für Esel und andere Lasttiere verboten ist und daher mit dem Balken unpassierbar gemacht ist. Als Tourist hingegen darf man den Horm betreten und geht leicht bergan. In den kleinen Gelassen werden edle Öle und bunte Opferkerzen verkauft, die die Einheimischen zum Grabmal des Stadtgründers Moulay Idriss II. mitbringen. Das Mausoleum selbst am Ende der Gasse darf nur von Muslimen betreten werden. Die Restaurierungsarbeiten am Haupteingang sind weitgehend abgeschlossen.

Mausoleum Idriss II.

Die Grabstätte Idriss II. wurde 1437 von den Meriniden wiederentdeckt, die ein Mausoleum und eine Moschee errichten ließen. Im 17. Jahrhundert stiftete Moulay Ismail die Kuppel, die

Blick ins Mausoleum von Idriss II.

Tarbusch – die traditionelle Kopfbedeckung der Fassi

nach außen unter einem grün gedeckten Pyramidendach verborgen ist. 1956 ließ Mohammed V. das Grabmal restaurieren. Der Ort entwickelte sich zu einem bedeutenden Wallfahrtsort, auch heute noch zieht er viele Pilger an. Zum Ritual der Pilger gehört ein Kuss der Wand, hinter der sich der Sarkophag des Schutzheiligen verbirgt. Frauen opfern Geld und Naturalien, um sich die Baraka, die Schutzkraft, des Heiligen zu sichern. Jeden Herbst organisieren die Handwerksgilden zu Ehren Moulay Idriss' II. ein großes Moussem, dessen Höhepunkt die Prozession durch die Medina ist. Wendet man sich am Haupteingang nach rechts und folgt der Gasse, kann man links an der Fassade des Gebäudes zunächst einen Schlitz in der Wand bemerken, gedacht für die Geldspenden, und gleich daneben ein kleines Schmiedeeisengitter, an dem oft kleine Vorhängeschlösser angebracht sind. Diese werden von Frauen befestigt, als Mitteilung an den Heiligen, dass sie keinen weiteren Kinderwunsch mehr verspüren und er doch bitte dafür sorgen soll, dass sie nicht mehr schwanger werden. Empfängnisverhütung auf marokkanisch!

Kissaria

Hinter dem Mausoleum beginnt der Zentralbereich für Kleidung und Schmuck, die Kissaria. Ursprünglich waren die Fassaden und die Dächer über dem Souk aus Holz errichtet, heute sind die Fassaden eher nüchtern aus Beton. Da die reichen Stoffhändler den marokkanischen Widerstand gegen die Franzosen mitfinanzierten, legten die Franzosen 1954 einen Brand. Nach dem Wiederaufbau wurde das Viertel mit rechtwinkligen Straßen angelegt. In der Kissaria werden vor allem edle Stoffe wie Seide und Brokat per Coupon verkauft, die man dann beim Schneider zu exklusiven Modellen nähen lässt. Besonders schön ist der Bereich des Marktes, in dem die Garne aus glänzender Agavenseide in allen Schattierungen ausgestellt sind. Bei den Herrenausstattern gibt es dezentere Stoffe und auch mehr Prêt-à-porter-Djellabahs. Der Herr von Welt trägt dazu den kleinen roten Filzhut, der überall auf der Welt Fez genannt wird, nur hier, in der Hauptstadt des Hutes, nennt man ihn Tarbusch.

In den Gassen der Juweliere sind die massiven Hochzeitsgürtel in den Schaufenstern ausgestellt, die jeder Fassi seiner Braut bei der Hochzeit als ›Morgengabe‹ zu schenken hat. Diese Morgengabe bleibt immer in ihrem Besitz und ist als soziale Absicherung im Falle von Verwitwung oder Scheidung gedacht. Die alte Tradition des Versperrens der Eingangstore zum Markt während der Nachtstunden, um die kostbaren Waren zu schützen, wird bis heute fortgeführt.

Karaouine-Moschee

Verlässt man die Kissaria nach rechts und wendet sich an der nächsten Kreuzung nach links, vorbei an Geschäften, in denen bestickte Brautgürtel und Babuschen verkauft werden, öffnet sich der Blick

Die grünen Dächer der Karaouine

durch ein großes weißes Tor mit Hufeisenbogen in den Hof der berühmtesten und ältesten Moschee – Karaouine- oder Kairouaneser Moschee.

Das wichtigste Gebäude der Stadt geht auf das Jahr 859 zurück. Fatima el-Fihiri, die Tochter eines wohlhabenden Kaufmanns aus Kairouan, ließ mit dem Erbe des Vaters die renommierte Moschee bauen. Im Laufe der Jahrhunderte wurde die Anlage immer wieder erweitert. So war die Moschee ursprünglich nur etwa 30 Meter lang, mit einem Innenhof und vier Quergängen. Heute ist sie mit fast zwei Hektar Gesamtfläche die zweitgrößte Moschee Marokkos, nach der Hassan-II.-Moschee in Casablanca. Seit 956 ist die Moschee auch Lehranstalt und damit eine die älteste Hochschule der Welt, nicht nur der islamischen. Der Gebetssaal bietet Platz für über 20 000 Gläubige. Nichtmuslimen bleibt der Zutritt verwehrt, jedoch kann man von einem der 14 Tore einen Blick in den prächtigen, im maurischen Stil gestalteten Innenhof werfen. Den schönsten Blick hat man allerdings, wenn man vor dem Hufeisentor links geht und am Ende der Moschee die Gasse rechts einbiegt. Wenige Schritte weiter öffnet sich an einem weiteren Tor rechts der Blick in den Hof mit dem großen Brunnen.

Die Karaouine-Moschee ist von insgesamt vier **Koranhochschulen** umgeben. Links an dieser Gasse befindet sich die Medersa Mesbahiya, die 1347 durch Sultan Abu el-Hassan gestiftet wurde. Benannt wurde sie nach einem großen Gelehrten an der Karaouine-Universität namens Mesbah al-Yaslouti. Die Medersa ist nicht zu besichtigen. Folgt man der Straße, landet man auf der Place Seffarine, an der sich eine weitere Medersa befindet. Auch die dritte Koranhochschule, die Medersa Cherratine, ist nicht zu besichtigen. 1670 ließ der erste Sultan der Alaouiten, Moulay Raschid, auf den Ruinen einer Vorgängerschule diese größte aller Medersen von Fès errichten. Die vorherige Medersa Labbadine hatte er bewusst zerstören lassen, da die Studenten Frauen in die Schule einließen und sich wollüstigen Ausschweifungen hingaben. Die vierte Medersa ist die Attarine, die sich unmittelbar nördlich anschließt.

▲ Karte S. 176

Berühmte Studenten an der Karaouine

Etwa 100 Jahre nach der Errichtung der Moschee wurde Mitte des 10. Jahrhunderts aus der Karaouine eine Universität, an der nicht nur der Koran gelehrt wurde, sondern auch Fächer wie Grammatik, Rhetorik, Logik, Medizin, Mathematik und Astronomie. Schon kurz nach Gründung der Hochschule kam ein gewisser Gerbert von Aurillac (um 950–1003) hierher, um Mathematik, Philosophie und Arabisch zu studieren. Vor allem die Verwendung des Zahlensystems, das auf den indischen Zahlen basiert, dem die Araber aber die berühmte Null (arabisch ›Sifr‹) anfügten, beeindruckten Gerbert. Er nahm dieses System mit nach Europa und verwendete als erster ›arabische Ziffern‹. 999 wurde dieser belesene Mathematiker zum Papst gewählt. Er gab sich den kanonischen Namen Silvester II.

Doch die Karaouine hat noch viele weitere Gelehrte gesehen, sei es als Studenten oder Professoren. Dazu gehören Abu Imran el-Fassi (974–1039), einer der führenden Theoretiker der malikitischen Schule der islamischen Jurisprudenz, der Theologe Ibn el-Arabi (1076–1148), der Philosoph und Universalgelehrte Avempace (1085–1138), der Geograph und Kartograph Al-Idrissi (1099–1166), der Astronom Al-Bitruji (gest. 1204), der Rechtsgelehrte und Reisende Mohammed ibn el-Rushayd as-Sabti (1259–1321), der Dichter Ibn el-Khatib (1313–1374), der berühmte Soziologe Ibn Khaldoun (1332–1406), Leo Africanus (1494–1554), bekannter Reisender und Schriftsteller, der Theologe Hamdun ibn el-Hajj el-Fassi (1760–1817) und der Held der Rifkabylen Abdelkrim el-Khattabi (1882–1963). Unter christlichen Gelehrten sind der belgische Humanist, Theologe und Orientalist Nicolaes Cleynaerts (1493–1542) und der holländische Mathematiker Jakobus Golius (1596–1667) zu nennen.

Maimonides und Averroes

Die berühmtesten Gelehrten der Hochschule aber waren Maimonides und Averroes. Der in Córdoba geborene jüdische Gelehrte Maimonides (um 1136–1204) ließ sich um 1160 in Fès nieder und verfasste hier eine Einführung in die Kalenderberechnung sowie in die aristotelische Logik. Averroes (auf Arabisch Ibn Rochd, 1126–1198) kam ebenfalls in Córdoba zur Welt. Er wurde zum Hofarzt der Almohaden in Marrakesch. Er lehrte aber auch an der Karaouine in Fès und verfasste neben einer medizinischen Enzyklopädie Kommentare zu fast jedem Werk des Aristoteles. Dessen Logik war für ihn das Gesetz des Denkens und der Wahrheit sowie die einzige Möglichkeit für den Menschen, glücklich zu werden.

Maimonides-Denkmal in Córdoba

Die Karaouine heute

Während des Protektorats schrumpfte die Zahl der Studierenden an der Karaouine auf 300, da die marokkanische Elite begonnen hatte, ihre Kinder auf die neuen Hochschulen in westlichem Stil zu schicken. 1963 wurde der Lehrbetrieb eingestellt. Erst 1988 sorgte König Hassan dafür, dass die Karaouine wieder als Universität ihre Pforten öffnete, indem die traditionellen Studiengänge von der modernen Universität abgekoppelt wurden. Heute bietet die Karaouine-Universität Islamische Religions- und Rechtswissenschaften mit Schwerpunkt und besonderem Renommee in der klassischen arabischen Grammatik und Sprachwissenschaft sowie in malikitischem Recht. Rund 8000 Studenten sind heute an der Karaouine eingeschrieben, unterrichtet von 145 Dozenten. Ein paar wenige Stunden gibt es Unterricht in anderen, nicht-islamischen Fächern wie Französisch und Englisch sowie IT-Kurse. Der Unterricht wird in der traditionellen Methode abgehalten, bei der die Studierenden in einem Halbkreis auf Schilfmatten um einen Scheich herum sitzen, der sie auffordert, bestimmte Abschnitte eines Textes zu lesen, Fragen zu bestimmten Punkten der Grammatik, zum Recht oder seiner malikitischen Auslegung stellt und schwierige Punkte erklärt. Studenten aus ganz Marokko und dem islamischen Westafrika besuchen die Karaouine, selbst aus Zentralasien kommen Studenten. Auch spanische Konvertiten sind immatrikuliert. Die meisten Studenten sind im Alter von 13 bis 30 Jahren und studieren bis zu einem Bachelor-Abschluss.

Imaginäre Debatte zwischen Averroes und Porphyry, Abbildung aus dem 14. Jahrhundert

Place Seffarine

Hinter der ehrwürdigen alten Moschee liegt der Platz der Kupferschmiede, Seffarine, mit der gleichnamigen **Medersa**. Die älteste Koranhochschule von 1272 ist heute noch in Betrieb und kann daher nicht besichtigt werden. Gegenüber der Seffarine-Medersa befindet sich der Eingang zur **Bibliothek der Karaouine**, in der einige besonders rare Exemplare aufbewahrt werden. Zu den kostbaren Handschriften, die hier untergebracht sind, zählen die auf Gazellen-Pergament geschriebene, berühmte ›Al-Muwatta‹ von Malik ibn Anas, ein Exemplar des Korans vom Saadierherrscher Ahmed el-Mansour aus dem Jahre 1602 und das Original des ›Al-Ibar‹ vom ersten Soziologen der Geschichte, Ibn Khaldoun. Auf dem besonders pittoresken Platz selbst hämmern und schlagen die Kesselschmiede auf die großen Töpfe und Schüsseln, um sie zu reinigen und wieder in Form zu bringen. Steht bei einer Familie ein großes Fest wie eine Hochzeit an, leiht man sich hier das Kochgeschirr im XXL-Format. Wenn im Frühjahr Orangenblüten und Rosenblätter geerntet sind, kommen die Damen aus Fès hierher, um sich die Destillationsapparaturen auszuleihen. In der Leihgebühr für jedwedes Geschirr ist Transport und Reinigung inbegriffen.

Medersa el-Attarine

Die einzige der vier Koranhochschulen, die zu besichtigen ist, ist die Medersa el-Attarine. Deren Geschichte geht auf das Jahr 1323 zurück, in dem sie im Auftrag des merinidischen Herrschers Abu Said Othman erbaut wurde. In diesem äußerst bedeutendem Gebäude wurde noch bis zum frühen 20. Jahrhundert unterrichtet. Noch wird die Medersa aufwändig restauriert, das Erdgeschoss kann jedoch dennoch besichtigt werden; der Zugang nach oben ist geschlossen.

Kupferschmiede-Werkstätten an der Place Seffarine

Im ehemaligen Vorlesungsraum, der ebenfalls besucht werden kann, konnte ein wertvoller Bronzeleuchter der Gründungszeit erhalten werden. Sobald die Restaurierungsarbeiten abgeschlossen sind, können auch die winzigen Studentenzellen der Koranschüler sowie das Dach der Koranhochschule wieder besucht werden. Von dort aus hat man eine einzigartige Möglichkeit, einen Blick in den Hof der Karaouine-Moschee zu werfen.

Medersa el-Attarine; tägl. 9–18 Uhr, 10 DH. Tipp: Am besten zur Mittagszeit besichtigen, wenn keine Gruppen in der kleinen Medersa sind.

Zaouia Sidi Ahmed Tijani

Verlässt man die Medersa und wendet sich nach rechts, geht es in das Blida-Viertel. Eine besonders repräsentative Fassade mit bunt bemalter Tür findet sich mitten im Viertel der Weber an der rechten Seite an einer Straßenecke. Hinter selbiger verbirgt sich die **Moschee und Zaouia von Scheich Sidi Ahmed Tijani**, der schon im Alter von sieben Jahren

Rast vor der bemalten Eingangstür zur Zaouia Tijani

den Koran komplett auswendig gelernt hatte. 1737 kam er als 15-Jähriger nach Fès, um an der Karaouine zu studieren. Nach Abschluss seiner Studien begab er sich auf Reisen, unter anderem nach Mekka, um die Hajj zu machen. Dabei kam er mit verschiedenen Sufi-Orden in Kontakt. Nachdem ihm bei einem Aufenthalt im Dorf Boussemghoum in der algerischen Wüste der Prophet Mohammed erschienen war, beschloss er 1798, nach Fès zurückzukehren, um einen eigenen Orden zu gründen, der innerhalb kürzester Zeit großen Zulauf bekam. 1815 starb Sidi Tijani und wurde in dieser Zaouia beigesetzt.

Anfang Oktober jeden Jahres treffen sich hunderte von Anhängern der Tijaniya für drei Tage an seinem Grab, um den großen, als Marabout verehrten Meister zu würdigen. Seine Tariqa, sein Weg zur spirituellen Erkenntnis, hat sich auf allen fünf Kontinenten verbreitet, seine Adepten nennen sich untereinander ›Ahbab‹, Hochgeschätzter. Da diese Tariqa in absoluter Konformität zum Koran und der Sunna steht, hat sie sich in so vielen Ländern verbreiten können. Der Orden schätzt seine Anhängerzahl auf 200 Millionen, vor allem in Schwarzafrika wie im Senegal ist dieser Orden sehr populär. Zu den fast täglich durchgeführten Ritualen gehören chorale Lobgesänge in Gemeinschaft. Der Einzelne praktiziert den sogenannten ›Dhikr‹ durch eine monotone Wiederholung des Wortes ›Allah‹, bis sich ein Trancezustand einstellt.

Gerberei Chouara

Man folgt der recht breiten Gasse bis zum Ende, wo sie sich teilt. Hier schlägt man den Weg nach rechts ein und kommt in das Viertel der Gerberei Chouara. Das Handwerk der Gerberei hat in Marokko lange Tradition, und auch heute noch wird wie vor fast 800 Jahren gearbeitet. 40 Tage bis 60 Tage dauert es, bis aus einem Schaf-, Ziegen- oder Rinderfell feinstes Maroquinleder geworden ist. In der Chouara-Gerberei wird wie in alten Zeiten mit rein pflanzlichen Stoffen gearbeitet. Natürliche Materialien, wie Kalk, Granatapfel, Taubenkot, Weizenkleie, Tamariskenblüten und Baumrinde kommen für die verschiedenen Etappen zum Einsatz.

Im ersten Schritt wird die tierische Haut gewaschen, um Dung und Blut zu entfernen. Dann muss sie in einer Lauge aus Kalk von Fett, Fleisch und Haaren befreit werden. Anschließend werden die Häute in eine Beize aus Taubenkot gelegt, dann kommt Weizenkleie als Weichmacher zum Einsatz. Der eigentliche Gerbprozess geschieht dann hauptsächlich unter Verwendung von Tamariskenblüten. Zum Schluss wird das Leder in die gewünschte Farbe gebracht. Um das typische Gelb für die Männerbabuschen zu erzielen, nimmt man zum Beispiel Granatapfelschalen. In weißen, braunen und bunten Bottichen arbeiten junge Männer in einem Lederschurz auf mittelalterliche Art und Weise. Gute Bezahlung treibt sie hierher, dafür müssen sie aber gesundheitliche Risiken und vor allem unerträglichen Gestank in Kauf nehmen.

Rund um die Becken sind die Ledergeschäfte angesiedelt, die aus dem hier gegerbten Leder Taschen, Jacken, Gürtel, Babuschen und vieles mehr machen. Alle haben eine Dachterrasse, von denen aus sich die besten Blicke auf die Gerberei werfen lassen. Viele empfangen die Besucher mit einem kleinen Pfefferminzsträußchen, um den Gestank erträglich zu machen. Ein Obolus dafür ist angemessen.

Neben den traditionellen Gerbereien gibt es in Fès am Rande der Stadt auch moderne Gerbereien. Dort arbeitet man mit Schwefel, Kalk, Sulfat, Methansäure,

Becken zum Gerben und Lederfärben in der Gerberei Chouara

Schwefelsäure und Chrom. Nur zwei bis drei Tage dauert es in den modernen Betrieben, um eine Haut zu gerben. Großer Nachteil: Sie sind sehr umweltverschmutzend. 58 moderne Betriebe gibt es in Fès, und nur wenige von ihnen leiten ihr Wasser in eine Chrom-Wiederaufbereitungsanlage, die es seit 2003 gibt, und danach in eine seit 2012 bestehende

Großvater mit Enkel beim Schuhkauf

Kläranlage. Rund 40 Gerbereien leiten ihr giftiges Abwasser stattdessen direkt in den Fluss Sebou. Die Folge: Der wasserreichste Fluss des Landes ist hochgradig verseucht. So kann man nur hoffen, dass Traditionsunternehmen wie das von El Ghali Rahali in der Chouara noch lange mit mittelalterlichen Methoden arbeiten.

Andalusierviertel

Folgt man vom Seffarine-Platz der Beschilderung ›Place R'cif‹, kommt man zum wenig spektakulären Souk der Wollfärber. Über die **Sidi-el-Aouad-Brücke** kurz dahinter gelangt man in den östlichen, weniger touristischen Teil von Fès, das Andalusierviertel. Über die Rue Sidi Youssef, die steil den Hang hochführt, landet man vor dem Portal der **Andalusier-Moschee**, die im Jahr 860 von Myriam, der Schwester der Stifterin der Karaouine-Moschee, finanziert wurde. Als Nichtmuslim kann man über eine breite Treppe nur das schöne Eingangsportal mit holzgeschnitztem Dach bewundern. Alles in allem ist das Andalusierviertel hauptsächlich ein Wohnviertel. Die ehemals berühmten Töpfer, die am östlichen Rand beheimatet waren, zogen ins Quartier Ain Noqbi.

Fès el-Jdid

Das ›Neue Fès‹ wurde als Residenzviertel unter den Meriniden-Sultanen ab 1276 angelegt. Auch ein jüdisches Ghetto entstand angrenzend, das sich zur größten Mellah Nordafrikas entwickelte. Einen Rundgang durch diesen Stadtteil beginnt man am besten an der **Place des Alaouites**, wo sich der Paradeplatz vor dem Königspalast befindet. Dieser Mechouar wurde angesichts des Hochzeitsfestes von Lalla Meryem, der Schwester des Königs, neu gepflastert. Rechts vom Mechouar ist ein altes Stadttor zu sehen, das ehemalige Haupttor in das Judenviertel.

▶ Karte S. 176

Königspalast

Der Blick wird angezogen von den sieben neuen Toren zum Palast. Vor allem nachmittags funkeln diese wie aus purem Gold. Als König Hassan Ende der 1960er den neuen prächtigen Haupteingang zum merinidischen Sultanspalast erbauen ließ, sollte dieser alle marokkanischen Handwerkstechniken vereinen. Insbesondere die Spezialität der Stadt, Metallarbeiten, sollte besonders herausgehoben werden. Zedernholztore wurden mit feinst ziseliertem Messing beschlagen, ausgeführt durch den hoch angesehenen Meister Guernani, der 1971 die Arbeiten daran beendete. Die Türklopfer sind aus Bronze und mit einem achtzackigen Stern verziert. Auch die Zellij-Arbeiten zur Repräsentation der renommierten Töpferei sind prächtig ausgeführt und zieren die Wände des Portals.

Hinter dem Tor liegt das 80 Hektar große Palastareal mit mehreren kleineren Palästen und einer riesigen Parkanlage. Vor allem Hassan II. residierte regelmäßig im Palast von Fès, wegen des trockeneren Klimas kam er jährlich von November bis Februar hierher.

Goldglänzendes Messingtor am Königspalast

Mellah

Rechts vom Königspalast erstreckt sich die Mellah, das ehemals größte Judenviertel im gesamten Maghreb mit 36000 Einwohnern im Mittelalter. Auf dem Platz unterhalb des Palastes führt der Weg durch eine gedeckte Passage auf die belebte Hauptstraße der Mellah. Kurz danach weist ein Schild den Weg zur Synagoge **Aben Danan**, die man besichtigen darf. Der Wärter lüftet den Vorhang, hinter dem die Thorarolle aufbewahrt wird und zeigt die Treppe zur Dachterrasse, von der man einen Blick auf den jüdischen Friedhof hat.

Am Ende der Rue des Mérinides sind die Häuser sehr modern und unarabisch, da die meisten nach einem Brand 1912 nach westlichem Muster neu errichtet wurden. In der **Rue Sekkakine** haben auch heute noch jüdische Händler ihre Juweliergeschäfte. Das Metier des Goldschmieds war früher fast exklusiv in Händen der Juden, genauso wie das des Geldverleihs. Gegenüber führt das **Bab Semmarine** in die Hauptstraße von Fès

Bab al-Amer, Haupteingang in die Mellah

el-Jdid. Links führt die von Autos viel befahrene Avenue Bou Khsissat zum Königspalast zurück. Dieser breitesten Straße der Mellah verleihen Holzbalkone mit Maschrabiyyas maurisch-andalusischen Charme. Die Sträßchen, die von dieser Avenue Bou Khsissat wieder ins Herz der Mellah führen, sind besonders schmal – kaum ein Lichtstrahl dringt hinein. In der Gasse **Derb el-Foki** wohnte der französische Missionar und Forschungsreisende Charles de Foucauld, der sich als Jude ausgab, beim Händler Samuel Ben Simhoun in Hausnummer 255.

Juden in Fès

Heute lebt nur noch eine Handvoll Juden in der Mellah. Viele Familien verließen das Viertel bereits zu Beginn der Protektoratszeit, als der Zwang, in dem Ghetto zu wohnen, aufgehoben wurde, ebenso wie die Pflicht, einen schwarzen Kaftan zu tragen. Die meisten zogen in die Ville Nouvelle. Bis zu diesem Zeitpunkt hatte die Mellah eine weitestgehende Selbstverwaltung mit einem Gemeinderat an der Spitze. Dieser sogenannte ›Majliss‹ wählte ein Oberhaupt, den ›Scheich el-Ihoud‹, der dann vom marokkanischen

Statthalter bestätigt wurde. Auch gestanden die Sultane den Juden innerhalb der Mellah eine eigene Gerichtsbarkeit zu. Ein hoher Beamter überwachte für den Herrscher die Tätigkeit des Judenscheichs und des Rates. Mitte des 20. Jahrhunderts siedelten viele Juden aus ökonomischen Gründen nach Casablanca um oder verließen das Land gänzlich, um im neugegründeten Israel zu leben.

Grande Rue de Fès el-Jdid

Geht man durch das **Bab Semmarine**, landet man auf der Grande Rue de Fès el-Jdid, die fast schnurgerade durch dieses Viertel führt. Gegründet wurde dieser Teil von Fès el-Jdid für muslimische Familien, die durch die Reconquista aus Spanien vertrieben wurden. An der belebten und völlig untouristischen Hauptstraße sind unzählige Geschäfte, die ausschließlich Waren für den einheimischen Bedarf anbieten, vor allem Kleidung. Am Ende der Straße liegt das **Bab es-Seba**, vor dem in früheren Jahrhunderten öffentliche Hinrichtungen stattfanden. Unmittelbar dahinter wurde im 1997 der **Vieux Mechouar**, der alte Empfangshof, als Austragungsort des Festivals sakraler Musik eingeweiht, das jährlich im Sommer stattfindet.

Jardin Boujeloud

Ein Schild weist neben dem Bab es-Seba den Weg entlang der Mauer zum Jardin Boujeloud, der Fès el-Jdid mit Fès el-Bali verbindet. Schon bald erreicht man den **Oued Fès**, der ehemals ein altes Wasserschöpfrad antrieb, das noch zu sehen ist. Links daneben befindet sich ein stimmungsvolles **Gartencafé**, das nach dem Rad **Noria** benannt ist. Durchquert man den Garten in Gänze, kann man nach Verlassen des Parks nach rechts abbiegen, um entlang der Straße zum **Volkskundemuseum Dar Batha** zu gelangen. Geradeaus, leicht links versetzt, erreicht man über einen großen Platz wieder das Bab Boujeloud.

Museum Batha

Das Palais Batha, das seit 1915 ein Volkskunstmuseum beherbergt, wurde im ausgehenden 19. Jahrhundert als Sommerpalast für Sultan Moulay Hassan I. erbaut, in dem er auch Audienzen gab. In den Räumen des Westflügels wird anhand diverser Unterabteilungen das städtische Leben illustriert: vom religiösen Leben mit kostbaren Büchern, Kalligraphien und Astrolabien über Objekte wie Kleidung, Schmuck, Möbel, die das Leben in Fès im Speziellen herausstellen, bis zu Metallobjekten, die einer der Haupthandwerkskünste der Stadt Rechnung tragen. Daneben werden in den Räumen 6, 7 und 8 aber auch die Traditionen des ländlichen Raumes aus der Umgebung von Fès anhand von Trachten und Teppichen gezeigt. Im Ostflügel wird der Keramikkunst, einer weiteren Spezialität von Fès, Raum gegeben. Sehr schöne Objekte in der Stille eines royalen Palastes machen den Besuch sehr lohnend.

Musée Batha, Rue de la Musée Batha, Tel. +212/535/634116; Mi–So 8.30–12 und 14.30–18 Uhr, 10 DH.

Tour de Fès

Ein guter Ausgangspunkt für die Tour de Fès, eine rund 15 Kilometer lange Fahrt um die Stadtmauern von Fès und zu den verschiedenen Stadtteilen, ist die Ville Nouvelle, zum Beispiel an der **Place Mohammed V**. Wenn Sie diese Tour mit einem der unzähligen roten Petits Taxis machen wollen, sollten Sie unbedingt darauf bestehen, dass der Taxameter eingeschaltet wird oder einen Fixpreis aushandeln, der 100 Dirham für die Rundfahrt nicht übersteigen sollte.

Ville Nouvelle

Die Prachtallee durch die französische Neustadt ist die **Avenue Hassan II**, die Champs-Elysées von Fès. Vor allem am Spätnachmittag sind die vielen Cafés auf der Westseite von den Fassi gut gesucht. Auf der Ostseite sind viele Verwaltungsgebäude aus Kolonialzeiten zu sehen. Am Ende der Allee rauscht der Brunnen an der **Place de la Résistance**, und um selbigen rauscht der Verkehr. Hält man sich rechts, führt die Tour de Fès an einer neuen Shopping Mall vorbei ins **Tal des Oued Fès**. Links sieht man das **Foundouk Americain**, eine Tierklinik, in der in den 1930er Jahren der amerikanische Schriftsteller Paul Bowles als Sekretär jobbte.

Borj Sud

Eine kleine Seitenstraße führt als Abstecher rechts bergauf zur Befestigungsanlage Borj Sud. Die Aussicht über die Medina ist einmalig. Abends findet hier die Licht- und Tonshow ›Son et Lumière‹ statt, dahinter befindet sich eine **Open-Air-Moschee**.

Weiter geht die Fahrt entlang der Medina Richtung Bab Ftouh, rechts sind abertausende weißer Grabsteine zu erkennen. Auf den Friedhöfen sieht man oft kleine Zelte, unter denen Barbiere ihr Open-Air-Studio zum Haareschneiden und Rasieren eingerichtet haben. Die Barbiere betätigen sich auch als Zahnausreißer – wie schon im Mittelalter.

Prachtallee in der französischen Neustadt: Avenue Hassan II

▲ Karte S. 193

Töpferviertel Ain Noqbi

Die schwarzen Rauchschwaden weisen schon den Weg nach rechts ins Töpferviertel Ain Noqbi. Ehemals waren die berühmten Töpfer von Fès am östlichen Rand des Andalusierviertels angesiedelt, doch vor über 20 Jahren fanden sie außerhalb der Stadtmauern an der Straße nach Sidi Harazem eine neue Heimat. Schon seit dem 11. Jahrhundert wird das Töpferhandwerk in Fès gepflegt. In der Zeit der Almohaden-Dynastie waren bereits 188 Ateliers registriert, heute gibt es noch 18 große Handwerkerbetriebe in Ain Noqbi.

Der Ton kommt in Blöcken aus dem Flusstal. Diese werden zerkleinert, mehrere Tage in Wasserbecken geschlämmt und schließlich an der Drehscheibe in Form gebracht. Ein erfahrener Töpfer schafft bis zu 200 Schalen pro Tag. Nachdem die Teller, Schalen, Fliesen, Krüge, Vasen zwei bis drei Tage getrocknet sind, werden sie für sechs Stunden bei 800 bis maximal 960 Grad gebrannt. Dann geht es an die Farbgestaltung. Die Keramikmaler verleihen den Tonwaren ihre charakteristischen Verzierungen mit Farben aus verschiedensten Naturmaterialien. Das berühmte Fès-Blau besteht aus Kobaltoxid. Für das Gelb werden alte silberne Teekannen, ausrangierte Batteriegehäuse und Sand vermischt. Für das Grün nimmt man Kupfer- und Bleioxid, Braun gewinnt man durch Zerreiben rötlichen Steines aus dem Hohen Atlas. Der bei allen Mischungen verwendete Sand kommt vom Oued Boufekrane aus

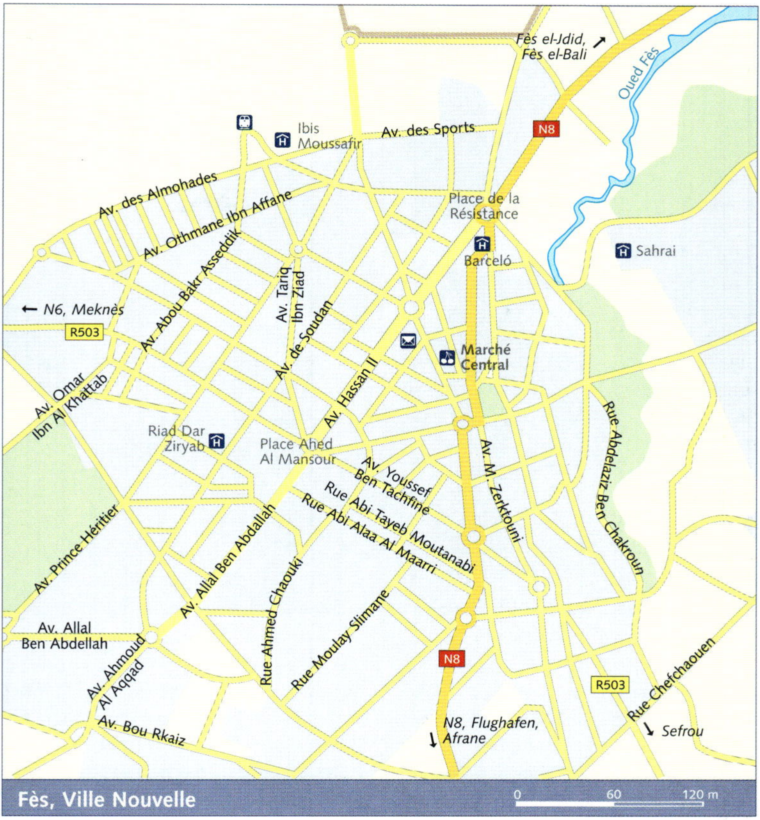

Fès, Ville Nouvelle

Meknès. Das Bleioxid gewinnt man aus alten Bleirohren, die für drei Stunden bei 500 bis 600 Grad erhitzt werden. Sind die teils komplizierten Muster aufgetragen, wird ein zweites Mal gebrannt, und erst dadurch kommen die Farben zur Geltung. Das nach dem Auftragen noch lilafarbene Kobaltoxid ist zum typischen Blau von Fès geworden. Ein Großteil der Fliesen geht dann weiter zu den Zellij-Handwerkern, die Brunnen und ähnliches daraus machen. Die ehemals 51 traditionellen Öfen des Viertels wurden übrigens 2010 aus Gründen des Umweltschutzes durch Gasöfen ersetzt.

Merinniden-Gräber

Durch Olivenhaine und kleine Wäldchen kommt man zum nördlich der Medina gelegenen **Bab Guissa**, vor dem der Markt für Tierhäute abgehalten wird. Hier werden die Schafen, Ziegen und Kühe geschlachtet und die Fälle und Häute an die Gerber verkauft.
Nun schlängelt sich die Straße steil bergauf, links liegt das Luxushotel Dar Jamaï und schon bald kommt man zum Hotel Les Mérinides. Unterhalb und hinter dem Hotel liegen die Ruinen der Merinidengräber. Von den Grabstätten aus dem 14. Jahrhundert ist nur wenig übrig

Eseltransport in der Talaa Seghir

geblieben, dafür hat man einen tollen Ausblick über das Tal. Die grünen Dächer der Karaouine-Moschee sind von hier aus ebenso gut erkennbar wie das Minarett und das Pyramidendach des Mausoleums Idriss II., das den Mittelpunkt der Stadt bildet. Von der Aussichtsterrasse des Hotels kann man das herrliche Panorama ebenfalls genießen und einen Minztee dazu schlürfen.

■ Borj Nord

Unweit vom Hotel befindet sich die Befestigungsanlage Borj Nord, die ein – eher weniger interessantes – **Waffenmuseum** beherbergt. Hinter dem Borj Nord liegt zunächst linker Hand ein weiterer großer Friedhof, danach beginnt das Areal der mit Lehmmauern eingefriedeten **Kasbah Cherarda**. Zunächst sieht man links die Einfahrt zum Ibn-Khaldoun-Hospital mit zwei vollständig voneinander getrennten Bereichen für Männer und Frauen. An der nächsten Kreuzung biegt man links ab und folgt der Außenmauer der Kasbah. In diesem Sektor beherbergt sie zwei Gymnasien, eines für Jungen, eines für Mädchen. An der nächsten Kreuzung befinden sich die alten Tore zum ehemaligen Mechouar. Man orientiert sich rechts und hat zur linken Seite die Mauer des Sultanspalastes. Die Dächer und Antennen des höchsten Pavillons spitzen über die Zinnen hinweg. Rechts befindet sich in einem flachen gelben Gebäude mit braunen Türen der Schlachthof, in dem die Gerber morgens ihre Felle aufkaufen. Man folgt weiter der Palastmauer und biegt links ab. Bei der großen Fontäne landet man rechtsabbiegend wieder auf der Prachtallee der Ville Nouvelle, der Avenue Hassan II.

▲ Karte S. 173

Fès-Informationen

Allgemeine Informationen

Vorwahl: +212/535.

■ Tourismusämter und Kulturzentren

Délégation Régionale du Tourisme, Avenue Mohammed V, Tel. +212/535/623460.
Conseil Régional du Tourisme, 89, Avenue Allal Ben Abdallah, Tel. +212/535/942492.
Institut français, 33, Rue Loukili, Tel. +212/535/623921.
Arabic Language Institute, Tel. +212/535/624850. In drei- bis sechswöchigen Kursen kann man Hocharabisch und Marokkanisch-Arabisch lernen. 600 DH für zwei Stunden Privatunterricht.

■ Banken

Vor allem in der französischen **Neustadt** an den Avenuen Hassan II und Mohammed V sind alle großen Banken mit Filialen vertreten, die auch alle Bankomaten haben. Am **Bab Boujeloud** am Eingang zur Medina gibt es ebenfalls eine Bank mit Automat der Société Générale. In der Medina findet man an der **Place R'cif** mehrere Banken.

■ Postämter

Hauptpost, im Herzen der Ville Nouvelle an der Ecke der Avenue Hassan II zur Avenue Mohammed V. Es gibt eine weitere Poststelle in der Neustadt in der Rue Palestine Nr. 9. Gegenüber dem Königspalast in Fès el-Jdid ist eine weitere Filiale sowie in der Medina am Place de l'Istiqlal in der Nähe des Batha-Museums.

An- und Abreise

■ Mit dem Flugzeug

Aéroport Fès-Saiss (FEZ), etwa 15 Kilometer südöstlich des Zentrums, Tel. +212/535/620663 oder 0801/000224, www.onda.ma. Ab Deutschland kann man mit Ryan Air ab Frankfurt und Düsseldorf direkt nach Fès fliegen. Flüge der Royal Air Maroc gehen über Casablanca und Paris.
Ein **Bus der Linie 16** verbindet den Flughafen mit dem Bahnhof und fährt je nach Tageszeit jede halbe bis volle Stunde (5 DH). Ein **Grand Taxi** in die Stadt kostet etwa 150 DH.

■ Mit dem Bus

Busbahnhof, Place Allal el-Fassi, Neustadt. Hier fahren die CTM-Busse ab. Ab Casablanca mehrfach tägl. Busse (90 DH) über Rabat (75 DH) und Meknès (25 DH). Außerdem ab Erfoud (155 DH) über Errachidia (130 DH) sowie ab Tanger (110 DH) und Tétouan (100 DH).
CTM, Gare Routière, Rue Tétouan/Rue Kandar, Tel. +212/535/732992.
Alle anderen Busse fahren von der **Gare Routière Principale** an der Medina am Bab Mahrouk ab.

■ Mit der Bahn

Bahnhof, Place de la Gare, Neustadt. Züge ab Marrakesch fahren über Casablanca, Rabat und Meknès nach Fès. Auch ab Tanger fahren täglich Züge nach Fès.
Fahrplanauskünfte auf www.oncf.ma.

Unterwegs in Fès

■ Stadtbusse

Stadtbuslinien verkehren zwischen den verschiedenen Stadtteilen. So kann man von der Neustadt zum Bab Boujeloud, zur Place R'cif oder zum Bab Guissa in der Medina fahren. Die Busse Richtung Medina fahren vom Bahnhof über die Avenue Hassan II und die Place de la Résistance. Sie sind meist proppenvoll, man sollte daher auf Taschendiebe aufpassen.
Telefonische Auskünfte gibt es auf Französisch unter Tel. +212/535/730494.

■ Taxis

Sammeltaxis findet man am Bahnhof ONCF (Rabat und Meknès) sowie am CTM-Busbahnhof. Die Grand Taxis nach Sefrou findet man an der Rue Sinaï.
Kleine Taxis sind in Fès rot, die Taxifahrer schalten in der Regel unaufgefordert den Taxameter ein.

Unterkunft

Die großen Hotels befinden sich überwiegend in der französischen Neustadt. Wer in der Medina übernachten möchte, hat die Qual der Wahl angesichts der vielen Riads. Eine Reservierung empfiehlt sich schon deswegen, um abgeholt und durch das Labyrinth der Altstadt gelotst zu werden. Die meisten Hotels organisieren auch einen Koffertransport.

Hotels

Sofitel Fès Palais Jamaï (€€€€), Bab Guissa, nördlich von Fès el-Bali am Oued Zhoun, Tel. +212/535/634331, http://sofitel-fes-palais-jamai.fes-hotels.net. Fünf-Sterne-Hotel mit luxuriösen, orientalisch gestalteten Zimmer in einem ehemaligen Wesirspalast im maurischen Stil. Herrlicher Park; mit Wellnessbereich, Fitnessclub, Hallenbad, Außenpool und Tennisplatz. Karte S. 173.

Palais Faraj Suites & Spa (€€€€), 16–18, Derb Bensouda, Bab Ziat, Tel. +212/535/635356, www.palaisfaraj.com. Fünf-Sterne-Hotel in einem ehemaligen Palast im arabisch-maurischen Stil. Moderne, marokkanisch akzentuierte Suiten, edler Spa-Bereich, Beauty-Salon. Toller Blick auf die Medina. Ein kleines orientalisches Märchenschloss. Karte S. 176.

Hotel Sahrai (€€€–€€€€), 60, Bab Siffer, Dhar El Mehraz, zwischen Ville Nouvelle und Fès el-Jdid, Tel. +212/535/940332, www.hotelsahrai.com. Fünf-Sterne-Hotel mit grandiosem, modernem, stylischem und doch orientalischem Interieur; Luxus in traumhaftem Ambiente. Karte S. 193

Les Mérinides (€€€), Borj Nord, Tel. +212/535/645226, www.lesmerinides.com. Fünf-Sterne-Hotel in toller Lage. Komfortable Zimmer, moderne Ausstattung mit orientalischem Touch. Es lohnt sich, für Zimmer mit Medina-Blick ein paar Euro mehr auszugeben. Angenehme Atmosphäre trotz vieler Reisegruppen. Karte S. 173.

Barceló (€€–€€€), 53, Avenue Hassan II, Tel. +212/535/948800, www.barcelo.com. Modernes, gepflegtes und helles

Zimmer im Riad Dar Ziryab

Vier-Sterne-Hotel in der Neustadt mit komfortablen Zimmern in sehr modernem, gelungenem Design. Außenpool, Hammam, Fitnessstudio. Gutes Preis-Leistungsverhältnis. Karte S. 193.

Ibis Moussafir (€–€€), Avenue des Almohades/Place de la Gare, Tel. +212/532/110282, www.ibis.com. Modernes, funktionales Drei-Sterne-Hotel direkt beim Bahnhof. Garten mit Pool. Karte S. 193.

Jardin Public (€), 153, Kasbat Boujeloud, Tel. +212/535/633086. Einfache, akzeptable Unterkunft in guter Lage beim Bab Boujeloud. Bei jungem Backpacker-Publikum beliebt. Dachterrasse. Karte S. 176.

Riads

Riad Fès (€€€€), 5, Derb Slimane, Tel. +212/535/741206, www.riadfes.com. Exklusiver, sehr luxuriöser Riad, grandiose Mischung eines alten Palastes mit ultramodernen Elementen. Erlesene Ausstattung in modernem marokkanischem Stil. Dachterrassen, Außenpool und Hammam. Karte S. 176.

Dar Bensouda (€€€–€€€€), 14, Zkak El Bghal, Tel. +212/524/426463, www.riad

darbensouda.com. Traditionelles Stadtpalais mit modernem Komfort. Zimmer mit vielen liebevollen Details, sehr geschmackvoll. Dachterrasse und Hammam. Karte S. 176.
Le Calife (€€€), 19, Derb El Ouarbiya, Tel. +212/535/762608, www.riadlecalife.com. Sehr geschmackvoll, mit viel Liebe gestaltet, elegant und komfortabel. Kolonialcharme rings um einen wunderbaren, begrünten Innenhof. Dachterrassen mit Medinablick. Mindestens 2 Nächte Aufenthalt. Karte S. 176.
Dar Attajalli (€€€), 2, Derb Qettana, Tel. +212/535/637728, www.attajalli.com. Wunderschöner, kleiner Riad mit geschmackvollem marokkanischen Dekor um einen charmanten Innenhof. Karte S. 176.
Riad Braya (€€–€€€), 7, Derb El Hamia, Tel. +212/535/638725, www.riadbraya.com. Edel im Boutique-Stil eingerichtetes traditionelles Riad mit prächtigem Innenhof. Dachterrasse. Karte S. 176.
Dar Victoria (€€–€€€), 31, Rue Makhfia, Tel. +212/535/630003, www.darvictoria.com. Historisches Haus im Andalusierviertel, luxuriös-opulent, aber geschmackvoll. Moderne, komfortable Zimmer und Bäder. Karte S. 176.
Dar Ziryab (€€), 2, Rue Lalla Nezha, Tel. +212/535/621561, www.darziryab.com. Stadtvilla in ruhiger Lage in der Neustadt, mit marokkanischem Kunsthandwerk sehr geschmackvoll eingerichtet. Erlesenes, kunstvolles Ambiente. Ausgezeichneter, deutschsprachiger Gastgeber, der als lizenzierter Stadtführer alle Geheimnisse seiner Heimatstadt kennt. Die Hausherrin, Madame El-Hayar, kredenzt beste marokkanische Küche. Ausgezeichnetes Preis-Leistungsverhältnis. Karte S. 193.
La Maison Maure (€€), 51, Derb du Pache Baghdadi, Tel. +212/535/740027, www.lamaisonmaure.com. Stylische, zurückhaltend möblierte, elegante Zimmer. Modern-orientalisches Riad mit Dachterrasse. Karte S. 176.
Dar Faracha (€€), 16, Derb Lamkouass Laayoune, R'cif, Tel. +212/535/633125. Traditionelle und sehr individuelle Zimmer und Bäder. Alle Räume um einen lounge-artigen Innenhof. Dachterrasse. Karte S. 176.
Riad Sanaa Rose (€–€€), 112, Derb Bennani Chrablyenne, Tel. +212/625/335254, www.riadsanaarose.com. Eine gelungene Mischung traditioneller und moderner Elemente. Sehr angenehme orientalische Atmosphäre mit ausgezeichnetem Preis-Leistungsverhältnis. Karte S. 176.
Palais Batha (€–€€), 5, Place Batha Oued Fejjaline, Tel. +212/535/637800, www.palaisbatha.com. Gediegen ausgestattete Zimmer in traditionellem Stil mit orientalischer Atmosphäre. Karte S. 176.

■ Gästehäuser

Auberge de Jeunesse Fès Reda Complexe Touristique (€), Ain Chkef, Tel. +212/535/601078, hotelreda@iam.net.ma. 6 km südlich von Fès, mit Bus Nr. 17 erreichbar.

■ Camping

Camping du Diamant Vert, Km 5, Route de Ain Chkef, Tel. +212/535/608367, http://diamantvert.ma. Großer Platz im Wald. Kostenlose Poolnutzung.

Gastronomie

■ Marokkanische Küche

Die Küche von Fès gilt wegen ihrer Raffinesse als die beste des Landes. In den folgenden Restaurants kann man sich davon überzeugen:
La Maison Bleue (€€€€), 2, Place de Batha, Tel. +212/535/741843, www.maisonbleue.com; nur abends geöffnet. Im Haus eines Gelehrten und ehemaligen Professors der Karaouine wird erlesene Küche serviert, die voll und ganz die Tradition respektiert.
Dar Ziryab (€€€), 2, Rue Lalla Nezha, im gleichnamigen Hotel, Tel. +212/535/621561, www.darziryab.com; nach Voranmeldung. Exquisite Fassi-Küche auf höchstem Niveau. Harira, Salat-Variationen vom Feinsten als Vorspeisen und Tajines, die man nicht überall findet wie Lamm-Tajine mit Artischocken oder eine Quitten-Tajine. Die Spezialität der Stadt, die Pastilla, ist ein Hochgenuss.

Pastilla – die Spezialität von Fès

L'Amandier (€€€), im Palais Faraj, Tel. +212/535/635356, www.palaisfaraj.com. Hervorragende traditionelle Küche in elegantem Ambiente mit Blick auf die Altstadt.
Les Jardins de Sheherazade (€€€), 23, Arsat Bennis, Tel. +212/535/741642, www.sheheraz.com. Marokkanisch-innovative Küche in einem Stadtpalast des 19. Jahrhunderts. Unbedingt die Wachtel-Tajine mit Trockenfrüchten probieren.

Französische Küche

Picolo's (€€€), Complexe Sportif El Merja, Tel. +212/535/729999, picolosfes@gmail.com. Modernes Restaurant mit sehr guter, klassischer französischer Küche.
Zen Garden (€€–€€€), 26, Avenue Omar ibn Khattab, Tel. +212/535/932929; So Ruhetag. Französische Küche mit einem Hauch von Asien in stylischem Ambiente.

Internationale Küche

Kaï Taï (€€), 12, Rue Ahmed Chaouki, Tel. +212/535/651700, restobrands@hotmail.com. Thailändische und japanische Küche in puristisch-asiatischem Design. Sehr gute Küche.
MB Fès (€€€), 12, Rue Ahmed Chaouki, Tel. +212/535/622727, www.mbrestaurantlounge.com. Trendiges Restaurant mit Lounge-Charakter und ausgezeichneter internationaler Küche. Ein Hauch Italien, ein Touch Frankreich, eine Prise Marokko und eine Messerspitze Japan sind die Zutaten, mit denen dieses Lokal reüssiert.
Restaurant N°7 (€€€), 7, Zkak Rouan, Tel. +212/694/277849, www.restaurantnumero7.com. Das moderne Designer-Riad in schwarz-weiß ist der hippe Rahmen und die Bühne für verschiedenste Köche, die auf Einladung für ein bis drei Monate in die Wiege der marokkanischen Gastronomie kommen, um sich von den Produkten des Marktes inspirieren zu lassen. Ein interkulinarischer Austausch ist die Philosophie des Hauses, das von drei Amerikanern gegründet wurde. Kreativität und Qualität auf höchstem Niveau.

Fast Food

Café Clock (€), 7, Derb Magana, in der Medina an der Talaa Kebira. Einfach und lecker; Brunch oder Mittagessen.
Barcelona Café (€), in der Medina an der Talaa Kebira. Paninis oder kleine Gerichte wie Spaghetti in guter Qualität.

Bäckerei im Blida-Viertel

Chicken Spot (€), in der Ville Nouvelle an der Avenue Hassan II. Gegrillte Spieße oder Merguez.

La Grillardière (€), 12, Avenue Moulay Kamal. Gutes Essen, schöne Terrasse, guter Service.

Cafés

Café Central Parc (€), im Jardin Lalla Amina im Herzen der Neustadt, unweit vom Marché Central. Sehr guter Kaffee, Eisspezialitäten.

Le 44 Café (€), 44, Derb Bensalem, Tel. +212/535/74450. Frühstück und Brunch sehr empfehlenswert; mittags internationale, kleine Gerichte.

Patisserie Nouha (€), Boulevard Zerktouni/Rue de Kynie. Leckere Süßteilchen, auch Sandwiches.

Prince Palace (€), Avenue des FAR, Résidence Wiame. Sehr gutes Café mit Törtchen, Salaten, Pizza.

Bars und Clubs

Andalous (€€), Avenue Moulay Abdallah, 34, Route Immouzer, Tel. +212/535/603162. Die erste wirkliche Bar und Lounge in Fès außerhalb eines Hotels. Der angesagte Platz für die jungen und junggebliebenen Fassis. Gutes Restaurant im Erdgeschoss. Bar-Lounge in der ersten Etage. Gute Cocktails.

Festivals und Veranstaltungen

Son et Lumière, Borj Sud; ca. 300 DH. Nach einer Reorganisation hat die Licht- und Tonshow 2013 in neuem Gewand wieder ihren Betrieb aufgenommen. Das Spektakel, bei dem die Altstadt in Szene gesetzt wird, dauert 45 Min.

Festival der sakralen Musik; Mai.

Pferdefestival, in Tissa, 50 km nordöstlich von Fès; Sept.

Einkaufen

Die Medina ist natürlich ein Paradies, um schöne Souvenirs zu finden, daher nur eine kleine Auswahl aus dem unerschöpflichen Angebot.

L'Art du Bronze, 35, Talaa Seghira. Alles rund um Messing, Bronze und Neusilber, Moscheelampen, ziselierte Messingteller, Teekannen, dazu eine schöne Auswahl an altem Berberschmuck und metallbeschlagenen Tongefäßen.

Maison d'Artisanat, 54, Foundouk Tazi. Leder ist hier das Thema: Babuschen, Sitzkissen, Taschen und vieles mehr.

Antiquité Nejjarine, 3, Place Nejjarine. Eine kleine Schatzhöhle am Tischlerplatz mit schönen alten Holztischchen, Maschrabiyyas, kleinen Regalen.

Amours et Chocolat, 4, Avenue Mohammed Slaoui, Ville Nouvelle. Bäckerei und Konditorei mit exzellenten Croissants, Schokohörnchen, Plundergebäck.

Sport und Hammams

Golf

Royal Golf de Fès, Km 17, Route d'Immouzer, Tel. +212/535/665006; Di–So, Greenfee 500 DH. 18-Loch-Kurs, konzipiert von C.B. Robinson.

Hammams

Nausikaa Spa, Avenue Bahnini, Lotissement Idrissi, Tel. +212/535/610006, www.nausikaaspa.com; ca. 500 DH. Sehr schönes, modernes Badezentrum auf über 3000 Quadratmetern. Hammams, Hydrotherapie, Jacuzzis, türkisches Dampfbad, finnische Sauna, Bräunungsstudio. Badeutensilien müssen mitgebracht werden.

Les Bains Amani, 12, Derb el-Miter, Tel. +212/535/633209, www.palaisamani.com. In einem Riad in der Medina, auch Nicht-Gäste können sie nutzen (Reservierung).

Ärztliche Versorgung

Deutschsprachige Ärztin

Dr. Annie Burg, 13, Avenue Imam Ali, Ville Nouvelle, Tel. +212/535/650647, 0535/650605.

Krankenhaus

Universitätskrankenhaus CHU Hassan II, Route de Sefrou, Tel. +212/535/619052.

Marrakesch

»Marrakesch ist eine über den Atlas geworfene Perle«, so schrieb die maurisch-andalusische Dichterin Hafsa bint el-Hajj im 12. Jahrhundert über die Metropole am Fuße des Hohen Atlas, dessen schneebedeckte Gipfel bis weit ins Frühjahr hinein eine großartige Kulisse für die ›rote Stadt‹ bilden.

Der letzte Zensus ergab, dass auch Marrakesch fast zur Millionenstadt geworden ist. In diesem Schmelztiegel der Kulturen begegnen sich Berberstämme aller drei südlichen Atlasgebirge und machen die Stadt turbulenter, lauter und farbiger als das arabische, kultivierte und vornehme Fès.

Mehr und mehr Europäer haben sich in den letzten Jahren in der ›Perle des Südens‹ niedergelassen, der internationale Jet-Set gibt sich regelmäßig ein Stelldichein und macht aus Marrakesch den ›Place to be‹. Es gibt keinen besseren Ort, den Orient hautnah mit allen Sinnen zu erleben. Ein Sprichwort sagt: ›Hast du nur einen Tag in Marokko, so verbringe ihn in Marrakesch, hast du nur eine Stunde, so verbringe sie auf dem Djemma el-Fna‹.

Stadtgeschichte

Um 1060 kamen die Almoraviden über den Hohen Atlas und schlugen in der Ebene ein Zeltlager auf. Eine dichte Dornbuschhecke schützte das Lager nach außen. Im Zentrum errichteten sie eine steinerne Festung als Residenz für ihren damaligen Anführer Abu Bakr. Als dieser wegen eines Aufstandes in die Westsahara zurück musste, übertrug er die Führung seinem Cousin Youssef ibn Tachfin. Dieser machte aus dem Karawanenlager eine Stadt namens ›Mraaksch‹ und etablierte seine Macht als Befehlshaber der Almoraviden.

Youssef bin Tachfin gab sich den Titel Emir, eroberte zunächst das nördliche Marokko und nach einem Hilferuf 1086 schließlich auch Al-Andalous. Sein Sohn Ali ibn Youssef beerbte ihn und ließ die Hauptstadt Marrakesch weiter befestigen und ausbauen. Astrologen wurden befragt, den günstigsten Zeitpunkt für die Errichtung der Stadtmauern zu bestimmen. Ab 1106 baute man an dem damals neun Kilometer langen Mauerring, der bis heute steht und durch die nachfolgende Almohaden-Dynastie nur

Auf dem Gauklerplatz, dem Djemma el-Fna

▲ Karte: hintere Umschlagklappe

In den Souks sorgen Bambusmatten für Schatten

um drei Kilometer verlängert wurde. Im Zentrum ließ ibn Youssef einen großen Palast mit angrenzender Freitagsmoschee errichten. Außerdem holte er große Gelehrte wie den Philosophen, Mathematiker und Arzt Avempace und die Ärzte Avenzor und Avenzoar nach Marrakesch. Nach dem Tode des Emirs Ali 1143 zerfiel das Gebiet der Almoraviden im Süden durch Konflikte zwischen den Sippen. Und auch in Marrakesch wurde die Situation immer unsicherer.

Die öffentlichen Reden des selbsternannten ›unfehlbaren Mahdis‹ Ibn Tumart hatten schon in den 1120er Jahren zu heftigen Straßenkämpfen geführt. Dessen Anhänger hatten sich zwischenzeitlich zum Kampfbund der Almohaden vereinigt und unter ihrem neuen Anführer Abd el-Moumin, der sich Kalif nannte, nutzten sie die Schwäche des neuen Almoraviden-Emirs Ischak. Ein Verräter in den Reihen der almoravidischen Garde öffnete den Almohaden eines der Stadttore, und so konnten die Almohaden am 23. März 1147 in die Stadt eindringen, den letzten Almoraviden-Emir erdolchen, die Prachtbauten zerstören und drei Tage lang mordend und plündernd durch die Stadt ziehen.

Da die Almohaden in der Folgezeit auch Andalusien und den östlichen Maghreb eroberten, wurde aus Marrakesch die Hauptstadt eines Großreiches, und entsprechend großartig wurde sie ausgebaut. Es entstanden riesige Zisternen, ausgedehnte Gartenanlagen und vor allem eine neue Freitagsmoschee, die heute noch Wahrzeichen der Stadt und Vorlage für Neubauten von Moscheen im ganzen Land ist: die Koutoubia.

Neben Architektur und Kunsthandwerk erblühten auch die Wissenschaften. Der berühmte Philosoph und Aristoteles-Kommentator Averroes kam aus Córdoba, der bei den Almoraviden in Ungnade gefallene Arzt Avenzoar wurde aus dem Kerker befreit, die Dichterin Hafsa bint el-Hajj wirkte bis zu ihrem Tod in Marrakesch.

Doch auch die Blütezeit der Almohaden währte nicht lange, und als die Meriniden die Macht übernahmen, etablierten sie sich in Fès. Für Marrakesch bedeutete das den Fall in die Bedeutungslosigkeit.

Gasse im Kasbah-Viertel mit Bettlern

Wiederauferstehung der Stadt

Erst nachdem die Saadier 1521 kampflos in die Stadt eingezogen waren und sich zu den neuen Herren im Land aufgeschwungen hatten, wurde Marrakesch wieder zur Kapitale. Wie Phönix aus der Asche erblühte die alte Hauptstadt neu. Nachdem Ahmed el-Mansour Timbuktu erobert hatte, entstanden neue Prachtbauten wie eine Herrscherresidenz oder die Grabstätte der Saadier. Obwohl die nachfolgenden Alaouiten wiederum Fès und für einige Zeit Meknès zur Hauptstadt erhoben, blieb auch Marrakesch eine ihrer wichtigsten Städte, und sie fügten weitere Prachtbauten und Gärten hinzu. Im 19. Jahrhundert gewannen die Paschas, Wesire und andere Beamte an Einfluss, den sie anhand prunkvoller Residenzen auch zeigen wollten. Und so entstanden prachtvolle Residenzen wie der Bahia-Palast.

In der französischen Kolonialzeit wuchs die Stadt um die Neustadtviertel Guéliz und Hivernage. Französische Kolonialbauern besiedelten die Ebene um Marrakesch und verwandelten sie in einen fruchtbaren Garten. Anfang des neuen Jahrtausends wurde Marrakesch vom Immobilienboom erfasst, wodurch neue Viertel am Rande der Stadt entstanden. Am 28. April 2011 erschütterte ein Terroranschlag der Al-Qaida die Stadt und das ganze Land, als durch einen Sprengsatz im Café Argana am Djemma el-Fna 17 Menschen starben.

Stadtgliederung

Marrakesch liegt in der fruchtbaren Haouz-Ebene auf 465 Meter über dem Meeresspiegel. Seit 1985 ist die Medina von Marrakesch Teil des UNESCO-Weltkulturerbes. Herz der Stadt ist der Gauklerplatz **Djemma el-Fna** mit der westlich benachbarten **Koutoubia-Moschee**. Südlich der Moschee liegt der ruhigere Teil der Medina mit den wichtigsten Baumonumenten und der **Kasbah**, die im 12. Jahrhundert als Beamtenviertel und Residenzstadt entstand. Im Norden des Djemma el-Fna entwickelten sich die Handwerkerviertel, die **Souks**. Außerdem entstanden hier die **Koubbas** von sieben Marabouts, die im Auftrag von Moulay Ismail zu den Sieben Heiligen von Marrakesch ernannt wurden. In ihrem Umfeld entstanden Sufi-Orden, und eine Wallfahrt wurde ihnen zu Ehren etabliert. Westlich außerhalb der Medina entstanden unter französischer Regie zwei moderne Stadtteile: **Hivernage** als Villenviertel mit großen Gärten und **Guéliz** als europäisches Geschäftszentrum. Die letzten Erweiterungen erfassten im Nordosten die **Palmeraie**, in der luxuriöse Villen auch für begüterte Zuwanderer gebaut wurden, und den Süden der Stadt, in dem moderne Wohnkomplexe mit komfortablen Eigentumswohnungen entstanden.

Koutoubia-Moschee

Das Wahrzeichen der Stadt betrachtet man am besten am Nachmittag vom **Parc Lalla Hasna** aus, wenn das Licht den Stolz der Mrakschi, der Einwohner von Marrakesch, von Westen erstrahlen lässt. Wie ein mittelalterlicher Wolkenkratzer ragt das Minarett der Koutoubia auf und markiert das Zentrum der Stadt. Nachdem die Almohaden unter Abd el-Moumin 1147 die Stadt eingenommen hatten, ließen sie zunächst sämtliche Prachtbauten ihrer Vorgänger niederreißen, so auch die almoravidische Hauptmoschee. Stattdessen bauten sie etwas weiter südlich eine Moschee, die 1157 eingeweiht wurde. Bereits ein Jahr später wurde eine zweite Moschee angebaut, die zur neuen Großen Moschee wurde: die heutige Koutoubia. Der erste Neubau wurde aus unbekannten Gründen sofort

▲ Karte: hintere Umschlagklappe

wieder abgerissen. An der Nordostseite des Vorplatzes sind wenige Reste davon zu sehen. Der Name der Koutoubia leitet sich von Jamma el-Kutubiyyin – Versammlungsmoschee der Buchhändler – ab. Erst seit dem 16. Jahrhundert, als hunderte von Buchhändlern rund um die Moschee ihre Stände betrieben, setzte sich dieser Name durch. Das Innere des Gotteshauses mit 17 Schiffen, in dem bis zu 25 000 Gläubige Platz finden können, bleibt Nichtmuslimen verwehrt.

Minarett

Der wahre Blickfang ist das elegante, wohlproportionierte Minarett der Koutoubia. Bei einer Seitenlänge von 12,80 Metern erreicht es eine Höhe von 69 Metern. Den Kern bilden sechs übereinanderliegende Räume, die von einer Rampe umgeben sind, auf der der Muezzin auf die zinnenbewehrte Galerie hochreiten konnte. Daher befinden sich

Koutoubia zum Abendgebet

die Fenster, auf jeder Seite auf einer anderen Höhe. Die vier Fensteretagen werden von Stockwerk zu Stockwerk prächtiger und reicher ornamentiert und finden ihren Höhepunkt in der obersten Etage mit einem kunstvollen Flechtwerk. Im Aufbau auf der Galerie nahm früher der Muezzin Aufstellung, um zum Gebet aufzurufen, heute greift er im Gebetssaal zum Mikrophon, und die Lautsprecher in diesem Türmchen auf dem Turm übertragen den Adhan, den Gebetsruf.

Auf der gerippten Kuppel sitzt der **Jamour**, dessen größte Kugel einen Durchmesser von zwei Metern, die mittlere von einem Meter und die oberste von einem halben Meter hat. Eine Legende besagt, dass die Kugeln ursprünglich aus purem Gold gewesen seien, für das die Gattin des Kalifen Abu Youssef Yacoub el-Mansour ihren Schmuck geopfert haben soll.

Neben dem Jamour ragt ein hölzerner **Galgen** auf, an dem keine Ungläubigen aufgeknüpft werden, sondern am Freitagvormittag eine Fahne aufgezogen wird, zur Erinnerung, dass das Mittagsgebet in Gemeinschaft verrichtet werden soll.

Djemma el-Fna

Wenige Schritte sind es von der Koutoubbia zum Djemma el-Fna, wo sich halb Marrakesch jeden Abend einfindet, um zu essen und sich unterhalten zu lassen. Versammlung der Toten, so lautet die wörtliche Übersetzung des Namens für den legendären Gauklermarkt in Marrakesch. Schon zur Zeit der Almohaden wurde der Platz zum Treffpunkt der Mrakschi, und so wurden hier auch Hinrichtungen öffentlich vollzogen und die abgeschlagenen Köpfe der Hingerichteten zur Abschreckung ausgestellt. Aber darüber hinaus tätigten Kaufleute auf dem Platz ihre Geschäfte, Ärzte behandelten ihre Patienten, und Beduinen verkauften ihre Kamele. Später war hier der Busbahnhof der Stadt, Schauplatz in Alfred Hitchcocks Film ›Der Mann, der zuviel wusste‹.

Tagsüber ist auf dem Platz recht wenig los, die Mrakschi sind bei der Arbeit. Daher ist das Unterhaltungsprogramm tagsüber eher auf die Touristen abgestimmt: das schrille Tröten der Schlangenbeschwörer, Frauen, die Hände mit Henna bemalen wollen, vereinzelte Gnaoua-Tänzer und bunt gekleidete Wasserverkäufer. Aber auch ein für die Einheimischen wichtiges Gewerbe ist nur tagsüber zu finden: die Schreiber. Würdige Weißbärte, die, unter einem Sonnenschirm auf dem Boden sitzend, auf Kundschaft warten, um Briefe vorzulesen und gegebenenfalls eine Antwort zu verfassen. Stände mit frisch gepresstem Orangen- oder Mandarinensaft und Trockenfrüchten werden ebenfalls schon tagsüber verkauft. Gegen 17 Uhr beginnt sich der Djemma el-Fna zusehends zu beleben. Wie auf Kommando kommen die Garküchenbetreiber und fangen in Windeseile an, aufzubauen und die Feuerstellen anzuwerfen. Die ersten, die etwas zu essen anzubieten haben, sind die Schneckensuppen-Stände.

Wenn die Dämmerung über Marrakesch hereinbricht, verwandelt sich der Platz in ein fulminantes Spektakel. Gaukler, Märchenerzähler, Akrobaten, Feuerschlucker, Fakire gesellen sich zu den Schlangenbeschwörern, Berberaffen-Dresseuren und Wahrsagerinnen. Außerdem kann man an über 100 Ständen Gegrilltes, Gebratenes und Gesottenes speisen. Regelmäßige Lebensmittelkontrollen sorgen dafür, dass man unbeschwert typisch marokkanisch essen kann: von Fisch bis zu Schafhirn, von Couscous über Tajines zu türkischem Honig. Es herrscht eine unglaubliche Stimmung, die an 365 Tagen im Jahr den Zauber des Orients verströmt.

▲ Karte: hintere Umschlagklappe

2011 wurde der Djemma el-Fna als erster Ort auf die neu geschaffene UNESCO-Liste des immateriellen Weltkulturerbes aufgenommen, um diesen Zauber auch künftigen Generationen zu erhalten. Maßgeblich an dieser Aufnahme beteiligt war der spanische Schriftsteller Juan Goytisolo, der seit 1976 in der Stadt lebt. Er schrieb in ›Engel und Paria‹ über den Platz: »Agora, Theater, Sammelpunkt: offener und pluraler Raum, Weideland der Ideen.« und sagt, er habe hier ›das großartige Geschenk des Wortes‹ erhalten.

Souks

Vom Platz aus führen zwei Hauptwege in die Souks: die **Rue Mouassine** links vom Café Argana sowie die **Rue Semmarine**, die direkt gegenüber vom Café de France abgeht. Am westlichen Rand der Souks öffnet sich die **Place Bab Ftouh,** wo viele Männer an Karren lehnen und ihre Dienste als Transporteure anbieten, denn Autos oder gar LKW können in das Gewirr der engen Gassen der größten Medina des Maghreb nicht fahren. Allerdings knattern stetig Mopeds durch und warnen mit nervtötendem Hupen die Passanten vor ihrem Herannahen.

■ Mouassine-Viertel

Links eines Hammams geht es in die Rue Mouassine, in Nummer 9–11 befindet sich seit den 1940er Jahren das traditionsreiche Geschäft Beldi für marokkanische Haute Couture, dessen heutiger Chef Taoufiq in Deutschland Modedesign studiert hat. In vielen kleineren Geschäften werden Objekte aus Glas, Tadelakt und Keramik, Schmuck und vieles mehr verkauft. An der Ecke zur Rue el-Ksour liegt das reizende Literaturcafé **Kafe Fnaque Berbère**.

Biegt man am Ende der geraden Gasse nach rechts, entdeckt man einige kleine Läden, die typische Instrumente der Ber-

Schlangenbeschwörer auf dem Djemma el-Fna

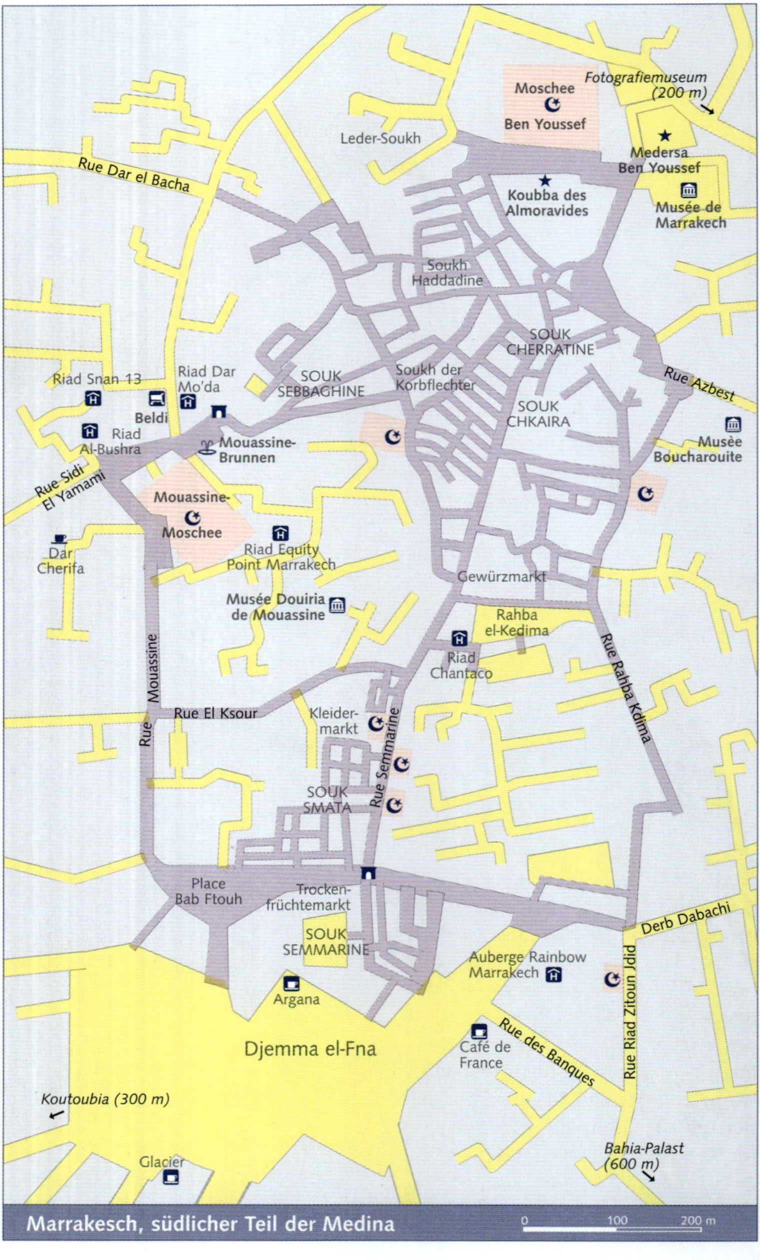

Marrakesch, südlicher Teil der Medina

bermusik verkaufen, darunter Trommeln, die mit Ziegen- oder Rochenhaut bespannt und mit Henna bemalt sind, oder die typischen Kastagnetten der Gnaoua. Gegenüber befindet sich der Haupteingang zur 1570 erbauten **Mouassine-Moschee**, die dem Viertel den Namen gab.
Neben der Moschee befindet sich an einem Platz der **Mouassine-Brunnen**, an dem nachmittags oft Wollbündel oder Tücher zum Trocknen aufgehängt sind, die die nahen Färber ankündigen. Geht man durch die Gasse zwischen Moschee und Brunnen, erreicht man das neue **Musée Douiria de Mouassine** (→ S. 220).

Souk Sebbaghine

Durch einen Torbogen, vor dem links eine riesige Messingbadewanne ausgestellt ist, betritt man den Souk Sebbaghine, in dem zunächst die Filzhersteller und anschließend die Wollfärber ihre kleinen Werkstätten haben. Über den Gassen sind Tücher und Wollknäuel an Bambusstangen aufgehängt, sie leuchten in Blau, Gelb, Rot, Orange. Nach wenigen Metern teilt sich die Straße, biegt man links vor der Verzweigung ab, führt links eine schmale Gasse auf einen Färberhof, in dem die Handwerker in der Regel nur einen Farbtopf betreiben. Vor ihnen häuft sich die ungefärbte weiße Lamm- und Schafswolle. In manchem Geschäft, in dem bunte Tücher verkauft werden, kann man sich die Naturfarbstoffe in allen Kultursprachen der Welt zeigen und erklären lassen. Zurück zur Verzweigung, nimmt man die linke Spur, die an den Läden der Holzarbeiten vorbeiführt. Kunstvolle Intarsien aus Zitrus- oder Ebenholz in warm schimmerndem Thujaholz oder Beistelltischchen aus gedrechselten Maschrabiyya-Stücken findet man hier genauso wie Löffel aus Olivenholz und Brettchen unterschiedlicher Größe, die Koranschülern als Schreibtafel dienen.

Wollstränge hängen im Färbersouk zum Trocknen über Bambusstangen

Souk Haddadine

Am Ende der Gasse haben die Korbflechter ihre Läden, dort, wo sich die Straße erneut gabelt. Auch hier nimmt man die linke Variante, geht nur wenige Meter und biegt dann in die erste Gasse rechts ein. Das unübersehbare Angebot an Lampen und schmiedeeisernen Käfigen wird im pittoresken Souk der Alteisenschmiede, dem Souk Haddadine, aus alten Fahrrädern oder Bettgestellen hergestellt. Auf einem kleinen Platz stapeln sich die ausrangierten Eisengestellte,

Kunst aus Alteisen: Lüster, Leuchter, Käfige

lautes Hämmern, Klopfen und Schweißen ist allerorten zu hören und zu sehen. Orientiert man sich hier nach Norden, landet man in den Gassen, in denen Leder verarbeitet wird. In dem kleinteiligen Gassengewirr lässt man sich am besten den Weg zur nahegelegenen Moschee **Ben Youssef** weisen. Auf dem Platz vor der Moschee erhebt sich die **Koubba des Almoravides**, links die Moschee Ben Youssef und am Kopfende das **Musée de Marrakech** (→ S. 218). Biegt man vor dem Museum links ein, gelangt man zur **Medersa Ben Youssef**.

Koubba des Almoravides

Das 1117 entstandene Bauwerk ist das einzige Zeugnis aus almoravidischer Zeit. Das Kuppelgebäude diente ehedem für die rituellen Waschungen und hatte daher eine für damalige Verhältnisse revolutionäre Wasserversorgung durch ein unterirdisches Kanalsystem. Von der ursprünglich angrenzenden Moschee blieb nichts erhalten. Die Kuppel überwölbte das rechteckige Wasserbassin und ist innen reich mit Arabesken und Kalligraphie verziert. Eine Inschrift am Eingang pries den Kalifen von Bagdad sowie den Erbauer der Koubba, Ali ibn Youssef.

Medersa Ben Youssef

Ein besonders stimmungsvolles Juwel in der Medina ist die ehemals größte Koranhochschule Nordafrikas. Bis zu 900 Schüler sollen einst an der Medersa Ben Youssef studiert haben. Gestiftet wurde die Schule mit Internatsbetrieb von den Saadiern 1570 durch ihren Sultan Abdallah el-Ghalib. Im Innenhof dominiert ein großes Wasserbecken den Raum, an dem die Studenten Wasser zum Kochen, Trinken und Waschen entnahmen. Gegenüber dem Eingang war der Raum, in dem sowohl gebetet wurde wie auch die Vorlesungen abgehalten wurden. Ein Meisterwerk der morgenländischen Architektur ist der **Mihrab** mit seinen kunstvollen Muqarnas und den Gipsstuckaturen. Beiderseits des Gebetssaals befanden sich Bibliotheken und die Zimmer der Professoren.

In der oberen Etage lagen die **Zimmer der Studenten** um viele kleine Innenhöfe, die als Lichtschächte dienten, aber auch für Frischluft sorgten. Die Schüler aus reichem Hause oder höhere Semester hatten Zimmer mit Aussicht zum Innenhof, den die übliche Trias aus Zellij, Stuck und Holzschnitzereien reich verziert. Die ärmeren Schüler und Studienanfänger mussten mit Kabuffs ohne Aussicht auskommen. Viele der Räume hatten, dank einer Zwischendecke, eine obere Etage, zu der eine Hühnerleiter, diagonal in einer Ecke der unteren Etage eingezogen, führte. Dort schliefen immer zwei der ärmeren Studenten, zum Lernen hielten sie sich im wunderbaren **Innenhof** in den Galerien seitlich des Wasserbeckens auf. Vor dem Eingang zum Innenhof unterhält ein Schriftkünstler einen Stand, an dem er Kalligraphien auch auf Wunsch anfertigt.

Medersa Ben Youssef, Place Ben Youssef, Tel. +212/524/441893; tägl. 9–18 Uhr, im Sommer bis 19 Uhr, 10 DH.

Medersa Ben Youssef

▲ Karte S. 206

Souk Chkaira und Souk Smata

Geht man vor dem Museum nach rechts, vorbei an Läden mit buntgestreiften Decken aus glänzender Agavenseide, kommt man hinter den Geschäften in einer Linkskurve der Straße zu einem Torbogen, durch den man wieder in den engen Gassen der Souks landet. Zunächst befindet man sich im **Souk Cherratine** mit vielen kleinen Garküchen. Dahinter folgen im **Souk Chkaira** Lederwaren aller Art: Taschen, Gürtel und Ledereinbände. Auch Sattlereien haben hier ihre Geschäfte. Folgt man dem Weg immer geradeaus entlang der Rue Semmarine, erreicht man den Djemma el-Fna, biegt man eine der schnurgeraden Gassen rechts ein, trifft man auf den **Souk Smata**, in dem die traditionellen Babuschen in allen Farben verkauft werden.

Gewürzmarkt

Links von der Rue Semmarine liegt ein kleiner, überdachter Platz, um den herum die Teppichhändler ihre Läden betreiben. Vormittags findet auf dem Platz die Teppichversteigerung statt. Hinter dieser Criée Berbère öffnet sich der große Platz **Rahba el-Kedima**, auf dem Körbe und Flechttaschen sowie bunte Strickmützen verkauft werden. Rund um den Platz sind die Kräuter- und Gewürzläden ansässig. Kalebassen aus Flaschenkürbissen, Schlangenhäute, getrocknete Eidechsen und Dornagamen hängen vom Vordach, schwarze Schmierseife steht in Eimern und Schüsseln vor den Läden, hohe Pyramiden von Gewürzen ziehen die Blicke auf sich, und die Regale im Laden tragen hunderte von Glasgefäßen mit Pülverchen und Kräutern gegen jedes Zipperlein. Nur wenige Schritte vom Platz entfernt, in der Gasse Derb N'khel, Rabha el-Kedima Nummer 78 ist der Sitz der renommierten Kräuterapotheke **Avenzoar**, dessen Juniorchef in

Süßwarenhändler im Souk Semmarine

Deutschland Pharmazie studierte, bevor er sich der traditionellen marokkanischen Naturmedizin zuwandte, und der sehr informativ über Gewürze und Kräuter wie Kreuzkümmel, Orangenblütenöl und Safran und ihre Anwendung in der Medizin erzählt.

Souk Semmarine

Am südwestlichen Ende des Place Rahba el-Kedima biegt man rechts ab und landet wieder auf der Rue Semmarine, dem ursprünglichen Markt der Hufschmiede. Daran erinnert heute allerdings nichts mehr. Die Semmarine-Straße wurde zur Hauptarterie, an der rechts immer wieder kleine Höfe mit den Kleidermärkten, den **Kissariats**, liegen. Das Warenangebot in den Geschäften direkt an der Straße ist mittlerweile bunt gefächert, da der Djemma el-Fna nicht weit ist und die meisten Touristen ihren Weg hierher finden. Kurz bevor man zum Djemma el-Fna kommt, geht es durch einen Bogen. Dahinter gibt es Trockenfrüchte und Nüsse aller Art, und es locken die süßen Teilchen der marokkanischen Konditoren wie Gazellenhörnchen, Marzipanpralinen und Makronen.

EXTRA

Eine Prise Orient

Ras el-Hanout ist wörtlich die Spitze des Geschäfts. In dieses ›Aushängeschild‹ (wörtliche Übersetzung: ›Kopf des Ladens‹), diese Meistermischung kommen zwischen 25 und 35 verschiedene Gewürze, die den marokkanischen Tajines ihren charakteristischen Geschmack verleihen. Zutaten sind unter anderem Mönchspfeffer, Kubeben-Pfeffer, langer Pfeffer, schwarzer Pfeffer, Gelbwurz, Zimt, Muskatblüte, Zimtkassie, Muskatnuss, Paradieskörner (Guinea-Pfeffer), Galgant, Piment, Kardamom, Damaszener-Rosenblätter, Weißer und Grauer Ingwer, Lavendelblüten, Sternanis, Belladonna, Chili, Paprika, Koriander, Kreuzkümmel, Schwertlilien-Wurzel, Schwarzkümmel, Zyperngras, Bockshornklee, Senfkörner, Früchte der Esche, Gewürznelken, Lorbeerblätter und getrocknete Früchte der Fliegenblume (Apteranthes burchardii). Früher war auch Spanische Fliege Bestandteil, sie wurde 1990 verboten.

Aus Koriander, Muskatnuss, Ingwer und Kardamom besteht die Gewürzmischung für marokkanische Fischgerichte. Eines der wichtigsten Gewürze der marokkanischen Küche ist der Kreuzkümmel, der zusammen mit Salz fast immer in kleinen Tajines auf dem Tisch steht. Fette und schwer verdauliche Gerichte wie Mechoui oder Kohl werden damit bekömmlicher gemacht. Außerdem wird er als Medikament gegen Blähungen, Sodbrennen und Magenkrämpfe eingesetzt. Schwarzkümmel wird nicht nur als Gewürz verwendet, sondern auch als Heilmittel bei Erkältung und asthmatischen Beschwerden.

Safran

Das edelste aller Gewürze ist der kostbare Safran, der nicht nur den Kuchen gehl – mittelhochdeutsch für honiggelb – macht, sondern auch den Geldbeutel leer. Die dreigeteilten Narben des Schwertliliengewächses Crocus sativus werden im Herbst gesammelt und anschließend getrocknet. Man benötigt Abertausende von diesen dunkelroten Stempelfäden, um eine elevante Menge zusammenzubekommen: 200 000 Blüten für ein Kilogramm, kultiviert auf einer Anbaufläche von 10 000 Quadratmetern. Die Ernte ist reine Handarbeit. Um die 70 Gramm, also mehr als 40 000 Stempelfäden, schafft ein erfahrener Pflücker. Kein Wunder also, dass dieses Gewürz so teuer ist. Im Mittelalter zahlte man 180 Kreuzer für ein Gramm, so viel wie für ein Pferd! Safran schmeckt bitter-herb-scharf, was aber bei normaler Dosierung nicht zum Tragen kommt. Er enthält Carotinoide, vor allem Crocin, die Gerichte, aber auch Stoffe goldgelb färben. In Marokko schwört man auch auf Safran als Heilmittel mit schmerzlindernder, harntreibender, antiepileptischer und schweißtreibender Wirkung. Als Creme hilft es bei Akne und Herpes, bei Babys reibt man das Zahnfleisch damit ein, um die Schmerzen beim Zahnen zu lindern.

Kräuterapotheke am Gewürzmarkt in Marrakesch

Riad im Bahia-Palast

Geflügel, Oliven und Zitronen

Bei den Geschäften mit Keramik angekommen, kann man einer Linkskurve zum Djemma el-Fna folgen, rechts geht es zum Markt der Eier und des Geflügels. Dahinter werden eingelegte Oliven und Zitronen verkauft. Diese typischen dünnwandigen marokkanischen Zitronen werden kreuzförmig bis auf Dreivierteltiefe eingeschnitten, dann kommt ordentlich Salz hinzu, und schließlich wird das ganze Behältnis mit kochendem Wasser aufgegossen. Mindestens drei Wochen ›pökeln‹ dann diese Salzzitronen, bevor sie hier verkauft werden. Zurück zur Hauptgasse Rue Souk Semmarine, kommt man wieder am Djemma el-Fna an, gegenüber des Café de France.

Bummel durch die südliche Medina

Über die Rue des Banques links vom Café betritt man den südlichen Teil der Medina. Kurz danach wird die Straße zur Rue Riad Zitoun Jdid. Von dieser geht es unter anderem links zum **Volkskundemuseen Dar Si Said** (→S. 218) und zum **Maison Tiskiwin** (→S. 220) ab. Am Ende der Straße liegt links der Eingang zum **Bahia-Palast**, kurz danach endet sie am Place des Ferblantiers. Parallel verläuft die Rue Riad Zitoun el-Kedim, in der sich zum Ende hin die Recycling-Handwerker niedergelassen haben. Diese wandeln alte Auto und LKW-Reifen in Eimer und Satteltaschen um. Auch diese Straße endet am Platz der Weißblechschmiede (Ferblantiers). Hier fertigen die Handwerker kunstvolle Lampen in allen Formen, die mit ihrem gestanzten Lochmuster reizvolle Lichteffekte entstehen lassen. Hinter dem Platz sieht man schon die Stampflehmmauern des El-Badi-Palastes.

Bahia-Palast

Der Großwesir Si Moussa, ein dunkelhäutiger ehemaliger Sklave, gab 1859 den Auftrag zur Erbauung dieses prachtvollen Palastes. Nachdem 1894 Si Moussas Sohn, der wohlbeleibte Abu Mohammed ibn Moussa, genannt Ba Ahmed, ebenfalls zum Großwesir ernannt worden war, ließ er den Palast erweitern. Der Architekt Hajj Mohammed el-Mekki vergrößerte das Dar el-Bahia, das Haus des Glanzes, auf 8000 Quadratmeter mit 160 Räumen und mehreren Patios und Riads. Sechs Jahre arbeiteten die besten Kunsthandwerker des Landes an der prächtigen maurischen Ausstattung bis zur Fertigstellung im Jahr 1900. Da Ba Ahmed für den noch minderjährigen Sultan Abd el-Aziz regierte, empfing er hier hochrangige Gesandte, entsprechend viel Eindruck sollte der Palast machen. Das tat er, und er tut es noch heute.

Nachdem man das Kartenhäuschen passiert hat, führt eine lange Auffahrt mit herrlicher Begrünung zum eigentlichen Palast. Ein erster **Patio** diente als Aufenthaltsraum für die, die auf eine Audienz beim Großwesir warteten. Folgt man den Pfeilen, gelangt man in das wunderbare kleine **Riad**, in dem Ba Ahmed in einer Nische oder einem der Räume empfing. Später richtete sich der französische Generalresident Lyautey hier sein Büro ein. Den

Störche auf den Mauern des Badi-Palastes

angrenzenden **Ratssaal** nutzte Marschall Lyautey für Zusammenkünfte mit seinen Offizieren und ließ ihn deshalb mit Kaminen, Heizung und Strom modernisieren. Die originale Einrichtung des Palastes war bereits vorher entfernt worden, denn nach Ba Ahmeds Tod 1900 konfiszierte Sultan Abd el-Aziz das gesamte Vermögen seines ehemaligen Regenten.

Hinter dem Ratssaal öffnet sich der vollständig mit Marmor gepflasterte **Kleine Hof**, um den die Privatgemächer des Großwesirs lagen. Dahinter erreicht man den **Großen Hof**, um den die Gemächer der vier Ehefrauen und 24 Konkubinen lagen. Von hier hatten die Damen Zugang zum **Haremsgarten**, an dem sich der älteste Teil des Palastes befindet, den bereits Si Moussa erbauen ließ. Ba Ahmed ließ links des Gartens eine hauseigene **Moschee** anbauen. Seit geraumer Zeit ist dieser Trakt wegen Renovierung geschlossen, so dass man direkt in den Teil hinter der Moschee geleitet wird.

Der schönste Raum hier ist das **Musikzimmer** mit bunten Glasfenstern, einem Patio, in dem Tänzerinnen den Hausherrn unterhielten, und zwei Seitenräumen für die Gelage. Der Rundweg führt wieder zurück in den Ratssaal, und durch das Riad und Wartepatio gelangt man wieder ins Freie. Der malerische Palast diente schon mehrfach als Filmkulisse, so unter anderem für ›Lawrence von Arabien‹.

Palais de Bahia, Rue Riad Zitoun el-Jdid, Tel. +212/524/389564; tägl. 9–16.30 Uhr, 10 DH.

El-Badi-Palast

Hier war einstmals die Residenz des Saadiersultans Ahmed el-Mansour. Sie soll die größte und schönste des ganzen Maghreb gewesen sein, mit einem Innenhof, der dem berühmten Löwenhof der Alhambra nachempfunden war. Doch nachdem der Alaouitensultan Moulay Ismail um 1700 den Palast hatte zerstören lassen und mit den wertvollen Baumaterialien seine Ville Impériale in Meknès hatte bauen lassen, blieb in Marrakesch nur noch eine gewaltige Ruine übrig. Erhalten sind nur die **Außenmauern**, die aber einen Eindruck der enormen Größe geben. Im Mai jeden Jahres ist der Badi-Palast Schauplatz des Nationalen Folklorefestivals.

▶ Karte S. 206

Direkt an die Südmauern der Ruinen schließt das **Dar el-Makhzen**, der Sultanspalast der Alaouiten, an, der allerdings nicht besichtigt werden kann. Für kurze Zeit lebte der ehemalige Schah von Persien hier im Exil.

Bummel durch das Kasbah-Viertel

Ist man wieder an der Place des Ferblantiers zurück, wendet man sich nach links. An der Straßenecke zur Avenue Houmman el-Fetouaki befindet sich der Eingang zu einem überdachten **Lebensmittelmarkt**, geradeaus geht man durch die Rue Tougma. Dieses Viertel war ehemals Teil der Mellah von Marrakesch, in der man noch 1947 über 50 000 Juden zählte. Hier und in den angrenzenden Straßen sind immer wieder typisch jüdische Balkonhäuser sehen.

Am Ende der Rue Tougma folgt man der Ausschilderung ›Bab Agnaou‹ und biegt links in die Ksibat Nhass ein. Kurz danach sind die Reste einer Stampflehmmauer zu sehen, die die Kasbah ehemals an der Nordseite einfassten. Nach einigen Rechts-Links-Schikanen landet man auf einem kleinen Platz, auf dem jeden Tag ein **Gemüsemarkt** abgehalten

Hof des Riad Ker Saada im Kasbah-Viertel

Kutscher bei der Siesta

wird. Geht man rechts durch den überdachten Teil des Marktes, wendet sich auf der Verkehrsstraße nach rechts, hat man schon nach wenigen Schritten den Vorplatz der **Kasbah-Moschee** erreicht. Die Hauptmoschee des ehemaligen Beamten-, Residenz- und Militärviertel wurde in der Zeit der Almohaden für die Hofbeamten und höheren Militärs nebst ihren Familien und ihrer Dienerschaft gebaut. Wegen des Jamour mit seinen zwei Messingkugeln auf dem Minarett wird sie auch die Moschee der zwei goldenen Äpfel genannt. Am rechten Ende des Platzes vor der Moschee befindet sich der Eingang zu den Saadiergräbern.

Saadiergräber

Die Mausoleen der Saadier wurden hauptsächlich durch Ahmed el-Mansour (1578–1603) angelegt und für sieben Sultane und 62 Familienangehörige zur letzten, prunkvollen Ruhestätte. Weitere 100 Gräber von entfernteren Verwandten und hochrangigen Beamten befinden sich im Garten der Nekropole. Der älteste Teil ist die **Koubba der Lalla Messaouda**, die bereits durch el-Mansours Vater, den vierten Saadiersultan Abdallah el-Ghalib, für dessen 1557 ermordeten Vater Mohammed esch-Scheich errichtet wurde. Ahmed el-Mansour ließ diese Koubba durch einen Vorbau vergrößern, um 1574 seinen Vater sowie seinen älteren Bruder und Vorgänger Abu Marouan hier beizusetzen. 1591 wurde schließlich auch seine Mutter Lalla Messaouda hier begraben, die zur Namenspatronin der Koubba wurde.

Für die Gräber war el-Mansour das Beste gerade gut genug. Marmor kam aus Carrara, die besten Kunsthandwerker des Landes schnitzten die schönsten und feinsten Muqarnas aus Stuck und Zedernholz in filigrane Form. Als Inspiration diente ihm der Topkapi-Palast in Istanbul, wo er seine Jugendjahre im Exil zugebracht hatte. Finanziert wurde der Prunk durch den Ausbau von Zuckerrohrplantagen im Süden des Landes und den Verkauf von Zucker, fast exklusiv nach England. Nachdem er 1590 Timbuktu, den Niger und Tschad erobert hatte, wuchsen el-Mansours Reichtümer ins Unermessliche. Mit diesem Geld leistete er sich ein eigenes **Mausoleum** in der Nekropole. Es besteht aus drei aufeinanderfolgenden Räumen: dem Mihrab-Saal gleich links hinter dem schmalen Gang, durch den man die Saadiergräber betritt, dann dem Saal der zwölf Säulen mit dem Grab Ahmeds und dem Saal der drei Nischen an der Wand der Kasbah-Moschee ohne eigenes Portal. Der Saal des Mihrab diente als Grabmoschee mit einer reich gestalteten Gebetsnische. Rechts hinter der Holztür, von einem niedrigen Holzgeländer umgeben, ruht der einzige Herrscher, der nicht zur Dynastie der Saadier gehörte: Der 1792 verstorbene Alaouitensultan Moulay Yazid ließ sich hier beisetzen – und das, obwohl sein Vorfahr Moulay Ismail die Erinnerung an die Saadier auszuradieren versucht

Bei den Saadiergräbern

hatte, indem er deren Nekropole mit einer hohen Mauer unzugänglich machen ließ. Nur durch die Kasbah-Moschee gab es einen kleinen versteckten Eingang. Erst 1917 wurde dieses Gartenparadies durch Postflugzeuge entdeckt und wieder zugänglich gemacht. Den schönsten Raum des Mausoleums tragen die zwölf namensgebenden Säulen aus Carrara-Marmor, überwölbt von einer geschnitzten Zedernholzdecke mit unzähligen vergoldeten Muqarnas. In der Mitte des Raums ruht der 1603 an der Pest gestorbene Ahmed el-Mansour, an seiner Seite sein Sohn Zidane sowie ein Enkel. Im Saal der drei Nischen wurden die Ehefrauen, Kinder und Konkubinen der Saadier beigesetzt.

Tombeaux Saadiens, Rue de la Kasbah; tägl. 9–16.45 Uhr, 10 DH.

▲ Karte S. 206

Bab Agnaou

Links von der Kasbah-Moschee verlässt man das ehemalige Beamten- und Garnisonsviertel der Kasbah durch das Bab Agnaou. Der Haupteingang in die Kasbah ist sicher das schönste Tor von Marrakesch, vor allem nachmittags, wenn es von der Sonne beleuchtet wird. Sein Name Agnaou leitet sich wie die ›Gnaoua‹ von Guinea ab. Da vermutlich die schwarzen Leibgardisten, die in der Kasbah stationiert waren, aus dem Gebiet am Senegal-Fluss kamen, hatte sich der Name durchgesetzt. Andere etymologische Erklärungsversuche übersetzen Agnaou als ›Widder ohne Hörner‹ und nehmen darauf Bezug, dass angeblich im 16. Jahrhundert ein Pulverlager explodiert sei, bei dem zwei Türme seitlich des Tores in die Luft flogen und seither das Tor ohne ›Hörner‹ sei.

Sicher ist, dass das Bab Agnaou Ende des 12. Jahrhunderts unter dem Almohadenherrscher Youssef Yacoub el-Mansour erbaut wurde. Ein großer dekorativer Hufeisenbogen ist mit Flechtbandmustern aus einem grünlich-grauen Kalkstein, dem Stein von Guéliz, verziert, den Inschriften von Koranversen in geometrischer Kufi-Schrift umranden. Direkt gegenüber dem Haupteingang in die Kasbah erhebt sich eine hohe Mauer, hinter der sich der neue, von Mohammed VI. erbaute Palast befindet.

Fast unmittelbar neben dem Bab Agnaou öffnet sich das Stadttor **Bab er-Robb** nach Süden in der Stadtmauer. Robb ist ein eingedickter Saft, der aus Feigen, Beeren und Trauben gemacht wurde und der hier wohl auf den Vergärungszustand untersucht wurde, denn alles, was drei Tage oder länger vergoren ist, hat berauschende Wirkung und fällt somit unter das islamische Alkoholverbot. Auch dieses Stadttor stammt aus dem 12. Jahrhundert, ist aber schmucklos.

Grab von Youssef ibn Tachfin

Wendet man sich am Bab Agnaou nach Norden, sieht man bereits wieder das Minarett der Koutoubia. Steuert man darauf zu, fällt links ein kleines Häuschen mit grünem Walmdach auf, an dem ein Schild verkündet: ›Tombeau Youssef Ibn Tachfine‹. Dem Gründer von Marrakesch wurde erst ein Jahr nach der Unabhängigkeit Marokkos durch Mohammed V. dieses Grabmal gestiftet, allerdings an der Stelle, an der er nach seinem Tod 1106 im Alter von 90 Jahren beigesetzt worden sein soll. Nachdem das Mausoleum jahrzehntelang vernachlässigt worden und zur Schlafstätte von Clochards verkommen war, wurde 2005 eine Restaurierung auf Geheiß des Königs begonnen, die 2016 abgeschlossen sein soll. Für Nicht-Muslime ist der Zugang nicht möglich.

Die Gärten von Marrakesch

Marrakesch ist eine Stadt der Gärten. Wasser und Schatten bedeuten in diesem Klima Luxus und sind daher gerade in Gärten wichtig. Typisch sind die Riads, die großen Stadthäuser, in deren Innenhof in der Mitte ein Brunnen sprudelt und Bäume auf vier Beeten Schatten spenden. Diese ruhigen und pittoresken Innenhöfe sind Oasen im hektischen Getriebe der Stadt.

Doch gibt es auch große öffentliche Gärten und Parks, zudem ist die Stadt von der **Palmeraie**, einem Hain aus 150 000 Dattelpalmen, umgeben. Die großen Gartenanlagen **Agdal** und **Menara** mit ihren Oliven- und Zitrusplantagen erstrecken sich über Dutzende Hektar und haben in ihrer Mitte Wasserbecken in der Größe kleiner Seen. Die Anlagen gehen auf das 11. Jahrhundert, also die Zeit der Stadtgründung, zurück. Damals entstand die ausgeklügelte Wasserversorgung, die Wasser aus dem Hohen Atlas durch unterirdische Kanäle nach Marrakesch leitet.

Jardin Majorelle

Der bekannteste Garten Marrakeschs wurde vom französischen Maler Jacques Majorelle ab 1924 angelegt, mit Pflanzen, die er auf seinen Reisen rund um die Welt gesammelt hatte. Kakteen, Palmen, Bananenstauden, Seerosen, Farne und Bougainvilleas gedeihen hier. Majorelle kam 1886 in Nancy als Sohn des Mitbegründers der französischen Jugendstilbewegung Louis Majorelle zur Welt. Während des Ersten Weltkriegs ausgemustert, folgte er der Einladung Marschall Lyauteys, eines Freundes seines Vaters, und unternahm zwischen 1919 und 1930 mehrere Reisen in den Süden Marokkos. Nach dortigen Motiven entstanden Plakate, die sich gut verkauften. Mit dem Geld erwarb er 1923 ein Gelände von über eineinhalb Hektar und baute Haus und Garten auf, den er 1947 für Besucher öffnete.

Nachdem Majorelle 1962 bei einem Verkehrsunfall ums Leben gekommen war, verwilderte sein Garten 20 Jahre lang, bis er vom Modeschöpfer Yves Saint-Laurent und seinem Lebensgefährten Pierre Bergé entdeckt und wieder zum Leben erweckt wurde. Über vier Jahre lang wurden Haus und Atelier im typischen Majorelle-Blau, einem speziellen Kobalblau, das der Künstler häufig verwendete, renoviert. Noch länger dauerte es, den Garten zu entwildern. Seither ist der Garten trotz vieler Besucher wieder ein Ort voller Zauber und Ruhe.

Über 300 verschiedene Pflanzenarten sind im Jardin Majorelle vertreten, der heute nur noch etwa einen halben Hektar misst, da Saint-Laurent und Bergé einen Teil des Anwesens zur privaten Nutzung abtrennten. Im ehemaligen Atelier richteten sie ein **Volkskunstmuseum** ein, in dem berberische Kunst aus der Privatsammlung des Modeschöpfers ausgestellt ist.

Nach dem Tod von Yves Saint-Laurent am 1. Juni 2008 wurde in einer privaten Zeremonie seine Asche im Rosengarten im nicht zugänglichen Teil des Majorelle-Gartens verstreut, da er sein Herz an Marrakesch und diesen magischen Garten verloren hatte. Heute kümmern sich 20 Gärtner permanent um die Pflege und den Erhalt des kleinen Gartens Eden.

Jardin Majorelle, Rue Yves Saint Laurent, Tel. +212/524/313047, www.jardinmajorelle.com; tägl. 8–17.30 Uhr, Mai–Sept. 8–18 Uhr, im Ramadan 9–17 Uhr, Eintritt zum Garten 70 DH, das Museum kostet 30 DH zusätzlich.

Jardin Majorelle

Karte: hintere Umschlagklappe

Menara-Gärten

Die 100 Hektar großen Menara-Gärten um das erst von den Almohaden angelegte 200 mal 300 Meter große Wasserbecken ist für die Einheimischen ein beliebter Ort zum Flanieren und Picknicken, vor allem am Wochenende. Schon im 11. Jahrhundert legten die Almoraviden ein ausgeklügeltes Bewässerungssystem von sogenannten Khettaras an. In diesen unterirdischen Kanälen wurde Wasser aus dem Hohen Atlas in die Ebene von Marrakesch geführt, um die Bewohner mit Wasser zu versorgen, aber auch, um die Oase inklusive der Nutzgärten zu bewässern. Seit dem 12. Jahrhundert mussten die Soldaten in diesem Wasserbecken das Schwimmen erlernen, bevor sie nach Al-Andalous übersetzten. Im 17. Jahrhundert genoss Sultan Mohammed Ben Abdallah den Anblick des künstlichen Sees so sehr, dass er sich einen **Lustpavillon** mit Blick auf Wasser und Gärten errichten ließ. Heute ist der Pavillon mit dem Wasserbecken davor und der Atlaskette mit oft schneebedeckten Gipfeln im Hintergrund eines der beliebtesten Fotomotive. Der Menara-Garten gehört zusammen mit der Medina und den Agdal-Gärten zum UNESCO-Weltkulturerbe.

Jardins de Menara; tägl. 8.30–18 Uhr, Eintritt für den Pavillon 10 DH, Garten frei.

Agdal-Gärten

Die Agdal-Gärten sind 500 Hektar groß und grenzen im Süden der Stadt an den Königspalast. Die ersten Bäume pflanzten die Almohaden bereits 1157, doch erst im 19. Jahrhundert wurde der Garten in seine heutige Form gebracht und mit einer Mauer umgeben. Zwischen Granatapfel-, Orangen- und Olivenbäumen liegen drei Staubecken, die über Kanäle mit Wasser aus dem Hohen Atlas gespeist werden. Am größten Wasserreservoir **Es-Salah** mit einem Fassungsvermögen von 200 000 Kubikmetern befindet sich das **Dar el-Hana**, ein Palast mit einer Panoramaterrasse, von der aus man bei klarer Sicht einen herrlichen Blick auf die Atlaskette hat.

Jardin d'Agdal; Fr und So, Eintritt frei.

Parc Lalla Hasna und Cyber Parc

2002 weihte die Schwester des Königs, Lalla Hasna, den nach ihr benannten Park ein. Auf 42000 Quadratmetern erstreckt sich dieser öffentliche Park mit seinem wundervollen **Rosengarten** zwischen Koutoubia und Mamounia-Hotel. Bereits im 18. Jahrhundert war hier ein acht Hektar großer Garten durch den Prinzen und Poeten Moulay Abdessalam, einem Sohn von Sultan Sidi Mohammed ben Abdallah, geschaffen worden, der 1920 durch den Gartenliebhaber Lyautey erweitert wurde. Aus diesem historischen Garten wurden der Rosengarten der Prinzessin Hasna und im nördlichen Teil der Cyber Parc Arsat Moulay Abdessalam.

Dank der finanziellen Unterstützung von Maroc Telecom und 14 weiteren Firmen konnten Architekt Karim El Achak und Gartenarchitekt Jean-Charles Mazet den

Pavillon in den Menara-Gärten

historischen Park mit dem modernen Kommunikationszeitalter verbinden. So wurden nicht nur 200 Palmen, 680 Zitrusbäume und über 500 Sträucher gepflanzt, sondern auch Multimediasäulen aufgestellt, die Internetzugang im gesamten Park gewährleisten.
Mountazah Lalla Hasna und **Cyber Parc**; tägl. 9.30–18.30 Uhr, Eintritt frei.

Ville Nouvelle

Der älteste Teil der französischen Neustadt – Guéliz – verdankt seinen Namen der Verballhornung des französischen Wortes ›Eglise‹ für die Kirche, abgeleitet von der Eglise des Saints Martyrs. Als zentraler Platz wurde die Place du 16 Novembre zum Knotenpunkt, an dem sich die Avenue Mohammed V mit der Avenue Hassan II kreuzt, die zum 1923 erbauten, einst ultramodernen und jüngst renovierten **Bahnhof** führt.
Schräg gegenüber dem Bahnhof entstand nach jahrzehntelangem Bau das **Théâtre Royal**. 1978 wurde der Kuppelbau des Architekten Charles Boccar begonnen, erst 2001 konnte er eingeweiht werden, und 2014 musste er wegen Einsturzgefahr wieder geschlossen werden, um die gravierenden Baumängel zu beseitigen.
Südlich des Guéliz-Viertels und westlich der Medina entstand das Villenviertel der Franzosen, **Hivernage** genannt. Hier befinden sich einige der angesagtesten Clubs und Bars der Stadt. Seit zehn Jahren erweitert man das Nobelviertel stetig nach Süden und Westen. Entlang der Avenue Mohammed VI entstanden neue Prachtbauten wie Banken oder das Kongresszentrum.

Museen

In den letzten Jahren entstand in Marrakesch eine enorme Vielfalt von privaten Museen. Die meisten wurden von Europäern eingerichtet, die sich in die Stadt und ihre Kultur verliebt haben. Zu den nach wie vor sehenswertesten gehört aber das **Dar Si Said** in einem alten Wesirspalast in der südlichen Medina.

■ Musée de Marrakech

Dank des Mäzens Omar Benjelloun und seiner Stiftung entstand im Herzen der Medina das Museum, in dem ausschließlich im Rahmen von Themenausstellungen die reiche Sammlung marokkanischer Kunst und Volkskunst des 2003 verstorbenen Stifters gezeigt wird. Benjelloun restaurierte einen Stadtpalast aus dem 19. Jahrhundert, der für Mehdi Menebhi gebaut wurde, den ehemaligen Verteidigungsminister von Sultan Moulay Abd el-Aziz und Botschafter in Deutschland und England.
Im zentralen Patio und den umliegenden Räumen finden Ausstellungen, Kunstspektakel und Konferenzen statt. Im ehemaligen Küchentrakt wird zeitgenössische Kunst marokkanischer Maler, Bildhauer, Installationskünstler und Fotografen präsentiert. In den ehemaligen Stallungen sind ein Café und eine Bücherei untergebracht.
Musée de Marrakech, Place Ben Youssef, Tel. +212/524/441893, www.museedemarrakech.ma; tägl. 9–18.30 Uhr, 30 DH.

■ Dar Si Said

Das palastartige Gebäude, in dem seit 1930 ein **Volkskunstmuseum** untergebracht ist, wurde für den ehemaligen Kriegsminister Si Said, einen Bruder von Ba Ahmed, dem Erbauer des Bahia-Palasts, errichtet. Im Eingangsbereich schmücken zunächst Türen von Kasbahs die Wände. Eine Karte zeigt die Herkunft der verschiedenen Exponate; ein Rundgang ist ausgeschildert.
Ebenfalls im Erdgeschoss befindet sich ein Brunnen, der ehemals in der Medersa Ben Youssef aufgestellt war und dessen

▲ Karte: hintere Umschlagklappe

reiche Verzierung in der islamischen Kunst seltene Tierdarstellungen aufweist. Lederarbeiten und Stickereien folgen im weiteren Verlauf des Besichtigungsweges. In den Räumen um den großen Riad mit Pavillon im Zentrum sind Keramiken, Schmuck und Waffen ausgestellt.

Im Obergeschoss liegt der Schwerpunkt auf der Kunst der Holzarbeiten. Hochzeitsstühle und ein riesiger Kerzenständer zieren den Hauptraum, im seitlichen Saal sind neben Holztruhen die vier Gondeln eines Riesenrades aufgestellt, das früher auf Volksfesten und auf dem Djemma el-Fna für Belustigung sorgte.

In der zweiten Etage werden marokkanische Teppiche aus verschiedenen Regionen des Hohen Atlas präsentiert.

Musée Dar Si Said, Rue Riad Zitoun Jdid, Tel. +212/524/389564; Mi–Mo 9–16.45 Uhr, 10 DH.

Museum Boucharouite

In einem schönen kleinen Riad in der Nähe des Lebensmittelmarktes an der Rue Azbest hat Patrick de Maillart ein kleines Privatmuseum eröffnet, in dem er Boucharouite-Teppiche und Zindekh-Teppiche präsentiert, die wie abstrakte Kunst wirken. De Maillart kam im Jahr 2000 nach Marrakesch und verliebte sich in die Stadt sowie in die Berberkunst. Im ehemaligen Gästehaus Riad Dar Dallah erhielt er die damalige Ausstattung und ergänzte sie um seine Kunstsammlung. Boucharouite bezeichnet im Berberischen einen Fetzen. Aus in Streifen geschnittenen oder gerissenen Stoffresten werden diese Teppiche geknüpft. Lange Zeit galten diese Recycling-Teppiche als minderwertig und wurden von den Teppichhändlern in der Medina noch nicht einmal angeboten. Erst jüngst interessieren sich mehr und mehr Sammler und Galerien für diese kunstvollen, dekorativen Stücke.

Im Hof des Museums Dar Si Said

Boucharouite-Teppich im Museum

Seit wenigen Jahren gibt es daneben Zindekh-Teppiche, bei denen ebenfalls scheinbar minderwertige Materialien in neue künstlerische Form gebracht werden. Auf alten Reis- oder Weizensäcken werden mit Wolle moderne Formen geknüpft, die an die Kunst des Bauhaus und der Expressionisten erinnern. Ohne dass die Frauen jemals einen Namen wie Mondrian, Kandinsky, Klee oder Rothko

gehört haben, stehen sie ganz in deren Tradition und sind selbst Künstlerinnen - und sich dessen noch nicht einmal bewusst. Das Musée Boucharouite gibt ihren Werken einen sehr schönen Rahmen.
Musée Boucharouite, 107, Derb El Cadi, Azbezt, www.lacollectionberbere.com; Mo–Sa 9.30–18 Uhr, im Aug. geschlossen, 40 DH.

Fotografiemuseum

Im Mai 2009 öffnete das Museum für Fotografie in einem ehemaligen Funduk seine Pforten. Jahrelang trugen die Gründer Patrick Manac'h und Hamid Mergani alte Fotografien aus der Zeit zwischen 1870 und 1950 zusammen, hauptsächlich in Frankreich bei ehemaligen Colons, und zeigen diese im Rahmen von thematischen Ausstellungen. Mehr als 4000 Fotografien geben stimmungsvolle Einblicke in das Leben der Berber und Marokkos vor 100 Jahren.
Musée de la Photographie, 46, Rue Souk Ahl Fès, Tel. +212/524/385721, www.maisondelaphotographie.ma; tägl. 9.30–19 Uhr, 40 DH.

Maison Tiskiwin

Der holländische Kunsthistoriker Bert Flint gründete dieses Museum 1996, um die schönsten Stücke berberischer Volkskunst zu präsentieren. Musikinstrumente, Trachten, Schmuck, Möbel und Teppiche vor allem aus der Region des Souss und der Sahara werden hier in seinem ehemaligen Privathaus in der Nähe des Bahia-Palastes ausgestellt.
Maison Tiskiwin, 8, Rue de la Bahia, Tel. +212/524/389192, http://tiskiwin.businesscatalyst.com; tägl. 9–12.30 Uhr und 14.30–18 Uhr, 20 DH.

Musée de la Palmeraie

In den Palmenhainen an der Straße Richtung Fès hat der Kunstsammler Abderrazak Benchaabane 2011 ein **Museum für zeitgenössische Kunst** eröffnet. Über 40 moderne marokkanische Künstler sind hier vertreten, darunter so renommierte Namen wie Hassan El Glaoui, Farid Belkahia, Mohammed Melihi und Abbas Saladi. Da der Museumsgründer auch ein großer Gartenliebhaber ist, hat er die zwei Hektar Park des Anwesens in **Themengärten** anlegen lassen, so gibt es einen Andalusischen Garten, einen duftenden Rosengarten oder einen Wassergarten. Außerdem organisiert Benchaabane pädagogische Ateliers für Kinder, die hier Umweltschutz erlernen sollen, aber auch Nachhilfe in Französisch und anderen Schulfächern bekommen.
Musée de la Palmeraie, Dar Tounsi, Route de Fès, Tel. +212/610/408096; tägl. 9–18 Uhr, 40 DH.

Museum Douiria de Mouassine

Direkt neben der Mouassine-Moschee befindet sich das Musée Douiria, das sich als kleines architektonisches Juwel aus dem 16. Jahrhundert entpuppt. Die Gründer des Museums für Fotografie erfuhren von diesem vom Verfall bedrohten Haus, das aber all seine ursprüngliche Ornamentik erhalten hatte. Zusammen mit Hugo van Tilborg, Bruno Motard und Pierre Mestraletti kauften sie Ende 2012 das Haus und restaurierten es in den folgenden eineinhalb Jahren. Seit Juni 2014 organisieren sie Ausstellungen in dem schönen Gemäuer, außerdem vermittelt das Appartement einen Eindruck traditionellen Wohnens. Zudem soll hier dauerhaft ein Bild von Marrakesch in der Zeit der Saadier entstehen. Derzeit arbeitet man an einem Modell der Stadt in dieser Epoche.
Musée Douiria de Mouassine, Derb el-Hammam, Tel. +212/524/385721, www.douiria.com; Sa–Do 10–18 Uhr, 30 DH.

▲ Karte: hintere Umschlagklappe

Marrakesch-Informationen

Allgemeine Informationen

Vorwahl: +212/524.

Touristeninformationen

Office du Tourisme, Place Abdelmoumen, an der Ecke Avenue Mohammed V/Avenue Yacoub el-Mansour, Tel. +212/524/436131; Mo–Fr 8.30–15.30 Uhr.

Office du Tourisme, Place Youssef ibn Tachfine, Tel. +212/524/385261; Mo–Fr 8.30–15.30 Uhr.

Geldwechsel

Bei Ankunft am **Flughafen** Marrakech-Menara sollte man nicht gleich im internationalen Bereich Geld wechseln, sondern warten, bis man die Pass- und Zollformalitäten hinter sich gebracht hat. Im äußeren Bereich bei den Mietwagenfirmen sind Wechselbüros mit sehr viel besseren Kursen.

In der **Innenstadt** gibt es etliche Wechselmöglichkeiten. Sehr viele Banken mit Geldautomaten und Wechselstuben gibt es in der Passage Prince Moulay Rachid, südlich vom Djemma el-Fna abgehend; außerdem in der Avenue Mohammed V in der französischen Neustadt.

Post

Hauptpost, Place du 16 novembre, im Herzen der Neustadt. Eine weitere Postfiliale findet sich am Djemma el-Fna.

Briefmarken bekommt man auch im Tabakladen an der Ecke des Café Glacier am Djemma el-Fna oder im Souvenirladen am Eingang der Saadiergräber.

Kulturzentren

Institut français, Route de Targa, Guéliz, Tel. +212/524/446930.

Instituto Cervantes, 14 bis, Boulevard Mohammed V, Tel. +212/524/422055.

An- und Abreise

Mit dem Flugzeug

Aéroport Marrakech-Menara (RAK), Tel. +212/524/447910 oder 0801/000224, www.onda.ma. Direkte Anreise aus dem deutschsprachigen Raum: ab Frankfurt mit Lufthansa, ab München mit Royal Air Maroc, ab Köln mit Ryanair und Germawings, ab Hamburg mit Germania, ab Berlin mit Sun Express, ab Wien mit Sun Express, Niki und Air Berlin, ab Zürich mit Swiss und ab Genf und Basel mit Easy Jet. Daneben gibt es Flüge ab Casablanca und Ouarzazate mit Royal Air Maroc.

Vom Flughafen ins Zentrum sind es nur 7 km. Es gibt einen **Shuttle-Bus**, der ab 6.15 Uhr bis 21.30 Uhr halbstündlich fährt. Die einfache Fahrt kostet 30 DH, Hin- und Rückfahrt 50 DH. Mit einem Petit Taxi zahlt man etwa die gleiche Summe, für ein geräumigeres Grand Taxi 150 DH.

Mit dem Bus

Die Busse von **Supratours** fahren am Bahnhof ab, die anderen Linien wie **CTM** und **SATAS** an der Place Mourabitène am Bab Doukkala.

Private Gesellschaften, die in den Hohen Atlas ins Ourika-Tal, nach Amizmiz oder Asni fahren, starten am Bab er-Robb. Auskünfte zu weiteren Zielen sowie Abfahrtszeiten erteilt **CTM**, Gare Routière, Boulevard Aboubaker Seddik, Tel. +212/524/436900.

Im Hof des Musée de Marrakech

Busse erreichen Marrakesch von Casablanca (80 DH), Agadir (100 DH), Tiznit (120 DH), Ouarzazate (85 DH), Kelaa M'Gouna (100 DH), Boumalne (110 DH), Tineghir (120 DH), Essaouira (80 DH), Taroudannt (110 DH), ab Errachidia über Tineghir, Kelaa M'Gouna und Skoura (160/130/105/95 DH), Rabat (140 DH), Meknès (160 DH) und Fès (170 DH).

Mit der Bahn

Ab Fès fahren mehrere Züge tägl. nach Marrakesch (195 DH), über Rabat (120 DH) und Casablanca (90 DH). Will man von Tanger (205 DH) nach Marrakesch reisen, muss man in Casa umsteigen. Auskünfte über Fahrpläne und Tarife auf www.oncf.ma.

Die Grands Taxis finden sich an den Busbahnhöfen, aber auch in der Nähe der großen Hotels in der Neustadt.

Unterwegs in Marrakesch

Stadtbusse

Die Gesellschaft ALSA unterhält diverse **Stadtbuslinien**, so auch einen Shuttle-Bus (Navette), der zum Flughafen fährt. Auch einige Orte im Hohen Atlas werden bedient, wie das Ourika-Tal.

Stadtrundfahrten

Ein **Hop-on-Hop-off-Bus** mit zwei Routen startet vom Office du Tourisme an der Avenue Mohammed V startet und fährt über den Bahnhof zum Menara-Garten durch das Hivernage-Viertel zur Koutoubia und zum Bab Agnaou. Die grüne Route führt im Norden durch die Palmeraie. Das 24-Std.-Ticket kostet 145 DH (Kinder 75 DH), das 48-Std.-Ticket 165 DH (Kinder 95 DH).

ALSA Marrakech, Tel. +212/524/335270, http://alsa.ma. Pläne und Tarife der Stadt- und Touristenbusse.

Segway

Mobilboard Marrakech, 44, Rue Tariq ibn Ziyad, im Hotel Toulousain. Tel. +212/645/141535. Segway-Touren durch Marrakesch ab 300 DH.

Sightseeing-Bus vor dem Bab Agnaou

Taxis und Kutschen

Die Taxifahrer in Marrakesch sind berüchtigt dafür, dass sie immer wieder ›vergessen‹, die Taxameter anzustellen.

Es gibt mehrere Stationen für die großen Überlandtaxis. Die großen **Sammeltaxen**, die zu Zielen im Hohen Atlas wie nach Setti Fatma, Asni oder Ouirgane fahren, stehen am Bab er-Robb. **Grands Taxis**, die zu weiter entfernten Zielen wie Ouarzazate, Agadir, Essaouira oder Taroudannt fahren, stehen am Hauptbusbahnhof am Bab Doukkala.

Mit einer **Pferdekutsche** kann man sich wie mit einem Taxi zu jedem beliebigen Punkt kutschieren lassen. Man kann aber auch eine Fahrt rund um die Stadtmauern machen. Der Preis berechnet sich nach der Zeit. Alle Kutschen müssen einen Aushang haben, der allerdings meist sehr verblasst ist. Für eine Stunde zahlt man reellerweise 150 DH. Am Square Foucauld gegenüber dem Club Med stehen die meisten Kaleschen, man findet sie aber auch in der Nähe der großen und besseren Hotels.

Unterkünfte

In keiner anderen Stadt ist die Auswahl an Hotels und Gästehäusern so groß wie in Marrakesch. Den orientalischen Zauber der Stadt erlebt man bei einer Übernachtung in der Medina am besten. Wer ein Höchstmaß an Erholung sucht, sollte lieber im Hivernage-Viertel oder der Palmeraie übernachten, wo die Hotels in wunderbare Gärten und Parks eingebettet sind.

Hotels in der Medina

Mamounia (€€€€), Avenue Bab Jdid, Tel. +212/524/388600, www.mamounia.com. Legendäres Luxushotel in einem ehemaligen Prinzenpalais. 1923 als Luxusherberge eröffnet, empfing es bis heute nahezu alle gekrönten Häupter, Staatschefs, Filmstars und Wirtschaftsbosse. 2013 wurde es zum besten Stadthotel der Welt gekürt. Eleganter Luxus in allen Bereichen, traumhafter Garten.

La Maison Arabe (€€€€), 1, Derb Essehb, Bab Doukkala, Tel. +212/524/387010, www.lamaisonarabe.com. Luxuriöse Fünf-Sterne-Oase, die orientalischen Charme mit Komfort und familiärer Gastfreundschaft verbindet; exquisite Küche, Garten mit Pool. Kaum zu toppen.

La Sultana (€€€€), 403, Rue de la Kasbah, Tel. +212/524/388008, www.lasultanahotels.com. Edles Fünf-Sterne-Hotel, geschmackvoll, individuell, marokkanisch, erlesen. Sehr gute, ruhige Lage.

Les Jardins de la Medina (€€€€), 21, Derb Chtouka, Tel. +212/524/381851, www.lesjardinsdelamedina.com. Fünf-Sterne-Hotel in der Nähe zum Djemma el-Fna mit gediegenem, exklusivem Charme. Traumhafte Außenanlagen mit exotischen Gärten und Pool, Spa mit Hammam. Sehr gute Küche, auch Kochkurse werden angeboten.

Orangensaftstand am Djemma el-Fna

La Villa des Orangers (€€€€), Rue Sidi Mimoun, Tel. +212/524/384638, www.villadesorangers.com. Luxuriöses Hotel mit eleganten Zimmern in orientalischem Ambiente. Pools, Wellnesscenter, Hammam, Fitnessraum.

Les Jardins de la Koutoubia (€€€€), 26, Rue de la Koutoubia, Tel. +212/524/388800, www.lesjardinsdelakoutoubia.com. Edles Fünf-Sterne-Haus mit viel Charme und moderner orientalischer Ausstattung. Hervorragende Lage, nur wenige Schritte vom Djemma el-Fna. Schöner Garten mit Pool, Spa mit Whirlpool und Hammam.

Hotel du Trésor (€–€€), 77, Sidi Boulokat Riad Zitoun Kedim, Tel. +212/524/375113, hoteldutresor@gmail.com. Charmantes, einfaches Ein-Stern-Hotel mit individuell eingerichteten Zimmern im Vintage-Style. Ausgezeichnete Lage und sehr freundliches Personal.

Hotels in der Neustadt

Es Saadi Gardens & Resort (€€€€), Rue Ibrahim El Mazini, Hivernage, Tel. +212/524/337400, www.essaadi.com. Luxuriöses Fünf-Sterne-Hotel inmitten eines Parks. Wellnessbereich, riesiger Außenpool. Prächtige Suiten, luxuriös in modern-marokkanischem Stil.

Opera Plaza (€€€), Avenue Mohammed VI/Avenue Hassan II, Hivernage, Tel. +212/524/351515, http://operaplazahotel.com. Modern-elegantes Interieur mit marokkanischen Akzenten. Sehr gepflegtes Vier-Sterne-Hotel in zentraler Lage am Theater und Bahnhof, dank doppelt verglaster Fenster trotzdem sehr ruhig. Große Zimmer und Bäder. Außenpool, Fitnesscenter, Spa, Bowlingbahn, kostenloser Parkplatz.

Tempoo Hotel City Center (€€), 15 Rue Abou Bakr Seddiq/Rue Omar Ben El Khattab, Hivernage, Tel. +212/524/424790, www.tempoohotel.com. Ausgezeichnetes, neues Hotel Vier-Sterne-Hotel mit moderner, zeitgemäßer Ausstattung. Sehr gute Lage im Villenviertel. Hervorragendes Preis-Leistungsverhältnis.

By Hotel (€€), 72, Rue Ibn Aicha, Guéliz, Tel. +212/524/335191, www.byhotel-marrakech.com. Modernes Design im gepflegten Drei-Sterne-Hotel. Kleiner Innenhof-Pool. Ausgezeichnetes Preis-Leistungsverhältnis.

Hotels in der Palmeraie

Palais Aziza & Spa (€€€€), Mejjat 3/38 Cercle Ennakhil, Tel. +212/524/329988, www.mosaicpalaisaziza.com. Wunderschönes Fünf-Sterne-Hotel mit traumhaftem Garten. Eine Oase der Ruhe mit großen Zimmern, marokkanisch-stylish, moderner Komfort. Sehr gute Küche. Pool, Spa, Hammam.

Ksar Char-Bagh (€€€€), Jnan Abiad, Tel. +212/524/329244, www.ksarcharbagh.fr. Puristisches Design gepaart mit orientalischer Opulenz und Luxus in der traditionellen Architektur eines Lehmdorfes. Ausschließlich Suiten mit eigener Terrasse oder Garten. Ein kleines Paradies auf Erden, das seinen Preis hat.

Pullman Marrakech Palmeraie (€€€), Tel. +212/524/393800, www.pullmanhotels.com. Fünf-Sterne-Hotel mit sehr hellen, modernen Zimmern. Riesiger Garten mit Pool, Wellnessbereich, Tennisplatz, Golfanlage und Golfunterricht. Nahe dem 18-Loch-Golfplatz El Maaden.

Riads

Riad Kniza (€€€€), 34, Derb de l'Hôtel, Bab Doukkala, Tel. +212/524/376942, www.riadkniza.com. Traditionell marokkanischer Luxus in einem palastartigem Riad aus dem 18. Jahrhundert.

Villa Makassar (€€€€), 20, Derb Chtouka, Kasbah, Tel. +212/524/391926, www.villamakassar.com. Eleganter, geradlinig gestylter Riad im Art-Déco-Stil mit viel Komfort.

Dar Mo'da (€€€€), 182, Rue el-Mouassine, Tel. +212/524/442819, www.darmoda.com. Modernes Design in einem traditionellen Riad. Stilvolle Atmosphäre. Pool auf der Dachterrasse. Karte S. 206.

Dar Rhizlane (€€€€), Avenue Jnane El Harti, Hivernage, Tel. +212/524/421303, www.dar-rhizlane.com. Villa im ruhigen Hivernage-Viertel. Zauberhafte Atmosphäre, luxuriöse Zimmer und Suiten um einen idyllischen Garten.

Dar Anika (€€€–€€€€), 112, Zitoun Kedim, Tel. +212/524/391751, www.riadanika.com. Luxuriöser Riad, modern und elegant neu gestylt.

Riad Kheirredine (€€€–€€€€), 2, Derb Chelligui, Sidi Ben Slimane, Tel. +212/524/386364, www.riadkheirredine.com. Elegante Mischung aus marokkanischer Tradition und italienischem Chic. Ein kleiner orientalischer Traum mit sehr netten italienischen Gastgebern.

Hof des Dar Rhizlane

Riad Idra (€€€-€€€€), 105, Derb Tizougarine, Dar el Bacha, Tel. +212/524/391776, www.riad-idra-marrakech.com. Luxuriös, elegant, orientalisch-geschmackvoll mit traumhaftem Flair.

Palacio de las Especias (€€€), 35, Sidi Bouamar, Tel. +34/655/809113, www.palaciodelasespecias.com. Wunderbar gestaltetes Riad mit Eleganz und kolonialem Charme, unter spanischer Leitung.

Les Nuits de Marrakech (€€€), 134, Derb Gach Gach/Derb Dabachi, Tel. +212/645/860829, www.lesnuitsdemarrakech.com. Neues, sehr liebevoll gestaltetes Riad mit schöner Atmosphäre in einem Palais aus dem 17. Jahrhundert.

Riad Snan 13 (€€€), 13, Derb Snan, Tel. +212/524/381997, www.riadsnan13.com. Zeitgenössisches Design, hell, zurückhaltend, äußerst stilvoll und komfortabel. Karte S. 206.

Riad Vanilla Sma (€€-€€€), 166, Derb Jdid, Dabachi, Tel. +212/524/384276, Mrs. Nelly Enslin, www.riadvanillasma.com. Elegante Oase mit Stil, Komfort und orientalischem Charme. Spa und Hammam. Tolle Betreuung durch das Personal, die – fast – alles möglich macht, vom Babysitter-Service bis zum Mobiltelefonverleih.

Charme d'Orient (€€-€€€), 61, Rue Touareg, Ksibat N'Hass, Tel. +212/524/381987, www.riadcharmedorient.com. Wunderschönes Riad mit subtiler Eleganz und Komfort. Nette französische Gastgeber. Mindestaufenthalt 2 Nächte.

Riad Alili (€€-€€€), 8, Derb Sidi Ahmed ou Moussa, Bab Doukkala, Tel. +212/524/390499, www.riadalili.com. Sehr schönes Riad mit modernem Interieur mit viel Stil. Spa, Hammam, Pool.

Riad Boussa (€€-€€€), 192, Derb Jdid, Tel. +212/524/380823, www.riadboussa.com. Geschmackvoll orientalisch.

Riad Chantaco (€€-€€€), 141, Derb Aarjane Rahba el-Kadima, Tel. +212/661/639913. www.ryadchantaco.com. Modernes, zurückhaltend marokkanisch eingerichtetes Riad. Karte S. 206.

Riad Alnadine (€€), Derb Hijjama, Ben Salah, Tel. +212/524/386273, www.riadalnadine.com. Kleiner Hafen der Ruhe mit schlicht und ruhig eingerichteten Zimmern.

Riad Pourpre Medina (€€), Derb Baba Ali, Tel. +212/524/375197. Sehr geschmackvoll eingerichteter Riad mit schöner Dachterrasse. Sehr hilfsbereiter französischer Gastgeber.

Riad Al-Bushra (€€), 14, Derb Snan, Mouassine, Tel. +212/524/391304, www.riadalbushra.com. Geschmackvolles und dezent marokkanisches Flair.

Riad Ker Saada (€-€€), Rue Kennaria, Tel. +212/524/426340, www.riadkersaada.com. Charmanter kleiner Riad mit gemütlichen Zimmern im marokkanischen Stil; in einer ruhigen Sackgasse im Kasbah-Viertel.

Riad Tamarrakecht (€-€€), 132, Derb Aghrab, Bab Aylen. Tel. +212/662/531521, www.riadtamarrakecht.com. Kleiner Riad, gemütlich, mit viel orientalischem Flair.

Hostels, Jugendherbergen

Riad Equity Point Marrakech (€), 80, Derb el-Hammam, Tel. +212/524/440793, www.equity-point.com. Hostel mit Einzel- und Doppelzimmern sowie Mehrbettzimmern. Karte S. 206.

Auberge Riad Lakhdar (€), 28, Jbel Lakhdar R'mila, Tel. +212/524/375094, www.riadlakhdar.com.

Auberge Riad Marrakech Rouge (€), 40 Derb Zinka Dika, Riad Zitoune, Tel. +212/667/703151, www.marrakechrouge.com.

Auberge Rainbow Marrakech (€), 13, Derb Laadam, www.marrakechrougehostels.com. Nahe am Djemma el-Fna. Karte S. 206.

Auberge Waka Waka (€), Rue El Ksour/Derb Sabai, www.marrakechrougehostels.com.

Campingplätze

Le Relais de Marrakech, Douar Ouled Belaaguid, Tel. +212/664/717328, www.hotel-lerelaisdemarrakech.com; Platz ab 90 Dirham. Sehr schöner Platz im Norden der Stadt, auf dem man nicht nur mit dem eigenen Campingmobil vorfahren

Schneckensuppenverkäufer beim Verkosten

kann, sondern auch fest aufgestellte Zelt oder afrikanische Hütten mieten kann. Mit Restaurant, Bar, Pool und Jacuzzi.

Ourika Camp, Km 10, Route de l'Ourika, Tel. +212/524/390948, www.campingcarmorocco.com. Hervorragender Platz.

Camping Manzil la Tortue, Km 12, Route de Ouarzazate, Tel. +212/661/955517, www.manzil-la-tortue.com. Kleiner, guter Platz.

Gastronomie

Marokkanische Küche

Angesichts der unglaublichen Anzahl an stylischen Restaurants fällt die Auswahl schwer. Ob marokkanische, französische oder internationale Küche, in Marrakesch findet man alles.

Dar Rhizlane (€€€€), Rue Jnane El Harti, Tel. +212/524/421303, www.dar-rhizlane.com. Die kreative junge Köchin hat die traditionellen Gerichte ihrer Großmutter modern interpretiert und eine neue Dimension orientalischer Kochkunst eröffnet. Präsentiert in einem romantischen Garten oder einem stylischen Restaurant mit Wintergarten-Flair.

Dar Zellij (€€€–€€€€), 1, Kaa Sour, Sidi Ben Slimane, Tel. +212/524/382627, www.darzellij.com; Mi–Mo abends geöffnet, Fr–So auch mittags. In einer kleinen Gasse verstecktes Juwel der traditionellen marokkanischen Küche, delikat zubereitet in einem geschmackvollen Ambiente.

Dar Yacout (€€€€), 79, Derb Sidi Ahmed Soussi, Bab Doukkala, Tel. +212/524/382929, www.daryacout.com; Mo Ruhetag, ansonsten jeden Abend geöffnet. Seit über 20 Jahren eine Institution für feine, klassische marokkanische Küche in einem malerischen Riad.

Dar Moha (€€€), 81, Rue Dar el-Bacha, Tel. +212/524/386400, www.darmoha.ma. In einem schönen Riad, der ehemals dem Modedesigner Pierre Balmain gehörte, richtete der Koch Moha Fedal sein Restaurant ein, in dem er die neue marokkanische Küche serviert. Innovativ, kreativ und leicht.

Le Riad Monceau (€€€), 7–8, Derb Chaabane, Tel. +212/524/429646, www.riadmonceau.com; tägl. zum Abendessen. In einem äußerst geschmackvoll designtem Riad wird raffiniert zubereitete marokkanische Küche serviert wie Lammtajine mit Aprikosen und Walnüssen. Verführerische Desserts.

Lotus Privilège (€€€), 9, Derb Sidi Ali Ben Hamdouch, Tel. +212/661/997919, www.restaurantlotusprivilege.com; jeden Abend geöffnet. Feinste marokkanische Küche in einem opulenten, eleganten Interieur.

Le Stylia (€€€–€€€€), 34, Rue Ksour, Tel. +212/524/440505, www.restaurant-stylia.com; nur abends geöffnet. Gediegen, luxuriöser Rahmen für exzellente marokkanische Küche.

Französische Küche

Le Namaskar (€€€€), im Palais Namaskar, Route de Bab Atlas, Tel. +212/524/299876, www.palaisnamaskar.com. Französische Küche auf Sterne-Niveau, ein innovativer kulinarischer Hochgenuss in luxuriöser Umgebung.

Le Grand Café de la Poste (€€€), Avenue Imam Malik/Boulevard El Mansour Eddahbi, Tel. +212/524/433038, www.grandcafedelaposte-marrakech.com; tägl. 8–1 Uhr. Eine Institution der französischen Küche seit Kolonialzeiten. Französische Küche mit mediterranen Akzenten in kolonial-maurischem Dekor.

La Villa Canaille (€€–€€€), Avenue Jnane El Harti/Rue Ksar El Kebir, Tel. +212/650/929742; Mo–Sa. Leckere französische, moderne Küche im Lounge-Style-Ambiente. Schöne, unprätentiöse Atmosphäre.

L'Annexe (€€), 14, Rue Moulay Ali, Tel. +212/524/434010, www.lannexemarrakech.com; Di–Sa. Klassische Brasserie in modernem Gewand mit traditionellen französischen Gerichten, die neu interpretiert wurden.

Chez Mado (€€), 22, Rue Moulay Ali, Tel. +212/524/421494, http://chezmadomarrakech.com; Di–Sa. Fisch und Meeresfrüchte lecker und frisch zubereitet. Sympathisch und schnörkellos sowohl in der Küche wie im Ambiente.

Le Jacaranda (€€), 32, Boulevard Zerktouni, Tel. +212/524/447215, www.lejacaranda.com. Seit 1950 pflegt man hier die traditionelle französische Küche, sowohl kulinarisch wie in der Einrichtung.

Internationale Küche

Palais Jad Mahal (€€€€), 10, Rue Haroune Errachid, Tel. +212/524/436984, www.jad-mahal.com; jeden Abend geöffnet. Eine wahrhaft internationale Küche, die eine Brücke von Frankreich über Marokko nach Indien schlägt. Dazu eine orientalische Einrichtung, die diese Weltreise aufgreift. Gute Küche, dazu Live-Musik und Bauchtänzerinnen.

Bô-Zin (€€€–€€€€), Km 3,5, Route de l'Ourika, Tel. +212/524/388012, www.bo-zin.com; nur am Abend geöffnet. Romantisch in einem üppigen Garten vor den Toren von Marrakesch speisen und dabei eine kleine kulinarische Weltreise von Marokko über Frankreich nach Thailand unternehmen, das ist das Konzept des Bô-Zin.

Azar (€€€), Rue Yougoslavie/Boulevard Hassan II, Tel. +212/524/430920, www.azarmarrakech.com. Sehr stilvolles Restaurant, das libanesische, marokkanische und mediterrane Küche anbietet, entweder auf der exotisch-begrünten Terrasse oder im modern eingerichteten Restaurant. Und nach dem Essen kann man in der Bar eine Schischa rauchen oder einen Cocktail schlürfen.

La Brasserie du Golf (€€€), Palmeraie Golf Club, Tel. +212/524/368766, www.palmgolfclubmarrakech.com; nur mittags geöffnet. Mediterrane Küche auf dem Golfplatz mit sehr angenehmer Atmosphäre. Einfache, aber exzellent zubereitete Gerichte.

Jardin d'Inès by Christophe Leroy (€€€), Circuit de la Palmeraie, Tel. +212/524/334200, www.christophe-leroy.com. Exzellente, moderne Fusion-Küche, die das Beste aus allen Teilen der Welt vereint. Besonders empfehlenswert ist der Brunch am Sonntag.

Petit Hôtel du Flouka (€€), Barrage Lalla Takerkoust, Tel. +212/664/492660, www.leflouka-marrakech.com; tägl. mittags, Fr–Sa auch Abendessen. Hier kann man mit Blick auf den See und das Toubkal-Massiv wunderbar speisen.

Bistro Thaï (€), 8, Rue du Oued El Makhazine, Tel. +212/524/457311, lebistrothai@hotmail.fr; Mo–Sa. Ausgezeichnete asiatische Küche in geschmackvollem Interieur zu kleinem Preis.

Fast Food

Jeden Abend kann man in den **Garküchen auf dem Djemma el-Fna** einfach, aber wunderbar essen.

Tagsüber gibt es Snacks in den Straßen und Cafés rund um den Platz. Dazu im Folgenden noch einige Adressen in der französischen Neustadt:

L'Entrepotes (€), 62, Rue Tarik ibn Ziad. Sehr gute Tapas, Salate, Snacks.

O'Square (€), 22, Rue Tarik ibn Ziad. Salate, Sandwiches, Pizza. Sehr gut.

L'Unik Fast Food (€), Place 16 Novembre. Burger, Sandwiches, Gegrilltes.

Kaowa (€), 34, Rue Yves Saint-Laurent. Sehr originell und 100% Bio. Sehr gute Salate und Wraps.

Coin d'Or (€), Avenue Hassan II, gegenüber vom Marrakech Plaza. Einfache, aber schmackhafte marokkanische Küche.

Cafés

Café Glacier, Djemma el-Fna. Beste Aussicht auf den Djemma el-Fna von der Dachterrasse; Verzehrzwang.

Café de France(€–€€), Djemma el-Fna, Tel. +212/524/442319. Institution am Platz; mit einfachem Restaurant.

Dar Cherifa (€–€€), Derb Cherifa Lakbir, Mouassine, Tel. +212/524/426463. Literaturcafé in einem prächtigen Riad mit Bibliothek. Auch kleine Gerichte zu Mittag gibt es.

16 Café (€–€€), Place du 16 Novembre, Tel. +212/524/339670, www.16cafe.com. Trendiges Café mit leckeren Kleinigkeiten zum Mittag- oder Abendessen. Und natürlich gibt es auch Kuchen, Törtchen, Eis und hervorragende Makronen.

Salon de Thé Kahia, 70, Rue de la Liberté. Nettes Café, das auch kleine Gerichte serviert.

Patisserie des Princes (€), 32, Rue du Bab Agnaou, Tel. +212/524/443033. Eine der berühmtesten und besten Konditoreien der Stadt. Kleines Café im hinteren Teil des Ladens.

La Brioche Café (€), Place Djemma el-Fna/Rue Moulay Ismail. Café, Eisdiele und Crêperie in einem.

■ Bars und Clubs

Auch das Nachtleben in Marrakesch hat nicht seinesgleichen im Land. Filmstars und der internationale Jet-Set geben sich regelmäßig ein Stelldichein.

Le Comptoir Darna (€€–€€€), Avenue Echouhada, Tel. +212/524/437702, www.comptoirdarna.com. Edles Design, in dem Orient und Okzident verschmilzt. Hier trifft sich abends, wer hip und angesagt sein will. Filmstars wie Brad Pitt und Angelina Jolie inklusive. Sehr gute Küche im Restaurantbereich, tolle abendliche Showeinlagen, gute Live-Musik oder angesagte DJs.

Kosybar, 47, Place des Ferblantiers, Tel. +212/524/380324. Stylische Pianobar mit schöner Dachterrasse und interessanter Weinkarte.

Bar Churchill, im Mamounia-Hotel; 18.30–1 Uhr. Stammgast Winston Churchill nannte das Mamounia einmal ›den schönsten Platz auf Erden‹, deshalb hat man ihm die Bar gewidmet. In der jazzigen Atmosphäre der 30er Jahre kann man gepflegt den ein oder anderen Drink nehmen. Jeden Abend treten live Jazz- und Soulmusiker auf.

Pacha, Boulevard Mohammed VI, Tel. +212/524/388405, www.pachamarrakech.com. Die größte Tanzfläche ganz Marokkos, an Wochenenden geben sich mehr als 2000 Feierlustige ein Stelldichein. Die meisten gehen zuerst – so ab 22 Uhr – in einem der beiden Restaurants essen, nehmen dann ein paar Drinks in der Lounge, und ab 1 Uhr beginnt sich die Tanzfläche zu füllen. DJs spielen meist Funk, Soul, R'n'B sowie die Hits aus den Charts. Hin und wieder kommt David Guetta eingeflogen und heizt den Nachtschwärmern ein. Um fünf Uhr schließt der angesagteste Club des Landes.

So Night Lounge, Rue Haroun Errachid, im Sofitel-Hotel, Tel. +212/524/425602. Vier Bereiche für einen Abend, so ist hier das Konzept. So Good, So Zen, So Nice, So Fun. Im avantgardistischen Restaurant So Good kann der Abend mit einem Dinner starten. So Zen ist eine ruhige, raffinierte VIP-Bar, So Nice eine anti-alkoholische Bar. Und ab Mitternacht heißt es dann So Fun, wenn im Disco-Bereich die Post abgeht. DJs legen House, Soul, R'n'B und typische Disco-Musik auf.

Djellabar, 2, Rue Abou Hanifa, Villa Bougainvillée, Hivernage, Tel. +212/524/421242, www.djellabar.com. Trendige Bar, der Inbegriff bunter orientalischer Popkultur. Arabische Tradition trifft hier auf Rock'n'Roll. Cocktails und Snacks mit Live-Musik.

Einkaufen

Die **Souks** von Marrakesch sind natürlich ein wahres Einkaufsparadies, aber auch in der französischen Neustadt gibt es etliche Geschäfte, die einen Bummel lohnen. Hier einige ausgewählte Adressen:

■ Interieur

Passementerie Marrakech Chez Abdessalam, 136, Rue Mouassine, Tel. +212/670/413069. Gegenüber dem Mouassine-Brunnen in der Medina gelegenes Geschäft für Posamente und Quasten aller Art und schön mit Agavenseide bestickte Kissen und Decken.

L'Orientaliste, 11 und 15, Rue de la Liberté. Im Laden direkt an der Straße gibt es schöne Objekte wie Keramikschalen, Gläser oder Lampen. Wenige Schritte weiter ist der wesentlich größere Teil des Geschäftes im Untergeschoss mit Möbeln, Kissen, Bildern und anderen Dingen, die einer Wohnungseinrichtung orientalischen Charme verleihen.

Scènes de Lin, 70, Rue de la Liberté. Edle Tischwäsche wie bestickte Leinentischdecken, Servietten, originelle Serviettenringe und alles, was die Tafel verschönert. Auch Kissen und Kleinmöbel.

Amazonite, 94, Boulevard El Mansour Ed-Dahbi. Sehr schöne Antiquitäten, vor allem sehr schöner alter Berberschmuck.

■ Leder

Galerie Birkemeyer, 169, Rue Mohammed El Bekal. Exzellente Lederwaren. Auch Designer-Handtaschen bekannter Marken, da diese bei Birkemeyer fertigen lassen. Auch schicke Eigenkreationen und große Auswahl an Lederjacken und -hemden.

Place Vendôme, 141, Avenue Mohammed V, an der Ecke zur Rue de la Liberté. Sehr schöne Ledertaschen.

Sylvanelle Nefertiti, 125, Avenue Mohammed V. Ebenfalls sehr schöne Lederwaren mit modernem Design.

La Galerie des Tanneurs, 4, Boulevard Moulay Rachid. Große Auswahl an Schuhen und anderen Lederwaren.

Frédérique Birkemeyer, 139, Avenue Mohammed V. Modedesignerin aus der Lederdynastie, die stylische Mode wie handgenähte Kaftane und Handtaschen entwirft.

Kultur

■ Festivals

Folklore-Festival; Juni.

Internationales Filmfestival; Dezember (manchmal schon im November).

■ Veranstaltungen und Kochkurse

Chez Ali (€€€–€€€€), Circuit Jaafaria, Douar Belguid, Palmeraie de Marrakech, Tel. +212/524/307730; Einlass ab 20 Uhr. Dinner ab 20.30 Uhr. Eine Institution am Rande der Stadt, die seit Jahrzehnten Dinner-Spektakel mit einer professionellen Folkloreshow anbietet. Bei einem traditionellen marokkanischen Essen mit Mechoui in orientalischen Festzelten treten Tänzerinnen und Musiker verschiedenster Berberstämme auf, ebenso wie Bauchtänzerinnen. Zum großen Finale findet im Freien eine Fantasia statt.

Dar Cherifa, 8, Derb Cherifa Lakbir, Mouassine, Tel. +212/524/426463, www.dar-cherifa.com. In diesem Literaturcafé werden zwei- bis vierstündige Kalligraphiekurse angeboten (700–800 DH, je nach Teilnehmerzahl). Außerdem gibt es Koch- und Töpferkurse (400–500 DH).

In diversen Riads werden auch Kurse, vor allem **Kochkurse**, angeboten. Wer nicht in solch einem Gästehaus wohnt, kann dies bei folgenden Adressen buchen:

Faim d'Epices, Douar Old Ali Ben Aïch, Saada, westlich von Marrakesch. Tel. +212/600/048800, www.faimdepices.com; 550 DH, Abholung und Rücktransfer inklusive. Kochkurse, um sich in die Geheimnisse der marokkanischen Küche einweihen zu lassen.

L'Atelier Cuisine, 8, Rue Oued El Makhazine, Tel. +212/661/943373. Jeden Mittwochnachmittag Kochkurse für Kinder, jeweils am ersten und letzten Donnerstagnachmittag Kurse für Erwachsene.

La Cuisine Berbère de Habiba, Tel. +212/611/937013. Organisiert Ausflüge in den Hohen Atlas mit Kochkurs bei einer Berberfamilie.

Sport und Hammams

■ Golf

Es gibt derzeit nicht weniger als elf Golfplätze in und um Marrakesch.

Royal Golf de Marrakech, Ancienne Route de Ouarzazate; Greenfee 550 DH. Eine 9-Loch- und eine 18-Loch-Variante. Dies war der bevorzugte Platz von König Hassan II. Der schon 1933 angelegte Platz ist ein landschaftliches Kleinod inmitten von Palmenhainen. Par 72, 5658 m, Handicap 32.

Golf d'Amelkis; 500 DH. Der neueste und angeblich schönste 18–Loch-Platz. Par 72, 6657 m, kein Handicap erforderlich.

The Montgomerie Avenue Guemassa; 700 DH. 18-Loch-Platz, Par 71, 6230 m.

Noria Golf Club, Avenue Mehdi Ben Barka; Greenfee wochentags 500 DH, am wWochenende 750 DH. 18-Loch-Platz, Par 72, 6116 m.

Golf Club de la Palmeraie; 500 DH. Eine der letzten Schöpfungen des legendären Platzdesigners Robert Trent Jones. 27-Loch-Platz, eine 9-er Runde und ein 18-Loch-Kurs, Par 72, 6214 m, Handicap 36.

Al Maaden Golf Resort; 650 DH. 18-Loch-Platz. Par 72, 5 verschiedene Parcours. Ein Skulpturenpark mit zwölf Objekten internationaler Künstler aus Kanada, China, Indien, Argentinien und Ägypten macht den Platz zu etwas Besonderem.

Samanah Golf, Km 14, Route d'Amizmiz; 650 DH. 18-Loch-Platz, Par 72, 6092 m. Designt vom ehemaligen Golfprofi Jack Nicklaus.

Assoufid Golf Club Route Guemessa, Km 10, Mhamid. 18-Loch-Platz, Par 72. Greenfee 850 DH.

Domaine Royal Palm Route d'Amizmiz. 18-Loch-Platz, Par 72.

Atlas Golf Route d'Amizmiz; 350 DH. 9-Loch-Platz.

The Tony Jacklin Marrakech-Argan Golf Resort, Route d'Amizmiz. 27-Loch-Platz, darunter ein 18-Loch-Par-72-Kurs.

Hammams

Les Bains de Marrakech, 2, Derb Sedra, Bab Agnaou, Tel. +212/524/381428; 45 min ab 170 DH. Touristenorientiert, denn hier können Paare einen Raum zusammen haben.

Hammam Dar El Pacha, 20, Rue Fatima Zohra, beim Dar El Pacha; Eintritt 10 DH plus Massage. Ein traditionelles Hammam, in dem Männer morgens von 7 bis 13 Uhr baden können, Frauen von 13 bis 21 Uhr.

Les Bains de l'Alhambra, 9, Derb Rahala, Medina, Tel. +212/524/386346, www.lesbainsdelalhambra-marrakech.com; 45 min ab 150 DH. Sehr schönes, stilvolles Bad.

Le Bain Bleu, 32, Derb Chorfa Lakbir, Mouassine, Medina, Tel. +212/524/383804 oder 0661/489454, www.lebainbleu.com; 10–20 Uhr. Kleines traditionelles Hammam mit Massage, Solarium und Restaurant in der der Nähe des Djemma el-Fna, nur 10–15 Personen, daher Reservierung erforderlich.

Reiten

Les Cavaliers de l'Atlas, Route de Bab Atlas, Palmeraie, bei Palais Namaskar, Tel. +212/672/845579, www.lescavaliersdelatlas.com. Reitkurse und Touren in den Atlas.

Le Ranch Marrakech, Km 14, Route de Fès, Palmeraie, Tel. +212/665/047411. Reitausflüge für jedes Niveau. Auch Ponyreiten für Kinder.

Fahrradverleih

Marrakech by Bike, Tel. +212/661/427160 und 0661/427162. Fahrradverleih, auch Elektroräder, die ins Hotel geliefert werden.

Ausflüge

Said Mountainbike, Tel. +212/524/360778, www.saidmountainbike.com. Mountainbike- und Wandertouren in den Atlas, u.a. Besteigung des Jebel Toubkal.

Morocco Trek, 25, Derb el-Hammam, Mouassine, Medina, Tel. +212/524/444912. Trekking im Hohen Atlas.

Actions Sport Loisir, 1, Boulevard Yacoub el-Mansour, Tel. +212/661/240145. Mountainbiking und Trekking.

Ciel d'Afrique, 15, Rue de Mauritanie, Tel. +212/524/432843, www.cieldafrique.info; 2050–5800 DH. Ballonfahrten mit Aussicht auf Marrakesch und den Hohen Atlas.

Maroc Montgolfière, 44, Rue Yves Saint-Laurent, Tel. +212/524/310231. Dreistündige Ballonfahrten zum Hohen Atlas.

Marrakech by Air, 185, Rue Lalla Haya, Tel. +212/524/490799. Ballonfahrten zum Panorama des Atlas.

Ärztliche Versorgung

Deutschsprachige Ärztin

Dr. Gertrud Michaelis, 7, Rue Ibn Sina, Guéliz, Quartier de l'Hôpital Civil, bei der Polyclinique du Sud, Tel. +212/524/448343.

Krankenhaus

CHU Mohammed VI, Rue Mohammed el-Bekal, Tel. +212/524/298200.

Ich schreibe nicht in Blau,
damit das Meer nicht austrocknet.
Ich schreibe nicht in Grün,
damit der Garten nicht verdorrt.
Ich schreibe nicht in Rot,
damit kein Blut fließt.
Ich schreibe in Schwarz,
damit die Nacht vergeht.

*›Farben‹, Huda Ablan,
arabische Dichterin (geb. 1971)*

Strand bei Essaouira

DIE ATLANTIKKÜSTE

Nördliche Atlantikküste

Fährt man von Rabat aus nach Norden, passiert man Traumstrände am mal blauen, mal türkisen Wasser des Atlantik. Abertausende von Zugvögeln machen hier Station, aber nur wenige Touristen. Nur in den Sommermonaten fahren die Hauptstädter aus Rabat oder die Casablanquiers hierher, in den restlichen Monaten kann man die unberührte Naturidylle fast vollkommen allein genießen. Kernstück dieses Abschnitts der Atlantikküste ist der Gharb, die fruchtbare Küstenebene des Oued Sebou um **Kénitra**, der zum Hauptsiedlungsgebiet französischer Bauern wurde. Im nördlichen Teil hinterließen die Spanier und früher schon Portugiesen ihre Spuren. **Asilah** wartet mit andalusischem Charme auf.

Die nördliche Atlantikküste

0 25 50 km

Strandleben in Mehdia Plage

Kénitra

Die 420 000 Einwohner zählende Stadt wurde 1913 als Hafenstadt unter dem Namen Port Lyautey gegründet. Der heutige Name leitet sich vom arabischen el-Qunaitira für ›die kleine Brücke‹ ab, die es bis 1928 tatsächlich gab – an der Kasbah bei Mehdia, dem sieben Kilometer westlich des Zentrum liegenden Vorort. Hier mündet der wasserreichste marokkanische Fluss, der Oued Sebou, in den Atlantik.

Über Kénitra, heute der siebtgrößte Hafen des Landes, werden vor allem der Kork aus dem Maamoura-Wald und Agrarprodukte des Hinterlandes exportiert. Berühmtester Sohn der Stadt ist Said Aouita, der in den 80er Jahren die Mittelstrecken der Leichtathletik beherrschte und 1984 der erste marokkanische Olympiasieger wurde. Zentrum der Stadt ist die **Avenue Mohammed V**, an der die wichtigsten Einrichtungen wie Rathaus und Banken liegen. Touristische Sehenswürdigkeiten hat die Stadt selbst nicht zu bieten.

Mehdia Plage

Der Strand von Mehdia wird wegen der zuverlässig guten Wellen gern von Surfern besucht. Der idyllische Süßwassersee **Sidi Boughaba** am südlichen Ende von Mehdia ist ein Paradies für Vogelliebhaber. Vor allem zwischen Oktober und März lassen sich hier hervorragend Vögel beobachten, die Zwischenstation auf dem Weg zwischen Europa und dem südlichen Afrika machen. Manche Vögel überwintern auch hier oder nisten am See wie die seltenen Marmelenten.

Kénitra und Mehdia Plage

Vorwahl: +212/537.

Von Rabat fahren halbstündlich Züge nach Kénitra. Weitere Informationen über Fahrpläne und Tarife auf www.oncf.ma.

Um vom Zentrum von Kénitra ans Meer nach **Mehdia** zu kommen, nimmt man den Stadtbus der Linie 9, mit der Linie 15 kann man die Strandstraße entlangfahren. **Überlandbusse** und **Grands Taxis** starten an der Ecke Rue du Souk el-Baladia/Avenue Mohammed Diouri.

CTM, 4, Rue Mohammed el-Hansali, Tel. +212/537/367835.

Chhiwate Ryad Naji (€), Rue Sebou. Gegenüber der Bank el-Maghrib. Positive Überraschung in Kénitra mit sehr guter marokkanischer Küche.

Café-Restaurant Merzouga, Route Mehdia, Mehdia Plage. Gutes Restaurant an der Strandpromenade.

Plage de Mehdia, 10 km vom Zentrum entfernt.

Mehdia Surf, Route de Mehdia, Mehdia Plage, Tel. +212/613/187838, www.mehdiasurf.com. Surfkurse, mit Unterkunft und Verpflegung.

Moulay Bousselham

Knappe 100 Kilometer weiter nördlich gibt es bei Moulay Bousselham ein noch größeres Vogelparadies an der blauen Lagune **Merja Zerga**. In das 7000 Hektar große Naturschutzgebiet kommen tausende von Zugvögeln, verschiedene Möwenarten, Reiher, Ibisse, Flamingos, Wanderfalken oder die seltenen Kapohreulen. Am besten kann man die Vögel bei einer Bootstour mit einem der flachen Kähne beobachten.

Der endlos lange Strand von Moulay Bousselham gehört zu den schönsten Afrikas. Benannt ist er nach einem legendären Heiligen, der im 10. Jahrhundert hier wirkte. Immer im September gibt es ein Moussem zu Ehren des Moulay Bou Selham.

Im Zentrum des Ortes oberhalb von Meer und Lagune befindet sich eine große Terrasse mit grandiosem Blick auf beides. Der Hafen, an dem man sofort Bootstouren zur Vogelbeobachtung angeboten bekommt, befindet sich an der Lagune. Die Preise für solch einen Bootstrip sollte man aber unbedingt verhandeln.

Fischerboote zur Vogelbeobachtung in Moulay Bousselham

▲ Karte S. 234

Moulay Bousselham

Vorwahl: +212/537.

Riad Villa Béa (€€€), 41, Front de Mer, Tel. +212/537/432087, www.vilabea.com. Ultramodern designte Villa mit traumhaftem Meerblick.

Camping Flamants-Loisirs, Route secondaire, Tel. +212/537/432539, www.campingmaroc1.com. Sehr schöner Platz.

Touren zur Vogelbeobachtung; 100 DH pro Stunde. Organisiert werden die Ausflüge in die Lagune unter anderem die **Villa Béa** für Übernachtungsgäste. Man kann sich auch an den offiziellen Führer **Hassan Dalil**, Tel. +212/668/434110, wenden oder in das **Café Milano** gehen, in der auch das Vogelbuch geführt wird, in das Ornithologen aus aller Welt ihre Beobachtungen eintragen.

Larache

50 Kilometer weiter auf der A1 erhebt sich oberhalb der Mündung des Oued Loukous die Stadt Larache mit etwa 120 000 Einwohnern. Die strategisch günstige Lage erkannten schon die Phönizier, die etwa vier Kilometer von der heutigen Stadt entfernt eine Siedlung gründeten, die dann die Römer übernahmen und Lixus nannten. Im 9. Jahrhundert wanderte der Berberstamm der Bani Arous ein und nannte die Gegend auf Berberisch ›den Ort der Weinreben‹, Al-Araisch, woraus sich Larache entwickelte. Ende des 15. Jahrhunderts versuchten die Portugiesen mehrfach, die Stadt einzunehmen, was nicht wirklich gelang. Stattdessen wurde aus Larache ein Seeräubernest, das mehrfach von europäischen Flottenverbänden angegriffen wurde, wie 1765 durch Franzosen, 1829 durch

Österreicher und 1860 durch Spanier. Schon ein Jahr vor der Einrichtung der Protektorate besetzten die Spanier diesen ständigen Unruheherd. 1912 wurde Larache Teil der spanischen Protektoratszone, in der zeitweise die Hälfte der Bevölkerung spanisch war. Heute hat die Stadt den trägen Charme einer verschlafenen Hafenstadt mit spanischer Architektur und einer völlig untouristischen Medina.

Medina

Die kreisrunde **Place de la Libération** mit ihren Arkaden ist das Zentrum der Stadt mit der Atmosphäre einer spanischen Plaza dank der vielen Cafés und der Kolonialarchitektur. Zudem bildet sie den Übergang zwischen der Neustadt und der Medina. Geht man durch das Stadttor **Bab el-Khemis**, landet man auf dem malerischen **Socco de la Alcaiceria**, auch Socco Chico genannt, den die Spanier während einer kurzen Besatzungszeit ab 1618 errichteten. Aus der gleichen Zeit stammt die verfallene Storchenburg, als **Kasbah de la Cigogne** oder Castillo de las Cigueñas ausgeschildert, die aber nur von außen besichtigt werden kann.

Lixus

Am Abzweig der N1 nach Ras R'mel befindet sich der unscheinbare, provisorische Eingang zu den Ruinen von Lixus, die durch den deutschen Afrikaforscher Heinrich Barth entdeckt wurden. Die legendäre Gründung soll auf das Jahr 1180 vor Christus zurückgehen, doch lassen sich die frühesten Funde nur auf das 9. vorchristliche Jahrhundert datieren. Wegen der Gold-, Kupfer- und Bleivorkommen im Hinterland entwickelte sich das phönizische Lixus zur bedeutendsten Handelsniederlassung im heutigen Marokko. Nachdem die Phönizier in ihrer Heimat im östlichen Mittelmeer durch die Assyrer zunehmend unter Druck geraten waren, übernahm Karthago die Herrschaft über das westliche Mittelmeer und damit auch über Lixus. Als die Römer das karthagische Reich vernichtet hatten, wurde Lixus zunächst Teil des Numidierreiches unter Juba II., bevor es zur römischen Kolonie wurde. Der griechisch-römischen Mythologie zufolge war hier der Ort, an dem Herkules den Hesperiden, den Töchtern des Titanen Atlas, die Goldenen Äpfel stahl.

Mosaik Venus und Adonis aus Lixus, 2. Jahrhundert, zu sehen im Archäologischen Museum von Tétouan

Unter den Römern wurde Lixus ein wichtiges Zentrum der Garum-Produktion. Diese intensiv schmeckende Fischsauce war das Maggi der Antike und wurde so häufig eingesetzt wie Sojasauce in der asiatischen Küche. Wichtigste Zutat ist die Europäische Sardelle, die im Meer vor Lixus noch heute in großen Schwärmen vorkommt. Direkt an der Straße Larache–Tanger sind noch die **Überreste der Garum-Fabriken** zu sehen, wo in offenen Becken die Fische einschließlich der Eingeweide in einer Salzlake fermentierten. Von hier führt ein Schotterweg auf den Hügel hinauf, auf dem sich die antike **Akropolis** befand. Heute sind hier die Mauerreste verschiedener nicht identifizierter Tempel zu sehen.

Östlich der Akropolis befanden sich die römischen Großbauten des **Amphitheaters** und der **Thermen**. Während mehrfach unterbrochener Ausgrabungskampagnen zwischen 1949 und 1970 wurde etwa ein Fünftel der antiken Stadt freigelegt, die man völlig frei und kostenlos durchstreifen kann. *35° 12'0"N, 6° 6'0"W.*

Larache

Vorwahl: +212/539.

Busbahnhof (Gare Routière), Rue du Caire, im Süden der Stadt. Hier stehen auch die Grands Taxis, die überwiegend nach Tanger, seltener nach Asilah fahren. CTM-Busse fahren von Rabat, Kénitra und Tanger nach Larache.

CTM, Tel. +212/539/913222.

Villa Zahra (€€), Douar Rakkada bei Larache, Tel. +212/611/084864. Sehr moderne Villa mit stilvoller Einrichtung. Exquisite französische Küche.

Casa de Arte La Solea (€€), 3, Place de la Libération, Tel. +212/630/716845. Kleines, stimmungsvolles Restaurant mit exzellenter marokkanischer Küche und hervorragenden Fischgerichten.

Loukous (€–€€), Zone Portuaire, Tel. +212/539/914640. Sehr gutes Fischlokal am Hafen.

Khay Ahmed (€), 1, Avenue Salah Eddine El Ayoubi, Tel. +212/661/379362. Gute Küche mit Fisch und Meeresfrüchten, ausgezeichnete Paella. Familiäre Atmosphäre.

Plage Ras R'mel, nördlich der Mündung des Oued Loukous.

Asilah

Asilah ist ein reizvoller Ort in typisch maritimen Farben – blau und weiß. Dank einer lebendigen Kunstszene gibt es viele kleine Galerien sowie ein jährlich im August stattfindendes Kulturfestival. Besonders schöne und ausgedehnte Strände, eine saubere, schön restaurierte Medina und die charmante Atmosphäre machen einen Besuch des malerischen Städtchens sehr lohnend.

In der nur sieben Hektar großen Altstadt gibt es keine Souks, sondern vor allem Wohnhäuser mit sehr schönen schmiedeeisernen Fenstergittern, kleinen Galerien und Kunsthandwerksläden. Besonders sehenswert sind die vielen, zum Teil sehr originellen Fassadenmalereien – Lüftlmalerei auf marokkanisch.

▶ Karte S. 234

Stadtgeschichte

Ein Cromlech (Steinkreis) am Weiler Mzoura, elf Kilometer von Asilah entfernt, belegt eine frühe Besiedlung der Gegend in der Steinzeit. In der Antike gab es 15 Kilometer nördlich von Asilah die phönizische Gründung Zilis. Nach der arabischen Eroberung und mehrfacher Zerstörung durch die Normannen entstand das arabische az-Zilis, aus dem sich Asilah

Wall Art an einer Galerie in Asilah

entwickelte. Im 14. Jahrhundert stieg es zu einer bedeutenden Hafenstadt auf, die 1471 von den Portugiesen erobert wurde. Für diese war Asilah eine wichtige Etappe auf dem Seeweg nach Indien, den Vasco da Gama 1498 entdeckte.

Später kam Asilah unter spanische Herrschaft, bevor der erste Saadiersultan Mohammed esch-Scheich die Stadt 1549 einnehmen konnte. Ende des 17. Jahrhunderts gab es noch einmal ein kurzes spanisches Intermezzo, nach dem sich Asilah zu einem Piratenstützpunkt entwickelte. Wie Larache und Salé wurde es Anfang des 19. Jahrhunderts von einer österreichischen Flotte und 1860 während des marokkanisch-spanischen Krieges von Spaniern beschossen.

Anfang des 20. Jahrhunderts machte der Stammesführer Ahmed el-Raisouli die Stadt zu seinem Hauptquartier und überfiel von hier aus Karawanen und Truppen des Sultans, entführte prominente Ausländer und erpresste Lösegeld. 1906 rief er sich zum Pascha von Asilah aus. Da er während des Ersten Weltkriegs Kontakte zu den Deutschen geknüpft hatte, die seinen Anspruch auf die Sultanswürde unterstützen wollten, fiel er nach dem Krieg bei den Spaniern in Ungnade und floh ins Rif. Dort stellte El-Raisouli eine Rebellenarmee auf, wurde aber schließlich von Abdelkrim gefangengenommen und starb kurze Zeit später.

Die Geschichte dieses schillernden Rebellen wurde 1975 mit Sean Connery unter dem Titel ›Der Wind und der Löwe‹ verfilmt. Dank des 1978 ins Leben gerufenen Festivals wurde die Medina instandgesetzt, Künstler schmücken die Häuser seither mit bunter Wall Art.

Medina

Die sehr stimmungsvolle Medina ist durch mächtige Mauern eingefasst, die der portugiesische Militärarchitekt Diogo Boitaca entwarf und die er mit den Bastionen **Coraça** (Borj el-Bahr) und **Torre de Menegem** (Borj el-Kamra) verstärken ließ. Die Tore **Bab el-Humar** und **Bab el-Bahr** sind die beiden noch aus der Portugiesenzeit erhaltenen Originalstadttore. Das dritte Tor, **Bab el-Kasbah**, errichteten die Spanier 200 Jahre später.

Betritt man die Medina durch das Bab el-Bahr an der Place Ibn Khaldoun, geht durch die Rue Attijara und orientiert sich nach rechts, gelangt man zum **Palast des Banditen el-Raisouli**. Dieses von außen unscheinbar wirkende Gebäude wurde Anfang des 20. Jahrhunderts im

In den Gassen von Asilah

N1
MIA Hostel
Hotel Al Alba (300 m), Bahnhof, Camping Tahadart, Tanger
Av. Khalid Ibn Oualid
Maison d'Hôtes Berbari, Mzoura
N1
N9
Port XIV
Avenue Mohammed V
Rue Allal Ben Abdallah
La Perle d'Asilah
Av. Mellilal
Av. Mansour Eddahbi
Av. du Prince Héritier
Av. Moulay Ismail
Av. Mauritanie
Rue Moulay Hassan Ben El Mehdi
Av. Ibn Rochd
Place Mohammed V
Culturel Andalussi
Avenue Mohammed V
Rue Al Oqhouane
Rue Al Banafsaj
Rue Imam al-Assili
Place Zellaka
La Symphonie des Douceurs
Bab Kasbah
Av. Hassan II
Rue Kasbah
Bab Souk
Christina's House (200 m), Hammam Jdid Menara
Borj el-Kamra
Bab el-Bahr
Av. Hassan II
Fischereihafen
Place Sidi Benaissa
Bab el-Humar
R. Attijara
Rue Ibn Batouta
R. Mjammaa
Riad Dar Manara
Riad Dar Azaouia
Place Ibn Khaldoun
Av. Hassan II
Plage du Paradis
Zegouri
Dar Tabia
M'Barek
El-Raisouli-Palast
Ben Abyad
Rue d'Alger
Borj Krikiya
Asilah
0
200
400 m

Die Stadtmauern von Asilah

maurisch-andalusischen Stil gebaut und ist heute Sitz des Kulturzentrums von Asilah. Am westlichen Ende der Medina erhebt sich die Bastion **Borj Krikiya**, von der man einen wunderschönen Blick auf Meer und Mauern hat.

Cromlech von Mzoura

Zur eindrucksvollsten prähistorischen Stätte Marokkos verirren sich nur wenige, entsprechend schlecht ist der Weg ausgeschildert. Verlässt man Asilah südwärts über die A1, nimmt man 17 Kilometer weiter die dritte Ausfahrt landeinwärts und fährt auf der R417 in Richtung Sidi Yamani. Dann biegt man weitere zwölf Kilometer danach links ab und stößt hier zum ersten Mal auf ein kleines Schild, das einen zum Cromlech von Mzoura verweist. Ein Wärter, der ein wenig französisch und spanisch spricht, freut sich immer, Besucher herumzuführen.

167 Menhire bilden den Steinkreis, der vermutlich vor 5000 Jahren angelegt wurde. Die meisten Langsteine ragen nicht höher als 1,50 Meter auf. Nur ein Menhir erreicht fünf Meter und wird El Uted, auf spanisch ›der Zeiger‹, genannt. Die genaue Bedeutung so einer Steinsetzung ist bis heute nicht geklärt, weder hier noch in seinem berühmteren Verwandten in Stonehenge. Die Vermutungen deuten aber in Richtung einer Kultstätte, die mit besonderen Himmelskonstellationen zusammenhängt.

35° 22'15" N, 5° 57'38" W.

Asilah

Vorwahl: +212/539.

Busbahnhof, an der Nationalstraße N1 gegenüber der Shell-Tankstelle. Tägl. Busse ab Tétouan, Casablanca, Rabat, Fès, Tanger, Marrakesch und Agadir. Auch **Grands Taxis** findet man hier.

Bahnhof, 2,5 km nördlich von Asilah. Züge ab Tanger und Kénitra Züge im 2-Stunden-Takt. Auch ab Casa über Rabat gibt es Zugverbindungen.

Hotel

Al Alba (€€), 35, Nakhil, Tel. +212/539/416923, www.hotelalalba.com. Geschmackvolles Vier-Sterne-Hotel im Boutiquestil. Gegenüber vom Hafen, nur 100 m vom Strand entfernt. Sehr gute Küche.

Riads

Dar Manara (€€), 23, Rue M'jimaa, Tel. +212/539/416964, http://asilahdarmanara.com. Sehr hübsche Pension im marokkanischen Kolonialstil mit vielen Antiquitäten.

Riad Dar Azaouia (€€), 18, Rue 6, Quartier Moulay Idriss, Tel. +212/672/110535.

Charmantes Gästehaus mit sehr angenehmer Atmosphäre.

Dar Tabia (€€), 21, Rue Ben Kaddoul, Tel. +212/611/985338. Liebevoll dekorierte kleine Pension in der Medina.

Maison d'Hôtes Berbari (€-€€), Medschar Ghanem, Tnine Sidi Yamani, Tel. +212/660/295454, www.berbari.com. Originelles und fantasievolles Gästehaus in ländlicher Idylle auf einem Bauernhof.

Christina's House (€), 26, Rue Ibn el-Khatib, Tel. +212/539/417788, www.christinashouseasilah.com. Einfache Mehrbett- und Doppelzimmer, aber geschmackvoll mit Liebe zum Detail eingerichtet. Sehr gutes Preis-Leistungsverhältnis.

Gästehaus

MIA Hostel (€), Lotissement Minzah Lot 55, Tel. +212/539/417894, www.mia-hostels.com. Einfache Unterkunft mit Schlafmöglichkeiten in Mehrbettzimmern, aber auch im Doppelzimmer.

Camping Tahadart, Route de Rabat Akouss Brieche, Tel. +212/661/174777, www.tahadart.com. 13 km nördlich der Stadt, mit gutem Café-Restaurant.

Al Alba (€€-€€€), 35, Nakhil, Tel. +212/539/416923, www.hotelalalba.com. Ausgefallene, sehr gute Küche.

Port XIV (€€), 14, Avenue Moulay Hassan Ben Mehdi, Corniche, Tel. +212/539/416677, www.portxiv.com. Ausgezeichnetes Fisch- und Meeresfrüchte-Restaurant mit schönem Ambiente und noch schönerem Meeresblick.

La Perle d'Asilah (€€), Rue Allal Ben Abdallah, Tel. +212/539/418758. Französische, moderne und kreative Küche im Ambiente einer Pariser Brasserie.

Tahadart (€-€€), Route de Rabat Akouss Brieche, Tel. +212/661/174777, www.tahadart.com. Café-Restaurant am Campingplatz. Leckere marokkanische Küche, gutes Preis-Leistungsverhältnis.

Restaurant Culturel Andalussi (€), Rue Al Oqhouane, Tel 0665/969453. Einfaches marokkanisches Restaurant mit ausgezeichneter hausgemachter Küche. Auch gute Fischgerichte.

La Symphonie des Douceurs (€), Avenue Imam Assili/Place Zellaka. Der beste Ort zum Frühstücken oder um nachmittags ein Stückchen Süßes zu nehmen.

Kulturfestival; im August.

Plage de la Ville, **Plage du Port** und **Plage de la Medina**: Stadtstrände.

Plage du Paradis: Traumstrand im Süden, 8 km von Asilah entfernt.

Plage de Sidi Mghait, 15 km südlich von Asilah, gute Surfmöglichkeiten.

Plage Afriquia: 3 km nördlich des Zentrums mit kleinem Café, das Sonnenschirme verleiht und mittags gegrillten Fisch serviert.

Plage de Briech und **Tahadart Beach**, schließen nach Norden an.

Surfiti, Plage Sidi Mghait, 15 km südlich von Asilah, Tel. +212/661/435520, www.surfiti.com. Surfschule, auch Kite-Surf-Kurse; Verleih von Equipment wie Surfbretter, Kanus und Kajaks.

Hammam Jdid Menara, Avenue 16 novembre; 8–22 Uhr, 10 DH, mit Massage 50 DH. Traditionelles Badehaus.

Fahrradverleih Rachid El-Fatouaki, Tel. +212/675/052910. Ab einem halben Tag bis zu einer Woche kann man sich ein Fahrrad mieten, um z.B. am Donnerstag auf den Wochenmarkt vor den Toren der Stadt oder zu den entfernteren Stränden zu fahren.

▶ Karte S. 240

Südliche Atlantikküste

»Wie Riesen trotzig, feste Türme/Schau'n von dem Ufer in das Meer/aus früher Zeit der Völkerstürme/Des Zaubergürtels Schutz und Wehr.« Die Zeilen aus einem Gedicht Hermann Linggs könnten die mächtigen Bollwerke der einst bedeutenden Hafenstädte an der südlichen Atlantikküste beschreiben. Die unglaubliche Atmosphäre der Orte zieht Künstler und Besucher in den Bann. Endlose Strände, eine kühle Brise um die Nase, Filmkulissenstädte, pittoreske Hafenszenerien: Gründe, legendäre Hafenstädte wie Mazagan und Mogador zu besuchen, gibt es viele.

Azemmour

Die Stadt von rund 40 000 Einwohnern liegt an der Mündung des längsten Flusses Marokkos, des Oum er-Rabia, in der fruchtbaren Doukkala-Ebene. Den schönsten Blick auf Azemmour hat man von der Brücke an der Nationalstraße, die von Casablanca kommend in die Stadt führt. Der Name des Ortes bedeutet im Berberischen ›Oliven‹, und landwirtschaftliche Produkte wie die Oliven bilden heute noch die wirtschaftliche Grundlage der Stadt. Im 12. Jahrhundert war Azemmour dank des Theologen Moulay Bouchaib er-Redad (gest. 1166) ein Zentrum islamischer Gelehrsamkeit, das Schüler von weit her anzog. So kam Lalla Aicha Bahria aus Bagdad, die – wie der Lehrer – als Heilige verehrt wird.
Im Jahr 1486 gründeten portugiesische Kaufleute in Azemmour einen Handelsposten, um Stoffe, Wolle, Pferde, Fische und Getreide aufzukaufen. Diese Waren tauschten sie im südlicheren Schwarzafrika gegen Gold und Sklaven ein. Doch als die Portugiesen begannen, ihre Waren im Hinterland der marokkanischen, Presidios genannten Niederlassungen nicht mehr zu bezahlen, sondern Tributzahlungen von den Einheimischen verlangten, kam es zu Aufständen der Bevölkerung. Zum Schutz vor Angriffen umgaben die Portugiesen die Stadt mit einer Befestigungsmauer. Wegen wirtschaftlicher Schwierigkeiten in ihrem Heimatland, aber auch wegen der Bedrohung durch die nun herrschenden Saadier zogen sich die Portugiesen 30 Jahre später wieder zurück.
Ende des 16. Jahrhunderts kam ein gewisser Mohammed el-Ayyachi, der beim Marabout Sidi Abdallah in Salé islamische Studien betrieb, auf dessen Geheiß nach Azemmour. Einige Jahre später wurde el-Ayyachi im Auftrag des Saadier-

Azemmour am Oued Oum er-Rabia

Die südliche Atlantikküste

Sultans zum Gouverneur von Azemmour berufen. Nun griff er die Spanier bei El Jadida an. Da er immer mehr Krieger um sich versammelte, wurde er zu einem gefährlichen Rivalen für den Sultan. Der entsandte eine Armee, um el-Ayyachi in Azemmour zu vernichten, doch konnte dieser noch rechtzeitig nach Salé fliehen, wo er sich ab 1619 als Pirat und ›heiliger Krieger‹ gegen Spanier und Portugiesen betätigte. Trotz oder vielleicht wegen dieser turbulenten Geschichte hat die Stadt wenig Sehenswürdigkeiten, aber viel ursprüngliche Atmosphäre.

Medina

Vom Hauptplatz **Place du Souk** aus kann man in die Medina schlendern und durch die ruhigen, beschaulichen Gassen bummeln. Das kleine Städtchen hat sich in den letzten Jahren zu einem Kunstzentrum entwickelt, dank des hier geborenen Künstlers Rahoule Abderrahmane, dessen großflächige Bilder Hauswände und Mauern verschönern. Die Eröffnung des Kunstzentrums **MAC Mazagan** hat weitere Maler angezogen. Im **Espace Nadi Niswi** und in der Galerie **Akwas** werden ihre Werke ausgestellt. Eine traditionelle Kunst der Stadt, die Stickerei, wird ebenfalls lebendig gehalten. Die dekorativen Stickereien, überwiegend in rot, weiß und schwarz gehalten, zeigen neben floralen Motiven vor allem Pfauen, Drachen, Hasen und andere Tiere. Da die Darstellung von Lebewesen in der islamischen Kunst verboten ist, scheint dies auf das jüdische Erbe der Stadt zurückzugehen. Im **Dar Maalma**, einem Frauenausbildungszentrum, kann man die schönsten Stücke der Zemmouri-Stickereien bewundern.

Azemmour

Vorwahl: +212/523.

Busbahnhof, Boulevard Boujour. Busse ab Casablanca kosten 35 DH. Am Busbahnhof ist auch die Station der **Sammeltaxis** für die Weiterreise nach El Jadida, Safi oder Casablanca.

Riads

Riad Oum Errabia (€€–€€€), 17, Impasse Chtouka, Tel. +212/523/347071, www.azemmour-hotel.com. Modernes, stilvolles Riad mit zeitgenössischer Kunst und Blick auf den Fluss.

Riad 7 (€–€€), 2, Impasse Caid Jilali/Derb Chtouka, Tel. +212/523/347363, www.riad7.com. Geschmackvolle Pension mit avantgardistischem Design und viel zeitgenössischer Kunst. Spa, Wellnesscenter. Ausgezeichnetes Preis-Leistungsverhältnis.

Dar Nadia (€), 3, Rue Souika El Malah, Kasbah, Tel. +212/663/008221. Sehr hübscher Riad mit sehr hilfsbereiten Gastgebern.

Le Panorama (€), Pont d'Azemmour, Sidi Ali Ben Hamdouch, Tel. +212/669/887817. Leckerer, frischer, gegrillter Fisch mit Blick auf den Fluss.

La Perle (€), Tel. +212/523/357905. Etwas altmodisch wirkendes Restaurant, aber mit schönem Meerblick und Terrasse direkt am Meer, 1,5 km von Azemmour entfernt. Gutes Essen.

Dar Maalma, Bab el-Makhzen, Rue de la Mosquée El Mrieh, Tel. +212/524/347046. Souk; Di und Fr.

El Jadida

El Jadida

Die 150 000 Einwohner zählende malerische Hafenstadt liegt vermutlich an der Stelle des phönizisch-karthagischen Rusibis, obwohl bis heute keine Funde diesen Verdacht bestätigen konnten. Sicher ist nur, dass um 1160 der Almohadenherrscher Abd el-Moumin die ursprünglich ansässigen Berberstämme vertrieben hatte, um stattdessen ihm treu ergebene und loyale arabische Stämme anzusiedeln. Aus dieser Zeit stammt der Name El Jadida, ›Die Neue‹.

Die Portugiesen machten ab 1502 aus ihr den Stützpunkt Mazagão, der

Portugiesische Zisternen in El Jadida

der Sicherung der Wasser- und Proviantversorgung ihrer Schiffe auf dem Seeweg nach Indien diente. Nach der Dreikönigsschlacht von Qasr el-Kebir 1578, bei der das Heer von Sultan Abu Marouan Abd el-Malik den portugiesischen König Sebastião I. getötet hatte, der unverheiratet und kinderlos war, fiel Portugal an die spanischen Habsburger unter Philipp II. Und damit wurde aus Mazagão Mazagan. Auch die Franzosen nannten die Stadt Mazagan, erst nach der Unabhängigkeit wurde sie wieder zu El Jadida. Seit 2004 steht die Altstadt auf der UNESCO-Weltkulturerbeliste.

Cité Portugaise

Von der Place Sidi Mohammed Ben Abdallah aus betritt man die Portugiesenstadt durch das rechte Tor, das auf die Rue Haschmi Bahbah führt. Fast unmittelbar hinter dem Torbogen erhebt sich die Himmelfahrtskirche **Notre-Dame de l'Assomption**, die wegen ihrer Umwandlung in eine Moschee nicht zu besichtigen ist. In der rechts gegenüberliegenden Gasse kann man durch einen kleinen Torbogen über eine Rampe auf die **Stadtmauer** steigen. An den vier Ecken verstärkten Bastionen die Wehrmauern der 380 mal 240 Meter großen Portugiesenstadt. Zunächst landet man auf der **Bastion Saint-Esprit**. Mit Blick auf den pittoresken Fischereihafen spaziert man weiter zur dem Meer zugewandten **Bastion de l'Ange**. Auf der Nordseite erheben sich die Bastionen **Saint-Sébastien** und **Saint-Antoine**. Zwischen der Engels- und der Sebastian-Bastion war die **Porte de la Mer** der ehemalige Haupteingang in die Stadt, heute das östliche Ende der Rue Haschmi Bahbah (ehemals Rua da Carreira). Über eine Rampe nach der Bastion de l'Ange kann man über diese schnurgerade Straße zurückgehen. An dieser liegt die Hauptsehenswürdigkeit innerhalb der Cité Portugaise: die Zisternen.

Portugiesische Zisternen

Der riesige unterirdische Raum wurde 1541 als Waffenlager erbaut und erst später als Wasserspeicher benutzt. Mit seinem Gewölbe und der majestätischen Größe wirkt er fast wie ein sakraler Raum. Der Saal misst 34 mal 33 Meter und wird von einem relativ niedrigen, vollständig erhaltenen spätgotischen Kreuzrippengewölbe bedeckt, das von 25 Säulen getragen wird. Licht und Regenwasser fallen durch eine kreisförmige Öffnung von dreieinhalb Metern Durchmesser ein. Da es außer dieser Öffnung

▲ Karte S. 244

keine weiteren Wasserzuleitungen gibt, gehen Historiker und Architekten von einer ursprünglichen Nutzung als Waffenlager oder Zufluchtsraum in Kriegszeiten aus. Orson Welles war von der besonderen Atmosphäre begeistert und nutzte sie als Kulisse für seinen 1952 erschienenen Film ›Othello‹.

Citerne Portugaise, Rue Haschmi Bahbah; tägl. 9–13 und 15–18.30 Uhr, 20 DH inklusive Zugang zu den Stadtmauern.

Moulay Abdellah

In diesem Ort, elf Kilometer von El Jadida entfernt, findet im Sommer alljährlich das Moussem zu Ehren des Lokalheiligen Moulay Abdellah Amghar statt. Fast eine halbe Million Besucher kommen zu dieser Wallfahrt, bei dem die Fantasia einen Höhepunkt darstellen mit 3600 Reitern, die ihre Reitkunst präsentieren. Wer Anfang August in der Gegend ist, sollte sich dieses Spektakel nicht entgehen lassen.

El Jadida

Vorwahl: +212/0523.
Délegation Provinciale du Tourisme d'El Jadida, 20 bis, Avenue Al Moukawama, Tel. +212/523/244788.

Busbahnhof Gare Routière, Avenue Mohammed V. Busse ab Casablanca, Essaouira, Safi, Oualidia, Marrakesch und Agadir. Das 20 km entfernte **Azemmour** ist mit einem lokalen Bus oder per Sammeltaxi zu erreichen. **CTM**, Tel. +212/523/392011.
Bahnhof, ca. 5 km südlich der Altstadt. Züge fahren ab Rabat (70 DH) und Casablanca (35 DH) nach El Jadida.

Hotels

Mazagan Beach & Golf Resort (€€€€), Haouzia, Tel. +212/523/388000, www.mazaganbeachresort.com; 6885 m lang. Elegantes Fünf-Sterne-Hotel mit luxuriösen, geräumigen Zimmern. Großer Spa- und Wellnessbereich. Außenpool, Kasino. Mit dem längsten 18-Loch-Golfplatz des Landes, der von einem der ehemals besten Spieler konzipiert wurde: Gary Player.
L'Iglesia (€€€), Cité Portugaise, Tel. +212/523/373400, www.liglesia.com. Stilvolles Vier-Sterne-Hotel in der ehemaligen spanischen Kirche San Antonio de Padua. Zimmer im Stil der 30er und 50er Jahre. Ein Teil der Zimmer befindet sich im ehemaligen amerikanischen Konsulat, in dem sich auch das Restaurant und eine Dachterrasse mit Meerblick befinden. Sehr gute Küche.
Pullman Mazagan Royal Golf & Spa (€€€), Route de Casablanca, Tel. +212/523/379100, www.pullmanhotels.com. Elegant-gediegenes Fünf-Sterne-Hotel. Pool und Wellness. Wunderschöner Golfplatz direkt am Meer, konzipiert von C.B. Robinson.

Riads

Dar Al Manar (€€), Douar Nouassra, Haouzia, Tel. +212/523/351645, www.dar-al-manar.com. Moderne Villa mit stilvoller Einrichtung, die Ruhe und Eleganz ausstrahlt. 7 km vom Zentrum entfernt, bei Azemmour.
Riad Soleil d'Orient (€€), 131, Derb El Haljar, Tel. +212/523/350242, www.riadsoleildorient.com. Geschmackvoller Riad mit modern-marokkanischem Design.
La Maison des Epices (€€), 16, Avenue Driss Ben Bouchaib, Tel. +212/665/443562, www.riadlamaisondesepices.com. Charmanter kleiner Riad mit gemütlichen Zimmern.

Au Petit Paris (€€–€€€), Boulevard Mohammed VI, Résidence Les Grands Palmiers, Tel. +212/523/392464. Stilvolles Bistro, französisch-marokkanische Küche.
La Capitainerie (€€), zum Hotel L'Iglesia gehörend, Cité Portugaise, Tel. +212/523/373400, www.liglesia.com. Hervorragende frische Küche.
Le Requin Bleu (€€), Centre Balnéaire de Sidi Bouzid, Tel. +212/523/348067. Fisch und Meeresfrüchte direkt am Strand.
Ali Baba, (€€) 8, Route de Casablanca, Tel. +212/523/341622. Sympathisches Restaurant mit Meerblick. Sehr variationsreiche Karte. Öfter Literaturabende.
La Portugaise (€), gegenüber der Zisternen, Tel. +212/663/037480. Nettes kleines Lokal mit guter, preiswerter Küche.

Plage d'El Jadida, langer Strand im Zentrum.
Plage Sidi Bouzid, im Westen der Stadt, 8 km entfernt.
Plage d'El Haouzia, in Richtung Azemmour.

Moussem des Moulay Abdallah im gleichnamigen Dorf südlich von El Jadida im August. Genaue Termine erfährt man unter www.moulayabdellah.ma.

Centre hôpitalier Mohammed V, Rue Docteur Roux, Tel. +212/523/342004.

▶ Karte S. 247

Die Zivilisation, Mutter!

Driss Chraïbi kam 1926 in El Jadida zur Welt und erzählt in seinem Roman, zärtlich und augenzwinkernd, wie seine Mutter, die mit 13 Jahren verheiratet wurde, aus einer mittelalterlichen Welt in den Turbulenzen des 20. Jahrhunderts landet und mit den Errungenschaften der Zivilisation Bekanntschaft macht:

1940, als man bei uns das Telefon installierte, wollte ich meiner Mutter von Graham Bell und den Hertzschen Wellen erzählen. Aber sie hatte ihre eigene Logik – die schwemmte meine weg wie das Lachen die Angst.

»Wie? Ich bin älter als du. Ich habe dich zur Welt gebracht und nicht umgekehrt. Ein Draht ist ein Draht. Und eine Welle ist gleichförmig wie eine andere, es gibt keinen Unterschied zwischen ihnen. Du willst mir doch nicht weismachen, dass dieser Draht sich Monsieur Ktö nennt und dieser andere ›Bügeleisen‹ und dieser dritte Monsieur Bell? Bloß weil sie verschiedene Farben haben? Nach dieser Rechnung gäbe es also drei Geister im Haus? Und mehrere Sorten Menschen auf der Erde? Bringt man dir das in der Schule bei?«

So begnügte ich mich mit einer Gebrauchsanweisung. Und verließ sie an der Schwelle zur menschlichen Mitteilung und Kommunikation. Sie sprach: »Also denn!« hob das Hörrohr ab, trug es ans Ohr und drehte mit aller Kraft die Kurbel. Ein Zischen war zu hören, dann das Geräusch von einem halben Dutzend im Tiegel brutzelnder Sardinen. Schließlich gelangte eine blecherne Stimme bis zu mir, nachdem sie meine Mutter hatte zusammenfahren lassen: »Hallo, hier die Zentrale. Welche Nummer wünschen Sie?«

»Der Segen Gottes sei mit dir, mein Sohn‹, ertönte meine Mutter. »Spricht dort die Post?«

»Ja, hier ist die Zentrale.«

»Ist das die Post?«

»Ja doch, die Zentrale. Ich höre.«

»Ich möchte die Post.«

»Sie haben die Zentrale.«

»Ich habe die Post verlangt.«

»Das ist dasselbe.«

»Ah!«

»Welche Nummer möchten Sie?«

»Fès.«

»Bleiben Sie am Apparat!«

Sie blieb, mich mit einem breiten Lächeln beruhigend: »Fès ist weit. Zehn Tagesritte mindestens. Aber der Geist galoppiert wie der Wind, du wirst sehen. Entfernungen schrecken ihn nicht ... Drei Minuten, und er ist da ... Was habe ich dir gesagt? Hallo! Bin ich in Fès?«

»Zentrale Fès. Ich höre.«

»Hallo Meryem? Deine Stimme klingt ganz anders ...«

»Wen möchten Sie? Ich höre.«

»Ich auch.«

»Wie?«

»Ich höre auch. Bist du es, Meryem?«

»Sie haben Fès verlangt?«

»Ja.«

»Welche Nummer?«

»Höre, meine Tochter, und versuch zu verstehen. Also – ich möchte meine Cousine sprechen. Ich habe sie seit 15 Jahren nicht gesehen.«

»Welche Nummer? Hat sie einen Anschluss?«

»Nun, ich weiß nicht.«

»Ich brauche eine Nummer.«

»Höre, meine Tochter, und ich werde für dich beten. Meine Cousine heißt Meryem. Ihre Augen sind grün wie das Gras auf der Weide, ihre Haut ist weiß wie Milch ...‹

»Hallo! Hallo! ... Hören Sie ...«

»Hör mich erst einmal an, du. Siehst du das Grabmal von Driss? Bei der Universität? Nun gut, du gehst die erste Straße rechts davon hinunter, durchquerst das Viertel der Ziseleure und kommst vor ein Tor mit zwei Flügeln. Dort ist es, du kannst nicht fehlgehen, Tochter.«

»Hallo! Hallo!«

»Jetzt wird sie gerade Anisbrötchen backen. Bestimmt. Ruf sie laut, sie ist schwerhörig, und sag ihr, sie soll schnell kommen, ihre Cousine erwartet sie am anderen Ende der Welt ... Danke, meine Tochter, ich umarme dich, ich unterhalte mich ein anderes Mal mit dir, verstehst du? Seit 15 Jahren sind Meryem und ich getrennt ...«

Eine Viertelstunde später bekam sie ihre Cousine und schwatzte mit ihr, wie nur sie es fertigbrachte, ohne die Zeit wahrzunehmen [...]. Sie telefonierte, bis die Nacht einbrach, leerte besessen den Sack gemeinsamer Erinnerungen, wie eine Bettlerin, die ihren Napf auskratzt, wenn sie vom Paradies und vergessenen Speisen träumt; sie erkundigte sich nach dem Leben und die Lebenden in ihrer Geburtsstadt, über entfernte Verwandte, Nachkommen, Häuser, Geschehnisse. Über die Farbe des Himmels, das Murmeln des Flusses und der Quellen. [...] Von Zeit zu Zeit, in regelmäßigen Abständen, ertönte wie ein schriller Refrain die Frage der Telefonistin: »Sind Sie fertig?«

Die Stimme meiner Mutter überlagerte sie sogleich: »Wie? Nein, ich bin noch nicht fertig. Du unterbrichst mich ja ständig. Und dann, meine Tochter, will ich dir etwas sagen: Es ist nicht recht von dir, unserem Gespräch zuzuhören. Hat dir deine Mutter keine Manieren beigebracht?«

»Aber Madame, Sie besetzen die Leitung seit mehr als zwei Stunden. 42 Einheiten schon. Das wird Sie ein Vermögen kosten.«

»Was? Was? Ich soll dir Geld geben, bloß weil ich spreche? In welchem Jahrhundert leben wir denn? Was habe ich eigentlich von dir verlangt? Meine Cousine zu holen, weiter nichts. Und dafür verlangst du ein Vermögen? Hörst du, Meryem? ...«

Mein Vater bezahlte. Er zahlte ohne jede Anspielung auch all die weiteren Gespräche, die meine Mutter noch führte.

Quelle: ›Die Zivilisation, Mutter!‹, Driss Chraïbi, Zürich 1989.

Oualidia

Oualidia wird auch gerne als ›Perle am Atlantik‹ bezeichnet. Das Städtchen hat zwar keine Sehenswürdigkeiten, aber eine traumhafte Lage mit goldenem Sandstrand. Berühmt ist Oualidia für seine Austern. Gegründet wurde es 1634 durch den Saadierherrscher Oualid, der die Kasbah errichten ließ, die heute als Ruine auf dem Felsen über der Lagune vor sich hin verfällt. Ursprünglich sollte sie den darunterliegenden Hafen bewachen. Diese Lagune ist der perfekte Ort zum Schwimmen, Angeln und für jegliche Art von Wassersport und zieht jede Menge marokkanischer Touristen aus Casablanca und Marrakesch an. Schon König Mohammed V. war von Oualidia so angetan, dass er sich hier eine große Villa am Rand der Lagune als Sommerpalast erbauen ließ.

Entspannen und sich bei herrlicher Aussicht verwöhnen lassen ist das Programm von Oualidia. Mehrere Spas und das erste und einzige Apitherapie-Zentrum Marokkos, in dem mit Bienenprodukten gearbeitet wird, sollen dies gewährleisten.

Oualidia

Vorwahl: +212/523.

Busse ab El Jadida und Safi.

La Sultana (€€€€), Parc à huîtres N° 3, Tel. +212/523/366595, www.lasultanahotels.com. Traumhaftes Fünf-Sterne-Hotel mit exquisiter Ausstattung und viel Charme. Luxus ohne Snobismus.

Issa-Blanca (€€), Grande Plage, Tel. +212/523/366148, www.hotel-issablanca-oualidia.com. Schnörkellose, gepflegte Zimmer in weiß und blau mit Meerblick, am Strand. Exzellente Küche für Fisch und Meeresfrüchte.

Dar Beldi (€€), Douar Moulay Abdessalam, Tel. +212/523/366288, darbeldioualidia@gmail.com. Sehr gepflegtes Gästehaus mit französisch-mediterranem Flair.

Ostréa II (€€), Cité Balnéaire, Parc à huîtres N° 7, Tel. +212/523/366324. Hierher kommt man, wenn man Meeresfrüchte liebt.

L'Hippocampe (€€), Route du Palais, Tel. +212/523/366108. Gemütliches Terrassenlokal mit ausgezeichneten Meeresfrüchten.

L'Initiale (€€), Cité Balnéaire, Grande Plage, Tel. +212/523/366246. Gute Küche im gleichnamigen Hotel.

Am Place de l'Indépendence in Safi

Safi

Safi ist eine moderne Großstadt mit über 300 000 Einwohnern, fast mittig zwischen Casablanca und Agadir gelegen. Im 11. Jahrhundert nachweislich gegründet, blieb Safi bis ins 15. Jahrhundert ein unbedeutender Marktflecken. Erst als die Portugiesen hier ein Presidio gründeten, begann der große Aufschwung. Slaven, Gold und Elfenbein aus Schwarzafrika, Kupfer und Zucker aus dem Hinterland wurden über den Hafen verschifft. Außerdem war die Stadt eine weitere wichtige Etappe auf dem Weg nach Indien. Euro-

In der Medina von Safi

päische Händler strömten so lange nach Safi, bis der Hafen Essaouira eröffnete. Danach begann der rapide Fall in die Bedeutungslosigkeit.

Erst der Phosphatexport seit der Protektoratszeit brachte den Aufschwung, der bis heute anhält. Das Hinterland um Youssoufia und Khourigba liefert das Phosphat, das aus Safi die zweitgrößte Industrie- und Hafenstadt nach Casablanca gemacht hat. Auch als Fischereihafen ist Safi von Bedeutung. Große Fangmengen an Sardinen landen hier an und werden in zahlreichen Konservenfabriken weiterverarbeitet. Des Weiteren ist Safi für traditionelles Kunsthandwerk, namentlich die Töpferei, bekannt. Früher war die Stadt auch für ihr besonders weiches Saffian-Leders berühmt, das nach Safi benannt wurde.

■ Dar el-Bahr

Obwohl 90 Prozent der Stadt aus modernen Gebäuden bestehen, gibt es doch eine sehenswerte kleine Medina aus der portugiesischen Blütezeit, die in der modernen Stadt fast untergeht. Ausgangspunkt für einen Bummel zu den Sehenswürdigkeiten ist die **Place de l'Indépendence** bei der Hauptpost. Gleich links erhebt sich das mächtige **Dar el-Bahr**, das Meeresschloss. Schon kurz nach der Ankunft der Portugiesen 1480 wurde es als Sitz des Gouverneurs und zum Schutz des Hafens erbaut. Im zentralen Hof hinter dem großen Tor stehen ein Dutzend erbeuteter Kanonen spanischer und holländischer Herkunft. Von der Bastion im Südwesten des Meeresschlosses hat man den schönsten Blick auf Hafen, Meer und Medina.

▶ Karte S. 253

■ Medina

Wenige Meter auf der Route du Port nordwärts, und schon öffnet sich rechter Hand ein großer Platz mit dem **Marabout des Sidi Boudhab**. Von hier aus gelangt man auf der Rue du Souk in die Medina. Kurz danach sieht man einen Wegweiser zur ›Cathédrale portugaise‹. Von der **portugiesischen Kathedrale** blieb nur der Chor erhalten, an der Stelle des Langhauses entstand ein **Hammam**, benachbart zur Großen Moschee. 1519 wurde das reich verzierte Sterngewölbe im manuelischen Stil, einem typisch portugiesischen Übergangsstil zwischen Gotik und Renaissance, gestaltet. Durchquert man die quirlige Medina auf der Hauptachse, landet man am östlichen

Stadttor **Bab Chaaba**. Auf dem **Töpferhügel** links oberhalb des Bab Chaaba kann man etwa 140 Werkstätten, in denen mehr als 2000 Menschen arbeiten, besuchen und ihnen bei der Arbeit auf die Finger schauen.

Dar Sultan

An einem steilen Hang liegt die aus portugiesischer Zeit (1508–1514) stammende, imposante Festung Dar Sultan, die auch Kechla genannt wird, abgeleitet vom portugiesischen ›Castelejo‹. Innerhalb der starken Mauern befinden sich eine kleine Moschee und der ehemalige Palast, in dem in zwei Räumen am Hof das **Keramikmuseum** untergebracht ist. Im ersten Raum wird Keramik der Antike präsentiert. Im zweiten Raum sind edel glasierte städtische Keramik mit polychromer Glasur aus dem 19. Jahrhundert sowie ländliche, archaischer wirkende Stücke ausgestellt.

Musée National de Céramique, Kasbah, Avenue Moulay Youssef, Tel. +212/544/463895; Mo–Fr 8–18 Uhr, Sa 8–12 Uhr, 10 DH. Derzeit wegen Renovierung geschlossen (Januar 2016).

Cap Beddouza

Etwa 30 Kilometer nördlich von Safi liegt das Cap Beddouza oder Ras Cantin. Auf einem Felsen am langen Sandstrand erhebt sich pittoresk die kleine weiße **Koubba des Marabouts Sidi Chachkal**, nur bei Ebbe von den Pilgern zu erreichen. Ein grün-weißer **Leuchtturm** markiert seit 1916 das Kap, neben einem Friedhof und der **Moschee der Lalla Tassaoute**. Die Heilige soll hier an der Küste Schiffbruch erlitten haben, ihr Schiff der Legende zufolge zur Steinformation der Landspitze geworden sein. In der Antike – so berichten es zumindest karthagische Quellen – sollen am Cap Beddouza noch Elefanten gegrast haben. Kaum mehr vorstellbar angesichts der stark verkarsteten Steinwüste, aber vielleicht stammten ja von hier die Elefanten, mit denen Hannibal über die Alpen zog.

Safi

Vorwahl: +212/524.

Délegation Provinciale du Tourisme de Safi, Rue Imam Malek, Tel. +212/524/622496.

Busbahnhof, Avenue John F. Kennedy, gegenüber dem Krankenhaus. Von El Jadida, Oualidia und Essaouira mit CTM-Bussen. Am Busbahnhof ist auch die Station der Grands Taxis.

CTM, Tel. +212/524/626364.

Riads

Dar Yasmine (€€€), Route de Oualidia, Sidi Boudala, Tel. +212/524/635050, www.daryasmine.com. Neue, großzügige Villa mit Meerblick und opulenter Einrichtung. Toller Pool.

Riad Le Cheval Blanc (€), 26, Derb El Kaouss, Bab Sidi Boudhab, Tel. +212/524/464527, www.riad-cheval-blanc.com. Gut gelegene Pension mit einfachen, kitschig-originellen Zimmern. Ausgezeichnete Küche.

Riad Safi (€), 14, Derb Kanissa, Tel. +212/614/050211, www.riadsafi.fr. Farbenfroher Riad mit vielen liebevollen Details.

Camping Municipal Sidi Bouzid, Route de M'zougen, Tel. +212/554/463816. Großer Platz mit Pool, 5 km außerhalb.

Camping Souiria (€), Plage Souiria Lakdima, 36 km südlich von Safi an der Mündung des Oued Tensift. Idyllisch am Strand gelegen.

Auberge du Cheval Blanc (€€), 26, Derb El Kaouss, Bab Sidi Boudhab, Tel. +212/524/464527, www.riad-cheval-blanc.com. Sehr gute, traditionelle marokkanische Küche.

Le Refuge (€€), Route de Sidi Bouzid, Tel. +212/524/668086. Exzellenter Fisch und französische Küche mit Blick über die Stadt und den Atlantik.

Chez Hosni (€–€€), 7 bis, Rue des Forgerons, Colline des Potiers, Tel. +212/660/052323. Kleines, uriges Lokal mit hervorragendem marokkanischen Essen. Unbedingt Tajine mit Sardinen probieren.

Café M'zougen (€), 26, Place de l'Indépendence. Nettes Café mit vielen frisch gepressten Säften. Auch gutes Frühstück.

Einsame Traumstrände gibt es südlich wie nördlich von Safi, z.B. **Plage de Souira Kedima**, **Baaliten Beach**, **Plage Lalla Fatna**, **El-Beddouza Beach**, fast durchgängig bis Oualidia.

Hôpital Mohammed V, Boulevard Kennedy/Boulevard de Bordeaux, Tel. +212/524/623106.

Karte S. 253

Essaouira

Der Stadtname bedeutet übersetzt ›die Wohlgestaltete‹. Seit 2001 gehört Essaouira zum UNESCO-Weltkulturerbe. Diesen Status hat der Stadt die vollständig erhaltene Medina mit ihrem ungewöhnlich rechteckigen Straßennetz eingebracht.

Die Gründung Essaouiras erfolgte erst ab 1760, als Sultan Mohammed Ben Mohammed einen neuen Hafen und eine Festung gegen die rebellischen Stämme des Südens in Auftrag gab. Der französische Architekt Théodore Cornut, der sich in Gefangenschaft des Sultans befand, wurde mit dieser Aufgabe betraut. Als 1765 der Hafen von Agadir schloss, stand dem rasanten Aufstieg Essaouiras nichts mehr im Weg. Ende des 19. Jahrhunderts besetzten die Franzosen Timbuktu, der Saharahandel kam zum Erliegen, und die Abschaffung der Sklaverei in den Vereinigten Staaten tat ein Übriges, um die wichtigsten Säulen der Wirtschaft von Essaouira zum Einsturz zu bringen und die Stadt in die Bedeutungslosigkeit fallen zu lassen.

Erst die Hippie-Bewegung der 60er Jahre machte Essaouira international wieder bekannt. Vor allem dank Jimi Hendrix, der im Sommer 1969 nach Essaouira kam und heute noch als Ikone in der Stadt verehrt wird. Auch Cat Stevens, Paul Simon und andere Musiker kamen in der Folgezeit. Heute ist die Stadt noch immer fester Bestandteil der internationalen Musikszene, dank des Festivals für Gnaoua und World Music, das alljährlich im Juni stattfindet und fast eine halbe Million Besucher anlockt.

Darüber hinaus spielt die bildende Kunst eine große Rolle. Der Pionier der marokkanischen Malerei, Boujema Lakhdar, stammt genauso wie die international bekannten Künstler Mourad El Attaoui und Mustafa El Harchi aus der 80 000-Einwohner-Stadt.

Die Atmosphäre und der kulturelle Reichtum, vor allem aber die große Bucht mit ihrem langen Sandstrand ließen aus Essaouira ein immer beliebteres Zentrum des Tourismus werden. Dank der stetigen Winde und der guten Wellenverhältnisse ist die Bucht auch ein Paradies für Windsurfer, Kitesurfer und Wellenreiter. Essaouira hat fast identische klimatische Bedingungen wie San Francisco.

Blick von der Skala du Port auf Essaouira

Hafen

Ein guter Einstieg für eine Stadtbesichtigung ist der bunte, pittoreske Hafen. Ehemals wurden hier tausende Sklaven aus Schwarzafrika in die Neue Welt verschifft. Deshalb nannte man ihn auch den ›Hafen von Timbuktu‹. Heute liegen hunderte kleiner Fischerboote hier fest, große Haufen von Netzen stapeln sich am Kai, und die Fischer flicken ihre Netze. Im vorderen Teil liegen die kleinen blauen Boote, als Floukas bezeichnet, die mit maximal vier Mann an Bord nur für eine Nacht aufs Meer fahren. Weiter außen liegen die größeren Trawler, die mit Schleppnetzen für mehrere Tage auf Sardinenfang gehen. Entlang der langen Mole wird morgens und nachmittags der

Essaouira, Übersicht

Hafen und Skala du Port in Essaouira

frische Fang entladen. Morgens wird der überwiegende Teil in der Markthalle bei einer Auktion versteigert, der nachmittägliche Fang in erster Linie an Ort und Stelle verkauft: ein quirliges Treiben, das man sich keinesfalls entgehen lassen sollte. Die Qualität der Fische aus Essaouira – vor allem Sardinen und Seeaal –, begünstigt durch den kühlen Kanarenstrom, wird besonders gerühmt. An der östlichen Mole gibt es immer noch eine Werft, auf der mit traditionellen Methoden Fischerboote gebaut und überholt werden.

Purpurinseln

Durch die Phönizier wurde in der Bucht ein erster Ort unter dem Namen Migdol – ›Wachturm‹ – gegründet. Die Felseninseln vor der Bucht brachten den eigentlichen Reichtum: Purpur. Dieser teuerste Farbstoff des Altertums wurde aus dem Drüsensekret von Stachelschnecken wie der Murex-Schnecke gewonnen, die an den Gestaden der Purpurinseln zuhauf vorkamen. Auch der mauretanische König Juba II. ließ sie züchten und Purpurmanufakturen anlegen. Es ist verboten, auf die zum Greifen nahen Inseln überzusetzen, da sie als Naturschutzgebiet ausgewiesen sind.

Porte de la Marine

Direkt am Hafen auf dem Weg in die Altstadt erhebt sich das elegante ›Meerestor‹. Eine arabische Inschrift im Dreiecksgiebel nennt Jahr und Erbauer: ›Im Namen Allahs. Dieses Tor wurde durch den glorreichen Herrscher Sidi Mohammed beauftragt und durch seinen Diener Ahmed el-Aalj erbaut, 1184‹. Dieses Jahr islamischer Zeitrechnung entspricht dem Jahr 1770 im gregorianischen Kalender. Der genannte Architekt war ein englischer Renegat in Diensten der Alaouiten. Auf dem Fries unter dem Giebel dominieren drei Halbmonde als Symbol des Islams, links und rechts davon repräsentieren in Rauten kleine Blumen mit einem sechszackigen Davidstern die jüdische Minderheit und Blumen mit Miniatur-Jakobsmuscheln den christlichen Glauben.

Rechts von der Porte de la Marine ist ein kleineres Tor mit angrenzendem Rundtürmchen das letzte Zeugnis des portugiesischen Kastells aus dem 16. Jahrhundert. Die Portugiesen bauten eine

Porte de la Marine

Hafenfestung, der sie aus Respekt für den Lokalheiligen Sidi Magdoul den Namen Castelo Real do Mogador gaben, die sie aber schon vier Jahre später wieder aufgaben.

Skala du Port

Gleich hinter der Porte de la Marine ist links der Eingang zur Skala du Port. An der Rampe befindet sich eine kleine Treppenkonstruktion, an der man durch eine kreisrunde Öffnung den berühmten Blick auf die Mauern hat. Dahinter kann man links auf die mit Schießscharten und vielen Kanonen versehene krenelierte Mauer bis zur Hafenausfahrt bummeln oder geradeaus auf die Bastion hochsteigen, um den freien Blick auf die Stadt zu genießen. Erbaut wurde die Skala du Port von Genueser Ingenieuren nach den Plänen Théodore Cornuts.

Skala du Port; tägl. 9–17.30 Uhr, im Sommer bis 18.30 Uhr, 10 DH.

Fischmarkt

Gegenüber der Skala befindet sich die Fischmarkthalle, in der von Montag bis Samstag ab drei Uhr der Fisch verkauft und versteigert wird. Der größte Teil des Fangs wird allerdings direkt an auswärtige Abnehmer verkauft, um die

Straße in der Medina

drei Prozent Umsatzsteuer zu umgehen. Trotzdem kommen jährlich rund 940 Tonnen Fisch hier unter den Hammer.

Hinter der Fischhalle, am Beginn der großen Esplanade Place Moulay Hassan, befinden sich rechts die Grillbuden und der offene Fischmarkt. Zunächst kauft man sich den frischen Fisch und lässt ihn dann gegen Extra-Entgelt an einem der Stände grillen. Allerdings ist hier Vorsicht geboten: Die Händler hier haben es zum Volkssport erklärt, Touristen gegen überhöhte Preise ihren Fisch vom Vortag anzudrehen! Wer hier in dieser urigen Atmosphäre zu Mittag essen möchte, sollte unbedingt die Frische anhand von Augen und Kiemen prüfen und vorher auf dem Schild am Eingang zum Markt die Kilopreise der verschiedenen Fische in Augenschein nehmen. Wer sich nicht mit Fischen auskennt, sollte besser in einem der ausgezeichneten Fischrestaurants essen gehen.

An der Place Moulay Hassan

Medina

Die Hauptstraßen durch die Altstadt sind streng axial ausgerichtet. Cornut plante dies, um im Verteidigungsfalle möglichst schnell Truppen und Kanonen von einer Seite zur anderen verlagern zu können.

▲ Karte S. 256

Die Nord-Süd-Achse verläuft entlang der **Avenue de l'Istiqlal** und **Avenue Oqba ibn Nafi** zwischen Bab Doukkala und Bab el-Menzah, die Hauptstraßen in Ost-West-Richtung, die **Rue Mohammed el-Qorry** und die **Rue de Tanger** verbinden das Bab Marrakesch mit dem Bab el-Bahr. Die Südwestecke der Altstadt wird von der Kasbah eingenommen.

Place Moulay Hassan

Eine Mauer an der großen Esplanade zwischen Hafenviertel und Medina markiert heute noch die südliche Befestigung der Kasbah als Residenz- und Militärviertel. An der Place Moulay Hassan sind Cafés und Restaurants eingerichtet, die zum Verweilen einladen. Links zwischen den Cafés gehen überwölbte Gassen wie die Rue Khalid Ibn Oualid ab, die ehemals als Kasematten dienten und die zur Skala de la Kasbah führen.

Skala de la Kasbah

In kleinen Kabuffs in der Mauer der Skala, die ursprünglich Munitionsdepots waren, haben heute Kunst- und Intarsientischler ihre Werkstätten. Hier entstehen Kästchen, Tabletts und Möbel aus dem Holz der Berberthuja, die mit Einlegearbeiten aus Ebenholz, Perlmutt, Zitrusbaumhölzern und Silberdraht kunstvoll gestaltet

Essaouira, Medina

Strickmützenverkäufer in der Medina

sind. Von der Bastion hat man herrliche Ausblicke auf das Meer. Der Architekt Cornut plante die Stadtbefestigung Essaouiras nach dem Modell der Festungen Vaubans, insbesondere der Festungsstadt Saint-Malo. Durch die sternförmige Anlage der Mauern und Bastionen blieben keine toten Winkel, über die potentielle Angreifer hätten eindringen können.

Oben auf der Mauer der Skala stehen 19 **Kanonen**, die die Stadt zum Meer hin vor Artilleriebeschuss schützten. Diese breite Wehrmauer machte Orson Welles zur Außenkulisse seines Films ›Othello‹. Inschriften in den Kanonen belegen ihre Herkunft aus Holland, Portugal und Spanien. Auf einigen ist gar zu lesen, dass sie aus Kupfer gegossen wurden, das aus Mexiko und Peru kam. Nach Verlassen der Bastion geht man links in die Rue Laalouj, die an Stelle der ehemaligen Kasbahmauer heute eine der Hauptstraßen der Medina ist.

Konsulate

Schon bei der Stadtplanung sah Théodore Cornut Konsulate für die acht wichtigsten Handelspartner vor. Gleich zu Beginn der Rue Laalouj befand sich links an der Ecke das brasilianische Konsulat. Dort, wo heute das Institut français seinen Sitz hat, erinnert ein Schild an der Straßenecke daran, dass der französische Entdecker Charles de Foucauld hier übernachtete, als das Gebäude noch Sitz des Konsulats Frankreichs war. An der Ecke zur Avenue Allal Ben Abdallah waren die Briten ansässig. In der Avenue selbst hatten die Italiener ihr Konsulat und in der Kasbah die Portugiesen.

Geht man von der Rue al-Attarine rechts durch das dreibogige Tor **Bab Royal** in die Avenue Oqba ibn Nafi, landet man im südlichen Teil der Kasbah, in dem sich die spanische, holländische und dänische Niederlassung befanden.

Museum Sidi Mohammed Ben Abdallah

In einer herrschaftlichen Residenz des 19. Jahrhunderts wurde 1980 das **Volkskundemuseum** eingerichtet. Im Erdgeschoss wird rund um den Patio die Stadtgeschichte von den Phöniziern bis zur Stadtgründung durch Mohammed Ben Abdallah illustriert. Auch Flora und Fauna ist ein besonderer Bereich gewidmet. Vor allem auf den Arganien und ihrer Verarbeitung liegt ein Schwerpunkt. In den Räumen der oberen Etage werden Schmuck, Waffen,

▲ Karte S. 259

Münzen, Teppiche, Kleidung, Keramik und Musikinstrumente präsentiert. Dem Flaggschiff des städtischen Kunsthandwerks, der Kunsttischlerei mit Thujaholz, ist ein eigener Raum gewidmet.

Musée Sidi Mohammed Ben Abdallah, Rue Laalouj; Mi–Mo 8.30–18.30 Uhr, 10 DH.

Souk Jdid und Mellah

An der Avenue de l'Istiqlal erhebt sich ein großes Tor, hinter dem der **Souk Jdid** liegt. Links befindet sich der sogenannte **Souk Laghzal**, auf dem Gewürze, Gemüse und vieles andere mehr verkauft wird. Gegenüber befindet sich der ehemalige Kornmarkt, **Marché aux Grains**, an dem heute mehrere Cafés zur Pause einladen. Nördlich vom Souk Jdid beginnt die **Mellah**. Nachdem sich der Hafen in kürzester Zeit zum wichtigsten Handelsplatz des Landes entwickelt hatte, an dem sich europäische Kaufleute die Klinke in die Hand gaben, zog die florierende Wirtschaft jede Menge jüdischer Händler an. Dadurch waren im 19. Jahrhundert die Hälfte aller damals 70 000 Einwohner Juden, prozentual so viele wie in sonst keiner Stadt. Einstmals gab es 36 Synagogen in der Mellah, heute gibt es nur noch eine einzige.

Bab Moulay Youssef

Thujaholz-Kästchen

Umgebung von Essaouira

Zwischen Essaouira und der Mündung des Oued Tensift liegt die Chiadma, die vom Berberstamm der Regraga besiedelt wird. Diese Masmouda-Berber haben ihr Hauptsiedlungsgebiet rund um ihren heiligen Berg **Jebel Hadid**, 25 Kilometer nördlich von Essaouira. In der Taschelheit-Sprache meint Regraga so viel wie ›die, die die Baraka haben‹. Und dass sie diesen Segen haben, führen sie darauf zurück, dass sie sich als Nachkommen von sieben muslimischen Aposteln fühlen, die während einer Reise nach Mekka schon vor der arabischen Eroberung den Propheten Mohammed trafen und den Islam annahmen. Jedes Jahr im Frühjahr findet ein 39 Tage dauerndes Moussem statt, bei dem 44 heilige Stätten aufgesucht werden. Volksfeste und Fantasias begleiten die Feierlichkeiten der Regraga und machen den Douar (Tour) zu einem besonderen Erlebnis.

Im Süden von Essaouira liegt das Gebiet, das von den zwölf Stämmen der Haha-Berber besiedelt wird. Dies ist das Hauptverbreitungsgebiet der Arganien. Vor den Toren von Essaouira liegt der Strand von Diabat, an dem sich die Badeurlauber tummeln und jegliche Art von

Ziegen auf Arganien

Wassersport angeboten wird. Hinter der Brücke über den Oued Ksob versinkt das **Dar es-Sultan** allmählich im Sand. Angeblich inspirierte dieser ehemalige Palast für Sultan Mohammed Ben Abdallah Jimi Hendrix zu seinem Song ›Castles Made of sand‹. Allerdings entstand das Lied schon zwei Jahre, bevor Hendrix nach Essaouira kam ...

Frauen in einer Kooperative beim Verarbeiten der Arganienfrüchte

▲ Karte S. 263

Arganenwälder

Die ausgedehntesten Arganenhaine liegen zwischen Essaouira und Tamanar. Die Straße nach Agadir ist gesäumt von Hinweisschildern auf Arganenkooperativen, in denen man das wertvolle Öl probieren und natürlich kaufen kann. Mehrere tausend Frauen sind in solchen Kooperativen organisiert, um das kostbare Öl zu gewinnen. Beim Besuch in einer von rund 50 dieser Coopératives féminines kann man den Damen bei der mühsamen Verarbeitung zusehen. Produkte wie pures Öl für kulinarische und kosmetische Anwendung, Cremes und Seifen in bester Qualität gehören zum Standardsortiment. Auch Amlou sollten Sie unbedingt bei so einem Besuch probieren. Dieses ›Berber-Nutella‹ besteht aus geriebenen Mandeln, Honig und Arganöl und wird in Fladenbrot eingetunkt.

Cascades Sidi Mbarek

An diesen Wasserfällen mussten in früheren Jahrhunderten die Karawanen aus Timbuktu mit Sklaven, Elfenbein, Gold und Tropenhölzern in Quarantäne bleiben, bevor sie in Essaouira zum Hafen gelassen wurden. Man erreicht die Wasserfälle nur mit einem geländegängigen Fahrzeug. Hat man das Dorf **Sidi Kaouki**, 25 Kilometer südlich von Essaouira, passiert, liegt weitere zehn Kilometer entfernt das Dorf **Aït Idir**. Hier zweigt eine Piste ab, die nach 20 Kilometern den **Plage d'Iftane** (*31° 11'38.461"N, 9° 48'57.046" W*) als Ziel hat. Auf dem halben Weg erreicht man die Wasserfälle, an denen die Wasser des **Oued Aghbalou** in die Tiefe fallen. Wieder zurück in Aït Idir, ist es nur ein Katzensprung zur N1, über die man nach Essaouira zukehren kann oder rechts Richtung Tamanar abbiegt, wo ebenfalls viele Arganöl-Kooperativen zu besuchen sind.

Die Umgebung von Essaouira

Essaouira

Vorwahl: +212/524.
Syndicat d'Initiative et du Tourisme d'Essaouira, Dar Souiri, 10, Rue du Caire, Tel. +212/524/783532.

Aéroport Essaouira-Mogador (ESU), ca. 10 km südöstlich der Stadt, Tel. +212/524/476704 oder 0801/000224, www.onda.ma. Direkte Flüge nach Essaouira gibt es nur ab Paris mit Transavia und ab Marseille mit Ryanair.

Gare Routière, Avenue 2 mars, nördlich der Mellah. Busse fahren ab Safi, Marrakesch, Casablanca, Agadir und Oualidia nach Essaouira.
Die Busse der Gesellschaft **Supratours** starten an der Avenue Mohammed V in der Nähe des Bab Marrakech. Neben den Bussen gibt es Sammeltaxis zu allen größeren Städten.
CTM, Tel. +212/524/784764.

Hotels

Die Auswahl an Hotels und Riads ist sehr groß. Während die großen Hotels fast alle Strandnähe bieten, reizen die Riads mit dem Charme der Medina und haben vielfach Meerblick.
L'Heure Bleue Palais Hotel (€€€€), Rue Ibn Batouta, Tel. +212/524/783434, www.heure-bleue.com. Wunderschönes, luxuriöses Fünf-Sterne-Palasthotel mit edlem Design. Pool auf der Dachterrasse mit Blick über die Medina. Hervorragendes Restaurant.
Sofitel Mogador Golf & Spa (€€€–€€€€), Domaine de Mogador, Tel. +212/524/479400, www.sofitel.com. Etwas außerhalb am Strand gelegenes Fünf-Sterne-Hotel mit sehr modernem Design in den luxuriösen Suiten und Villen. Pools, Fitnesscenter, eigener Strand und Golfplatz.
Villa Maroc (€€€), 10, Rue Abdallah Ben Yassine, Tel. +212/524/473147, www.villa-maroc.com. Geschmackvolles, individuelles Hotel in ausgezeichneter Lage, mit Spa.
Océan Vagabond (€€€), Avenue Lalla Aicha, Tel. +212/524/474285, www.hoteloceanvagabondessaouira.com. Gemütliches Boutiquehotel mit Kolonialcharme in sehr guter Lage, nahe zum Meer und zur Medina. Zimmer teilweise mit eigener Terrasse und Meer- oder Medinablick. Garten mit kleinem Pool; sehr gute Küche.
Le Medina Essaouira Hotel (€€€), Avenue Mohammed V, Tel. +212/525/072526, www.mgallery.com. Luxuriöses, modernes Fünf-Sterne-Hotel in sehr guter, zentraler Lage; Wellness und Thalasso-Therapie-Zentrum.
Hotel Atlas Essaouira & Spa (€€–€€€), Avenue Mohammed V, Tel. +212/524/430686, www.hotelatlasessaouira.com. Stylisch-modernes Fünf-Sterne-Hotel mit edlem Ambiente. Pools, Fitnesscenter und Wellnessbereich. Strand direkt gegenüber, in Laufweite zur Medina. Gutes Preis-Leistungsverhältnis.
Palais des Remparts (€€–€€€), 18, Rue Ibn Rochd, Tel. +212/524/475110, www.palaisdesremparts.net. Stilvolles Hotel mit gediegenem Ambiente; Spa-Bereich.
Palazzo Desdemona (€€), 12–14, Rue Youssef El Fassi, Tel. +212/524/472227, www.palazzodesdemona.com. Helle, großzügige Zimmer mit einfacher Ausstattung im marokkanischen Stil. Zimmer in der obersten Etage auch mit Meerblick. Mit Galerie-Bereich.
Essaouira Wind Palace (€€), 15, Avenue de l'Istiqlal, Tel. +212/524/472146, www.essaouira-windpalace.com. Einfaches Hotel mit guter Lage mitten in der Medina.

Riads

Villa de l'Ô (€€€–€€€€), 3, Rue Mohammed Ben Messaoud, Tel. +212/524/476375, www.villadelo.com. Im Riad aus dem 17. Jahrhundert fühlt man sich in die Kolonialzeit versetzt. Geschmackvolles Design mit viel Komfort; Spa und Hammam.
Riad Watier (€€€), Rue Ceuta, Tel. +212/524/476204, www.ryad-watier-maroc.

▶ Karte S. 256/259

com. Schöne Pension im Herzen der Medina mit hellen, elegant-marokkanisch eingerichteten Zimmern.

Riad Dar Maya (€€€), Rue d'Oujda, Tel. +212/524/785687, www.riaddarmaya.com. Luxuriöser, eleganter Riad mit moderner Einrichtung und Wellnessbereich.

Riad Chbanate (€€€), 179, Rue Chbanate, Tel. +212/524/783334, www.riadchbanate.com. Geschmackvoller Riad an der Stadtmauer am Bab Marrakesch.

Dar Les Sirènes (€€€), 59, Rue Chbanate, Tel. +212/524/784838, http://darlesirenes.com. Modernes, fast puristisches Design mit marokkanischem Touch. Kostenloser Shuttle zum Golfplatz.

Riad Malaika (€€–€€€), Rue Zayan, Tel. +212/524/784908, www.riad-essaouira-malaika.com. Kleiner Palast mit stilvollem marokkanischen Design; zauberhaftes Gästehaus.

Riad Perle d'Eau (€€–€€€), Rue Koweit, Tel. +212/661/601955, www.riad-essaouira-perledeau.com. Von Schweizern geführtes, stilvolles Gästehaus mit marokkanisch-eleganter Einrichtung und traumhaftem Meerblick. Hammam und Wellnessbereich.

Riad Emotion (€€), Rue Malek Ben Morahhal, Tel. +212/524/472309, www.riademotion.com. Gästehaus mit viel Stil und Charme.

La Fontaine Bleue (€€), Rue d'Oujda, Tel. +212/524/785207, www.fontaine-bleue.com. Saubere Zimmer in dezent-marokkanischem Stil. Terrasse mit Blick auf den Atlantik schon zum Frühstück.

Dar Dayana (€–€€), 26, Rue Ibn Khaldoun, Tel. +212/524/783433, www.ryadessaouira.com. Sehr geschmackvolles Design mit viel Kunst. Hervorragende Küche.

Dar Assalama (€–€€), Ahl Agadir, Tel. +212/524/785809, www.darassalama.com. Reizende Pension mit individuellem, stilvollem Dekor.

Dar Sabon (€), 88, Rue Chbanate, Tel. +212/639/931969. Originell und liebevoll gestalteter Riad mit einfachen, sauberen Zimmern für den kleinen Geldbeutel.

Camping Esprit Nature, Lakouach, Ounagha, Tel. +212/653/051755, www.espritnature-essaouira.com. 15 km außerhalb.

Heure Bleue Palais (€€€€), 2, Rue Ibn Batouta, Tel. +212/524/783434, www.heure-bleue.com. Im Palast eines Caids, der zum Riad wurde. Beste marokkanisch-regionale Küche der Stadt.

Taros (€€€), Place Moulay Hassan, Tel. +212/524/476407, www.taroscafe.at. Auf einer Terrasse genießt man moderne und kreative marokkanische und französische Küche – und die Aussicht auf Meer und Hafen.

Caravane Café (€€€), 2 bis, Rue du Cadi Ayyad, Tel. +212/524/783111; Mo geschlossen. Gemütliches Restaurant mit vielen Antiquitäten und moderner Kunst – wie Ali Babas Höhle. Mit französischer Küche aller Kolonien, von der Karibik bis zur Südsee.

L'Atlantique (€€€), Tel. +212/524/479400. Stylisches Restaurant im Sofitel Mogador mit Schwerpunkt Fisch, von mediterran bis japanisch zubereitet.

So Lounge (€€€), im Sofitel Mogador, Tel. +212/524/479400. Nach dem gleichen Prinzip wie in Marrakesch gibt es in Essaouira vier Bereiche für einen Abend: Im stylischen Restaurant So Lounge gibt es sehr gutes, kreatives Dinner. So Zen und So Nice sind der coole Bar-Bereich. Und im So Fun kann man im Disko-Bereich abtanzen.

La Table Madada (€€€), 7, Rue Youssef El Fassi, Tel. +212/524/472106, www.latablemadada.com; Mi–Mo, nur abends. Stilvolles Fischrestaurant in der Medina mit raffinierten Gerichten. Auch Cocktailbar.

Le Chalet de la Plage Chez Jeannot (€€), Avenue Mohammed V, Tel. +212/524/475972. Eine wahre Institution. Seit 1893 gibt gibt's hier frischesten Fisch und Meeresfrüchte direkt am Meer.

Chez Sam (€–€€), Port d'Essaouira, Tel. +212/524/476513. Am Ende des Hafens hinter der Werft. Uriges Lokal in Form eines Schiffes. Gute Fischgerichte und Meeresfrüchte.

Arganenkooperativen: Es gibt eine große Auswahl an Frauenkooperativen, die immer eine Dame vor Ort haben, die zumindest Französisch spricht, einige können auch etwas Englisch. Doch auch ohne Sprachkenntnisse wird einem mit Händen – im wahrsten Sinne des Wortes – gezeigt, was die Frauen zu tun haben, um das kostbare Öl zu gewinnen. Da auch in allen Kooperativen feste Preise gelten, braucht man auch keine Angst vorm Feilschen haben. Aus dem großen Angebot seien hier einige vorgestellt:

UFCA, Union des Cooperative des Femmes pour la Production et la commercialisation de l'huile d'Argane, 7, Rue al-Khansa, Cité Dakhla, Agadir, Tel. +212/528/235279, www.cooperative-argane.com, contact@cooperatve-argane.com. Eine Art Dachorganisation, über die man Auskünfte bekommt und Adressen unter der Rubrik ›Membres‹ einsehen kann.

Argan Beladi, Douar Chihimate, an der Straße nach Marrakesch bei Ounagha, Tel. +212/635/933404, arganbeladi@gmail.com. Hier spricht man sogar etwas Deutsch.

Tilila, Route d'Agadir, 14 km südlich von Essaouira, Tel. +212/670/577606 oder 0655/149818, fr.foursquare.com/v/cooperative-feminine-tilila-dhuile-dargane, tilila.coopa@gmail.com. Erklärungen auch auf Englisch.

Dar El Baz, in der Nähe des Flughafens, Tel. +212/660/056447.

Amal, in Tamanar, gegenüber der Afriquia-Tankstelle, Tel. +212/524/788141.

Argane Mejji, in Weiler Mejji bei Tleta-Henchane an der Straße nach Marrakesch, Tel. +212/524/472036.

Ajddigue, in Tidzi, an der Straße nach Agadir, Tel. +212/524/472358.

Assaiss Ouzeka, 22 km südlich von Essaouira an der Straße nach Agadir, Tel. +212/661/257967, www.argan-assaiss-essaouira.com.

Marjana, an der Straße nach Agadir im Weiler Douar La'rab, Tel. +212/646/98782.

Die folgenden Kooperativen sind besonders ursprünglich, da sie abseits der Hauptstraßen liegen, allerdings sind sie auch nicht immer geöffnet. Es empfiehlt sich eine vorherige telefonische Nachfrage.

Tissalioune, in Ouchen bei Tafedna, Kontakt über UFCA.

Tamounte, in Imi-Tlit, Tel. +212/524/476092.

Afra, bei Aït Aissa Ihahane, Tel. +212/528/235279.

Der Däne Frederic Damgaard hatte Essaouira und die künstlerische Kreativität der Marokkaner schon in den 60er Jahren während der Hippie-Zeit kennen- und liebengelernt. So sehr, dass er in Essaouira blieb und 1988 die erste Galerie der Stadt eröffnete. Er machte viele Künstler im Laufe der Jahre auch in Europa und Amerika bekannt, aus Essaouira machte der Kunsthistoriker ein Mekka marokkanischer Kunst.

Galerie Damgaard, Avenue Oqba ibn Nafi, Tel. +212/524/784446, www.galeriedamgaard.com. Mittlerweile gibt es eine Vielzahl weiterer Galerien, die Galerie Damgaard blieb aber die erste Adresse Essaouiras.

Centre Culturel, 2, Rue du Caire, Tel. +212/524/475424. Hier stellen 50 Künstler, die in der Association Tilal zusammengeschlossen sind, ihre Werke aus.

Espace Othello, 9, Rue Mohammed Layachi, Tel. +212/524/475095. Ebenfalls eine alteingesessene, renommierte Galerie.

L'Atelier des Arts Empreinte, 28, Rue Abdou El Mohajir, Tel. +212/678/569097. Wer sich auf deutsch über die Kunstszene unterhalten möchte, sollte die Galerie der Aquarellistin Kristina Jurick aufsuchen.

▶ Karte S. 256/259

Sie organisiert auch dreitägige Malkurse, ab 1200 DH.

Palazzo Desdemona, 12–14 Rue Youssef El Fassi Nummer 12–14, Tel. +212/524/472227.

Galerie Bleu Mogador, 20, Rue Sidi Mohammed Ben Abdallah, Tel. +212/524/784645.

Galerie La Kasbah, 4, Rue de Tétouan, 0524/475605.

Gnaoua-Festival der Weltmusik; Ende Mai oder Anfang Juni. Das berühmteste Festival Essaouiras, www.festival-gnaoua.net.

Regraga-Moussem; ab März. Mit der Tag-und-Nacht-Gleiche am 20. oder 21. März beginnt das 40-tägige Fest, das in Essaouira und Umgebung abgehalten wird.

Printemps Musical des Alizés; Der April steht im Zeichen des Musikalischen Frühlings; 2015 waren die ›deutschen Titanen‹ das Motto; www.printempsmusicaldesalizes.org.

Mogador Golf Academy, Diabat, Tel. +212/620/111110, www.mogador-golf-academy.com; ab 220 DH für eine Einführungsstunde. Golfunterricht für jedes Niveau.

Golf de Mogador, Diabat, Tel. +212/524/479230. 18-Loch-Platz von Gary Player konzipiert, 6558 m lang, par 72. Handicap 36.

Centre de Beauté La Relaxation Marocaine, 127, Avenue Mohammed El Qorry. Traditionelles Hammam mit Henna-Studio und orientalischer Epilation.

Spa Royal, Rue Moulay Abdelmalik. Spa mit verschiedensten Massagen, Maniküre, Pediküre, Epilation und Henna-Malerei.

Luxpa, 12, Rue Drâa, Tel. +212/524/476044; tägl. 10–20 Uhr.

Les Massages Berbères, 135, Avenue El Qorry, Tel. +212/661/082316. Massagen mit Arganöl.

Biospa, 9, Rue d'Irak, Tel. +212/524/784688, www.spa-biospa.com. Hammam, Massagen, Schönheitssalon und Galerie.

Club Mistral, Avenue Mohammed V, Base Nautique Océan Vagabond, www.club-mistral.com. Eine von mehreren Surfschulen, Unterricht und Equipment für Kite-Surfen, Windsurfen, Wellenreiten.

Essa Evasion, Ghazoua, Tel. +212/524/792139, www.essa-evasion.com. Organisieren neben Wandertouren auch Angelausflüge, Jeep-Touren oder Quad-Fahrten.

Ecotourisme & Randonnées, 8, Rue Houmam El Fatouaki, Tel. +212/615/762131, www.essaouira-randonnees.com. Auf Wandertouren in der Umgebung spezialisiert.

Atelier de Madada, 5 bis, Rue Youssef El Fassi, Tel. +212/524/475512, www.latelier madada.com. Nachmittags Kochkurse für marokkanische Patisserie (200 DH), vormittags für Vorspeisen und Hauptgerichte (500 DH).

Anwar Horse Treks, 61, Rue Mohammed Ben Abdallah, Tel. +212/666/745944. Anwar Sghir organisiert Reittouren in die Umgebung oder am Strand.

In der Umgebung von Essaouira finden zahlreiche pittoreske und ursprüngliche Wochenmärkte statt. Einer größten ist der Sonntagsmarkt von **Had Draa**. Weitere Märkte gibt es montags in **Tafetachte**, dienstags in **El Hanchane**, mittwochs in **Ida Ougourd**, donnerstags in **Tidzi** und **Meskala**, freitags in **Sidi Ishak** und samstags in **Akarmoud**.

Hôpital Si Mohammed Ben Abdallah, Boulevard de l'Hôpital, Tel. +212/524/475047.

EXTRA

Arganöl – das marokkanische Gold

Kein Öl ist so wertvoll und begehrt wie das Arganöl. Im Südwesten und nur hier gedeiht der Baum, der zu den ältesten und eigenwilligsten Baumarten der Welt zählt. An seinen dornigen Zweigen wachsen ölhaltige Samenkerne, die in extrem harten Schalen stecken. Die mandelförmigen Samenkerne und nicht das umhüllende Fruchtfleisch enthalten das kostbare Öl. Es wird von den Berberfrauen in mühevollster Handarbeit gewonnen. Die gesammelten Früchte bringen sie heutzutage zumeist in eine der rund 50 Frauen-Kooperativen, in der fast 200 000 Frauen zusammengeschlossen sind und die seit 1995 mit Unterstützung der Gesellschaft für Technische Zusammenarbeit GTZ und des marokkanischen Staates gegründet wurden.

Hier werden die Früchte zunächst geschält, dann der harte, haselnussartige Kern aufgebrochen, schließlich kann man den ölhaltigen inneren Kern entnehmen, so groß wie ein Mandelplättchen. Dieser wird, bevor er gemahlen wird, bei schwacher Hitze geröstet, wenn das Öl zu kulinarischen Zwecken eingesetzt werden soll. Dadurch erhält das Arganöl seinen feinen, nussigen Geschmack, den auch Sternekoch Alfons Schuhbeck so sehr schätzt. Für Öl, das zu kosmetischen Anwendungen gedacht ist, wird der Kern sofort gemahlen. Schließlich knetet man den so entstandenen Teig und presst ihn anschließend aus.

Pro Baum kann man durchschnittlich 100 Kilogramm Früchte ernten, aus denen man nach eineinhalb Tagen mühevoller Arbeit gerade mal drei Liter Öl gewinnt – fünfmal weniger als man aus der gleichen Menge Oliven pressen kann. Die mühevolle Arbeit hat ihren Preis. Über 110 Euro zahlt man in Europa für kulinarisches, bis zu 190 Euro für kosmetisches Arganöl.

Zu etwa 80 Prozent besteht Arganöl aus gesunden, ungesättigten Fettsäuren. Zudem enthält es einen hohen Anteil an Vitamin-E-Verbindungen und anderen Antioxidantien, die aggressive Sauerstoffmoleküle abfangen können. Und laut dem Immunologen Dr. Peter Schleicher sind Schottenol und Spinasterol enthalten, die zur Vorbeugung gegen Krebs dienen. Es sei inzwischen bewiesen, dass bei regelmäßigem Genuss von Arganöl ein fünfmal geringeres Krebsrisiko bestehe. Dr. Schleicher schreibt zudem, dass es ›Wunden desinfiziert und sie schneller heilen lässt‹. Außerdem schütze und revitalisiere es Haut und Haare, lindere rheumatische Krankheiten, beuge der Arteriosklerose vor und senke den Cholesterinspiegel. Sein medizinischer Rat: täglich drei Teelöffel Arganöl zu den Mahlzeiten! Zu Risiken und Nebenwirkungen müssen Sie weder Arzt noch Apotheker befragen.

Quelle: ›Köstliches Arganöl – ein kulinarisches Elixier: Mit den besten Rezepten von Alfons Schuhbeck‹, Dr. Peter Schleicher, München 2007.

Getrocknete Arganfrüchte

Der Souss

Die Ebene zwischen Hohem Atlas und Antiatlas wird von dem 190 Kilometer langen und vergleichsweise wasserreichen **Oued Souss** durchzogen. Etwa zehn Kilometer südlich von Agadir mündet er in den Atlantik. Der Fluss ist von großer Bedeutung für die Trinkwasserversorgung des südwestlichen Marokko, aber auch für die Landwirtschaft. Die Souss-Ebene ist für ihre ausgedehnten Orangenplantagen berühmt, früher auch für den Zuckerrohranbau. Zusammen mit dem Mündungsgebiet des südlich parallel verlaufenden **Oued Massa** bildet die Souss-Mündung den 340 Quadratkilometer großen **Nationalpark Souss-Massa**. In diesem lebt auch wieder die Mhorr-Gazelle, die seit 1968 in freier Wildbahn als ausgestorben gilt. Durch sieben überlebende Exemplare aus einer Privatsammlung, die auf Zoos – unter anderem in München, Frankfurt und Berlin – verteilt und dort nachgezüchtet wurden, gibt es seit 1994 diese seltene Gazellenart im Nationalpark zwischen Agadir und Tiznit.

Die Bewohner des Souss gelten übrigens im ganzen Land als geizig, aber auch besonders fleißig – als ›Schwaben Marokkos‹.

Agadir

Die Stadt verdankt ihren Namen einer Speicherburg, in der Taschelheit-Sprache ›Agadir‹. Vor allem im deutschsprachigen Raum ist die Stadt quasi Synonym für Badeurlaub in Marokko. Lange hatte sich Marokko dem klassischen Pauschalurlaub verweigert und galt als Reiseland, das nur für wenige erschwinglich war. Das änderte sich in den 1960er Jahren, als nach dem großen Erdbeben von Agadir die Bucht der völlig zerstörten Stadt zum neuen Badezentrum ausgebaut werden sollte: modern, aber ohne jegliches orientalische Flair.

Ausländische Investoren wurden mit günstigen Bedingungen gelockt, Mittelklassehotels für den günstigen Badeurlaub gebaut, und so kamen schon Anfang der 70er Jahre eine halbe Million Gäste nach Agadir. Mittlerweile sind es mehr als 850 000 pro Jahr. Dank der vielen Jobs im Dienstleistungsgewerbe und dem Hafen als weiterem Wirtschaftsfaktor hat sich die Einwohnerzahl allein in den letzten zehn Jahren mehr als verdoppelt, fast 900 000 Menschen leben heute in Agadir.

Stadtgeschichte

Im 12. Jahrhundert errichtete der Chleuh-Stamm der Ksima einen Agadir auf einem Felsen oberhalb der langen Meeresbucht. Auf europäischen Seekarten des 14. Jahrhunderts erschien der Ort unter dem Namen Porto Mesguinam. 1505 gründete der Portugiese João Lopes do Sequeira eine Handelsniederlassung, die er wegen ständiger Angriffe der Berber seinem König Manuel I. übertrug. Dieser machte aus dem Presidio eine Garnisonsstadt namens Santa Cruz do Cabo de Ager.

Strandpromenade von Agadir

Im Jahr 1541 konnten die Saadier die befestigte Hafenstadt nach sechsmonatiger Belagerung einnehmen, 30 Jahre später errichteten sie die Kasbah, deren Ruinen noch heute Agadir dominieren. Durch den Ausbau von Zuckerrohrplantagen in der Souss-Ebene kam auch Agadir durch den Zuckerexport überwiegend nach Großbritannien zu Wohlstand. Auch die Karawanen aus Timbuktu machten hier Station. Mit der Schließung des Hafens 1760 und der Verlagerung der wirtschaftlichen Aktivitäten nach Essaouira fiel Agadir in eine lange Agonie.

Erst durch die Exploration der Kobalt-, Mangan- und Zinkminen durch europäische Kolonialunternehmer, darunter auch die deutschen Brüder Mannesmann, rückten Agadir und sein Hafen wieder ins Zentrum des Interesses. So sehr, dass der ›Panthersprung nach Agadir‹ 1911 fast den Ersten Weltkrieg ausgelöst

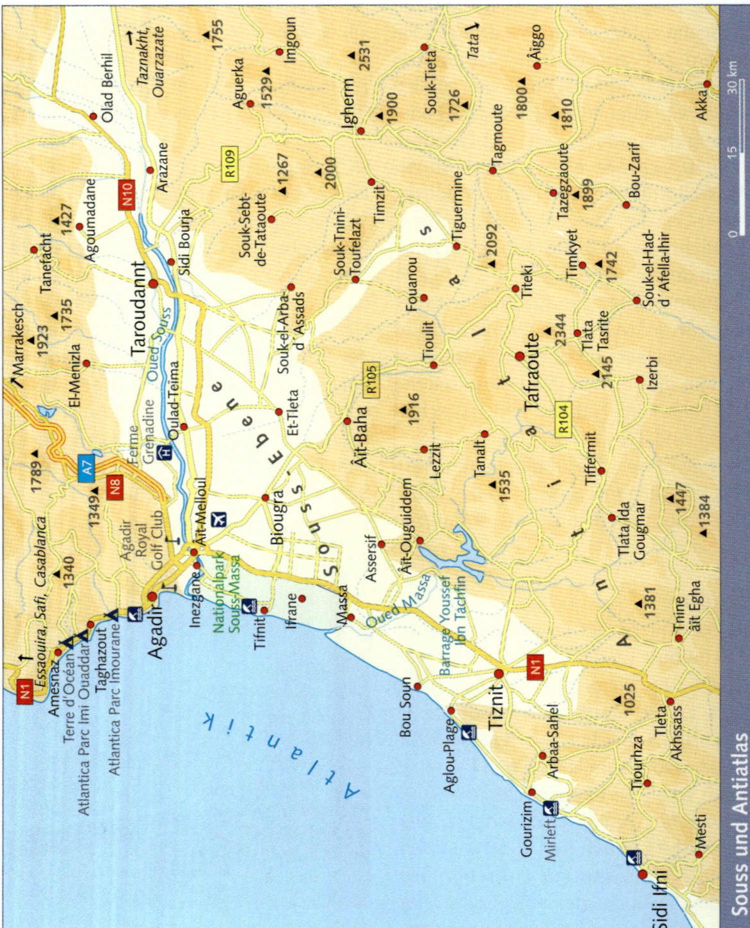

hätte. Während der Protektoratszeit stieg die Einwohnerzahl kontinuierlich an, außerdem wurde in dieser Zeit die Stadt zu einer wichtigen Zwischenetappe der ›Aéropostale‹, der Postflüge zwischen Frankreich und seinen afrikanischen Kolonien. Auch Antoine de Saint-Exupéry, berühmt geworden durch das Buch ›Der kleine Prinz‹, kam als Pilot vor seinen Atlantiküberquerungen nach Agadir.

Erdbeben von Agadir

Kurz nach der Unabhängigkeit kam dann der große Einschnitt: Am 29. Februar 1960 um 23 Uhr 47 erschütterte ein Erdbeben der Stärke 5,7 die Stadt, das innerhalb von 15 Sekunden einem Drittel der Einwohner das Leben kostete. 14 000 der etwa 50 000 Bewohner und Gäste ließen wahrscheinlich ihr Leben, 35 000 Menschen wurden obdachlos. Die alte und die neue Medina, die Heimstätte der nichteuropäischen Bevölkerung, wurden verwüstet. Die weißen Hochhäuser der neuen Europäerstadt krachten wie Kartenhäuser zusammen.

Am folgenden Tag besuchte König Mohammed V. das Katastrophengebiet, über das wegen der Seuchengefahr die Quarantäne verhängt wurde, und beauftragte seinen Sohn Hassan mit der Leitung der Rettungsmaßnahmen. Innerhalb der nächsten zwei Tage wurden die Überlebenden aus der Stadt gebracht, Desinfektionsmittel wurde tonnenweise versprüht. Auch die Bundeswehr half bei ihrem ersten Auslandseinsatz überhaupt bei diesen Rettungsaktionen. Auf der sogenannten Mauer der Erinnerung gegenüber dem Rathaus sind die Worte Mohammeds V. zu lesen, mit denen er nach dem verheerenden Erdbeben den Wiederaufbau versprochen hatte.

Die Architekten Jean-François Zevaco, Élie Azagury, Pierre Coldefy und Claude Verdugo wurden mit der Planung einer

Agadir

Im Orangenhain

neuen modernen Metropole beauftragt, die auf den Trümmern errichtet wurde. Innerhalb der nächsten 20 Jahre entwickelte sich der Hafen zum weltweit größten Sardinenhafen. Seit 2007 gibt es zudem einen neuen Jachthafen.
Südlich der Häfen erstreckt sich der über zehn Kilometer lange Sandstrand, an dem sich an 340 Sonnentagen die Touristen tummeln.

Musée du Patrimoine Amazigh

Da es Agadir seit dem Erdbeben an Sehenswürdigkeiten fehlt, wurde zum 40. Jahrestag am 29. Februar 2000 ein Museum zur Kunst und Kultur der Berber eingeweiht. Die Exponate illustrieren das Berbererbe anhand von Schmuck, Kleidung, Teppichen, Tonwaren und alten Holztüren. Vor allem die Sammlung von mehr als 200 Silberschmuckstücken ist sehr sehenswert. Zudem werden immer wieder temporäre Ausstellungen im Museum organisiert.
Musée du Patrimoine Amazigh, Passage Aït Souss, Tel. +212/528/821632; Mo–Sa 9.30–12.30 Uhr, 14–17.30 Uhr, 20 DH, Kinder 10 DH.

Agadir

Vorwahl: +212/528.
Délegation Régionale du Tourisme, Avenue Mohammed V, 2ème etage, Immeuble Iguenwane, Tel. +212/528/839077.

Man sollte keinesfalls nach Ankunft am Flughafen direkt im ersten Saal bei der Passkontrolle tauschen. Wesentlich bessere Kurse haben die Wechselstuben im Flughafen nach Verlassen des Zollbereichs im äußeren Flur. Auch in den Hotels ist der Kurs besser als dort.
Ansonsten kann man in Agadir selbst an vielen Schaltern Geld tauschen oder am Automaten ziehen.

Aéroport Agadir-Al-Massira (AGA), 20 km südöstlich der Stadt, Tel. +212/528/839085, 0528/839112 oder 0801/000224, www.onda.ma. Ausschließlich Charterflüge ab Deutschland und Österreich. Mit Condor ab Frankfurt, Air Berlin ab Düsseldorf, München und Nürnberg, Niki Air ab Wien und Germania ab Berlin, Baden-Baden, Bremen und Karlsruhe. Außerdem fliegt Royal Air Maroc mehrfach tägl. ab Casablanca.
Ein **Grand Taxi** vom Flughafen in die Stadt kostet 200 DH (Fixpreis). Mit dem **Linienbus 22** kann man für 4 DH ins Zentrum von Inezgane fahren und müsste dort in einen Linienbus (Linie 20, 24, 28) nach Agadir umsteigen (3 DH).

▶ Karte S. 271

Busbahnhof und Grand Taxis, Boulevard Abderrahim Bouabid. Busse ab Casablanca, Essaouira, Tafraoute, Taroudannt, Tiznit und Marrakesch. Nahverkehrsbusse fahren bis nach Inezgane. Fahrplanauskünfte gibt es bei **CTM**, Tel. +212/528/215173.

Hotels

Robinson Club (€€€€), Chemin des Dunes, Cité Founty 2, Tel. +212/528/219494, www.robinson.com. Modern designtes Vier-Sterne-Resort neben dem Königspalast mit direktem Strandzugang, Pool, Wellnesscenter, Fitnessraum und breitgefächertem Sportangebot.

Sofitel Agadir Thalassa Sea & Spa (€€€€), Baie des Palmiers, Cité Founty P5, Tel. +212/528/849200, www.sofitel.com. Elegantes Fünf-Sterne-Hotel mit stylischem Ambiente und Privatstrand. Pools, Thalassa-Therapiezentrum, Fitness- und Beautycenter, Tennisplatz. Hervorragende Restaurants.

Villa Blanche (€€€-€€€€), Baie des Palmiers, Secteur N° 19, Tel. +212/528/211313, www.riadvillablanche.com. Luxuriöses Boutique-Hotel mit exquisiter Einrichtung und stilvollem Ambiente. Pool, Spa, Hammam.

Sofitel Royal Bay (€€€-€€€€), Baie des Palmiers, Cité Founty P4, Tel. +212/528/849200, www.sofitel.com. Fast so luxuriös und stilvoll wie das Sofitel Thalassa, mit etwas mehr marokkanischem Flair eingerichtet. Tolle Poollandschaft, Spa mit Hammam. Nähe zu den Golfplätzen.

Paradis Plage Surf (€€€-€€€€), Yoga & Spa Plage Resort, Imi Ouaddar, Route d'Essaouira, Tel. +212/528/200382, www.paradisplage.com. Fünf-Sterne-Hotel mit sehr schönen geräumigen Suiten und Bungalows, unaufgeregt mit viel Wohlfühlatmosphäre und Komfort. An einem der schönsten Atlantikstrände, 25 km nördlich von Agadir. Sehr gute Küche.

Timoulay (€€-€€€), Baie des Palmiers, Cité Founty F6, Tel. +212/528/234220, www.timoulayhotel.com. Vier-Sterne-Hotel mit modernem Design und geradlinigem Ambiente. Pool, Spa und Wellnesscenter.

Kenzi Europa (€€), Boulevard du 20 Août, Tel. +212/528/821212, www.kenzi-hotels.com. Vier-Sterne-Hotel mit schönen, großen Zimmern, modern eingerichtet. Kein eigener Strand, aber dafür näher zur Stadt, 100 m zur Strandpromenade. Pool und Tennisplatz.

Riads

Riad des Golfs (€€€), Chemin des Français, Aghrod Ben Sergaou, Tel. +212/528/337033, www.riaddesgolfs.com. Stilvolle Pension in einer Villa mit Eleganz und Opulenz. Pool und Wellness. 5 km vom Strand entfernt, nahe der Golfplätze.

Ferme Grenadine (€€-€€€), Douar Aït Chioukh, Ouled Taima, Tel. +212/661/35112, www.lafermegrenadine.com. Ländliches Paradies 40 km östlich von Agadir mit wunderschönem marokkanischen Design. Pool und weitläufiger Park.

Dar Maktoub (€€), Piste en Bordure de l'Oued Souss, Inezgane, Tel. +212/528/337500, www.darmaktoub.com. Kleines Hotel mit geschmackvollen, eleganten Zimmern und schönem Garten mitten im Naturschutzgebiet südlich von Agadir. 500 m entfernt von drei Golfplätzen, 4 km vom vierten.

Riad des Chtis (€-€€), 27, Rue Oumane El Fetouaki, Tel. +212/528/821996, www.maisondhotesleschtisagadir.com. Originelle orientalische Pension. Etwas weiter vom Strand entfernt.

Camping International, Avenue Mohammed V, Tel. +212/528/841058. Die Lage ist super, der Platz weniger gut.

Terre d'Océan, Taghazout, Tel. +212/528/200515, www.terredocean.com. 20 km nördlich von Agadir. Gepflegter Platz mit großartigem Meerblick.

Atlantica Parc, Imi Ouaddar, Tel. +212/528/820805, www.atlanticaparc.com. 27 km nördlich von Agadir. Schöner Platz am Strand, auch Bungalows.

Atlantica Parc, Imourane, Tel. +212/528/315592, www.atlanticaparc.com. Schöner Platz, 14 km von Agadir entfernt.

Le Palais du Jardin (€€€€), im Sofitel Agadir Thalassa Sea & Spa. Hervorragende marokkanische Küche.
Pool Lounge (€€€), ebenfalls im Sofitel, Tel. +212/528/388000. Ausgezeichneter Fisch und Meeresfrüchte in klarer und cleaner Atmosphäre.
Les Blancs (€€€), Marina d'Agadir, Tel 0528/828368. Spanische Küche in schönem, stilvollem Strandrestaurant.
Pure Passion (€€€), R02M1, Complexe Marina, Tel. +212/528/840120, www.purepassion.ma. Sehr gut und raffiniert zubereitete internationale Klassiker in stilvollem, originellem Ambiente.
Le Quai (€€€), Marina d'Agadir, Tel. +212/661/605822. Mediterrane Küche mit Schwerpunkt Fisch in edlem Design.
La Scala (€€€), Rue de l'Oued Souss, Complexe Tamlalt, Tel. +212/528/846773. Mediterrane und marokkanische Küche in stilvollem Rahmen.
So Good (€€€), im Sofitel Royal Bay. Das Konzept, das schon in Marrakesch reüssierte, wurde auch hier umgesetzt. Im modern-stylischen So Good wird internationale Fushion-Küche serviert.
Le 27 Paradis Plage Resort (€€€), Imi Ouaddar, Route d'Essaouira, Tel. +212/528/200382, www.paradisplage.com. Sehr gute Meeresküche in entspannter Atmosphäre. 25 km nördlich von Agadir.
Bamboo Thaï (€€), Avenue Hassan II, Immeuble Hasna, Tel. +212/528/842108. *Die* Adresse für asiatische Küche in Agadir.
La Madrague (€€), Marina d'Agadir, Residence N° 6, Tel. +212/528/842424, www.lejardinauxetoiles.net. Französisch-mediterrane Küche mit Flair.
La Brasserie (€€), Secteur Touristique 8, Front de mer, Tel. +212/528/821919, brasseriemichel@gmail.com. Traditionelle französische Küche an der Strandpromenade.

Folklorefestival; im Juli.

Neben dem fast 12 km langen Strand von Agadir gibt es auch noch weitere schöne Strände in der Umgebung:
Plage Aourir oder auch **Banana Beach,** 15 km nördlich von Agadir: 3 km langer Sandstrand, besonders bei Surfern geschätzt, geht fast nahtlos über in den Strand von **Taghazout**, ebenfalls ein Paradies für Wassersportler.
Plage Aghroud, 35 km nördlich. Besonders schöner Strand.
Plage Imsouane, 65 km nördlich von Agadir. Einsamer, besonders warmer Strand dank Mikroklima, der kalte Kanarenstrom bleibt hier außen vor.
Plage Tifnit, 30 km südlich von Agadir.

Agadir Royal Golf Club, Route d'Aït Melloul, Km 12, Tel. +212/528/248551, www.royalgolfagadir.com; Greenfee 280/200 DH. 1955 angelegt, eine 18-Loch-Runde und ein 9-Loch-Parcours.
Golf de l'Océan, Chemin de l'Oued Souss, Bensergao, Tel. +212/528/273542, www.golfdelocean.com; Greenfee 700 DH für die 18-Loch-Runde, 400 DH für die 9-Loch-Runde. Konzipiert von Belt Collins mit insgesamt 27 Löchern.
Golf des Dunes, Rue Oued Souss, am Club Med, Tel. +212/528/834690, www.golflesdunesagadir.com; Greenfee 600/400 DH. Drei 9-Loch-Parcours mit unterschiedlichen Schwierigkeitsgraden.
Golf du Soleil, Chemin des Dunes, Tel. +212/528/337330, www.golfdusoleil.com; Greenfee 650/400 DH. Ein 18-Loch-Parcours, zwei 9-Loch-Parcours.

Deutschsprachiger Arzt: **Dr. Akerbib Mouloud**, 314a, Quartier Wifaq, Tel. +212/528/281373.
Hôpital Hassan II, Route de Marrakech, Tel. +212/528/841477.

▶ Karte S. 271

Tiznit

Die heute 55 000 Einwohner zählende Stadt wurde 1882 vom Alaouitensultan Moulay Hassan I. als Festung gegen die stets unruhigen Stämme des Souss gegründet.
Tiznit ist für die meisten vor allem ein Zwischenhalt bei einem Ausflug in den Antiatlas. Dabei hat die Stadt mit ihrer vollständig erhaltenen Stampflehmmauer durchaus ihre Reize. Die hinter der Mauer liegende **Medina** hatte ehemals eine bedeutende Mellah, deren Juden die Stadt für Silberarbeiten berühmt machten. Die meisten Juden haben zwar Tiznit längst verlassen, aber das Silberhandwerk blieb. 150 Geschäfte, Ateliers und Verkaufsstände zählt die Stadt noch immer. Seit September 2014 haben etwa 20 von ihnen das neu geschaffene Qualitätslabel ›Tazerzite‹ von der marokkanischen Industrie- und Handelskammer (OMPIC) verliehen bekommen. Damit wird Qualität, Herkunft und Authentizität überprüft und garantiert, um schwarze Schafe, die dem Ruf des Kunsthandwerks durch schlechte Imitationen aus Blech schaden, auszuschließen. Von den Silberschmiedearbeiten lebt immerhin ein Drittel der Tizniter – und das soll auch so bleiben. Benannt wurde das Label nach den berühmten dreieckigen Silberfibeln zum Zusammenhalten der Frauengewänder. In einem 1975 gegründeten Ausbildungszentrum in der Neustadt wird immer noch die Kunst der Filigrantechnik, hergestellt aus Silberdraht, gelehrt.

El Hiba

Auch die Franzosen bekamen zu Beginn der Protektoratszeit die berühmt-berüchtigte Renitenz der Berber aus dem Souss zu spüren. Zunächst organisierte Ma el-Ainin, ein religiöser Führer aus Smara in der Westsahara, den Widerstand der Stämme des Südens. Nach seinem Tod 1912 übernahm sein Sohn Ahmed, genannt El Hiba, diese Rolle. In Tiznit ernannte sich El Hiba zunächst zum Amir Al Moujahidin, danach sogar zum Sultan. Nach einer Endscheidungsschlacht in der Nähe von Marrakesch am 6. September 1912 verloren allerdings die Berberrebellen und verloren über 2000 Kämpfer. El Hiba führte dennoch bis zu seinem Tod 1919 den aussichtslosen Kampf weiter, zunächst von Tiznit aus, die letzten zwei Jahre vom Col du Kerdouss im Antiatlas.

Medina

Die gut erhaltene, sechs Kilometer lange Stadtmauer hat neun Tore und 36 Wachtürme. Von der Place du Mechouar aus spaziert man in die Medina und erreicht die **Große Moschee**. Die aus dem Minarett herausragenden Stangen verraten schon deutlich den afrikanischen Einfluss in Tiznit, denn sie sind eigentlich charakteristisch für die saharische Bauweise im Niger oder in Mali. Vermutlich wurde die Moschee durch Sklaven von dort oder aus dem Senegal erbaut. Der Überlieferung zufolge dienen die waagrechten Holzstangen den toten Seelen als Rast auf ihrer Reise ins ewige Leben.
Vor der Moschee steht eine uralte **Palme**, die aus Tradition nicht gefällt werden darf. Links von der Moschee liegt die **Blaue Quelle**, die als heilig gilt. Der Legende zufolge kam eine Frau namens Tiznit völlig erschöpft und durstig an diesen damals völlig trockenen Ort in der Wüste. Während sie sich ausruhte, überdachte sie ihr Leben als Prostituierte und bereute tief. Dafür wurde sie mit dem Entspringen der Quelle belohnt, und die Stadt wurde nach ihr benannt. Folgt man der Gasse in den nördlichen Teil der Medina, gelangt man zu den **Werkstätten der Silberschmiede**.

Tiznit

Vorwahl: +212/528.

Busbahnhof, Boulevard Mohammed Hafidi. Busverbindungen via Agadir mit allen größeren Städten. Eine direkte Verbindung besteht nach Tafraoute.

Die **Sammeltaxen** fahren im Zentrum gegenüber der Präfektur ab.

Riad Janoub (€€), 193, Rue de la Grande Mosquée, Tel. +212/528/602726, www.riadjanoub.com. Geschmackvoller Riad mit viel Charme.

Hotel Mauretania (€), Boulevard Bir Anzarane, Tel. +212/528/862072. Sehr einfaches Hotel, aber anständige kleine Zimmer zum unschlagbar günstigem Preis.

Camping Municipal Tiznit, Bab Aït Jerrar, am Jardin 3 mars, Tel. +212/528/601354.

Am schönsten sind die Strände von **Sidi Ifni**, 73 km südlich, am nächsten mit 16 km der Strand von **Aghlou**. Dazwischen liegt der **Strand von Mirleft**, 42 km entfernt.

Markt: Mittwoch und Donnerstag.

Taroudannt

Im Herzen der Souss-Ebene liegt Taroudannt, die erste Kapitale der Saadier im 16. Jahrhundert, die heute rund 70 000 Einwohner zählt. Fast acht Kilometer Stadtmauer umgeben die Medina. Gerühmt wird Taroudannt auch für seine Lederwaren und Eisenschmiedearbeiten. Jeden Montag findet außerhalb der Stadtmauern ein großer Wochenmarkt inklusive Tiermarkt statt.

Die Geschichte von Taroudannt beginnt mit einer Legende. An der Stelle der heutigen Stadt lagerte eine arme Frau mit ihren Kindern, um die Wäsche zu machen, als auf einmal ein heftiges Gewitter in den Bergen das Wasser im Oued Souss zu einem Hochwasser anschwellen ließ und ihre Kinder mit sich riss. Daraufhin schrie die Frau verzweifelt in ihrer Berbersprache ›Taroua ddante!‹ – ›Die Kinder wurden weggespült!‹. Und als der Berberclan später hier eine Siedlung gründete, wurde dieser Schreckensschrei zum Namen des Ortes.

Um 1030 wurde Taroudannt erstmals als kleines schiitisches Berberkönigreich der Bajalis erwähnt, das von den Almo-

Frauen in der Medina von Taroudannt

▲ Karte S. 277

raviden 1056 eingenommen wurde. Zweihundert Jahre später sagte der Berberrebell Ben Yedder den Meriniden von hier aus den Kampf an, woraufhin die Meriniden die Stadt 1306 zerstörten. Unter den Saadiern wurde sie wiederbelebt. Mohammed esch-Scheich baute Taroudannt zu ersten saadischen Machtbasis auf, von der aus sie Marrakesch ins Visier nahmen. Die ersten 20 Jahre ihrer Herrschaft regierten sie von hier aus, bevor sie 1540 nach Marrakesch umzogen.

Von der Eroberung Timbuktus profitierte auch Taroudannt und wurde zu einem der reichsten und größten Karawanenzentren Südmarokkos. Der Niedergang setzte unter Moulay Ismail ein, der einen

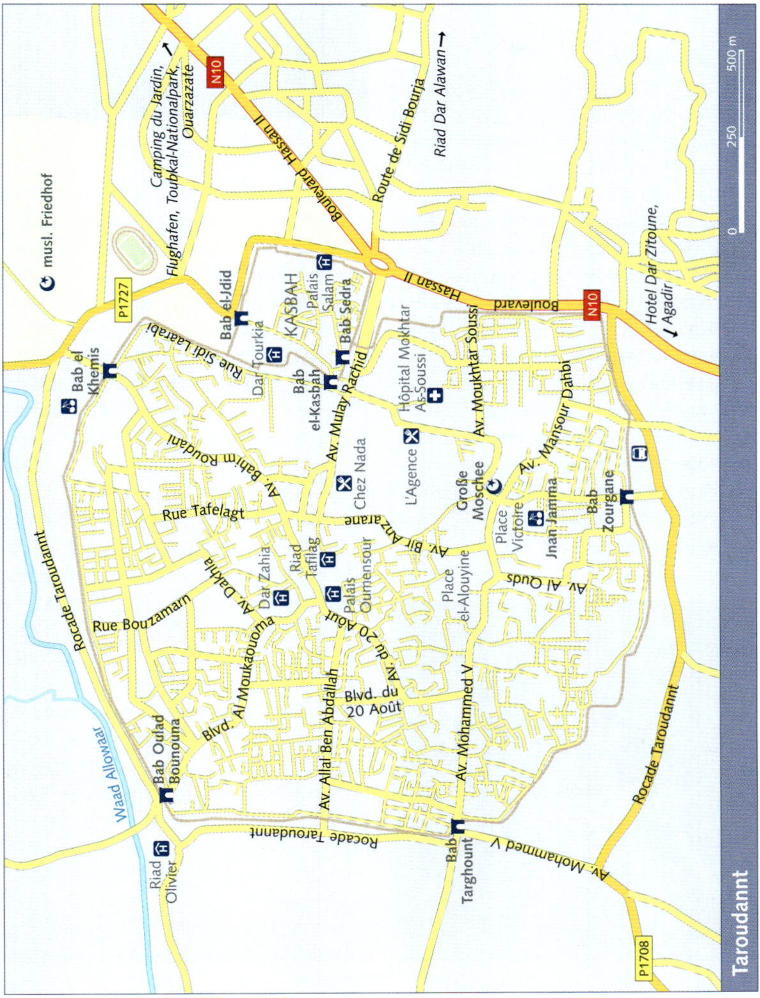

Großteil der Bevölkerung töten ließ, weil sie sich mit seinem rivalisierenden Neffen verbündet hatten. Der Rückgang des Zuckerexports und vor allem die Schließung des Hafens von Agadir brachten den zunehmenden Verfall. 1917 wurde Taroudannt von den Franzosen eingenommen, nach erbittertem Widerstand der Stämme des Souss unter der Führung des El Hiba (→ S. 275).

Stadtmauern

Die größte Sehenswürdigkeit Taroudannts sind die mächtigen Stadtmauern aus Stampflehm. Über sieben Kilometer lang, sechs bis acht Meter hoch, mit 130 Türmen und 19 Bastionen wurden sie im 18. Jahrhundert anstelle der alten zerstörten Mauern neu errichtet und in der Folgezeit stetig restauriert und instandgehalten. Selbst das Erdbeben von Agadir 1960 konnte ihnen nichts anhaben. Fünf historische Tore, darunter das **Bab el-Kasbah** im Osten als Haupteingang, führen in die Medina. Das **Bab el Khemis** ist der Zugang im Nordosten, das **Bab Oulad Bounouna** im Nordwesten, und das **Bab Zourgane** öffnet sich im Süden. Am südwestlichen Tor **Bab Targhount** befinden sich die Gerbereien. Später wurden noch sieben weitere Tore

Andalusischer Garten im Palais Salam

▲ Karte S. 277

Stadtmauern von Taroudannt

für einen einfacheren Zugang und den stärkeren Verkehr in die Mauern eingelassen. Im Laufe des Tages wechseln die Mauern ihre Farbe je nach Lichteinfall von goldbraun zu einem warmen Purpurrot bei Sonnenuntergang. Man kann gemütlich mit einer Pferdekutsche für etwa 70 Dirhams rund um die Mauern fahren oder sie in etwa zwei Stunden zu Fuß umrunden.

Medina

Die Mauern umfassen eine drei Quadratkilometer große Altstadt mit vielen kleinen Plätzen. Zwischen der **Großen Moschee**, der dahinter liegenden Place Victoire, immer noch unter dem alten Namen Place Talmeklat bekannt, und der Place el-Alaouyine liegen die interessantesten und lebhaftesten Teile der Medina mit dem Berbermarkt **Jnan Jamma**. Jeden Morgen ab zehn Uhr geöffnet, findet man von Lebensmitteln und Gewürzen bis zur Zahnpasta alles – und das bis abends um 21 Uhr. Nur mittags sind die Läden und Stände für die Siesta geschlossen.

In alten ehemaligen Funduks haben sich die **Kunsthandwerksläden** niedergelassen. Noch bis in die 1960er Jahre wurden die ›Hotelzimmer‹ für drei Dirhams im Monat an periodisch vorbeikommende Händler vermietet. An der **Place el-Alaouyine** gibt es viele Cafés, um zu frühstücken, eine Kleinigkeit zu Mittag zu essen oder einfach eine kleine Kaffeepause einzulegen. Entsprechend gut besucht ist der Platz von Einheimischen in der wenig touristischen Stadt.

Am Haupttor **Bab el-Kasbah** schließt das Kasbah-Viertel an, in das man durch das **Bab Sedra** gelangt. Der alte **Gouverneurspalast** des Residenzviertels wurde zum Hotel **Palais Salam** umgewandelt, dessen Eingang außerhalb der Stadtmauern liegt. Man sollte unbedingt die Gärten dieses ehemaligen Wesirpalastes auf einen Kaffee besuchen.

Taroudannt

Vorwahl: +212/528.

Busbahnhof, am Bab Zourgane im Süden der Stadtmauer. Busse von Casablanca via Marrakesch und von Ouarzazate über Taznakht sowie von Agadir und Tata.

Hotels

Dar Zitoune (€€–€€€), Boutarialt El Barrania, Tel. +212/528/551141, www.darzitoune.com. Vier-Sterne-Hotel südlich der Stadt mit geräumigen Bungalows und luxuriösen Berberzelten in einer schönen Gartenanlage mit Pool. Geschmackvoll eingerichtet im marokkanischen Design und von den Schweizer Besitzern sehr familiär geführt. Ausgezeichnete Küche.

Palais Salam (€€), Boulevard Ismail, Tel. +212/528/550203, www.palaissalam-taroudant.com. Vier-Sterne-Hotel im ehemaligen Wesirspalast mit Zimmern im marokkanischen Stil. Zauberhafter Garten.

Riads

Riad Tafilag (€€), Rue Tafelaget, Tel. +212/528/850607, www.riad-tafilag.com. Modern-marokkanisch eingerichtetes Gästehaus in der Medina.

Dar Zahia (€€), 175, Derb Chrif, Tel. +212/528/850801, www.darzahia-taroudant.com. Sehr stylische Oase der Ruhe und des guten Geschmacks in der Medina.

Palais Oumensour (€€), Borj Oumensour, Tel. +212/528/550215, www.palaisoumensour.com. Edles Gästehaus im Kolonialstil. Hammam, Whirlpool und Garten mit Pool.

Dar Alawan (€€), Route de Sidi Bourja, Tel. +212/626/950351, daralawan.canalblog.com. Stilvolle Villa mit modernem Design, erlesener Einrichtung und einem großen Garten mit Pool, etwas außerhalb.

Dar Tourkia (€–€€), Kasbah, neben der Feuerwehr, Tel. +212/528/854576, www.kasabat-annour.com. Charmantes kleines Hotel mit Zimmern oder Zelten im Garten mit Pool in der Medina.

Riad Olivier (€), 132, Rue Zraib, Tel. +212/670/965015, www.riadolivier.com. Außerhalb der Medina. Stylisches, fast puristisches Design mit ausgewählten marokkanischen Akzenten. Pool.

Camping du Jardin, Route Oules Aarfa, Tel. +212/670/125108, www.campingtaroudant.com. 2 km östlich der Stadt.

L'Agence (€–€€), Boulevard Prince Héritier Sidi Mohammed, Tel. +212/528/550270; Mo–Sa. Kleines Restaurant mit origineller Einrichtung im Berberstil und ausgezeichneter Küche mit kreativen marokkanischen Hauptgerichten und französischen Desserts.

Chez Nada (€), 15, Avenue Moulay Rachid, Tel. +212/528/851726. Einfaches Restaurant mit marokkanischem Essen.

Markt: Sonntag.

Hôpital Mokhtar As-Soussi, Tel. +212/528/852426.

Das ist ein schwer zugängliches, sehr hohes Gebirge.
Seine Bewohner sind sehr reich, weil es viele Trauben gibt ...
Dieses Gebirge ist sehr groß und volkreich ...
Dieses Gebirge ist das erfreulichste aller Gebirge von Afrika.

Leo Africanus, Geograph, 16. Jahrhundert

DAS RIF-GEBIRGE

Blick auf Chefchaouen

Tanger

»Ich habe es mir nicht ausgesucht, in Tanger zu leben. Es kam einfach so. Es sollte nur ein kurzer Aufenthalt werden. Eigentlich wollte ich weiterreisen. Immer nur weiter. [...] Die Fülle der Eindrücke war überwältigend. Und ich hatte den Eindruck, nicht genug Zeit zu haben, die Geheimnisse zu studieren und den Schlüssel zu ihrem Verständnis zu finden. [...] Wenn ich gesagt habe, dass mir Tanger wie eine Traumstadt erschien, meine ich das genau so. Allein die topografische Lage gleicht einer Traumlandschaft. Überdachte Straßen wie Korridore mit geöffneten Türen auf beiden Seiten, verborgene Terrassen hoch über dem Meer, Straßen aus Brettern, dunkle Sackgassen, kleine schräge Plätze wie Ballettdekorationen in falsch gemalter Perspektive mit Gässchen in alle Richtungen. Auch klassisches Traumzubehör wie Tunnel, Wellen, Ruinen mit Verliesen und Kellern gehört dazu.« So äußerte sich Paul Bowles in einem Interview über seine Wahlheimat, in die es ihn 1931 zum ersten Mal verschlagen hatte und in der er sich 1947 dauerhaft niederließ. Nach Bowles kamen auch andere Schriftsteller wie Truman Capote und Tennessee Williams in die weiße Stadt, die damals eine der berüchtigtsten Hafenstädte der Welt war, in der Waffen-, Gold- und Rauschgiftschmuggel florierten.

Nachdem unter König Hassan II. Tanger lange Zeit vernachlässigt wurde, der legendäre Ruf alter Tage verblasste, wird seit Anfang des neuen Jahrtausends unter dem neuen König rundherum renoviert und restauriert. Im Gegensatz zu seinem Vater, der in 37 Jahren Herrschaft kein einziges Mal nach Tanger kam, besucht Mohammed VI. die Stadt im Sommer sehr häufig und fährt auch gerne mal alleine im offenen Wagen durch die Stadt. Viele marokkanische und europäische Künstler entdecken seither Tanger erneut als Domizil. Die Stadt erwacht aus ihrem jahrzehntelangen Dornröschenschlaf und hat mittlerweile wieder eine vibrierende Kunstszene. Die Einwohnerzahl stieg wieder auf alte Größe von über 800 000 Menschen an, auch dank des neuen Containerhafens Tanger Med und eines Industrieparks, in dem sich unter anderem Renault angesiedelt hat.

Blick auf die Kasbah von Tanger

▲ Karte S. 283

Der innerstädtische Hafen von Tanger wie auch die Strandzone werden seit Dezember 2013 grundlegend umgebaut. In einer Marina entstehen ein neuer Yachthafen sowie neue Hotels, Restaurants und Villen. Auch ein neuer Fischereihafen sowie ein Terminal für Fähren wird in diesem Bereich entstehen. Derzeit (Anfang 2016) sind die Arbeiten gut zur Hälfte abgeschlossen.

Stadtgeschichte

Im 5. vorchristlichen Jahrhundert wurde Tanger als Tingis von den Karthagern gegründet. Unter den Römern wurde sie durch Kaiser Claudius 42 nach Christus zur Hauptstadt der Provinz Mauretania Tingitana. Sie verlor zwar zwischenzeitlich ihren Hauptstadtstatus an Volubilis, verblieb aber am längsten in römischen Imperium, bis 429 die Vandalen unter

Tanger, Übersicht

Geiserich hier landeten. Nach einem kurzen byzantinischen Intermezzo ab 533 wurde Tanger im Jahr 705 dauerhaft von den Arabern eingenommen und schon sechs Jahre später der Hafen, von dem aus Al-Andalous und die iberische Halbinsel erobert wurden. Unter den Almohaden, deren Reich auch die östlichen Maghrebstaaten umfasste, entwickelte sich Tanger zu einer der bedeutendsten Hafenstädte an der Mittelmeerküste. 1471 wurde die Stadt portugiesische Kolonie, die Katharina von Braganza, Tochter des portugiesischen Königs Johann IV., 1661 als Mitgift zu ihrer Hochzeit mit dem englischen König Karl II. bekam. Sultan Moulay Ismail eroberte Tanger 25 Jahre später, ließ die Befestigungsanlagen schleifen und stürzte Tanger in die Bedeutungslosigkeit. Hundert Jahre später wurde das ›offene‹ Tanger zum bevorzugten Stützpunkt ausländischer Händler und Diplomaten, die zunehmend mehr Einfluss ausüben. Wegen der chaotischen Verhältnisse unter dem schwachen Sultan Moulay Abd el-Aziz wurde Tanger bereits 1892 teilweise unter die Verwaltung einer internationalen Kommission gestellt.

Internationale Zone

Mit Beginn der Protektoratsherrschaft der Franzosen und Spanier beschloss man, dass die Stadt einen Sonderstatus erhalten sollte, der 1923 im Statut von Tanger offiziell geregelt wurde und durch das Tanger Internationale Zone wurde. Oberste Verwaltung war fortan die Gesetzgebende Versammlung, in der 21 Europäer aus acht verschiedenen Nationen und neun Marokkaner saßen. Militärische Neutralisierung, Handelsfreiheit aller Nationen und damit einhergehend Zollfreiheit des Hafens sowie Steuerfreiheit wurden von dieser Versammlung beschlossen. Arabisch, Französisch und Spanisch wurden zu offiziellen Amtssprachen erklärt.

In der Folgezeit entwickelte sich der Schmuggel zum einträglichsten Geschäft. Die Privilegien der Stadt wurden 1961 aufgehoben, der Schmuggel ist nach wie vor ein großes Geschäft, namentlich der Drogenschmuggel. Da wo früher ›nur‹ marokkanisches Cannabis aus dem Rif Richtung Europa geschmuggelt wurde, ist seit einigen Jahren Kokain, Heroin und Ecstasy hinzugekommen. Südamerikanische Drogenkartelle bringen die heiße Ware zunächst an die westafrikanische Küste, vor allem nach Guinea-Bissau, von wo es mit Schnellbooten, LKWs und Flugzeugen nach Tanger transportiert wird. Von hier und noch mehr über die spanische Enklave Ceuta geht der Stoff dann über die nur 14 Kilometer breite Meerenge von Gibraltar nach Spanien, dem zweitgrößten Kokainkonsumenten Europas nach Großbritannien.

Grand Socco

Der Name Grand Socco ist abgeleitet von Souk, ehemals der große Markt und heute noch Herz der Stadt. Außerdem ist dies der ideale Ausgangspunkt für die Besichtigung der Medina. Der offizielle Name – Place du 9 avril – erinnert an den 9. April 1947, an dem Sultan Mohammed V. sich erstmals öffentlich zum Unabhängigkeitsaufruf der Istiqlal-Partei bekannte. Die berühmte Rede hielt er am angrenzenden **Mendoubia-Palast** an der Avenue Sidi Bou Arriqia. Das mit bunten Kacheln verzierte Minarett der 1917 errichteten **Sidi-Bou-Abib-Moschee** beherrscht den palmenbestandenen Platz. Nach einer gelungenen Renovierung in den letzten Jahren erstrahlt der große Platz in neuem Glanz. Hier herrscht jeden Tag reges Treiben. Der Grand Socco ist ein lebendiges Stelldichein sowohl für die Tanjaoua, die marokkanischen Bewohner, wie auch für die Tangerinos, die hier lebenden Ausländer.

▲ Karte S. 283

Gasse in der Medina von Tanger

Eingang in die Medina durch das Bab el-Fahs

Rund um den Grand Socco

An der Südwestseite des ovalen Grand Socco, von dem sternförmig die großen Straßen abgehen, befindet sich neben der Moschee Sidi Bou Abib ein **Park**, der zum ehemaligen Palast der Mendoubia gehörte und heute so etwas wie die grüne Lunge der Stadt ist. Links vom Park liegt das heute recht heruntergekommene **Dar el-Mendoub**, in dem in der Zeit, als Tanger unter internationaler Verwaltung stand, der Beauftragte des Sultans, Mendoub genannt, residierte. Bereits am 31. März 1905 stieg Kaiser Wilhelm II. in der Mendoubia ab und hielt hier eine Ansprache, in der er die ›Unabhängigkeit des Scherifenreiches‹ betonte. Damit wollte er Frankreich und Großbritannien in der Marokkofrage spalten und löste letztlich die Erste Marokkokrise aus. 1970 kaufte der Verlagsmilliardär Malcom Forbes das Dar el-Mendoub und feierte 1989 in dem Palast seinen 70. Geburtstag mit einem extravaganten Fest, zu dem er 800 größtenteils berühmte Gäste wie Elizabeth Taylor einfliegen ließ. 600 Trommler empfingen die Gäste, 300 Reiter führten eine spektakuläre Fantasia auf. Zweieinhalb Millionen US-Dollar soll ihn der ganze Spaß gekostet haben. 1987 öffnete Forbes sein Palais für ein Filmteam. James Bond – damals Timothy Dalton – spürte damals hier den ›Hauch des Todes‹. Für seine Sammlung von über 115 000 Zinnsoldaten hatte der Medienmogul im Palais ein Museum eingerichtet, in dem er große Schlachten der Weltgeschichte nachstellte. Nach seinen Tod 1990 verkauften Forbes' Kinder die Mendoubia an den Staat, seither verfällt das Gebäude zusehends.

Links hinter der Moschee befindet sich an der Rue d'Angleterre eines der legendären Hotels der Stadt. Im **Grand Hotel Villa de France** wohnte schon Henri Matisse von Oktober 1912 bis Februar 1913. Das 2014 wiedereröffnete Hotel machte aus seinem ehemaligen Zimmer 35 ein kleines Museum. Eines seiner berühmtesten Bilder, ›Paysage vu d'une fenêtre‹, malte er in diesem Raum.

Im Süden des Platzes erhebt sich das **Cinema Rif**, das nach der Restaurierung zur Cinemathek mit Café und Restaurant wurde. Der französische Produzent Cyriac Auriol und die aus Tanger stam-

▲ Karte S. 287

mende Fotografin Yto Barrada kauften 2007 das Kino, das 1948 eröffnet worden war und in dem die ersten amerikanischen Filme in Marokko gezeigt wurden, und retteten es vor dem Verfall, auch, um der Kinostadt Tanger damit Referenz zu erweisen. Immerhin hatten die Gebrüder Lumière, Erfinder der Kinematographie, schon 1897 den Grand Socco für den Film ›Le Cavalier marocain‹ aufgenommen. Über 50 Filme wurden im Laufe der Jahrzehnte in Tanger gedreht.

Medina

Durch das Bab el-Fahs und die Rue es-Siaghine betritt man die Medina, ein Gesamtkunstwerk ohne großartige Einzelsehenswürdigkeiten. Wendet man sich hinter dem Tor nach rechts, gelangt man zum **überdachten Markt**. Hier werden Obst, Gemüse, Gewürze und Blumen verkauft. Gleich am Beginn der Rue es-Siaghine liegt eine von ehemals 13 Synagogen, südlich befand sich die Mellah. Da es vor allem Juden waren, die als Goldschmiede arbeiteten, war die Rue es-Siaghine früher der große Goldmarkt der Stadt. Einige Juweliere gibt es hier heute noch. Macht man an der Synagoge einen Abstecher nach rechts in die Rue des Synagoges und Rue Touahin, kommt man zum **Musée de la Fondation Lorin**. Alte Fotografien zeigen Tanger im 19. und 20. Jahrhundert, untergebracht in einer weiteren ehemaligen Synagoge.
Wenige Schritte hinter der Synagoge auf der Rue es-Siaghine erhebt sich rechts die **Iglesia de la Concepción**. Diese 1880

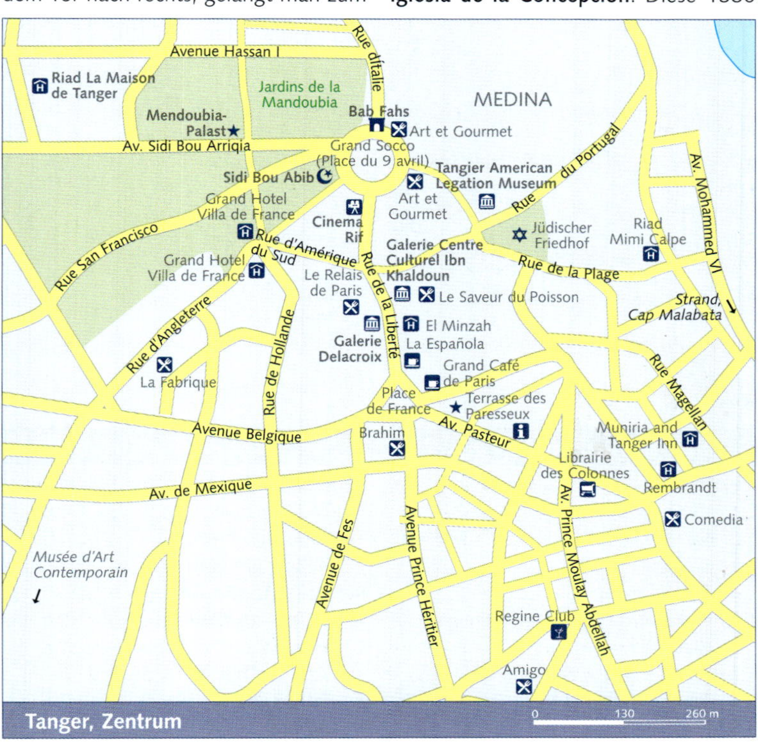

Tanger, Zentrum

erbaute Kirche im Neobarock wird wegen ihrer Größe auch **Spanische Kathedrale** genannt. Immerhin war zur Zeit ihrer Erbauung ein Fünftel der Einwohner Tangers Spanier.

In der Hausnummer 41 war seit dem 17. Jahrhundert die Residenz des Naib, eines Ober-Lobbyisten, der zwischen dem Sultan und den europäischen Gesandten vermitteln sollte. Die Rue es-Siaghine verbreitert sich unmerklich und endet schließlich am einstmals so anrüchigen Petit Socco.

Musée de la Fondation Lorin; So–Fr 11–13 Uhr und 15.30–17.30 Uhr, Eintritt frei, allerdings ist eine Spende erwünscht.

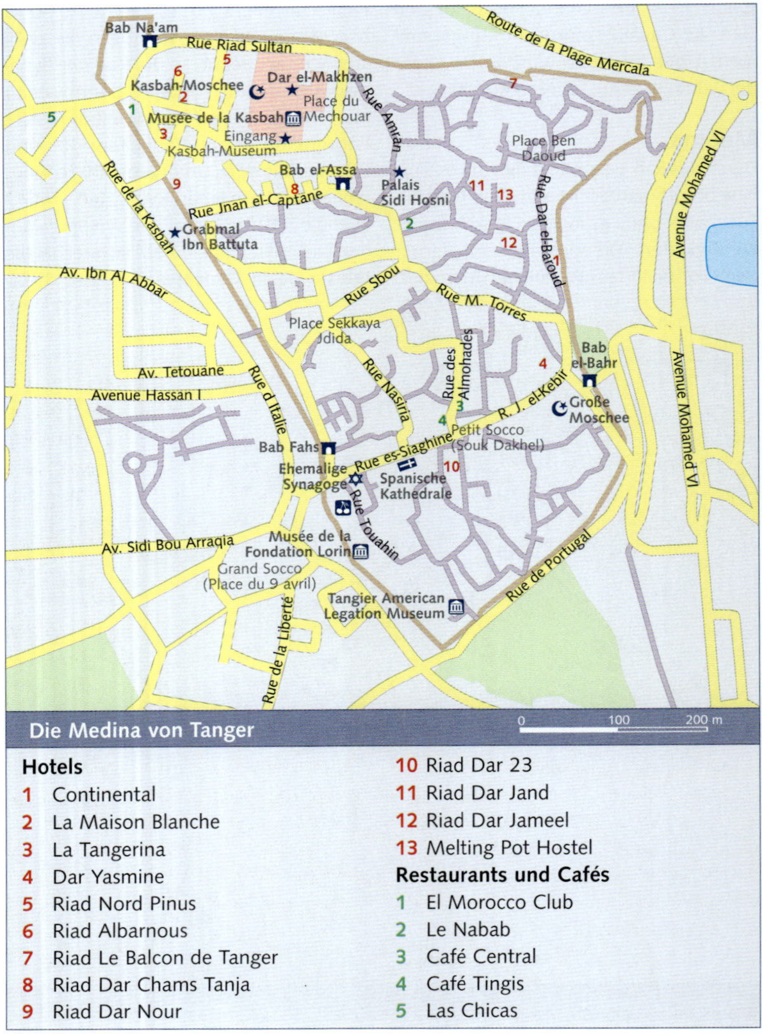

Die Medina von Tanger

Hotels

1 Continental
2 La Maison Blanche
3 La Tangerina
4 Dar Yasmine
5 Riad Nord Pinus
6 Riad Albarnous
7 Riad Le Balcon de Tanger
8 Riad Dar Chams Tanja
9 Riad Dar Nour
10 Riad Dar 23
11 Riad Dar Jand
12 Riad Dar Jameel
13 Melting Pot Hostel

Restaurants und Cafés

1 El Morocco Club
2 Le Nabab
3 Café Central
4 Café Tingis
5 Las Chicas

Junge Besucher im Café Central

Petit Socco

Von den berühmt-berüchtigten Cafés am Petit Socco, oder Souk Dakhel auf Arabisch, haben nur zwei Berühmtheiten überlebt. Im **Café Central** tummelten sich zu Zeiten der Beatniks Barbara Hutton und Somerset Maugham, Truman Capote und Cecil Beaton. Im direkt übers Eck angrenzenden **Café Tingis** wickelten Händler, Schmuggler und Dealer zur Glanzzeit der Internationalen Zone ihre einschlägigen Geschäfte ab. Während des Zweiten Weltkriegs war es der Treffpunkt der Spione und Agenten. William S. Burroughs trieb sich hier herum, um sich Stoff zu besorgen, außerdem gab es in den dunklen Gassen rund um den Petit Socco früher eindeutige Angebote für die, die wie der Junkie-Poet William S. Burroughs oder der Maler Francis Bacon homoerotische Abenteuer suchten.

Zwischen den Cafés folgt man dem Wegweiser zur ›Kasbah‹ und geht in die Rue des Almohades. Die Gasse mit quirligen Geschäften war früher unter dem Namen Rue des Chretiens das Zentrum des berüchtigten Amüsierviertels von Tanger mit Rauschgifthöhlen, Bordellen und Bordsteinschwalben. Die Zeiten sind passé – zumindest tagsüber. Heute ist der Petit Socco ein geschäftiger kleiner Platz, an dem man gemütlich ein Glas Pfefferminztee trinken kann. Abends ändert sich die Atmosphäre in den dunklen Seitengassen des Petit Socco: Dann gibt es die mehr oder weniger offenen Angebote von Haschisch, Kif und härteren Drogen. Und in einigen der kleinen, einfachen Pensionen werden die Zimmer noch immer stundenweise vermietet. Die Rue Jamma el-Kebir, früher Rue de la Marine, führt an der Großen Moschee von 1815 vorbei und endet an einem Aussichtspunkt am **Bab el-Bahr**, von dem aus eine Treppe zum Hafen hinunterführt.

Hotel Continental

Biegt man links in die Rue Dar el-Baroud ein, kommt man zu diesem Hotel mit heutzutage leicht angestaubtem Charme. Einer der Ersten, der hier abstieg, war 1888 der britische Thronfolger Edward, der spätere Edward VII. Berühmt wurde das Hotel in den goldenen Jahren Anfang des 20. Jahrhunderts. Die Schauspieler Errol Flynn und Humphrey Bogart stiegen hier ab – und natürlich Paul Bowles. Seine allererste Nacht in Tanger 1931 verbrachte er in diesem Hotel.

Im Gespräch mit der Fotografin Cherie Nutting, die das Buch ›Yesterday's Perfume‹ über Bowles und über sein Leben in Tanger schrieb, äußerte er sich auch über dieses Hotel: »Das Continental wurde im Jahr 1888 eröffnet. Damals kamen die Meereswellen noch bis an die Hotelmauer. Es war zu Glanzzeiten das beste Hotel der Stadt und war daher auch bei Schmugglern beliebt. Noch heute hat es einen gewissen morbiden Charme und ist daher für Kenner immer noch das beste Hotel.« Oder war es zumindest zum Zeitpunkt des Interviews in Bowles' Augen.

EXTRA

Beat-Poeten und Hippies

Truman Capote, einer der ersten Amerikaner in Tanger, schrieb in einer Reportage im September 1949: »Tanger? Tanger liegt nur eine zweitägige Schiffsreise von Marseille entfernt, ein netter Ausflug immer an der spanischen Küste entlang. Und wenn Sie auf der Flucht vor der Polizei sind (oder wovor auch immer, denn Fluchten gibt es viele), dann kommen Sie unbedingt hierher. Umgeben von Hügeln und vor sich das Meer, liegt Tanger wie ein weißer Umhang auf der nordafrikanischen Küste. Die Stadt ist international und bietet acht Monate im Jahr – von März bis November – ein angenehmes Klima. Es gibt traumhafte Strände mit Sand wie Puderzucker und einer erfrischenden Brandung. [...] Ehe Sie herkommen, empfehlen sich drei Dinge: Lassen Sie sich gegen Typhus impfen, heben Sie Ihre gesamten Ersparnisse ab und sagen Sie Ihren Freunden Lebewohl, denn es ist gut möglich, dass Sie sie nie wiedersehen. Der Ratschlag ist durchaus ernst gemeint, denn die Zahl derjenigen, die nur für einen kurzen Urlaub nach Tanger kamen und dann jahrelang hier hängengeblieben sind, ist erschreckend hoch. Tanger ist ein Bassin, aus dem man nicht wieder herauskommt, ein zeitloser Ort.«

Die damals 700 000-Einwohner-Stadt war Internationale Zone und lockte mit Steuerfreiheit, es gab keinen Militärdienst, dafür sexuelle Freiheit und umso mehr Kif und Haschisch. Paul Bowles Roman ›So mag er fallen‹ (im Original ›Let it come down‹) von 1952, in dem er Tanger zum Schauplatz eines Totschlags im Drogenwahn machte, bewog William S. Burroughs, nach Tanger zu kommen, in seinem Gefolge Jack Kerouac und Alan Ginsberg – das Trio der ›Beat-Poeten‹. Burroughs selbst schrieb den Besteller ›Naked Lunch‹ im ständigen Drogenrausch. Später einmal schrieb er an seinen Freund Allen Ginsberg: »In Tanger gibt es diese Weltuntergangsstimmung, das Böse ist hier laissez faire. [...] Die abscheulichsten Typen, die das Land der Freien hervorbringt, sind in der amerikanischen Kolonie von Tanger vertreten. Es gibt zwei amerikanische Bars. Die eine habe ich in stocknüchternem Zustand um ein Uhr nachmittags aufgesucht. Schauerliches Panorama von krakeelenden, rotgesichtigen Säufern, die von Barhockern kippen und in die Ecken kotzen. Wie ein Alptraum von Céline. Die andere Bar ist voll von unsäglich aufgedonnerten, hochnäsigen Schwuchteln. [...] Tanger ist der prognostische Puls der Welt, es ist wie ein Traum, der aus der Vergangenheit eine Brücke in die Zukunft schlägt, eine Grenze zwischen Traum und Wirklichkeit.«

Allen Ginsberg kehrte 1993 nochmals nach Tanger zurück und sprach mit dem lange in Tanger lebenden Schriftsteller Tahar Ben Jelloun über das Tanger von einst: »Es war eine Zeit der Euphorie. Tanger war so weit von Amerika, man kam sich vor wie auf einem anderen Planeten.« Was ist von Tanger in der Literatur der Beat-Poeten übriggeblieben? Auf diese Frage antwortet Tahar Ben Jelloun: »Wenn es jemanden gab, der sich über diese Stadt getäuscht hat, so waren es die Dichter und Schriftsteller der Beat Generation. Sie glaubten, in Afrika zu sein, in der Wüste, am Ende der Welt. Tanger bot ihnen die Möglichkeit zu kiffen und auszuflippen, doch sie mussten bald feststellen, dass dieser Ort nur eine weitere Fata Morgana in ihrem Arsenal an oberflächlichen Träumereien war. Es ist nicht einmal eine Erinnerung übriggeblieben.«

Nach der Aufhebung der Status' der internationalen Zone und der Eingliederung ins unabhängige Marokko kam eine neue Spezies Ausländer. Frühe Hippies, die Tanger als Etappe auf ihren Okzident-Orient-Trips aufsuchen. Jetzt hieß es ›Sex and Drugs and Rock'n'Roll‹. Brian Jones, Mitbegründer der Rolling Stones, war einer der ersten Musiker, der 1966 in dieses Dorado von Künstlern, Schmugglern und Geheimagenten kam. Im Café Détroit spielten damals als Hausband die Sufi-Musiker des Rif-Dorfes Joujouka. Die Flötenmusik hat Brian Jones derart nachhaltig beeinflusst, dass er eine LP mit den Master Musicians of Joujouka aufnahm und selbst die Nay-Flöte in die Stücke der Stones einbaute. Ein Jahr später kam Jones erneut nach Tanger, dieses Mal allerdings mit Bandkollegen. Als 1967 bei einer Razzia auf dem Landsitz von Keith Richards Drogen gefunden wurden und die englische Justiz ein Exempel statuieren wollte, setzten sich Keith Richards, Brian Jones und Mick Jagger nach Tanger ab. Neben dem Café Détroit gehörte das Café Hafa zu ihren bevorzugten Plätzen. Neben den Stones saß Jimi Hendrix hier, und für Paul Bowles war es bis zum Lebensende quasi zweites Wohnzimmer. Mick Jagger war so von Tanger angetan, dass er später ein Haus direkt neben dem Palais von Barbara Hutton kaufte.

Gran Café de Paris, Treffpunkt für Schriftsteller, Spione und Schauspieler

Gasse beim Haus von Barbara Hutton

Palais Sidi Hosni

Über die Rue des Almohades und ihre Verlängerung Rue Mohammed Torres erreicht man das das Palais Sidi Hosni, benannt nach dem Marabout Sidi Hosni Ben Tahami el-Ouezzani. Die millionenschwere Woolworth-Erbin Barbara Hutton kaufte in den 1950er Jahren das kleine Palais eines englischen Diplomaten sowie mehrere benachbarte Häuser und fasste sie zu ihrem berühmten Stadtpalast zusammen, in dem legendäre Festivitäten stattfanden. Da wurden gerne mal 400 Gäste geladen, darunter so prominente Namen wie Maria Callas oder Greta Garbo. Viele kamen, um ›weiße Weihnachten‹ zu feiern, womit im schneelosen Tanger natürlich Kokain gemeint war.

Die Gassen um ihr Haus ließ Barbara Hutton verbreitern, damit sie und ihre Gäste mit ihren Rolls Royce vorfahren konnten. Geld spielte damals bei der Kaufhauserbin, die wegen ihrer kostspieligen Scheidungen ›armes reiches Mädchen‹ genannt wurde, keine Rolle. Doch als sie 1979 starb, sollen von den Millionen nur noch 3500 Dollars übrig gewesen sein. Und heute? Vor einigen Jahren erwarb ein reicher Hongkong-Chinese das Anwesen.

▲ Karte S. 288

Kasbah

Über die Rue Amran betritt man durch ein Tor die Kasbah mit dem ehemaligen Sultanspalast und befindet sich am höchsten Punkt der Altstadt. Rechts an der Place du Mechouar führt die Rue Riad Sultan geradeaus weiter. Durch ein Tor kann man die Kasbah verlassen und den Blick auf die Straße von Gibraltar schweifen lassen. In der überdachten Rue Riad Sultan war bis vor einigen Jahren das legendäre Café Détroit (→ S. 290), das zu einem Luxusriad umgewandelt wird. Am Ende der Straße erreicht man die Place Tabor, an dem sich der **El Morocco Club** befindet. Das Restaurant, 1931 vom amerikanischen Architekten Stuart Church erbaut, ist heute noch Mick Jaggers Lieblingsplatz, wenn er sich in Tanger aufhält. Folgt man auf dem Platz dem Pfeil ›Rundgang Kasbah‹ (Circuit Kasbah) nach links, erreicht man wieder den Place du Mechouar, direkt neben dem Eingang zum Dar el-Makhzen.

Dar el-Makhzen und Kasbah-Museum

Der ehemalige Sultanspalast, Dar el-Makhzen, wurde ein halbes Jahrhundert nach der Vertreibung der Engländer während der Zeit Moulay Ismails im

Vor dem El Morocco Club

Im Sultanspalast

maurischen Stil erbaut. Eine Inschrift nennt das Jahr 1738 als Zeitpunkt der Fertigstellung. In der Antike soll sich hier ein Herkules-Tempel erhoben haben. Im frühen 19. Jahrhundert wurde die Residenz des Sultans noch einmal erweitert. Seit 1922 sind im Palast das Archäologische Museum und das Museum für marokkanische Künste untergebracht, beide Museen werden zusammen als Musée d'Al Kasbah bezeichnet. Neben dem Dar el-Makhzen erhebt sich die **Kasbah-Moschee** mit ihrem achteckiges Ziegelstein-Minarett, dem höchsten Punkt der Stadt.

Im **Museum für marokkanische Künste** sind im Hauptgebäude die typischen Kunsthandwerksprodukte der einzelnen marrokanischen Regionen ausgestellt. Zu bewundern sind unter anderem Schmuck, Teppiche, Keramik, Musikinstrumente, Waffen und traditionelle Kleider. 2014 wurde das Museum zum Kunstzentrum erweitert, in dem auch Musik- und Theaterveranstaltungen stattfinden.

Rund um den Säulenhof sind im **Archäologischen Museum** in den Seitenräumen Exponate aus verschiedenen Epochen ausgestellt. Rechts beginnt der historische Zyklus mit drei nebeneinanderliegenden Räumen, in denen anhand von prähistorischen Steinwerkzeugen die Entwicklung vom Jäger zum Bauern dargestellt wird. Im zweiten Raum illustrieren phönizische Keramik und Schmuck die vorrömische Zeit, und im dritten Raum sind Fundstücke aus der römischen Epoche ausgestellt. Im Raum an der Kopfseite des Hofes sind Stücke des frühislamischen Tanger zu sehen wie skulptierte Holzfriese, Keramik und Münzen. Mit den drei Räumen auf der linken Seite setzt sich der historische Rundweg mit den großen Dynastien Marokkos fort. Raum 5 widmet sich dem strategisch wichtigen und deshalb vielfach umkämpften Ort Ksar Seghir. Durch diesen Raum gelangt man in die Palastgärten. Im letzten Raum des Säulenhofes wird anhand von Kunsthandwerk die Besatzung Tangers durch die Portugiesen sowie die Befreiung der Stadt durch die Alaouiten illustriert.

Hat man somit den Säulenhof umrundet, kann man rechts von Raum 4 weitergehen, wo in den **ehemaligen Küchen** die Handelsbeziehungen des Hafens Tanger mit anderen Mittelmeerzivilisationen erläutert werden. Dann erreicht man den **Patio**, in dem ein Mosaik aus

Volubilis verlegt wurde, das das ›Navigum Veneris‹ zeigt: die Überfahrt der Göttin Venus, auf einem Schiff sitzend. Außerdem sind eine etruskische Weinkanne, Vasen mit Fischdekor, ägyptische Uschebti-Statuetten als Talismane, eine griechische Lampe, Amphoren, Anker und ein wertvoller Astrolab zur Winkelmessung am Himmel zu sehen.

Im den **Haupträumen** des Dar el-Makhzen, rechts vom Eingang, sind in der **Koubba el-Kebira**, dem prunkvollen Saal der großen Kuppel, alte Koranhandschriften ausgestellt, darunter ein vergoldeter und illuminierter Koran aus dem 13. Jahrhundert. Auch ein Gemälde des Malers Delacroix findet sich dort. Der 34-jährige Eugène Delacroix war bereits ein berühmter Maler, als er am 24. Januar 1832 mit einer Delegation um den Grafen de Mornay, die einen Freundschaftsvertrag mit dem marokkanischen Sultan aushandeln sollte, in Tanger eintraf. Im kuppelüberwölbten Saal, dem **Bit el-Ma**, befindet

Brunnen am Bab el-Assa

▲ Karte S. 288

sich die **Schatzkammer**. Eine schwere Zedernholztruhe mit Metallbeschlägen und beeindruckendem Schloss diente ehemals als Tresor.

In der **oberen Etage** sind Zeugnisse des religiösen und rituellen Erbes aus der frühen Geschichte der Gegend um Tanger ausgestellt. So ist unter anderem ein punisches Grab aus Mghogha nachgebildet, Bleisarkophage und Kindergrab-Amphoren sind ausgestellt.

Musée d'Al Kasbah, Place de la Kasbah, Tel. +212/539/932097; Mi–Mo 9–11.30 und 13.30–16 Uhr, 10 DH.

Grabmal Ibn Battuta

Verlässt man den Place du Mechouar rechts neben dem Riad Dar Zero, erreicht man das **Bab el-Assa** mit einem wunderschönen Kachelbrunnen. Auf dem kleinen Platz dahinter wurden einst nach Gerichtsverhandlungen die Verurteilten ausgepeitscht.

Folgt man der schräg rechts abgehenden Rue Jnan el-Captane, kommt man zu einem Schild, das den Weg zum ›Tombeau Ibn Batouta‹ weist. In einem unscheinbaren Grabmal ruht der berühmte Sohn der Stadt. Der weltoffene Gelehrte, Pilger, Forscher und Reisende Ibn Battuta wurde am 24. Februar 1304 in Tanger geboren. Mit 22 Jahren begab er sich auf die Pilgerfahrt nach Mekka, und reiste anschließend weiter über die arabische Halbinsel und durch Persien. Spätere Reisen führten ihn an die afrikanische Ostküste, nach Indien und China. 1353 bereiste er den Sudan und Mali und gab als erster einen Augenzeugenbericht über die Stadt Timbuktu. Wie Marco Polo wurde allerdings auch Ibn Battuta beschuldigt, ein Aufschneider und Lügner zu sein. Nach seinem Tod 1377 in Marrakesch errichtete man ihm in seiner Geburtsstadt Tanger das kleine Grabmal.

Ville Nouvelle

Vom Ausgangspunkt Grand Socco bietet sich auch ein Bummel durch die koloniale Neustadt an, zu Stätten, an denen sich in den legendären Zeiten Tangers die Beatniks und Hippies ein Stelldichein gaben. Beim Cinema du Rif geht man die Rue de la Liberté hoch. Nach dem Überqueren der Rue d'Amérique du Sud befindet sich links die Galerie **Centre Culturel Ibn Khaldoun**, in dem man immer wieder neue, talentierte Künstler entdecken kann.

Etwas weiter kann man in der **Galerie Delacroix** auf der rechten Straßenseite ähnliche Entdeckungen machen. Auf halbem Weg zwischen den beiden Galerien befindet sich eines der ersten Hotels von Tanger: das **El Minzah**. Die Bar des Hotels mit orientalischem Flair und andalusischem Innenhof diente als Vorlage zu ›Ricks Café‹ im Film ›Casablanca‹.

Auf den Spuren der Beatniks

Nur wenige Schritte weiter gelangt man zur Place de France mit dem legendären **Grand Café de Paris** – einst Anlaufpunkt für unzählige Spione und deshalb ebenfalls Inspiration für den Film ›Casablanca‹. Nur wegen des anrüchigen Images von Tanger entschieden die Filmbosse, den imaginären Schauplatz des Films nach Casa zu verlegen. Im Café de Paris gaben sich auch Paul Bowles und andere Literaten die Ehre. 2006 wurde das Café zum Drehort für den Film ›Das Bourne-Ultimatum‹ mit Matt Damon in der Hauptrolle. Heute ist das Café einer von vielen Treffpunkten der jungen marokkanischen Lost Generation – arbeitslose Desperados, die dort mit Thé à la menthe oder Café blanc ihre Zeit totschlagen.

Dahinter liegt an der Avenue Pasteur die **Terrasse des Paresseux**, die Faulenzer-Terrasse, mit vier alten Bronzekanonen, die Richtung Straße von Gibraltar gerichtet sind. Dorthin gehen auch die vielen sehnsüchtigen Blicke der jungen Marokkaner, die sich hier zu jeder Zeit treffen. Der Blick auf Strand und Meerenge ist auf jeden Fall lohnend.

In der Avenue Pasteur befindet sich rechts hinter roten Fenstern die **Librairie des Colonnes**, die Pierre Bergé, Lebensgefährte von Yves Saint-Laurent, restaurieren ließ. In dieser Buchhandlung von 1949 gingen Tennessee Williams, Truman Capote, Jean Genet, Paul Morand und Samuel Beckett ein und aus. Jane und Paul Bowles ließen sich hierher ihre Post schicken, Mohammed Choukri benutzte die Buchhandlung als Lesesaal, Tahar Ben Jelloun als Bibliothek. Später gaben hier Amin Maalouf, Driss Chraïbi, Patricia Highsmith und John Hopkins Lesungen.

Geht man am Hotel Rembrandt links bergab und biegt dann rechts in die Rue Magellan ein, erreicht man das Hotel **Muniria and Tanger Inn**, in dem William

Innenhof des Hotels El Minzah

S. Burroughs (→ S. 290) abgestiegen war. In dieser billigen Absteige schrieb er ›Naked Lunch‹, eines der Hauptwerke der Beat Generation. Über die Rue de la Plage und die Rue du Portugal kommt man wieder zur Medina.

Tangier American Legation Museum

Ein Abstecher über die Rue d'Amérique führt zur ehemaligen amerikanischen Gesandtschaft, Tangier America Legation. Marokko war das erste Land, das im Dezember 1777 die neuen Vereinigten Staaten von Amerika anerkannte. Durch den Naib, den Unterhändler, ließ der marokkanische Sultan verkünden, dass es ›einer Zahl von Staaten, darunter den Amerikanern‹ erlaubt sei, die Häfen des Landes anzulaufen, ohne Zölle entrichten zu müssen. George Washington ließ 20 Jahre später eine erste Botschaft eröffnen, und wiederum ein Vierteljahrhundert später stellte der marokkanische Herrscher dem amerikanischen Gesandten dieses Gebäude zur Verfügung.

Nachdem Marokko in die Unabhängigkeit entlassen und fünf Jahre später Tangers Sonderstatus aufgehoben worden war, wandelte man die Gesandtschaft zu einer Sprachschule um, an der amerikanische Diplomaten Arabisch lernten. 1976 wurde die eindrucksvolle fünfstöckige Villa zum **Museum**. Erinnerungsstücke wie alte Landkarten, ein Dankesbrief von George Washington und andere Briefe sind hier ausgestellt, darunter ein witziger Brief, in dem sich jemand beim Sultan höflich für einen geschenkten Berberlöwen bedankt. Auch den amerikanischen Schriftstellern der Beat Generation ist ein Raum mit vielen Fotos gewidmet. Anlässlich des 100. Geburtstags von Paul Bowles 2010 wurde ihm ein neuer Flügel gewidmet, mit vielen Fotos, Briefen, Skizzen und Erinnerungsstücken. 1931 kam Bowles erstmals auf Anraten von Gertrude Stein nach Tanger. 1947 ließ er sich mit seiner Frau Jane dauerhaft hier nieder. Bowles erwarb ein baufälliges kleines Haus in der Kasbah, das er aber erst Ende der 50er Jahre beziehen konnte, anfangs wanderten die Bowles erst einmal von Hotel zu Hotel. Bis zu seinem Tod 1999 lebte Paul Bowles ziemlich dürftig im vierten Stock eines Apartmentblocks im ehemaligen Diplomatenviertel.

Leuchtturm am Cap Spartel

Tangier American Legation Institute for Moroccan Studies (TALIM), 8, Zankat America, Tel. +212/539/935317, www.legation.org; Mo–Fr 10–13 Uhr, 15–17 Uhr, an Feiertagen geschlossen, 20 DH, 50 DH mit geführter Tour.

▲ Karte S. 288

Umgebung von Tanger

Die hügelige Landschaft westlich und östlich von Tanger bietet immer wieder herrliche Blicke auf die Meerenge von Gibraltar und bei klarer Sicht auf die spanische Küste. Ein Muss ist ein Ausflug zum Cap Spartel und den Herkulesgrotten am nordwestlichsten Punkt Nordafrikas. Doch auch vom Cap Malabata hat man unglaubliche Blicke auf Tanger und die Straße von Gibraltar.

Cap Spartel

Westlich der Innenstadt liegt das Villenviertel, in dem sich ein Palast des Königshauses befindet (Palais Royal), den erst Mohammed VI. in den letzten Jahren wieder als Sommerpalast benutzt. Über die Rue de la Montagne beziehungsweise P4601 erreicht man elf Kilometer von Tanger entfernt das Cap Spartel am nordwestlichsten Punkt Afrikas.

Wahrzeichen ist der an ein Minarett erinnernde **Leuchtturm**, was auch der Ursprung des Wortes ›Minar‹ ist. Am Fuß des Leuchtturms gibt es eine kleine **Terrasse** mit einer beeindruckenden Sicht auf die Straße von Gibraltar und die Küste Spaniens.

Herkulesgrotten

Sechs Kilometer südlich gelangt man zu den Herkulesgrotten – Kalksteinhöhlen, die durch das erodierende Spiel des Wassers mit den Kalkfelsen entstanden sind. Die Berber gewannen hier noch bis ins 20. Jahrhundert Rohlinge für die Herstellung von Mahlsteinen, aber vermutlich wurde die Höhle schon in prähistorischer Zeit benutzt. Den Phöniziern werden augenförmige Markierungen an den Wänden zugeschrieben.

Lange Zeit glaubte man, die Grotte ginge fast endlos unter der Straße von Gibraltar weiter und sei Eingang eines Tunnels, der bis ins 24 Kilometer Luftlinie entfernte Gibraltar führe. Auf diesem Wege seien auch die Berberaffen auf die Felsen von Gibraltar gekommen. Zu den zwölf Arbeiten, die Herkules zu erfüllen hatte,

Am Hafen von Tanger

gehörte das Pflücken der goldenen Äpfel der Hesperiden. Diese vermutete man in Lixus, und auf dem Weg dorthin habe Herkules in dieser Grotte übernachtet, daher ihr Name.
Die Höhle hat zwei Eingänge, einen landseitigen und einen meerseitigen. Letzterer ist vermutlich durch die Phönizier geschaffen worden. Zum Landeingang ließ der Schriftsteller Truman Capote einen roten Teppich legen, um mit Freunden in der mit Kerzen beleuchteten Grotte eine orgiastische Party zu feiern. Stilvoller kann man heute im luxuriösen Hotel Le Mirage feiern oder zumindest hervorragend speisen.

Cap Malabata

Das Cap Malabata begrenzt die Bucht von Tanger nach Osten. Entlang der zwölf Kilometer, die zwischen dem Stadtzentrum und der Landspitze beim Dorf **Mnar** liegen, entstanden in den letzten Jahren mehrere Hotels und Ferienkomplexe wie das Mövenpick Hotel auf etwa halber Strecke. Bis zum Abschluss des Plans Azur 2020 soll die Hotelkapazität hier auf 30 000 Betten ausgeweitet werden. Außerdem soll am Kap der Beginn des geplanten Gibraltartunnels sein. Ende 2003 einigten sich Marokko und Spanien, das erstmals 1980 diskutierte Projekt eines zweiröhrigen Eisenbahntunnels unter der Straße von Gibraltar wieder aufzunehmen. 2013 bekräftigten beide Länder 2013 die Notwendigkeit der Realisierung des Tunnels. Der soll 39 Kilometer lang werden und aus zwei Röhren plus Wartungstunnel bestehen. 15 Jahre Bauzeit und fünf Milliarden Euro Kosten wurden veranschlagt.
Doch noch kann man völlig unbehindert zum Cap Malabata fahren. Rechts der Zufahrtsstraße liegt ein malerisches weißes **Schlösschen**, das sich ein reicher Marokkaner Anfang des 20. Jahrhunderts im Stil einer mittelalterlichen europäischen Burg bauen ließ. Am Kap selbst gibt es eine **Aussichtsterrasse** mit herrlichem Blick auf Tanger und die Meerenge. Am Vormittag hat man hier das schönste Licht zum Fotografieren. Nach Osten liegt hinter dem Cap der neue Containerhafen **Tanger-Med**, dessen erstes Terminal 2007 eingeweiht wurde. Ein Fährhafen für fünf Millionen Passagiere und 50 0000 Fahrzeuge, eine Freihandelszone und ein Erdölhafen folgten. Außerdem entstand eine neue Industriezone, in der der Automobilkonzern Renault zu einem der wichtigsten Arbeitgeber der Region wurde.

Tanger

Vorwahl: +212/539.
Délegation Régionale du Tourisme, 29, Boulevard Pasteur, Tel. +212/539/948050; Mo–Fr 8.30–12 und 14.30–18.30 Uhr. Auch während der angegebenen Öffnungszeiten ist die Touristen-Information aber meist geschlossen.

Aéroport Tanger-Ibn Battouta (TNG), Tel. +212/539/394934 oder 0801/000224, www.onda.ma. Mit der Royal Air Maroc ab Brüssel, Amsterdam, Paris und Casablanca, mit der Iberia ab Madrid. Ab Deutschland, Österreich und der Schweiz gibt es keine Direktflüge.
Es gibt vom Flughafen keine öffentlichen Verkehrsmittel in die Stadt. Ein **Grand Taxi** kostet 100 DH.

Busbahnhof der CTM, sehr zentral am Hafeneingang. Per Bus erreicht man Tanger ab Agadir, Casablanca, Rabat, Larache, Asilah, Tétouan, Fès, Meknès, Chefchaouen und Ouezzane.
Vom Gare Routière an der **Place el-Jammia el-Arabia** fahren billigere Buslinien ab, die u.a. auch Al-Hoceima bedienen. Direkt ne-

▶ Karte S. 304

ben diesem Busbahnhof befindet sich die **Station der Grands Taxis**, die überwiegend nach Asilah, Larache und Tétouan fahren. **CTM**, Avenue Moulay Youssef, 0539/320383.

Ab Casablanca gibt es tägl. Direktverbindungen über Rabat, ebenso von Fès und Marrakesch. Tarif- und Fahrplanauskünfte unter www.oncf.ma.

Fährverbindungen gibt es von den spanischen Häfen Algeciras, Barcelona und Valencia, vom französischen Hafen Sète, vom italienischen Genua und Livorno. Auskünfte für Passagiere gibt es telefonisch unter Tel. +212/539/337155 oder 0539/933068, im Internet unter www.tangermed-passagers.com.

Hotels in Tanger

La Maison Blanche (€€€), 2, Rue Ahmed Ben Ajima, Tel. +212/539/370336, www.lamaisonblanchetanger.com. Stilvolle, elegante Oase in der Kasbah mit geschmackvollen und originellen Zimmern. Terrasse mit traumhaftem Blick. Karte S. 288.

Grand Hotel Villa de France (€€€), Rue d'Angleterre, Tel. +212/539/333111, http://grandhotelvilla.hotelspages.com. Elegantes Fünf-Sterne-Hotel in einer Kolonialvilla mit vielen Antiquitäten. Pool, Fitness, Spa und Wellness. Karte S. 287.

El Minzah (€€€), 85, Rue de la Liberté, Tel. +212/539/333444, www.leroyal.com. Fünf-Sterne-Hotel in einem Kolonialgebäude, etwas antiquierte Zimmer. Pools, Fitnesscenter, Wellnessbereich. Karte S. 287.

La Tangerina (€€–€€€), 19, Rue Riad Sultan, Tel. +212/539/947731, www.latangerina.com. Geschmackvolles kleines Hotel eines deutsch-marokkanischen Besitzerehepaars, modern mit schlichter Eleganz. Terrasse über den Dächern der Kasbah. Karte S. 288.

Solazur Business & Spa (€€–€€€), Avenue Mohammed VI, Tel. +212/539/348383. Vier-Sterne-Hotel in Strandnähe mit klarem, modernem Design. Pool. Karte S. 283.

Dar Yasmine (€€), 40, Rue Jamma el-Kebir, Tel. +212/539/947560, http://dar-yasmine.com. Geschmackvolles, kleines Hotel im Herzen der Stadt. Karte S. 288.

Grand Mogador Sea View & Spa (€€), 10, Lotissement El Ghandouri, Tel. +212/539/348700, www.ryadmogador.org. Modernes Vier-Sterne-Hotel mit großen, ruhigen Zimmern. Pool, Fitness- und Spa-Bereich.

Atlas Almohades (€€), 43, Avenue Mohammed VI, Tel. +212/539/940755, www.hotelsatlas.com. Gediegenes Vier-Sterne-Hotel an der Strandpromenade mit modernen, geräumigen Zimmern. Pool. Karte S. 283.

Atlas Rif Front Beach Tanger (€€), 152, Avenue Mohammed VI, Tel. +212/539/349300, www.hotelsatlas.com. Vier-Sterne-Hotel mit geräumigen und modernen Zimmern. Pool. Karte S. 283.

Ramada Encore Tangier (€–€€), Lot N° 1, Baie de Tanger, Tel. +212/539/341300, www.ramadaencoretanger.com. Neues Drei-Sterne-Hotel mit modernen, zweckmäßigen Zimmern. Pool. Karte S. 283.

Ibis City Center (€), Lotissement Tanger, Offshore Plazza, Tel. +212/539/328550, www.ibis.com. Drei-Sterne-Hotel mit moderner und zweckmäßiger Ausstattung in Bahnhofsnähe; Pool. Gutes Preis-Leistungsverhältnis. Karte S. 283.

Hotels außerhalb von Tanger

Le Mirage (€€€–€€€€), Les Grottes d'Hercule, Tel. +212/539/333331, www.lemirage.com. Luxuriöses Fünf-Sterne-Hotel an der Küste bei den Herkulesgrotten mit traumhaftem Blick auf den Atlantik. Edle, gediegene Zimmer von enormer Größe, ausgestattet mit erlesensten Materialien, alle mit Balkon oder Terrasse. Hervorragendes Restaurant. Gemütliche Piano-Bar – very british.

Golden Tulip Farah (€€€), Cap Malabata, Zone Touristique, Tel. +212/539/343550, www.goldentulip.com. Postmodernes

Fünf-Sterne-Hotel mit stylischem Design und komfortablen Zimmern mit Meerblick. Wellness, Fitnesscenter, Pools.

Mövenpick Hotel & Casino (€€€), Avenue Mohamed VI, Baie de Tanger, Malabata, Tel. +212/539/329300, www.movenpick.com. Schöne Fünf-Sterne-Anlage am Cap Malabata mit modernem Design und Komfort. Ausgezeichnetes Frühstücksbuffet. Pool, Kasino.

Mnar Castle Apartments (€€), Route Ksar Sghir, Cap Malabata, Tel. +212/539/925022, http://mnarcastleapartments tangier.com. Modern eingerichtete Apartments mit voll ausgestatteten Küchen. Garten mit Außenpool.

Riads

Hotel Nord Pinus (€€€€), 11, Rue Riad Sultan, Kasbah, Tel. +212/661/228140, www.nord-pinus-tanger.com. Kleiner Märchenpalast am höchsten Punkt der Kasbah, von dessen Terrasse man den schönsten Blick über die Stadt und Bucht hat. Stilvolles orientalisches Dekor. Sehr gute Küche. Karte S. 288.

Albarnous (€€€), 18, Rue Ahmed Ben Ajima, Kasbah, Tel. +212/603/356787, www.albarnoustanger.com. Tolles Design mit modernen, kolonialen und marokkanischen Stilelementen. Äußerst hilfsbereites Personal. Karte S. 288.

La Maison de Tanger (€€€), 9, Rue El Mabarra, Tel. +212/539/936637, www.lamaisondetanger.com. Edel und geschmackvoll, einfach schön. Mit zauberhaftem Garten. Pool und Terrasse. Karte S. 287.

Le Balcon de Tanger (€€€), 28, Rue Bouhachem, Tel. +212/539/948213, www.lebalcondetanger.com. Elegantes Gästehaus mit dezentem und edlem Design. Karte S. 288.

Dar Chams Tanja (€€€), 2, Rue Jnan Captane, Tel. +212/539/332323. Riad mit viel Stil, Charme und Noblesse mit mehreren Sonnenterrassen. Karte S. 288.

Dar Nour (€€–€€€), 20, Rue Ghourna, Tel. +212/662/112724, www.darnour.com. In dieser Pension stiegen schon in den 1940er und 50er Jahren Schriftsteller wie Paul Bowles ab. Kleine, aber charmante Zimmer, Mini-Suiten und große Suiten, in denen schon Filmprominenz wie Matt Damon wohnte. Karte S. 288.

Dar 23 (€€), 23, Rue Las Once, Souk Dakhel, Tel. +212/672/464847, www.dar23.com. Hervorragender kleiner Riad mit stilvollem Ambiente, stilsicher eingerichtet mit exquisiten Kunstobjekten, erholsame Atmosphäre. Karte S. 288.

Mimi Calpe (€€), 71, Rue de la Plage, Tel. +212/623/990147. Charmantes Gästehaus mit zurückhaltender, stilvoller Einrichtung und einem traumhaften Garten mit Pool. Karte S. 283.

Dar Jand (€€), 62, Rue Cheikh Mohammed Ben Seddik, Tel. +212/676/930133, www.darjand.com. Kleine, gemütliche Zimmer mit exotischem, marokkanischem Design. Karte S. 288.

Dar Jameel (€), 6, Rue Mohammed Bergach, Tel. +212/539/334680, www.magicmaroc.com. Nettes, einfaches Gästehaus mit Charme. Karte S. 288.

Hostel

Melting Pot Hostel (€), 3, Rue Tsouli, Tel. +212/539/331508, tanger@meltingpothostels.com, http://meltingpothostels.com. Karte S. 259.

Camping Miramonte, Marshan, beim Palais Royal, Tel. +212/672/207055, www.campingmiramonte.com.

Internationale Küche

Im Schmelztiegel Tanger haben auch die Restaurants viele unterschiedliche Küchen zu bieten. Und natürlich führt die Lage an zwei Meeren zu einem reichen Fischangebot.

Villa Josephine (€€€–€€€€), 231, Rue Sidi Mesmoudi, Route de la Montagne, Richtung Cap Spartel, Tel. +212/539/334535. Eine der besten Adressen für französische Cuisine, aber auch marokkanische Klassiker auf höchstem Niveau.

▲ Karte S. 283/287/288

El Morocco Club (€€€), Place du Tabor, Kasbah, Tel. +212/539/948139; tägl. bis 1 Uhr geöffnet. Vincent und Oscar entführen ihre Gäste in den kulinarischen Himmel mit einer raffinierten, internationalen Küche, die Orient und Okzident verbindet. Schönes Ambiente im Stil eines coolen Jazz-Clubs; angeschlossen ist eine Piano-Bar. Zum Mittagessen Snacks im Café-Bereich auf der kleinen Place Tabor.
Art et Gourmet (€€€), 4, Place du 9 avril, Tel. +212/539/371251. Kreative, mediterrane Küche in elegantem Rahmen mit Blick auf den Grand Socco.
Le Lounge (€€), Royal Golf de Tanger, Tel. +212/613/676944; Di–So 8–20 Uhr. Feine französisch-mediterrane Küche am Golfplatz.

Französische Küche

La Fabrique (€€€), 7, Rue d'Angleterre, Résidence Salima I, Tel. +212/539/374057. Ausgezeichnete französische Küche in stylischem Ambiente, das an ein New Yorker Loft erinnert. Küchenchefin Christine lässt sich vom lokalen Marktangebot inspirieren, hat aber auch französische Klassiker wie Boeuf Bourguignon auf der Karte. Gute Weinkarte und Zigarrenbar.
Ô Saveurs (€€€), 15, Rue Boubana, Tel. +212/539/949660. Französische innovative Küche in stilvollem Rahmen, westlich des Zentrums.
Nord Pinus (€€€), 11, Rue Riad Sultan, Kasbah, Tel. +212/661/228140, www.nord-pinus-tanger.com. Auf der traumhaften Terrasse des kleinen Boutique-Hotels werden exquisite Menus serviert.
Le Relais de Paris (€€–€€€), 32, Rue de Hollande, Tel. +212/539/331819; tägl. bis 23 Uhr. Exzellente klassische französische Küche in sympathischem Dekor.
Le Bistrot du Petit Socco (€€), Place du Petit Socco/9, Rue El Mabarra, Tel. +212/608/501195, www.lamaisondetanger.com; Sa–Do 8–20.30 Uhr. Sehr gutes Essen im Gästehaus des Maison du Tanger, in dem die Chefin Brigitte französische Küche nach alten Familienrezepten kocht.

Fischrestaurants

Le Mirage (€€€–€€€€), Les Grottes d'Hercule, Tel. +212/539/333331, www.lemirage.com. Wunderbares Restaurant bei den Herkulesgrotten mit besten Fischgerichten.
Le Saveur du Poisson (€€), 2, Escalier Waller, Tel. +212/539/336326; Sa–Do. Man sollte sich nicht vom Interieur abschrecken lassen. In der Spelunken-Atmosphäre gibt es den besten Fisch der Stadt. Keine Karte, nur Empfehlungen des Chefs.
El Tangerino (€€), 186, Avenue Mohammed VI, Tel. +212/539/943973, www.eltangerino.com. Eine der besten Adressen in der Stadt für Fisch und Meeresfrüchte. Auch spanische Tapas.
L'Océan (€€), Plage Sidi Kacem, südlich vom Cap Spartel, Tel. +212/539/338137; tägl. mittags, Fr/Sa auch abends geöffnet. Mediterrane Fischküche im Strandrestaurant am Atlantik. Lecker!

Fast Food

Le Nabab (€€), 4, Rue El Kadiria, Tel. +212/661/148215. Sehr gute marokkanische Küche in marokkanischem Ambiente.
El Contacto (€–€€), 172, Avenue Mohammed VI, Tel. +212/662/445740. Exzellente Tapas-Bar.
Amigo (€), 8, Rue Mansour Ed-Dahbi. Kleine spanische Snacks wie Bocadillos. Ideal für einen Mittagsimbiss.
Annajma (€), 2, Avenue Lalla Fatima Zahra Al Aziza, Tel. +212/539/946963; tägl. bis 1 Uhr geöffnet. Einfaches Restaurant im Süden Tangers mit guter marokkanischer Küche zu gutem Preis-Leistungsverhältnis, deshalb immer brechend voll.
Brahim (€), 16, Avenue de Mexique. Sehr gute Sandwiches.
Comedia (€), Avenue Mohammed V/Rue Allal Ben Abdallah. Einfach, aber lecker. Pizza und Nudelgerichte.

Café La Posada del Hafa, Avenue Hajj Mohammed Tazi; tägl. 8.30–23 Uhr, am Wochenende bis 2 Uhr. Legendäres Café der Beatniks und Hippies mit herrlichem Blick aufs Meer.

Café Central, Petit Socco; tägl. 6–23.30 Uhr. Lieblingscafé von Barbara Hutton, Somerset Maugham und Truman Capote.

Las Chicas (€–€€), Porte de la Kasbah, Tel. +212/539/374510. Sehr schönes Café mit Quiches und anderen kleinen Gerichten zum Mittagessen in sehr geschmackvollem Design.

Darna Maison communautaire des femmes (€), Rue Jules Cot, Tel. +212/539/947065; Mo–Sa, geöffnet ab 8.30 Uhr zum Frühstück, dann Mittagessen und Café, bis 18.30. In einem sehr schönen Hof bereiten Frauen im Rahmen eines sozialen Projekts hervorragende marokkanische Hausfrauenküche zu. Es gibt nur ein Tagesgericht, aber verschiedene Desserts.

La Española (€), 97, Rue de la Liberté. Patisserie mit schöner Kuchenauswahl.

La Gelateria (€–€€), Playa, Avenue Mohammed VI/Rue Beethoven. Fabelhaftes Eis, leckere Salate, Sandwiches und Kuchen zum Mittagessen.

Caid's Bar, Rue de la Liberté, im Hotel El Minzah. Die Vorlage zu Rick's Café in ›Casablanca‹. Fotos an den Wänden vom Who is Who der legendären Zeiten.

Piano Bar, im El Morocco, Place du Tabor, Kasbah, Tel. +212/539/948139; tägl. bis 1 Uhr. Im Stil eines New Yorker Jazzclubs mit Live-Jazz-Musik.

Bar Tangerinn's, im Le Balcon de Tanger, 28, Rue Bouhachem, Tel. +212/539/948213, www.lebalcondetanger.com. Wer in Ruhe ein Glas trinken möchte und Entspannung sucht, ist hier richtig.

Regine Club, 8, Rue el-Mansour Ed-Dahbi; Mo–Sa ab 23.30 Uhr. Bunt, barock, schrill. Wer in Tanger hip ist, kommt in diese Disko. Die Musik ist genauso bunt wie der Club, von Rai bis House.

Loft, Complexe La Rose Bleu, Route de Boubana, Tel. +212/539/339400, www.loftclub-tanger.com; Do und Sa 22–4 Uhr. Lounge, Restaurant und Club mit Kreuzschiff-Atmosphäre. DJs legen vor allem House und R&B auf.

Musée d'Art Contemporain, 52, Rue d'Angleterre, Tel. +212/539/338436; Mi–Mo 9–12.30 und 15–17.30 Uhr, im Sommer bis 18.30 Uhr, 10 DH.

Galerie Delacoix, 86, Rue de la Liberté, Tel. +212/539/932134; Di–So 11–13 und 16–20.30 Uhr.

Galerie Ibn Khaldoun, Rue de la Liberté, Tel. +212/661/072044; Mo–Sa 10–12.30 und 16–19.30 .

Galerie Dar d'Art, 6, Rue Khalil Matrane, Tel. 0539935707; Mo–Sa 10–13, 16–20 Uhr.

Galerie de l'Instituto Cervantes, Rue de Belgique, Tel. 0539932001; Di–So 16_20 Uhr.

Galerie Mohammed Drissi d'Art Contemporain, 52, Rue d'Angleterre, Tel. +212/539/936073; Di–So 10–13 und 15–19 Uhr.

Galerie Artingis, 11, Rue Khalid Ibn Oua-lid, Tel. +212/539/330425; Mo–Sa 10–13 und 16–20 Uhr.

Plage Malabata. Quasi vor der Haustür von Tanger, am Mittelmeer.

Plage Oued Lihoud, im Norden der Stadt, an der Straße von Gibraltar.

Plage Sidi Kacem, 14 km westlich am Atlantik.

Plage Océan, 20 km von Tanger entfernt am Atlantik.

Tanjazz; im September. Internationales Jazzfestival.

Dr. Abdelhamid Ammor, 7, Rue Prince Moulay Abdallah, Tel. +212/539/932826.

Hôpital el-Kortobi, Rue Assad ibn Fourate, Marchane, Tel. +212/539/934242.

Hôpital Espagnol, Rue de l'Hôpital Espagnol, Tel. +212/539/931018.

▸ Karte S. 283/287/288

Pays Jebala

Das Bergland im westlichen Rif nennt man Jebala – abgeleitet vom arabischen Wort für Berg. Insgesamt leben etwa sieben Millionen Menschen im Rif, nur ein Siebtel davon in der Jebala. Die meisten von ihnen wohnen in Tétouan und Chefchaouen, die sich beide als Ausgangsort für eine Entdeckung hervorragend eignet. Die landschaftlichen Reize der Jebala lassen sich am besten bei Trekkingtouren kennenlernen, die auch mehrtägig mit Wanderführern und Maultieren ins wenig touristische Rif-Gebirge starten. Besonders ursprünglich erlebt man das Rif in den Bergdörfern des Jebala-Landes, vor allem an den Tagen des Wochenmarktes. Die Rifbewohner, Riafa, bieten hier neben Lebensmitteln typische Produkte des lokalen Handwerks – vor allem Tonwaren – an. Außerdem findet man seltenes Lorbeeröl, das die Jebali nicht nur in der Küche verwenden, sondern auch als Naturheilmittel gegen rheumatische Beschwerden – zum stolzen Preis von 800 bis 1000 Dirham pro Liter. Auch aus Myrte und Mastix gewinnt man Öle, die zu medizinischen Zwecken Verwendung finden.

Die Frauen der Jebala tragen noch vielfach ihre traditionelle Tracht mit drei besonders charakteristischen Bestandteilen. Der Strohhut wird aus den Blättern der Doumpalme geflochten und ist mit dicken Rollen aus bunten Troddeln geschmückt. Ein mehr als fünf Meter langer Gürtel und eine Art Lendenschurz – meist gestreift – komplettieren das Outfit.

Tétouan

Die Rifkabylen vom Stamm der Beni Hozmar siedelten sich hier vermutlich schon im 11. Jahrhundert an und gaben dem Ort den Namen Tittaouine, was auf Tarifit ›Quellen‹ bedeutet. Durch die Reconquista vertriebene spanische Muslime und Juden machten aus Tétouan zunächst zu einem Piratenstützpunkt, der allerdings von den Spaniern zerstört wurde. Durch die Moriscos, die im 17. Jahrhundert einwanderten, begann der Aufschwung, da sich unter den Zuwanderern viele reiche Kaufleute und Gelehrte befanden. Der zehn Kilometer entfernte Hafen wurde ausgebaut, Handel mit europäischen Staaten ge-

Jebala-Frauen in Tracht

Straße von Gibraltar
Benzu
Jebel Moussa
842
Ceuta (span.)
P4601
Cap Spartel
Tanger-Med
Tanger
Cap Malabata
Ksar-es-Seghir
Souk-Tleta-Taghramet
N13
N1
Marina Smir
Melloussa
Mdiq
A4
Herkules-grotten
838
A6
Cabo Negro
A1
Regaia
N2
Martil
Larache, Kénitra, Rabat
Tetouan
Mittelmeer
El-Manzla
Dar-Ben-Karriche-El Bahri
Et-Tleta-de-Oued-Laou
Souk-el-Arba Ayache
N2
Es-Sebt-de-Saïd
Targha
Souk-el-Arba-des-Beni-Hassan
1928
O. Laou
Souk-Khémis-des-Beni-Arous
Bou-Ahmed
P4105
Nationalpark Talassemtane
Amtar
Souk-Sebt-des-Beni-Gorfat
1681
Azilan
Akchour
1700
Naturreservat Jebel Bouhachem
El-Jebha
Chefchaouen
Torres-de-Alcalá
Rif-Gebirge
Pays Jebala
Draa-el-Asef
Ksar-el-Kebir
Bab-Taza
Bni-Boufrah
N2
1594
Brikcha
Bab-Berret
1726
Barrage Makhazine
Mokrissèt
N2
Ketama
Melilla
N13
Tieta-Ketama
Jebel Tidiquin
Ouaezzane
Zoumi
2456
2057
Tamesnite
1595
R408
Taounate-el-Kchour
Tahar-Souk
Had-Kourt
Rhafsai
Âïn-Defali
Barrage el Wahda
Mjâra
R408
Fès-el-Bali
Ourtzarh
Taounate
1827
Oued Ouerrha
Oued Ouerrha
Khénichèt
Âïn-Âïcha
N13
Karia-Ba-Mohamed
N8
Oued Sebou
Pont-du-Sebou
Tissa
Sidi-Kacem
Barrage Idriss 1er
N4
Volubilis
Âïn-Kansera
N6
Moulay-Idriss
Fès
Kerma
1118
Jebel Zerhan
Souk-Trine-des-Mhaya
A2
Tahala
N6
Meknès
Bir-Tam-Tam
Oued-Jdïda
A2
Haj-Kaddou
Sefrou
1622
Rif-Gebirge
0
20
40 km

Rif-Berberin in Tracht beim Einkauf

trieben. Tétouan wurde zum blühenden Handelszentrum mit vielen westlichen Gesandten.

Am 19. Februar 1913 proklamierten die Spanier Tétouan zur Hauptstadt von Spanisch-Marokko, in der der spanische Hochkommissar Felipe Alfau y Mendoza als erster dieser obersten Verwaltungsbeamten residierte. Rafael Garcia Valiño y Marcén verließ als letzter Hochkommissar Tétouan am 7. April 1956, nachdem der Unabhängigkeitsvertrag unterzeichnet war.

Heute ist Tétouan eine idyllische Stadt mit 350 000 Einwohnern und einer sehr aktiven Kunstszene, die malerisch an den Hängen des 541 Meter hohen **Jebel Dersa** liegt. Schon seit 1997 steht die Medina von Tétouan auf der Liste des UNESCO-Weltkulturerbes. Jeden Sommer macht König Mohammed VI. hier Station, um in den heißesten Monaten das angenehme Klima, die Nähe zum Meer und die entspannte Atmosphäre zu genießen. Wirtschaftliche Grundlage Tétouans ist die Fischverarbeitungsindustrie sowie Papier-, Zement- und Zigarettenfabriken. Aber auch der Tourismus spielt dank des neuen Ferienzentrums der **Marina Smir** und **Cabo Negro** eine immer größere Rolle.

Die einzige anerkannte Kunstakademie Marokkos hat ihren Sitz in Tétouan, ebenso wie die Hochschule für Musik und Tanz und ein Institut für spanisch-arabisches Kunsthandwerk. Die Fakultäten für islamisches Recht, Theologie und Philosophie der Universität von Fès sind ebenfalls in Tétouan angesiedelt. In drei sehr sehenswerten **Museen** kann sich der Besucher mit der Geschichte der Region, seiner Volkskunst und dem modernen Kunstschaffen vertraut machen.

Spanische Neustadt

Das turbulente Zentrum der Stadt ist die **Place Moulay el-Mehdi**, um die herum viele Cafés angesiedelt sind. Am südwestlichen Ende erhebt sich die ehemalige spanische Kirche in neo-barockem Stil. Das schönste Gebäude des Platzes ist das **Dar Tahier**, das ›Haus des Vogels‹, in dem heute das spanische Kulturzentrum Instituto Cervantes eingerichtet ist.

Die rechtwinkligen Straßen um die Place Moulay Mehdi wurden unter dem Namen

Babuschen in allen Farben

›Ensanche‹ als koloniale Erweiterung Tétouans unter spanischer Herrschaft angelegt. Folgt man der Avenue Mohammed V schnurgerade in östliche Richtung, erreicht man den Mittelpunkt der Stadt: die **Place Hassan II**, der ehemalige Feddan, der die Neustadt und Medina verbindet. An der Südostseite des Platzes befand sich ehemals der Sitz der spanischen Kolonialregierung, damals hieß der Platz Plaza de España. Das ehemalige spanische Theater, das zum Kino umgewandelt wurde und im Februar 2015 aus wirtschaftlichen Gründen schloss, war an der Südwestecke des Platzes.

An der Nordseite befindet sich das **Dar el-Makhzen**, der ehemalige Palast des Sultans aus dem 17. Jahrhundert, während der Zeit des spanischen Protektorats Sitz seines Stellvertreters, des Kalifen. König Mohammed VI. ließ diesen Palast erneuern, daher ist aber die Place Hassan II völlig abgeriegelt und gut bewacht. Die Medina betritt man rechts davon durch das **Bab er-Rouah**, eines der sieben Stadttore in der fünf Kilometer langen Stadtmauer.

▲ Karte S. 307

Medina

Die Rue Terrafin mit ihren Schmuckgeschäften führt direkt ins Herz der Medina, in den Bereich der Souks, die ihre einstige Dynamik erhalten haben. Es sind alle Handwerkszweige zu finden, angefangen bei den Kupfer- und Silberschmieden, den Tischlern und Babuschenmachern bis zu den Schneidern. Eine besondere Spezialität von Tétouan sind die Holzmalereien, die vor allem Truhen farbenfroh, überwiegend rot, dekorieren. Auf dem **Souk el-Hout** am Ende der Rue Terrafin leuchten die Stoffe in allen Farben, hier kaufen die Frauen des Rifs das Zubehör für ihre bunten Trachten.

Die **Ghersa Kebira** ist der traditionnelle Platz der Gerber, der aber auch zum Stoff-, Kleider- und Flohmarkt wurde und auf dem man alles findet, ob alt oder neu. In der **Kharrazine** findet heute noch Lederverarbeitung jeglicher Art statt, auch die Gerber sind noch aktiv. Daran schließt sich der **Souk el-Fouqi** an, der Platz der Gewürze und des frischen Brotes. Dahinter wiederum befindet sich das **Bab Mqabar**, daneben die **Zaouia El**

Lauten im andalusischen Café

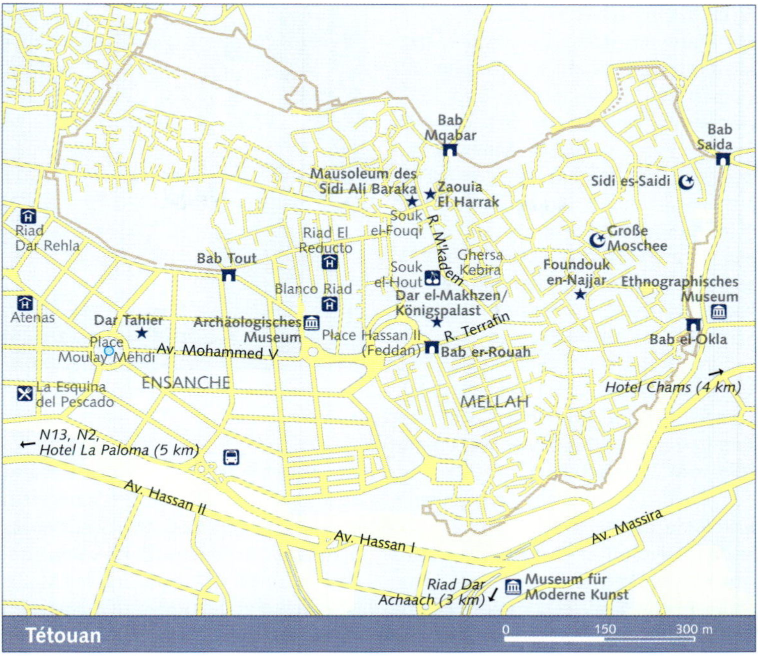

Harrak und links davor das **Mausoleum des Sidi Ali Baraka** mit seiner weißen Kuppel und einer schönen Tür sowie mehrere kleine Moscheen. Insgesamt zählt die Medina von Tétouan nicht weniger als 40 Moscheen und religiöse Stätten wie Zaouias und Marabouts. Die Gasse nach Westen Richtung **Bab Tout** ist die Hauptstraße der Medina für Lebensmittel – von der unverzichtbaren Minze bis zum gerupften Huhn ist alles zu finden, was der Gaumen begehrt.

Geht man von der Rue Terrafin geradeaus weiter, erreicht man die **Große Moschee** aus dem 18. Jahrhundert sowie das benachbarte **Foundouk en-Najjar** und die **Zaouia en-Nasiriyya**, die 100 Jahre älter sind. Nordöstlich davon erhebt sich die Moschee **Sidi es-Saidi**, deren Minarett mit glasierten Fliesen und Zellij, einer weiteren Spezialität von Tétouan, geschmückt ist. Über das gleichnamige Tor kann man die Medina wieder verlassen, oder man biegt vor der Moschee rechts ab und gelangt zum **Bab el-Okla**, an dem sich sowohl die spanisch-arabische Kunsthandwerkschule wie auch das **Ethnographische Museum** (→ S. 309) befindet.

Südlich der Rue Terrafin liegt die auch ›Klein-Jerusalem‹ genannte **Mellah**. Nach dem Fall von Granada siedelten sich ab 1492 andalusische Juden hier an. Die Mellah in ihrer heutigen Form ließ Sultan Moulay Slimane ab 1807 errichten, heute ist sie unter anderem das Viertel für Trockenfrüchte aller Art. Die Häuser der Juden hatten im Unterschied zu arabischen Innenhofhäusern Balkone und Erker an der Straßenseite. Drei Synagogen, die allerdings nicht mehr unterhalten werden, gibt es noch in der Mellah.

Archäologisches Museum

Mosaik im Hof vor dem Archäologischen Museum Tétouan

Das Musée Archéologique wurde speziell für diesen Zweck im Stil eines andalusischen Stadtpalais gebaut und 1940 eingeweiht. Im Hof vor dem Museum werden sechs **römische Mosaike** aus dem späten 2. Jahrhundert gezeigt, die aus Lixus stammen und zum Teil noch in lebendigen Farben strahlen. Daneben gibt es mehrere islamische Grabstelen aus dem 16. und 17. Jahrhundert sowie verschiedene römische Amphoren, Säulenbasen, Steinmühlen und Marmorkapitelle aus Lixus und Tamouda. Zwei kleinere Mosaike aus Lixus, die beide vom Ende des 2. Jahrhunderts datieren, sind in einer Nische an der Außenseite links vom Eingang rekonstruiert, zum einen ›Die drei Grazien‹ und zum anderen ›Die Reise des Bacchus‹.

In drei Sälen im Inneren des Museums ist die permanente Ausstellung untergebracht. Im Saal rechts vom Eingang sind **Funde aus prähistorischer Zeit** ausgestellt, die eine Besiedlung der Region seit mindestens 500 000 Jahren belegen. Faustkeile und Steinwerkzeuge aus Oued Marti und Had Gharbia sind Zeugnisse aus der Altsteinzeit, Keramiken, gefunden in den Grotten von Ghar Kahal und Taht Ghar sind Funde aus dem Neolithikum. Daneben gibt es eine Nachbildung des Cromlechs von Mzoura sowie eine Marmorsphinx und Tonlampen aus punisch-mauretanischer Zeit und auch römische Bronzeobjekte, darunter die Skulptur des Kampfes zwischen Herkules und Antaios.

In den zweiten Raum des Erdgeschosses links vom Eingang sind die schönsten **Mosaike aus Lixus** ausgestellt. Das erste an der Wand gegenüber dem Eingang zeigt die Begegnung des Gottes Mars mit der Königstochter Rhea Silvia, der sie verführte, woraufhin sie Romulus und Remus gebar. An der Wand links vom Eingang befindet sich das zweite Mosaik mit Venus und Adonis, Inbegriff weiblicher und männlicher Schönheit. Adonis war von Gottvater Zeus, oder Jupiter bei den Römern, dazu ›verdammt‹ worden, ein Drittel seiner Zeit mit Venus zu verbringen. Die beiden sind umgeben von flatternden Genien und Vögeln. Im Boden am Ende des Raums wurde die Fortsetzung dieses Mosaiks, bestehend aus geometrischen Motiven, verlegt. Das Mosaik im Boden am Eingang ist Teil des Mosaiks des Mars und der Rhea Silvia. Beide Mosaike stammen aus dem 2. Jahrhundert.

Der dritte Raum befindet sich im Obergeschoss, wo in Vitrinen **Kleinobjekte** wie Pfeilspitzen aus prähistorischer Zeit, Fragmente von Straußeneiern, neolithische Vasenbruchstücke, Tonlämpchen der Phönizier, Metallbeschläge, Weihrauchbrenner und kleinteilige Objekte aus römischer Zeit ausgestellt sind. In einer Vitrine sind neben römischen Münzen und einem Bronzekandelaber auch seltenere mauretanische Münzen aus der Zeit Jubas zu sehen.

Musée Archéologique, 2, Rue Ben Hssain, Tel. +212/539/967303; Mo–Sa 10–18 Uhr, 10 DH.

▲ Karte S. 307

Ethnographisches Museum

Schon seit 1928 gibt es ein Volkskundemuseum (Musée Ethnographique) in Tétouan. 1948 wurde es in die heutigen Räumlichkeiten verlegt. Diese historische Festung wurde um 1830 im Auftrag des Sultans Moulay Abd er-Rahman erbaut. Ein zentraler Innenhofgarten und die umliegenden Räume zeigen den klassischen Aufbau eines traditionellen Palastes oder Riads mit einem Wasserbecken im Mittelpunkt sowie einem Zellij-Wandbrunnen. In den umliegenden Räumen, auf zwei Etagen verteilt, sind die Exponate des Museums ausgestellt.

Besonderes Augenmerk ist dabei auf das traditionelle **maurische Kunsthandwerk** gelegt, das dank des Zustroms andalusischer Flüchtlinge ab dem 15. Jahrhundert in Tétouan heimisch wurde. Zellij, Lederarbeiten und Töpferkunst bilden den Kern der Ausstellung. Die Keramiken sind als Gebrauchsgegenstände für den normalen Hausgebrauch gefertigt worden und – typisch für die Rif-Region – in simplem Braun glasiert. Die Lederbabuschen aus Tétouan waren jahrhundertelang ein Exportschlager, die Gerbereien am Rande der Medina sind heute noch aktiv.

Auch das soziale Leben Tétouans mit dem Souk als Ort der Begegnung und des Handels sowie den Moscheen, Marabouts und Zaouias als Orte spiritueller und religiöser Unterweisung und Lehre wird erläutert und illustriert. Weiteres Thema des Museums ist neben dem öffentlichen auch der private Raum des Hauses, Refugium der Frauen und deren typischer Alltag früherer Zeiten mit Kochen, Kindern und Handarbeiten. Insbesondere die **Stickerei** wird anhand kunstvoller Exponate dargestellt.

Ebenfalls geschildert wird die Shedda, ein typisch Tétouanaiser Initiationsritus, durch den die Mädchen im Alter von sieben Jahren auf ihr künftiges Erwachsenenleben vorbereitet wurden. Bei der Shedda lernten die Mädchen, wie junge Bräute anzuziehen und zu schminken waren. Üblicherweise wurde diese Einführung auch zur Aufklärung und Einweisung in die Kunst der Verführung genutzt. Meist fand die Shedda am 26. Ramadan statt, wenn die Mädchen traditionsgemäß zum ersten Mal mitfasteten und dadurch ebenfalls einen wichtigen Schritt zum Erwachsenenleben machten. Nach ihrem ersten Fastenbrechen begann die Zeremonie, die sich im Laufe des Abends und der Nacht zu einem rauschenden Frauenfest mit viel Musik entwickelte. Mehrere der dabei getragenen **Shedda-Kleider** fanden ihren Platz im Museum. Abschließend werden **Möbel** gezeigt wie das typische Hochzeitsbett aus Tétouan, auf dem sieben mit Seide bestickte Kissen die sieben Tage des traditionellen Hochzeitsfestes repräsentieren. Bemalte Holztruhen, in denen die Aussteuer der Bräute in ihr neues Heim gebracht wurde, sowie eine Sänfte, in der die Braut selbst überführt wurde, komplettieren die Ausstellung.

Musée Ethnographique, 65, Bab el-Okla, Tel. +212/539/970505; Mo–Fr 9–12 und 14–18 Uhr, außer an Feiertagen, 10 DH.

Museum für Moderne Kunst

Der Architekt Abdessalam Bencrimo baute 2008 im Auftrag des marokkanischen Kulturministeriums und der Junta de Andalucia, der andalusischen Landesregierung, den ehemaligen Bahnhof von Tétouan zu einem Zentrum moderner und zeitgenössischer marokkanischer Kunst um und aus. Allein wegen seiner neo-maurischen Architektur und des gelungenen Umbaus lohnt der Besuch des Museums für Moderne Kunst (Centre d'Art Moderne de Tétouan/CAMT), das 2012 seine Pforten öffnete. Der Direktor des Museums, Bouabid Bouzaid, selbst international renommierter Künstler und schon seit 1980 als Professor an der Nationalen Kunsthochschule in Tétouan tätig, hat mittlerweile fast 200 Werke, auch zum Teil ehemaliger Schüler von ihm, zusammengetragen. Einen Gutteil der Bilder hat der Direktor auch selbst restauriert.

Der erste Raum des Museums ist der **Kunst von 1945 bis 1956** gewidmet, also von der Zeit der Gründung der Kunsthochschule Tétouans während des spanischen Protektorats bis zur Unabhängigkeit Marokkos. Der nächste Teil der Sammlung gilt der **Marokkanischen Moderne von 1957 bis 1979**, als ›die Künstler auf der Suche ihrer Identität‹ waren, so der Titel des zweiten Saals. Die **Zeit von 1979 von 1993** wird mit Werken von Abdelkrim Ouezzani, Ahmed Amrani und Habiba Benhamou im dritten Raum repräsentiert, und der vierte Raum des Museums gibt der **zeitgenössischen Kunst** ihren Platz. Hier sind ausschließlich Absolventen der hiesigen Ecole des Beaux-Arts vertreten – nicht nur mit Bildern, sondern auch mit Skulpturen und Installationen und Videokunst.

Musée de l'Art Moderne, Avenue El Mekki el-Naciri, Tel. +212/666/046081; Mo–Sa 9–19 Uhr.

Tétouan

Vorwahl: +212/539.

Délegation Régionale du Tourisme, 30, Avenue Mohammed V, Tel. +212/539 /961915.

Busbahnhof, Ecke Rue Sidi Mandri/Rue Moulay Abbas. Busse fahren regelmäßig ab Fès, Meknès, Chefchaouen, Rabat und Tanger nach Tétouan. Auch die Sammeltaxis stehen am Busbahnhof.

CTM, Avenue du 9 avril, Tel. +212/539/ 711654.

Hotels

La Paloma (€€), 751, Avenue Moulay Hassan El Mehdi, an der Kreuzung N2/ N13, Tel. +212/661/642374, www.hotellapaloma.com. Vier-Sterne-Hotel mit marokkanischem Flair und modernen, zweckmäßig eingerichteten Zimmern.

Chams (€€), Avenue Abdelkhalek Torres, Tel. +212/539/990901, www.hotelchams.com. Komfortables Vier-Sterne-Hotel mit etwas altbackenem Charme.

Atenas (€–€€), Avenue Allal Ben Abdallah, Tel. +212/539/700065, www.hotelatenas.ma. Drei-Sterne-Hotel mit reichlich kitschiger, altmodischer Einrichtung, aber sauberen Zimmern.

Riads

El Reducto (€€), 38, Rue Zaouia Kadiria, Tel. +212/539/968120, www.elreducto.com. Charmante Pension mit gepflegten Zimmern in traditionell marokkanischem Stil mit spanischen Elementen. Der elegante Riad diente schon mehrfach als Filmkulisse. Sehr gute Küche.

Blanco Riad (€€), 5, Rue Zaouia Kadiria, Tel. +212/539/704202, www.blancoriad.com. Originelles Gästehaus mit geschmackvollem Interieur und viel Flair.

Riad Dar Achaach (€€), Route Torreta, Tel. +212/539/974674, www.riaddarachaach.com. Gepflegter, ruhiger Riad mit gediegener Eleganz, im Süden der Stadt. Schöner Garten.

Dar Rehla (€), 3, Rue Habibi, Tel. +212/ 539/711768, www.darrehla.com. Elegantes, stilvolles Gästehaus mit viel Komfort und ausgezeichnetem Preis-Leistungsverhältnis.

Riad Khmisa (€), 3, Rue Marztane. Einfacher Riad mit orientalischem Flair.

Camping Al Boustane, Avenue Moulay Rachid, Martil, Tel. +212/539/688822. Am Strand, 8 km von Tétouan entfernt. Gutes Fischrestaurant.

▸ Karte S. 307

La Esquina del Pescado (€€), 43, Avenue Chakib Arsalan, Tel. +212/539/961001. Exzellent zubereiteter Fisch aus dem nahen Mittelmeer.

Palace Bouhlal (€–€€), 48, Rue Jamaa el-Kebir, Tel. +212/670/859563. Gute marokkanische Küche in typischem Ambiente mit vielen Salons. Gerne von Gruppen besucht.

Café Granada (€), Avenue d'Alger, Parking Hammadi, Tel. +212/539/964718. Kleines, ruhiges Restaurant mit simpler, aber guter Küche.

Strände gibt es längs der **Tamouda-Bucht** zwischen Martil und Cabo Negro, ca. 10 km von Tétouan entfernt. Besonders schöne Abschnitte sind zwischen **Mdiq** und **Marina Smir**, 20–27 km nördlich von Tétouan.

Voile Croisière Océane Maroc, Mdiq, Tel. +212/668/439063, www.voilecroisiere oceanemaroc.com. Segelausflüge entlang der Mittelmeerküste, ab 500 DH. Ab Mdiq oder Marina Smir.

Musikfestival der Laute; im Mai.

Hôpital Civil, Rue Martil, Tel. +212/539/972430.

Chefchaouen

In Chefchaouen kann man sein ›blaues Wunder erleben‹, denn die kleine Stadt mit 40 000 Einwohnern auf 600 Metern Höhe erstrahlt in einem fast unwirklichen Himmelblau. Die Farbe soll angeblich gegen den bösen Blick helfen und Geister fernhalten. Und hartnäckig hält sich das Gerücht, dass die blaue Farbe auch Fliegen abhalte. Zumindest auf den Besucher wirkt das Blau sehr anziehend und verleiht der kleinen Stadt besonderen Charme.

Chefchaouen ist eine recht junge Gründung. Erst ab 1471 entstand sie dank Moulay Ali Ben Moussa El Alami, der aus Al-Andalous kam, um Marokko gegen die Portugiesen zu verteidigen. Jahrhundertelang galt Chefchaouen als heilige Stadt, und bis 1920 war es Ausländern unter Androhung der Todesstrafe verboten, sie zu betreten. Sie hatte insgesamt 20 Moscheen, daneben gab es elf Zaouias und 17 Mausoleen. Zum ›Blaulichtviertel‹ wurde Chefchaouen übrigens erst Anfang des 20. Jahrhunderts durch jüdische Zuwanderer. Als sich 1883 der französische Reisende Charles de Foucauld, als Jude getarnt, verbotenerweise Zutritt verschaffte, waren Türen und Fenster in Grün, der Farbe des Islams, gestrichen. Der Name der Stadt setzt sich zusammen aus ›Chouf‹ und ›Achaouen‹, was im Berberischen ›Betrachte‹ ›beide Hörner‹ bedeutet. Bezogen auf die Lage heißt das wohl, dass man die hornartigen Berge des Rifs von hier aus bewundern soll. Gemeint sind die beiden Stadtberge **Jebel Tissouka** (2050 Meter) und **Jebel Megou** (1616 Meter). Die Bergwelt des Rifs kann

Alte Männer in den Gassen von Chefchaouen

Blaue Häuser in Chefchaouen

man in der Umgebung von Chefchaouen besonders gut erkunden und noch dazu bestens gestärkt: Im November 2010 wurde die Stadt neben Soria in Spanien, Koroni in Griechenland und Cilento in Italien als Ort, in dem die sogenannte Mittelmeerdiät als besonders gesunde Küche praktiziert wird, Teil des immateriellen Weltkulturerbes der UNESCO.

Auf der Place Outa El Hammam

▲ Karte S. 313

■ Medina

Einen Bummel durch die malerische blaue Stadt beginnt man am besten am südlichen Stadttor **Bab el-Mokef**, das unter dem Ouattasiden-Herrscher Moulay Ali Ben Raschid Anfang des 16. Jahrhunderts errichtet wurde. Steigt man die Rue Assaida Alhorra bergauf, gelangt man auf direktem Weg zum Herz der Medina, der **Place Outa El Hammam**. Viele kleine Cafés und Restaurants säumen den Platz, Maulbeerbäume spenden im Sommer Schatten.

Rechts des Platzes erhebt sich die **Kasbah**, ein mächtiger, zinnenbekrönter Bau in Rotbraun aus dem 15. Jahrhundert. Moulay Ismail ließ die Kasbah erbauen. Heute befindet sich ein kleines **Museum** in der Kasbah, in dem Musikinstrumente, Kleidung, Waffen und alte Fotos von Chefchaouen ausgestellt sind. Außerdem ist das Gefängnis zu sehen, in dem Abdelkrim von 1916 bis 1917 gefangengehalten wurde. Die Kasbah zu besichtigen lohnt sich schon allein wegen des Blickes, den man vom **Turm** über die Stadt hat. Zudem gibt es idyllische **andalusische Gärten** zu genießen.

Ansonsten hat Chefchaouen keine Sehenswürdigkeiten im eigentlichen Sinne, der Charme der Gässchen und das Flair der Medina sind die eigentliche Attraktion. Am besten lässt man sich einfach treppauf, gassab treiben. Besonders malerische Häuser gibt es an der **Rue Targui**.

Kasbah, Place Outa El Hammam, Tel. +212/539/986343; Mi–Mo 9–13, 15–18.30 Uhr, 10 DH.

■ Bouzzafer-Moschee

Übernachtet man in Chefchaouen, empfiehlt es sich, spätnachmittags vom **Ras el-Ma** aus zur Bouzzafer-Moschee hochzugehen, um von dort aus den Sonnenuntergang zu beobachten. In dieser Moschee 150 Meter oberhalb der Stadt

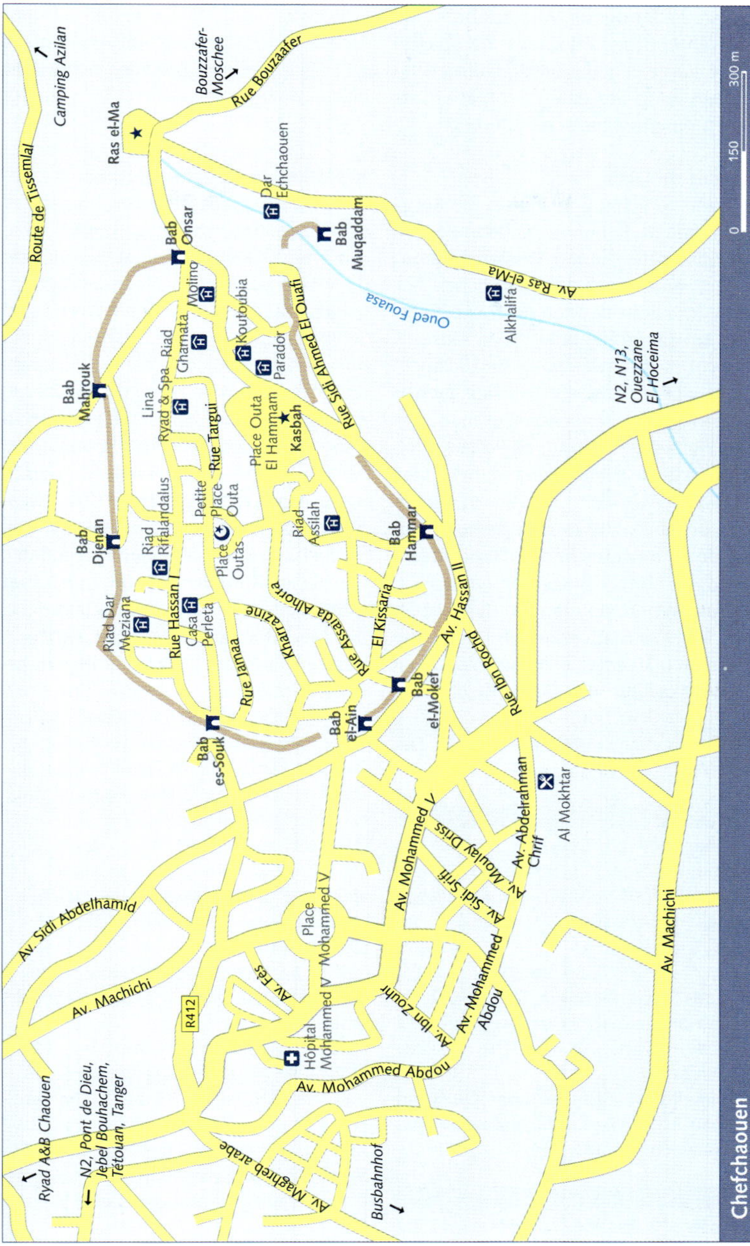
Chefchaouen
Ras el-Ma
Camping Azilan
Bouzzafer-Moschee
Rue Bouzaafer
Route de Tissemlal
Dar Echchaouen
Bab Onsar
Bab Muqaddam
Av. Ras el-Ma
Molino
Oued Fouasa
Alkhalifa
Koutoubia
Riad Gharnata
Parador
Rue Sidi Ahmed El Ouafi
Bab Mahrouk
Lina Ryad & Spa
Place Outa El Hammam
Kasbah
Rue Targui
N2, N13, Ouezzane El Hoceima
Petite Place Outa
Riad Rifalandalus
Riad Assilah
Bab Djenan
Place Outas
Bab Hammar
Rue Assaida Alhorra
Riad Dar Meziana
Casa Perleta
Rue Hassan I
Kharrazine
El Kissaria
Av. Hassan II
Rue Jamaa
Bab el-Mokef
Rue Ibn Rochd
Bab el-Ain
Bab es-Souk
Al Mokhtar
Av. Mohammed V
Av. Abdelrahman Chrif
Av. Moulay Driss
Av. Sidi Srifi
Av. Sidi Abdelhamid
Place Mohammed V
Av. Machichi
Av. Fes
Av. Mohammed Abdou
Av. Ibn Zouhr
R412
Hôpital Mohammed V
Ryad A&B Chaouen
N2, Pont de Dieu, Jebel Bouhachem, Tétouan, Tanger
Av. Maghreb arabe
Busbahnhof
0
150
300 m

hatten die Berber ihr Versteck bezogen, als während des Rif-Kriegs die Spanier 1924 kurzzeitig die Stadt räumten, in Vorbereitung auf einen Senfgaseinsatz gegen die aufständischen Berber.

Pont de Dieu

Eine kleine Schnuppertour in die Berge kann man in den etwa 30 Kilometer im Nordosten liegenden Weiler **Akchour** unternehmen und zur natürlichen Felsenbrücke Pont de Dieu spazieren. Fährt man auf der P4105 in Richtung Akchour, erreicht man am Eingang der Schlucht einen kleinen **Stausee**. Ab hier gibt es zwei Möglichkeiten: entweder man folgt den Fluss **Oued Farda**, der diese ›Gottesbrücke‹ ausgewaschen hat, oder man folgt dem Weg rechts vom Fluss bergauf. Von unten hat man den besten Blick auf den 25 Meter hohen Naturbogen, allerdings läuft man Gefahr, nasse Füße zu bekommen, da man hin und wieder von Stein zu Stein springen muss. Von oben hat man einen grandiosen Blick auf die **Wasserfälle** des Oued Farda. Also am besten beide Wege gehen und ein Picknick zur Stärkung mitnehmen! Es gibt aber auch einige kleine Restaurants in Akchour. *35° 13'43.007"N, 5° 10' 30.054"W.*

Nationalpark Talassemtane

Der Nationalpark Talassemtane, einer von insgesamt zehn in ganz Marokko, misst 600 Quadratkilometer und wurde 1972 geschaffen. Neben Wäldern, spektakulären Felslandschaften und Schluchten gibt es auch zahlreiche Tiere, darunter Berberaffen, Luchse, Bartgeier und Steinadler. Noch vor gut 100 Jahren ging man hier auf Jagd nach Leoparden und sogar Geparden. Seit 2006 ist der Talassemtane-Park Teil eines Interkontinentalen Biosphärenreservats (mit Spanien) unter Leitung der UNESCO, das in Marokko auch die **Lagune von Smir**, den Wald **Koudiet Taifour**, den **Jebel Moussa** an der Straße von Gibraltar und den **Jebel Bouhachem** umfasst. Letzterer lässt sich ebenfalls bei Wanderungen von Chefchaouen aus erkunden.

Chefchaouen

Vorwahl: +212/539.

Busbahnhof, am Ende der Avenue Mohammed V, ca. 1,5 km außerhalb des Zentrums. Mit dem Bus kommt man ab Tanger, Ouezzane und Tétouan (25 DH) nach Chefchaouen.
CTM, Tel. +212/539/988769.
Grands Taxis Richtung Tanger und Tétouan findet man an der Avenue Jamal ed-Din el-Afghani in der Nähe der Place Mohammed V.
Sammeltaxen nach Fès oder Ouezzane stehen Ecke Avenue Abdelkrim el-Khattabi/Avenue Moulay Idriss.

Lina Ryad & Spa (€€€), Rue Hassan I, Tel. +212/645/069903, www.linariad.com. Stilvolles Fünf-Sterne-Hotel mit eleganten und komfortablen Suiten. Indoor-Pool, Hammam und Whirlpool.
Dar Echchaouen (€€), Route Ras el-Ma, Tel. +212/539/987824. Geschmackvoll eingerichtetes kleines Hotel mit marokkanischem Design. Garten mit Pool.
Casa Perleta (€€), Bab el-Souk, Medina, Tel. +212/539/988979, www.casaperleta.com. Charmantes Haus mit liebevoll gestalteten Zimmern.
Parador (€€), Place El Makhzen, Tel. +212/539/986324, www.hotel-parador.com. Vier-Sterne-Hotel mit schönen Zimmern in schlichtem Design; Pool.
Alkhalifa (€), Avenue Ras el-Ma, Tel. +212/539/882664, www.hotel-alkhalifa.com. Kleines, traditionell gestaltetes Zwei-Sterne-Hotel mit einfachen Zimmern.

▶ Karte S. 313

Koutoubia (€), Rue Ibn Asskar, Tel. +212/539/988433, www.hotelkoutoubia.blogspot.com. Einfache marokkanische Pension mit aufmerksamem Personal.
Molino (€), Rue Raouachid, Quartier Sebanine, Tel. +212/539/987423. Nettes Hotel mit wunderschönem Garten und einfachen, schnörkellosen Zimmern.

Riads

Ryad A&B Chaouen (€€€), Rue 16 Novembre, Tel. +212/666/283486. Kleines Gästehaus mit avantgardistischem Design mit vielen originellen Elementen. Mit Indoor-Pool.
Riad Gharnata (€€), Rue Gharnati, Quartier Andalous, Tel. +212/661/457424. Gemütlicher Riad, mit vielen Details liebevoll eingerichtet.
Dar Meziana (€€), 7, Derb Zaghdoud, Tel. +212/539/987806, www.darmezianahotel.com. Charmantes Gästehaus im traditionellen Stil.
Riad Rifalandalus (€€), 151, Rue Hassan I, Tel. +212/539/986612, www.riadrifandalus.com. Farbenfroher Riad mit traditionell marokkanischer Einrichtung.
Riad Assilah (€), 19, Rue Imam Chadli, Medina, Tel. +212/539/883000, www.riad-assilah.com. Einfache Pension mit Atmosphäre.

Aladin (€–€€), 17, Rue Targui, Tel. +212/539/989071, http://aladinchefchaouen.com. Witziger Eingang wie in Ali Babas Höhle. Gute marokkanische Klassiker, aber auch Salate und Pastilla. Sehr netter und kommunikativer Besitzer, unschlagbare Preise.
Tissemlal (€–€€), 22, Rue Targui, Tel. +212/539/986153, www.casahassan.com. Marokkanisches Restaurant im Hotel Casa Hassan, gute und preiswerte Küche.
Al Mokhtar (€), Avenue Moulay Abd er-Rahman Chrif, Tel. +212/661/595491. Gemütliches Lokal für einen Snack wie Sandwich oder frittierten Fisch. Viele Backpacker kommen hierher.
Chez Fouad (€), Schmackhafter Imbiss, in dem man nur Marokkaner trifft.
Dar Mounir (€), Derb Sidi Bellahcen, Tel. +212/539/987584. Gute marokkanische Küche mit Blick über den zentralen Platz.
Populaire Bab Ssour (€), 5, Rue El Kharrazine, Tel. +212/660/261128. Schnellimbiss – gut und frisch.

Camping Azilan, Avenue Sidi Abdelhamid-Route de Tissemlal, Tel. +212/539/986979, www.campingchefchaouen.com; Pers. 30 DH, Auto 20 DH, Zelt 25 DH, Wohnmobil 40 DH, Strom 20 DH, Dusche 10 DH.

Ecotourisme Randonnées Chefchaouen, Avenue 20 novembre, Tel. +212/672/743347, www.gitetalassemtane.com. Organisiert ein- bis mehrtägige Wanderungen im Rif, Mountainbiketouren oder Marktbesuche in kleinen Bergdörfern.
Rif Walks, Tel. +212/661/463905, rifwalks@gmail.com. Abdessalam Mouden organisiert Wanderungen im Rif-Gebirge.

Ouezzane

An den südwestlichen Ausläufern des Rifs liegt die 65 000 Einwohner zählende Stadt Ouezzane. Sie gilt wegen der hier beheimateten Tabiyya-Bruderschaft, aber vor allem wegen ihrer Scherifen als heilige Stadt. Ouezzane verdankt seine Entstehung dem Idrissiden-Scherifen Moulay Abdallah, der hier 1727 eine Zaouia gründete. Allerdings gab es schon ein Berberdorf an dieser Stelle, und auch heute noch ist der Großteil der Bevölkerung berberischen Ursprungs. Die meisten von ihnen sind die oft als rebellisch verrufenen Rifkabylen.
Jedes Jahr im Mai wird Ouezzane anlässlich des Moussems zu Ehren des Gründers noch immer von tausenden

Schafherde im Rif-Gebirge

Wallfahrern aufgesucht. Auch marokkanische Juden pilgern nach Ouezzane. Sie besuchen im Frühjahr die Grabstätte des Rabbiners Amran Ben Divan, der 1792 auf einer Reise von seiner Heimat Hebron im Heiligen Land hierher verstarb und im neun Kilometer entfernten Bergdorf Asjen beigesetzt wurde.

Die Scherifen von Ouezzane

Die arabischen Scherifen-Familien, in der Hauptsache sind es die Dar und die Admana, nehmen für sich in Anspruch, die ›echten‹ Scherifen zu sein, da ihre Vorfahren bereits im 8. Jahrhundert einwanderten, während die scherifischen Alaouiten erst im 13. Jahrhundert nach Marokko kamen. Deshalb zweifeln die Ouezzaner Scherifen hinter vorgehaltener Hand die Echtheit der Alaouiten-Abstammung an. Der Umstand, dass König Mohammed V. kurz nach einem Besuch in Ouezzane 1961 überraschend verstarb, hat neben diesen Zweifeln und der legendären Unbeugsamkeit der Rifkabylen dazu geführt, dass bei den herrschenden Alaouiten keine große Begeisterung für Ouezzane aufkam. Hassan II. hatte in 38 Regierungsjahren kein einziges Mal einen Fuß in die Stadt oder den gesamten Rif gesetzt, und auch Mohammed VI., der nach seiner Thronbesteigung immerhin die Rif-Region auf einer Antrittsreise besuchte und gerne in Tanger und Tétouan Urlaub macht, mied Ouezzane bislang. Die Scherifen von Ouezzane hielten im ausgehenden 19. Jahrhundert, als die Sultane eher schwach waren, Hof. Sie empfingen europäische Reisende, die sie als ›islamische Päpste‹ bezeichneten, und ließen sich gar von den Sultanen hofieren. Diese mussten damals für ihre Thronbesteigung erst die Zustimmung der Scherifen von Ouezzane einholen. Wurde diese gewährt, hielten sie dem neuen Sultan die Steigbügel beim Aufsitzen auf das Pferd. Erst durch die Protektoratszeit nahm der Einfluss der Scherifen und der Tabiyya-Bruderschaft, deren Vorsitz sie führten, rapide ab.

▲ Karte S. 304

i Ouezzane

Vorwahl: +212/537.
Markt: Mittwoch und Donnerstag.

Busbahnhof, Place de l'Indépendence; hier ist auch die Station der **Grands Taxis**. Busse ab und nach Chefchaouen, Tétouan, Meknès, Fès, Kénitra und Rabat.

Allahs Schokolade – Kif im Rif

Das Rif ist die weltweit zweitgrößte Anbaufläche von Cannabis nach Afghanistan, bis 2012 war Marokko sogar Weltmarktführer. Auf fast 50 000 Hektar rund um das Dorf Ketama wird Hanf angebaut. 38 000 Tonnen Kif (Marihuana) und 760 Tonnen Haschisch liefert diese Fläche, schätzungsweise 800 000 Menschen im Rif leben unmittelbar von der Hanfpflanze. 80 Prozent des in Europa konsumierten Haschischs wurden aus Marokko geschmuggelt.

Der Anbau und Konsum von Hanfsamen, Kif, hat im Rif jahrhundertelange Tradition. Seit dem 15. Jahrhundert wurde Hanf nachweislich in Ketama angebaut, anfangs zur Herstellung von Seilen für die Schifffahrt und für die Papierherstellung. Später erkannten die Berber die berauschende Wirkung vor allem der unbefruchteten weiblichen Blütenstände, die der Inhaltsstoff Tetrahydrocannabinol (THC) hervorruft. Das ebenfalls enthaltene Cannabidiol (CBD) wirkt entkrampfend, entzündungshemmend und sedierend und wird mittlerweile in der Medizin bei der Behandlung chronischer Schmerzpatienten eingesetzt.

Mit der Einführung der Dampfschifffahrt ließ die Nachfrage nach Hanf für die Seilerei dramatisch nach, doch die nach Cannabis nahm seit dem frühen 20. Jahrhundert stetig zu. König Mohammed V. legalisierte den Anbau von Cannabis in fünf Dörfern des Rif, wohl aus Angst vor den renitenten Rifberbern, aber auch, um die Einfuhr von französischen Tabakwaren zu behindern.

Die Hippies der 60er Jahre brachten den Hanfbauern bei, aus dem Pflanzenharz Haschisch zu pressen, das sich besser transportieren – sprich schmuggeln – ließ. Die braunen Harzklumpen werden zu Tafeln geformt und daher auch ›Allahs Schokolade‹ genannt.

Die Riafa verdienen etwa 214 Millionen US-Dollar mit dem Cannabis, das auf dem europäischen und amerikanischen Markt 14 Milliarden US-Dollar einbringt. Ein Rifbauer bekommt rund 3000 Euro pro Jahr, also etwa 250 Euro pro Monat und damit weniger als den marokkanischen Durchschnittslohn. Da auf den kargen Böden aber nichts so gut wie Hanf wächst und keine alternativen Verdienstmöglichkeiten vor Ort sind – Industrie gibt es nicht –, werden die Bauern wohl auch weiterhin Hanf anbauen. Diejenigen, die den großen Reibach machen, sind die Schmuggler. Anbau und Eigenkonsum sind nach wie vor straffrei, aber Transport und Verkauf wurden durch Hassan II. verboten, und in dieser Illegalität liegen die großen Gewinnmargen. Der Preis pro Gramm Haschisch hat sich bis Tanger schon verhundertfacht und in Algeciras oder Gibraltar vertausendfacht. Ein lukratives Nebengeschäft der Schmuggler ist der Menschenhandel. Auf den kleinen Booten, mit denen sie der spanischen Guardia Civil ein ums andere Mal entkommen, schmuggeln sie gegen horrende Summen auch unzählige Marokkaner und Schwarzafrikaner ins gelobte Land – Europa.

Mohammed VI. hat die Maßnahmen gegen die Drogen noch einmal verschärft, wodurch sich die Anbaufläche in den letzten zehn Jahren von ehemals 120 000 Hektar mehr als halbiert hat, 48 000 Kifbauern bekamen 2014 Strafbefehle. Aber die Mafia profitiert ungehindert, indem sie die geringeren Mengen zu immer höheren Preisen weiterverkaufen. Das Schlimmste, was ihnen passieren könnte, so sagen sie, sei die Legalisierung von Haschisch in Europa.

Jebel Zerhoun

Das bis zu 1118 Meter hohe Zerhoun-Massiv ist geologisch gesehen ein Anhängsel des Rif-Gebirges von nur 15 Kilometern Länge. Die Hügel sind dicht an dicht mit Olivenbäumen bestanden, die schon in der Antike der Reichtum der Römerstadt Volubilis waren. Eine weitere lukrative Einnahmequelle der Römer waren die wilden Tiere im Jebel Zerhoun, wo noch in den 1920er Jahren auf Löwenjagd gegangen und wohl 1927 der letzte Berberlöwe geschossen wurde. An den westlichen Hängen des Zerhoun-Massivs liegt nicht nur das reizvolle Volubilis mit seiner übersichtlichen, gut wiederhergestellten Stadtanlage und den herrlichen Mosaiken in den Häusern, sondern auch deren malerische Nachfolgestadt Moulay Idriss.

Volubilis

Im Frühling wogen die Getreidefelder in der fruchtbaren Ebene und geben heute noch einen Eindruck davon, wie es in der Antike ausgesehen haben muss, als römische Großgrundbesitzer rund um Volubilis ihre Latifundien hatten. Eine genaue Gründungszeit konnte bisher allerdings nicht bestimmt werden. Mit Sicherheit lässt sich nur sagen, dass sie in den Jahren von 40 bis 45 nach Christus zunächst Garnisonsstadt der Römer war und im Jahr 42 das römische Stadtrecht erhielt. Danach stieg sie zur wichtigsten Stadt der Provincia Mauretania Tingitana auf, die ein Gebiet von nur 9000 Quadratkilometern zwischen Mittelmeer und Mittlerem Atlas umfasste.

Die Provinzverwalter in Diensten der Kaiser, die Prokuratoren, machten Volubilis zu ihrer Residenzstadt und damit de facto zur Hauptstadt. Zur Blütezeit stieg Volubilis im 2. und 3. Jahrhundert auf. Musste die Provinz zunächst eine jährliche Zwangsabgabe, die Annona, an Rom leisten, fiel diese nach der Einführung der Constitutio Antoniniana durch Kaiser Caracalla im Jahr 212 weg, was bedeutete, dass man ein Drittel mehr an Getreide und Öl zu Geld machen konnte. Und damit leisteten sich die nun Rom gleichgestellten Provinzler von Volubilis neue Häuser mit neuen Bodenbelägen, außerdem gründeten sie Stiftungen für die Verschönerung der Stadt und der öffentlichen Bauwerke.

Volubilis bekam in dieser Zeit das Aussehen, das die Ausgräber freilegten. Die Stadt erhielt eine 2350 Meter lange Mauer mit 40 Bastionen, ein rechtwinkliges Straßennetz, ein neues Forum und vor allem viele neue große Häuser mit integrierten Ölmühlen. Zwischen 10 000 und 15 000 Einwohner zählte Volubilis bis Mitte des 3. Jahrhunderts. Ende des Jahrhunderts häuften sich allerdings die Angriffe der nichtunterworfenen Berberstämme, und so mussten sich die Römer nach Tingis zurückziehen, und Volubilis wurde von den Auraba-Berbern besetzt, die es unter dem Namen Oualila zu ihrem Hauptort machten.

Nachdem Moulay Idriss Aufnahme bei diesem Stamm gefunden und einen neuen Ort mit seinem Namen gegründet hatte, wurde Volubilis aufgegeben und verfiel zusehends. Der despotische Herrscher Moulay Ismail ließ seine Ville Impériale in Meknès mit den schönsten Säulen, Kapitellen und Marmorplatten aus Volubilis aufbauen und förderte damit den Verfall. Das große Erdbeben von Lissabon 1755 machte dem verbliebenen Rest den Garaus.

1874 wurde Volubilis vom französischen Gelehrten Charles-Joseph Tissot ›wiederentdeckt‹. Er erkannte in dem inzwischen ›Ksar Pharaoun‹ genannten Ruinenfeld

▲ Karte S. 304

Moulay Idriss an den wolkenverhangenen Hängen des Jebel Zerhoun

die alte Römerstadt. 1887 begannen die ersten Ausgrabungen, von 1915 bis 1941 wurde der größte Teil dessen, was heutzutage zu besichtigen ist, freigelegt - unter anderem unter Mithilfe deutscher Kriegsgefangener des Ersten Weltkriegs. Die wertvollsten Fundstücke kamen ins Archäologische Museum nach Rabat. Nach Erlangung der Unabhängigkeit wurden unter marokkanischer Leitung noch weitere Grabungskampagnen durchgeführt. 1997 ernannte die UNESCO Volubilis zum Weltkulturerbe.

Ruinen-Rundgang

Man betritt das 40 Hektar große Ausgrabungsgelände durch den neuen Eingang am unteren Ende des Parkplatzes. Am Fuß der dahinter folgenden Treppen liegt das **Museum**. Danach folgt man dem gut befestigten Weg hinab bis zum kleinen **Oued Fertassa**, an dem sich der Weg gabelt. Links geht der gepflasterte Hauptweg wieder bergauf, rechts führt ein breiter unbefestigter Weg ins römische ›Neubauviertel‹ des 3. Jahrhunderts.

Museum

Ganz neu ist das Museum in Volubilis errichtet worden. Bislang sind jedoch nur im Vorhof einige Schautafeln mit Lageplänen sowie einige Stelen aufgestellt worden. Die 4200 Quadratmeter Fläche im Inneren warten noch auf Ausstellungsstücke. Unbestätigten Gerüchten zufolge sollen wohl die schönsten Stücke aus dem Archäologischen Museum in Rabat (→ S. 139) hier einziehen.

Haus des Orpheus

Das einzige größere und vollständig ausgegrabene Haus im ›Altstadtteil‹ von Volubilis verdankt seinen Namen dem prächtigen Hauptmosaik im **Peristyl**, dem Säulenhof, des Hauses. Es zeigt den mythologischen Sänger, der mit seiner Musik sogar die wilden Tiere betören konnte. Hier scharen sie sich friedlich um Orpheus, der im roten Gewand auf einem Thron im Zentrum sitzt, getragen vom Blattwerk von Olivenbäumen. Zwischen den Baumstämmen gruppieren sich die wilden Tiere des damaligen

Karte S. 321

Die Basilika von Volubilis

Nordafrikas. Von Elefant, Löwe, Leopard, Gazelle und Affe bis zur kleinen Maus ist alles vertreten. Die Darstellung wilder Tiere war ein beliebtes Thema in Volubilis, da mit deren Export einige Bürger der antiken Stadt eine Menge Geld machten.

Das Mosaik schmückte ehemals das **Triklinium**, das Esszimmer, in dem auf dem einfacheren Rautenmosaik die drei Liegen, auf denen man speiste, standen. Der Blick öffnete sich in den **Innenhof** mit einem Wasserbecken, vor dem ein schönes Schwarz-Weiß-Mosaik den von Seepferden gezogenen Wagen der Amphitrite und anderes Meeresgetier zeigt. Oberhalb dieses Peristyls sieht man noch die gut erhaltene private **Badeanlage** des Hauses. Thermen im eigenen Haus waren ein Zeichen höchsten Luxus, da man mindestens drei Tage vorheizen musste, um die richtige Raum- und Wassertemperatur zu erreichen. In den kleineren Räumen, die an der Straßenseite liegen,

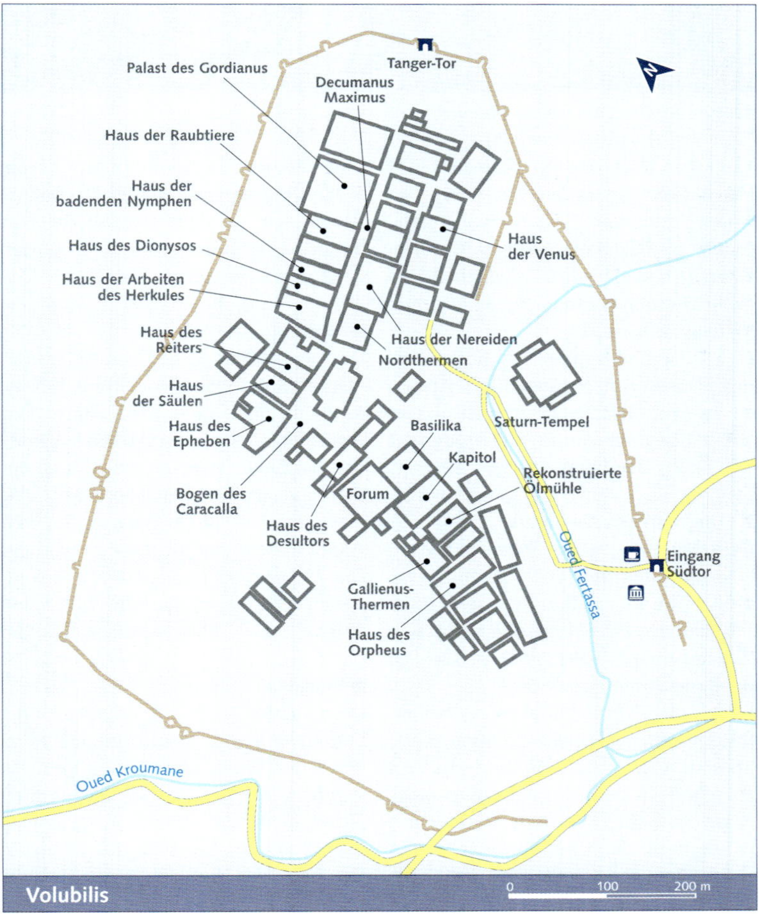

Mosaik mit dem reitenden Akrobaten

kann man noch das Hypokaustum, das Heizungssystem, sehen. In den Räumen waren Tepidarium, Caldarium und Sudatorium, also die Badezimmer von mäßigwarm über heiß bis zum Schwitzbad. Das größte Becken war das Frigidarium, das Kaltwasserbecken.

Hinter den Badezimmern im oberen Teil des Hauses gibt es hinter dem Atrium ein zweites, kleineres **Esszimmer**, das im Winter benutzt wurde. Der Boden ist mit einem Delphinmosaik geschmückt.

Thermen des Gallienus

Dem Haus des Orpheus gegenüber liegen links die Thermen des Gallienus, das große öffentliche Bad aus dem 3./4. Jahrhundert, mit einer großen zentralen **Palästra** als Sporthalle, an die sich seitlich die **Baderäume** anschließen.

Rechts des Weges hat man die beiden Räume einer **Ölpresse** rekonstruiert. Im ersten Raum ist das runde Becken zu sehen, in dem die Oliven zu einer Paste zermahlen wurden, im zweiten wurde diese dann mittels eines langen Holzbalkens gepresst. Begehrt als Speiseöl, in der Kosmetik und in der letzten Qualität auch als Schmiermittel für die Wagen, brachte das Olivenöl den wahren Reichtum in die Stadt. Jedes vierte Haus hatte eine Ölpresse, wie man bei den Grabungen feststellte.

Kapitol

Der Haupttempel, auf den 13 Stufen hinaufführen, war den Göttern Jupiter, Juno und Minerva geweiht. Hinter dem von Säulen umgebenen Portikus öffnete sich die **Cella**, in denen die Statuen der Götter verehrt wurden. Hierher brachte man auch das Blut der Tiere, die auf dem Altar vor dem Kapitol geopfert wurden. Der Platz vor dem Kapitol war das ursprüngliche Forum, das aber durch den Bau der Basilika stark verkleinert wurde.

Basilika

Dem Kapitol gegenüber erhebt sich die Basilika, deren wiederaufgebaute Arkaden schon bei der Anfahrt auf Volubilis sichtbar sind. Auf den Säulenstümpfen nisten heute die Störche, ursprünglich trugen sie das Gewölbe des höchsten Gebäudes der Stadt, in der die Gerichtsverhandlungen abgehalten wurden. In-

▶ Karte S. 321

nen in fünf Schiffe unterteilt, kann man sich angesichts der am Boden liegenden Kapitelle noch halbwegs vorstellen, von welch immenser Höhe das mittlere Schiff gewesen sein muss. Die schönsten Marmorkapitelle ließ Moulay Ismail in seinen Palast in Meknès einbauen.
Ein halbkreisförmiges **Becken** im Hauptschiff war vermutlich als Auffangbecken Teil der Wasseruhr, mit deren Hilfe die Sprechzeit gemessen wurde. Der Verteidiger durfte genauso lange sprechen wie vorher der Ankläger.

Forum

Durch die Arkadenwand betritt und verlässt man die Basilika hin zum neuen Forum. In dieser Arkadenloggia hielten sich die Lobbyisten und Bankiers auf. Den großen Platz des Forums umgab ein Portikus mit dahinterliegenden Geschäften. Auf dem Platz selbst standen und stehen zum Teil heute noch Gedenksteine, die an die wohltätige Stiftung so manchen Bürgers von Volubilis dauerhaft hinweisen sollten. Die teure Pflasterung des Forums in der Blütezeit unter den Severer-Kaisern (193–235) zu bezahlen, brachte einem Bürger zum Beispiel diese Ehrung ein.

Haus des Desultors

Folgt man dem Weg in nördliche Richtung, liegt links das Haus des Desultors, eines Pferdeakrobaten. Das linke der beiden erhaltenen Mosaike zeigt den Reiter rücklings auf einem Pferd sitzend und einen doppelhenkligen Krug als Siegespreis haltend. Auf dem rechten Mosaik sind Szenen des Fischfangs eingefangen. In diesem Haus wurde der Bronzehund gefunden, der im Museum von Rabat ausgestellt ist.

Bogen des Caracalla

Der monumentale Bogen wurde im Jahre 217 zu Ehren des römischen Kaisers Caracalla und seiner Mutter Julia Domna durch den Prokurator Marcus Aurelius Sebastenus gestiftet, wie eine Inschrift auf dem Bogen erzählt. Jeweils an den äußeren Seiten befanden sich in Nischen über Wasserbecken die Statuen der beiden Geehrten, darüber wiederum ihre Konterfeis in briefmarkenartigen Medaillons. Caracallas offizieller Name, wie er auch auf dem Inschriftenfeld genannt wird, lautete Marcus Aurelius Severus Antoninus. Seinen Spitznamen verdankte er seinem geliebten Kapuzenmantel. Im

Herkules erlegt die Stymphalischen Vögel

Jahr 211 übernahm er die kaiserliche Macht von seinem Vater und Begründer der Severer-Dynastie Lucius Septimius Severus. Als erste ›Amtshandlung‹ brachte er vor den Augen der Mutter seinen Bruder Geta um, den der Vater eigentlich zum Mitregenten bestimmt hatte. Um die Augenzeugin zum Schweigen zu bringen, machte er sie zur Mitregentin, die deshalb immer neben ihm auftaucht - wie auch an diesem Bogen.

217 wurde er selbst Opfer eines Mordanschlages, wobei nicht klar ist, ob der Bogen vor oder nach seinem Tode errichtet wurde. Sicher ist nur, dass Volubilis dank der von Caracalla 212 erklärten Constitutio Antoniniana und der damit verbundenen Steuerfreiheit sowie von Sonderprivilegien, die 216 gewährt wurden, enorm profitierte. Dafür wurde ihm an der Kreuzung der beiden Hauptachsen der Stadt, dem **Decumanus** und dem **Cardo Maximus**, dieser Ehrenbogen errichtet.

Decumanus Maximus

Die ehemalige Hauptstraße erstreckt sich nach Nordosten bis zum ehemaligen Stadttor, dem **Tingis-Tor**. Beiderseits hatte der Decumanus Kolonnadenreihen als schattigen Fußgängerweg. In der Mitte verlief unter den großen Platten die Hauptabwasserleitung, und auf der Straße konnten die Wagen zweispurig fahren. Rechts neben dem Caracalla-Bogen liegt als erstes ausgegrabenes Haus das, in dem man die Bronzefigur

Karte S. 321

Diana im Bade

des Epheben oder Jünglings gefunden hat, der eine der Hauptattraktionen im Archäologischen Museum von Rabat ist. Das Haus ist noch mit Mosaiken geschmückt, die Szenen des Weingottes Bacchus zeigen.

Haus der Säulen und Haus des Reiters

Hinter dem Haus des Epheben befindet sich das Haus der Säulen mit besonders schönen, spiralförmig kannelierten Säulen im Peristyl. Folgt man dem Trampelpfad auf der Rückseite des Peristyls, erreicht man eines der ehemaligen Schlafzimmer im angrenzenden Haus des Reiters. Passend zur Nutzung des Raumes ist auf dem Mosaik die Geschichte dargestellt, in der Dionysos auf Naxos die schlafende Ariadne erblickt und sich auf der Stelle verliebt. Ein rekonstruierter Amor überbringt auf dem Mosaik die Liebesbotschaft vom betört blickenden Dionysos an die liegende Schöne, von der leider nur die Unterschenkel erhalten blieben.

Haus der Arbeiten des Herkules

Eines der schönsten **Mosaike** befindet sich im nächsten Haus. Im ehemaligen Triklinium am Peristyl mit raffiniertem Wasserbecken sind in ovalen Mosaikmedaillons die zwölf Arbeiten des Herkules gezeigt, die er auf Geheiß des Eurystheus und des Orakels von Delphi zu erfüllen hatte: Er erlegte den Nemeischen Löwen, tötete die Lernäische Schlange, eine neunköpfige Hydra, musste die Kerynitische Hirschkuh und den Erymantischen Eber einfangen, die Ställe des Augias ausmisten, die Stymphalischen Vögel mit Hilfe von Pfeil und Bogen vertreiben, den Kretischen Stier zähmen, die Rösser des Diomedes bändigen, den Amazonengürtel der Hippolyte ergattern, die Rinder des Geryon rauben, die Goldenen Äpfel der Hesperiden pflücken und schließlich den Wachhund Zerberus aus der Unterwelt heraufführen.

In den rechteckigen Medaillons sind die vier Jahreszeiten allegorisch dargestellt.

Haus des Dionysos

Weitere Häuser entlang des Decumanus haben einen Teil ihrer Mosaike behalten. Ein besonders gut erhaltenes zeigt Dionysos und tanzende Bacchantinnen. Die vier Jahreszeiten, allegorisch durch typische Pflanzen der jeweiligen Saison dargestellt, schmücken das Mosaik zusätzlich.

Palast des Gordianus

Die ehemalige Residenz der Prokuratoren als Provinzverwalter wurde zwischen 238 und 244 erbaut. Benannt wurde der Bau mit der Säulenfront nach dem ehemaligen Prokurator Gordianus, der als fast 80-Jähriger im Jahr des Baubeginns zum Kaiser in Rom ausgerufen wurde und im Jahr der Fertigstellung unter unklaren Umständen starb oder ermordet wurde.

Haus der Venus

Fast schon am ehemaligen Stadttor nach Tingis angekommen, folgt man einem ungepflasterten kleinen Seitenweg und erreicht das Haus der Venus mit den feinsten Mosaiken von Volubilis. Auch die bemerkenswerten Büsten des Juba und des Cato, die im Museum in Rabat aufbewahrt werden, fand man in diesem Haus. Seinen Namen bekam das Haus durch das Mosaik, das **Venus bei einer Schifffahrt** zeigt und das ins Museum nach Tanger gebracht wurde. Doch an der Südwestecke des Hauses sind zwei weitere Meisterwerke in situ verblieben. An der Außenseite hat man von einer Aussichtsgalerie den besten Blick auf die Mosaike. Zunächst sieht man den gutgebauten **Hylas**, Freund und Gefährte des Herkules, wie er beim Wasser-

Gläubige im heiligen Bezirk

holen von Nymphen in ihren Quellteich gezogen wird. Im angrenzenden Raum steigt gerade **Diana**, Göttin der Jagd und Beschützerin der Frauen, aus einem Badezuber. Der Jäger Aktäon überraschte sie beim Bade, woraufhin Diana ihn in einen Hirsch verwandelte. Auf dem Mosaik sieht man, wie ihm gerade das Geweih wächst, bevor er von seinen eigenen Hunden zerfleischt werden wird: eine mythologische Warnung an alle Spanner. Geht man hinter der Aussichtsplattform rechts, erreicht man wenig später den breiten Naturweg, der wieder zum Oued Fertassa und damit zum Museum und Ausgang sowie zu einem Café führt.

Volubilis; tägl. von 8 Uhr bis Sonnenuntergang, Eintritt 20 DH, Führer 150 DH, Parkplatz 5 DH.

Moulay Idriss

▲ Karte S. 321

Die heilige Stadt des Landes liegt knappe fünf Kilometer südöstlich von Volubilis und 26 Kilometer nördlich von Meknès an den Hängen des Zerhoun-Gebirges. Nachdem Moulay Idriss I. vor den Abbasiden in den äußersten Westen geflohen war, fand er in Oualila (Volubilis) bei den Auraba-Berbern Aufnahme. Innerhalb kürzester Zeit ernannten diese ihn zu ihrem Anführer, und so gründete er um 788 die aus seiner Sicht strategisch günstiger als Volubilis gelegene Stadt Moulay Idriss. Nach seiner Ermordung 791 oder 792 wurde er in einem Mausoleum auf dem Bergsattel beigesetzt.

Nach der Gründung von Fès durch seinen Sohn Idriss II. 808 verlor Moulay Idriss schnell an Bedeutung, wurde aber zum wichtigsten Pilgerzentrum Marokkos. Dem Volksglauben zufolge soll ein siebenmaliges Pilgern nach Moulay Idriss die Wallfahrt nach Mekka ersetzen. Dass diese Pilgerfahrt aber immer im September stattfindet und nicht wie religiöse Feste nach islamischem Kalender, lässt darauf schließen, dass es bereits in vorislamischer Zeit ein heidnisches Fest im gleichen Zeitraum gab. Bis 1917 war es Nicht-Muslimen verboten, auch nur einen Fuß in die Stadt zu setzen, noch Ende des 20. Jahrhunderts durften sie nicht in Moulay Idriss übernachten. Hotels gibt es noch heute nicht, aber in Gästehäusern dürfen mittlerweile auch Ungläubige übernachten.

Horm

Die bedeutendste Stätte von Moulay Idriss, seine **Grabmoschee**, liegt auf dem Bergsattel zwischen den Hügeln Tazgha und Khiber. Den heiligen Bezirk mit Mausoleum und Grabmoschee dürfen Nicht-Muslime nicht betreten, allerdings kann man bis zu einem auf Brusthöhe angebrachten Holzbalken gehen und den stetigen Strom von Pilgern beim Betreten oder Verlassen des Horm genannten heiligen Bezirkes beobachten. Auf dem Platz davor werden Opferkerzen in grün und rosa verkauft, dazu Parfüms und süßes marokkanisches Nougat.

Unterhalb des Platzes befinden sich der kleine ursprüngliche Lebensmittelmarkt **Souk Bab Kasba**, der Busbahnhof und die Station der Sammeltaxis. Parallel zum Markt gibt es auf dem Weg zwischen Hauptstraße und Place Moulay Idriss I. viele kleine Grillstuben und Garküchen.

Aussichtspunkte

Im oberen Stadtteil **Khiber** gibt es einen sehr schönen Aussichtspunkt, an den man sich am besten von einem der meist unlizenzierten Fremdenführer (etwa 50 DH) durch das Gassengewirr bringen lässt. In diesem Stadtviertel befindet sich auch eine relativ moderne **Moschee**, die die Franzosen stifteten, nachdem sie erstmals die Stadt betreten durften. Das runde Minarett ist mit grünen und weißen Kacheln bedeckt, die Koranverse sind in eckiger Kufi-Schrift geformt.

Ebenfalls einen schönen Blick auf die Stadt mit den Hügeln Tazgha rechts und Khiber links und dem dazwischen liegenden Horm mit dem Grab von Moulay Idriss, hat man, wenn man vom Restaurant Baraka aus noch einen knappen Kilometer weiter Richtung Volubilis fährt. Die Hänge bedecken viele Gräber von denen, die in der Nähe des als Heiligen verehrten Moulay Idriss beigesetzt werden wollten, malerisch eingebettet zwischen Olivenbäumen, Agaven und Feigenkakteen. Während des Moussems (→ S. 92) zu Ehren des Stadtgründers wird in der Ebene des Oued Kroumane eine große Zeltstadt aufgebaut, um die zigtausend Pilger aufnehmen zu können.

Moulay Idriss

Vorwahl: +212/535.

Busstation, unterhalb des Souk Bab Kasba. Hier stehen auch die **Grands Taxis**. Busse gibt es nur von und nach Meknès, die etwa stündlich fahren.

Gästehäuser

Dar Zerhoune (€), 42, Derb Zouak Tazgha, Tel. +212/642/247793, www.darzerhoune.com. Kleines Gästehaus im marokkanischen Stil mit einfachen Zimmern; wunderschöne Dachterrasse. Sehr gute Küche und Kochkurs; angeboten werden auch Eseltouren nach Volubilis.

La Colombe Blanche (€), 21, Derb Zouak Tazgha, Tel. +212/535/544596, www.maisondhote-zerhoune.ma. Traditionell marokkanisch eingerichtete Pension mit einfachen Zimmern, alle mit eigener Terrasse oder Balkon.

Al Andaloussiya Diyafa (€), 169, Derb Zouak Tazgha, Tel. +212/676/138767. Einfache Pension mit netten Zimmern und ausgesprochen gastfreundlicher Atmosphäre. Terrasse mit Panoramablick.

Camping Bellevue Zerhoun, Sidi Ali Ben Hamdouch, Tel. +212/663/569856. Sehr einfacher Platz, 11 km von Moulay Idriss und Volubilis entfernt.

Scorpion House (€–€€), 54, Drouj El Hafa, Tel. +212/535/544729, www.scorpionhouse.com. Hier gibt es ehr gute Fleischspieße und gefüllte Brote. Große Dachterrasse. Sehr guter Service durch den früheren Londoner Maître Mike Richardson.

La Baraka Famille (€), 52, Lotissement Caid Omar, Tel 0535/544034. Kleine Speisekarte mit ausgezeichneter marokkanischer Hausmannskost und eine schöne Dachterrasse oberhalb der Stadt. Ausgesprochen freundliche, deutschsprachige Bedienung.

Souk am Samstag.

Moussem des Moulay Idriss; August/September.

Marokko ist ein Land, das sein Wesen nur jenen
offenbart, die sich die Zeit nehmen, Wasser
zu schöpfen und eine Kanne Tee aufzugießen.

Marokkanisches Sprichwort

MITTLERER UND HOHER ATLAS

Tichka-Passstraße

Nördlicher Mittlerer Atlas

Die unberührten Landschaften im Mittleren Atlas sind touristisch wenig erschlossen und daher recht reizvoll. Im Sommer suchen marokkanische Touristen die Gegend auf, um von den kühleren, angenehmen Temperaturen zu profitieren. Für europäische Touristen lohnt sich ein längerer Aufenthalt, wenn man Ruhe, Natur und Abgeschiedenheit sucht. Der Wechsel von ausgedehnten Zedern- und Eichenwäldern und kargen Karsthochebenen hat durchaus seine Reize. Es gibt auf dem Weg durch den Mittleren Atlas immer wieder kleine Siedlungen, in denen sehr ursprüngliche Wochenmärkte abgehalten werden, auf die sich so gut wie nie Touristen verirren.

Sefrou

Sefrou liegt am Nordrand des Mittleren Atlas, ungefähr 30 Kilometer von Fès entfernt. Das idyllische Städtchen, dessen Altstadt vollständig von einer ovalen Stadtmauer umgeben ist, lohnt einen Besuch vor allem im Juni. Zum Abschluss der Kirschernte wird ein buntes Moussem mit Fantasia gefeiert.

Fünf Kilometer nordwestlich liegt das reizende Dorf **Bhalil**, das eines der schönsten Ortsbilder in der Region bewahrt hat. Verwinkelte Gassen mit weißgetünchten Häusern vermitteln ein fast andalusisches Flair. Einige Wohnungen sind in den weichen Tuffstein geschlagen. Manche Familien lassen Besucher einen neugierigen Blick in ihre Troglodytenhäuser werfen – natürlich gegen einen Obolus.

Ifrane

Bis Anfang des 20. Jahrhunderts war hier, wo heute das Städtchen Ifrane liegt, nicht mehr als eine Sommerweide für Schaf- und Ziegenherden der halbnomadischen Stämme Aït Youssi und Aït Seghrouchen. Doch die Franzosen, die die Sommerhitze in Fès schlecht vertrugen, legten hier ihr Sommerdomizil an. Auf 1650 Metern Höhe herrschen hier

Blühende Apfelbäume bei Ifrane

▲ Karte S. 331

Der Mittlere Atlas, Westteil

0 40 80 km

im Sommer angenehme Temperaturen, und so gründeten die Protektoratsherren ab 1929 eine Sommerfrische, die an die französischen oder Schweizer Alpen erinnert. Adrette Chalets mit spitzen Satteldächern, Blumenrabatten, Parkanlagen mit Ententeichen und Mülleimern: Ganz wie zu Hause in Savoyen konnte man sich fühlen. Auch König Mohammed V. hatte hier ein kleines Stück Europa, in Gestalt eines Palastes im Stil einer mittelalterlichen Burg auf dem höchsten Punkt der Stadt und umgeben von einem hölzernen Palisadenzaun. Nach dem Abzug der Franzosen wurde Ifrane zur beliebten Sommerdestination der Marokkaner der Mittel- und Oberschicht. Die Reichsten unter ihnen ließen sich hier Zweitresidenzen, ebenfalls ganz im europäischen Stil, bauen.

Seit 1995 gibt es am nördlichen Stadtrand eine private Eliteuniversität, die der marokkanische König Hassan II. und der saudische König Fahd gemeinsam stifteten. Im Stadtzentrum gibt es einige nette Cafés, in denen man sich ganz nach Europa versetzt fühlt angesichts der üppigen Kuchentheken mit kleinen Törtchen und marokkanischem Mandelgebäck.

Circuit des Lacs

Eine Rundfahrt führt zu Kraterseen ehemaliger Vulkane, die vergleichbar mit den Maaren in der Eifel sind. Die sehr fischreichen Seen liegen in einer reizvollen Landschaft, eingebettet zwischen den Berggipfeln des Mittleren Atlas. Von Ifrane aus sind es ungefähr 18 Kilometer bis zum Abzweig ›Circuit Touristique des Lacs‹.

Wochenende am Dayet Aoua

Nur 500 Meter nach dem Abbiegen ist mit dem **Dayet Aoua** der erste See erreicht. Da er auch der einzige gut erreichbare und zugleich der größte der Seen ist, wird er vor allem am Wochenende von den Marokkanern aus Fès stark frequentiert. Da er besonders fischreich und relativ flach ist, kann man an ihm viele Vögel und auch Wasserschildkröten beobachten. Direkt am See gibt es ein Hotel-Restaurant und einen Bootsverleih. Am Hotel werden für Gäste besondere Anglerlizenzen ausgestellt. Auf einem kleinen asphaltierten Sträßchen kann man den See ganz umfahren. Die schlecht ausgeschilderten Straßen zu den anderen Seen sind hingegen eher eine Ansammlung von Schlaglöchern. *33° 39′28.334″N, 5° 2′34.26″W.*

Am östlichen Ende des Dayet Aoua biegt man nach der Brücke nach links Richtung ›Centre Laharahir‹ ab. An einer Kreuzung mit Stoppschild fährt man geradeaus weiter, danach wird die schmale Straße zusehends schlechter. Fünfeinhalb Kilometer weiter weist ein Schild Richtung Ifrane/Dayet, dem man aber nicht folgt, sondern geradeaus weiter fährt, bis man knappe fünf Kilometer später das nächste Straßenschild erreicht. Hier folgt man dem Sträßchen P7237 nach rechts Richtung **Dayet Ifrah**. Nach sechseinhalb Kilometern ist der Ifrah-See erreicht. Dieser wird von unterirdischen Quellen gespeist und ist etwa 18 Hektar groß. An diesem sehr fischreichen See sind wiederum viele Wasservögel zu beobachten. Im Sommer schlagen die Nomaden häufig ihre schwarzen Ziegenhaarzelte auf, da die Beni M'Guild auf den Hochflächen rund um den See ihre Sommerweiden haben. Auf einem Teil der Hochflächen wird dank eines staatlichen Projekts Lavendel kultiviert, um Bienenhonig zu gewinnen. *33° 34′0.352″N, 4° 56′15.427″W.*

Fährt man auf der Straße weiter nach Südwesten, mündet fünf Kilometer weiter von rechts die Straße ein, die man vorher gemieden hat. Etwa zwei Kilome-

▲ Karte S. 331

ter danach ist der **Dayet Hachlaf** erreicht. Von einem Forsthaus führt ein Fußpfad zum See, der im Gegensatz zu seinem östlichen Nachbarn von den M'Guild-Berbern gemieden wird, da sie glauben, er sei von bösen Geistern bewohnt. In der gleichnamigen Siedlung wird immer donnerstags ein sehr ursprünglicher Markt abgehalten. Fährt man zehn Kilometer weiter, geht es rechts auf die Straße, die direkt nach Ifrane führt. *33° 32' 31.187"N, 4° 59'52.315"W.*

Ifrane

Vorwahl: +212/535.

Es gibt ab Meknès, Fès und Azrou Busse nach Ifrane. Abfahrt der Busse ist hinter dem Zentralmarkt.
CTM, 17, Boulevard Hassan II, Tel. +212/535/560635.

Michlifen Ifrane Suites & Spa (€€€–€€€€), Boulevard Hassan II, Ifrane, Tel. +212/535/864000, www.michlifenifrane.com. Erstklassiges Fünf-Sterne-Hotel mit eleganter Ausstattung und gemütlicher Atmosphäre. Wellness, Spa mit Whirlpool, Sauna, Hammam und Innenpool.
Résidence Ifrane Palace (€€–€€€), Rue Bir Anzarane/Boulevard Moulay Abdallah, Ifrane, Tel. +212/535/567112. Recht neues Hotel mit komfortablen Zimmern.
Relais Ras el-Maa (€€), Avenue Mohammed VI, Route d'Azrou, Ifrane, Tel. +212/535/567658, www.relaisraselmaa.com. Drei-Sterne-Hotel mit einfachen Zimmern in der Nähe der Vittel-Quelle.
Auberge Berbère (€–€€), Km 5, Route Ifrane–Azrou, Ougmes, Tel. +212/535/562031, http://labrisenet.free.fr/aubergeberbere. Einfache Pension in idyllischer Lage.

Tourisme Vert Ifrane, Kontakt über Tel. +212/663/772687 oder 0662/190889, guides.moyenatlas.ifrane@gmail.com. Organisiert Wanderungen oder Mountainbiketouren rund um Ifrane und Azrou.

Markt: Samstag und Sonntag in Ifrane; Sonntag in Guigou; Montag in Bakrit; Donnerstag in Dayet Hachlaf und Timahdite.

Zedernwald Mischliffen

Südlich von Ifrane geht es über den 1934 Meter hohen **Tizi'n'Tretten**, den Ziegenpass, in den Zedernwald von Mischliffen. Kurz hinter der Passhöhe erinnert heute noch eine verfallene Holzhütte an den Skiclub Ifrane aus der Franzosenzeit. Wenige Meter weiter führt links ein Straßenschild zum ›Teleski‹, zum Skilift, der auf den 2104 Meter hohen **Jebel Hebri** führt, an dem auch der marokkanische König und sein Bruder Moulay Rachid gern über die Pisten wedeln.

Die endemischen Atlaszedern bedecken ein Gebiet von ungefähr 75 000 Hektar südlich von Ifrane und östlich von Azrou. Die Zedern wachsen hier auf Höhen von 1500 bis 2300 Metern, in einem recht feuchten Gebiet mit Niederschlägen von 700 bis 1000 Millimetern pro Jahr und großen Temperaturunterschieden. Das ausgeprägte kontinentale Klima lässt die Temperaturen im Sommer auf bis zu 38 Grad Celsius steigen, im Winter fallen sie auf minus zehn Grad. Die Zedern erreichen bis zu 60 Meter und werden mehrere hundert Jahre alt. Die berühmteste Zeder Marokkos war die Cèdre Gouraud, die rund 800 Jahre alt war, bis sie 2003 einging. Grundsätzlich sind alle marokkanischen Zedern vom gleichen Schicksal bedroht, seit 2013 stehen sie auf der Roten Liste der vom Aussterben bedrohten Arten. Die größte aller Zedern gibt es zwar nicht mehr, die Ausschilderung hingegen schon. An der

Berberaffe im Zedernwald bei Azrou

Straße von Azrou nach Ifrane erreicht man ihren ehemaligen Standort, um den herum es noch viele weitere Zedern gibt. Da viele Ausflügler über Jahrzehnte herkamen, lernten die Berberaffen schnell, dass es hier Leckereien gibt. Die Chance, diese ebenfalls bedrohten Magot-Affen zu sehen, ist nirgends so groß wie hier.

Azrou

Azrou, ›Felsen‹ auf Berberisch, liegt in einem Talkessel auf 1250 Meter Höhe. Für die halbnomadisch lebenden M'Guild-Berber ist der gut geschützt liegende Ort Zentrum und wichtiger Marktflecken. Der dienstags stattfindende Wochenmarkt ist der größte im Mittleren Atlas. Auch verkehrstechnisch ist Azrou ein historischer Knotenpunkt. Karawanen, die von Marrakesch oder dem Tafilalet nach Fès kamen, zogen durch diese Berbersiedlung. Nach dem Ersten Weltkrieg begannen die Franzosen wegen des gemäßigten Klimas mit dem Bau einer Neustadt als Sommerfrische. Sehenswürdigkeiten hat Azrou nicht zu bieten, aber eine reizvolle Lage und eine idyllische Umgebung.

Azrou

Vorwahl: +212/535.

Busbahnhof, im Südosten der Stadt zwischen der N13 und der P7223. Busse von Ifrane, Fès, Midelt und Meknès.

Hotel

Palais des Cérisiers (€€€), Route du Cèdre de Gouraud, Azrou, Tel. +212/535/563830, www.lepalaisdescerisiers.com. Gepflegtes Hotel im Stil einer Villa mit modernen, komfortablen Zimmern.

Gästehäuser

Auberge Berbère → Ifrane, S. 333.

Riad Azrou (€), 49, Place Moulay Hachem Ben Salah, Azrou, Tel. +212/535/564384, www.riadazrou.com. Einfaches Gästehaus mit familiärer Atmosphäre.

Camping Amazigh, Route Azrou-Ifrane, Ougmes, Tel. +212/535/560725, www.camping-amazigh.com. Schöner Platz unter Kirschbäumen.

Les Délices (€-€€), 114, Rue Nakil, Azrou, Tel. +212/535/563737. Marokkanische und internationale Küche in einfachem Ambiente. Sehr gute Atlasforelle, Fleischspieße oder Tajines.

Markt: Dienstag.

▶ Karte S. 331

Das weiße Kamel

Es war einmal in einem fernen Land
der aufgehenden und untergehenden Sonne,
da kam in den Bergen eines einfachen Berberdorfes
ein kleines Mädchen zur Welt.

Und es wurde von seinen Eltern sehr geliebt.
Sie wuchs in dem Reich der Imazighen auf
und kannte nur die Freiheit und Weite der Berge.
Sie liebte das Meer und den Wind
und die Wärme der Sonne
und wollte so gern einmal ein Kamel reiten.

Denn sie kannte die Geschichten der Reiter auf Kamelen.
Aber in den Bergen, wo sie lebte, gab es diese Kamele nicht.
Und eine Tages, als sie größer geworden war,
kamen aus einem fernen Reich Reiter mit Kamelen in ihr Dorf.

Sie baten um etwas zu essen und trinken, bevor sie weiter ziehen wollten
und einer von ihnen, der so fürstlich gekleideten, besaß ein weißes Kamel.
Das schaute herüber zu der hübschen Berberin,
und sah sie an, mit großen traurigen Augen.

Da bat die Tochter des Berbers,
»Ach Vater, bitte schenke es mir.
Denn aus einem mir unerklärlichen Grunde muss ich es haben.«
Doch der Vater sagte, »Nein meine Tochter, das kann ich nicht.
Denn ich kann, selbst wenn ich wollte, es nicht bezahlen.«

Da sprach der Führer der Karawane, »Ich gebe das Kamel Dir zum Geschenk.
Dafür musst Du mir nur ein Stück Deiner Erde geben.«
»So soll es sein«, sprach der Vater und besiegelte diesen Tausch
und die junge Berberin war überglücklich und führte ihr Kamel in den Stall.

Jeden Tag fütterte sie es reichlich und lernte auf ihm zu reiten.
und war bald überall bekannt als Lili die Tafalkayt-Berberin,
die schnell wie der Wind auf dem weißen Kamel reitet.

Berbergedicht von Jamilla Kacioui

Weißes Kamel vor der Kulisse des Hohen Atlas

EXTRA

Südlicher Mittlerer Atlas

Die Region im südwestlichen Mittleren Atlas gehört zu den grünsten und fruchtbarsten Landstrichen Marokkos. Vor allem im Frühjahr, wenn das Getreide reift und Mohnblumen blutrot aus den Feldern strahlen, ist das Land der M'Guild um **Ain Leuh** und der Zayan um **Khénifra** eine kleiner Garten Eden zwischen den Gebirgsketten von Mittlerem und Hohem Atlas. Die Region um **Midelt** ist ein Muss für Geologen und geologisch Interessierte.

Land der M'Guild

Das hübsche Dorf **Ain Leuh** ist einer der zentralen Marktorte der heute noch halbnomadisch lebenden Berber vom Stamm der M'Guild. Umgeben ist das Dorf von unzähligen Kirschbäumen, die immerhin 40 Prozent der nationalen Gesamtproduktion liefern. Im Juni feiert man deshalb ein Erntefest. In den anderen Monaten lohnt ein Stopp in Ain Leuh vor allem am Mittwoch, wenn der Wochenmarkt abgehalten wird. Im Juli findet seit dem Jahr 2000 ein Festival statt, bei dem die traditionellen Tänze des Ahidous (→ S. 107) aufgeführt werden. Eine landschaftlich ausgesprochen reizvolle Fahrt führt über die P7311 parallel zur Hauptstraße nach Marrakesch (N8) durch Wälder zum **Lac Ouiouane** auf 1600 Meter Höhe. Dieser See wurde zur besseren Wasserversorgung künstlich angelegt und umfasst 16 Hektar mit einer maximalen Tiefe von 14 Metern. Sein Ufer ist von Schilfrohr malerisch umwachsen. *33° 8' 1.212" N, 5° 20' 39.766" W.*

Quellen des Oum er-Rabia

Dreizehn Kilometer weiter südlich liegen die Quellen des Oum er-Rabia. Auf Arabisch bedeutet der Name des Flusses so viel wie ›Mutter des Frühlings‹. Allerdings ist aufgrund der Siedlungsgeschichte wahrscheinlicher, dass ein berberischer Ausdruck zugrunde liegt: ›Fluss mit vielen Quellen‹. Vom Parkplatz führt ein zehnminütiger Spaziergang zu diesen vielen Quellen. Aus 40 Süßwasserquellen und 7 stark salzhaltigen Quellen formiert sich hier spektakulär der Oued Oum er-Rabia, der sich als längster ständig wasserführender Fluss des Landes nach 560 Kilometern bei Azemmour in den Atlantik ergießt. Im Durchschnitt fließen 117 Kubikmeter Wasser pro Sekunde ab. Auf seinem Weg

Schafherden der M'Guild im Mittleren Atlas

▲ Karte S. 331

zur Küste wird er mittlerweile achtmal gestaut. Die Marokkaner suchen die landschaftlich spektakulären und pittoresken Quellen bevorzugt am Wochenende auf, picknicken hier und genießen die Kühle auf über 1600 Meter Höhe. *33° 3' 6.796"N, 5° 24'43.772"W*

Aguelmane Azigza

Knappe 18 Kilometer weiter auf der P7311 kommt ein Abzweig nach links, der zum Aguelmane Azigza führt. Dieser 62 Hektar große und langestreckte Natursee liegt inmitten des Zedern- und Steineichenwaldes **Ajir Izayane** auf knapp 1500 Meter Höhe. Bei einem ausgedehnten Spaziergang lässt er sich in zwei Stunden wunderbar umrunden. Auf Berberisch bedeutet sein Name ›Blauer See‹. *32° 58'44.318"N, 5° 27'8.515"W.*

Khénifra

Die 85 000 Einwohner zählende Stadt am Oberlauf des Oum er-Rabia hat keine touristischen Sehenswürdigkeiten, ist aber ein Zentrum der Schafzucht und ein wichtiger Marktort der Berber vom Stamm der Zayan, aus dem auch die Mutter des marokkanischen Königs stammt. Die Zayan galten früher als sehr fremdenfeindlich und gehörten damit zu den erbittertsten Kämpfern gegen die französische Fremdherrschaft. Seit 1877 standen alle Stammesgruppen unter dem Kommando von Moha ou Hammou von der Stammesgruppe der Aït Harkat. Zunächst stand dieser einflussreiche Caid auf der Seite des Sultans, doch bald wandte er sich von der Zentralregierung ab und begann, Karawanen zu überfallen und die umliegenden Städte bis nach Meknès anzugreifen. Nach dem Abschluss des Protektoratsvertrags nahm er im November 1912 den Kampf gegen die französischen Streitkräfte auf und erklärte ihnen den Dschihad.

Berberwiderstand

Im Frühjahr 1913 begannen die Franzosen mit ihrem Vormarsch zur ›Befriedung‹ Marokkos in Richtung Mittlerer Atlas. Khénifra, die Basis von Moha ou Hammons Kämpfern, wurde am 10. Juni 1914 von drei Truppenkontingenten mit insgesamt 14 000 Mann unter dem Kommando von Colonel Paul Henry angegriffen. Die Berber leisteten heftige Gegenwehr, mussten sich dann aber zurückziehen, und die Franzosen konnten in eine leere Stadt einziehen. Später im Sommer schlug Moha ou Hammon sein Lager rund zwölf Kilometer südlich von Khénifra in El-Herri auf, von wo aus er Khénifra belagerte. Im November griffen die Franzosen das Zeltlager an. Die Berber wurden überrascht und ergriffen die Flucht.

Auf dem Rückweg wurden die französischen Truppen von mehreren tausend Zayan aus den umliegenden Bergen angegriffen. Von den 1230 Mann der sechs französischen Kompanien wurde die Hälfte getötet. Die Kämpfe in der Khénifra-Region endeten erst 1921 mit dem Tod des Caid.

Khénifra

Vorwahl: +212/535.

Ab Fès, Ifrane, Azrou und Beni Mellal gibt es täglich Busse nach Khénifra und weiter nach Beni Mellal und Marrakesch. Nach **Ain Leuh** gibt es nur am Markttag (Mi) eine Verbindung per Grand Taxi.

CTM, Gare Routière, Tel. +212/535/384243.

Gästehaus

Ferme d'Hôtes Faska (€€), Km 11, Route des Sources d'Oum er-Rabia, Jamma de Mrirt, Tel. +212/535/384773, www.fermefaska.com. Einfache Unterkunft auf dem Bauernhof bei den Quellen des Oum er-Rabia. Pool im Garten.

Frauen bei der Wäsche im schlammigen Fluss

Beni Mellal

Beni Mellal ist die Hauptstadt der Region Tadla-Azilal und liegt fast in der Mitte Marokkos. Die Stadt mit über 100 000 Einwohnern erstreckt sich am Südwestrand des Mittleren Atlas auf 580 bis 620 Meter zu Füßen des Hausberges **Jebel Tassemit** (2247 Meter). Sie wirkt recht neu und modern, doch ihre Gründung geht auf das 17. Jahrhundert zurück, als der Alaouitensultan Moulay Ismail in der fruchtbaren Ebene eine Kasbah errichten ließ, um den Karawanenweg von Marrakesch nach Norden kontrollieren und Wegezölle kassieren zu können. Touristisch ist Beni Mellal von keinem Interesse.

Stausee Bin Ouidane

Das Örtchen **Afourer**, 30 Kilometer südwestlich von Beni Mellal, ist berühmt für seine **Zitrusplantagen**. Star unter den Agrumen ist die köstliche, kernlose Mandarine. Schon von weitem erblickt man die Wasserkraftanlage von Afourer, die seit 2004 465 Millionen Megawattstunden Strom produziert, dank des 1953 angelegten Stausees Bin Ouidane. Der Fluss Ouidane wird durch eine 285 Meter lange und 133 Meter hohe Mauer zu einem fast 4000 Hektar großen Stausee aufgestaut. Fast 1,4 Millionen Kubikmeter Wasser stehen zur Verfügung, die zu einem Gutteil für die Bewässerung landwirtschaftlicher Nutzfläche verwendet werden. Auf den Feldern rund um Beni Mellal werden neben Getreide auch Baumwolle und vor allem Zuckerrüben angebaut, Anbauflächen und Ertragsmengen konnten durch den Stausee enorm gesteigert werden. Die gesamte Tadla-Ebene inklusive der Zitrusplantagen werden durch die Barrage Bin Ouidane bewässert.
Erstaunlich blaues Wasser in rötlicher Berglandschaft macht den Stausee zu einem beliebten Urlaubsziel der Marokkaner.

Wasserfälle von Ouzoud

Ein bei Marokkanern ebenfalls sehr beliebtes Ausflugsziel sind die Cascades d'Ouzoud, etwa 80 Kilometer südwestlich von Beni Mellal und 160 Kilometer nordöstlich von Marrakesch. Man liebt eben Süßwasser als Vorgeschmack auf das Paradies. In drei Stufen fällt das Wasser des Oued Ouzoud 110 Meter in den Canyon des Oued el-Abid. Besonders im Frühjahr von März bis Juni, wenn durch die Schneeschmelze der

Pferde am See

▲ Karte S. 331

Fluss besonders wasserreich ist, lohnt sich ein Ausflug hierher. Im nahegelegenen Städtchen **Demnate** findet sonntags ein ursprünglicher Wochenmarkt statt, berühmt für seine Tonwaren und die exzellenten Oliven, die in der hiesigen Berbersprache Ouzoud heißen.

Imi n'Ifri

Ein Abstecher von weiteren sechs Kilometern führt von Demnate zur Naturfelsbrücke Imi n'Ifri. Man kann in die Schlucht hinunterwandern, unter dem gigantischen Felsbogen durchlaufen und dabei die Stalaktiten an der Bogenunterseite sehen. Beim Blick durch den Bogen scheint es, als würde er die Silhouette des afrikanischen Kontinents formen. Nach Regenfällen ist die Wanderung nicht zu empfehlen, da dann der Weg extrem matschig und rutschig wird. An der Brücke stehen immer junge Männer, die man als Führer engagieren kann. *31° 43'27.336"N, 6° 58'17.087"W.*

Beni Mellal

Vorwahl: +212/523.

Mehrfach tägl. fahren CTM-Busse ab Casa, Fès, Ifrane, Azrou, Khénifra und Marrakesch nach Beni Mellal. Lokalbusse gibt es von dort nach Azilal und Demnate. **CTM**, Boulevard Mohammed V, Tel. +212/523/483035.

Hotels

Widiane Suites & Spa (€€€–€€€€), Chemin du Lac Bin Ouidane, Tel. +212/523/442776, www.widiane.net. Geschmackvolles Fünf-Sterne-Hotel im Stil einer Kasbah, direkt am See gelegen. Sehr stilvoll eingerichtet, asiatisch inspiriert. Infinity-Pool, Wellness- und Fitnesscenter.

Kasbah d'Ouzoud (€€), Douar Tazrout, Tel. +212/523/429210, www.kasbahouzoud.com. Im Berberstil eingerichtete Zimmer in einer modernen Kasbah oder Bungalows. Garten mit Pool in herrlicher Landschaft.

Riad Cascades d'Ouzoud (€€), Chemin des Cascades, Tel. +212/523/429173, www.cascade-douzoud.com. Direkt an den Wasserfällen gelegenes Gästehaus mit sehr ansprechenden Zimmern.

Riad

Les Belles Terrasses (€€), 26, Rue Essaouira, Beni Mellal, Tel. +212/523/481010, http://lesbellesterrasses.com. Gepflegte Pension mit modern eingerichteten Zimmern und großen, neuen Bädern. Garten mit Pool, Fitnessraum.

Markt: Am Samstag in Demnate.

Midelt

Die Stadt auf 1520 Metern Höhe am Südrand der Ebene zwischen Mittlerem und Hohem Atlas liegt zu Füßen des 3747 Meter hohen **Ari'n'Ayachi** im östlichen Hohen Atlas. Vor dem 20. Jahrhundert gab es hier keine dauerhafte sesshafte Besiedlung, vielmehr zogen die Stämme der Aït Izdeg zur Winterweide hierher, und nur in dieser Zeit lebten etwa 3000 Menschen hier. Für das Jahr 1949 nannte der französische Guide Bleu ›4356 Einwohner, davon 667 Europäer und 832 Juden‹. Die kleine Siedlung hieß ursprünglich Outat Aït Izdeg, benannt nach dem Flüsschen, das dem Oued Moulouya zustrebt. Erst die Franzosen gründeten Midelt als Garnisonsstadt und später als Bergwerksstadt. Als wichtiger Standort an der Nord-Südverbindung kam Midelt große Bedeutung als Militärstützpunkt zu, noch heute ist hier eine große Garnison der marokkanischen Armee stationiert. Midelt hat zudem den Ruf der ›Apfelstadt‹ Marokkos. Alljährlich im Herbst feiert man ein großes Fest anlässlich der Ernte.

Apfelbrunnen vor der ehemaligen Kirche in Midelt

Cirque de Jaffar

Nur mit geländegängigen Fahrzeugen erreicht man 26 Kilometer südwestlich von Midelt das im Hohen Atlas gelegene **Aït Ayach**. Auf 2100 Meter liegt hier der Felskessel Cirque de Jaffar, von dem man einen grandiosen Blick auf den Gipfel des **Ari'n'Ayachi** hat, der fünf Monate im Jahr beschneit ist. In Begleitung ortskundiger Führer kann man hier auch wandern. Die Hotels in Midelt vermitteln entsprechende Führer. Auch die Besteigung des Ari'n'Ayachi lässt sich von hier aus in Angriff nehmen. *32° 33'18.227"N, 4° 54'38.718"W.*

Aouli-Schlucht

Kurz nach Midelt auf der N13 Richtung Errachidia zweigt links eine kleine Straße nach **Mibladen** ab. Eine französische Minengesellschaft namens Penaroya betrieb hier und im 15 Kilometer weiter nordöstlich liegenden **Aouli** Minen, in denen silberhaltiges Bleierz abgebaut wurde. Bis zu 1500 Arbeiter waren in diesen beiden Minen beschäftigt. Seltene Mineralien wie den tiefroten Vanadinit, aber auch Wulfenit, Malachit, Azurit und viele andere findet man noch heute in Mibladen. Junge Männer auf der Suche nach den Mineralien kriechen nach wie vor in Löcher der stillgelegten Mine. Die Straße führt dann, immer kurviger werdend, weiter zum Oberlauf des **Oued Moulouya**, der hier eine sechs Kilometer lange, eindrucksvolle Schlucht bildet.

In der **Aouli-Schlucht** liegen am Fuße fast senkrechter Felshänge die Reste der zweiten Mine. Man kann durch das stillgelegte Bergwerk spazieren. Da der Silberanteil im Bleierz hier höher war, lohnte sich die Förderung noch mehr als in Mibladen. In einer Aufbereitungsanlage wurde das Erz konzentriert und dann das Silber herausgefiltert, immerhin 500 Gramm pro Tonne Erz. Bereits 1907 wurden die Erzvorkommen entdeckt, 1926 nahmen die beiden Minen ihren Dienst auf. 1980 war der Abbau so unrentabel geworden, dass die letzte Mine endgültig ihre Pforten schloss. *32° 48'39.251" N, 4° 35'37.5"W.*

▲ Karte S. 331

Midelt

Vorwahl: +212/535.

Busbahnhof, an der N13 im Osten der Stadt bei der Ziz-Tankstelle. Tägl. drei Busse ab Azrou und Meknès, ein Bus kommt aus Fès nach Midelt.
CTM, Tel. +212/535/583106.

Kasbah Asmaa (€–€€), Km 3, Route d'Errachidia, Tel. +212/535/580405. Drei-Sterne-Hotel im Stil einer Lehmspeicherburg mit sehr geräumigen, komfortablen Zimmern. Sehr gute Küche.
Riad Villa Midelt (€), 1, Place Verte, Tel. +212/535/360851, www.hotel-riad-villa-midelt.com. Kleines, komfortables Hotel mit liebevoll eingerichteten Zimmern, manche sogar mit eigenem Kamin. Reizende Gastgeberinnen.

Ksar Timnay, Route National 13, Tel. +212/535/583434, http://ksar-timnay.com. Campingplatz und einfaches Hotel.

Kasbah Asmaa (€–€€), Km 3, Route d'Errachidia, Tel. +212/535/580405. Das Restaurant bietet sehr gute Küche, besonders empfehlenswert ist die in Alufolie gegarte Atlasforelle.

Kasbah Myriem, Route de Tattiouine, Tel. +212/535/361255; 8.30–12.30 und 14.30–17.30 Uhr, So nur bis zur Messe um 11 Uhr, Fr ebenfalls nur bis 11 Uhr. Die Frau eines französischen Offiziers gründete diese Teppichwebschule und übergab sie vor ihrer Rückkehr nach Frankreich an Franziskanerinnen, die die Frauen von Midelt auch das Sticken lehrten und ihnen abends Lesen und Schreiben beibrachten. Heute sind die Teppichweberinnen und Stickerinnen im Angestelltenverhältnis beschäftigt, Sozialabgaben werden für sie bezahlt. Dadurch werden die Teppichverkäufe zum Verlustgeschäft, nur die Einnahmen durch die Stickereien garantieren noch das Überleben.

Driss Hemmi, Tel. +212/670/504799, contact@guide-montagne-maroc.com. Organisiert geologische Exkursionen rund um Midelt, auch die Besteigung des Ari'n'Ayachi. Französisch- und englischsprachig.

Markt: Sonntag.

Getreidefeld mit Mohnblumen im Mittleren Atlas

Hoher Atlas

Die Kette des Hohen Atlas bildet eine Barriere, die Marokko in zwei völlig unterschiedliche Bereiche unterteilt: den fruchtbaren Norden und den wüstenhaften großen Süden. Drei historische Pässe überwinden das Gebirge: im Osten der mit 1907 Meter niedrigste Pass **Tizi'n'Talghemt**, im Westen der serpentinenreichste, 2092 Meter hohe **Tizi'n'Test** und als höchster der 2260 Meter hohe **Tizi'n'Tichka**. Zur schnelleren Verbindung zwischen Agadir und Marrakesch wurde erst im 20. Jahrhundert der **Tizi'n'Maachou** angelegt, der bei Imi n'Tanoute die Passhöhe auf 1700 Meter fast unmerklich überwindet. Die landschaftlich wesentlich reizvolleren historischen Pässe folgen weitestgehend den alten Karawanenwegen. Vor den Toren von Marrakesch liegt mit dem **Ourika-Tal** ein malerischer Einschnitt in den Hohen Atlas, der sich in einem Tagesausflug erkunden lässt.

Tizi'n'Talghemt

Die östlichste der historischen Passrouten führt über den Tizi'n'Talghemt, den ›Kamelstuten-Pass‹. Der Verlauf der N13 ist im Wesentlichen der des alten Karawanenwegs. Bei der ›Befriedung‹ Marokkos durch die Franzosen kam der Passstraße besonders große Bedeutung zu. Von Midelt führt der Weg zunächst durch eine öde, wüstenhafte Landschaft, in der außer Halfagras nur wenig wächst. Nach zehn Kilometern beginnt mit dem Rechtsabzweig der Hauptstraße der Anstieg auf den wenig spektakulären Tizi'n'Talghemt, gesäumt von Sandarak-Bäumen. Dreizehn Kilometer später merkt man nur anhand eines kleinen Schildes, dass die Passhöhe erreicht ist. Ab hier beginnt der landschaftlich schöne Teil der Strecke über das nachfolgende wellige Hochplateau.

▲ Karte S. 343

■ Defilé de Nzala

Fast surreal erscheint es, dass im Dorf **Nzala,** das wie ausgestorben scheint, auf einmal rechts im **Parc Animalier** Strauße in einem Gehege auftauchen. Zwei Kilometer weiter war ehemals eine Karawanserei, in der später die Fremdenlegionäre einquartiert waren und die mit acht Türmen bewehrt wurde. Hinter dem Weiler **Aït Harrou** begann eine Engstelle, das Defilé de Nzala, an der die gefürchteten Stämme wie die Aït Haddidou Karawanen überfielen. Ein Brunnen rechts am Wegesrand an diesem Durchbruch unterhalb des Dorfes **Aït Labbes** hatte daher zur Warnung den Namen Ain Chrob ou Hrob, ›Trinke und flüchte‹. Gute zehn Kilometer nach der Engstelle kommt von rechts der **Oued Ziz** und bleibt fortan ständiger Begleiter.

■ Er-Rich

Zwölf Kilometer weiter passiert man das hübsche Lehmstädtchen Er-Rich, in dem die Franzosen 1917 eine Kompanie der Fremdenlegion einquartierten. Nicht weit von hier, etwa 17 Kilometer weiter östlich, lag das gefürchtete geheime Gefängnis von **Tazmamart**. Nach den zwei gescheiterten Putschversuchen (→ S. 63) wurde 1972 dieses Gefängnis für politische Gegner und vermeintliche Umstürzler zur Hölle auf Erden. Erst die Veröffentlichung des Buches ›Unser Freund der König von Marokko‹ von Gilles Perrault 1990 machte auf die Existenz dieses Gefängnisses aufmerksam. Da der internationale Druck auf Hassan II. stetig zunahm, ließ er das Folterlager 1991 schließen. Im Roman ›Das Schweigen des Lichts‹ erzählt der Schriftsteller Tahar Ben Jelloun die wahre Geschichte eines der 58 Insassen.

Östlicher Hoher Atlas

Schluchten des Ziz

Fünfzehn Kilometer weiter passiert man den **Legionärstunnel**, der 1927/28 in harten roten Granit gegraben wurde, da sich der Ziz zu eng in die Berge eingegraben hat. An der Nordseite wurde ein Schild mit folgender Inschrift angebracht: ›Das Gebirge versperrte ihnen den Weg. Der Befehl lautete, es trotzdem zu überwinden. Die Legion führte ihn aus.‹ Auf der Südseite heißt es: ›Der Tunnel wurde in sechs Monaten von 40 Fremdenlegionären mit der Kraft ihrer Muskeln und ihrem unbezwingbaren Willen, ihren einzigen Hilfsmitteln, gegraben.‹

Der Oued Ziz ist theoretisch 282 Kilometer lang, meistens versickern seine Wasser jedoch schon hinter Rissani im Wüstensand. Zwanzig Kilometer hinter dem Legionärstunnel sieht man über eine längere Strecke den **Stausee des Oued Ziz**, der durch die **Barrage Hassan Ad-Dakhil** die Wasser des ›Gazellenflusses‹ aufhält. 1971 wurde der Staudamm gebaut, um die oft gefährlichen Wassermassen zu bändigen, die in der Tafilalet-Oase immer wieder für verheerende Überschwemmungen sorgten. Außerdem verbesserte der Stausee die Trinkwasserversorgung im Südosten Marokkos. Über

Dorf im Ziz-Tal

ein kleines Kraftwerk bei Errachidia wird auch Strom gewonnen. Kurz hinter dem Abzweig zur Barrage hat man die große Provinzhauptstadt Errachidia erreicht.

Errachidia

Die größte Stadt im Südosten Marokkos hieß bis 1975 Ksar es-Souk. Danach wurde die heute 100 000 Einwohner zählende Stadt durch König Hassan II. zu Ehren seines Vorfahren Moulay Raschid in Errachidia umbenannt. Der ursprüngliche Ortsname, übersetzt das ›befestigte Dorf des Marktes‹, impliziert seine ehemalige Bedeutung als wirtschaftlicher Knotenpunkt für die Stämme aus dem Hohen Atlas und dem Sahara-Raum. Noch immer wird an drei Tagen Wochenmarkt abgehalten. Neben dem Handel spielen heute vor allem der Dienstleistungssektor sowie die große Garnison der marokkanischen Armee mit mehreren Kasernen die wichtigste Rolle in der Verwaltungshauptstadt. Bereits 1916 gründeten französische Fremdenlegionäre hier die erste Garnison wegen der strategischen Lage des Ortes am Kreuzungspunkt der Nord-Süd-Achse von Fès nach Rissani mit der West-Ost-Achse zwischen Ouarzazate und Figuig. Im **Musée Sijilmassa** gibt es eine schönen Sammlung geschnitzter Holztüren zu sehen, außerdem Textilien, Gebrauchsgegenstände und Fotos der alten Karawanenstadt. Außer dem Museum gibt es keine Sehenswürdigkeiten in der Stadt.

Errachidia

Vorwahl: +212/535.

Musée Sijilmassa Merkaz Tariq bin Ziad, Tel. +212/672/476108; Mo–Sa 9–13 und 15–18 Uhr, im Sommer bis 19 Uhr, 10 DH.

Flughafen Moulay Ali Cherif (ERH), nordöstlich der Stadt, www.onda.ma. Ab Casablanca kann man mit Royal Air Maroc mehrmals wöchentlich nach Errachidia fliegen.

Busbahnhof, Ecke Boulevard Moulay Ali Cherif (N13)/Avenue Cheikh al-Islam, Tel. CTM 0535/572024. Verbindungen bestehen in die Tafilalet-Oase nach Erfoud und

▲ Karte S. 343

über die Straße der Kasbahs nach Ouarzazate sowie nach Fès. Mit Sammeltaxis kann man in alle Orte an der Straße der Kasbahs und ins Tafilalet fahren.
Station der Grands Taxis, hinter dem Café Imilchil, südlich der N13.

Hotel Le Riad (€€), Route de Goulmima, Tel. +212/535/791006, www.hotelleriad.com. Komfortables Hotel mit ansprechenden, großen Zimmern und etwas antiquiertem Charme. Schöner Garten mit Pool.
Hotel Kenzi Rissani (€€), Route de Goulmima, Tel. +212/535/572584, www.kenzi-hotels.com. Sauberes Vier-Sterne-Hotel mit altmodischer Einrichtung. Pool.
Auberge Tinit (€€), Route de Goulmima, Tel. +212/535/791759, http://auberge-tinit.info. Einfaches Hotel am Stadtrand mit Zimmern in berberischem Stil und teilweise neuen Bädern. Pool.
Hotel Vallée Ziz (€), Boutalamine, Tel. +212/535/570705, hotelvalleeziz.com. Anständiges Drei-Sterne-Hotel mit zweckmäßiger, moderner Einrichtung.

Wüstenfestival; Mai.
Musik-Festival Melhoun; Oktober.

Hôpital Moulay Ali Cherif, Tel. +212/535/574241.

Vallée du Ziz

Hinter Errachidia verschwindet der Oued Ziz zunächst aus dem Blickfeld. Stattdessen kann man nach etwa 16 Kilometern einen Abzweig zur **blauen Quelle von Meski** machen. Dies war das Paradies der Fremdenlegionäre, da das Wasser in Becken gefasst wurde, in denen sie sich von den Strapazen erholen durften. Heute bietet sich ein eher trister Anblick hinter einem verwahrlosten Campingplatz.
Nach weiteren zehn Kilometern ist das grüne Band der Ziz-Flussoase von einem Aussichtsplatz mit einem Café unter einem schwarzen Nomadenzelt wieder aufs Herrlichste zu überblicken. Unterhalb liegt das **Ksar Zouala**.
Über die Ksour Ouled Chaker, Jdid und Aoufouss erreicht man nach 200 Kilometern ab Midelt die Tafilalet-Oase (→ S. 354). Auf den terrassenartig angelegten Dreschplätzen werden im Herbst nach der Dattelernte die Datteln von ihren Strünken gezupft und zum Trocknen ausgelegt, ein farbenfrohes Bild in Orange und Braun.

Palmenhain der Flussoase am Oued Ziz

Festung der Goundafa bei Tinmal

Tizi'n'Test

Die landschaftlich spektakulärste Strecke überwindet den Hohen Atlas über den Tizi'n'Test und verbindet Marrakesch mit Taroudannt. Für große Wohnmobile oder Wohnwagen ist er wegen der vielen engen Haarnadelkurven der einspurigen Straße nicht ganz einfach und vor allem nicht ungefährlich. Es gibt Passagen von mehr als zehn Prozent Steigung beziehungsweise Gefälle. Im Winter ist der 2100 Meter hohe Übergang oft längere Zeit gesperrt, im Sommer muss man immer wieder mit Steinschlag rechnen. Von 1926 bis 1932 wurde der alte Karawanenweg von den Franzosen erstmals zu einer Piste ausgebaut, in den 60er Jahren wurde sie dann teilweise asphaltiert, die letzten Teilstücke auf der Südseite erst in den 90er Jahren.

Nordseite des Passes

Von Marrakesch fährt man zunächst über die R203 nach **Tahanout**. Hier beginnt die Straße anzusteigen. Kurz dahinter liegt **Asni** auf 1150 Meter, eine beliebte Sommerfrische mit Chalets reicher Marokkaner. Der Talkessel rund um Asni ist von Eschen und Pappeln bewachsen, überall sind Gärten mit Obst- und Walnussbäumen angelegt. Durch das **Tal des Oued N'fiss** geht es weiter nach **Ouirgane**. Hier wird der Oued Tensift gestaut. Viele malerische Berberdörfer, deren Lehmhäuser am Hang kleben, säumen den Weg weiter über **Ijoulkak** und **Talaat Yacoub**. Schon von weitem erkennt man auf einem Hügel die Kasbah des einst mächtigen und kriegerischen Goundafa-Stammes, der den alten Karawanenweg kontrollierte. Kurz dahinter zweigt rechts der Weg nach Tinmal, der Keimzelle des Almohadenreiches, ab.

▲ Karte S. 347

Ouirgane

Domaine de la Roseraie (€€), Km 60 Route Taroudannt-Marrakech, Ouirgane, Tel. +212/5244/39128, www.laroseraiehotel.com. Schönes Hotel in traumhafter Lage mit großen Zimmern, einem idyllischen Garten und guter Küche.

Tinmal

Hier auf 1600 Metern Höhe lehrte und predigte der Gelehrte Ibn Tumart, einte die Bergstämme zu den ›Einheitskämpfern‹ und rief sich 1121 zum Mahdi aus. Abd el-Moumin, sein Nachfolger als Führer der Almohaden, ließ zu Ehren seines Lehrers um 1153 die **Moschee von Tinmal** errichten. Die Außenwände der in den 1980er Jahren behutsam restaurierten Moschee sind vollkommen schmucklos. Zwei kleine, möglicherweise unvollendete Türme an den Seiten der Qiblawand erinnern an die Lehmspeicherburgen der Atlasregion. Oberhalb des Mihrab erhebt sich das vermutlich ebenfalls nie vollendete Minarett, im Gegensatz zum Rest der Moschee nicht aus Stampflehm erbaut, sondern aus – mehr oder weniger gut – behauenen Steinen. Einzige Schmuckelemente des Minaretts sind die Blendarkaden mit Alfiz.

In Begleitung eines Wärters kann auch der Innenraum betreten werden, der durch Pfeiler mit Hufeisenbögen, gemauert aus Ziegelsteinen, gegliedert wird. Im Inneren zeichnen sich zum ersten Mal typisch almohadische Stilelemente wie Flechtbandornamente ab und durch eine Betonung des Querschiffs vor der Mihrab-Nische die typische T-Form all ihrer Moscheen. Im Wesentlichen kann man Tinmal als original erhaltenen Vorläufer so wichtiger Moscheen wie Marrakesch, Sevilla und Rabat betrachten, deshalb steht Tinmal seit 1995 auf der Vorschlagsliste zum UNESCO-Weltkulturerbe. Innerhalb der nächsten zehn Jahre soll die Moschee soweit restauriert sein,

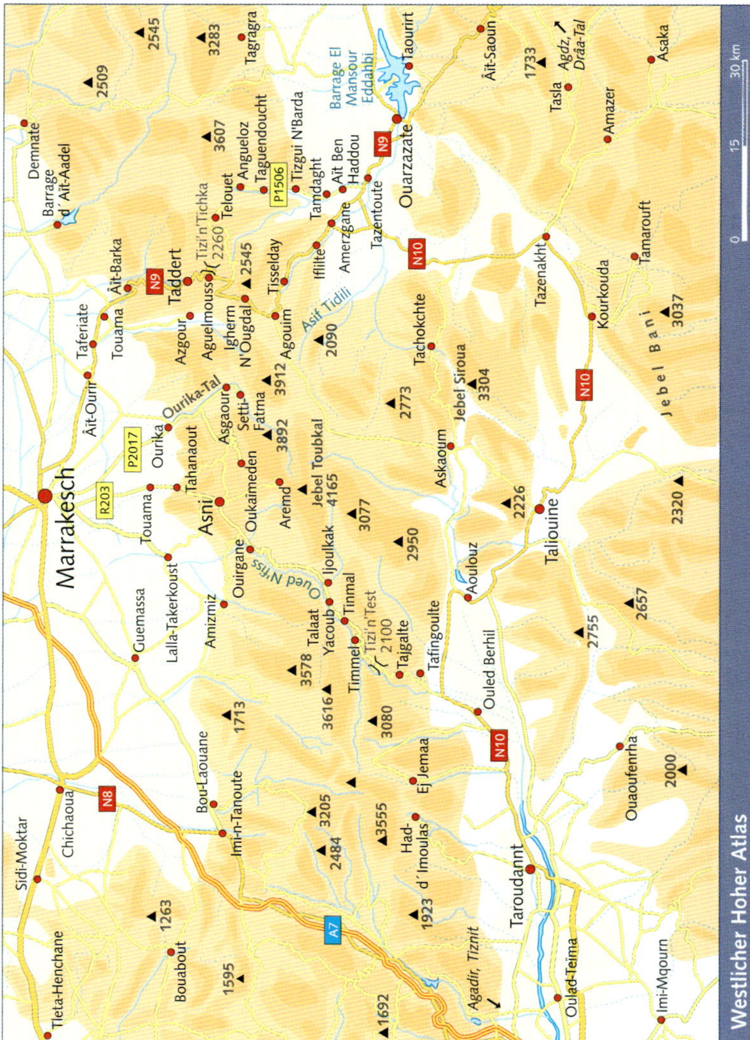

dass sie auch wieder als Gebetsraum genutzt werden kann. Dennoch sollen auch Nicht-Muslime weiterhin die Moschee besichtigen dürfen.

Moschee von Tinmal; tägl. 9–17.30, 10 DH. Wenn die Moschee wieder in Betrieb ist (voraussichtlich erst 2025), Fr geschlossen.

Südseite des Passes

Nach weiteren 35 Kilometern von Tinmal aus über zum Teil enge Serpentinen und ein schmales Asphaltband erreicht man auf 2092 Metern die maximale Passhöhe. Kurz nach der Passhöhe öffnet sich ein fantastischer Blick auf die Souss-Ebene. Die extrem kurvige Strecke ist zunächst noch in sehr schlechtem Zustand mit vielen Schlaglöchern, der Großteil der Strecke ist aber bereits verbreitert, die Kurven entschärft worden. Viele Arganien säumen den Weg ins Tal, der knapp 40 Kilometer über **Tajgalte** und **Tafingoulte** in die Ebene, auf die breite N10 führt und acht Kilometer später durch **Ouled Berhil** führt. Von hier sind es noch knapp 50 Kilometer am Oued Souss entlang nach Taroudannt. Insgesamt etwa 230 Kilometer liegen zwischen Marrakesch und Taroudannt.

Blick von der Passhöhe

Mihrab-Nische in der Moschee von Tinmal

▲ Karte S. 347

Tizi'n'Tichka

Der mit 2260 Meter höchste Pass verbindet seit Jahrhunderten das Drâa-Tal mit Marrakesch. Die Strecke gehört zu den landschaftlich schönsten Routen durch den Hohen Atlas. Nach den heftigen Regenfällen im November 2014 kam ein ›ewiges‹ Thema wieder zur Diskussion: der Bau eines Tunnels zur Verbindung von Marrakesch mit Ouarzazate. Dann käme es nicht wie im Herbst 2014 zu tagelangen Verkehrsbehinderungen durch Sperrung der Passstraße. Doch ist dies so selten wie Sandsturm in Deutschland, und deshalb werden wohl die hohen Ausgaben erst einmal nicht getätigt. Durch die Wetterkapriolen im Winter 2014/15 hat die Straße stark gelitten, Steinschlag durch die Schneeschmelze hat die Asphaltdecke mit Schlaglöchern perforiert. Daher ist auf absehbare Zeit mit Behinderungen durch Straßenarbeiten zu rechnen.

Südseite des Tichka-Passes

Man verlässt Ouarzazate auf der N9 in westlicher Richtung. Die Landschaft wirkt archaisch, fast biblisch. Auf einer Anhöhe hat man nach links einen wunderbaren Blick auf das grüne Band der Flussoase entlang des **Asif Tidili** und die schwarzen Vulkanberge des **Jebel Siroua**. Kurz danach überquert man die Oueds **Rbat** und **Mellah**, danach könnte man im Dorf **Tazentoute** rechts auf die P1506 abbiegen, die nach **Aït Ben Haddou** (→ S. 380) und auf dem alten Verlauf der Passstraße nach **Telouet** (→ S. 385) führt. Die Hauptstraße verläuft nun immer parallel zum Tal des **Oued Imini** über **Amerzgane** nach **Agouim**. Kurz nach dem Dorf **Iflilte** lag die Mine von Bou Tazoult ehemals im Tal des Imini an der P1512. Von 1939 bis in die 80er Jahre wurden bis zu 100 000 Tonnen Mangan abgebaut. Diese Mine war einer der Hauptgründe für den neuen Straßenverlauf. Als nächstes passiert man das malerische **Tisselday** mit einem sehr schönen Minarett. Danach dreht der Straßenverlauf nach Norden durch das schottrige Tal des **Oued Tamstint**.

Igherm N'Ougdal

Zehn Kilometer weiter eröffnet sich rechts ein schöner Blick auf den **Lehmspeicher** von Igherm N'Ougdal. Jede Familie des heute 1000 Einwohner zählenden Dorfes hatte früher eine der 50 Speicherkammern. In den 1990er Jahren wurde dieser Igherm mit Hilfe der UNESCO restauriert. Vom Zentrum des Dorfes kann man zu ihm spazieren, vorbei am Café Mimi, wo sich sicher einer der Männer anbietet, auch einen Blick ins Innere zu ermöglichen.

Am Ortsausgang des 1800 Meter hoch gelegenen Dorfes zeigt eine Schneebarriere an, ob der Tichka-Pass geöffnet ist. Nur im Winter nach heftigen Schneefällen und bevor die Räumfahrzeuge unterwegs waren, ist der Pass manchmal kurzzeitig gesperrt. Gelb-rot gestrichene Pfähle zeigen auch bei Schnee die Straßen-

Dorf und Moschee in Tisselday

begrenzung an. Kurz hinter dem Ort gibt es rund um einen großen Parkplatz viele Geschäfte, in denen Fossilien und Mineralien angeboten werden, sowie das Café-Restaurant **Palais du Tichka**.
Das letzte Dorf vor der Passhöhe ist **Aguelmouss** auf 2110 Metern, umgeben von kleinen Terrassenfeldern, die fast an asiatische Reisfelder erinnern, auf denen aber Weizen und Gerste angebaut wird. Hinter dem Dorf trifft knapp vier Kilometer weiter die alte Passstraße, von Telouet kommend, auf die Nationalstraße.

Col du Tichka

Fünf Kilometer weiter ist die Passhöhe erreicht. Auf einer Tafel ist nicht nur die Höhe von 2260 Metern angegeben, sondern auch die Helden des Straßenbaus werden geehrt: ›Diese Straße wurde gebaut vom Amt für Öffentliche Arbeiten in Marokko unter Mithilfe des Nachrichtendienstes und des 4. Infanterie-Regiments der Fremdenlegion. 1925–1939.‹ Unendlich viele mehr oder weniger echte Mineralien und Fossilien werden hier oben angeboten. Auch bei der Weiterfahrt erkennt man die schönsten Fotostopps an den Ständen der Steinhändler.

Nordseite des Passes

Taddert ist der erste größere Ort nach Überquerung des Atlas-Hauptkamms, gelegen auf 1600 Meter. Aus unzähligen kleinen Tajines dampft es, denn hier legen die Linienbusse aus und nach Marrakesch eine Pause ein. Ab hier nimmt auch die Vegetation wieder merklich zu. Der **Oued Tichka** läuft mal rechts, mal links der Straße und bewässert kleine Terrassenfelder, auf denen viele Walnussbäume stehen. Im Herbst bieten die Kinder der Dörfer die Walnüsse in Plastiktüten zum Kauf an.
Eines der fotogensten Dörfer ist **Aït Ben Ammar**, etwa zwei Kilometer nach Taddert. Die Lehmhäuser scheinen kaskadenartig aus dem Berg zu quellen. An den Berghängen im weiteren Verlauf wachsen vor allem Aleppo-Kiefern, Wacholder, Steineichen und Mastixbäume. Hinter **Aït Barka** beginnen größere Olivenbaumhaine, die hinter **Touama** und **Taferiate**, wenn die **Haouz-Ebene** beginnt, dominant werden.
Gute 70 Kilometer nach dem Tichka-Pass hat man bei **Aït Ourir** endgültig den Hohen Atlas überwunden, noch 40 Kilometer sind es bis Marrakesch.

▶ Karte S. 347

Ourika und Oukaïmeden

Das Ourika-Tal ist einer der schönsten Bergeinschnitte im nördlichen Hohen Atlas, der vor allem in Tagesausflügen von Marrakesch aus gut zu erreichen ist. Das westlich benachbarte Oukaïmeden ist im Winter ein schneesicheres Paradies für Skifahrer, im Sommer finden die Alpinisten ihr Glück in den Bergen. Rund 40 Kilometer sind es von Marrakesch auf der gut ausgebauten P2017 bis zum Beginn des Ourika-Tales. 80 Kilometer sind es, wenn man über die abzweigende P2030 nach Oukaïmeden fährt.

Ourika-Tal

Kurz vor dem Dorf Ourika zweigt links die Straße zum ausgeschilderten **Paradis du Safran** ab. Eine schlechte Straße führt zu diesem Aroma-Paradies, das von der Schweizerin Christine Ferrari geleitet wird. Auf zweieinhalb Hektar kultiviert sie Heilkräuter, Zitrusfrüchte, Obstbäume und natürlich Safran. Bei einem – auch auf Deutsch – geführten Gartenweg erfährt man viel Wissenswertes über das edelste aller Gewürze *31° 23' 16.592" N, 7° 47' 29.018" W.*
Biegt man ins Dorf **Ourika** ab und dort im Zentrum wieder nach links ab, kann man im **Jardin Bioaromatique** ein weiteres ein Fest für Nase und Augen erleben. In

Der Jebel Toubkal von Marrakesch aus gesehen

diesem Garten werden auf einem Hektar über 50 verschiedene Pflanzen angebaut und erklärt, die in der Heilkunst der Berber eine traditionelle Rolle spielen. *31° 22'41.508"N, 7° 47'21.602"W.*
Ab Ourika, wo der gleichnamige Fluss aus dem Gebirge austritt, beginnt die malerische Strecke, die auf rund 30 Kilometern zum Dorf Setti Fatma führt. Verschachtelte Dörfer mit Lehmhäusern scheinen aus den Hängen zu quellen. Kurz nach Ourika liegt rechts der Straße beim Weiler **Tafza** das **Ecomusée Berbère**. In einem restaurierten Lehmhaus bekommt man einen Einblick in das Alltagsleben der Berber und vor allem der Frauen. Khalid, der Verantwortliche des Museums, organisiert auch Wanderungen durch das Tal mit Mittagessen bei einer Berberfamilie *31° 25' 15.69"N, 7° 51'32.328"W.*
Über Tagadirte, Timalizene, Tamezindert, Oualmas und Asgaour erreicht man **Setti Fatma** auf 1500 Metern Höhe. Hier lassen sich mehrere Wanderungen unterschiedlicher Dauer und Schwierigkeit beginnen. Auf jeden Fall empfehlenswert ist der Aufstieg zu den **Cascades de Setti-Fatma**, der je nach Zustand des Weges eine gute Stunde für Hin- und Rückweg in Anspruch nimmt. Normalerweise gelangt man zu sechs Wasserfällen, nach Regenfällen können es auch mal sieben sein. Auf jeden Fall sollte man gute Wanderschuhe für den manchmal rutschigen Weg dabei haben.w Längere und schwierigere Wander- und Trekkingtouren kann man über die Hotels im Tal organisieren oder über das Bureau des Guides.

Ourika-Tal

Vorwahl: +212/524.

Paradis du Safran, km 31, Route de l'Ourika +3 km, Douar Takateret, Aït Touchente, Tel. +212/628/796879, www.paradis-du-safran.com; tägl. 9–18 Uhr, Eintritt inkl. Führung, Safran-Kräutertee und dem haptischen Erlebnis eines Barfußpfades 50 DH.
Jardin Bioaromatique, Route de l'Ourika, Tnine Ourika, Tel. +212/524/482140, www.nectarome.com; Sept.–Juli 9–19 Uhr, 15 DH.
Ecomusée Berbère, Tafza, Tel. Khalid 0610/256734; tägl. 9.30–19 Uhr, 20 DH.

Bureau des Guides, Setti Fatma, Tel. +212/524/426113.

Oukaïmeden

Der höchstgelegene Wintersportort Afrikas liegt auf 2650 Metern und gehört laut CNN zu den 100 schönsten Skistationen weltweit. Mit dem Sessellift geht es bis auf 3270 Meter. Pisten für jedes Niveau vom Anfängerhügel bis zur schwarzen Piste sind hier erschlossen. Ski- und Snowboard-Ausrüstung kann vor Ort geliehen werden. Im Sommer kann man von hier aus zu mehrtägigen Trekkingtouren wie zum Beispiel zur Besteigung des **Jebel Toubkal** (4165 m) aufbrechen. Gut organisierte Touren bieten die Agenturen in Marrakesch an (→ S. 231).

Gott hat ein Land mit Wasser geschaffen, auf dass die Menschen leben können, ein Land ohne Wasser, auf dass die Menschen dürsten, und die Wüste als ein Land mit und ohne Wasser, auf dass die Menschen ihre Seele finden.

Tuareg-Sprichwort

DER GROSSE SÜDEN

Rhettaras in der Merrha-Ebene

Die Tafilalet-Oase

Mit 1380 Quadratkilometern, in denen mehr als 350 Dörfer liegen und über 150 000 Menschen leben, ist das Tafilalet eine der größten Oasen der Welt. Mehr als eine Million Dattelpalmen wachsen hier, sie werden mit Tiefbrunnen, aber auch noch durch alte, unterirdische Kanäle bewässert, die das Wasser aus den Bergen in die tiefer gelegenen Oasen bringen.

Die alte Hauptstadt war Sijilmassa, von hier aus starteteten die Karawanen ins elf Tagesritte entfernte Fès sowie in den südlichen Tuat nach Adrar, ehemals mindestens 20 Tagesetappen entfernt. Das berühmte Filali-Leder, benannt nach den Bewohnern des Tafilalet, war begehrt und wurde über die Karawanen verbreitet. Heute sind **Erfoud** und **Rissani** die beiden größten Orte des Tafilalet. Zu den kulinarischen Spezialitäten des Tafilalet gehört Medfouna, ein mit Fleisch, Zwiebeln, Eiern und Kräutern gefülltes Fladenbrot, das traditionellerweise von den Nomaden im Erdofen zubereitet wird. Im Oktober wird in Erfoud ein Moussem zum Abschluss der Dattelernte gefeiert.

Erfoud

Das ›Tor zur Sahara‹ wird die größte Stadt des Tafilalet auch genannt. Vier Kilometer nördlich des Zentrums beginnt das Stadtgebiet von Erfoud mit dem **Ksar Maadid**, einem der schönsten und größten Ksour des Tafilalet, den man durch ein prächtiges Monumentaltor aus der Almohadenzeit betritt. Die Franzosen gründeten das Zentrum Erfouds mit einem rechtwinkligen Straßennetz als militärische Basis für die ›Befriedung‹ des Südens. Überragt wird die Stadt vom 935 Meter hohen **Jebel Erfoud**, auf dem ein befestigter Wachturm zur Kontrolle des Karawanenweges errichtet wurde. Zum Turm kann man hochfahren, um den Blick über die Stadt und die Palmenhaine rund um Erfoud zu genießen.

Auf dem Wochenmarkt in Rissani

▲ Karte S. 355

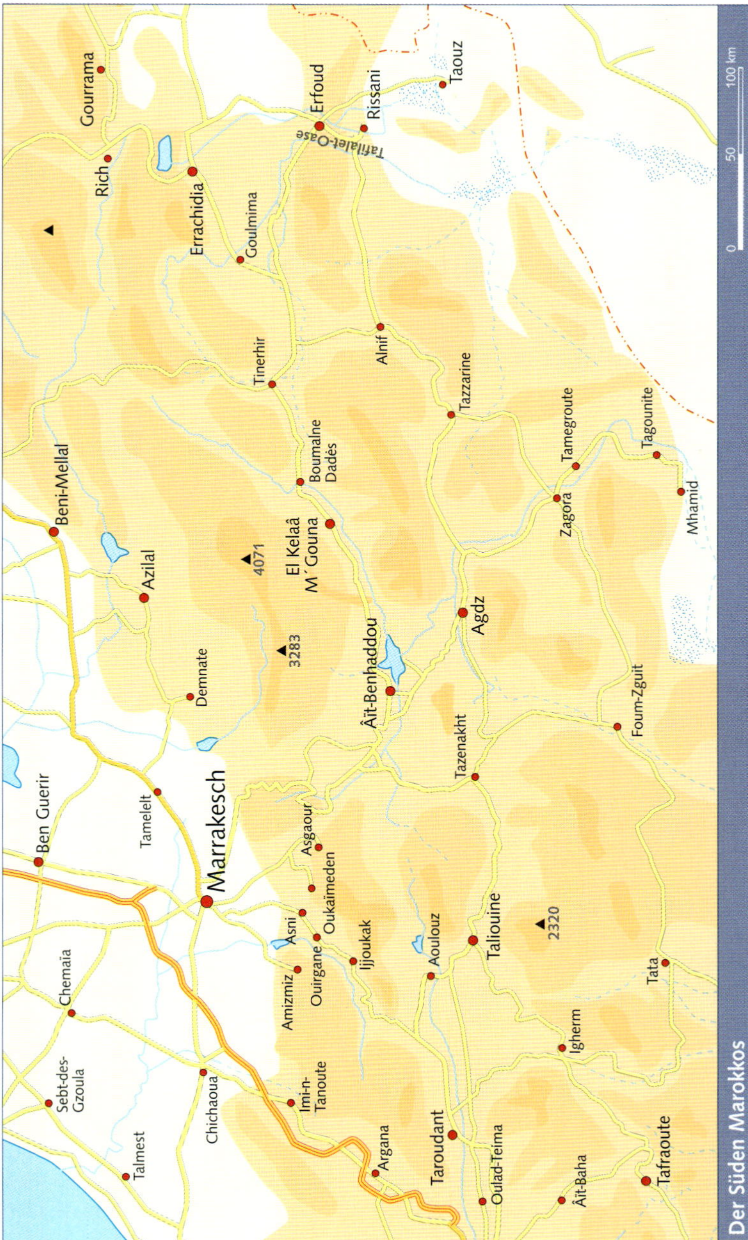
Der Süden Marokkos
Gourrama
Rich
Errachidia
Goulmima
Erfoud
Rissani
Tafilalet-Oase
Taouz
0
50
100 km
Tinerhir
Alnif
Tazzarine
Beni-Mellal
Boumalne Dadès
El Kelaâ M´Gouna
4071
Azilal
3283
Demnate
Aït-Benhaddou
Agdz
Zagora
Tamegroute
Tagounite
Mhamid
Foum-Zguit
Tazenakht
Ben Guerir
Tamelelt
Marrakesch
Asgaour
Oukaïmeden
Asni
Ouirgane
Amizmiz
Ijjoukak
Aoulouz
Taliouine
2320
Tata
Igherm
Chemaïa
Chichaoua
Sebt-des-Gzoula
Imi-n-Tanoute
Talmest
Argana
Taroudant
Oulad-Teima
Aït-Baha
Tafraoute

In der Fossilien-Schleiferei

Fossilienwerkstätten

Der Jebel Erfoud ist Teil der Ktaoua-Formation, die sich vom südlichen Drâa-Tal bei Zagora über Alnif nach Erfoud und Merzouga erstreckt. In dieser Formation mit tonigen Sedimenten und Sand- und Kalksteinbändern aus dem späten Ordovizium sind Fossilien in beeindruckender Menge eingeschlossen. Zu den wichtigsten Erwerbszweigen in Erfoud gehören der Abbau und die Verarbeitung dieser fossilen Schätze. Ganze Tischplatten, Waschbecken, Teller und andere Kleinteile werden geschliffen und poliert, manchmal auch die Fossilien plastisch aus dem Gestein herauspräpariert. In vielen kleineren und größeren Werkstätten in der Stadt kann man die Handwerker dabei beobachten. In der Firma **Manar Marble** kann man das Schleifen auch größter Blöcke mit eingeschlossenen Fossilien beobachten.

Manar Marble, Route du Jorf, Tel. +212/535/578126, www.manarmarble.com.

Merrha-Ebene

In der kargen Steinwüste westlich von Erfoud hat der deutsche Künstler Hannsjörg Voth drei Kunstwerke mit Hilfe der Berber und ihrer Lehmbautechnik errichtet. Von der Straße, die zwischen Tinejdad und Erfoud verläuft, kann man von den Rhettaras aus in der Ferne das Dreieck der **Himmelstreppe** erkennen, die als erste Bauskulptur zwischen 1985 und 1987 errichtet wurde. Im Inneren der 16 Meter hohen Treppe mit 52 Stufen befinden sich zwei übereinanderliegende Räume. Den unteren schuf Voth als zeitweiligen Wohnraum für sich selbst, den oberen ›bewohnt‹ ein Kunstobjekt, eine Art Phönix mit Flügeln aus handgeschmiedeten Messern.

Ab 1994 entstand die **Goldene Spirale**, eine Erdskulptur, gleichermaßen Behausung und schützendes Gebäude für ein Boot, das auf dem internen Brunnen schwimmt. Der Grundriss der Spirale ist aus neun Viertelkreisen konstruiert, die der mathematischen Summenreihe der Fibonacci-Reihe entsprechen, bei der jede Zahl die Summe der zwei vorangegangenen Zahlen ist.

Von 2000 bis 2003 entstand das bislang letzte Projekt: die **Stadt des Orion**. Sieben unterschiedlich hohe Türme, die die sieben Hauptsterne des Sternbildes Orion wiedergeben. Die Höhe entspricht der unterschiedlichen Leuchtkraft der Sterne, man kann von ihnen astronomische Beobachtungen machen. Die Besichtigung der Skulpturen kann nur über Scheich Hassan und dem vom Künstler autorisierten Bewacher Brahim Ben Moha durchgeführt werden. Man muss sich vorher telefonisch bei Scheich Hassan anmelden und bei ihm eine Besichtigungserlaubnis besorgen.

Besichtigung der Voth-Kunstwerke: Scheich Hassan, Provinz Errachidia, Erfoud, Oase Fezna, Tel. +212/661/435350 (spricht französisch), Eintritt 180 DH p.P., günstigere Tarife für Gruppen ab 7 Personen. Da die Objekte nur mit Geländefahrzeugen zu erreichen sind, hilft Scheich Hassan auch bei der Organisation des Transports, ca. 600 DH für 5 Std.

▶ Karte S. 355

Erfoud

Vorwahl: +212/535.

Busbahnhof, an der Grande Place am Markt. Es gibt Busverbindungen mit Rissani, Errachidia und Tinejdad. Auch Sammeltaxis, mit denen man nach Merzouga fahren kann, findet man am Busbahnhof.

Um von Erfoud in die Wüste zu fahren, braucht man ein geländegängiges Fahrzeug. Über folgende Agenturen kann man Exkursionen unternehmen:

South Morocco Adventures, 3, Nouvelle Cité, Tel. +212/535/576010, www.desert4all.com. Fahrten zum Sonnenauf- und -untergang in die Dünen, Touren nach Merzouga, Khamlia, Taouz, Tadaout.

El Filalia, 335, Hay Essalam, Tel. +212/535/578253, www.filaliaexcursions4x4maroc.com. Organisiert Fahrten zum Erg Chebbi, Zeltübernachtungen in den Dünen sowie mehrtägige Touren im Süden.

Sahara Excursions, Tel. +212/661/351657. Die fünf Brüder Outamart organisieren Ausflüge in die Dünen mit und ohne Zeltübernachtung oder auch nach Taouz und zu den Ksour der Umgebung.

Palais Masandoïa (€€€€), Km 5, Route d'Errachidia, Tel. +212/535/576048, www.masandoia.com. Gepflegtes Hotel mit geschmackvollem, elegantem Interieur im marokkanischen Design. Pool, Whirlpool, Hammam.

Palais du Désert & Spa (€€€), Route de Jorf, Tel. +212/535/578291, www.palaisdudesert.com. Luxuriöses Fünf-Sterne-Hotel im Stil eines Wüstenpalastes. Pools, Wellness- und Fitnessbereich.

Kasbah Chergui (€€€), Km 5, Route d'Errachidia, Tel. +212/535/578504, www.hotelchergui.com. Komfortables Vier-Sterne-Hotel im Kasbah-Stil mit geschmackvollen Zimmern in einer sehr schönen Gartenanlage mit Pool. Viele Reisegruppen, aber dennoch ein sehr gepflegtes, angenehmes Ambiente.

La Rose du Désert (€€–€€€), Tel. +212/535/576583, buchbar über www.aubergesmaroc.com. Romantisches, kleines Hotel mit geschmackvoller, charmanter Einrichtung. Pool im Palmengarten.

Kasbah Xaluca (€€–€€€), Km 5, Route d'Errachidia, Tel. +212/535/578450, www.xaluca.com. Sehr schönes Vier-Sterne-Hotel mit originell gestalteten Zimmern in berberischem Design. Innen- und Außenpool, Spa- und Wellnessbereich. Romantische Atmosphäre, obwohl viele Reisegruppen einfallen.

Maison Boutchrafine (€€–€€€), Ksar Merzane, Tel. +212/670/182539, www.maisonboutchrafine.com. Rustikale Auberge in den Bergen auf halbem Weg zwischen Erfoud und Merzouga mit Blick auf die Dünen, gutes Abendessen. Organisation von Kameltouren auf Nachfrage.

Camping Tifina Caravanserail d'Arfoud, Km 8, Route de Rissani, Tel. +212/610/231415, www.tifina-maroc.com. Auch einfache Bungalows.

Auberge Kasbah Derkaoua (€€), Tel. +212/535/577140, http://aubergederkaoua.com. Beste Küche in sehr schönem Ambiente. Nur auf Reservierung mindestens 24 Std. vorher.

Café La Jeunesse (€), Avenue Mohammed V; tägl. von 7.30–22 Uhr. Einfache Gerichte wie Fleischspieße, Salate, Crêpes in sympathischem Ambiente.

Café Restaurant du Sud (€), 19, Avenue Mohammed V, Tel. +212/535/577154. Marokkanische Klassiker wie Couscous oder Tajines, aber auch Medfouna oder Kalia, Rindfleisch, das mit 44 Gewürzen geschmort wird.

Markt: Sonntag.
Dattelfest im Oktober.

Oasen und Dattelpalmen

Eine Oase ist gemäß dem altgriechischen Wort ›Oasis‹ ein bewohnter Ort. Heute versteht man darunter einen Vegetationsfleck in der Wüste, der dank unterschiedlicher Bewässerungsmaßnahmen bewohnbar gemacht wurde. Die häufigste Oasenform Marokkos ist die Flussoase. Von Flüssen wie Dadès oder Drâa, die mit großer Geschwindigkeit ein arides Gebiet durchfließen, werden über Kanäle, die das Flusswasser beidseitig des Bettes ableiten, landwirtschaftliche Parzellen bewässert.

Die Tafilalet-Oase wird einerseits durch die Flüsse Rheris und Ziz bewässert, aber auch durch Rhettaras. Grundwasserführende Gesteinsschichten werden möglichst nahe der Oberfläche angezapft und das Wasser durch unterirdische Leitungen, die Rhettaras, in die Oasen geleitet. Der Bau der Rhettaras war und ist eine sehr aufwendige, mühselige und nicht ungefährliche Arbeit, die man wegen der Einsturzgefahr früher den Sklaven überließ. Zwischen der Oase und den wasserführenden Gesteinsschichten wurden in einem Abstand von etwa 30 Metern bis zu 60 Meter tiefe Schächte gegraben. An der Oberfläche entstanden durch den Aushub Erdhügel, die an Maulwurfshügel erinnern. Auf der Strecke zwischen Tinejdad und Erfoud sind diese heute noch zu sehen. Durch die vertikalen Schächte musste man zur Wartung der unterirdischen Kanäle immer wieder einsteigen. Die Schächte münden im eigentlichen Bewässerungskanal. Dieser Kanal reicht bis in die wasserführende Schicht, wo das Wasser aufgenommen und an die Oberfläche gebracht wird, bevor man es schließlich auf die Felder leitet.

Die Wasserrechte wurden über Jahrhunderte vererbt und früher durch Wasserwärter abgemessen. Erst im Verlaufe des 20. Jahrhunderts rechnete man diese auf festgelegte Wochentage und Uhrzeiten, die sich an der Armbanduhr ablesen lassen, um. Derjenige, der gerade Wasserrecht hat, leitet vom Hauptkanal, Seguia genannt, mittels einer Barriere aus Steinen und Stofflappen das Wasser zunächst auf kleinere Kanäle und schließlich auf sein Feld ab, das gänzlich unter Wasser gesetzt wird. Auf drei ›Etagen‹ wird bebaut. Das oberste Stockwerk bilden die Palmen, deren ausladende Kronen den darunter angebauten Pflanzen Schatten spenden. Die mittlere Zone bilden die Obstbäume wie Zitrusfrüchte, Feigen, Aprikosen, Pfirsiche, Quitten, Mispeln und Oliven. Bodennah baut man alle möglichen Gemüsesorten an, von Auberginen bis zu Kohl, aber auch Kräuter wie die beliebte Minze für den Tee oder Koriander und Petersilie und letztendlich natürlich auch Gras, Luzerne und andere Futtermittel für die Tiere.

Palmen

Ohne die Dattelpalmen in den Oasen wäre für den Menschen das Überleben in der Wüste nicht möglich, denn iher Früchte eignen sich bestens zum Lagern und zum Transport. Selbst bei größter Erschöpfung kann man die weichen und feuchten Datteln gut essen und leicht verdauen. Für die Nomaden waren und sind sie die ideale Nahrung für kraftzehrende Reisen durch die Wüste, für die man Ausdauer benötigt. Durch ihren hohen osmotischen Wert schimmeln Datteln nicht, wenn man ihnen das restliche Wasser durch Austrocknen entzieht. Auf den oft ausgelaugten und versalzenen Böden in einer Oase sind Dattelpalmen häufig die einzig nutzbaren Pflanzen, die unter den gegebenen Bedingungen noch wachsen. Auch Sandstürmen, hoher Strahlungsintensität und trockener Luft halten die Dattelpalmen stand. Allerdings brauchen Dattelpalmen viel Wasser, bis zu 6000 Liter pro Hektar, wobei sie sehr salztolerant sind. Bis zu drei Prozent Salz pro Liter, also nahezu den Salzgehalt von Meerwasser, vertragen sie mühelos. Auch Salzkrusten beeinträchtigen sie nicht, sie wurzeln einfach in tieferen Bodenschichten.

Ursprünglich stammen Dattelpalmen aus dem Nahen Osten, wahrscheinlich aus dem heutigen Irak, wo sie bereits vor 5000 bis 6000 Jahren kultiviert wurden. Nicht nur wegen ihrer Früchte wegen wurden sie geschätzt, sondern auch, weil sich auch fast alle Teile der Palme verwenden lassen: als Bauholz, als Brennmaterial oder zur Dachdeckung, sehr wichtig in baumarmen Regionen.

Phoenix dactylifera, so der lateinische Name der Dattelpalme, ist kein Baum, sondern eine Palmenart aus der Pflanzenfamilie der Palmae oder Arecaceae. Im Unterschied zu einem Baum wächst eine Palme nicht in die Breite, sondern ausschließlich in die Höhe und bildet auch keine Äste aus. Palmen schieben immer neue, große Blätter beziehungsweise bis sechs Meter lange, gefiederte Palmwedel aus ihrem Vegetationszentrum heraus. Bis zu 25 neue Blätter entwickelt ein Palme jährlich neu, die drei bis sieben Jahre alt werden, bevor sie abfallen und die typische raue Stammoberfläche hinterlassen. Eine Palme wird also mit dem Alter immer höher, ein Zurückschneiden ist nicht möglich. Eine Dattelpalme kann bis zu 30 Meter hoch und könnte an die 200 Jahre alt werden. Da sie aber ab etwa dem 80. Lebensjahr noch genauso viel Wasser braucht, aber immer weniger Ertrag bringt, wird sie spätestens mit 100 Jahren abgebrannt. Erste Früchte bringt die Dattelpalme nach etwa acht Jahren, ihr Ertragsoptimum erreicht sie zwischen dem 40. und 80. Lebensjahr.

Dattelpalmen sind zweihäusig, das heißt, auf einer Palme werden entweder nur weibliche oder nur männliche Blüten gebildet. Um wertvolles Wasser zu sparen, baut man fast nur weibliche Palmen an und bestäubt deren Blüten manuell aus nächster Nähe mit männlichem Pollen. Bis zum maximal 10. Lebensjahr einer Dattelpalme ist nicht ersichtlich, ob es sich um eine weibliche oder männliche Palme handelt. Erst nachdem sie erstmals Früchte oder Pollen gebildet hat, wird dies offen-

Palmenhain in Tata

Datteln

sichtlich. Etwa 30 bis 40 weibliche Palmen kommen in einer Oase in der Regel auf eine männliche Palme. Zur Erzeugung besserer und größerer Datteln werden meist die Blütenstände ausgedünnt, später die Fruchtstände richtig gehängt. Zur Ernte im September und Oktober werden die bis zu 20 Kilogramm schweren Rispen von Hand abgeschnitten und nach unten abgeseilt. Eine gut gepflegte Dattelpalme kann im Jahr bis 150 Kilogramm Datteln hervorbringen, im Durchschnitt liegt der Ertrag aber deutlich niedriger. Zur Bestäubung, Pflege und Ernte muss ein Dattelbauer bis zu zehnmal pro Saison ›auf die Palme gehen‹. Dattelpalmen vertragen keinen Schatten, keine hohe Luftfeuchte und keine starken Fröste. Sie können zwar bis zu minus sieben Grad Celsius vertragen, brauchen aber eine Durchschnittstemperatur von 21 Grad Celsius. Deshalb wachsen sie weder in mitteleuropäischen Breiten noch in höher gelegenen Oasen Marokkos wie in den Dadès-Schluchten.

Datteln

Es gibt weltweit rund 1500 Sattelsorten, allein in Marokko etwa 300. Für den kommerziellen Anbau bevorzugt man weiche und süße Sorten, die sich gut naschen lassen. Andere, minderwertigere Sorten sind aber als Viehfutter unverzichtbar. Als Mercedes unter den Datteln gilt die Sorte Medjoul, auch als Berber- oder Königsdattel bezeichnet, die früher Königen und Stammesfürsten vorbehalten war. Datteln haben einen hohen Zuckergehalt von 60 bis 70 Prozent und bestehen nur zu 20 Prozent aus Wasser. Durch das Auslegen in der Sonne werden die Früchte getrocknet, um ihnen dieses zu entziehen und sie so haltbar zu machen. Der Eiweißgehalt von Datteln liegt bei weniger als zwei Prozent, der Fettgehalt ist mit 0,5 Prozent zu vernachlässigen. Datteln enthalten sechs bis acht Prozent Ballaststoffe und 1,8 Prozent Mineralstoffe. Bemerkenswert ist der sehr hohe Gehalt an Kalium sowie der hohe Eisen- und Zinkgehalt im Verglseich mit anderen Obstarten, zudem ist in Datteln die Folsäure enthalten. Daher heißt es, dass man von sieben Datteln pro Tag überleben kann. Genau dieses Quantum nahm der Prophet beim Fastenbrechen im Monat Ramadan jeden Abend zu sich, und daher ist dieser Snack heutzutage der Auftakt zum Abendessen in dieser Zeit, in der Regel zur Ramadan-Suppe Harira.

Rissani

Rissani ist die Wiege der Tafilalet-Oase und der Alaouiten-Dynastie, die seit dem 17. Jahrhundert über Marokko herrscht. Mindestens seit Mitte des 8. Jahrhunderts lag hier im Südwesten Marokkos eines der wichtigsten Handelszentren des saharischen Raums. Das pittoreske Treiben und pulsierende Leben an den drei Wochenmarkttagen lässt Erinnerungen an den Karawanenhandel früherer Zeiten wach werden. Ein buntes und ursprüngliches Spektakel, zu dem sich Angehörige unterschiedlichster Berberstämme und arabischer Stämme noch heute treffen, handeln und feilschen und natürlich den neuesten Klatsch und Tratsch austauschen.

Sijilmassa

Der Ursprung von Rissani liegt etwa zwei Kilometer außerhalb des heutigen Zentrums. Große Lehmhaufen und Ruinen sind verblichenes Zeugnis der ehemaligen Oasensiedlung Sijilmassa, die 757 von den Bani Midrar vom Berberstamm der Miknassa gegründet wurde. Sijilmassa gelang es schon bald, den transsaharischen Goldhandel zu kontrollieren und empfing alle zwei Jahre reich beladene Karawanen, die aus dem sagenumwobenen Reich von Ghana aufgebrochen waren. Auf dem Markt von Sijilmassa tauschte man Gold, Elfenbein, Straußenfedern und Sklaven mit Luxuswaren aus dem Mittelmeerraum. Der immense Reichtum, den die Stadt dadurch erlangte, zog Neider an, und so wurde Sijilmassa um 980 vom Berberstamm der Magraoua erobert und die Miknassa vertrieben.

Auch unter den neuen Herren blieb Sijilmassa zunächst ein Handelszentrum, doch zunehmend kam es zu Konflikten mit den nomadisch lebenden Sanhadja-Berbern. Der Kampfbund der Almoraviden unterwarf die blühende Stadt schließlich 1054 und zerstörte sie. Allerdings gestatteten die Almoraviden erstmals anderen Gruppen, sich hier niederzulassen und dadurch belebte sich die Stadt wieder. Auch der Goldhandel begann erneut zu florieren. Zudem intensivierte man die Landwirtschaft und leitete den Oued Ziz teilweise um. Die Bevölkerungszahl erreichte mit etwa 30 000 Menschen einen neuen Höhepunkt.

Das Stadttor von Rissani

Geschichte der Ksour

Zum Ende der Merinidenzeit Mitte des 15. Jahrhunderts begann der Zerfall in mehrere verfeindete Kleinreiche, und so entstanden im Tafilalet eine Reihe von Ksour. Die Kontrolle über den Saharahandel ging aber gänzlich verloren, der Handel verlagerte sich mehr und mehr auf den Atlantik. Westafrikanisches Gold und Silber aus dem Atlas fanden zwar nach wie vor ihren Weg ins Tafilalet, doch seine Bedeutung war rückläufig. Sijilmassa wurde letztlich verlassen, stattdessen entstanden in dem Chaos durch zunehmende Feindseligkeiten neue befestigte Dörfer für die Clans. Die Zahl der Ksour wuchs auf 350 an. Zu dieser Entwicklung trug auch die Anlage der Rhettaras bei, die einzelne, voneinander entfernte Siedlungen ermöglichte. Zunehmend kamen arabische Beduinen in die Oase, wie etwa die Alaouiten aus dem Gebiet des heutigen Saudi-Arabien oder die Bani Maqil, von den Fatimiden aus Ägypten vertriebene Jemeniten. Gegen diese arabischen Gruppen schlossen sich die Berber zu den Aït Atta zusammen, einem Bund, der sich in den Jebel Saghro zurückzog. Die Alaouiten waren als Scherifen, Nachkommen des Propheten, sehr angesehen dominierten ab dem 16. Jahrhundert zunehmend die Oase. 1631 schworen ihnen die Oasenbewohner die Treue. Keine 30 Jahre später begann ihr unaufhaltsamer Eroberungszug, mit dem sie das ganze Land unter ihre Kontrolle brachten.

Weitere Ksour entstanden als Rückzugs- oder Verbannungsort für Witwen oder andere unliebsame Mitglieder der Herrscherfamilie. Auf neutralem Terrain zwischen diversen Ksour wurde Markt abgehalten, und um selbigen entstand das Zentrum der heutigen Kleinstadt Rissani, die wieder auf bestem Weg ist, die einstige Größe von 30 000 Einwohnern zu erreichen.

Wochenmarkt

Das Zentrum von Rissani ist klein und ziemlich übersichtlich, aber dreimal in der Woche ist Markttag, und dann geht es turbulent zu. Dienstags, donnerstags und sonntags kommen die Marktgänger zum Teil von weit her, um einzukaufen, aber auch um sich auszutauschen. Ein Marktbesuch ist nach wie vor ein soziales Ereignis in Marokko und in der Tafilalet-Oase, wo so viele unterschiedliche Stämme im Laufe der Jahrhunderte eingewandert sind, ganz besonders. Dann sieht man die Frauen der arabischen Schorfa, die dunkelblaue, fast schwarz wirkende Tücher tragen und damit sogar das Gesicht gänzlich verhüllen. Noch bis weit ins 20. Jahrhundert durften sie das Haus gar nicht verlassen und höchstens nachts auf die Dächer der Häuser. Auch die Berberfrauen des Tafilalet tragen schwarze Tücher als Übergewänder, allerdings sind diese mit Streifen in bunten Farben verziert.

Viele Marktbesucher kommen noch heute mit dem Esel oder Maultier angeritten. Für sie gibt es einen eigenen ›Parkplatz‹, für den sogar eine kleine Gebühr zu bezahlen ist. Dafür kümmert sich der Parkplatzwärter um das Abschirren der Tiere und weist ihnen den entsprechenden Platz zu. Denn der Besitzer kann ent-

Straßenszene in Rissani am Tag des Wochenmarkts

▲ Karte S. 355

Heißer Handel auf dem Schaf- und Ziegenmarkt

scheiden, ob sein Tier angeleint stehen soll oder, wenn er Nachwuchs haben will, seine Eselstute frei herumlaufen darf, auf die ›Gefahr‹ oder eben ›Hoffnung‹, dass diese von einem Hengst beglückt wird. In einem Geviert in der Nähe findet der **Tiermarkt** statt, auf dem hauptsächlich Schafe und Ziegen feilgeboten werden. Dahinter ist der größte Bereich des **Wochenmarktes**, auf dem vor allem Obst und Gemüse, natürlich saisonal und lokal, aber auch Gewürze, Eimer, Matratzen, Kochgeschirr, Bettgestelle, Plastikspielzeug und vieles mehr angeboten wird.

Marché couvert

Gegenüber der Banque Populaire, links vom Ksar Abouam, gibt es hinter den vielen Cafés und kleinen Restaurants im Zentrum den Marché couvert, auf dem jeden Tag Früchte und Gemüse verkauft werden. Im Herzen dieses Marktes wird das wichtigste Produkt der Oase – die Datteln! – gehandelt. Vor allem in der Erntezeit und kurz danach, also im September und Oktober, geht es hier besonders hoch her. Aber auch in allen anderen Monaten gibt es getrocknete Datteln des Tafilalets zu kaufen.

Ksar Abouam

Mitten im Zentrum liegt der Ksar Abouam aus dem 17. Jahrhundert mit seinem mächtigen Eingangsportal, flankiert von zwei Türmen. Der Portalbereich diente früher gleichermaßen als ›Rathaus‹, in dem sich die Dorfältesten jeden Freitag zu Gesprächen trafen, wie auch als ›Herberge‹ für Fremde, die man wegen des Gebots der Gastfreundschaft nicht abweisen konnte, die man aber aus Sicherheitsgründen nicht sofort in das Dorf einlassen wollte. Die Stufen im Portalbereich dienten also sowohl als Sitzflächen für die Ratssitzungen als auch als Liegefläche für Übernachtungsgäste. Innerhalb des Dorfes gibt es einige wenige Plätze, auf denen zum Beispiel Familienfeste wie Hochzeiten gefeiert werden. Ansonsten stehen die Häuser eng beisammen und sind überdeckt, um die Hitze aus den Gassen fernzuhalten. Zudem konnte man früher auch die wenigen Lichtschächte abdecken, um die Gassen vollständig zu verfinstern und so etwaigen Eindringlingen die Orientierung unmöglich zu machen. Früher verlief in der Mitte der Gassen der offene Abwasserkanal. Erst seit wenigen Jahren gibt es ein unterirdisches Abwasserrohr und Trinkwasser in jedem der Häuser. Etwa

Im gedeckten Markt von Rissani

Im Mausoleum von Moulay Ali Cherif

300 Familien mit rund 1400 Personen wohnen heute noch im Ksar Abouam, die meisten von ihnen sind Mitglieder des Stammes der Alaouiten, die Bani Alaoui. Auch als Filmkulisse, zum Beispiel für ›Himmel über der Wüste‹, diente der Ksar schon mehrfach.

Mausoleum Moulay Ali Cherif

Als die Bewohner des Tafilalet den Alaouiten den Treueid leisteten, taten sie dies namentlich für den damaligen Sippenchef Moulay Ali Cherif. Noch mit ihm als Anführer nahmen die Alaouiten Marrakesch ein. Doch bereits kurz darauf starb er am 5. Juni 1659 knapp 70-jährig, und so oblag es seinem Sohn Moulay Raschid, den Rest des Landes zu erobern. 1666 war ihm zu Ehren ein Mausoleum erbaut worden, an das sich später eine Zaouia angliederte, die unter anderem Pilger auf dem Weg nach Mekka beherbergte. Dank vieler Stiftungen und Legate wurde diese schon bald zur größten Landbesitzerin in der Oase. Durch ein furchtbares Hochwasser des Oued Ziz wurden das Mausoleum und die Zaouia 1965 zerstört. Die heutigen Bauten stammen aus der Folgezeit. Nicht-Muslime dürfen den **Gartenbereich** betreten, nicht aber den Grabbau, den Gebetsraum oder die Zaouia. Dieser Paradiesgarten ist wie ein klassischer andalusischer Garten in vier gleich große Quadrate unterteilt, die die vier Jahreszeiten und die vier Himmelsrichtungen repräsentieren. Rechts vom Mausoleum liegt der **Ksar Moulay Ismail** aus dem 17. Jahrhundert, hinter dem Grabkomplex der **Ksar Abbar**. Letzterer wurde im frühen 19. Jahrhundert als Exilfestung für in Ungnade gefallene Familienmitglieder und unliebsam gewordene Witwen errichtet. Außerdem bewahrte man hier den Staatschatz auf, bewacht von der Schwarzen Leibgarde. Heute sind nur noch die Außenmauern, das monumentale Eingangstor und Reste der Türme erhalten.

▲ Karte S. 355

Rissani

Vorwahl: +212/535.

Busbahnhof, an der Hauptstraße kurz vor dem Ksar Abouam. Hier stehen auch die Sammeltaxis, mit denen man nach Merzouga fahren kann.

Maison Saharienne, Ksar Abouam, Tel. +212/664/285476. Ausgezeichnete Auswahl an traditionellen, auch alten Berberteppichen und Schmuck.

Maison Touareg, 193, Rue du Mausolée. Sehr schöne Auswahl an Teppichen. Auch schöner Berber- und Tuaregschmuck.

Sahara Gallery, Route de Merzouga, Cité Moulay Idriss, Rissani, Tel. +212/662/153008. Schöner, alter Berber- und Tuaregschmuck.

Markt: Dienstag, Donnerstag, Sonntag.

Rissani im Jahre 1864

Der aus Bremen stammende Afrikaforscher Gerhard Rohlfs bereiste im Juni des Jahres 1864 als erster Europäer die Tafilalet-Oase.

»Abuam, den 15. Juni. – So bin ich denn seit acht Tagen in Tafilet, dieser grossen Wüsten-Oase, die in jeder Beziehung die wichtigste der Sahara ist. Eine meiner ersten Pflichten, um mich in den Augen der Eingebornen als frommer Muselmann zu zeigen, war, die Grabstätte Muley-Aly-Scherif's zu besuchen. Dieser Mann, Gründer der herrschenden Dynastie in Marokko und einer Branche der Schürfa [Schorfa], der Alaouin, wird hier als der grösste Heilige verehrt. Sein Grab liegt eine kleine Stunde von Abuam in der Provinz l'Ued Itli. Ein ziemlich geräumiger Dom, rechtwinklig und inwendig fast ohne allen Schmuck, überdacht den wie immer mit rothem Tuch überhangenen Sarkophag. An den Wänden inwendig sind viele Inschriften aus dem Koran. [...] Nachdem ich üblicher Weise das Grab geküsst und eine kleine Geldgabe in den vor dem Grabe ausgestellten Kasten geworfen, entfernte ich mich. [...]

In Abuam stieg ich bei dem ersten Kaufmann Tafilet's, Namens Mohamed Uiadan, ab, an den ich einen Empfehlungsbrief hatte. Durch seine Handelsverbindungen gewohnt, täglich eine grosse Anzahl von Gästen zu beköstigen und zu beherbergen, nahm er mich, da ich mit einem Briefe vom Großscherif versehen war, mit zuvorkommender Bereitwilligkeit auf.

Abuam ist für die ganze Wüste der Central-Handelspunkt. Nicht nur die Waren Algeriens und Marokko's oder die Produkte Tuat's und des l'Ued Draa, sondern auch die des Sudan kommen hier zusammen. Kein bunteres und belebteres Bild als der grosse Markt, der dreimal wöchentlich vor Abuam abgehalten wird. Da das Bauholz selten ist, so sind sämmtliche Buden wie auch die Häuser der Dörfer aus Thon in der Form eines Maulwurfhaufens aufgeführt. Und wie in den anderen Marokkanischen Städten bilden diese Buden Straßen und jede Strasse hat ihren besonderen Verkaufszweig. Links beim Eingang hat man die Krämergasse, rechts davon ab mündet die lange Strasse der Tuch-, Seidenwaaren- und Kattunhändler, fast ausschliesslich aus Kaufleuten von Fès bestehend. An die Strasse der Krämer schliesst sich die der Öl-, Butter- und Seifen-Verkäufer an, dann kommen die Buden der Kifta-Verkäufer, bei uns würde man Restaurants sagen. Weiterhin die Waffenstrasse, Trödlerstrasse, Wollenhändlerstrasse, Schreiner, Schuster, Schneider, jedes Handwerk, jede Waare hat seine eigene Strasse.

Dann giebt es ausserdem mehrere grosse Plätze, wo im Freien verkauft wird: der Gemüse- und Obstplatz, der Dattelnplatz, der Salzplatz, der Matten- und Teppichplatz und der Viehmarkt. Der Dattelnhandel ist natürlich sehr bedeutend, voriges Jahr war jedoch für Tafilet ein Hungerjahr, indem die Palmen gar nicht getragen hatten [...] Die Tafileter Datteln sind als die vorzüglichsten in der ganzen Wüste bekannt und es sind namentlich die Buskri, Bu-Hafs und die Fukus-Sorte, welche am meisten gesucht und bezahlt werden. [...] Die Hitze ist jetzt äusserst heftig, in der Sonne hatten wir heute Nachmittag 128°F, mein hunderttheiliger Thermometer zeigte 53°.«

Quelle: Gerhard Rohlfs, Reise durch Marokko, Uebersteigung des grossen Atlas, Exploration der Oasen von Tafilet, Tuat und Tidikelt, Bremen 1868

EXTRA

Ksour-Rundfahrt

Auf einer Rundfahrt von rund 28 Kilometern kann man etliche der trutzigen, befestigten Lehmdörfer sehen. Bei jedem Ksar muss man damit rechnen, dass sogleich die Kinder angerannt kommen, die die Hoffnung hegen, dass ein Bonbon oder ein Kugelschreiber für sie abfällt oder die aus Langeweile und als ›Mutprobe‹ Steine auf die Autos werfen. Kommt man von Erfoud auf der N13, folgt am Kreisverkehr bei den Ruinen von Sijilmassa nicht der Ausfahrt links ins Zentrum von Rissani, sondern fährt stattdessen geradeaus.

Die Straße führt durch die Oasengärten, der erste Ksar auf dem Weg links ist **Guighlane**. Bis Mitte des 20. Jahrhunderts hatte er eine große jüdische Minderheit und daher eine eigene Mellah mit Synagoge innerhalb des Ksar. Ein Abstecher führt kurz nach einer kleinen Brücke nach rechts zum Ksar **Charfat Bahaj** linkerhand, rechts folgt der Ksar **Ouled Yahya**.

Vier Kilometer vom Abzweig entfernt liegt der Ksar **Tinegherass** auf einer felsigen Anhöhe. Das Auto lässt man am besten hinter dem Friedhof mit zwei Marabouts stehen, um in den Ksar hochzusteigen. Von oben bietet sich ein herrlicher Blick auf die Palmenhaine, die Hamada du Guir, in der Ferne den Jebel Saghro und die Dünen des Erg Chebbi. Die Zeit scheint im Ksar Tinegherass stehen geblieben zu sein, kleine schattige, überdeckte Gassen schlängeln sich den Hügel hinauf.

Wieder auf der Hauptstraße, erreicht man nach zwei Kilometern rechts den Ksar **Tabouassamt**, danach liegt links der Straße der Ksar **Abadou** und einen Kilometer weiter der Ksar **Irara**. Die Ksour **Zaouiat Ali**, **Bouzmella**, **Tazegzout**, **El Maté** und **Ammar** säumen die Straße im Süden.

Ab dem Ksar **Ouled Abd er-Rahman** führt der Weg auf der P7101 nach Norden und über den Ksar **Asserghine** gelangt man zum Ksar **Ouled Abd el-Halim**. Dieser Ksar wurde 1847 als Palast für den Bruder des Sultans Moulay Hassan erbaut. Dieser Moulay Raschid fungierte als Gouverneur und Kalif und errichtete sich hier einen wahren Lehmpalast. Viele Details verraten heute noch die einstige Pracht, doch hat der Zahn der Zeit schon sehr stark an dem fragilen Gemäuer ge-

Dünen des Erg Chebbi

▲ Karte S. 355

nagt. Erst in jüngster Zeit versucht man durch Restaurierungsmaßnahmen noch zu retten, was zu retten ist, und so sieht der Ksar von außen schon fast aus wie neu. Im Inneren führt ein Wärter gegen ein Trinkgeld gerne herum, zeigt den ehemaligen Harem, den Lustgarten, den Hammam und die Wirtschaftsräume.
Die Straße der Ksour trifft schließlich wieder auf die N13, über die man links Rissani erreicht und rechts nach Merzouga weiterfahren kann.

Erg Chebbi

»Niemand, der sich eine Weile in der Wüste aufhält, kommt als derselbe wieder, der er vorher war. Entweder entwickelt man eine unstillbare Sehnsucht nach ihr, wie ein Verliebter, oder aber man wird sie auf immer hassen. [...] Von der Wüste zu sprechen, bedeutet das nicht vor allem zu schweigen, so wie sie es selbst tut?« So philosophierte der französische Naturforscher Théodore Monod.
Der Inbegriff für Wüste für den normalen Mitteleuropäer sieht aus wie hier am Erg Chebbi: hohe Dünen, deren Wellenkämme und Rippelmarken interessante Licht-Schatten-Spiele werfen. Ein riesiger Sandkasten, der vor allem am frühen Morgen und im späten Nachmittagslicht seinen schönsten Zauber entfaltet. Der Erg Chebbi liegt gute 30 Kilometer südöstlich von Rissani, und etwa genauso weit ist es bis zur algerischen Grenze. Das Sanddünenfeld erstreckt sich 22 Kilometer in Nord-Süd-Richtung und bis zu fünf Kilometer in Ost-West-Richtung. Die höchsten Dünen erreichen eine Höhe von bis zu 150 Metern.
Mehr als 20 Cafés haben sich am Rande der Dünen angesiedelt, von denen aus man das Farbspiel beobachten kann, aber auch mit Kamelen zum Sonnenauf- oder -untergang reiten kann (etwa 200 DH). Wer zu Fuß in die Sanddünen läuft, bekommt sehr schnell Gesellschaft von einem der unzähligen Marokkaner, die im Umkreis der Cafés auf Kundschaft warten und in allen Kultursprachen der Welt ihre Geschichte und natürlich Souvenirs wie Fossilien oder handgemachtes Spielzeug verkaufen wollen. Nur wer eine Tour mit Wüstenübernachtung einplant, hat auch wirklich die Möglichkeit, die Stille der Wüste zu ›hören‹. Außerdem hat der nächtliche Sternenhimmel ohne störendes Streulicht der Stadt einen einzigartigen Reiz.

Merzouga

Merzouga ist ein kleiner Wüstenort von 500 Einwohnern und das touristische Zentrum für Touren in den Erg Chebbi. Es wird aber auch nach wie vor Landwirtschaft mithilfe der traditionellen Rhettaras betrieben. Gerste, Bohnen, Viehfutter und natürlich Datteln gehören zu den angebauten Feldfrüchten. Jedes Jahr im April findet seit 2003 vor der eindrucksvollen Kulisse der Sanddünen das Festival von Merzouga statt, bei dem traditionelle Musik der Sahara und die rhythmische Musik Schwarzafrikas im Fokus stehen. Wasser – keine Fata Morgana! Tatsächlich befindet sich westlich von Merzouga mitten in der Wüste der wechselnd große Salzwassersee **Dayet Srji**, an dem häufig Enten und, vor allem im Frühjahr, Flamingos zu beobachten sind.
Sieben Kilometer hinter Merzouga befindet sich der Weiler **Khamlia**. 32 Häuser, 150 Einwohner. Den allermeisten von ihnen sieht man noch deutlich an, dass ihre Vorfahren als Slaven in Ketten gelegt aus Schwarzafrika hierher verschleppt wurden. Die Gruppe ›Pigeons du sable‹ hat hier ihre Heimatbasis, in der sie gerne Gäste empfängt, um sie in ihre traditionelle Gnaoua-Musik einzuführen.

Merzouga

Vorwahl: +212/535.

Riad Madu (€€), Hassilabied, Merzouga, Tel. +212/535/578740, www.riadmadu.com. Geschmackvolles Haus mit eleganter und stilvoller Einrichtung für die perfekte romantische Wüstenatmosphäre. Herrliche Terrasse mit Pool und Blick auf die Dünen.

Ksar Merzouga (€€), Hassilabied, Merzouga, Tel. +212/535/578803, www.ksar-merzouga.com. Nettes, geschmackvolles Drei-Sterne-Hotel in traumhafter Lage direkt vor den Dünen des Erg Chebbi. Geräumige Zimmer im marokkanischen Stil. Pool.

Kasbah Azalay (€€), Merzouga Ksar Merzouga, Tel. +212/535/578624, www.kasbahazalay.com. Liebevoll im Kasbah-Stil gestaltet. Pool und Blick auf die Dünen.

Riad Ouzine (€€), Hassilabied, Merzouga, Tel. +212/535/576508, www.riadouzine.com. Geschmackvolles,romantisches Gästehaus am Rande des Erg Chebbi.

Riad KemKem (€), Hassilabied, Merzouga, Tel. +212/535/577855, http://riadkemkem.com. Charmantes Gästehaus mit geschmackvoll eingerichteten Zimmern im marokkanischen Stil.

Bivouac

Merzouga Luxury Desert Camp (€€€€), Erg Chebbi, Merzouga, Tel. +212/661/776766, www.merzougaluxurydesertcamps. Exklusives Zeltcamp mit nur drei Zelten, die ein Wüstenerlebnis in höchstem Luxus offerieren. Kamelritte und Off-Road-Touren mit Quads, Picknicks in der Oase werden organisiert.

Auberge Café Fatima (€€), Hassilabied, Merzouga, Tel. +212/670/181034. Saubere, farbenfrohe Auberge mit Pool im Dorf und ein kleines, charmantes Zeltcamp mit nur fünf Nomadenzelten mit Gemeinschaftsbad. Rührende,aufmerksame Gastgeber, die auch Kameltouren organisieren.

Le Ciel Bleu (€€), Erg Chebbi, Erfoud, Tel. +212/671/193934, www.merzougabivouac.com. Urige Zeltlodge mit sauberen Feldbetten im Nomadenzelt. Gemeinschaftsbäder. Pures Wüstenfeeling, Abendessen mit traditioneller Musik.

Sahara Camp (€), Hassilabied, Merzouga, Tel. +212/535/577039, http://auberge-sahara-merzouga.com. Gemütliche, aber einfache Zimmer in der Auberge und in den Dünen eine kleine Zelt-Lodge mit Futonbetten. Gemeinschaftsbad.

Camp Camelshouse (€), Erg Chebbi, Merzouga, Tel. +212/666/392591, http://camelshouse.com. Intimes, kleines Camp mit nur vier Zelten für romantische Wüstennächte. Gemeinschaftsbad. Organisation von Landrovertouren und Kameltrekking.

Camping Auberge Océan des Dunes, Ksar Hassilabied, Tel. +212/676/461377, www.aubergeoceandesdunes.com. Camping am Rande der Sanddünen. Auch Hostel und Zeltübernachtungen in den Dünen.

Café Almou (€), Merzouga, Tel. +212/678/417669. Kleines Café im Ortszentrum mit sehr guten Gerichten wie Brochettes, Kefta und Medfouna.

Tifaout (€), Merzouga, Tel. +212/662/191673. Einfache, aber gute Küche mit Couscous und Tajines.

Dar Gnaoua, Hamad Mahjoubi, Groupe des Bamabaras, Khamlia, Tel. +212/668/247150. Gnaoua-Musik.

Festival der Weltmusik; April.

Camel Bivouac, Merzouga, Tel. +212/667/250336, http://camelbivouac-merzouga.com. Touren zum Erg Chebbi, Übernachtungen im Nomadenzelt, Kameltouren.

Expedition Sud, Merzouga, Tel. +212/661/602885. Fahrten in die Dünen, Organisation von Zeltcamp-Übernachtungen.

Randonnées Chamelières, Ksar Merzouga, Tel. +212/635/147623. Kameltrekking rund um Merzouga.

▶ Karte S. 355

Die Straße der Kasbahs

Es gibt in Marokko kaum eine malerischere Strecke als die Straße der 1000 Kasbahs zwischen Tinejdad und Ouarzazate. Abstecher in den Hohen Atlas entlang des **Oued Dadès** oder des **Oued Todgha** bieten dem Reisenden hinter jeder Kurve neue und immer wieder spektakuläre Ausblicke auf eine Vielzahl der Speicherburgen aus Lehm. Der folgende Abschnitt beschreibt die Straße der Kasbahs von Ost nach West, ist aber natürlich im umgekehrten Verlauf nicht minder sehenswert.

Straße der Kasbahs

Die Strecke Ouarzazate–Errachidia wird von **Bussen** der CTM, SATAS wie auch von Supratours bedient.
Häufigere Verbindungen bieten die **Sammeltaxis**. Ab Boumalne kann man mit ihnen auch in die Dadès-Schluchten fahren, ab Tineghir in die Todgha-Schlucht. Ab Tinejdad kann man in die Tafilalet-Oase fahren.
Grands Taxis fahren ab Boumalne bis Msemrir. Am Wochenende des Heiratsmarktes gibt es Verbindungen ab Boumalne und Tineghir bis nach Imilchil.

Tinejdad

Der Oued Todgha, wenn er denn noch Wasser hat, mündet bei Tinejdad, 50 Kilometer von Tineghir entfernt, in den Oued Ferkla. Von den ehemaligen Lehmhäusern und Kasbahs ist in der 15 000-Seelen-Stadt nichts übrig geblieben als ein einziger Ksar am Westrand der Oase. Teile des **Ksar el-Khorbat** aus dem 19. Jahrhundert sind noch bewohnt beziehungsweise zu Gästehäusern und dem **Musée de l'Oasis** umgewandelt worden.

Musée del'Oasis, Tel. +212/535/880355, www.elkhorbat.com; tägl. 9–19 Uhr, 20 DH.

Musée Source Lalla Mimouna

Besonders lohnend ist der Besuch des Museums Source Lalla Mimouna, vier Kilometer hinter dem Zentrum. Der Künstler und Kalligraph Zaid hat um eine ehemals verwahrloste, kohlesäurehaltige und magnesiumreiche Quelle ein vorbildliches Museum geschaffen, in dem alle Bereiche des Lebens im saharischen Raum dargestellt werden. In ausgezeichnetem Deutsch führt der Museumsgründer durch die verschiedenen Etappen. Zwei rekonstruierte Zelte, eines aus dem Mittleren Atlas, eines aus dem saharischen Raum, reflektieren das Nomadenleben. Archäologische Fundstücke sind ebenso ausgestellt wie Stücke des lokalen Kunsthandwerks. Ein besonderes Augenmerk ist auf den Bereich der Oasenbewirtschaftung gelegt, und das Thema Wasser als Grundlage des Lebens ist allgegenwärtig.
Im ehemaligen **Haus des Museumsgründers** findet man neben seinen eigenen Werken alten Berber- und Touareg-Schmuck, alte Teekannen und Gebrauchsgegenstände der Nomaden. Auch ein einfaches, aber leckeres Mittagessen kann man hier einnehmen.

Musée Source Lalla Mimouna, Tel. +212/535/786798; tägl. 8 Uhr–Sonnenuntergang, 50 DH.

Galerie d'Art Chez Zaid, Tel. +212/661/351674.

Tineghir

Am Ausgang des Oued Todgha auf 1280 Metern gelegen, ist Tineghir mit 45 000 Einwohnern Verwaltungsstadt, Verkehrsknotenpunkt und größtes Marktzentrum an der Straße der 1000 Kasbahs. Unmittelbar nach der Brücke über den Oued Todgha zweigt rechts die R703 in die Gorges du Todgha ab. Oberhalb der

Kasbah von Aït Youl in der Dadès-Schlucht

Kreuzung befindet sich eine **Kasbah**, der auf dem Weg hinein in die Schlucht noch etliche folgen.
An der Straße nach Boumalne wird jeden Montag auf einem riesigen Platz am Ortsausgang links Wochenmarkt abgehalten. Früher, als sich Aït Haddidou und Aït Morghad aus dem Hohen Atlas sowie die Aït Atta aus dem Jebel Saghro nicht freundlich gesonnen waren, trafen sie sich hier auf neutralem Boden. Heute begegnen sie sich auf diesem größten Markt an der Straße der Kasbahs in deutlich freundschaftlicherer Stimmung.

Kletterer in der Todgha-Schlucht

▲ Karte S. 355

Palmeraie

Auf rund 15 Kilometer erstreckt sich das üppig grüne Band der Flussoase entlang des Oued Todgha von Tineghir bis zur engsten Stelle der Schlucht. Im Schatten von tausenden von Dattelpalmen wachsen Aprikosen, Pfirsiche, Quitten, Oliven, Feigen, Gemüse, Futterpflanzen und Kräuter. Schon kurz nach der Einfahrt in die R703 liegt rechts ein großes **Plateau**, von dem aus man einen grandiosen Blick über die Oase hat. Junge Männer verkaufen hier Tücher und andere Souvenirs, bieten außerdem geführte Spaziergänge durch die **Oasengärten** an, die sehr lohnend sind.
Die Feldarbeit wird seit den 1970er Jahren überwiegend von den Frauen geleistet, denn etwa ein Drittel aller Männer aus dem Todgha-Tal ließ sich damals von französischen Minengesellschaften aus dem Nord-Pas-de-Calais nahe der belgischen Grenze anheuern. Nach der Schließung vieler Kohleminen wechselten die meisten von ihnen in die Landwirtschaft und arbeiten im Süden Frankreichs, insbesondere in der Gegend von Montpellier. Mit dem Geld, die sie dort verdienten und verdienen, bauen sie neue große Häuser als Altersruhesitze, die fast den gesamten Weg in die Schlucht säumen.

Gorges du Todgha

An der engsten Stelle der Schlucht rücken die bis zu 300 Meter hohen Felswände bis auf 20 Meter zusammen. Immer wieder sieht man Kletterer oder Freeclimber in den Steilwänden. Die zwei Hotel-Restaurants **Yasmina** und **Des Rochers** sind beliebte Unterkünfte der Alpinisten. Eine Berberlegende ›erklärt‹ die Entstehung dieses engen Canyons: Einst, als Berge und Täler entstanden und das Land noch nicht bewohnt war, kam eine Nomadenfrau namens Tudga mit

Blick auf den Palmenhain der Todgha-Oase bei Tineghir

ihrer Familie und großen Herden aus der Wüste, um in die Berge zu ziehen. Doch deren undurchdringliche Mauer bot keinen Durchlass, und so lagerten sie verzweifelt auf einem Hochplateau. Des Nachts träumte Tudga, sie würde mit all ihren Tieren in die Tiefe stürzen, und als sie voll Schreck erwachte, bemerkte sie, dass das Gebirge sich gespalten hatte und sie am Grunde einer Schlucht lagerten, aus der ein Fluss entsprang. So konnten sie und ihre Nachfahren das Gebirge besiedeln.

Die Straße durch die Schlucht führt, in immer schlechter werdendem Zustand, weiter nach **Tamtattouchte**. Von dort kann man über Msemrir in die benachbarte **Dadès-Schlucht** (→ S. 372) zu fahren – allerdings braucht man für diese Piste einen Geländewagen.

Auf der R703 kann man über Aït Hani bis **Imilchil** weiterfahren. Dieser Hauptort der Aït Haddidou wurde durch seinen Heiratsmarkt im September berühmt, der heute offiziell in ›Musikfestival der Atlasgipfel‹ umbenannt ist.

Tineghir und die Gorges du Todgha

Vorwahl: +212/524.

Hotel Bougafer (€€), Boulevard Mohammed V, Tineghir, Tel. +212/524/833200. Etwas in die Jahre gekommenes Vier-Sterne-Hotel mit einfachen Zimmern im marokkanischen Stil. Pool.

Kasbah Petit Nomade (€€), Douar Ichmarine, Tel. +212/668/495838, http://kasbah-petitnomade.com. Charmante Pension mit schlichten, aber originellen Zimmern. Hervorragendes Essen.

Auberge Le Festival Gorges du Todgha (€–€€), 5 km hinter der Engstelle im Herzen der Schlucht, Tel. +212/661/267251, www.aubergelefestival-todragorge.com. Charmante Öko-Lodge, die mit Sonnenenergie betrieben wird, nachts daher ohne Strom ist.

Auberge Restaurant Les Amis (€), Tamtattouchte, Aït Hani, Tel. +212/670/234374, www.amistamt.com. Behagliches kleines Berghotel mit viel Atmosphäre und Charme.

Camping Le Soleil, Km 8, Route des Gorges du Todgha, Tel. +212/524/895111, www.hotelcampinglesoleil.com.

Maison Berbère, Tineghir, im Zentrum

hinter der Großen Moschee, Tel. +212/524/834359. Große Auswahl an schönen Berberteppichen, auch Berberschmuck.

Escalade au Maroc, Tizgui, Gorges du Todgha, Tel. +212/524/895727, www.escalade-au-maroc.com. Wandern und Klettern in der Todgha-Schlucht.

Assettif Aventure, Tizgui, Gorges du Todgha, Tel. +212/524/895090 oder 0618/530790, http://assettif-aventure.blogspot.de. Trekking und Reittouren in den Hohen Atlas.

Markt: Montag in Tineghir, Donnerstag in Aït Hani.

Boumalne

Die Kleinstadt, gute 50 Kilometer weiter an der N10, liegt am Fuße des Hohen Atlas, dort, wo der Dadès aus dem Gebirge austritt, um sich in der Hochebene zwischen Hohem Atlas und Jebel Saghro westwärts zu orientieren. Mangels schriftlicher Aufzeichnungen ist über die Geschichte früherer Jahrhunderte nichts überliefert. Bis ins 19. Jahrhundert war das Gebiet von Boumalne und der Dadès-Schluchten kaum besiedelt und diente den nicht-sesshaften Berbern wie den Aït Atta aus dem Jebel Saghro als Sommerweide. Erst um 1850 wurden auf Betreiben des Sultans andere Berberstämme aus dem Drâa-Tal, der Gegend um Ouarzazate und dem Südwesten hier angesiedelt. Noch heute finden zweimal jährlich Stammeskonferenzen statt, bei denen die sesshaften Chleuh-Berber und die noch nomadisch lebenden Aït Atta darüber verhandeln, wann und wohin die Berber aus dem Jebel Saghro ihre Viehherden treiben dürfen.

Diese Stämme waren sich am einigsten, als es darum ging, den Franzosen jahrelang erbitterten Widerstand zu leisten. Sie konnten erst 1933 von den Kolonialarmeen unterworfen werden. In der Folgezeit entwickelte sich Boumalne zu einem lokalen Handel-, Handwerks- und Dienstleistungszentrum von 12500 Einwohnern. Aus der Garnison der Fremdenlegionäre wurde eine größere Kaserne der marokkanischen Armee, die am östlichen Stadtrand auf dem höchsten Punkt des Ortes auf etwa 1580 Metern liegt. Auf dem Weg hinunter ins Zentrum und zum Fluss Dadès befindet sich auf der linken Straßenseite eine **Parkbucht**, von der aus man einen herrlichen Blick über Boumalne und die Dadès-Oase hat. Die fruchtbare Oase von Boumalne und die Gegend bis hinein in die Dadès-Schluchten ist ganzjährig üppig grün. Nur die typische Dattelpalme fehlt. Die Durchschnittstemperatur hier oben ist den sonst so genügsamen Palmen zu niedrig. Eine lokale Legende besagt, dass der Wind einen Sohn habe, der in Boumalne wohnt, und jedes Jahr im Winter besuche der Vater seinen Sohn. Statt der Dattelpalmen dominieren majestätische Silberpappeln und Walnussbäume das Bild.

Im Zentrum liegt linker Hand der zentrale **Marktplatz**, auf dem sich seit jeher die verschiedenen Stämme mittwochs zum Wochenmarkt treffen und austauschen. Auf Flussniveau angekommen, zweigt rechts die Straße in die Schluchten des Dadès ab.

Gorges du Dadès

Der insgesamt 200 Kilometer lange Oued Dadès gräbt sich seit Jahrtausenden in seinem Oberlauf durch das Gebirge, das aus marinen mesozoischen Ablagerungen durch die Auffaltung des Hohen Atlas entstanden ist. Durch die Gebirgsbildung entstanden besonders bizarre Gesteinsformationen aus Kalk und Sandstein,

▶ Karte S. 355

Moschee vor den Affenpfoten in den Gorges du Dadès

die mit dem Begriff Wollsackverwitterung zusammengefasst werden. Dabei setzt die chemische Verwitterung am oberflächennahen Kluftsystem des Gesteins an und bewirkt ein schalenförmiges Abplatzen des Gesteins. Dadurch entstehen gerundete Kalkblöcke, die Kissen, Matratzen oder eben Wollsäcken gleichen. Eine tiefgründige Verwitterung bringt den bröseligen Verwitterungsschutt, Grus genannt, hervor. Durch das Fortspülen der Bodenkrume und der Verwitterungsrückstände werden die abgerundeten Steinblöcke freigelegt. Übrig bleiben oft abenteuerlich aussehende Felsformationen, die auch als Felsenburgen bezeichnet werden. Die pittoreskste dieser Wollsackverwitterung in der Dadès-Schlucht sind die **Affenpfoten** (Doigts des singes), manchmal auch Gehirn des Atlas genannt, 16 Kilometer hinter Boumalne.

Säbelhieb in der Dadès-Schlucht

Karte S. 355

Säbelhieb

Etliche gut erhaltene Kasbahs säumen den Weg auf der R704 flussaufwärts, wie die in einer scharfen Rechtskurve bei Kilometer sieben gelegene Kasbah von **Aït Youl.** Anschließend durchfährt man das Dorf **Aït Arbi** mit einem pittoresken lokalen Markt. Hat man bei Aït Oudinar den Dadès überquert, beginnen gute zwei Kilometer weiter die spektakulären Haarnadelkurven, die auf wenigen Metern 150 Höhenmeter überwinden, hinauf auf 1850 Meter. Hier hat sich der Dadès so eng ins Gebirge geschnitten, dass für eine Straße kein Platz mehr blieb, noch nicht mal für einen Trampelpfad. Ein grandioser Blick bietet sich vom Hotel **Auberge Timzzillite**.

Eine weitere Engstelle bildet der Fluss am ›Säbelhieb‹, dreieinhalb Kilometer dahinter. Die Legende erzählt, dass ein Mädchen und ein junger Mann von zwei verfeindeten Stämmen in unsterblicher Liebe zueinander entbrannt waren. Doch da ihre Familien sie nicht zusammenkommen ließen, weinten sie so viele Tränen, dass zwei durch Meteoriteneinschläge verursachte Krater zu den beiden Seen bei Imilchil wurden. Die Seen **Isli** und **Tislit** bekamen ihre Namen von den beiden unglücklich Verliebten, die schließlich vor dem geballten Zorn ihrer Stämme fliehen mussten und an diese Stelle kamen, an der ihnen das Gebirge den Weg hinaus versperrte. In seiner Todesangst hieb der junge Mann mit seinem Säbel auf die Felsen ein – und siehe da: Es öffnete sich dieser Spalt, der ihre Flucht gelingen ließ.

Msemrir

Hinter dem Säbelhieb liegt links das Dorf **Imdiazen** mit einer gut erhaltenen und noch bewohnten Kasbah. Danach steigt die Straße wieder an und führt im Verlauf der nächsten 20 Kilometer hinauf bis auf 2100 Meter. Hinter dem Dorf **Tidrite** bieten sich spektakuläre Blicke auf die beeindruckende Berglandschaft. Nach weiteren zehn Kilometern hat man Msemrir erreicht. Dieser Marktflecken liegt auf 1960 Meter und ist samstags Schauplatz eines ursprünglichen Marktes. Knappe zwei Kilometer hinter dem Städtchen zweigt an einem Brunnen mit der aufgemalten bunten Berberflagge die Piste nach Tamtattouchte in die Todgha-Schlucht ab, die allerdings nur mit einem Jeep zu bewältigen ist. Bleibt man auf der mehr oder weniger asphaltierten Straße, kann man über weitere 100 Kilometer den Ort **Imilchil**, Schauplatz des Heiratsmarktes der Aït Haddidou im September, erreichen (→ S. 371).

Boumalne und die Gorges du Dadès

Vorwahl: +212/524.

j Hotels

Xaluca Dadès (€€€), Zone Touristique, Boumalne, www.xaluca.com. Sehr schönes Vier-Sterne-Hotel mit originell eingerichteten Zimmern im Berberdesign. Traumhafter Blick über Ort und Oase von der Terrasse mit Pool und Whirlpool. Gutes Buffet-Restaurant.

Chez Pierre (€€), Km 26, Gorges du Dadès, Tel. +212/524/830267, www.chezpierre.org. Äußerst geschmackvolle Pension mit stilvoller Einrichtung. Sehr gute französisch-marokkanische Küche.

Dar Jnan Tiouira (€€), Aït Idir, Aït Ouffi, Gorges du Dadès, Tel. +212/668/885304, www.darjnantiouira.com. Neue Kasbah mit zurückhaltend gestalteten Zimmern mit liebevollen Details. Organisation von Wanderungen. Sehr gutes Restaurant.

Auberge des Gorges de Dadès (€), Aït Oudinar, Gorges du Dadès, Tel. +212/524/830221, www.aubergeaitoudinar.com. Einfaches kleines Hotel mit charmanten Zimmern im Berberstil. Sehr gutes Restaurant mit schöner Terrasse direkt am Fluss. Organisation von Wanderungen und Ausflügen.

Riad Timadrouine (€€), Douar Timadrouine, Tel. +212/615/933980, www.riadtimadrouine.com. Nettes Gästehaus mit geschmackvoller Einrichtung. Auf halber Strecke zwischen Boumalne und Tineghir gelegen.

Dar Essyaha (€), Douar Aït Ibrirne, Gorges du Dadès, Tel. +212/661/501125, http://daressyaha.com. Traditionell eingerichtetes Gästehaus mit farbenfroher berberischer Einrichtung.

Camping Berbère de la Montagne, Km 34 R 704, Gorges du Dadès, Tel. +212/524/830228, www.berbere-montagne.com. Malerische Lage hinter dem Säbelhieb.

Bureau des Guides de Montagne, Avenue Mohammed V, Boumalne, Tel. +212/667/593292, www.guide-montagnes.com. 3 km nach dem Abzweig von Boumalne in die Dadès-Schlucht. Hammou Aït Lhou organisiert Trekkingtouren in der Region, aber auch Touren mit Maultieren oder Mountainbike.

Bureau des Guides de Montagne, Souk Khemis, Boumalne, Tel. +212/661/708127, www.randonneesdesert-maroc.com. Wanderungen und Trekking im Dadès-Tal, im Rosental, aber auch im Antiatlas und Jebel Saghro.

Dadès-Trekking, Tel. +212/604/531611, guide.dadestrekking@gmail.com. Wanderungen in der Dadès-Schlucht und im Tal der Rosen.

Markt: Mittwoch in Boumalne, Samstag in Msemrir, Sonntag in Aït Arbi.

Die Kasbah von Imdiazen

Kelaa M'Gouna

Nur 20 Kilometer hinter Boumalne nach Westen liegt die nächste Großoase, Kelaa M'Gouna. Der Name des 10000 Einwohner zählenden Städtchens ist zusammengesetzt aus dem Wort für Festung, Kelaa, und dem des Stammes, der auch dem Bergmassiv im Hohen Atlas und dem Zufluss des Oued Dadès den Namen gibt. Früher war der Stamm der M'Goun für seine Messer, Dolche und Schwerter berühmt, heute für seine Rosen. Das Schmiedehandwerk kann man noch in der 1983 gegründeten Kooperative bestaunen, die Rosen am besten im Frühjahr.

In Kelaa M'Gouna gibt es mehrere **Kasbahs**. Auch Thami el-Glaoui unterhielt hier eine Lehmburg, die als Ruine über dem Ort liegt.

Kelaa M'Gouna

Vorwahl: +212/524.

Kasbah Ben Ali (€), Aït Gmat Aït Ouassif, Kelaa M'Gouna, Tel. +212/662/540898. Traditionelle marokkanische Pension mit einfachen Zimmern.

Coopérative d'Azlag, Tel. +212/524/830000 oder mobil 0671/520910, azlagcoop@gmail.com; tägl. 8–18 Uhr.

Markt: Mittwoch.

Rosenfest im Mai.

▶ Karte S. 355

Skoura

Die 25 Quadratkilometer große Oase Skoura liegt etwa 50 Kilometer westlich von Kelaa M'Gouna. Der beflissene Reisende kann hier wohl an die 130 000 Palmen zählen, bei nur 30 000 Einwohnern. Der Legende zufolge wurde Skoura im 12. Jahrhundert durch die Almohaden gegründet. Ibn Khaldoun berichtete Ende des 14. Jahrhunderts von einem eingewanderten arabischen Stamm namens Haskoura, auf den der Name der Großoase wohl zurückgeht. Mehrere Clans siedelten hier, sie waren zum Teil bitter miteinander verfeindet. Erst im Kampf gegen die französischen Besatzer wurden diese Feindschaften beigelegt. Die Clanchefs und reichere Stammesangehörige wohnten in Kasbahs, die zum Teil noch erhalten sind; manche wurden in Hotels umgewandelt. In der Nähe liegende Salzminen sorgen für bescheidenen Wohlstand, aber auch für das stetige Schrumpfen des Palmenhains. Gleich am Beginn der Oase liegt rechts der Straße die guterhaltene Kasbah **Aït Abou**, mit 26 Metern Höhe die höchste von ganz Skoura. In der Kasbah ist mittlerweile eine Pension eingerichtet. Auch die nächste Kasbah rechts, die Kasbah **Aït Ben Moro**, etwa drei Kilometer danach, wurde zu einem Gästehaus mit 17 Zimmern. Diese Kasbah stammt aus dem 18. Jahrhundert. Hinter der Kasbah Aït Ben Moro führt ein zehnminütiger Spaziergang durch die Palmengärten zur größten aller Kasbahs: **Amerhidil**. Auch mit dem Auto kann man über eine Piste hierher gelangen. Im 17. Jahrhundert entstand der beeindruckende Stampflehmbau, dessen linker Teil zu einem Hotel wurde, der rechte zu einem **Museum**. Besonders beeindruckend sind die geometrischen Ornamentdekorationen auf den Türmen. Beim Besuch des Museums lässt sich sehr gut die Bauweise einer Kasbah ablesen. Der mächtige Bau von Amerhidil gehörte den Caids von Skoura, bis Thami el-Glaoui die Kasbah konfiszierte. Nach dessen Fall bekam die Familie Nassiri ihre Residenz zurück. Wer sich den Abstecher sparen will, kann die Kasbah auf den alten 50-Dirham-Scheinen bewundern, die immer noch im Umlauf sind.

Kasbah Amerhidil; 8–12.30 und 14–18 Uhr, im Sommer bis 20 Uhr, 10 DH.

Skoura

Vorwahl: +212/524.

Hotels

Ksar Elkabbaba (€€€), Douar Elkabbaba Khamsa, Skoura, Tel. +212/524/852336, http://ksar-elkabbaba.com. Schönes, kleines Hotel im Kasbah-Stil mit eleganter marokkanischer Einrichtung.

L'Ma Lodge (€€–€€€), Douar Ouled Ali Khamsa, Skoura, Tel. +212/524/852281, www.lmalodge.com. Zauberhaftes, sehr stylisch eingerichtetes Gästehaus. Pool und Garten.

Kasbah Aït Ben Moro (€€), Douar Taskoukamte, Skoura, Tel. +212/524/852116, www.kasbahaitbenmoro.com. Stilvoll eingerichtete, historische Kasbah. Pool.

Les Jardins de Skoura (€€–€€€), Palmeraie de Skoura, Tel. +212/524/852324, www.lesjardinsdeskoura.com. Pension mit geschmackvoller Dekoration im Berber-Design. Mit Pool und großem Garten.

Espace Kasbah Amerhidil (€), Douar Ouled Yacoub Amerhidil, Skoura, Tel. +212/667/252395, www.espaceamridil.com. Schlichte Zimmer mit berberischem Dekor in historischem Gemäuer.

Camping Amridil Internationale de Skoura, Tel. +212/524/852328, camping.amridil@gmail.com.

Markt: Mo und Do.

EXTRA

Rosen im Atlas

Die Legende besagt, dass Mekka-Pilger schon im 10. Jahrhundert die Damaszener Rose bei ihrer Rückkehr aus dem Vorderen Orient mitbrachten und hier heimisch machten. Das Klima des Dadès- und M'Goun-Tals auf 1470 Metern und höher bot den Rosen ideale Voraussetzungen, und so wachsen sie bis heute als Einfassung der Parzellen auf insgesamt einigen zigtausend Kilometern. Das Tal der Rosen erstreckt sich rund 30 Kilometer entlang des Asif M'Goun Richtung Gebirge, aber auch entlang des Dadès werden die Rosen als Hecken bis auf über 1600 Meter angebaut.

Im April und Mai sammeln die Frauen bei Sonnenaufgang die empfindlichen Blütenblätter und verkaufen sie an die Rosenöl-Destillerien in Kelaa M'Gouna und Souk el-Khemis, die es dank der Franzosen seit 1936 gibt. Pro Kilo bekommen die Zulieferer rund zehn Dirhams. Der Kilopreis wird von den Dorfbürgermeistern jedes Jahr neu verhandelt und gilt ausnahmslos für alle.

Fast 4000 Tonnen Rosenblätter werden in den zwei Fabriken jährlich weiterverarbeitet. In großen Kupferkesseln baden jeweils 300 Kilogramm Rosen in 700 Litern Wasser, das zum Sieden gebracht wird. Der entstehende Dampf wird durch Kühlschlangen wieder zum Abkühlen gebracht, wodurch sich das ätherische Rosenöl auf dem Rosenwasser absetzt. Fünf Tonnen Blätter der Rosa Damascena braucht man für einen Liter Rosenöl, allein für einen einzigen Tropfen benötigt man 30 Blüten, dadurch erklärt sich auch sein hoher Preis von 20 Euro pro Milliliter.

Wesentlich preiswerter ist das Nebenprodukt Rosenwasser, das in der marokkanischen Küche, zum Beispiel bei der Marzipanherstellung, vielfach Verwendung findet. Auch in der Naturmedizin und -kosmetik kommt das Rosenwasser in Form von Cremes und Seifen zum Einsatz. Für 20 Euro bekommt man einen ganzen Liter Rosenwasser.

Am zweiten oder dritten Maiwochenende wird in Kelaa M'Gouna alljährlich das Rosenfest gefeiert. Die Wahl einer Rosenkönigin, ein Umzug, Einheimische in ihren schönsten traditionellen Festgewändern und eine Fantasia sind die spektakulären Höhepunkte dieses Moussems.

Rosa Damascena

Ouarzazate

Osama bin Laden im Café an der Hauptstraße, der Dalai Lama im Supermarkt Chez Dimitri, Jesus auf einem Fahrrad radelnd: Alles möglich im Hollywood Marokkos! Männer mit Bärten bringen hier keine religiöse Gesinnung zum Ausdruck, sondern sind in der Regel Statisten für Produktionen, die in und um Ouarzazate Filme und Dokumentationen drehen. Schauplatz Afghanistan – in Wirklichkeit Ouarzazate. Altes Rom oder Jerusalem – Ouarzazate. Tibet gefällig? – Ouarzazate. Eine wirkliche Stadt gibt es überhaupt erst seit der Gründung einer Fremdenlegionärsgarnison 1928, von der aus der letzte Widerstand der Berber in Südmarokko in den 30er Jahren gebrochen wurde. Ursprünglich gab es hier nur 13 Dörfer, die aus Ouarzazate eine weit auseinandergezogene Stadt machen. Das größte touristische Plus von Ouarzazate ist neben der Landschaft das Klima. 341 regenfreie Tage machten den Ort bei europäischen Gästen seit 1987 immer beliebter. Durch Tourismus und Filmindustrie entwickelte sich die Stadt und zählt mittlerweile mehr als 100 000 Einwohner. Ende der 80er entstanden oberhalb des Zentrums im östlichen Teil der Stadt die Hotelkomplexe, durch die viele neue Jobs geschaffen wurden. Dank der hervorragenden touristischen Infrastruktur ist Ouarzazate vor allem ein ausgezeichneter Standort, um das nahe **Aït Ben Haddou** (→ S. 380) zu besuchen oder eine Fahrt entlang des alten Tichka-Passes nach **Telouet** zu machen. In der Stadt selbst gibt es nur wenige Sehenswürdigkeiten.

Kasbah Taourirt

Die Kasbah Taourirt beeindruckt mit ihren hohen, verschachtelten Stampflehmmauern und ihren zinnenbewehrten Türmen. Das Lehmdorf selbst entstand wohl schon im 12. Jahrhundert, der Burgkomplex wurde erst 500 Jahre später errichtet. Ab 1882 diente er als Residenz für die Führer des Glaoua-Stammes. Auch der Pascha von Marrakesch, Thami el-Glaoui (→ S. 387), residierte hier. Mit Unterstützung der UNESCO wurde die Kasbah Taourirt in den 1990er Jahren restauriert. Etliche Lehmhäuser in der Kasbah wurden im November 2014 durch heftige Regenfälle stark beschädigt. Innerhalb von zwei Tagen fielen 340 Millimeter Regen – dreimal so viel wie sonst im ganzen Jahr.

Die Berberburg begeistert mit ihren detailreichen Ornamenten und wirkt fast wie eine magische Sandburg. Im Hof hinter dem Eingang wurden früher Hinrichtungen ausgeführt, aber auch prunkvolle Feste gefeiert. In der rechten hinteren Ecke steht eine **Krupp-Feldkanone**, die Sultan Moulay Hassan der Glaoui-Familie schenkte, nachdem diese ihn aus einem Schneesturm gerettet hatte, in den er während einer Reise zum Einziehen der Steuern geraten war. Es war die einzige Kanone, die nicht in Militärbesitz war und mit deren Schlagkraft sich die Glaouas zum mächtigsten Stamm Süd-

Stuckaturen in der Kasbah Taourirt

Atlas-Filmstudios

marokkos aufschwingen konnten. In der ersten Etage kann man den **Harem** besuchen, den schönsten Raum der Residenz, sowie die ehemalige **Palastmoschee** im größten Zimmer der Anlage, zu der auch eine eigene Koranschule gehörte. Durch die schmiedeeisernen Gitterfenster hat man einen Blick auf den Dadès-Stausee, der bei Filmdrehs sogar mal zum Meer werden kann.

Kasbah Taourirt; tägl. 8–18.30 Uhr, 20 DH.

Filmstudios

Am westlichen Ende der Stadt befinden sich die zwei Filmstudios, die Ouarzazate den Beinamen ›Hollywood Marokkos‹ einbrachten. Sowohl die **Atlas Corporation Studios** wie die **CLA Studios** lassen sich besuchen. Die Liste der Filme, die hier gedreht wurden, ist lang. Mit ›Lawrence von Arabien‹ begann Anfang der 60er Jahre der Aufstieg der Stadt zur Filmhauptstadt Afrikas. Der erste Film mit Timothy Dalton als James Bond, ›Der Hauch des Todes‹, spielt in der Landschaft um Ouarzazate alias Afghanistan. ›Die letzte Versuchung Christi‹ und ›Kundun‹ wurden von Martin Scorsese hier gedreht. 1989 folgte ›Himmel über der Wüste‹ von Bernardo Bertolucci. Für ›Gladiator‹ mit Russell Crowe engagierte man allein über 3000 Statisten. ›Alexander‹, ›Troja‹, ›Syriana‹ und ›Babel‹ brachte die großen Namen wie Brad Pitt, Angelina Jolie und George Clooney in das ehemalige Fremdenlegionärsnest. Aus jeder vierten Familie arbeitet mindestens einer in der Kinoindustrie. Und nicht nur als Komparsen: Es gibt mittlerweile eine Filmschule, in der Kulissenbau und Technik gelehrt wird. Pro Film etwa vier Monate Arbeit für 10 000 Einheimische, das macht die Filmindustrie zum zweitwichtigsten Wirtschaftszweig der Stadt – nach dem Tourismus.

▲ Karte S. 355

Atlas Corporation Studios, Tel. +212/524/882223, www.studiosatlas.com; tägl. 8.15–17.15 Uhr, im Sommer bis 18.45 Uhr, 50 DH, Kinder 35 DH. Die Tickets muss man an der Rezeption des Hotels Oscar erwerben.

CLA Studios, Tel. +212/524/882212, www.cla-studios.com; tägl. 8–18.30 Uhr, 40 DH, Kinder 30 DH. Tickets im Hotel Oscar.

Aït Ben Haddou

Dreißig Kilometer nordwestlich von Ouarzazate liegt am Fuß des Hohen Atlas das meistbesuchte und meistfotografierte Berberdorf Marokkos. Einen der schönsten Blicke auf Aït Ben Haddou hat man bereits einen Kilometer vor dem Ort von einem **Aussichtsplatz** auf einer kleinen Anhöhe. Seit 1987 ist das pittoreske Lehmdorf Teil des von der UNESCO anerkannten Weltkulturerbes. Das malerische Ksar liegt am östlichen Ufer des stark salzhaltigen Oued Mellah. Schon seit dem 11. Jahrhundert kam der Stamm der Aït Ben Haddou in das Gebiet des heutigen Ksar. Irgendwann zwischen dem 12. und 16. Jahrhundert ließen sie sich dann dauerhaft nieder, legten die

Oasengärten an und kontrollierten den immer bedeutender werdenden Karawanenhandel. Vor allem nach der Einnahme Timbuktus durch die Saadier kamen die Schätze Schwarzafrikas durch das Drâa-Tal über Aït Ben Haddou nach Marrakesch. In dieser Blütezeit lebten etwa 1000 Menschen in Aït Ben Haddou. Die meisten von ihnen zogen in den 1960er und 70er Jahren in die Neubauten auf der anderen Flussseite. Heute leben nur noch acht Familien im alten Ksar.

Besichtigung

Einen Spaziergang zum alten Dorf beginnt man am besten am **Complexe Touristique La Kasbah** mit einem großen Parkplatz. Von hier aus geht es an vielen Boutiquen vorbei hinunter ins Flussbett des Oued Mellah. Meistens ist das Flussbett ausgetrocknet und problemlos zu durchqueren, bei Regen hat man die Alternative, über die neue Brücke hinter der Großen Moschee trockenen Fußes ins alte Dorf zu gelangen. Die **Stadttore im Flussbett** sind nicht Teil der Befestigung, sondern Filmkulisse. Das große Tor mit dreieckigem Durchbruch wurde aus Styropor und Kunstharz errichtet für den Film ›Auf der Jagd nach dem Juwel vom Nil‹ mit Michael Douglas und Kathleen Turner, in dem in einer Szene ein Flugzeug die vermeintliche Stadtmauer durchbricht.

Aït Ben Haddou

Das **Tor** etwas weiter rechts wurde schon für Robert Aldrichs Film ›Sodom und Gomorrha‹ erbaut. Über einen Trampelpfad, der rechts um die Oasengärten führt, erreicht man einen Platz, auf dem die Arena für den Film ›Gladiator‹ nachgebaut wurde. Kurz dahinter gelangt man durch einen alten Torbogen ins eigentliche Dorf. Neben vielen weiteren Filmen wurden auch ›Jesus von Nazareth‹, ›Der Medicus‹ und Sönke Wortmanns ›Die Päpstin‹ im alten Ksar gedreht.
Über einen mittlerweile gepflasterten Treppenweg kann man auf den höchsten Punkt mit der ehemaligen Festung steigen. Der Teil des Dorfes mit den meisten baufälligen, zu einem Gutteil sogar schon eingestürzten Häusern, war ehemals das **Judenviertel**. Im 17. Jahrhundert entstand auf dem höchsten Punkt eine kleine **Festungsanlage** mit einem Gemeinschaftsspeicher, von der aus man potentielle Angreifer aus der Sahara schon von weitem erspähen konnte. Über Wach- und Signaltürme konnte man Warnungen an die nächsten Orte auf dem Karawanenweg weiterleiten.

Kasbahs

Ein paar der noch bewohnten Häuser und Kasbahs kann man gegen Bezahlung besichtigen. Zum Schutz vor den Raubzügen anderer Stämme entstanden mehrere Kasbahs oder richtiger Tighermatin, in denen die reicheren Clans nicht nur wohnten, sondern auch ihre Vorräte aus der mühsamen Landwirtwirtschaft sicherten. Viele der alten Häuser wurden inzwischen restauriert – als Filmkulisse oder, um wegen der vielen Touristen ein Geschäft einzurichten. Sollte, wie angekündigt, demnächst auch in den alten

Türme einer Kasbah in Aït Ben Haddou

Teil Strom verlegt werden, kündigten viele der ehemaligen Bewohner schon an, zurückziehen zu wollen.
In den Geschäften werden unter anderem auch alte Fenster und Türen der ehemaligen Lehmhäuser und Kasbahs verkauft. Die Türen waren sehr klein, kleiner als die Hausbewohner und vor allem kleiner als die Vorratsgefäße, damit Feinde, die eventuell eindrangen, nicht so einfach das mühsam produzierte Getreide oder die Datteln aus dem Haus tragen konnten. Außerdem waren die Türen mit originellen Schlössern gut gesichert. Man sollte sich unbedingt in einer der Boutiquen die alten Türschlösser zeigen und erklären lassen.

Fahrt nach Telouet

Eine landschaftlich herrliche Strecke führt von Aït Ben Haddou entlang des Flusses **Asif Ounila** nach Telouet. Der Weg ist erst vor kurzem von einer staubigen Holperpiste zu einer asphaltierten Straße ausgebaut worden. Drei Kilometer hinter Aït Ben Haddou liegt rechts der Straße der Weiler **Asfalou** mit einigen Gästehäusern. Kurz danach hat man links einen traumhaften Blick auf die schöne Kasbah von **Tamdaght**.

Elf malerische Dörfer säumen den weiteren Weg bis nach Telouet, die alle steil am Hang kleben. Im April oder Mai zur Getreideernte wird auf den Dreschplätzen, die meist ganz oben am Hang angelegt sind, noch ganz archaisch mit dem Dreschflegel oder mit von einem Esel angetriebenen Dreschschlitten die Spreu vom Weizen getrennt.
Die Stimmung und Atmosphäre dieser kargen und doch malerischen Landschaft beschrieb Tahar Ben Jelloun in ›Les Montages du Silence‹ am besten: »Mal rostrot, mal braun, ist das Land arm. Es ist stumm, eingeschlossen in deiner Erinnerung. Am Fuße der Berge: das Leben. Ein durchschnittliches Leben, karg, einfach. Das Dorf ist zurückgezogen, fast auserwählt von der Natur, die es von der Straße trennt. [...] Die Menschen hier kennen vom Rest des Landes nichts außer Gerüchten. Ihre Abgeschiedenheit schützt sie und nährt sie. Sie wissen, dass die Welt nicht an ihren Dorfmauern endet, aber sie ziehen es vor, dies nicht zu überprüfen. Du bittest um Trinken und sie bieten dir auch zu essen an. Du machst eine Pause und man offeriert dir ein Zimmer, einen Teppich und Stille, um Körper und Geist ruhen zu lassen. ...«

Ouarzazate

Vorwahl: +212/524.
Délegation Régionale du Tourisme, Avenue Mohammed V, Tel. +212/524/882485.

Aéroport Ouarzazate (OZZ), Tel. +212/524/887340 oder 0801/000224, www.onda.ma. Direktflüge mit Royal Air Maroc ab Casablanca und Paris.

Busbahnhof, Ecke Avenue Moulay Abdallah/Avenue Mohammed V. Busse tägl. ab Agadir über Taroudannt und Taznakht sowie ab Casablanca, Errachidia und Zagora. Auch die **Grand Taxis** starten beim Busbahnhof.
CTM, Tel. +212/524/882427.

Hotels

Berbère Palace (€€€–€€€€), Quartier Mansour Ed-Dahbi, Tel. +212/524/883105, www.hotel-berberepalace.com. Gepflegtes, komfortables Fünf-Sterne-Hotel mit eleganter und stilvoller Einrichtung, in dem die Filmprominenz bei Dreharbeiten absteigt. Pool und Wellnesscenter.
Karam Palace (€€), Avenue Moulay Rachid, Tel. +212/524/882225, www.karampalace.com. Vier-Sterne-Hotel mit sehr

schönem Poolbereich. Zimmer schlicht, einfach und leider abgewohnt.
Hotel Azoul (€–€€), Avenue Mohammed V, Tel. +212/524/883015, www.hotelazoul.com. Zwei-Sterne-Hotel mit recht geschmackvollen, sauberen Zimmern. Tolles Preis-Leistungsverhältnis.
Ibis Ouarzazate Centre (€), Avenue Moulay Rachid, Tel. +212/524/899110, www.ibis.com. Drei-Sterne-Hotel mit einfachen und zweckmäßig eingerichteten Zimmern im typischen Ibis-Design in sehr guter Lage. Pool.

Hotels

Le Temple des Arts (€€€), 173, Hay Al-Wahda, Tel. +212/661/330804, www.templedesarts-ouarzazate.com. Stilvolles kleines Hotel mit luxuriös-opulent eingerichteten Zimmern. Hollywood meets Orient. Pool, Spa, Wellness.
Dar Chamaa (€€), Tajdar, Tel. +212/524/854954, www.darchamaa.com. Gelungene Mischung aus Design und Tradition. Puristisches Design mit marokkanischen Akzenten mit einer erholsamen Atmosphäre.
Dar Bergui (€€), Sidi Hssain, Tarmigte, Tel. +212/668/675164, www.darbergui.com. Nettes Gästehaus eines französischen Ehepaars mit individuell eingerichteten Zimmern im Berberdesign.

Camping Municipal, Quartier Sidi Daoud, Tel. +212/667/760364, http://camping-ouarzazate.jimdo.com. Am südöstlichen Stadtrand.
Camping La Palmeraie, Douar Tajda, Tel. +212/676/666064, www.camping-ouarzazate.com. Schöner Platz.

Le Jardin des Aromes (€€€), 69, Avenue Mohammed V, Tel. +212/524/888802. Gute marokkanische Küche in erlesenem Ambiente.
Le Relais de Saint-Exupéry (€€–€€€), Tel. +212/524/887779. Kulinarische Entdeckungen zwischen Frankreich und Südmarokko in gemütlich-entspanntem Rahmen.
La Kasbah des Sables (€€), 195, Aït Kdif, Tel. +212/524/885428. Schönes Restaurant im Berberdesign mit marokkanisch-französischer Fusion-Küche in der Nähe der Taourirt-Kasbah.
Douyria (€€), Avenue Mohammed V, Tel. +212/524/885288. Gemütliches marokkanisches Restaurant neben der Kasbah, das auch ungewöhnliche Gerichte wie Dromedar auf der Karte hat.
Accord Majeur (€€), Quartier Mansour Ed-Dahbi, gegenüber vom Hotel Berbère Palace, Tel. +212/524/882473. Exquisite französische Küche in schönem Ambiente.
Côté Sud (€€), Zone Touristique de Tifoultoute, Tel. +212/540/019387, www.cotesud-maroc.com. Sehr gute französische Küche in stylischem Ambiente.
Chez Dimitri (€€), 22, Avenue Mohammed V, Tel. +212/524/887346, http://dimitri-restaurant-ouarzazate.com. Eine Institution seit 1928. Marokkanische und mediterrane Küche in kolonialem Ambiente, in dem auch oft die Filmcrews anzutreffen sind.
La Terrasse des Délices (€–€€), Douar Fint, Tel. +212/524/891893. Sehr gute Küche in einer Pension mit Terrasse, auf der man bei traumhafter Aussicht südmarokkanische Spezialitäten schlemmt.

Ahouach-Folklore-Festival; September.

Africa Trésor, 8, Kissariat de l'Artisanat, Tel. +212/661/776218. Kleiner Laden in der Passage gegenüber der Kasbah Taourirt. Kleine, aber sehr feine Auswahl an altem Berberschmuck. Der Inhaber Omar Zaafrani weiß sehr informativ über marokkanischen Schmuck zu berichten.

Hôpital Général Provincial Sidi Hssain Bacer und **Hôpital Bougafer**, Tel. +212/524/882444.

Karte S. 355

Heutransport auf der alten Passstraße bei Telouet

Telouet

Der Stammsitz des Glaoua-Stammes liegt auf 1870 Meter in einem Hochtal, das vom Oued Imarene durchflossen wird. Ab 1860 ließen sich die Stammesführer eine größere Kasbah erbauen, die ihrem gewachsenen Reichtum Ausdruck verleihen sollte. Als die Familie el-Glaoui mehr und mehr politische Macht bekam, ließ sie die Residenz noch weiter vergrößern und verschönern. Vor allem Thami el-Glaoui machte aus der Kasbah einen wahren maurischen Palast, indem er 300 Kunsthandwerker aus Fès und Marrakesch nach Telouet holte. Von außen verrät heute nichts mehr die alte Pracht. Nachdem der gesamte Besitz der Glaoui-Familie konfisziert worden war, verfiel die Kasbah zusehends.

Erst seit 2010 versucht eine lokale Initiative, den endgültigen Zusammensturz zu verhindern; viele Teile sind daher auch gesperrt. Man betritt die Kasbah durch ein monumentales Tor, zu dem es einen 25 Zentimeter langen Schlüssel gibt. Rechts dahinter öffnet sich der Hof, in dem früher Feste gefeiert wurden, die die Favoritinnen der Glaoua-Fürsten von einem Balkon mit einem schönen schmiedeeisernen Geländer verfolgten. Nach links geht es in einen weiteren Hof und über eine erneuerte Treppe in die erste Etage. Durch völlig leere, weißgetünchte Räume und Gänge landet man vor einer Tür, die grün und mit Blumendekor bemalt ist.

Dahinter eröffnet sich ein fast unwirklich erscheinender überdachter **Patio** mit Säulen, feinsten Stuckaturen und Zellij an den Wänden, der sogar beheizt werden konnte und bereits elektrisch beleuchtet war. Im rechts abgehenden Raum sind die Wände noch mit erlesensten Stoffen wie Seide und Brokat bespannt. Im linken Raum kulminiert der Eindruck eines maurischen Palastes, schönste Muqarnas, die allerdings auch schon deutliche Spuren des Verfalls tragen. Durch die

Glaoui-Kasbah in Telouet

schmiedeeisernen Fenstergitter eröffnen sich schönste Blicke ins Tal und auf die majestätische Landschaft.

Über die Treppe kann man auch auf das Dach steigen und auf die unzähligen Türme der Kasbah blicken, die heute von vielen Storchennestern bekrönt sind. Kleine, an Gewächshäuser erinnernde Glaspavillons zeigen, dass man lichtdurchflutete Räume schätzte, aber auch die Patios vor Regen und Schnee schützen wollte. Man kann sich kaum vorstellen, wie die Glasplatten über den Tichka-Pass auf dem Rücken von Lasttieren hier hoch transportiert wurden. Folgt man dem alten Karawanenweg nach Westen, erreicht man über das Dorf **Argue** 20 Kilometer weiter die neue Tichka-Pass-Straße, die als N9 Marrakesch und Ouarzazate verbindet.

Kasbah du Glaoui Telouet; tägl. 9–17 Uhr, 20 DH.

Aït Ben Haddou und Telouet

Vorwahl: +212/524.

Man kann mit Sammeltaxen für etwa 30 DH von Ouarzazate nach **Aït Ben Haddou** fahren.

Für den Ausflug nach **Telouet** muss man ein Grand Taxi bereits ab Ouarzazate anmieten. Der Preis ist Verhandlungssache und zeitabhängig, für einen ganzen Tag muss man mit ca. 1000 DH rechnen.

Hotels

Ksar Ighnda (€€€), Douar Asfalou, Tel. +212/524/887644, www.ksar.ighnda.net. Luxuriöses Hotel mit elegantem und stilvollem Design. Pool und Wellnessbereich; hervorragende Küche.

Hotel La Kasbah (€–€€), Aït Ben Haddou, Tel. +212/524/890302, www.hotel-lakasbah.com. Vier-Sterne-Hotel mit einfachen Zimmern, aber in hervorragender Lage.

Riads

Kasbah Tebi (€€), P1506, Aït Ben Haddou, Tel. +212/661/941153, www.kasbah-tebi.com. Urig, rustikal im Berberstil eingerichtete Pension in einem Lehmhaus im alten Teil des Dorfes. Romantische Atmosphäre mit Kerzenlicht – und ohne Strom.

Riad Caravane (€€), Aït Ben Haddou, Tel. +212/524/890916, www.riad-caravane.com. Schönes kleines Hotel, stilvoll modern mit marokkanischen Akzenten eingerichtet.

Kasbah La Cigogne (€€), Douar Tamdaght, Tel. +212/524/890371, www.kasbah-cigogne.com. Geschmackvoll dekorierte Zimmer in einer traditionellen Kasbah mit viel Flair. Pool.

Auberge Café Bagdad (€), Rue Principale, Aït Ben Haddou, Tel. +212/524/882506, www.auberge-bagdad-cafe.com. Charmante Pension mit einfachen, originellen Zimmern. Pool. Ausgezeichnete marokkanische und französische Küche.

Kasbah Valentine (€), Aït Ben Haddou, Tel. +212/668/398991, www.kasbah-valentine.com. Einfaches Gästehaus mit originell eingerichteten Zimmern. Ausgezeichnetes Essen.

Kasbah Isfoula (€), Douar Asfalou, Tamdaght, Tel. +212/524/885955. Kleines Hotel mit liebevoller, marokkanischer Einrichtung und sehr angenehmer Atmosphäre; sehr gute Küche. Innenpool.

Tigmi N'Oufella (€), Douar Angueloz, bei Telouet, Tel. +212/661/235953. Romantisches, kleines Gästehaus in einer renovierten Kasbah mit geschmackvollen, liebevoll dekorierten Zimmern.

Auberge Chez Ahmed (€), Telouet, Tel. +212/524/890717, www.telouet.com. Nette, einfache Pension mit guter Küche.

Escale de Ouarzazate, Tissa, Aït Ben Haddou, Tel. +212/613/646912, http://escaleouarzazate.com. 10 km vor Aït Ben Haddou.

Auberge Camping Tasga, Tel. +212/524/891321, Telouet. In traumhafter Lage.

▶ Karte S. 355

Thami el-Glaoui – der ›Löwe des Atlas‹

Thami el-Glaoui wurde als Sohn von Mohammed Ben Hammou El Mezouari und seiner äthiopischen Konkubine Zora 1879 geboren. Andere Legenden sprechen davon, dass er schon um 1870 geboren worden sei, als Findelkind von nur wenigen Tagen auf den Stufen der Moschee von Telouet aufgefunden wurde und vom Caid adoptiert worden sei.

Nach dem Tode des Vaters neun Jahre später übernahm der Sohn Si Madani el-Glaoui die Macht und wurde 1907 zum Großwesir unter Sultan Moulay Hafid. Si Madani ernannte seinen jüngeren Bruder Thami zum Pascha von Marrakesch. Nach Si Madanis Tod 1918 übernahm dieser die Rolle des Stammesfürsten der Glaoua.

Ursprünglicher Reichtum der Glaouis war der Abbau und Handel mit Salz und die Kontrolle des Karawanenhandels über den Tichka-Pass. Doch durch die Kollaboration mit den Franzosen bei der Befriedung des Landes in den 1920er und 30er Jahren bekam der Glaoui vom Generalresidenten Lyautey nicht nur den Beinamen ›Gazelle Marokkos‹ ob seiner schlanken, zähen Figur, sondern auch freie Hand zur Macht. Der Atlasfürst nutzte dies weidlich: Er unterwarf 22 Stämme und erhöhte die Steuern. Die Bauern mussten ihm ihre Mandel- und Safranernten zum halben Handelspreis verkaufen, und Thami el-Glaoui kontrollierte den größten Teil der marokkanischen Olivenproduktion.

Zugleich ›entdeckte‹ el-Glaoui das lukrative Geschäft mit Prostituierten. Seine Häscher machten in den Straßen Jagd auf Frauen; die schönsten behielt der Fürst für sich, für die Frauen aus reichen Familien ließ er sich Lösegeld zahlen, und die armen Frauen schickte er in die Bordelle. Marrakesch hielt einen zweifelhaften Rekord: Im Quartier Réservé gab es weltweit die meisten Dirnen pro Quadratkilometer. Die organisierten Prostituierten im Süden des Landes hatten eine Tagessteuer von 100 Francs, nach heutigem Wert rund fünf Euro, an den Pascha zu entrichten.

Außerdem war der Pascha von Marrakesch wohl auch der Chef einer internationalen Mädchenhändler-Organisation, die nicht nur Marokkanerinnen, sondern auch Europäerinnen verschleppte. Eine ›weiße Frau‹ brachte 100 000 Francs.

Die graue Eminenz aus dem Atlas war damit reicher und einflussreicher als der Sultan des Landes und konnte sogar die Absetzung des Sultans durch die französische Protektoratsverwaltung erzwingen – kurz nachdem der Glaoui 1953 der Krönung Elisabeths II. beigewohnt hatte. Nach der Rückkehr Mohammeds aus dem Exil in Madagaskar am 16. November 1955 machte der damals mindestens 76-jährige ›Löwe aus dem Atlas‹ einen Kniefall und küsste den Boden. Mohammed V. zeigte sich großmütig und gewährte Vergebung, doch der gesamte Besitz des Atlasfürsten wurde verstaatlicht.

Drei Monate später starb Thami el-Glaoui am 23. Januar 1956 an einer Krebserkrankung, andere sagen, an gebrochenem Stolz. Er hatte acht Söhne und drei Töchter von zwei Ehefrauen und drei Konkubinen. Einer der Söhne, Abdessadek, wurde unter Hassan II. zum Präsidenten des Rechnungshofes, ein anderer, Hassan, gehört zu den bevorzugten Malern von Mohammed VI. Mehdi el-Glaoui wurde in Frankreich zu einem gefeierten Schauspieler.

Drâa-Tal

Ein Meer von Palmen entlang des Wadi Drâa; Kasbahs und Ksour gesäumt von den Bergen des Antiatlas und des Jebel Saghro, das alles zeichnet das Drâa-Tal aus. Das Tal ist ein klassisches Wadi, das heißt, regelmäßig trocknet das Flussbett aus. Mit einer Länge von 1100 Kilometern ist der Oued Drâa der längste Fluss Marokkos, entstanden durch den Zusammenfluss des Dadès und des Oued Imini bei Ouarzazate. Die ersten knapp 200 Kilometer bis Zagora führt er noch regelmäßig Wasser, bis Mhamid immer mal wieder und auf den verbleibenden 800 Kilometer eigentlich nie. Ausnahme war der Herbst 2014 mit außergewöhnlichen Regenfällen in einer noch nie dagewesenen Intensität. Ab Mhamid markiert das Wadi Drâa auf fast 400 Kilometern die natürliche Grenze zu Algerien und zur völkerrechtlich umstrittenen Westsahara. Nördlich von Tan-Tan mündet der Drâa als steinerner Fluss in den Atlantik; sein Flussbett führt meist nur Kies und Geröll, sehr selten Wasser.

Von Agdz nach Zagora

Die Nationalstraße N9 führt von Ouarzazate entlang des Oued Drâa auf die Gebirgsketten des Antiatlas und Jebel Saghro zu. Über einen serpentinenreichen Pass überwindet man den Antiatlas, bevor sich nach etwa 60 Kilometern der Canyon zu einem breiten, fruchtbaren Tal weitet. Schon aus der Ferne kann man die Stadt **Agdz** erahnen, die vom Jebel Kissane dominiert wird, der die Form einer Tajine hat.

Sechs Kilometer weiter liegt der malerische, verlassene Ksar **Tamnougalt**, durch dessen Gassen man mit einem Führer spazieren kann. Es folgen viele weitere Ksour mit stufenartig verschachtelten Lehmhäusern, Kasbahs und trutzigen Mauern. Der Flusslauf des Drâa führt dann weiter über Timiderte nach **Tansikhte**, wo eine Straße nach Nkob (→ S. 391) und Rissani (→ S. 361) abzweigt, die südlich des Jebel Saghro verläuft. Im Dorf **Tamezmoute** findet dienstags ein sehr ursprünglicher Wochenmarkt statt. Mit **Tinzouline** erreicht man wieder einen etwas größeren Ort – mit Tankstelle – und einem ebenfalls sehr sehenswerten Wochenmarkt.

Knappe 30 Kilometer weiter liegt, links der Straße, der Ksar **Tissergate** mit einer schönen Kasbah, in der ein sehr lohnendes kleines Volkskundemuseum eingerichtet ist. Keine zehn Kilometer weiter ist bereits Zagora erreicht.

Ksar Tamnougalt, 10 DH, Guide 50 DH.
Musée des Arts et Traditions de la Vallée du Drâa, Kasbah Tissergate, Tel. +212/661/348388; tägl. 8.30–19 Uhr, 20 DH.

Zagora

›Tomboctou 52 jours‹ – die berühmte Tafel hinter dem Kreisverkehr, an dem die Straße nach Foum Zguid abbiegt, erinnert daran, dass Zagora der letzte große Halt vor der Durchquerung der Sahara war und erst 52 Tage später Timbuktu im heutigen Mali erreicht war. Die Saadier, die sich im 14. Jahrhundert im Drâa-Tal niedergelassen hatten, brauchten später allerdings 135 Tage, bis sie Timbuktu eingenommen hatten. Das Schild stammt aus der Zeit des französischen Protektorats, als das ehemalige Tazagourt zu Zagora, dem heutigen administrativen Zentrum des Drâa-Tals, ausgebaut wurde. Auf der südlichen Flussseite liegt das **Douar Amazrou**, das ehemals überwiegend von Juden bewohnt wurde. In der Mellah werden immer noch Schmuckstücke mit traditionellen Motiven hergestellt.

▲ Karte S. 355

Tamegroute

Das spirituelle Zentrum des gesamten Gebiets am Oued Drâa ist Tamegroute. Das Dorf, das auch wegen seiner Töpfereien berühmt ist, liegt 15 Kilometer südlich von Zagora. Die in lebendigen Grüntönen schimmernden glasierten Ziegel findet man fast überall im Land. Dank der berühmten Nasiriyya-Bruderschaft kamen Händler und Handwerker aus Fès, dem ersten Töpferzentrum des Landes, und brachten ihr Know-how mit. Sie blieben hier und gründeten neue Töpfereien. In zehn Ateliers werden heute noch mit den alten Methoden die Karmoud genannten Ziegel und andere Tonwaren hergestellt. Aus unterirdischen Gängen fördern die Töpfer den Ton zu Tage, der wegen seines hohen Sandgehalts sehr schwierig zu bearbeiten ist. Deshalb wird er zunächst in der Sonne getrocknet, dann zermahlen und auf einer Matte massiert, um ihn homogener zu machen. Dann wird er auf der Drehscheibe in die gewünschte Form gebracht, getrocknet und ein erstes Mal gebrannt. Danach wird die Glasur aus Chromoxid auf das Irdengut aufgetragen. Wenn der Töpfer etwa 800 Stücke beisammen hat, werden diese in einen der sieben traditionellen Brennöfen gegeben,

Kasbah im Drâa-Tal

Töpfer in Tamegroute

die oben fünf Öffnungen haben, um den Rauch entweichen zu lassen, aber auch Sauerstoff in die Brennkammer zu lassen, um die benötigte Temperatur von 1000 Grad Celsius zu erreichen. Drei bis vier Stunden werden die Tonwaren zum Glasieren gebrannt. Wenn sie über Nacht ausgekühlt sind, können sie herausgeholt werden und haben dann ihre charakteristische grüne Farbe.

Zaouia Nasiriyya

In Tamegroute wurde 1575 von Abu Hafs Omar ibn Ahmed el-Ansari eine Zaouia gegründet, die seinen Namen trug. In diese Ansari-Zaouia trat der Islamgelehrte Mohammed ibn Nasir (1603–1674) ein und wurde zu ihrem ›Scheich‹ oder ›weisem Mann‹. Im Gegensatz zu den meisten Sufi-Meistern (→ S. 88) beanspruchte er keine direkte Abstammung vom Propheten, sondern erklärte, dass alle ›im Islam Verbündeten‹ diesem nahestünden. Vermutlich war es genau diese Einfachheit der Lehre, die die übergroße Verehrung des Mohammed ibn Nasir bewirkte, so dass man die Zaouia und die hier ansässige Bruderschaft ihm zu Ehren umbenannte. Dank seines gewaltigen Rufes zog die

Bruderschaft viele Schüler an, die den Sufismus im Laufe des 17. Jahrhunderts bis weit nördlich des Hohen Atlas unter den Berbern verbreiteten, aber über die Karawanenstraße auch bis weit in den schwarzafrikanischen Süden. Unter Moulay Ismail wurde zur Stärkung des Machtanspruchs der Alaouiten die Lehre der Nasiriyya weiter verbreitet. Zu einem Ableger wurde die Dila-Bruderschaft, die, vom Mittleren Atlas ausgehend, weitreichende Macht im Norden und an der Küste wie in Salé erlangen konnte. Mit der Entstehung der Tijaniya in Fès erwuchs der Nasiriyya ernsthafte Konkurrenz, doch lokal ist sie noch immer von großer Bedeutung. Allabendlich werden Dhikr genannte Gebetsrituale veranstaltet, und zum Moussem eine Woche nach dem Eid el-Adha kommen an die 10000 Pilger.

Die Grabstätte des Mohammed ibn Nasir darf nur von Muslimen besucht werden, aber auch Nicht-Muslimen zeigt man gegen ein Trinkgeld gerne die berühmte **Bibliothek der Zaouia**. Ein späterer Scheich namens Ahmed Ali Ansari El Tamegrout erwarb im Laufe von sechs Wallfahrten nach Mekka allein über 6500 Manuskripte zu den Themen Islam und Religion, aber auch zu Mathematik, Medizin und andere Naturwissenschaften. Daneben beherbergt man auch noch Originalschriften des Nasiriyya-Gründers. Das älteste Werk der Bibliothek ist ein Koran, der im 9. Jahrhundert in Córdoba auf Gazellenhaut geschrieben wurde.

Bibliothèque de Tamegroute; 8–12 und 15–18 Uhr, tägl. außer Samstag, da an diesem Tag der Wochenmarkt stattfindet. Es gibt keine Eintrittskarten, aber eine Spende wird erwartet.

Zagora und Drâa-Tal

Vorwahl: +212/524.

Mit Royal Air Maroc kann man ab Casablanca und Ouarzazate direkt nach Zagora (OZG) fliegen.

Busbahnhof, Boulevard Mohammed V, bei der Afriquia-Tankstelle, Tel. CTM 0524/847327. Busverbindungen von Zagora nach Ouarzazate und Tamegroute. Hauptverkehrsmittel sind allerdings Sammeltaxis.

Schild in Zagora: ›52 Tage nach Timbuktu‹

Karte S. 355

Hotels

La Perle du Drâa (€€), Km 4, Route de Mhamid, Tel. +212/524/846210, www.perledudraa.ma. Drei-Sterne-Hotel, dessen beste Zeiten vorüber sind. Schöner Poolbereich.

Ksar Tinsouline (€-€€), Avenue Hassan II, Tel. +212/524/847252, www.ksartinsouline.ma. Vier-Sterne-Hotel, das als Luxusobjekt in den 1940er Jahren gebaut wurde. Anständige Zimmer im marokkanischen Stil. Schöne Außenanlagen mit Pool.

Riad Salam Zagora (€), Boulevard Mohammed V, Tel. +212/524/846310, www.hrm.ma. Vier-Sterne-Hotel, das etwas in die Jahre gekommen ist. Pool.

Jardins du Drâa (€€), Zagora, Tel. +212/524/846766, www.riad-zagora.com. Charmantes, gepflegtes Riad in zauberhaftem Garten mit Pool. Hervorragende Küche.

Dar Nekhla (€), Palmeraie d'Amzrou, Tel. +212/524/846472, www.riadzagora.fr. Schöne Pension mit marokkanisch gestylten Zimmern.

Bivouac

Azalai Desert Lodge (€€€€), Zagora, Tel. +212/661/164394, www.azalaidesertlodge.fr. Stimmungsvolles Luxuscamp mit kolonialem Charme.

Bivouac La Dune Blanche (€€), Tagounit, Kasbah Aït Isfoul, Tel. +212/667/966464, http://bivouac-laduneblanche-zagora.com. Schönes Wüstencamp in den Dünen mit Bungalows im Zeltstil und richtigen Betten. Gemeinschaftsbad.

Camping Relais Hammada du Drâa, Mhamid, Tel. +212/662/132154, www.hamada-sahara.com. Im letzten Dorf, das auf Asphalt erreichbar ist.

Camping L'Oasis, Route Montagne, Amazrou, Tel. +212/524/846724. Organisieren auch Ausflüge in die Dünen des Erg Chegaga.

La Caravane de la Vallée du Drâa, Centre Mhamid El Ghizlane, Tel. +212/662/818991, www.mhamid.com. Ausflüge in den Erg Chegaga, Kameltrekking und Ausflüge in die Umgebung.

Caravane Sud, Centreville Zagora, Tel. +212/661/138677, www.caravanesud.com. Organisation von Ausflügen aller Art, u.a. in den Erg Chegaga.

Wochenmärkte im Drâa-Tal:
Montag in Tinzouline und Agdz.
Dienstag in Tamezmoute.
Mittwoch in Zagora.
Donnerstag in Beni Zoli und Tansikhte.
Freitag in Errouha.
Samstag in Tamegroute.
Sonntag in Zagora, Beni Zoli.

Jebel Saghro

Karg, steinig und trotzdem von einem ganz besonderen Zauber, das ist der Jebel Saghro, die östliche Verlängerung des Antiatlas. Seinen höchsten Punkt hat er auf 2712 Metern. Vom Massentourismus verschont, ist er mit seiner trockenen und spröden Schönheit mittlerweile zu einem Paradies für Wander- und Trekkingtouren geworden, zumal sich zwischen Nkob und Tazzarine ein wahrer Garten Eden mit Dattelpalmen, Gratapfelbäumen, Feigen und Mandeln erstreckt. Außerhalb der Oasen gibt es kaum feste Behausungen, ist doch der Jebel Saghro ein traditionelles Weidegebiet für die halbnomadischen Aït Atta.

Nkob

Abgeleitet vom Namen einer Grotte, an der Nomaden früher Rast machten, wird Nkob auch das Dorf der 45 Kasbahs genannt. Früher war dieser Ort nur zeitweilig im Jahr von Stämmen der Aït Atta bewohnt, die in der anderen Zeit des Jahres als Nomaden mit ihren Viehherden

Friedhof mit Marabout bei einem Dorf im Drâa-Tal

unterwegs waren. Umso wichtiger war es, in der Zeit ihrer Abwesenheit die Früchte der Landwirtschaft sicher verwahrt zu wissen - eben in ihren Speicherburgen. In der Umgebung von Nkob werden immer wieder Felszeichnungen entdeckt, und man findet viele Fossilien; außerdem baut man Marmor ab. Der **Markt** wird in Nkob am Sonntag abgehalten.

In Nkob gibt es ein Büro, das Wanderführer für Trekkingtouren durch den Jebel Saghro vermittelt (**Bureau des Guides Saghro**, Lahcen Naimi, Tel. +212/661/708127, guide.sahara@gmail.com). Ein Highlight ist die Überquerung des Jebel Saghro von Nkob nach Boumalne, die sechs Tage in Anspruch nimmt.

Tazzarine

Östlich von Nkob, 35 Kilometer weiter auf der Straße Richtung Rissani, liegt mit Tazzarine die Hauptstadt des Hennas. Der Hennastrauch hat seine Hauptblütezeit von Oktober bis November. Die vier Blüten eines Strauches sind gelblich-weiß, manchmal auch rosa. Der Duft der Blüten wird seit jeher sehr geschätzt, Henna-Parfüm soll der Lieblingsduft des Propheten gewesen sein. Aus den getrockneten Blättern des Strauches wird ein Pulver hergestellt, dass zum Färben der Hände und Füße dient, wobei es mit Wasser zu einer geschmeidigen Masse verrührt wird und dann mit einer Spritze oder Spritztülle in geometrischen und floralen Mustern aufgetragen wird. Nachdem die Paste getrocknet ist, reibt und wäscht man sie ab, zurück bleibt das Muster in rot bis mahagonibraun. Sowohl die Pflanze wie auch die Muster gelten als Schutz vor dem bösen Blick und Dämonen. In der traditionellen Medizin gilt Henna als Heilmittel gegen Lepra und anderen Hautkrankheiten oder auch gegen Windpocken.

▲ Karte S. 355

Der Antiatlas

»Marokko ist ein kaltes Land mit heißer Sonne«, sagte Marschall Hubert Lyautey, und im Antiatlas trifft dies noch mehr als anderswo. Das südlichste Atlasgebirge liegt am 30. Breitengrad, auf einer Höhe mit Houston, Texas, den Pyramiden in Ägypten oder den Öltürmen Kuwaits. Temperaturen, die nachts nahe am Gefrierpunkt liegen können, sind im Winter fast normal, aber auch im Sommer kühlt es, wenn die Sonne untergegangen ist, deutlich ab, da die wärmeleitende Luftfeuchtigkeit fehlt. Klimatisch ist der Antiatlas schon Teil der Steinwüste, der Hammada.

Südlich der Bergkette mit dem südöstlichen Ausläufer des Jebel Bani beginnen die enormen Weiten der Sahara. Zusammen mit seiner östlichen Verlängerung, dem Jebel Saghro, erstreckt sich der Antiatlas auf 600 Kilometer vom Atlantik bis zur Tafilalet-Oase.

Straße der Agadire

Die Straße R105, die von Agadir über Aït Baha Richtung Tafraoute durch den Antiatlas führt, ist gesäumt von mehreren Agadiren, also den Getreidespeichern im Gebiet der Chleuh. Die Agadire dienten den seminomadisch lebenden Stämmen als Lager für das Getreide, aber auch als Rückzugsburg im Verteidigungsfalle. Der Bau war eine Gemeinschaftsleistung, jede Familie besaß ihr Abteil, und ein Wärter wurde vom Clan bestimmt und bezahlt, um den einzigen Zugang zu bewachen. Im Inneren gab es neben den Speichern eine Küche, Toiletten und einen Gemeinschaftsraum für den Belagerungsfall. Größere Clans hatten sogar eine kleine Schmiede, einen Stall und eine Moschee im Agadir. Alle Räume wurden um einen zentralen Hof als Luft- und Lichtschacht angelegt, außerdem gab es immer eine unterirdische Zisterne für die Wasserversorgung. Meist diente der Agadir auch für die zweimal jährlich stattfindenden Zusammenkünfte des Stammesrates.

Die einzelnen Familienabteile wurde auch als Tresore für wichtige Papiere, Schmuck, Silber und Waffen genutzt, wie eine Art Bankschließfach. Vier Räume dienten zum Speichern der Abgaben. Im ersten wurde die Zakat, die Abgabe, die der Islam zur Unterstützung der Armen und in Not Geratenen vorschreibt, eingelagert. Im zweiten Raum landeten die Abgaben für die Bezahlung des Imams der Moschee, etwa ein Kilogramm der Ernte pro Familie. Der Wächter erhielt die gleiche Menge als Lohn, die er in einem dritten Raum speicherte. Der Amir war auch der einzige, der permanent im Agadir wohnte. Der vierte Raum

Blick ins Tal der Ammeln im Herzen des Antiatlas

Ida Ougnidif an der Straße der Agadire

schließlich enthielt die gleiche Menge für den Marabout des Stammes. Da Mitte des 20. Jahrhunderts die jahrhundertelangen Stammeskriege zugunsten eines neu entstandenen Nationalbewusstseins aufhörten, bestand auch keine Notwendigkeit mehr für Agadire. Die meisten von ihnen sind daher heute mehr oder weniger malerische Ruinen. Erst dank des Touristeninteresses wurden etliche wieder restauriert und instandgesetzt. Kurz vor Aït Baha führt ein Abzweig nach links zum Agadir von **Imchiguigueln**. Besonders spektakulär thront **Ida Ougnidif** auf einem Felssporn, auf den man über einen gut angelegten Weg hochspazieren kann. Auf der anderen Straßenseite ist kurz danach der verlassene Agadir von **Madaou** zu sehen.

Tal der Ammeln

▲ Karte S. 355

Kommt man über die R105 aus Aït Baha, liegt nach 75 Kilometern, kurz hinter der Kreuzung mit der R106 nach Igherm und Tata, das Tal der Ammeln malerisch ausgebreitet da. An den Hängen der Granitberge kleben an die 20 pittoreske kleine Lehmdörfer, die grünen Oasen zu Füßen in der Talsenke. Berühmt ist das Tal vor allem für die Mandelbäume, zu deren Blüte im Februar ein Moussem zelebriert wird. Die meisten Dörfer liegen an den Flanken des 2359 Meter hohen Jebel Lekst, darunter auch **Oumesnat**. In diesem Dorf sollte man unbedingt einen Spaziergang zum **Maison traditionnelle** machen. Monsieur Abdessalam Ahrass kehrte nach seiner Erblindung aus Tanger, wo er einen kleinen Gewürzladen betrieben hatte, in sein Heimatdorf zurück und machte aus dem Familienhaus ein kleines Museum. Er selbst oder einer seiner Söhne Mustafa, Youssef oder Raschid, führt durch das typische Haus und erzählt dem Besucher Hochinteressantes zur traditionellen Lebensweise im Tal der Ammeln. Im schönen Salon in der ersten Etage wird als Höhepunkt eine marokkanische Teezeremonie zelebriert.

Maison Traditionnelle, Oumesnat, Tel. +212/666/917768 oder 0666/918145; 20 DH inkl. Tee. Ein Trinkgeld für die Führung durch das Haus ist willkommen.

Moschee in Schokobraun im Dorf Aday bei Tafraoute

Die blauen Steine bei Tafraoute

Tafraoute

Im Herzen des Antiatlas, benachbart zum Tal der Ammeln, liegt das 6000 Einwohner zählende Tafraoute. Zentrum der Kleinstadt ist die **Place Mohammed V**, um die herum Banken, Post, Cafés und Restaurants liegen. Jeden Mittwoch findet hier der belebte Wochenmarkt des Tals statt. Vor allem die bizarren **Felsformationen** in und um Tafraoute sind spektakulär. Naturkräfte wie Wind und Regen haben Granit und vulkanischen Basalt zu eindrucksvollen Blöcken geschliffen. Im Ortsteil Agard-Oudad gehört der **Chapeau de Napoléon**, der Hut Napoleons, zu den erstaunlichsten Formationen. Auch der Weiler **Aday** an der R104 ist mit seinen großen Granitblöcken besonders malerisch, zumal dazwischen die Häusern in beerenfarben und schokoladenbraun herausleuchten. In der näheren und weiteren Umgebung von Tafraoute gibt es noch weitere bizarre Felsformationen. Da der Antiatlas zu den weniger erschlossenen Zielen Marokkos gehört, sind die Straßen aber oft in einem beklagenswerten Zustand und längst nicht überall geteert.

Die Blauen Steine

Etwa sechs Kilometer hinter Tafraoute an der Straße nach Tiznit über Izerbi zweigt rechts die gut befahrbare und gut ausgeschilderte Piste zu den **Rochers Peints** ab. Der Belgier Jean Vérame schuf hier 1984 ein Kunstwerk ganz eigener Art. Er bemalte die rundgeschliffenen Steinblöcke in verschiedenen Blautönen und setzte mit Korallenrot, mittlerweile zu rosa verblasst, Farbakzente. Über 19 Tonnen Farbe mussten in geländegängigen LKWs für diese ›Rock Art‹ herangekarrt werden. Die Kunstaktion wurde sehr kontrovers diskutiert, da sich viele fragten, warum man die von Natur aus bunten Steine blau anpinseln muss. Doch da Blau bei den Berbern als Abwehr des bösen Blicks gilt, kam das Kunstwerk zumindest bei den Einheimischen gut an. Die Einwirkungen der Natur haben die Farben mittlerweile verblassen lassen, sind aber immer noch zu sehen.

Tafraoute und Tal der Ammeln

Vorwahl: +212/528.

Busse von CTM ab Agadir über Tiznit. Private Busgesellschaften oder Sammeltaxis fahren auch ab Taroudannt und Tata nach Tafraoute.

Gästehäuser

Auberge Djebel Rose (€), Douar Tandilt, Tel. +212/640/691980, www.aubergedjebelrose.com. Kleines Gästehaus in toller Lage im Tal der Ammeln mit herzlichen Gastgebern.

Maison Iskki Asnfou (€), Imi N'tizekht, Tel. +212/667/599299, www.iskki-asnfou.com. Nette Pension im Tal der Ammeln.

Maison Traditionnelle (€), Oumesnat, Tel. +212/666/917768 oder 0666/918145, http://maisontraditionnelle.ma. Einfache Zimmer in sehr schöner Lage, beim Museum. Sehr gute Küche.

Hotels

Auberge Kasbah Chez Amaliya (€–€€), Tel. +212/528/800065, www.chezamaliya.com. Holländisch geführtes Hotel mit Charme, schön am ›Löwenkopf‹ gelegen.

Hotel Rochers Peints (€), Route de Tazeka, Tel. +212/528/800032, www.hotelrocherspeints-tafraout.com. Originell und recht geschmackvoll eingerichtetes kleines Hotel.

L'Arganier d'Ammeln (€), Tafraoute, Tel. +212/661/926064, www.larganierammelne.com. Einfaches Hotel mit schönem Garten und Dachterrasse.

Les Amandiers (€), 10, Centre de Tafraoute, Tel. +212/528/800088, www.hotel-lesamandiers.com. Vier-Sterne-Hotel, das seine besten Zeiten in den 1950er Jahren hatte. Sehr gute Küche.

Camping Taska, Tafraoute, Tel. +212/528/801428, www.campingtazka.com. 45 Stellplätze, an der R104 Richtung Tizgui.

Bureau des Guides de Montagne, Souk Khemis, Boumalne, Tel. +212/661/708127, www.randonneesdesert-maroc.com. Wanderungen im Antiatlas und Jebel Saghro aber auch Trekking im Dadès-Tal.

Mandelfest im Februar.

Markt: Mittwoch.

Jebel Bani

▲ Karte S. 355

Die südliche Bergkette des Jebel Bani, dem südöstlichen Ausläufer des Antiatlas, erstreckt sich auf etwa 260 Kilometer zwischen Tata und Tamegroute. Südlich von Foum Zguid erreicht er seinen höchsten Punkt auf 1635 Meter. Angesichts der kaum vorhandenen touristischen Infrastruktur ist dieser landschaftlich schöne und weitestgehend unentdeckte Winkel Marokkos ein Ziel, das bislang meist nur auf dem Reiseplan von Campern und Abenteurern steht. Da eine neue Asphaltstraße (N12) mittlerweile Tata mit Foum Zguid und damit mit dem Drâa-Tal verbindet, könnte sich dies in Zukunft ändern. Die Ebene zwischen Antiatlas und Jebel Bani ist äußerst dünn besiedelt und vorwiegend Weideland für Nomaden, die hier im Frühjahr und Herbst ihre Kamele, Schafe und Ziegen grasen lassen.

Tata

Von Tafraoute kann man über eine recht gute Straße, die über Igherm führt, den Antiatlas überqueren, um Tata zu erreichen. Von der Küste aus führt der Weg entlang der N12 über Akka in die Oasenstadt auf der Südseite des Antiatlas. Tata ist mit 17 000 Einwohnern die größte der raren Städte südlich des Antiatlas.

Auf Tamazight bedeutet der Stadtname ›Chamäleon‹, auf Taschelheit meint er, dass man eine Pause einlegen soll.
Tata liegt zwischen Antiatlas und Jebel Bani auf 950 Meter in einer Oase, die an die 30 alte, meist verlassene Ksour umfasst. Die alte **Kasbah** oberhalb des Ortes wurde restauriert und beherbergt mittlerweile das Gästehaus **Dar Infiane**, das zu einer Pause einlädt. Eine Rundfahrt durch die Oase ist ein weiterer willkommener Anlass zu einer Pause in Tata. Nur beim Wasser ist Vorsicht geboten: Bilharziose ist hier noch verbreitet. In der Provinzhauptstadt ist einer der größten marokkanischen Luftwaffenstützpunkte angesiedelt, da die Grenze zu Algerien nie eindeutig bestimmt wurde und daher strittig ist.

Tata

Vorwahl: +212/

Busbahnhof, an der N12 im Süden der Stadt. Busse ab Akka/Tiznit, Igherm/Taroudannt und Foum Zguid/Ouarzazate.

Riad

Dar Infiane (€€), Tata, Tel. +212/661/610170, www.darinfiane.com. Der französische Besitzer hat aus einem 500 Jahre alten Lehmgemäuer ein kleines Juwel geschaffen.

Issam, Maison du Patrimoine, Avenue Mohammed V, Tel. +212/613/241312, issam3599@homail.com; Auto und Guide pro Tag 900 DH, ohne Fahrzeug 350 DH. Issam betätigt sich als Führer zu den Felsritzungen, er kann auch ein geländegängiges Fahrzeug organisieren.

Märkte: Sonntag in Tata, am Freitag in Tata (Oudess).

Agadir zwischen Tafraoute und Tata

Petroglyphen im Jebel Bani

Bei **Tiiggane** und **Oum el-Alek** zwischen Tata und Akka fand man im ausgetrockneten Flussbett des Drâa Felsritzungen mit etwa 40 Tierdarstellungen (#4 29° 20' 6.72" N, 8° 11' 7.109" W). Elefanten, Nashörner, Steinbock, Gazellen, Stiere und Strauße sind zu sehen, die einstmals in dieser Region gelebt haben müssen, aber auch abstrakte Motive wie Kreise. Schätzungen zufolge liegt das Alter der Petroglyphen zwischen 15 000 und 20 000 Jahren. Ohne ortskundige Führer sind die Felszeichnungen allerdings nicht zu finden. Über das Dar Infiane oder das Maison du Patrimoine in Tata kann man solch einen Scout finden.

Foum Zguid

Die 9000-Einwohner-Stadt Foum Zguid liegt auf 650 Metern in einer Oase und ist vor allem Verkehrsknotenpunkt. Hier treffen sich die Straßen aus dem Drâa-Tal Richtung Zagora, aus Tata und aus Taznakht im Jebel Siroua, außerdem führt eine Piste in die Sanddünenlandschaft des **Erg Chegaga**. Die Organisation von 4x4-Touren zum Erg gehört heute zu den wichtigsten Wirtschaftszweigen der Kleinstadt.

Foum Zguid

Vorwahl: +212/524.

Bled Adventures, Centre Foum Zguid, Tel. +212/611/133872, bled.adventures@gmail.com, www.bled-aventure.com. Organisiert Jeeptouren und Kameltrekking in den Erg Chegaga.

Markt: Freitag.

Jebel Siroua

Oftmals als Teil des Antiatlas betrachtet, ist der bis zu 3304 Meter hohe Jebel Siroua eigentlich ein eigenständiges Massiv vulkanischen Ursprungs, das östlich von Taroudannt und nördlich von Taliouine den Antiatlas mit dem Hohen Atlas verschmilzt. Nur wenige Pisten und noch weniger feste Siedlungen gibt es in den schwarzen Basaltbergen. Traditionell kommen nur Viehhirten und Nomaden hierher. Mitten im Jebel Siroua liegt auf knapp 2000 Metern nur das kleine Berg- und Minendorf **Askaoun** (*30° 44'29.523"W 7° 46'42.046"*), erreichbar über eine Straße ab Taliouine, die nur mit Geländefahrzeugen zu empfehlen ist, von Aoulouz im Südwesten und von Anezal im Osten. Silber und Kobalt wird in der Umgebung von Askaoun abgebaut. Nach Norden geht der Jebel Siroua ins **Toubkal-Massiv** über. Die zahlreichen Maultierpfade werden mehr und mehr von Wanderern auf mehrtägigen Trekkingtouren benutzt.

Taliouine

Taliouine, die Hauptstadt des Safrans, ist einer von nur zwei größeren Orten am Rande des Jebel Siroua. In und um Taliouine wird auf insgesamt 530 Hektar, unterteilt in 3000 Parzellen, Crocus sativus (→ S. 210) angebaut und im Herbst geerntet. Glaubt man dem Schweizer Biologen Jean-Marc Pillet, ist der Safran aus Taliouine der beste der Welt, wegen des hohen Safranal-Anteils, dem Hauptaromastoff. Je nach Wetter variiert die Erntemenge von Safran zwischen 1000 und 3000 Kilogramm. Im Schnitt bringt ein Kilogramm Safran zwischen 20 000 und 25 000 Dirhams. Eine Familie erntet durchschnittlich vier bis fünf Kilo. In Taliouine gibt es eine **Kooperative** zum Thema Safran zu besichtigen, in der über 350 Produzenten zusammengeschlossen sind. Ende Oktober findet zum Höhepunkt der Ernte ein Safran-Festival mit anschließendem Moussem zu Ehren des Lokalheiligen statt.

▲ Karte S. 355

Taznakht

Safran ist der Farbstoff, mit dem die weiße Schafswolle eingefärbt wird, aus der die Berberfrauen in und um Taznakht die vorwiegend gelben Ouaouzguite-Teppiche knüpfen. Über die **Association Espace Taznakht** kann man einen Besuch bei Knüpferinnen organisieren und mehr über die Bedeutung der Muster und die besondere Behandlung der Wolle zum Schutz gegen böse Geister erfahren. Ansonsten hat die größte Stadt am Rande des Jebel Siroua keine Sehenswürdigkeiten, ist aber ein wichtiger Verkehrsknotenpunkt und lokales Marktzentrum.

Jebel Siroua

Vorwahl: +212/524.

Tourisme Social/Asso Espace Taznakht, Tel. +212/524/841250 oder mobil 0677/165425, espacetaznakhte@hotmail.com. **Coopérative Souktana du Safran Taliouine**, Route de Taroudannt, Tel. +212/528/534452; 8.30–18.30 Uhr.

Märkte: In Taznakht am Sonntag, in Taliouine am Montag.

Eine Teezeremonie

Oberst-Lieutenant a. D. Adolph von Conring schilderte 1884 im Buch ›Marocco – das Land und die Leute‹ eine typische Teezeremonie, wie sie noch heute im Land praktiziert wird.

»... Es folgte sodann der nie fehlende grüne Thee, das Nationalgetränk der Mauren, der mit so viel Zucker versetzt wird, dass es einige Ueberwindung kostet, dies süsse Getränk hinunterzuschlucken. Was aber das Theetrinken für den Europäer hier zu Lande geradezu unausstehlich macht, ist das Hinzuthun einer grünen Pflanze, die unter dem spanischen Namen ›Yerba buena‹ (schönes Kraut) bekannt, eine Art von Pfefferminz zu sein scheint.

Auf einem enormen kupfernen Theebrette standen drei Theekannen englischer Produktion, ein Napf mit grossen Stücken raffinierten Rübenzuckers, ein Glas voll von jenem grünen Kraut, kleine Gläser (von denen vier auf ein gewöhnliches Wasserglas gehen) und eine verschlossene Büchse mit grünem Thee.

Nachdem in alle drei Theekannen, nach vorheriger Ausspülung, der Thee und gleichzeitig Zucker in riesiger Quantität geschüttet und Wasser aufgegossen war, wurde das Gebräu von der ersten Kanne in die zweite, und nach abermaligem Aufschütten auch in die dritte gegossen. War dies geschehen, so nahm der betreffende Theeverfertiger eine kleine Handvoll des grünen Krautes und steckte dasselbe in die Kanne No. 1.

Hierauf wurden aus No. 1 die Gläser bis zur Hälfte vollgegossen, No. 2 lieferte ein Viertel derselben und No. 3 füllte dieselben. Drei Gläser dieses glühend heissen, für Leibschmerzen gewiss sehr geeigneten Getränkes muss jeder Eingeladene zu sich nehmen, ehe er für fernere Liebe danken darf. Die Eingeborenen delektirten sich sichtbar an dem Syrup, und das fortwährende kräftige Aufstossen gab Kunde von der richtigen Stimmung.«

Marokkanische Teekannen

Reisetipps von A-Z

Ein Bauer begegnet auf der Straße nach Marrakesch einem Rechtsgelehrten, der verkehrt auf einem Esel reitet. Erstaunt fragt er: ›Oh Weiser, sag mir, aus welchem, deinem einfältigen Diener unerforschlichen Grund sitzt du verkehrt auf diesem Esel?‹ Darauf der Ulema: ›Muss denn jeder gleich wissen, wohin ich reite?‹

Marokkanische Weisheit

Apotheken

Tagsüber unter der Woche ist es leicht, Apotheken zu finden, die weit verbreitet sind: Man muss nur auf die grün beleuchtete Tafel mit einem Halbmond achten. Apotheken mit Sonntags- und Nachtdienst kann man aus den französischsprachigen Tageszeitungen oder aus den Aushängen der Apotheken ersehen.

Aufdringliche Händler

Da Marokko ein armes Land ist, sehen sich viele Marokkaner unter ›Verkaufsdruck‹ und werden damit in den Augen des Mitteleuropäers beim Anbieten ihrer Waren aufdringlich. Vor allem in ländlichen Gegenden wird man oft mit Mineralien, Fossilien, Dolchen, echtem und unechtem Schmuck verfolgt. Durch ein einfaches ›Nein, danke‹ werden Sie den Verkäufer sicher nicht los, denn für einen Marokkaner ist ein ›Nein‹ nur der Auftakt zum Gespräch, in dessen Verlauf man aus dem ›Nein‹ ein ›Vielleicht‹ und durch Hartnäckigkeit ein ›Ja‹ machen kann. Am Ende sind Sie genervt und der Verkäufer frustriert. Um dies zu vermeiden, wenden Sie die Zauberformel ›Bukra inschallah‹ an. Mit diesem ›Morgen, so Gott will‹ ist dem Verkäufer Höflichkeit entgegengebracht, und bis morgen kann ja viel passieren, Sie haben in der Regel Ihre Ruhe – und alle haben ihr Gesicht bewahrt.

Händler in Fès beim Aufstellen der Schachfiguren

Autobahnen und Straßen

Die Infrastruktur Marokkos ist in den letzten Jahren noch einmal ausgebaut worden, deshalb haben sich die Straßenverhältnisse in dieser Zeit deutlich verbessert, vor allem auf den Hauptrouten. Die wichtigsten Städte sind durch mautpflichtige Autobahnen verbunden, die immer noch erweitert werden. Die **A3** führt von Casablanca über Rabat, die **A1** weiter über Kénitra, Asilah nach Tanger. Von Rabat über Meknès nach Fès führt die **A2**, von Casablanca Richtung Süden die A5 über Safi bis kurz vor El Jadida. Die **A7** bis erstreckt sich über Marrakesch weiter nach Agadir.

Auch das Netz an **Nationalstraßen** wurde ausgebaut und verbessert. Die Nationalstraßen sind im allgemeinen in einem recht guten Zustand, doch oft, vor allem im Süden, ist der Straßenrand aufgrund des extremen Klimas in einem schlechten Zustand, die Seitenstreifen sind so gut wie nie befestigt. Deshalb fahren die Marokkaner meist in der Straßenmitte, wo der Belag am besten ist, und rollen scheinbar den Mittelstreifen auf. Durch die verheerenden Wetterkapriolen im Winter 2014/15 haben vor allem viele kleine Straßen in den Bergen und sogar die Nationalstraßen stark gelitten und sind von Schlaglöchern durchsetzt. Wegen der Behebung der Schäden, aber auch das landesweit angelegte Projekt zum Ausbau der Infrastruktur muss man immer wieder

Straße ins Nirgendwo? Auf dem Weg durch den Antiatlas

mit Behinderungen rechnen. Das größte Manko hauptsächlich innerorts ist die mangelnde **Ausschilderung**, auch an den kleinen Straßen abseits der touristischen Hauptwege fehlt diese meist.

Autofahren

Beim Fahren selbst gibt es auch einige Besonderheiten zu beachten. Da längst nicht alle Autos intakte Spiegel haben, erwartet man, dass der Nachfolgende vor dem Überholen durch **Hupen** auf sich aufmerksam macht. Ein kurzes Hupen empfiehlt sich grundsätzlich sich bei jedem Überholvorgang, ist es doch im Lande üblich!

Da viele Fahrzeuge **nicht oder nur mangelhaft beleuchtet** sind, sollte man tunlichst vermeiden, nachts auf Straßen außerhalb der Städte unterwegs zu sein.

In den **großen Städten** ist das Fahren oft nervenaufreibend, da Mopeds und Taxis oft ebenso regelwidrig wie überraschend auf die Straße schießen oder abrupt anhalten. Auch Grands Taxis, Busse und LKWs scheinen teilweise eigenen Vorfahrtsregeln zu folgen, und man besteht besser nicht auf seinem Recht. Das hohe Verkehrsaufkommen, das undisziplinierte Verhalten vieler Verkehrsteilnehmer sowie streunende Tiere bilden ein nicht zu unterschätzendes Unfallrisiko.

Man sollte das Auto bevorzugt auf bewachten **Parkplätzen** abstellen, um keine Überraschung mit Dellen, abgebrochenen Seitenspiegeln oder angefahrenen Blinkern und Scheinwerfern zu erleben. Für ein kurzes Parken werden üblicherweise 5 DH bezahlt, 10 DH für einen halben Tag und 20 DH für einen ganzen Tag inklusive Nacht. **Fahrten in die Wüste** abseits der asphaltierten Straßen sollten ausschließlich in Gruppen von mehreren Geländefahrzeugen unternommen werden. Bei Touren jeder Art in abgelegenen Gebieten sollte man sich von ortskundigen und vertrauenswürdigen Reiseführern begleiten lassen. Ein Navigationsgerät sowie ein ausreichender Vorrat an Wasser, Nahrungsmitteln, Treibstoff und Ersatzteilen sind bei Wüstenfahrten überlebenswichtig.

Straßenschilder sind auf Arabisch und Französisch, und die Verkehrsregeln entsprechen im Großen und Ganzen denen in Europa. Es herrscht **Rechtsverkehr**. Innerorts ist die zulässige **Höchstgeschwindigkeit**, wenn nicht anders angegeben, 60 km/h. Auf Landstraßen sind 80 km/h erlaubt und auf Autobahnen 120 km/h. Radarkontrollen sind häufig und Geschwindigkeitsüberschreitungen werden mit 300 DH geahndet. Im **Kreisverkehr** gilt ›rechts vor links‹, es sei denn, es sind entsprechende Vorfahrtgewähren-Schilder aufgestellt.

Die **Benzinversorgung** ist im ganzen Land ausreichend. Man bekommt praktisch im ganzen Land Super bleifrei und Diesel sowie Eurodiesel.

Autovermietung

Mietet man in Marokko ein Auto für eine Rundreise, empfiehlt sich der Abschluss einer **Versicherung für Glasschäden**, denn oft werden kleine Steinchen durch vorausfahrende Fahrzeuge hochgewirbelt und können Schäden verursachen, für die man ansonsten selbst aufkommen muss. Je nach Autovermietung liegt das **Mindestalter** für das Anmieten eines Autos zwischen 21 und 25 Jahren. Den Führerschein sollte man mindestens ein Jahr, bei manchen

Autovermietungen auch zwei Jahre, besitzen. Ein **internationaler Führerschein** wird selten verlangt, hat man noch keinen Mietwagen ab Deutschland, Österreich oder der Schweiz angemietet, empfiehlt sich die Mitnahme des Dokuments für diese Ausnahmefälle. Bei der Anmietung muss man einen **Reisepass** vorlegen, der noch mindestens sechs Monate gültig ist, sowie den **Führerschein** und eine **Kreditkarte** für die Kaution. An allen großen internationalen Flughäfen und Städten sind folgende Agenturen vertreten:
Avis, Tel. +212/522/539072, www.avis.com.
Budget, Tel. +212/522/539157, www.budget.com.
Europcar, Tel. +212/522/539161, www.europcar.com.
Hertz, Tel. +212/522/539181, www.hertz.com.
Daneben gibt es sowohl an den Flughäfen sowie in den Städten noch viele weitere lokale Mietagenturen. Wenn man bei den kleinen Firmen mietet, sollte man das Auto vorher gründlich untersuchen und beispielsweise überprüfen, ob ein **Reserverad** und **Wagenheber** an Bord ist. Beachten sollte man auch, ob im Vertrag die Nutzung unbefestigter Straßen erlaubt ist, vor allem wenn man in entlegenere Gegenden fahren möchte.

Hafenszene in Essaouira

Auf der Djemma el-Fna wird jeder unterhalten – auch ein Hahn

Betteln

Da in Marokko das Sozialsystem längst nicht alle erfasst, fallen viele durch die Maschen des sozialen Netzes. Vor allem in den Städten sieht man meist in der Nähe von Moscheen alte Menschen sitzen, die betteln. Hat man ein paar Münzen in der Tasche, sollte man ein Bakschisch geben. **Bettelnden Kindern** hingegen sollte man auf gar keinen Fall Geld geben, denn wenn die Kinder mit Betteln mehr verdienen als der arbeitende Vater auf dem Feld, führt dies dazu, dass das Kind nicht mehr in die Schule geht, was sicher nicht im Sinne einer vernünftigen Entwicklung ist. Wer helfen möchte, kann entsprechende Hilfsprojekte für Kinder und Jugendliche in Marokko unterstützen. Wenn Kinder nach Süßigkeiten oder einem ›Stylo‹ (Kugelschreiber) betteln, sollte man sich erst vergewissern, dass man auch für jedes Kind ein Stück hat. Da wo anfänglich nur zwei, drei Kinder waren, sind oft innerhalb kürzester Zeit 20 oder mehr. Hat man tatsächlich ausreichend Bonbons, gilt es, erst einmal Ordnung in den wilden bettelnden Haufen zu bringen. Lassen Sie die Kinder sich in einer Reihe aufstellen und beginnen Sie unbedingt beim größten und ältesten Kind, sonst werden diese die kleineren wegschubsen, und hat die Bonbontüte doch nicht gereicht, die Kleinen geschlagen, um sich deren ›Beute‹ zu mopsen. Sind Sie in einer Reisegruppe unterwegs, bitten Sie den Fahrer oder Reiseleiter um Hilfe bei der Verteilung. Auf gar keinen Fall sollten Sie die Süßigkeiten wie Kamellen einfach in die Menge werfen, um keine Massenschlägerei zu provozieren. Sinnvoller noch als Süßes zu verteilen, ist, vielleicht Orangen oder anderes Obst zu kaufen und vor allem bei Fahrten im Gebirge zu verteilen. Ältere, gebrauchte Kleidung, vor allem warme Pullover, und Schuhe sind im Gebirge auch bei Erwachsenen sehr willkommene Geschenke, mit denen man viel Freude breiten kann.

Botschaften und Konsulate

Deutsche Botschaft in Rabat
7, Rue Zankat Madnine
10000 Rabat
Tel. +212/537/218600
www.rabat.diplo.de
Mo–Fr 9–12 Uhr

Honorarkonsul in Casablanca
Herr Abdelwahed Mountassir
310, Rue Haj Omar Riffi
20120 Casablanca
Tel. +212/522/450545
Mo–Fr 10–12 Uhr

Honorarkonsul in Agadir
Herr Hamza Choufani
6, Rue de Madrid
80000 Agadir
Tel. +212/528/841025

Österreichische Botschaft in Rabat
2, Zankat Tiddas
10000 Rabat
Tel. +212/537/764003
Rabat-ob@bmeia.gv.at
www.bmeia.gv.at/botschaft/rabat.html
Mo–Fr 9–12 Uhr

Schweizer Botschaft in Rabat
Square de Berkane
10001 Rabat
Tel. +212/537/268030
rab.vertretung@eda.admin.ch
https://www.eda.admin.ch/rabat
Mo–Fr 8–11 Uhr

Botschaft des Königreichs Marokko in Deutschland
Niederwallstr. 39
10117 Berlin
Tel. +40/30/2061240
www.botschaft-marokko.de

Generalkonsulat in Frankfurt/Main
Mittelweg 49
60318 Frankfurt/Main
Tel. +49/69/9550123
www.consulatmarocfrankfurt.de

Generalkonsulat in Düsseldorf
Cecilienallee 14
40474 Düsseldorf
Tel. +49/211/6504510
www.konsulat-marokko-duesseldorf.de

Botschaft des Königreichs Marokko in Wien
Hasenauerstr. 57
1180 Wien
Tel. +43/1/586665027
www.morocco.at

Botschaft des Königreichs Marokko in Bern
Helvetiastraße 42
3005 Bern
Tel. +41/31/3514630
www.botschaft-bern.com/marokkanische.html

Bücher und Karten

Die Auswahl an Kartenmaterial und Büchern über Marokko, die man im Land selbst bekommt, ist leider sehr begrenzt. In den Souvenirshops größerer Hotels gibt es meist nur ›Das goldene Buch Marokko‹ und ›Das goldene Buch Marrakesch‹. Darüber Hinausgehendes gibt es, wenn überhaupt, nur in Casablanca und Rabat in den dort angegebenen Buchläden und auch nur in französischer Sprache.

Einreise

Die Einreise ist über die **Flughäfen** Casablanca, Marrakesch, Agadir, Fès, Tanger und Rabat möglich. **Fährverbindungen** nach Tanger gibt es von den spanischen Häfen Algeciras, Barcelona und Valencia, vom französischen Hafen Sète, vom italienischen Genua und Livorno sowie ab Spanien nach

Straßenfest in Agdz

Ceuta von Algeciras aus und nach Nador/ Melilla ab Almeria.

Für die Einreise ist ein mindestens sechs Monate gültiger **Reisepass** erforderlich, mit dem man sich bis zu 90 Tage in Marokko aufhalten kann. Bei einer Einreise auf dem Landweg mit dem eigenen Pkw wird das Fahrzeug in den Pass eingetragen und muss auch wieder ausgeführt werden, ansonsten muss das eingetragene Kfz verzollt werden.

Ensembles Artisanals

Wer sich mit dem Feilschen schwer tut, könnte ein Ensemble Artisanal aufsuchen. In jeder großen Stadt gibt es diese Art Einkaufszentrum, in dem sich Handwerker angesiedelt haben, die typisch marokkanisches Kunsthandwerk zu festen Preisen verkaufen. Die Auswahl und das orientalische Flair sind allerdings deutlich eingeschränkter als in den Souks. Sie sind aber eine gute Möglichkeit, um sich eine Preisvorstellung zu machen, bevor man in den Souks shoppen geht. Alle sind von Montag bis Samstag von 9.30 bis 18 Uhr geöffnet.

Casablanca, 195, Boulevard de Bordeaux.

Rabat, Boulevard Tarik al-Marsa, am Eingang der Medina gegenüber der Kasbah des Oudaias.

Meknès, Avenue Zine el-Abidine.

Fès, Avenue Allal Ben Abdallah, hinter dem Hotel Volubilis.

Marrakesch, Avenue Mohammed V, neben dem Rathaus.

Essaouira, Bab Marrakech, gegenüber dem Hotel L'Heure Bleue.

Agadir, Avenue du 29 février, an der Ecke zum Boulevard Mohammed Cheikh Saadi.

Tanger, an der Ecke Avenue de Belgique und Rue El Msalla.

Feiertage

Gesetzliche Feiertage

1. Januar, Neujahr
11. Januar, Tag der öffentlichen Unabhängigkeitserklärung
1. Mai, Tag der Arbeit
30. Juli, Thronfest
14. August, Oued Ed-Dahab-Tag, Tag der Integration der Westsahara
20. August, Tag der Revolution
21. August, Geburtstag des Königs
6. November, Tag des Grünen Marsches
18. November, Nationalfeiertag

Islamische Festtage

7. Juli 2016, 26. Juni 2017, Eid el-Fitr, Ende des Ramadans, 3 Tage
12. September 2016, 2. September 2017, Eid el-Adha, Opferfest, 3 Tage
3. Oktober 2016, 22. September 2017, Fatih Muharrem, islamisches Neujahr
12. Dezember 2016, 1. Dezember 2017, Mouled an-Nabi, Geburtstag des Propheten

Feilschen und Handeln

Bei fast allen Dingen, außer denen des Alltagslebens wie Lebensmittel, wird in Marokko gehandelt. Es gibt ehrlicherweise auch keine Faustregel für den korrekten Preis. Die oft genannten 30 Prozent weniger sind nichts als eine hohle Phrase und können häufig noch zuviel sein. Grundsätzlich gilt, fragen Sie nur dann nach dem Preis, wenn Sie ernsthaft interessiert sind, denn ansonsten wird der Händler nicht mehr locker lassen. Wenn Sie in das Verkaufsgespräch einsteigen, lassen Sie immer den Verkäufer den ersten Preis nennen und setzen Sie sich vorher ein Limit, was Ihnen das Stück wert ist, und davon nennen Sie ein Drittel, um genügend Spielraum zu haben. Liegt zum

Ende der Verhandlungen Ihr Maximalwert unter der geforderten Summe, hilft es oft, den Laden zu verlassen. Kommt der Händler hinterher und nennt eine neue Summe, sollte man ihm ebenfalls noch einmal entgegenkommen, damit auch er sein Gesicht wahren kann. Kommt er nicht hinterher, muss man entweder die eigene Vorstellung nach oben korrigieren, auch der Verkäufer wird in der Regel noch einen kleinen Nachlass zur ›Gesichtswahrung‹ gewähren, oder man muss das gute Stück aufgeben.

Fotografieren

Wer Personen, insbesondere Frauen, fotografieren will, sollte diese unbedingt vorher um Erlaubnis fragen. Nach strenger Koranauslegung ist jede bildliche Darstellung des Menschen verboten. Wer nicht darauf achtet, riskiert, allenfalls sogar mit Steinen beworfen zu werden. Sehr gerne fotografieren lassen sich Musikanten, Wasserträger und Schausteller aller Art. Doch verlangen sie dafür ein Trinkgeld von wenigen Dirham. Teuer werden kann es zum Beispiel auf dem Djemma el-Fna in Marrakesch, wo die Schausteller teilweise bis zu 30 DH verlangen. Angemessen sind 5 bis 10 DH. Ein generelles Fotografierverbot gilt für Militäranlagen, Polizeistationen und Uniformierte.

Teppiche in Rissani

Frauen alleine unterwegs

Als alleinreisende Frau kann man sich in den marokkanischen Städten problemlos selbstständig bewegen, auch Zug- oder Busfahrten stellen kein Problem dar. Die größte Gefahr von Belästigung besteht in der Touristenhochburg Agadir, wo junge Marokkaner, die durch westliches Fernsehen und Filme sowie durch das Verhalten etlicher Touristinnen, die einem kleinen Liebesabenteuer nicht abgeneigt sind, zu der Überzeugung gelangt sind, dass Touristinnen ›leicht zu haben‹ sind. Deshalb versuchen viele junge Marokkaner ihr Glück durch gelegentliches Anmachen, anerkennendes Pfeifen bis hin zu eindeutigen Angeboten. Am besten ignoriert man diese Avancen und vermeidet grundsätzlich direkten Augenkontakt zu Männern. Dezente Kleidung und selbstsicheres Auftreten helfen sehr, außerdem sollte man lange Haare nicht offen tragen. Frauen, die ihre 20-er hinter sich gelassen haben, idealerweise auch schon die 30-er, haben normalerweise keine Probleme mit ungewollter Anmache. Lässt man dann auch noch einen (imaginären) Verlobten oder Ehemann in Gesprächen einfließen, sollte das Interesse an einer Anmache schwinden. Bei echten Belästigungen sollten Sie lautstark rufen. Ältere Marokkaner missbilligen das Verhalten der Jüngeren und werden entsprechend eingreifen.

Geld

1 Marokkanischer Dirham = 100 Centimes. MAD ist der offizielle internationale ISO-Code. Banknoten sind im Wert von 200, 100, 50, 25 und 20 DH im Umlauf, Münzen im Wert von 10, 5, 2, 1 und 1/2 DH sowie 20 und 10 Centimes. Der **Wechselkurs** liegt bei knapp 11 DH für einen Euro. Die **Ein- und Ausfuhr der Landeswährung** ist nicht gestattet, daher kann man nur im Lande selbst Geld tauschen. Bereits an den Flughäfen und in allen größeren Städten gibt es **Wechselstuben**, die im Gegensatz zu den Banken auch am Wochenende geöffnet haben. Darüber hinaus kann man auch in fast allen größeren Hotels Geld wechseln,

die von ihrer jeweiligen Hausbank den Tageskurs, zu dem sie somit ohne lästige Abschläge wechseln dürfen, übermittelt bekommen.

Die **Ein- und Ausfuhr von Fremdwährungen** ist unbeschränkt möglich, ab einem Gegenwert von 15000 DH jedoch deklarationspflichtig.

Der Rücktausch der Landeswährung in Fremdwährungen ist wie folgt gestattet: Aufenthalt bis 48 Std.: 100% des bei der Ankunft eingetauschten Betrages.

Aufenthalt über 48 Std.: 50% des bei der Ankunft eingetauschten Betrages.

Internationale Kreditkarten werden in größeren Hotels, Geschäften und in Restaurants akzeptiert, in einigen Geschäften auch EC-/Maestro-Karte.

Bargeld kann in größeren Städten auch mit Kreditkarte von Geldautomaten abgehoben werden. Jedoch haben sich Falschbuchungen an Geldautomaten in Marokko mit deutschen Kreditkarten in letzter Zeit gehäuft. Auch mit der EC-/Maestro-Karte und PIN-Nummer kann in allen größeren Städten von Geldautomaten abgehoben werden. Allerdings kann man mit den Kredit- oder EC-Karten nicht mehr als 2000 DH pro Tag abheben. **Vorsicht**: Die Eingabe auf Englisch ist oft nicht vollständig programmiert, wer einigermaßen Französisch beherrscht, sollte es lieber ›en français‹ probieren.

Die **V-Pay-Karte** wird nirgends akzeptiert. Reisende, die mit ihrer Karte in Marokko bezahlen und Geld abheben wollen, sollten sich vor Reiseantritt bei ihrem Kreditinstitut über die Nutzungsmöglichkeit ihrer Karte und die anfallenden Gebühren informieren, um keine unliebsamen Überraschungen zu erleben.

Reiseschecks werden von Banken und in größeren Hotels angenommen, sie sollten in Euro, US-Dollar oder britischen Pfund-Sterling ausgestellt sein.

Gesundheit

Pflichtimpfungen für die Einreise nach Marokko sind nicht erforderlich. Das Auswärtige Amt empfiehlt, die **Standardimpfungen** zu überprüfen und zu vervollständigen. Dazu gehören auch für Erwachsene die Impfungen gegen Tetanus, Diphtherie, Pertussis (Keuchhusten), Polio sowie gegen Masern-Mumps-Röteln (MMR) und Influenza. Bei Langzeitaufenthalt oder besonderer Exposition werden Impfungen gegen Hepatitis A, zusätzlich Hepatitis B, Typhus und Tollwut empfohlen.

Die meisten **Durchfall- und Infektionskrankheiten** können durch eine entsprechende Lebensmittel- und Trinkwasserhygiene vermieden werden. Das bedeutet: immer nur Mineralwasser aus Flaschen trinken. Salate, wenn sie frisch zubereitet sind, können in Ausnahmefällen gegessen werden, Obst sollte man schälen. Wegen **Bilharziose-Gefahr** sollten Sie keinesfalls in stehenden Gewässern baden. Mückenschutz ist in den Oasen und an Fluss- und Seeufern angebracht. Die medizinische Versorgung in Marokko ist zwar mit der europäischen nicht zu vergleichen, dennoch nicht allzu schlecht – vor allem in den Städten. Viele Ärzte haben in Europa studiert. Es wird dennoch dringend geraten, vor Antritt der Reise eine **Auslandsreisekrankenversicherung** inklusive Krankenrücktransport abzuschließen.

In die **Reiseapotheke** sollte man auf jeden Fall Mittel gegen Durchfall, Reisekrankheit und Magenverstimmung sowie Elektrolyte packen; dazu Mückenschutz und eine Salbe zur Behandlung von Insektenstichen

Katze im Teppichlager

und Sonnenbrand, Sonnenschutzmittel, Nasen- und Augentropfen, Verbandszeug und Wunddesinfektionsmittel, Schmerztabletten, ein fiebersenkendes Medikament sowie ein Fieberthermometer. Auch ein Breitbandantibiotikum sollte man sich vom Hausarzt verschreiben lassen.

Haustiere

Zur Einreise eines Haustieres muss ein Nachweis über eine **Tollwutimpfung** erbracht werden, die nicht länger als sechs Monate zurückliegen darf.

Hygiene

Ein besonders gefährlicher, weil unterschätzter Faktor, der zu Durchfallerkrankungen führen kann, ist das oft stark verschmutzte **Geld**. Banknoten, die vor Dreck kaum mehr in ihrer Originalfarbe erkennbar sind, sind keine Seltenheit. Also: IMMER Hände waschen, bevor man etwas zum Mund führt! Vor allem bei großen **Buffets** in den Hotels sollte man empfindliche Lebensmittel meiden, da die Kühlanlagengröße selten der Buffetgröße entspricht. Vorsicht bei Speisen, die mit rohem Ei zubereitet werden wie Mayonnaise oder Buttercreme. Frische Salate besser in kleinen Restaurants bestellen, wo sie frisch zubereitet werden, als von großen Buffets nehmen. Grundsätzlich gilt die alte Globetrotterregel: Schäl es, koch es oder vergiss es!

Internet

Internetcafés sind in den Städten und Touristenorten weit verbreitet, sie haben in der Regel bis in den späten Abend geöffnet. Eine Stunde kostet zwischen 8 und 10 DH. Oft sind sie neben einem Telekiosque, einer Telefonzellenanlage, gelegen. Meist sind sie am Schild ›Cybercafé‹ zu erkennen. Im Norden Marokkos sind die Cafés allgemein besser ausgestattet und bieten schnellere Verbindungen als in ländlichen Gegenden. Ungewohnt ist anfangs, dass die Computer mit einer französischen Tastatur ausgestattet sind, besonders bei Passwörtern mit Sonderzeichen muss man sich damit zunächst

Kopftuchmode

vertraut machen. In den meisten Internetcafés kann man auch drucken oder CDs brennen, nur Kaffee bekommt man nicht. In vielen **Hotels** gibt es ebenfalls Internetzugang, öffentliche Hotspots gibt es nur wenige in Marokko.

Kleidung

Da das Klima gerade im Frühjahr oft sehr wechselhaft ist, sollte man neben leichter Kleidung auch ein paar warme Sachen dabeihaben. Im Winter gilt Marokko als schneesicher, daran sollte man bei einer Fahrt ins Gebirge und abseits der Küste unbedingt denken. Im Sommer empfiehlt sich luftige Kleidung.

Grundsätzlich sollte man daran denken, dass man in einem islamischen Land reist und deshalb allzu aufreizende Kleidung, die körperbetont und wenig bedeckend ist, nichts im Koffer zu suchen hat. Spaghettiträger-Tops, ärmellose Shirts, Shorts und Miniröcke kann man am Hotelstrand oder Pool tragen, aber wenn man sich in die Städte und vor allem die Dörfer im ländlichen Raum begibt, gilt dies als äußerst unangemessen und beleidigend. Keiner erwartet eine große Verhüllung, auch Marokkanerinnen in den Städten laufen oft modebewusst in europäischer Kleidung durch die Straßen, aber bauchfrei oder sexuell aufreizend gehört in der marokkanischen Gesellschaft zum intimen Bereich und sollte daher auf die privaten Gemächer beschränkt bleiben. **Schulterbedeckend und mindestens knielang** gilt als angemessen – für Frauen und Männer.

Marokkanische Fremdenverkehrsämter

Informationen und Prospekte über Marokko kann man sich von den Vertretungen des staatlichen Fremdenverkehrsbüros zuschicken lassen. Direkt erreicht man das marokkanische Fremdenverkehrsamt unter www.visitmorocco.com.

Marokkanisches Fremdenverkehrsamt
Graf-Adolf-Str. 59, D-40210 Düsseldorf
Tel. +49/211/370551
marokkofva@aol.com

Marokkanisches Fremdenverkehrsamt
Schifflände 5, CH-8001 Zürich
Tel. +41/44/2527772
info@marokko.ch

Notrufnummern

Polizei: 19
Feuerwehr: 150
Rettungsdienst: 177
Auskunft: 160

Öffentliche Verkehrsmittel

Jeder halbwegs größere Ort hat einen Busbahnhof, an dem man auch die Fahrkarten kaufen kann. In größeren Städten gibt es manchmal mehrere Busbahnhöfe, je nach Gesellschaft. Oft hat man die Wahl zwischen komforableren Busse mit Klimaanlage und Fernseher oder den wesentlich günstigeren Bussen, die die meisten Einheimischen benutzen. Erstere werden beispielsweise von der staatlichen Gesellschaft **CTM** (Compagnie de Transports au Maroc, www.ctm.ma), der vor allem im Süden operierenden **SATAS** und der Bahngesellschaft **Supratours** (www.supratours.ma) betrieben und sind etwas teurer, können aber dafür die zahlreichen Polizeisperren bei Überlandfahren schneller passieren.

In den günstigeren **Bussen der privaten Linien** bekommt man mehr von Land und Leuten mit, und teilweise werden auch Routen abseits der Touristenstrecken gefahren. was durchaus eine interessante Erfahrung sein kann. Technisch sind diese Privatbusse aber oft in einem schlechteren Zustand, was nicht ganz ungefährlich sein kann. Außerdem sollte man beim Preis aufpassen, da oft zwischen erster und zweiter Klasse unterschieden wird. Das bedeutet, dass man für die erste Klasse bei gleicher Leistung wie in der zweiten Klasse einen erhöhten Touristenpreis zahlt, der sich an den CTM-Preisen orientiert. Es braucht einiges Verhandlungsgeschick, um bei den privaten Linien den günstigeren Preis für die Einheimischen zu bekommen. Für die Mitnahme von Gepäck muss in den Bussen in der Regel zusätzlich bezahlt werden. Üblich sind etwa 5 bis 10 DH je nach Gewicht und Reisedauer. Die in den Informationen zu den Städten angegebenen Preise beziehen sich immer auf die Fahrten in der 2. Klasse ohne Gepäckzuschlag. Das gleiche gilt für die Bahnstrecken, einen Gepäckzuschlag gibt es hier nicht.

Die staatliche Eisenbahngesellschaft **ONCF** (Office National des Chemins de Fer, www.oncf.ma) hat nördlich des Atlas ein gutes Schienennetz. Die Nord-Süd-Achse verbindet Tanger mit Marrakech via Rabat und Casablanca, die West-Ost-Achse Casablanca mit Oujda via Meknès, Fès und Taza.

In Rabat und Casablanca gibt es seit wenigen Jahren eine **Straßenbahn** für den innerstädtischen Verkehr, in den anderen Städten fahren – meist überfüllte – Linienbusse.

Öffnungszeiten

In Marokko sind die Geschäftszeiten nicht rigide von einem Ladenschlussgesetz geregelt. Historische Hintergründe und die Nähe zu Europa haben dazu geführt, dass die **Geschäfte in den Neustädten** meist am Sonntag geschlossen bleiben. In den **Souks** der Altstädte sind die Läden hingegen meist freitags geschlossen. **Behörden**, aber auch **Banken** sind Samstag und Sonntag geschlossen. In allen Geschäften werden vor allem im Sommer lange Mittagspausen, oft

Bahnlinien in Marokko

bis 16 Uhr, gemacht. Manche Einrichtungen arbeiten dann sogar nur vormittags.

Öffnungszeiten der Banken

Winter: Mo–Fr 8–11.15 und 14.15–16.30 Uhr; Sommer: Mo–Fr 8–14.30 Uhr; Ramadan: 9.30–14 Uhr.

Auf internationalen Flughäfen und in größeren Hotels auch Sa und So 9 Uhr.

Post

Eine Postkarte oder ein Brief nach Europa kostet derzeit 8,40 DH. Briefmarken gibt es nicht nur auf der Post, sondern auch in Tabakläden und vielen Souvenirgeschäften, die auch Postkarten verkaufen.

Ramadan

Da sich die islamischen Monate nach dem Mondkalender orientieren, verschieben sich die Termine innerhalb der Sonnenkalenders, nach der gregorianische Kalender ausgerichtet ist, von Jahr zu Jahr um etwa zehn Tage nach vorn. Der Fastenmonat Ramadan fällt in den nächsten Jahren voraussichtlich auf folgende Termine:

2016 6. Juni–4. Juli
2017 27. Mai–24. Juni
2018 17. Mai–14. Juni
2019 7. Mai–4. Juni

Das Reisen im Fastenmonat Ramadan ist etwas schwieriger, denn Restaurants und Cafés sind tagsüber geschlossen, die Geschäftszeiten eingeschränkt und Sehenswürdigkeiten öffnen später und schließen früher. Kommt man zur Zeit des Fastenbrechens nach Sonnenuntergang in einem Hotel an, muss man sich auf eine Wartezeit von etwa zehn Minuten einstellen. Tagsüber kommt das Geschäftsleben fast völlig zum Erliegen, dafür ist die Stimmung abends und spätabends unvergleichlich lebendig.

Reiseagenturen in Marokko

In Casablanca:

Horizon Tour International

5, Boulevard Abdellatif Ben Kaddour, Quartier Racine
Tel. +212/522/950321, +212/522/398930
www.horizon.co.ma

Monarch Travel Morocco

15, Rue Najib Mahfoud, Gauthier

Tel. +212/522/470070
www.monarchtravelmorocco.net
Olive Branch Tours
35, Rue El Oraibi Jilali
Tel. +212/522/261416,
+212/522/2644203
www.olivebranchtours.com
S'Tours Voyages
4, Rue Turgot, Quartier Racine
Tel. +212/522/360773
http://stoursvoyages.net
In Marrakesch:
Across Morocco
Rue Mauritanie Immeuble Moutawakil
4ème étage N°10, Guéliz
Tel. +212/524/434243
www.across-morocco.com
Atlas Maroc Rando
18 Rue du Colonel Gazeilles
Tel. +212/524/439829
www.atlas-maroc.com
Spezialisiert auf Wanderreisen.
Cobratours
43, Boulevard Zerktouni
Tel. +212/524/421308
www.cobratours-maroc.com
Hibiscus travel
14, Avenue El Mansour Eddahbi N°1,
Guéliz
Tel. +212/524/449966
www.hibiscustravel.ma
Monarch Travel Morocco
Boulevard Allal El Fassi, Immeuble des
Habous
Tel. +212/524/332683
www.monarchtravelmorocco.net
Mountain Safari Tours
64, Lotissement Laksour, Route de Casa.
BP. 2177, Guéliz
Tel. +212/524/308777
www.mountainsafaritours.com
S'Tours Voyages
61, Rue de Yougoslavie, Passage Gandouri, Guéliz
Tel. +212/524/436746
stoursrak@stoursvoyages.com
Terres et Voyages
Lotissement Zerktouni, Bouakkaz
Tel. +212/524/437153

Werbeschild einer Agentur in Zagora

www.terresetvoyages.com
Spezialisiert auf Wander- und Trekkingtouren.
In Agadir:
Bo Voyages
Avenue Général Kettani, Immeuble Amal
Tel. +212/528/829230
www.bovoyages.net
Happy Travel Maroc
9, Avenue des FAR, Immeuble Argana 4
Tel. +212/528840518
www.happy.travel
Monarch Travel Morocco
Avenue Hassan II Immeuble Oumlil
N° 12
Tel. +212/528/221822
www.monarchtravelmorocco.net
S'Tours Voyages
16, Rue de l'Hôtel de ville Immeuble
Jamal
Tel. +212/528/826885
stoursaga@stoursvoyages.com
Sahara Tours International
Boulevard du 20 Août
Tel. +212/528/840421
www.saharatoursinternational.com
In Tanger:
Olive Branch Tours
11, Rue Amr Ibn Al As
Tel. +212/539/938083
www.olivebranchtours.com

In Ouarzazate:
Location et Découverte Voyages
20, Avenue Mohammed V
Tel. +212/524/888341
www.ledvoyages.com

Reiseveranstalter im deutschsprachigen Raum

Alle namhaften deutschen, österreichischen und schweizerischen Studienreisen- und Gruppenreisen-Veranstalter haben zum Teil mehrere verschiedene Marokkoreisen im Programm.
Daneben gibt es aber auch kleine Veranstalter, die besondere Marokkoreisen anbieten. Eine kleine Auswahl:
Escavia Kulturreisen
Waldhofer Straße 102
D-69123 Heidelberg
Tel. +49/6221/6503932
www.escavia.de
Ein kleiner, aber feiner Veranstalter, der in kleinen Gruppen von 6 bis 14 Teilnehmern ein besonderes Augenmerk auf lebendige Vermittlung von Kultur in jedem Bereich legt, vermittelt durch deutsche Studienreiseleiter. Besonders charmante Hotels und Riads, immer wieder Gourmetessen und interessante Besichtigungen.
Renard Bleu Touareg
Azalay e.V., c/o Stefan Gneiting
Pfälzer-Wald-Str. 49
D-81539 München
Tel. +49/89/36008131
www.azalay.de
Der Verein Azalay – Hilfe zur Erhaltung der nomadischen Lebensform – hat das Tourismus- und Sozialprojekt Renard Bleu Touareg gegründet, um die Sahara in Form eines interkulturellen Camps zu erleben: Trekkingkarawanen, begleitet von den Tuareg. Mit dem erwirtschafteten Mehrwert baut Azalay Brunnen in der Wüste und hat als bisher größtes Projekt ein Ambulanz- und Schulzentrum im Wüstengebiet von Chegaga aufgebaut. Nachhaltiges Reisen für besondere Wüstenerlebnisse.
Ritz Reisen
Bahnhofstr. 38
D-66111 Saarbrücken
Tel. +49/681/9580243
www.ritz-reisen.de
Veranstalter, der ausschließlich Marokkoreisen anbietet und mit einem Ableger in Marrakesch auch vor Ort vertreten ist. Rundreisen, Golfreisen, Wellness- und Gourmetreisen in der Gruppe oder für Individualisten maßgeschneidert.
Tombouctour
Im Brünneli 24
CH-8127 Forch/Aesch
Tel. +41/43/2052500
www.tombouctour.ch
Auf Marokko spezialisierter Veranstalter mit besonderen Reisen. Vor allem Aktivreisen wie Kamel- und Maultiertrekking, Mountainbiketouren, Reisen zu besonderen Festen wie zum Rosenfest, Wein- oder Golfreisen.
Weitere Veranstalter:
1AVista Reisen
Siegburger Str. 231
D-50679 Köln
Tel. +49/0221/99800800
www.1avista.de
a&e Erlebnisreisen
Hans-Henny-Jahnn-Weg 19
D-22085 Hamburg
Tel. +49/40/2714347 0
www.ae-erlebnisreisen.de
ASI Reisen
In der Stille 1
A-6161 Natters/Tirol
Tel. +43/512/546000
www.asi-reisen.de
Auf Wanderreisen spezialisiert.
AT Reisen
Karl-Liebknecht-Str. 127
04275 Leipzig
+49/341/5500940
www.at-reisen.de
Bavaria Fernreisen
Parkstr. 1
D-61118 Bad Vilbel
Tel. +49/6101/9840
www.bavaria-fernreisen.de
Chamäleon Reisen
Pannwitzstr. 5

13403 Berlin
Tel. +49/30/3479960
www.chamaeleon-reisen.de

Dertour
Emil-von-Behring-Str. 6
D-60439 Frankfurt
Tel. +49/69/958800
www.dertour.de

Diamir Erlebnisreisen
Berthold-Haupt-Str. 2
D-01257 Dresden
Tel. +49/351/312077
www.diamir.de

Fox Tours
Andréestr. 27
D-56578 Rengsdorf
Tel. +49/2634/6500
www.foxtours.de

Gebeco
Holzkoppelweg 19
D-24118 Kiel
Tel. +49/431/54460
www.gebeco.de

Geoplan Reisen
Mohriner Allee 70
D-12347 Berlin
Tel. +49/30/79742279
www.geoplan-reisen.de

Hauser Exkursionen
Spiegelstr. 9
D-81241 München
Tel. +49/89/2350060
www.hauser-exkursionen.de
Spezialisiert auf Wanderreisen.

Ikarus Tours
Am Kaltenborn 49 - 51
D-61462 Königstein/Ts.
Tel. +49/6174/29020
www.ikarus.com

Kögelreisen
Hartmannstr. 30
D-12207 Berlin
Tel. +49/30/7713010
www.koegelreisen.de

Kuoni Reisen
Postfach Neue Hard 7
CH-8010 Zürich
Tel. +41/44/2774100
www.kuoni.ch

Lernidee Erlebnisreisen
Kurfürstenstr. 112
D-10787 Berlin
Tel. +49/30/7860000
www.lernidee.de

Marco Polo Reisen
Riesstr. 25
D-80992 München
Tel. +49/89/1500190
www.marco-polo-reisen.com

SKR Reisen
Stadtgarten Karree
Venloer Str. 47–53
D-50672 Köln
Tel. +49/221/933720
www.skr.de

Studiosus
Riesstr. 25
D-80992 München
Tel. +49/89/500600
www.studiosus.com

Travel & Personality
Im Betzengaiern 29
D-70597 Stuttgart
Tel. +49/711/7586777
www.travel-and-personality.de
Kameltrekking und Yogareisen.

Wikinger Reisen
Kölner Str. 20
D-58135 Hagen
Tel. +49/2331/9046
www.wikinger-reisen.de

Ventus Reisen
Krefelder Str. 8
D-10555 Berlin
Tel. +49/030/39100332
www.ventus-reisen.de

Windrose
Fasanenstr. 33
D-10719 Berlin
Tel. +49/30/2017210
www.windrose.de

Sicherheit

Marokko ist im regionalen Kontext ein vergleichsweise politisch stabiles Land mit guter touristischer und sicherheitspolitischer Infrastruktur. Es gibt aber auch in Marokko Gefahrenelemente. So besteht

Handschellen im Alteisensouk in Marrakesch

ein Risiko terroristischer Anschläge mit islamistischem Hintergrund, die insbesondere auf ausländische Staatsangehörige abzielen können. Das Auswärtige Amt rät wegen Entführungsgefahr von Reisen in entlegene oder nicht hinreichend durch wirksame Polizei- oder Militärpräsenz gesicherte Gebiete der **Sahara**, ihrer Randbereiche und der **Sahelzone** eindringlich ab. Von Fahrten in und durch das völkerrechtlich umstrittene Gebiet der **Westsahara** wird dringend abgeraten. Eine konsularische Betreuung durch die Deutsche Botschaft Rabat ist dort aus rechtlichen Gründen nicht möglich.

Im **Rif-Gebirge** kann es in Einzelfällen zu Belästigungen vor allem von Alleinreisenden durch **Rauschgifthändler** kommen. Wegen des Drogenschmuggels ist im Rif besondere Vorsicht geboten, vor allem in der **Region um Ketama**, wo auch Raubüberfälle vorkommen können. Verzichten Sie in diesen Regionen nachts auf Autofahrten. Von dem Kauf von Drogen wird dringend abgeraten: Der Besitz von Drogen wird in Marokko strafrechtlich verfolgt und führt zu empfindlichen Freiheitsstrafen! Ansonsten sollte man die üblichen Vorsichtsmaßnahmen gegen Kleinkriminalität beachten, insbesondere Entreiß- und Trickdiebstähle, bei denen oft auch kleinere Kinder und Jugendliche beteiligt sind.

Souvenirs

Das Angebot von Souvenirs ist in Marokko fast unendlich, schönes und auch preiswertes Kunsthandwerk ist eines der Aushängeschilder des Landes. Man sollte beim Souvenirkauf aber darauf achten, dass die **Artenschutzrichtlinien** beachtet werden, um bei der Rückkehr nach Deutschland keinen Ärger mit dem Zoll zu bekommen: Also Hände weg von getrockneten Dornschwanzagamen und ähnlichem. Auch viele Muschelarten oder Korallen, die in Schmuck eingearbeitet sein können, stehen auf der Verbotsliste.

Sprache

Amtssprachen sind Arabisch und die Berbersprache Tamazight, die jeweils eine eigene Schrift haben. Französisch ist als Verkehrs- und Wirtschaftssprache jedoch weit verbreitet. In den touristischeren Zentren wird oft auch deutsch oder englisch gesprochen.

Strom

Die elektrische Spannung in Marokko beträgt in allen Hotels 220 Volt/50 Hertz Wechselstrom. Schmale Stecker und Notebook-Netzteile aus Deutschland funktionieren in der Regel ohne Probleme. Nur in älteren, einfachen Hotels gibt es noch 110-Volt-Anschlüsse. Dafür empfiehlt es

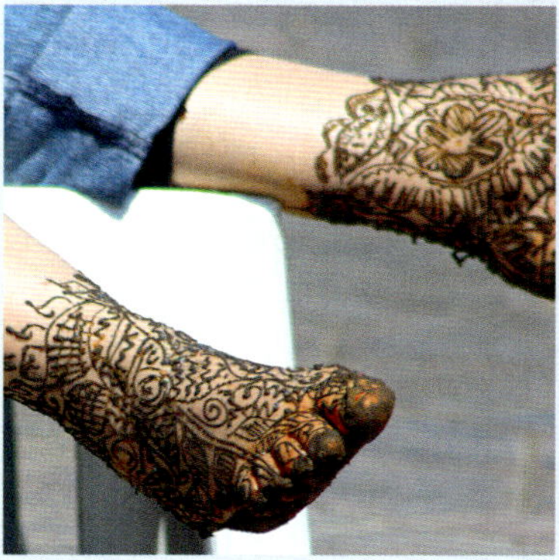

Ein vergängliches Souvenir der besonderen Art: Henna-Bemalung

sich, einen Adapter (Weltstecker) mitzunehmen. Auch eine Taschenlampe erweist sich oft als nützlich, da es hin und wieder zu Stromausfällen kommt, vor allem südlich des Hohen Atlas.

Taxis

Es gibt kleine und große Taxis. Ein **Petit taxi** darf maximal drei Personen befördern und sich nur innerhalb des jeweiligen Stadtgebietes bewegen. Alle Petits Taxis sind mit einem Taxameter (*compteur*) ausgestattet, man muss nur darauf achten, dass selbiger auch eingeschaltet wird. Die Mindestgebühr, die bei Kurzfahrten genommen werden darf, liegt bei 7,50 DH. Der Einstiegtarif liegt bei 2 DH, pro gefahrenen 80 Metern 0,20 DH. Nach 21 Uhr gilt der Nachttarif, der 50 Prozent höher ist.

Ein **Grand Taxi** – meist Mercedesbusse – darf auch Überlandfahrten machen und insgesamt sechs (!) Personen befördern, zwei auf dem Beifahrersitz, vier auf der Rückbank. Diese Sammeltaxis dürfen pro 10 Kilometer 6,50 DH verlangen. Sie haben keinen Taxameter, sondern je nach angegebenem Fahrtziel einen Fixpreis. Möchte man nicht warten, bis alle Plätze belegt sind oder etwas mehr Platz haben, muss man die nicht besetzten Plätze zusätzlich bezahlen.

Die Petit Taxis in Marokko haben von Stadt zu Stadt unterschiedliche Farben. In Rabat und Essaouira sind sie blau, in Casablanca und Fès sind sie rot, In Marrakesch und Ouarzazate beige, in Meknès türkis, in Kénitra weiß, in Larache grau-blassblau. Die Petit Taxis in Safi sind zartgrün, in Agadir orangerot, in Tanger azurblau mit einem gelben Streifen, in Tétouan gelb.

Telefonieren

Das Mobilfunknetz ist in Marokko sehr gut ausgebaut. Es kann aus allen deutschen Netzen telefoniert werden. Wer längere Zeit in Marokko unterwegs ist, kann sich überlegen, eine marokkanische Prepaid-Karte (z.B. Méditel) für das eigene Handy zu kaufen, was fast überall möglich ist. Kosten: 50 DH plus Telefonguthaben. So genannte Téléboutiques ersetzen die öffentlichen Telefonzellen. Man kann mit 1-, 2- und 5-, manchmal auch mit 10-Dirham-Münzen telefonieren. Vorwahl nach Deutschland +49 (0049), nach Österreich +43, in die Schweiz +41.

Trinkgeld

In Marokko erwartet man immer ein kleines Trinkgeld für jede Dienstleistung. So sind zum Beispiel für einen Gepäckträger 10 DH, für einen Kellner 10 Prozent vom Rechnungspreis, einen Busfahrer 20–30 DH pro Tag, Reiseführer 30–50 DH pro Tag angemessen. Für das Zimmermädchen sind 5–10 DH je nach Sauberkeit des Zimmers ein entsprechender Obolus. Die Toilettenfrau sollte etwa 3–5 DH bekommen, ein Schuhputzer je nach Schuhgröße, Verschmutzungsgrad und Lederfläche, für die er teure Schuhcreme benötigt, zwischen 3 und 15 DH pro Schuh, ein Parkplatzwächter 5–10 DH.

Wenn man keine kleinen marokkanischen Münzen hat, nehmen auch alle Euro-Cent-Münzen. Man darf sich deshalb auch nicht wundern, dass man immer wieder gebeten wird, Cent-Münzen in Dirhams zu tauschen.

Unfälle

Bei **kleineren Unfällen** kann eine einvernehmliche Regelung (*constat amiable d'accident*) erfolgen, die jedoch von der Verhandlungsbereitschaft des Unfallgegners abhängt. Zur Vereinbarung gibt es entsprechende Formulare, die in Tabakgeschäften (*bureau de tabac*) erhältlich sind.

Bei **schweren Unfällen** mit verletzten Personen muss die Polizei eingeschaltet werden. Dies ist oft mit langen Wartezeiten verbunden. Beachten Sie, dass auch ohne Ihre Unterschrift das Unfallprotokoll als Grundlage für ein Gerichtsverfahren verwendet werden kann. Es genügt dessen Aufnahme durch den zuständigen Polizisten. Lassen Sie sich auf jeden Fall die Nummer des Unfallprotokolls mitteilen.

Verhaltenstipps

Marokkaner sind sehr gastfreundlich, aufgeschlossen und liberal, dennoch gibt es ein paar Verhaltensregeln, die man unbedingt beachten sollte. Als besonders beleidigend wird es empfunden, wenn einem das Gegenüber die **Fuß- oder Schuhsohlen** entgegenstreckt. Da die **linke Hand** in der islamischen Religion als unrein betrachtet wird, sollte man alle Tätigkeiten möglichst mit der rechten Hand durchführen, auch wenn man Linkshänder ist. Insbesondere Geld mit der linken Hand zu reichen, gilt als beleidigend. Als unrein und unhöflich gilt man, wenn man Essen mit der ›falschen‹ Hand entgegen nimmt und es dann womöglich sogar noch zum Mund führt.

In der Öffentlichkeit **Zärtlichkeiten austauschen**, ist unangemessen; dies sollte hinter verschlossener Tür stattfinden.

Die Marokkaner sind ihrem König gegenüber sehr loyal und devot eingestellt, was man vor allem an den vielen Fotos und Abbildungen des Königs erkennt. **Majestätsbeleidung** ist deshalb strengstens untersagt und kann sogar zur Gefängnisstrafe führen. Kritische Aussagen gegenüber dem König und der Monarchie im Allgemeinen sind deshalb tunlichst zu unterlassen.

Visum

Das Visum wird für Reisende aus der EU oder der Schweiz direkt bei der Einreise am Flughafen oder der Landgrenze zu Ceuta gewährt, nachdem man ein Einreiseformular ausgefüllt hat. Der Reisepass muss bei Einreise noch mindestens sechs Monate gültig sein. Das erteilte Visum berechtigt zu einem maximalen Aufenthalt von 90 Tagen.

Wasser

Auch die hygienischen Verhältnisse haben sich in Marokko in den letzten Jahren stetig verbessert. Dennoch sollte man aus Vorsicht nur **Mineralwasser** zu sich nehmen. Wer besonders empfindlich reagiert, sollte auch auf Eiswürfel im Drink verzichten und bei der Getränkebestellung ›sans glaçons‹ hinzufügen, also ohne Eiswürfel. Mineralwasser meint in Marokko stilles Wasser, das aus Quellen wie Sidi Ali oder Sidi Harazem kommt. Will man spritziges Wasser, muss man dies immer präzisieren und ›Eau minerale gazeuse‹ bestellen oder die Quelle Oulmès nennen.

Wochenmärkte

Es gibt an die 1000 Wochenmärkte, die im ländlichen Marokko immer noch eine wichtige soziale Rolle im Gemeinschaftsleben spielen. Früher, als die Stämme noch vielfach miteinander verfeindet waren, traf man sich auf neutralem Boden, um Handel zu treiben. Heute ist er noch wie seit jeher der Ort, um Nachrichten auszutauschen, Kontakte zu knüpfen und Ehen einzufädeln. Der Besuch eines Wochenmarktes gehört zu den besonderen und unverfälschten Erlebnissen einer Marokkoreise.

Zeitunterschied

Marokko liegt in der Zeitzone der Greenwich Main Time (GMT), somit beträgt der Zeitunterschied zu Deutschland, Österreich und der Schweiz +1 Stunde. Da Marokko in den letzten Jahren auch immer eine Sommerzeit hatte, bleibt dann der Zeitunterschied bestehen. Es kam aber auch schon vor, dass die Sommerzeit kurzfristig verlängert wurde. Daher sollte man sich bei Reisen an Terminen der Zeitumstellung noch einmal kurz zuvor informieren.

Zoll

Nach Marokko dürfen 200 Zigaretten oder 50 Zigarren oder 250 g Tabak, 1 l Spirituosen oder 4 l Wein, 250 ml Eau de Toilette oder 150 ml Parfüm zollfrei eingeführt werden, nach Deutschland gilt die gleiche Menge für Tabakwaren, Alkohol und Parfüm. Souvenirs dürfen bei einer Rückkehr per Flugzeug im Wert von 430 Euro mitgebracht werden, bei einer Rückkehr auf dem Landweg von bis zu 300 Euro. Reisende unter 15 Jahren dürfen Waren von bis zu 175 Euro zollfrei einführen. Übersteigt der Wert der Souvenirs die Freigrenze, muss dies mündlich angemeldet werden.

Sprachführer

Da Französisch als Verkehrssprache in Marokko weit verbreitet ist, werden in diesem Sprachführer die deutschen Worte und Sätze sowohl in der gesprochenen Form des marokkanisch-arabischen Wortes als auch in Französisch wiedergegeben. Zu Beginn nur drei Worte in arabischer Schrift, die man oft bei Fahrten über Land, aus Steinen gelegt an Berghängen sieht, sowie am Ende wichtige Schilder auf Arabisch und die Namen der größten Städte.

الله	Allah	Gott
الملك	Malik-Al	der König
الوطن	Watan-Al	das Vaterland

Das arabische Alphabet

Arabische Buchstaben	Transliteration wissenschaftlich	Transliteration deutsch	Aussprache	Buchstabenname
ا	a	a	wie dt. a	alif
ا	a	e	der Vokal a wird in Marokko oft mit e umschrieben und eigentlich als ä ausgesprochen	alif
ب	b	b	wie dt. b	ba:
ت	t	t	wie dt. t in teilen	ta:
ث	ṯ	th	wie engl. th in bath (stimmlos gelispelt)	tha:
ج	ğ	dj, j	wie engl. journal	dji:m
ح	ḥ	h	stark gehauchtes h wie ganz sanftes ch	ha:
خ	h	kh	krachendes ch wie im dt. Buch	cha:
د	d	d	wie dt. dein	da:l
ذ	ḏ	dh	wie im engl. mother (stimmhaft gelispelt)	dha:l
ر	r	r	gerolltes r wie im dt. Brief	ra:
ز	z	z	stimmhaftes s wie im dt. reisen	za:y
س	s	s	stimmloses s wie im dt. reißen	si:n
ش	š	sch	wie dt. sch	schi:n

Arabische Buchstaben	Transliteration wissenschaftlich	Transliteration deutsch	Aussprache	Buchstabenname
ص	ṣ	ss	stimmloses, dumpfes s	sa:d
ض	ḍ	dd	dumpfes d	da:d
ط	ṭ	tt	dumpfes t	ta:
ظ	ẓ	zz	stimmhaftes, dumpfes s	za:
ع	c	aa	Würgelaut, der durch Zusammenpressen des Kehlkopfs entsteht	aayn
غ	ġ	gh,rh	wie franz. r oder norddt. r	ghayn
ف	f	f	wie dt. f	fa:
ق	q	q	kehlig klingendes k, das ganz weit hinten gebildet wird wie das g	qa:f
ك	k	k	wie dt. k	ka:f
ل	l	l	l wie im dt. leben oder l im russ.	la:m
م	m	m	wie dt. m	mi:m
ن	n	n	wie dt. n	
ه	h	h	wie dt. h in hier	ha:‹
و	w	ou	wie im engl. what	wa:w
و	u	u	gleicher Buchstabe nimmt auch Vokalfunktion als u ein	wa:w
ى	y	y	wie dt. j in jeder	ya:
ي	i	i	wie dt. i	ya:
ء	'	'	Knacklaut, konsonantischer Stimmabsatz, wie er im Deutschen stets vor anlautenden Vokalen gesprochen wird, wie in Ab'art oder 'er 'isst 'ein 'Ei	hamza
ڭ	g	g	Der Buchstabe ist zusätzlich in Marokko eingeführt worden, um das ›g‹ umschreiben zu können, das es im Arabischen nicht gibt, das aber in zahlreichen Berberworten vorkommt.	

Deutsch	Marokkanisch-Arabisch	Französisch
Allgemeine Wendungen		
Ja	naam	oui
Nein	la	non
Einverstanden	wakha	d'accord
Das reicht!	Khalass!	Ça suffit!
Danke	Schukran	Merci
Vielen Dank!	Schukran djazilan!	Merci beaucoup!
Bitte	min faddlak (m.)	s'il vous plaît
Bitte gern geschehen	Afuan	De rien
Hier, bitteschön.	Ttafaddal.	Voilà.
Guten Tag!	Salam aleikum!	Bonjour!
Guten Morgen!	Ssabah al-kheir!	Bonjour!
Guten Abend!	Masa al-Kheir!	Bonsoir!
Gute Nacht!	Laila saaida!	Bonne nuit!
Hallo!	Marhaba!	Salut!
Auf Wiedersehen!	Ila-l-liqa!	Au revoir!
Tschüß!	Beslama, Maasalama!	Salut!
Herein!	Ttafaddal!	Entrez!
Auf geht's!	Yalla!	On y va!
langsam	schwiya	lentement
Entschuldigung!	Samihni!	Pardon!
Es tut mir leid.	Asif.	Je suis désolé.
Macht nichts.	Maalisch.	Ça fait rien.
Wie geht's?	Labäs?, Kayf al-hal?	Ça va?
Gut, Gott sei Dank	Bi-kheir al-hamdulillah.	Grace au dieu ça va bien.
So Gott will!	Inschallah!	Si dieu le veut!
Im Namen Gottes.	Bi-smillah.	Au nom de dieu.
Alles gut?	Kull schi msyen?	Tout va bien?
Alles ok.	Kullu ttammam.	Tout va bien.
Willkommen!	Ahlan wa-sahlan!	Bienvenue!
Frohes Fest!	Eid mubarak!	Bonne fête!
Glückwunsch!	Mabruk!	Félicitation!
Alles Gute zum Geburtstag!	Eid milad said!	Joyeux anniversaire!
Gute Reise!	Rihla saaida!	Bon voyage!
Vorstellung		
Wie heißen Sie?	masmuk?	Comment vous vous appellez?
Und Sie?	Wa anta (m), anti (f.)?	Et vous?
Ich heiße ...	Ismi ...	Je m'appelle ...

Deutsch	Marokkanisch-Arabisch	Französisch
Ich bin aus ...	Ana min ...	Je suis de ...
Deutschland	Almaniya	l'Allemagne
Österreich	An-nimsa	l'Autriche
Schweiz	Swisra	la Suisse
Angenehm.	Tascharaftu.	Enchanté.
Das ist ...	Hadha ...	C'est ...
meine Mutter	umm-i	ma mère
die Mutter	el-umm	la mère
mein Vater	ab-i	mon père
der Vater	el-abu	le père
mein Sohn	ben-i	mon fils
der Sohn	al-ibn	le fils
meine Tochter	bint-i	ma fille
die Tochter	al-bin	la fille
der Bruder	el-akh	le frère
die Schwester	el-ukht	la soeur
mein Freund	sadiq-i	mon ami
meine Freundin	asdiq-i	mon amie
meine Frau	saudj-i	mon épouse
mein Mann	saudj-i	mon mari
Wie alt bist du?	Kam aaumruk?	Quel age as-tu?
Ich bin ... Jahre alt	Ana ... sanawat.	J'ai ... ans.
Was ist Ihr Beruf?	Ma hiya mihnatuk?	Quelle est votre profession?
Ich bin ...	Ana ...	Je suis ...
Lehrer(in)	muaalim(a)	professeur
Student(in)	ttalib(a)	etudiant(e)
Ingenieur	muhandis	ingénieur
Ärztin	ttabiba	médecin
Rechtsanwalt	muhami	avocat
Angestellter	muwassaf	employé
Journalist	suhufi	journaliste
Büro	maktab	bureau
Firma	scharika	entreprise
Schule	madrasa	ecole
Universität	dschamiaa	université
Tourist	sa'ih	touriste
Wichtige Fragen		
Wo?	Aina?	Où?

Deutsch	Marokkanisch-Arabisch	Französisch
Wohin?	Ila?	Où?
Wer?	Man?	Qui?
Wann?	Mata?	Quand?
Wieviel?	Kam?	Combien?
Warum?	Lisch?	Pourquoi?
Was ist das?	Ma hadha?/Schu hadha?	Qu'est-ce que ce?
Sprechen Sie Deutsch?	Tatakallam almani?	Parlez-vous allemand?
Sprechen Sie Französisch?	Tatakallam faransi?	Parlez-vous français?
Ich verstehe etwas Arabisch.	Afham schwiya arabiyya.	Je comprends un peu l'arabe.
Ich spreche englisch.	Atakallam inglesi.	Je parle anglais.
Ich verstehe nicht.	Ma afham.	Je ne comprends pas.
Gibt es ...?	Fih ...?	Est-ce qu'il y a ...?
Haben Sie ...?	Hal aindik ...?	Avez-vous ...?
Wieviel kostet das?	Bi-kam hadha?	C'est combien?
Das ist teuer.	Ghali bizaf	C'est cher.
Darf ich bitte ein Bild machen?	Mumkin sura min fadlak?	Peux-je prendre un photo s'il vous plaît?
Unterwegs		
Wo ist...?	Aina...	Où est-ce que...?
Gibt es hier...?	fi...huna?	Est-ce qu'il y a...?
die Bank	al-bank	la banque
die Post	al-barid	la poste
die Botschaft	as-safara	l'ambassade
der Flughafen	al-matar	l'aéroport
der Hafen	al-mina	le port
das Museum	al-mathaf	le musée
das Geschäft	al-mahal	le magasin
die Moschee	al-masdjid	la mosquée
der Parkplatz	al-mauqif as-siyyara	le parking
die Praxis	al-aaiyada	le cabinet
die Altstadt	la-madina al-qadima	la vieille ville
die Neustadt	al-madina al-jadida	la ville nouvelle
der Markt	as-suq	le marché
das Hotel	al-funduq	l'hôtel
das Restaurant	al-mataam	le restaurant
das Kaffeehaus	al-maqha	le café
der Busbahnhof	al-mahattat al-bass	la gare routière
die Tankstelle	al-mahal lisense	la station (de gasoil)

Deutsch	Marokkanisch-Arabisch	Französisch
die Toilette	al-mirhazz	la toilette
die Wechselstube	al-maktab as-ssarf	le bureau de change
Geld	flus	argent
Orientierung		
Ist dies der Weg nach ...?	Hal hadha at-tariq aala ...?	Est-ce que c'est la route vers ...?
Wie weit ist es?	Kam il-masafa?	Combien de route?
Gibt es einen Bus dahin?	fi bass ila hunak?	Est-ce qu'il y a un bus?
nah	qarib	proche
weit	baaid	loin
rechts	ila yamin	à droite
links	ila yassar	à gauche
geradeaus	aala tul	tout droit
neben	bigamb	à côté
hinter	khalf	derrière
vor	amam	devant
in	fi	dans, en, à
dort	hunaka	là-bas
hier	huna	ici
der Norden	al-hauwafiq	le nord
der Süden	al-dschanub	le sud
der Osten	asch-scharq	l'est
der Westen	al-gharb	l'ouest
das Zentrum	al-markazi	le centre
das Meer	al-bahr	la mer
die Haltestelle	al-mahatta	la station
Eingang	madkhal	entrée
Ausgang	khurudj	sortie
Im Hotel		
Haben Sie ein ...?	Hal aindak ...?	Avez-vous ...?
ein Zimmer	ghurfa	une chambre
ein Einzelzimmer	ghurfa li-schakhs wahed	une chambre single
ein Doppelzimmer	ghurfa li schakhsain	une chambre double
Ich habe ein Zimmer reserviert.	Ana hadschazt ghurfa.	J'ai réservé une chambre.
Wieviel kostet das Zimmer?	Kam tukallif al-ghurfa?	La chambre coûte combien?
Ich möchte ein anderes Zimmer.	Urid ghurfa ukhra.	Je voudrais une autre chambre.

Deutsch	Marokkanisch-Arabisch	Französisch
Hier ist der Schlüssel.	Huna al-muftah.	Voilà la clé.
mit Frühstück	ma al-futur	avec petit déjeuner
mit Halbpension	ma wadschbatain	avec demi-pension
mit Klimaanlage	bi mukayyif	avec climatisation
mit Heizung	bi tadfiaa	avec chauffage
Handtuch	minschafa	serviette
Insekten	hascharat	insectes
verschmutzt	mulawwath	sale
Bad	hammam	salle de bain
Bettwäsche	scharschaf	linge de lit
eine Glühbirne	al-lamba	une ampoule
Fenster	nafidha	fenêtre
Tür	bab	porte
Bett	firasch	lit
Kein heißes Wasser	ma fi maa sakhin	pas de l'eau chaude
Im Restaurant		
Ober	gharsun	garçon
Ich bin hungrig.	Ana gauaan.	J'ai faim.
Guten Appetit!	Schahiyya tayyiba!	Bon appétit!
Bringen Sie mir bitte ...	Min fadlik attini	Apportez-moi ... s'il vous plaît.
Die Rechnung bitte!	al-hisab min fadlak!	L'addition s'il vous plaît!
Das ist für Sie.	hadhihi ziyada-lak.	C'est pour vous.
ein Glas	kas	un verre
eine Flasche	sudjadja	une bouteille
einen Teller	sahn	une assiette
eine Gabel	schauka	une fourchette
ein Messer	sakin	un couteau
ein Löffel	milaaqa	une cuillère
eine Serviette	futa	une serviette
die Speisekarte	al-qa'ima	la carte
Ich möchte ...	Urid ...	Je voudrais ...
ein wenig	schwiya	un peu
Brot	khubz	du pain
Butter	subda	du beurre
Käse	djubna	fromage
Marmelade	murabba	confiture
Honig	aasl	miel
Eier	bidh	oeufs

Deutsch	Marokkanisch-Arabisch	Französisch
Salat	salatta	une salade
Suppe	schorba	une soupe
Döner	schawarma	du chawarma
ein belegtes Baguette	casse-croûte	un casse-croûte
Fisch	samak, umgangssprachlich hut, ›Wal‹	du poisson
Hühnchen	djadj	du poulet
Hammel	kharuf	du mouton
Fleisch	laham	de la viande
Fleischspieße	broschette	brochettes
Kartoffeln	batata	pommes de terre
Pommes	batata maqliyya	frites
Reis	rus	riz
Nudeln	makaruna	pates
Aubergine	badhindjan	aubergine
Bohnen	fasuliya	haricots verts
Saubohnen	fuul	fèves
Erbsen	bislila	petits pois
Tomate	ttamattim	tomate
Salz	millah	du sel
Pfeffer	filfil	du poivre
Gewürz	bisar	épice
Knoblauch	thum	de l‹ail
scharf	harra	piquante
Essig	khall	vinaigre
Öl	zit	huile
Äpfel	tuffah	pommes
Bananen	mous	bananes
Aprikosen	mischmisch	abricots
Orangen	burtuqal	oranges
Pfirsiche	khaukh	pêches
Trauben	ainab	raisins
Rosinen	zabib	raisins secs
Honigmelone	schammam	melon
Wassermelone	battikh	une patèque
Datteln	tamr	dattes
Feigen	tin	figues
Eis	gilati	glace
Gazellenhörnchen	kaabu ghazal	corne de la gazelle

Deutsch	Marokkanisch-Arabisch	Französisch
süß	halwa	sucré
Getränke		
Ich habe Durst.	Ana aattschan.	J'ai soif.
Prost!	Bi-saha!	Santé!
Ich hätte gerne ...	Uhibb min fadlak ...	J'aimerais ... s'il vous plaît.
einen Kaffee (Espresso)	qahwa (express)	un café (express)
einen Milchkaffee	qahwa bi-halib	café au lait
halb-halb	nuss-nuss	moitié-moitié
Tee	schai	thé
Pfefferminztee	schai bi-naana	thé à la menthe
mit Zucker	bi-sukkar	avec sucre
mit wenig Zucker	bi schwiya sukkar	avec peu de sucre
ohne Zucker	bi la sukkar	sans sucre
Wasser	maa	eau
Mineralwasser	maa maadani	eau minerale
Wasser mit Kohlensäure	maa al-karbuniya	de l'eau avec gaz
eine Cola	kuka	un coca
einen Orangensaft	asir burtuqal	un jus d'orange
ohne Eiswürfel	bidun thaldsch	sans glaçons
Wein	khamrun	du vin
Rotwein	khamrun al-ahmar	Vin rouge
Weißwein	khamrun al-abiyadh	Vin blanc
ein Bier	bira	une bière
Feigenschnaps	Mahhia	eau de vie de figues
Notfall		
Hilfe!	Maschaada!	À l'aide!
Polizei	schurta	police
Arzt	ttabib	médecin
Krankenhaus	mustaschfa	hôpital
Apotheke	saydiliyya	pharmacie
Schmerzen	alam	douleur
vor dem Essen	qabla al-akl	avant le repas
Bauch	batn	ventre
Magen	maaida	estomac
Darm	amaa	intestin
Durchfall	ishal	diarrhée
Fieber	humma	fièvre
Schnupfen	sukam	rhume
Zahnschmerzen	alam asnan	mal au dent

Deutsch	Marokkanisch-Arabisch	Französisch
Auge	ayn	oeil
Nase	anf	nez
Ohr	udhun	oreille
Herz	qalb	coeur
Hand	yad	main
Fuß	qadam	pied
Bein	saq	jambe
Arm	dhira	bras
Kopf	ras	tête
Medikament	daua	médicament
Tablette	habba	comprimé
Autopanne		
Auto	siyyara	voiture
Panne	aatab	panne
Werkstatt	mahal mechanik	garage
Reifen	itar	pneu
platter Reifen	itar khal min al-haua	pneu crevé
Auspuff	Masura al-aadim	Tuyau d'échappement
kaputt	kharban	cassé
Motor	mucharrik	moteur
Zeitangaben		
Wie spät ist es?	Kam as-saa?	Quelle heure est-il?
Es ist ein Uhr.	As-saa l-ana el-wahed.	Il est une heure.
jetzt	al-an	maintenant
heute	al-yaum	aujourd'hui
morgen	bukra	demain
gestern	ams	hier
bald	qarib	bientôt
nach	baada	après
vor	qabla	avant
Minute	daqiqa	minute
Stunde	saa	heure
Tag	yaum	jour
Jahr	sana	an
Jahre	sanawat	ans
in fünf Minuten	baada khamsa daqiqa	dans cinq minutes
in sechs Stunden	baada setta saa	dans six heures
Hast du am ... Zeit?	Aindak waqt ...?	As-tu du temps le ...?
Montag	yaum el-tnin	Lundi

Deutsch	Marokkanisch-Arabisch	Französisch
Dienstag	yaum el-tlata	Mardi
Mittwoch	yaum el-arbaa	mercredi
Donnerstag	yaum el-khemis	jeudi
Freitag	Yaum el-dschama	vendredi
Samstag	yaum es-sebt	samedi
Sonntag	yaum el-hadd	dimanche
Morgen	sabah	matin
Abend	Msa	soir
Nacht	Lila	nuit
Januar	yaniir	janvier
Februar	febraiir	fevrier
März	mars	mars
April	ibriil	avril
Mai	maiiu	mai
Juni	yunia	juin
Juli	yulia	juillet
August	agustus	août
September	sibtimbar	septembre
Oktober	uktubat	octobre
November	nufimbir	novembre
Dezember	disambir	décembre

Farben

weiß	abyad, baida	blanc
schwarz	aswad, sauda	noir
rot	hamar, hamra	rouge
gelb	asfar, safra	jaune
blau	azraq, zarqa	bleu
grün	akhdar, khadra	vert

Zahlen

Arabisch	Zahl	Transkription	Französisch
١	1	wahid	un
٢	2	ithnin, marokk. schusch	deux
٣	3	thalatha	trois
٤	4	arbaa	quatre
٥	5	khamza	cinq
٦	6	sitaa	six
٧	7	sabaa	sept

Arabisch	Zahl	Transkription	Französisch
٨	8	thamania	huit
٩	9	tisaa	neuf
١٠	10	aschra	dix
١١	11	wahtasch	onze
١٢	12	ithnasch	douze
١٣	13	thlathtasch	treize
١٤	14	arbaatasch	quatorze
١٥	15	khamstasch	quinze
١٦	16	sittasch	seize
١٧	17	sabaatasch	dix-sept
١٨	18	thmantasch	dix-huit
١٩	19	tisaatasch	dix-neuf
٢٠	20	aschrin	vingt
٢٥	25	khamsa-aschrin	vingt-cinq
٣٠	30	thlathin	trente
٤٠	40	arbaain	quarante
٥٠	50	khamstin	cinquante
٦٠	60	settin	soixante
٧٠	70	sabaain	soixante-dix
٨٠	80	tmani'in	quatre-vingt
٩٠	90	tisaain	quatre-vingt-dix
١٠٠	100	miyya	cent
٢٠٠	200	miyyatain	deux cent
٣٠٠	300	thalatha miyya	trois cent
١٠٠٠	1000	alf	mille

Schilder

Deutsch	Transkription	Arabisch
Stopp	qaf	قف
Gefahr	khattar	خطر
Verboten	mamnua	ممنوع
Polizei	schurtta	شرطة
Krankenhaus	mustschafa	مستشفى
Information	al-maalumat	المعلومات
Museum	mathaf	متحف
Flughafen	matar	مطر
Restaurant	mataam	مطعم

Hotel	funduq	فندق
geöffnet	maftuh	مفتوح
geschlossen	mughlaq	مغلق
Damentoilette	hammam li-n-nisa	حمام للنساء
Herrentoilette	hammam li-r-ridjal	حمام للرجال
Eingang	madkhal	مدخل
Ausgang	khurudj	خروج

Städte

Lateinische Umschrift	Arabisch
Agadir	أگادير
Casablanca	الدار البيضاء
El Jadida	الجديدة
Erfoud	أرفود
Errachidia	أرشيدية
Essaouira	الصويرة
Fes	فاس
Marrakesch	مراكش
Meknès	مكناس
Ouarzazate	ورزازات
Rabat	رباط
Tanger	طنجة
Tetouan	تطوان

Islamische Monatsnamen

Muharram	1. islamischer Monat
Safar	2. islamischer Monat
Rabi al-awwal	3. islamischer Monat
Rabi al-ahir	4. islamischer Monat
Djumad al-awwal	5. islamischer Monat
Djumad al-achir	6. islamischer Monat
Radjab	7. islamischer Monat
Schaaban	8. islamischer Monat
Ramadan	9. islamischer Monat
Schawal	10. islamischer Monat
Dhulqaada	11. islamischer Monat
Dhulhidja	12. islamischer Monat

Glossar

Adhan Gebetsruf.
Adrar Gebirgszug.
Agdal Obstgarten.
Aït ›Söhne von‹ auf berberisch, also Bezeichnung für einen Stamm.
Alfiz Architektonisches Schmuckelement in Form eines rechteckigen Rahmens um einen oder mehrere Bogen.
Amazigh Zusammenfassend für Berbersprachen.
Amir Fürst, Amir al-Mouminin: ›Fürst der Gläubigen‹.
Arabeske Rankenornament aus sich gabelnden Blättern.
Bab Tor.
Babuschen/Babouches Pantoffelartige Schuhe.
Bani/Banu ›Söhne von‹ (arab.), also Bezeichnung für einen Stamm.
Baraka Schutz- und Segenskraft.
Bidonville ›Kanisterstadt‹, Slum, Armenviertel.
Borj Festung, Burg.
Burnus Kapuzenmantel ohne Ärmel, nur von Männern getragen.
Caid Stammesführer.
Cromlech Steinkreis, Megalithformation aus der Stein- oder Bronzezeit.
Dar Haus.
Dhikr ›Erinnerung‹, Übung zur Erlangung eines Trancezustandes.
Djellabah Langes Kapuzengewand mit Ärmeln, wird von Männern und Frauen getragen.
Djemma/Jamma/Jamaa ›Versammlung‹, auch Bezeichnung für eine Freitagsmoschee.
Djinn Geist, Dämon, kann sowohl gut wie böse sein.
Douar Lager, Dorf, Weiler.
Eid Fest.
Eid el-Adha Opferfest am 10. Dhulhiddja, auch Hammelfest genannt.
Eid el-Fitr Fest des Fastenbrechens am Ende des Ramadan.
Emir Fürst, auch Amir genannt.
Erg Sandwüste.
Fantasia Reiterspiel.
Fqih Islamgelehrter, in Marokko oft ein Schamane.
Funduk Hotel, Karawanserei.
Hajj Pilgerfahrt nach Mekka, auch als Anrede ein Ehrentitel für einen Mekka-Pilger.
Hadra Ritual der Gnaoua zur Geisteraustreibung.
Hamada Geröllwüste, Steinwüste.
Hammam Traditionelles Dampfbad.
Harem ›Verboten‹, der für Männer verbotene Frauentrakt.
Imam ›Vorsteher‹, ›Vorbild‹, ›Anführer‹, Vorbeter in der Moschee.
Jamaa Freitagsmoschee.
Jamour Spitze auf Moscheen, mit bis zu drei Messingkugeln.
Jebel Berg.
Kadi Richter.
Kalif Abgeleitet von Khalifa Rasul Allah, Nachfolger des Gesandten Gottes, in Marokko auch Herrschertitel der Almohaden.
Kasbah Festung für Statthalter, Beamte und Militär innerhalb einer Stadt, im Süden Marokkos eine Wohn-Speicherburg aus Lehm (Tighremt).
Koubba Quadratisches Mausoleum mit Kuppel für Marabouts.
Ksar/Ksour (Pl.) Befestigtes Dorf.
Maalem Meister, Handwerksmeister.
Mahdi ›Erlöser‹, gottgesandter Glaubenskämpfer.
Makhzen Regierung, (Königs-)Hof.
Marabout Lokalheiliger, auch Heiligengrab.
Maschrabiyya Holzgitter.
Masjid Moschee.
Mauren Im 7. Jahrhundert bereits islamisierte Berber, die maßgeblich an der Eroberung Spaniens beteiligt waren.
Maureske Stilisiertere, weniger naturalistische Form einer Arabeske, die auch geometrische Motive aufgreift.
Mechouar Parade- und Versammlungsplatz an einem Königspalast.
Medersa Koranhochschule.
Medina Altstadt.
Mellah Judenviertel.
Mihrab Gebetsnische.

Minbar Gebetskanzel.
Moulay Ehrentitel für einen Nachkommen des Propheten.
Moussem Fest zu Ehren eines Marabouts, auch Volksfest.
Msid Korangrundschule.
Muezzin Gebetsaufrufer.
Muqarnas Stalaktitenartige Stuckaturen in Nischen, Zwickeln und Kuppeln.
Oued Fluss.
Ouled ›Leute von‹ (arab.), Bezeichnung für einen Stamm.
Presidio Portugiesische Handelsniederlassung.
Qarin Geister, die permanent um die Menschen sind und von ihnen Besitz ergreifen wollen, die ›ständigen Begleiter‹.
Qibla Gebetsrichtung, ausgerichtet zur Kaaba in Mekka.
Ramadan Fastenmonat, neunter islamischer Monat.
Rhettara Unterirdischer Bewässerungskanal.
Riad Andalusischer Garten, auch Bezeichnung für ein Haus mit begrüntem Innenhof.
Sahn Hof einer Moschee.
Saum Fasten im Monat Ramadan.
Schahada Glaubensbekenntnis.
Schaitan Satan, Teufel.
Scherif/Schorfa (Pl.) Ein direkter Nachkomme des Propheten.
Schesch Langes Baumwolltuch, Turban.
Schischa Wasserpfeife.
Sidi Herr (als Anrede).
Souk Markt.
Sufi Islamischer Mystiker.
Sultan ›Vollmacht‹, Herrschertitel in Marokko seit dem 13. Jahrhundert bis 1957.
Taqia Oft gehäkeltes Baumwoll- oder Leinenkäppchen.
Tarbusch Fez, rotes Männerhütchen.
Tariqa ›Weg‹, Sufi-Orden.
Tighremt Wohn-Speicherburg, Kasbah.
Wesir Minister.
Zaouia Versammlungsort eines Sufi-Ordens.
Zwickel Dreiseitig begrenzte Fläche an Bauwerken.

Literatur

Die Anzahl an marokkanischen Schriftstellern ist gewaltig, die Erzählkunst Teil der traditionellen Volkskultur. Aber auch viele Ausländer erliegen seit Jahrzehnten dem Charme Marokkos und schreiben über das Land. Historische Reiseberichte geben einen Eindruck von der Exotik des Landes, die oft heute noch Gültigkeit hat.

Marokkanische Literaten

Ben Jelloun, Tahar, Sohn ihres Vaters. Hamburg 2015. Auch das achte Kind des Töpfers Ahmed ist ein Mädchen, und so beschließt er, sie als Jungen auszugeben.

Ben Jelloun, Tahar, Die Nacht der Unschuld. Hamburg 2011. Die Fortsetzung der Geschichte, um Zahra, die als Junge aufwuchs und nun nach dem Tod des Vaters ihre weibliche Identität entdeckt.

Ben Jelloun, Tahar, Das Schweigen des Lichts. Berlin 2007. Augenzeugenbericht eines ehemaligen Inhaftierten des Kerkers von Tazmamart.

Binebine, Mahi, Die Engel von Sidi Moumen. Basel 2011. Jaschin erzählt sein Leben im Slum von Casablanca, und wie er es als Attentäter beendet.

Charhadi, Driss ben Hamed, Ein Leben voller Fallgruben. Zürich 1992. Lakonischer autobiographischer Roman über ein Leben in Armut in Tanger.

Choukri, Mohammed, Das nackte Brot. München 1993. Autobiographischer Roman über einen Jungen aus dem Rif, der in Tanger das Überleben lernt und im Gefängnis die Poesie entdeckt.

Chraïbi, Driss, Die Zivilisation, Mutter! Zürich 2009. Die Begegnungen einer Mutter aus einer mittelalterlichen Welt mit den Errungenschaften der Zivilisation und ihren Tücken und eine Erzählung darüber, wie sie sich immer selbstbewusster die unbekannte Welt vor der Haustür erobert.

Chraïbi, Driss, Ermittlungen im Landesinneren. Basel 2010. Köstliche Satire über die Unmöglichkeit der Kommunikation des Stadtmenschen und Kommissars Ali mit den Landbewohnern des Rifs.

Elalamy, Youssouf Amine, Nomade. Hamburg 2014. Auf der Suche nach Geschichten und seiner eigenen Sprache verlässt der junge Nomade Taschfin seinen Stamm und begibt sich auf eine abenteuerliche Reise.

Mrabet, Mohammed/Paul Bowles, M'hashish. München 1999. Kiffgeschichten aus Marokko, von Mrabet erzählt und von Paul Bowles aufgeschrieben und veröffentlicht.

Oualdlhadj, Mina, Mimi und Aicha. Mainz 2009. Die Geschichte zweier Freundinnen, die beide marokkanischer Herkunft sind. Nur ist die eine in Marokko geboren, die andere nicht. In Brüssel aufgewachsen, haben sie die Zerrissenheit erlebt, zwischen zwei Kulturen hin- und her gezerrt zu sein. Beide haben den Übergang geschafft vom Couscous zu Muscheln mit Pommes frites, vom Eid-Fest zu Nikolaus und Weihnachtsmann, vom unnachgiebigen väterlichen Starrsinn zum Kampf für Emanzipation der Mädchen.

Oufkir, Malika, Die Gefangene. München 2001. Autobiographie der Tochter des Generals Oufkir, die mit den Königskindern im Palast aufwuchs und nach dem Putschversuch des Vaters in Sippenhaft genommen und ins Gefängnis geworfen wurde.

Serhane, Abdelhak, Kinder der engen Gassen. Berlin 1988. Die Geschichte zweier Jugendlicher, die aus unterschiedlichen Gründen ihre Heimatstadt Azrou verlassen, in der Fremde aber nicht Fuß fassen können.

Taïa, Abdallah, Der Tag des Königs. Frankfurt/Main 2012. Roman über zwei Jungen aus unterschiedlichen Schichten und eine Liebe, die unter einem von sozialer Ungleichheit und Tabus geprägten despotischen Regime in Gewalt umschlägt.

Internationale Autoren

Bowles, Paul, Himmel über der Wüste. Hamburg 1991. Ein der Zivilisation überdrüssiges Ehepaar versucht in der Sahara, der Leere ihres Lebens und ihrer Ehe zu entkommen und um sich selbst wiederzufinden; tatsächlich findet es aber nur Hetzjagd, Öde und Tod.

Bowles, Paul, So mag er fallen. München 2006. Abgründiger Roman über einen New Yorker Bankangestellten, der ins Tanger der 50er Jahre kommt, sich in eine Prostituierte verliebt, dem Hasch verfällt und am Ende im Rausch zum Mörder wird. Dieses Buch hat die Beat-Schriftsteller nach Tanger getrieben.

Burroughs, William S., Band V. Homo. Briefe an Allen Ginsberg 1953–1957. Frankfurt/Main 1989. Radiert die Worte aus. Briefe 1959–1974. München 2014. Die Briefe geben Einblick in das wilde Tanger der 50er.

Canetti, Elias, Die Stimmen von Marrakesch. Frankfurt 1985. Momentaufnahmen und Skizzen, die den Charme von Marrakesch schnappschussartig wiedergeben.

Doormann, Lottemi, Die Mauern von Marrakesch. Leipzig 1996. Eine Liebesgeschichte zwischen der Journalistin Marie und Abdou im Zwielicht unbestimmter Gefahr.

Freud, Esther, Marrakesch. München 2000. Ein Sommer in Marokko in den 70ern. Abenteuerliche Ferien für die Schwestern Bea und Lisa, ein Selbstfindungstrip zu einem Guru in der Wüste für ihre Mutter.

Kerouac, Jack, Engel, Kif und neue Länder. Hamburg 1971. Ein Schlüsselroman über die Hauptgestalten der Beat Generation und über die Suche nach einem intensiven, rauscherfüllten Leben, unter anderem in Marokko.

Leitess, Lucien, Marokko fürs Handgepäck. Zürich 2013. Ein ›Kulturkompass‹ mit Geschichten von Capote, Choukri, Binebine, Ben Jelloun, Canetti, Goytisolo und anderen.

Maher Presley, François, Marrakesch – Leben in einem Riad. Hamburg 2013. Nach dem Kauf eines traditionellen Hauses in Marrakesch beschreibt der Autor die Restaurierung des Riads und schildert seine Erlebnisse im Alltag seiner neuen Heimat im zweiten Buch (Mystisches Marrakesch – Leben in einer anderen Zeit, Hamburg 2013).

Mayne, Peter, Ein Jahr in Marrakesch. Hamburg 1992. Mayne hat die Zivilisation satt, reist nach Marrakesch und erlebt ein Jahr des Glücks.

Perrault, Gilles, Unser Freund der König von Marokko. Leipzig 1992.

Sehouli, Jalid, Marrakesch. Hamburg 2012. Der Berliner Arzt entdeckt das Land seiner Eltern und erzählt, wie er sich von der Stadt magisch angezogen fühlt, als einem Ort der Sehnsucht und des Nachdenkens.

Shah, Tahir, Der glücklichste Mensch der Welt. München 2011. Shah unternimmt mit dem Leser eine amüsante Reise zu den Geschichtenerzählern Marokkos, von Marrakesch und Fès bis ins Sandmeer der Sahara, und begegnet Seifenopern schreibenden Sufis und weisen Verkehrspolizisten.

Topper, Uwe, Märchen der Berber. Diederichs Märchen der Welt, Köln 1986.

Vasquez-Figueroa, Alberto, Tuareg. München 1986. Ein spannendes Buch über einen Nomaden, der stolz an den Traditionen seines Volkes festhält und sie gegen die moderne Zivilisation verteidigt, mit allen Konsequenzen.

Weidner, Stefan, Fes. Zürich 2006. Eine Gruppe von Bildungstouristen fährt für einen Tag nach Fès. Ihr Reiseführer ist kein gewöhnlicher Mann, sondern der in Fès geborene Dichter Nassib, der seinen Besuchern mehr zeigen will als nur die touristische Außenhaut der Stadt.

Krimis – Schauplatz Marokko

Becker, James, Gottesfluch. München 2013. Ein englisches Ehepaar ersteht in Rabat eine Tafel mit uralten Schriftzeichen. Tags darauf sind die beiden tot und die Tafel verschwunden. Detective Chris Bronson wird hinzugezogen und braucht die Hilfe seiner Exfrau, einer Archäologin, zur Lösung des Falles.

Christie, Agatha, Der unheimliche Weg. Frankfurt am Main 2009. Eine einsame, trauernde Frau plant in einem Hotel in Casa ihren Selbstmord. Plötzlich wird sie gefragt, ob sie nicht an einer gefährlichen Mission teilnehmen will, als Alternative zu einer Überdosis Schlafmittel. Sie soll einen verschwundenen Kernphysiker aufzuspüren. Und so findet sie sich plötzlich inmitten einer Reisegruppe mit unbekanntem Ziel. Schnell kehrt ihr Lebenswille zurück, und sie beginnt mit eigenen Untersuchungen. Sicher nicht das Meisterwerk der ›Queen of crime‹, aber lesenswert.

Glauser, Friedrich, Die Fieberkurve. Zürich 1989. Wachtmeister Studer in der Wüste. Dort erlebt er ein Wechselbad verschiedenster Gefühle. Die Kulturen prallen aufeinander. Studer träumt auch am helllichten Tag und vergisst mitunter, dass er einen Fall lösen muss.

O'Donnell, Peter, Modesty Blaise – Der Xanadu-Talisman. Zürich 2006. Ein schwer verletzter Franzose vertraut Modesty einen Talisman und ein Rätsel an, das sie in den Hohen Atlas führt.

Schmidt-Raven, Jürgen, Mord in der Kasbah. Norderstedt 2006. Eine Millionärstochter wird aus der Kasbah in Casa entführt. Der Hamburger Journalist Sander wittert eine große Story und verstrickt sich immer mehr in Schwierigkeiten.

Zeindler, Peter, Abschied in Casablanca. München 2003. Ein BND-Agent gerät auf seiner geheimen Mission in den Souks von Marrakesch in ein lebensgefährliches Abenteuer.

Historische Reisen

Capote, Truman, Truman Capote auf Reisen: Reportagen. Zürich 2013.

Delacroix, Eugène, Mein Tagebuch. Zürich 2008.

Grün, Horst, Die Reisen des Ibn Battuta. München 2007. Zwei Bände.

Loti, Pierre, Im Zeichen der Sahara. Bremen 2000.

Rohlfs, Gerhard, Reise durch Marokko, Uebersteigung des grossen Atlas, Exploration der Oasen von Tafilet, Tuat und Tidikelt. Bremen 1868. 2012 als Taschenbuch neu aufgelegt.

Saint-Exupéry, Antoine de, Briefe an seine Mutter. Berlin 1961.

Von Conring, Adolph, Marocco – das Land

und die Leute. Aus eigener Anschauung geschildert. Berlin 1880. Nur antiquarisch oder in Büchereien zu finden.

Von Hofmannsthal, Hugo, Reise im Nördlichen Afrika. Gesammelte Werke, Band 7. Frankfurt/Main 1979. Derzeit nur als E-Book erhältlich.

Sachbücher

Adam, Jürgen/Hufnagl, Florian, Marokkanische Teppiche und die Kunst der Moderne. München 2013. Ausstellungskatalog aus der Pinakothek München; eine Erkundung der Kunst der Moderne und ihrer verblüffenden Gemeinsamkeiten mit den Berberteppichen Marokkos.

Bobzin, Hartmut, Mohammed. C.H.Beck, München 2011. Kurze und prägnante Biographie des Propheten.

Bobzin, Hartmut, Der Koran. München 1999. Eine Einführung ins heilige Buch der Muslime. C.H.Beck, München 2014.

Burckhardt, Titus, Fes: Stadt des Islam. München 2015. Das 1960 erstmals erschienene Buch ist immer noch mit Abstand das beste Werk über die Königsstadt.

Hentschel, Kornelius, Geister, Magier und Muslime. Köln 1997. Über Dämonenwelt und Geisteraustreibung im Islam.

Hourani, Albert, Die Geschichte der arabischen Völker. Frankfurt/Main 2001. Umfassendes Meisterwerk von einem der berühmtesten Gelehrten der arabischen Welt zur islamisch-arabischen Geschichte.

Ibn Khaldoun, Die Muqaddima – Betrachtungen zur Weltgeschichte. München 2011. Soziologische Betrachtungen des berühmten Gelehrten am Hof in Fès.

Jahn, Steffen, Marokko – Land der schönen Mineralien und Fossilien. Salzhemmendorf 2003. Über Mineralien und ihre Fundstellen in Marokko.

Neumann, Wolfgang, Die Berber. Köln 1983. Über Berberkunst, Wohnformen, Kleidung und Gesellschaft.

Korn, Lorenz, Geschichte der islamischen Kunst. München 2008. Über die islamische Kunst als Erbe der Antike bis zur Moderne, über Moscheen, Ornamente und Paläste.

Brentjes, Burchard, Die Kunst der Mauren. Islamische Traditionen in Nordafrika und Südspanien. Köln 1997. Eine Geschichte der Mauren und ihrer Kunst anhand von Beispielen aus Andalusien, Marokko und den anderen Maghreb-Staaten.

Lewis, Bernard, Die Juden in der islamischen Welt. München 2004. Über die Geschichte der Beziehungen zwischen Juden und Muslimen und ihre Symbiose im Mittelalter.

Mernissi, Fatima, Herrscherinnen unter dem Halbmond. Freiburg 2004. Die Soziologin schreibt über Frauen, den Islam und die Moderne. Weitere Titel von Fatima Mernissi: Der politische Harem (Freiburg 1998), Islam und Demokratie (Freiburg 2002), Die vergessene Macht (Frankfurt 1997), Die Sultanin (Hamburg 1996).

Rolli, Klaus/Halter-Jugov, Ariane, Pflanzen Nordafrikas. Berlin 1991. Pflanzenführer in Deutsch und Französisch.

Schleicher, Dr. Peter, Argan-Öl – die heilende Wirkung des marokkanischen Goldes. Stuttgart 2004.

Schuhbeck, Alfons/Schleicher, Dr. Peter, Köstliches Arganöl – ein kulinarisches Elixier: Mit den besten Rezepten von Alfons Schuhbeck. München 2007. Informatives über das kostbare Öl und tolle Rezepte.

Trekkingführer

Galley, Hervé, Montagne du Maroc. Genf, 2012. Trekkingtouren in den Hauptbergregionen Toubkal, M'Goun, Siroua und Saghro sowie Skitouren. Nur auf Französisch.

Palmer, Alan, The Moroccan Atlas – The Trekking Guide. Hindhead, Großbrittanien 2010. Touren in den Trekkingregionen Toubkal-Massiv, Jebel M'Goun, Jebel Siroua und Jebel Saghro. Nur auf Englisch.

Aït Hamza, Mohamed/Popp, Herbert, Kultur-Trekking im Dschebel Saghro. Naturwissenschaftliche Gesellschaft Bayreuth 2004. Wanderkarte mit Beschreibungen.

Aït Hamza, Mohamed/Popp, Herbert, Kultur-Trekking im Zentralen Hohen Atlas. Bayreuth 2000. Wanderkarte mit Beschreibungen.

Bildbände

Demeude, Hugues/Bravo, Jacques/Richer, Xavier, Marokko. Köln 1998. Wunderschöne, stimmungsvolle Bilder.

Gray, Angelica, Die Gärten von Marrakesch. Hildesheim 2013. Zwanzig traumhafte Gärten in Bildern.

Heeb, Christian/Därr, Astrid, Zeit für Marokko – Traumziele wie aus 1001 Nacht. München 2007. Mit dem Titel ist bereits alles gesagt. Toller Bildband.

Maeritz, Kay/Schetar-Köthe, Daniela, Marokko – Oase der Sinne im Nordwesten Afrikas. München 2014. Schöne Bilder, die Lust auf mehr machen.

Mallos, Tess, Die Küche Marokkos. München 2010. Köstliche Rezepte aus allen Regionen Marokkos.

Stoeltie, Barbara, Living in Morocco. Köln 2011. Traumhafte Interieurs in marokkanischen Riads.

Marokko im Internet

Marokko ist im Internet erstaunlich gut vertreten, allerdings sind die meisten Seiten in französischer Sprache, vor allem wenn es um aktuelle Ereignisse geht. Offizielle Regierungsseiten sind ebenfalls außer in Arabisch nur auf Französisch. Dennoch gibt es auch etliche Seiten mit allgemeinen Informationen auf Deutsch.

Seiten auf Deutsch

www.visitmorocco.com
Die offizielle Seite des marokkanischen Fremdenverkehrsamts gibt eine gute Übersicht über all das, was Marokko zu bieten hat.

www.botschaft-marokko.de
Homepage des Königreichs Marokko mit Informationen zu Geschichte, König und Parlament.

www.marokko.com
Das größte und beste deutschsprachige Internetforum zu Marokko. Informationsbörse mit vielen weiterführenden Links zu Handwerk, Kunst, Kultur, Reiseberichten, Orten und Landschaften.

www.auswaertiges-amt.de
www.bmeia.gv.at
www.eda.admin.ch
Informationen zur aktuellen Sicherheitslage, Gesundheit, politischen und wirtschaftlichen Entwicklungen und Zusammenarbeit der Außenministerien Deutschlands, Österreichs und der Schweiz.

www.marokkoinformationen.eu
Viele Artikel über Geschichte, Geographie, Land, Städte, Leute, Küche.

www.marokko-erfahren.de
Viele Informationen zu Urlaubszielen in Marokko, allgemeine Reiseinformationen und viele Fotos in Alben der verschiedenen Orte zusammengefasst.

www.trekking-marokko.de
Informationen zu Trekking-Touren sowie einem Blog, auf dem regelmäßig aktuelle Informationen und Hintergründe aus Politik, Geschichte, Wirtschaft und Kultur in Marokko veröffentlicht werden. Außerdem einige Testberichte über Equipment.

www.visitagadir.com
Info-Seite der Stadt mit vielen Tipps zu Übernachtungen, Essen, Ausgehen und Freizeitaktivitäten.

www.fesfestival.com
www.festival-gnaoua.net
Informieren über Termine und Hintergründe der beiden wichtigsten Festivals in Marokko.

Seiten auf Französisch

www.mtpnet.gov.ma/Actualites
Auf der offiziellen Seite des Verkehrsministeriums kann man sich über die aktuelle Straßensituation informieren. Hilfreich vor allem im Winter bei Schneefall oder nach Überschwemmungen wie im November 2014. Gibt es Verkehrsbehinderungen, erscheint auf der Seite der Link ›Bulletin‹. Diesen anklicken, dann ›Télécharger le bulletin‹ wählen und im pdf-Format öffnen. Zunächst erscheint die Information, wie viele Sperrungen es gibt, dann die Details

mit Angaben der Provinz, der Straßennummern und des Abschnittes. ›Coupé‹ bedeutet, die Straße ist unterbrochen, also zumindest teilweise unpassierbar.

www.fes-city.com
Viele Informationen zu Geschichte, Sehenswürdigkeiten, aber auch praktische Hinweise zu An- und Weiterreise, Übernachtung etc.

www.yabiladi.com
Aktuelle Informationen zu Marokko und Marokkanern in aller Welt.

www.aujourdhui.ma
Ebenfalls auf aktuelle Nachrichten rund um Marokko spezialisiert.

Über die Autorin

Heike Bentheimer kam 1966 in Bayern zur Welt. Nach dem Studium der Geographie, Kunstgeschichte und Islamwissenschaft begann sie 1991 als Studienreiseleiterin zu arbeiten. Neben Marokko gehören auch Frankreich, Tunesien, Libyen, Oman, die Golfstaaten sowie die Donau-Anrainerstaaten zu ihrem Repertoire. Auch in der Freizeit gehört Reisen in aller Herren Länder zu ihren Lieblingsbeschäftigungen nebst Kochen, gut essen und der Malerei.

Danksagung

Ein besonderer Dank gilt meiner ältesten und liebsten Freundin Sanne, die mir bei der Recherche besonders hilfreich zur Seite stand. Außerdem meinem lieben Freund Jalil el-Hayar, der mir über viele Jahre tiefe Einblicke in die marokkanische Kultur und den Charakter seines Volkes gewährte. Nicht zu vergessen seine Gattin, die mit ihrer exquisiten Kochkunst maßgeblich zum Wohlbefinden beitrug und die mir beide so oft ihre Gastfreundschaft bewiesen. Ein weiterer Dank gilt Said el-Idrissi el-Bechkaoui, der mir in religiösen Fragen entscheidende Grundlagen mit auf den Weg gab. Nicht zu vergessen Dalia Lomp und Dr. Kornelius Hentschel, die mir im Laufe der Jahre viele praktische Tipps gaben. Ein herzlicher Dank auch an die vielen marokkanischen Busfahrer, die mich viele Facetten ihres Landes entdecken ließen. Last but not least meinen Eltern, die mir die Lust zum Reisen mit auf den Weg gaben und meinen Freunden Sven und Anja, die zum Korrekturlesen verdammt wurden.

N

Bildnachweis

Alle Fotos von Heike Bentheimer, außer:
Alexander Cher/www.shutterstock.com: Titelbild
Fadi El Binni/Al Jazeera English: S. 86
Aiman titi/Wikimedia: 86
Thomas Buschko: S. 28, 48, 51, 88, 98, 100, 112, 125, 189u., 196, 198u., 201o., 213u., 217, 221, 222
Susanne Reinhard: S. 57, 118, 121, 149, 150, 151, 167u., 219u., 280/281, 332, 346, 348u., 371, 389o.
Wikimedia Commons: S. 46, 55, 56, 61, 106, 126, 162
David Stanley/Wikimedia: S. 69
Cristian Rodenas/Wikimedia: S. 70
Rais67/Wikimedia: S. 92
Magharebia/Wikimedia: S. 108
Ismael zniber/Wikimedia: S. 152
Chris Martin/Wikimedia: S. 163
David Baron/Wikimedia: S. 183
Elmschrat/Wikimedia: S. 269
M. Rais/Wikimedia: S. 296
H. Zell/Wikimedia: S. 378
US Department of State: S. 145

Textnachweis

Text ›Das weiße Kamel‹ (S. 335) mit freundlicher Genehmigung von Jamilla Kacioui
Text aus dem Buch ›Die Zivilisation, Mutter!‹ von Driss Chraïbi (S. 249) mit freundlicher Genehmigung des Unionsverlags, Zürich

Kartenregister

Übersichtskarten

Stadtpläne

Historische und sonstige Karten

TRESCHER VERLAG
TRESCHER VERLAG
Andreas von Heßberg, Waltraud Schulze
TIBET
Mit Lhasa, Mount Everest, Kailash und Osttibet
TRESCHER VERLAG
Christine Liew
JAPAN
Unterwegs in einem Land zwischen Tradition und Innovation
Trescher Verlag
Andreas von Heßberg, Waltraud Schulze
CHINESISCHE SEIDENSTRASSE
Reisen zwischen Xi'an, Ürümqi und Kashgar
Mit Taklamakan, Tian Shan und Altai
Trescher Verlag
Klaus A. Dietsch
SÜDKOREA
Vom Bärenland zum Tigerstaat
Unterwegs zwischen Seoul und Jeju
TRESCHER VERLAG
Tobias Esche
MYANMAR
Unterwegs im Land der weißen Elefanten
Trescher Verlag
Rainer Waterkamp
RAJASTHAN
Mit Delhi, Agra, Varanasi, Khajuraho und den Höhlen bei Aurangabad
Trescher Verlag
Arno Maierbrugger
NORDKOREA
Unterwegs in einem geheimnisvollen Land
TRESCHER VERLAG
Ray Hartung
NEPAL
Mit Kathmandu, Annapurna, Mount Everest und den schönsten Trekkingrouten
TRESCHER VERLAG
Klaus A. Dietsch
SEOUL
Mit Incheon, Suwon und Ganghwa-Insel
Mit herausnehmbarer Karte im Maßstab 1: 50 000

Kartenlegende

- Autofähre
- Bahnhof
- Bank
- Bar
- Brunnen
- Burg/Festung
- Burgruine
- Busbahnhof
- Café
- Campingplatz
- Denkmal
- Dorfkirche
- Fähre
- Flughafen
- Hafen
- Höhle
- Hotel
- Internetcafé
- Kino
- Kirche
- Kloster
- Klosterruine
- Krankenhaus
- Leuchtturm
- Markt
- Moschee
- Museum
- Naturschutzgebiet
- Oper
- Parken
- Parkhaus
- Post
- Restaurant
- Ruine/Ausgrabungsstätte
- Segeln
- Sehenswürdigkeit
- Seilbahn
- Strand
- Einkaufsmöglichkeit
- Synagoge
- Theater
- Tor
- Touristeninformation
- Turm
- Zoo
- Sehenswürdigkeit
- Burg
- Kirche
- Friedhof
- Zeltplatz
- Berggipfel
- Seilbahn

- Autobahn
- Schnellstraße
- Hauptstraße
- sonstige Straßen
- E 65 Europastraße
- A 65 Autobahn
- 243 Bundesstraße
- Eisenbahn
- Grenzübergang
- Staatsgrenze
- Hauptstadt
- Stadt/Ortschaft

Zeichenlegende

- Vorwahl, Postleitzahl, Touristeninformation
- Geldwechsel, Geldautomaten
- Post
- Sehenswürdigkeiten, Museen, Monumente
- Anreise mit dem Flugzeug, Flughafen
- Anreise mit dem Bus, Sammeltaxis, Busbahnhof
- Anreise mit der Bahn, Bahnhof
- Hotels, Riads, Hostels, Jugendherbergen
- Campingplätze, Wüstencamps
- Restaurants
- Cafés
- Museen
- Festivals
- Einkaufstipps
- Freizeitaktivitäten
- Hammams
- Bootsausflüge, Wassersport
- Surfen, Windsurfen
- Radverleih, Radtouren
- Reiten
- Sonstige Sportmöglichkeiten
- Ausflüge, Aktivitäten, Kurse
- Golfplätze
- Märkte, Einkaufsmöglichkeiten
- Strände
- deutschsprachige Ärzte, Krankenhäuser